3., vollständig überarbeitete Auflage

W0057523

Julia Reichardt
unter Mitarbeit von
Volker Alsen und Oliver Kiesow

COSTA RICA
Süd-Nicaragua

STEFAN LOOSE
TRAVEL HANDBÜCHER

COSTA RICA Süd-Nicaragua

1 **SAN JOSÉ** Kultur im Naturparadies: das Teatro Nacional und die präkolumbischen
Schätze des Museo Nacional. S. 109

© LAIF / REA

2 VULKANE Vom spektakulären Blick in den Schlund des Poás und der giftgrünen Kraterlagune des Irazú zur dampfenden Vulkanlandschaft des Rincón de la Vieja. S. 146, S. 160 und S. 223

3 RÍO PACUARE/TURRIALBA Der reißende Río Pacuare ist das ganze Jahr über befahrbar und lockt Wildwasserfahrer aus aller Welt an. S. 167

4 MONTEVERDE Drei große Privatreservate locken Wanderer zu Streifzügen durch märchenhaften Nebelwald. S. 195

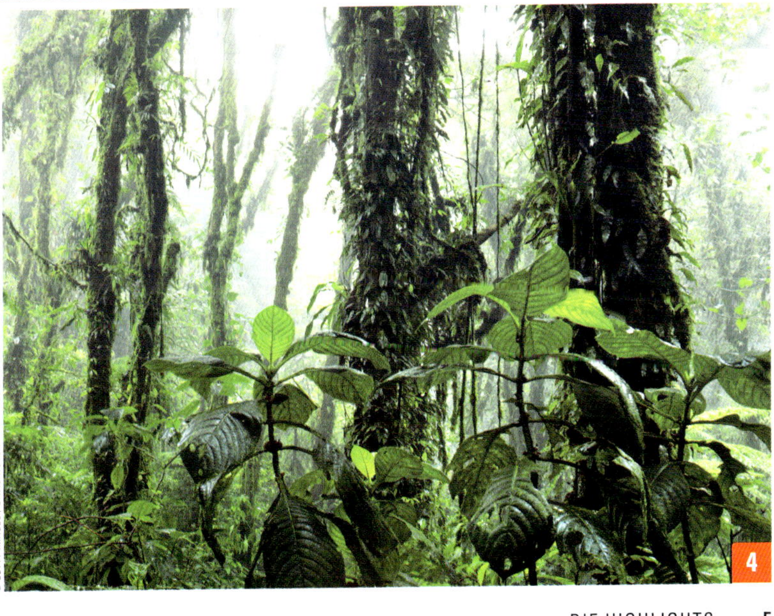

4

5 **SURFEN** Witches Rock, Santa Teresa, Pavones – die Küsten im Surferparadies Costa Rica sind mit zahlreichen guten *breaks* gesegnet. Hier wartet immer irgendwo die perfekte Welle. S. 231 und S. 60

6 **SÁMARA UND MONTEZUMA** Beachlife mit Flair: Am malerischen Korallenstrand Playa Sámara und an den Postkarten-Sandstränden in der Umgebung von Montezuma trifft sich die Strand-Bohème. S. 271 und S. 285

7 **CERRO CHIRRIPÓ** Moränenlandschaft mit immergrüner Páramo-Vegetation und Gletscherseen auf über 3000 m Höhe. S. 338

© JULIA REICHARDT

8 **CURRÉ/BORUCA** Zur Fiesta de los Diablitos wird die Geschichte umgeschrieben: Die Indianer besiegen die Spanier. S. 343

9 **PARQUE NACIONAL CORCOVADO** Das grüne Juwel unter Costa Ricas Nationalparks lädt zu ausgedehnten Trekking-Touren ein. Kilometerlange Pfade durch unberührte Wildnis ermöglichen faszinierende Einblicke in die Lebensgemeinschaft des Tieflandregenwalds – Begegnungen mit Tapir, Ara & Co. nicht ausgeschlossen. S. 356

© GETTY IMAGES / ROY TOFT

© THE YOGA FARM / FINCA YOGA S.A

10 **YOGA** Ein Highlight für
Aktive: die Yoga-Farm bei
Punta Banco, mitten im Regenwald
im abgeschiedenen Süden des
Landes. S. 365

11 **KARNEVAL IN DER KARIBIK**
Mitreißend feiert Puerto
Limón im Oktober die Ankunft von
Christoph Kolumbus. S. 377

12 **MIT DEM BOOT NACH
TORTUGUERO** Die Wasser-
straßen im Nationalpark Tortuguero
an der nördlichen Karibikküste
führen durch eine atemberaubende
Naturkulisse. S. 378

© JULIA REICHARDT

13 SCHUTZGEBIET GANDOCA-MANZANILLO Hier liegen Costa Ricas paradiesischste Strände versteckt. Ganz in der Nähe, an der Grenze zu Panama, gehen seltene Seekühe auf Tauchstation. S. 397

14 ISLA DE OMETEPE (Nicaragua) Götterstatuen, halb Tier, halb Mensch, Hunderte von Petroglyphen und zwei Vulkane, die zu spektakulären Wandertouren einladen. S. 413

15 ISLAS DE SOLENTINAME (Nicaragua) Hier gründete der berühmte Dichter und Priester Ernesto Cardenal seine Comunidad de Solentiname. S. 431

© JULIA REICHARDT

© JULIA REICHARDT

16

16 **RÍO SAN JUAN (Nicaragua)** Zwölf spanische Festungen aus der Kolonialzeit, erbaut zum Schutz vor den Piraten der Karibik. S. 437

Inhalt

San José

Der Süden 329

Karibikküste 369

Süd-Nicaragua 399

Anhang **449**

Reiseziele und Routen

Reiseziele

Costa Rica zu entdecken, heißt in seine Natur einzutauchen, ins tropfende Dschungel-Dickicht von Regen- und Nebelwäldern oder in die krachenden Wellen der Pazifik- und Atlantikküste. Zum unvergesslichen Genuss wird das Naturparadies jedoch erst dann, wenn man sich abseits der Touristenpfade aufhält. Dieses Kapitel soll Urlaubern dabei helfen, die richtige Fährte zur passenden Reisezeit zu finden.

Nationalparks und Privatreservate

Über 25 % Costa Ricas stehen laut dem costaricanischen Umweltministerium unter Schutz. Insgesamt 28 Nationalparks mit einer beeindruckenden Vielfalt an Flora und Fauna erwarten den Besucher und bieten die Möglichkeit, seltene Tiere in freier Wildbahn zu beobachten. Einige der Naturreservate ähneln mehr Freizeit- als Nationalparks, andere sind abgelegene Naturoasen, in denen man tagelang fern der Zivilisation wandern kann.

Nationalparks

Zu den relativ wenig besuchten Nationalparks mit guten Wandermöglichkeiten zählen:

Parque Internacional de la Amistad (S. 344), **Parque Nacional Corcovado** (S. 356), **Parque Nacional Volcán Barva** (S. 156) **Parque Nacional Tapantí** (S. 166) und **Parque Nacional Volcán Tenorio** (S. 212).

Eine einmalige Kombination aus Meer und Regenwald bieten:

Parque Nacional Cahuita (S. 388), **Parque Nacional Corcovado** (S. 356) und das **Refugio Manzanillo** (S. 397).

Landschaftlich reizvoll, aber besonders in der Hochsaison überfüllt sind:

Parque Nacional Manuel Antonio (S. 320), **Reserva Monteverde** (S. 195), **Parque Nacional Tortuguero** (S. 382), **Parque Nacional Chirripó** (S. 338), **Parque Nacional Volcán Poás** (S. 146), **Parque Nacional Rincón de la Vieja** (S. 223); bei Letzterem ist der Rundwanderweg besonders touristisch, an die malerische Kraterwanderung wagen sich dagegen weitaus weniger Besucher.

Privatreservate

Abgeschiedene Privatreservate sind eine gute Alternative zu den teils stark besuchten Nationalparks. Viele von ihnen bieten auch Unterkunft und Touren an. Empfehlenswert sind:

die **Reserva Dúrika** (S. 342) bei Buenos Aires (Süden), der **Regenwald der Österreicher** (S. 362) bei Palmar (Süden), die **Reserva Cloudbridge** (S. 337) am Cerro Chirripó, die Reservate der Lodges bei **Roca Tapada** (S. 206), das Privatreservat **Rara Avis** (S. 199, Norden) und die **Reserva Santa Elena** (S. 197) in Monteverde.

Strände

Unzählige malerische Strände säumen Costa Ricas Pazifik- und Karibikküste. Darunter sind versteckte Badebuchten, schöne Schnorchelreviere oder Laufstege zum Sehen und

NATIONALPARKS UND SCHUTZGEBIETE

N

0   100 km

REFUGIO NACIONAL
DE VIDA SILVESTRE
BAHÍA
JUNQUILLAL
REFUGIO
DE VIDA
SILVESTRE
LA FLOR
PENÍNSULA
SANTA ELENA

N I C A R A G U A

Lago Cocibolca

Karibisches Meer

P.N.
GUANACASTE

REFUGIO DE
VIDA SILVESTRE
LOS GUATUZOS

REFUGIO NACIONAL
DE VIDA SILVESTRE
CAÑO NEGRO

REFUGIO DE
VIDA SILVESTRE
RÍO SAN JUAN

RESERVA BIOLÓGICA
INDIO-MAÍZ

P.N. RINCÓN
DE LA VIEJA

Zona Protectorate
Miravelles

P.N.
VOLCÁN TENORIO

REFUGIO NACIONAL
DE FAUNA SILVESTRE
BARRA DEL COLORADO

P.N.
SANTA ROSA

Liberia

Reserva Biológica
Lomas de Barbudal

Lago
Arenal

P.N.
VOLCÁN
ARENAL

P.N.
JUAN CASTRO
BLANCO

P.N.
BRAULIO
CARRILLO

Estación
La Selva

P.N.
TORTUGUERO

P.N.
MARINO
LAS BAULAS
DE GUANACASTE

P.N. PALO
VERDE

Reserva Biológica
Bosque Nuboso
Monteverde

P.N. DE
FAUNA
SILVESTRE
DE PEÑAS
BLANCAS

P.N.
VOLCÁN POÁS

Volcán
Barva

P.N.
VOLCÁN
TURRIALBA

REFUGIO
NACIONAL
DE VIDA
SILVESTRE
GANDOCA-
MANZANILLO

P.N.
BARRA HONDA

Reserva Biológica
Isla Pájaros

PENÍNSULA
DE NICOYA

Golfo
de
Nicoya

Puntarenas

Heredia

Volcán Turrialba

P.N.
BARBILLA

Puerto
Limón

Reserva
Biológica
Hitoy-
Cerere

P.N.
CAHUITA

Reserva Biológica
Isla Guayabo

San José

Cartago

REFUGIO
NACIONAL
DE VIDA
SILVESTRE
OSTIONAL

REFUGIO NACIONAL DE
VIDA SILVESTRE CURÚ

Reserva
Nicolás Wessberg

Reserva
Biológica
Islas
Negritos

P.N.
CARARA

P.N. TAPANTÍ-MAZICO
CERRO DE LA MUERTE

Reserva
Forestal
Río Macho

Bribrí de
Talamanca

Reserva Natural Absoluta
Cabo Blanco

P.N. LOS
QUETZALES

P.N.
CHIRRIPÓ

P.N.
MANUEL
ANTONIO

PARQUE
INTERNACIONAL
LA AMISTAD

P.N.ISLA
DEL COCO

ISLA
DEL COCO

0   4 km

Pazifischer Ozean

P.N.
MARINO
BALLENA

HUMEDAL
NACIONAL
TÉRRABA
SIERPE

ISLA DEL
CAÑO

Zona
Protectora
Las Tablas

P.N. PIEDRAS
BLANCAS

PANAMA

Isla del Coco (300 km)

Reserva Biológica
Isla del Caño

P.N.
CORCOVADO

Lago
Corcovado

Golfo Dulce

REFUGIO
NACIONAL
DE VIDA
SILVESTRE
GOLFITO

Reserva
Golfo Dulce

Gesehenwerden. Die saubersten von ihnen werden jedes Jahr mit der Bandera Azul, der blauen Flagge, ausgezeichnet (S. 283, Kasten „Die Bandera Azul"). Inzwischen sind viele der Playas, an denen Meeresschildkröten ihre Eier ablegen, zu Schutzgebieten deklariert worden. An einigen können Besucher in der Nistzeit die beeindruckenden Arribadas (Massenankünfte) beobachten.

Wenig besuchte Strandparadiese

Playa **Manzanillo** (S. 295), Playa **Junquillal** (S. 255), Playas **Coyote** (S. 277) und **San Miguel** (S. 277), Playa **Matapalo** (S. 320), Playa **Uvita** (S. 324), Playa **Prieta** (S. 245).

Touristisch, aber mit Flair

Playa **Montezuma** (S. 285), Playa **Sámara** (S. 271), Playa **Pelada** (S. 266), **Mal País** (S. 290).

Schöner Strand, aber auf dem Gringo-Pfad

Tamarindo (S. 246), **Jacó** (S. 310), **Manuel Antonio** (S. 320), Playa **Conchal** (S. 243), **Santa Teresa** (S. 290), Playa **Guiones** (S. 266).

Niststrände von Meeresschildkröten

Playa **Ostional** in Costa Rica (S. 257) und Süd-Nicaragua (S. 411), Playa **Grande** (S. 252), **Tortuguero** (S. 382), **Cahuita** (S. 384), **Gandoca** (S. 397), Refugio **La Flor** (S. 411).

Vulkane

Costa Rica und Nicaragua liegen auf dem Pazifischen Feuerring, einem Vulkangürtel, der den Pazifischen Ozean umgibt. Costa Ricas insgesamt sieben Vulkane speien zur Zeit keine Lava. Manche stoßen jedoch Schwefeldämpfe aus oder zeigen auf andere Art ihre Aktivität. Einige Vulkane liegen seit Jahrhunderten im Dornröschenschlaf.

Vulkanismus aus nächster Nähe erleben Besucher im Nationalpark **Rincón de la Vieja** (S. 223) mit Schwefellagunen, brodelnden Schlammquellen und Fumarolen. Hier können Besucher unter freiem Himmel ein Bad in den Thermalquellen nehmen oder Ganzkörperpackungen aus Vulkanschlamm auftragen.

Poás (S. 146) und **Irazú** (S. 160) zählen mit ihren eindrucksvollen Kraterlagunen – bei gutem Wetter – zu den fotogensten Feuerbergen des Landes. Zum Wandern hingegen eignen sich die Vulkane **Rincón de la Vieja**, **Concepción** (Nicaragua; S. 416), **Maderas** (Nicaragua; S. 416) und **Turrialba** (S. 170) besser. Letzterer war zur Zeit der Recherche aufgrund vulkanischer Aktivität für Besucher gesperrt.

Aktivurlaub

Aktivurlauber und Abenteuersportler kommen in Costa Rica voll auf ihre Kosten: Ob zu Wasser, in der Luft oder im Dschungel, das Angebot an Aktivitäten ist enorm (S. 58).

Indianerreservate

Insgesamt gibt es in Costa Rica 22 Indianerreservate. Immer mehr von ihnen öffnen sich heute dem Tourismus, ein heikler Schritt, denn einerseits wird so der Verfall indianischer Lebensformen vorangetrieben. Andererseits sind es ironischerweise gerade die Touristen, die durch ihr Interesse an indigener Kultur zum Erhalt alter indianischer Traditionen und Handwerkskunst beitragen.

Das weitaus bekannteste Reservat ist das **Boruca-Reservat** (S. 344), in dem jedes Jahr die Fiesta de los Diablitos stattfindet (S. 343, Kasten). Folgende Tourveranstalter sind selbst Indianer oder arbeiten eng mit den Reservaten zusammen und bieten nachhaltigen Tourismus und Lehrtouren an:

Der rauchende Volćan Turrialba in der Provinz Cartago

© OLIVER KESOW

Reserva Durika, 🖥 www.durika.org, und **ATEC** (S. 393) besuchen die Bribrí- oder Cabécar-Indianer.

Familia Carreras im Indianerreservat Alto Laguna Guaymí de Osa bietet Touren an und nimmt Besucher bei sich auf, 🖥 www.tamandu-lodge.com. Die **Yogafarm**, 🖥 www.yogafarmcostarica.org, unternimmt Lehrtouren zum Guaymí-Reservat bei Punta Banco.

Kultur und Geschichte

Präkolumbische Kultur

Jahrtausendealte Petroglyphen – Strichmännchen, Spiralen, Tier- und Sonnensymbole – liegen in Costa Rica und Nicaragua an Vulkanhängen, in Nationalparks oder auf privaten Fincas verstreut. Fundort Nummer eins ist die nicaraguanische Vulkaninsel **Ometepe** (S. 413) mit weit über 1500 Felsgravuren. In Costa Rica findet sich die größte Ansammlung von Petroglyphen im **Nationalpark Santa Rosa** (S. 230) in Nord-Guanacaste, der einstigen Heimat der Chorotega-Indianer. Weite-

Kostümtanz bei einer costa-ricanischen *fiesta*

© JULIA REICHARDT

re Relikte präkolumbischer Kultur sind das Nationalmonument **Guayabo** (S. 169) bei Turrialba und die gewaltigen Granitkugeln im südlichen **Valle del Diquís** (S. 346). Die spektakulärsten Funde – darunter Schmuckstücke aus Jade und Gold – sind im Museo de Jade, Museo de Oro und Museo Nacional in **San José** (S. 109) ausgestellt.

Koloniale Architektur

Freunde kolonialer Architektur kommen besonders in Nicaragua auf ihre Kosten. Der Abstecher nach Nicaragua (s. „Reiserouten") führt den Leser in die alte Kolonialstadt **Rivas** (S. 401) und zu den spanischen Festungsruinen am **Río San Juan** (S. 444).

Einen Einblick in Nicaraguas bewegte zeitgenössische Geschichte gibt der Besuch des Inselarchipels **Solentiname** (S. 431), des einstigen Wirkungsorts Ernesto Cardenals.

Das koloniale Erbe Costa Ricas wurde zum großen Teil bei den zahlreichen Erdbeben zerstört oder musste modernen Wellblechbauten weichen. Die ältesten Kolonialkirchen des Landes – die imposanten Ruinas de la Parroquía in **Cartago** (S. 158), das nach wie vor intakte Franziskanerkloster in **Orosi** (S. 163) und die romantischen **Ruinas de Ujarrás** (S. 165) – befinden sich alle im Valle Central. Das historisch wichtigste Gebäude für Costa Ricaner aber stammt aus dem 19. Jahrhundert. In der **Hacienda La Casona** (S. 230) im Nationalpark Santa Rosa (Nord-Guanacaste) schlug die costa-ricanische Armee 1856 den Filibuster William Walker in die Flucht.

Kultur

Authentische costa-ricanische Kultur ist nirgends so präsent wie auf den vielen *fiestas* des Landes: Auf Guanacastes staubigen Provinz-Rodeos etwa oder bei den feierlich-religiösen Umzügen zu den jeweiligen **Días Patronales** (Tag des Schutzpatrons). Zum **Festival Internacional de las Artes** (S. 108, Kasten „Festivals"), dem bedeutendsten Kulturereignis des Landes, vibriert die Hauptstadt vor Kreativität. Die Veranstaltungen finden u. a. im ehrwürdigen Teatro Nacional statt. An der Karibikküste weicht die Latino-einer afro-karibischen Kultur. Höhepunkt ist hier der **Karneval** in Puerto Limón (S. 377, Kasten „Ein Karneval für Colón").

Reiserouten

Costa Rica hat einen großen Vorteil: Es ist klein. Im Gegensatz zu anderen Ländern gelangt man binnen weniger Stunden vom Palmenstrand ins Hochgebirge oder vom Regen- in den Trockenwald. Ratsam ist es jedoch, sich auf eine Region zu beschränken, denn Dschungeltreks, Schlaglöcher und Stranderholung brauchen ihre Zeit.

Costa Rica hat einen ausgeprägten „Gringo-Pfad", der sich am Pazifik entlangzieht. Touristisch entwickelt sind besonders die nördliche Pazifikküste mit den **Playa del Coco** (S. 239) und **Tamarindo** (S. 246) und die zentrale Küste mit **Jacó** (S. 310), **Manuel Antonio** (S. 320) und **Quepos** (S. 316). Wer Touristenmassen und Strandkolonie-Ambiente vermeiden will, sollte diese Orte umfahren.

Die folgenden fünf **Routenbausteine** sind Vorschläge, die beliebig kombiniert oder umgekehrt gefahren werden können. Bis auf Route 5 (Süd-Nicaragua) und den Abstecher nach Tortuguero (Route 3) sind alle Strecken problemlos mit dem Auto zu bewältigen. Mit dem Bus dauert es entsprechend länger. Details zu den jeweiligen Orten befinden sich in den Regionalkapiteln.

Route 1: Der Pazifik

Baden, Schnorcheln, Surfen, das ist der Schwerpunkt dieser Route, die zum Entdecken der vielen Buchten und Strände auf der **Halbinsel Nicoya**

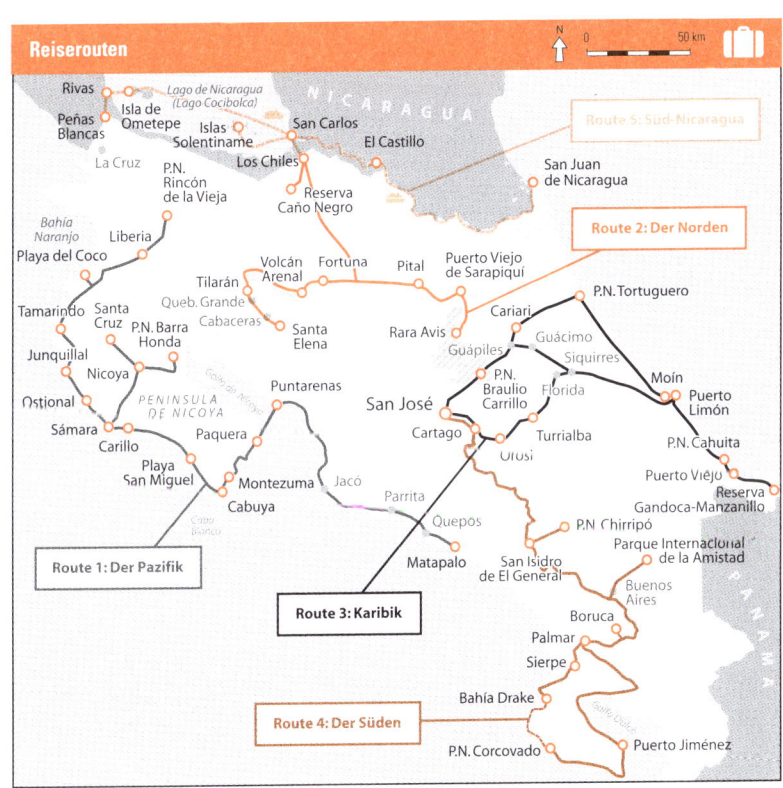

einlädt. Sie führt von **Liberia** (S. 218) und den brodelnden Schlammquellen des Nationalparks **Rincón de la Vieja** (S. 223) zur wilden Strandschönheit **Junquillal** (S. 255), dem Schildkrötennistplatz **Ostional** (S. 257) und der Badebucht **Sámara** (S. 285). Südlich von Sámara befinden sich die schönsten Küstenabschnitte der Halbinsel mit relativ wenigen Touristen. Dazu zählen der Abschnitt von **Carrillo** (S. 276) zum **Playa San Miguel** (S. 277) und von der **Reserva Cabuya** (S. 289) nach **Montezuma** (S. 285). Für diese Route sollte man rund eine Woche einplanen. Surfstrände s. S. 60, „Sport und Aktivitäten".

Abstecher ins heiße Landesinnere – nach **Nicoya** (S. 261), **Santa Cruz** (S. 259) oder zu den Tropfsteinhöhlen im Nationalpark **Barra Honda** (S. 264) – lohnen sich besonders zur Fiesta-Zeit, wenn Rodeostimmung herrscht (Kasten S. 264). Von **Paquera** (S. 280) geht es mit der Fähre über den malerischen Golfo de Nicoya zur Hafenstadt **Puntarenas** (S. 362), am Publikumsmagneten Manuel Antonio vorbei, zum ruhigen **Playa Matapalo** (S. 320). Für diesen Abstecher sollten mindestens zwei Tage eingeplant werden.

Die Küstenstrecke auf der **Península de Nicoya** ist in der Regenzeit streckenweise nicht befahrbar, Autofahrer müssen dann auf Alternativrouten ins Landesinnere ausweichen. Auf dem **östlichen Abschnitt** der Halbinsel, zwischen Cabuya, Montezuma und Paquera sowie auf dem Festland von Puntarenas nach Matapalo besteht eine regelmäßige Busverbindung. Der **westliche Abschnitt** der Península de Nicoya ist dagegen schwer mit dem öffentlichen Bus zu bereisen. Es besteht keine direkte Busverbindung zwischen den Stränden Junquillal, Ostional und Sámara sowie zwischen Playa Coyote und Montezuma. Busreisende müssen zurück zu den Transportknotenpunkten Santa Cruz oder Nicoya und dort umsteigen. Eine Alternative sind Taxis. Außerdem verbinden Shuttle-Busse Sámara mit Montezuma.

Route 2: Der Norden

Aktivsportler kommen auf dieser Route voll auf ihre Kosten. Ausgangspunkt sind die Nebelwälder Monteverdes bei Santa Elena mit den besten Canopyveranstaltern im Land. Von dort geht es zum Wind- und Kitesurfen nach **Tilarán** (S. 185), weiter um den malerischen Arenalsee zum **Volcán Arenal** (S. 182) und nach **Fortuna** (S. 174), Costa Ricas Zentrum für Abenteuersport. Pferdefreunde haben die Möglichkeit, von Monteverde nach Fortuna im Sattel zu reisen.

Mit dem Boot unterwegs auf einem der zahlreichen Wasserwege des Landes

© OLIVER KIESOW

Anschließend führt die Route weg von den Touristenzentren, hinein in die letzten Regenwaldabschnitte Sarapiquís: zur abgelegenen **Laguna de Lagarto Lodge** bei Boca Tapada (5–6 Tage einplanen) (S. 206) oder, weiter östlich, ins Privatreservat **Rara Avis** (S. 199). Der Río Sarapiquí ist dabei ein beliebtes Ziel für Raftingtouren und Kajakwanderungen.

Alternativ kann man von Arenal das Feuchtgebiet **Caño Negro** (S. 208) ansteuern und von dort über **Los Chiles** (S. 210) auf dem malerischen Río Frío nach Nicaragua übersetzen (s. Route 5). Diese Strecke erfordert ca. 2–3 Tage.

Route 3: Die Karibik

Von **San José** (S. 109) führt diese Route vorbei an den Ruinen der einstigen Hauptstadt **Cartago** (S. 158), mit einem Schlenker um das idyllische **Orosi-Tal** (S. 161), nach **Turrialba** (S. 164), dem Paradies für Rafter und Kajaker. Parallel zur alten Eisenbahntrasse geht es dann in die karibische Hafenstadt **Puerto Limón** (S. 374), weiter Richtung Süden, die Atlantikküste entlang, zum Nationalpark **Cahuita** (S. 384), dem Reggae-swingenden **Puerto Viejo** (S. 389) und zu den Schnorchelrevieren der **Refugio Manzanillo** (S. 397). Dafür sind 5–6 Tage einzuplanen. Auf dem Rückweg ist ein Abstecher von **Cariari** nach **Tortuguero** möglich. (etwa 2 1/2–3 Tage). Autofahrer müssen ihren Wagen in **La Pavona** (S. 372) stehen lassen und ins Boot umsteigen. Von Cariari führt die Carretera 32 durch den **Parque Nacional Braulio Carrillo** (S. 155) zurück nach San José; die Fahrt dauert einen halben Tag.

Route 4: Der Süden

Trekking ist der Schwerpunkt der Route 4. Von **San José** (S. 109) führt die Interamericana durch die Nebelwälder über den **Cerro de la Muerte** (S. 332) in die Heimat des Quetzals. Vogelfreunde können am **Mirador de Quetzales** (S. 332) nach dem Göttervogel Ausschau halten, Kraxler wird es weiterziehen zum höchsten Berg des Landes, dem **Cerro Chirripó** (S. 339). Weitere Gipfel warten im **Parque Internacional La Amistad** (S. 344).

Wer zum Jahreswechsel in der Gegend ist, darf die Fiesta de los Diablitos im Indianerreservat **Boruca** (s. Kasten S. 343) nicht verpassen.

Die Interamericana führt dann, parallel zum breiten Río Térraba, ins Herz des Südens, nach **Palmar** (S. 345) und von dort über eine malerische Straße zur alten Goldgräberstadt **Puerto Jiménez** (S. 352) und ins Trekkingparadies **Corcovado** (S. 356). Danach lädt das paradiesische **Bahía Drake** (S. 348) zum Tauchen und Entspannen ein.

Die Straßen auf dieser Route sind streckenweise in sehr schlechtem Zustand, besonders auf der Península de Osa. Genügend Zeit für Treks einplanen, d. h. mindestens 12 Tage mit drei 2–3-tägigen Treks inklusive.

Route 5: Süd-Nicaragua

Route 5 ist besonders auf Abenteurer und Individualtouristen zugeschnitten: Das Hauptverkehrsmittel ist das Boot. Bei der Reiseplanung sollte man berücksichtigen, dass zwischen der Isla Ometepe und San Carlos **nur zweimal wöchentlich** die Fähre verkehrt.

Die Reise beginnt am Grenzübergang **Peñas Blancas** (S. 235), führt über die alte Kolonialstadt **Rivas** (S. 401) und über Nicaraguas größten Binnensee auf die legendenumwobene Vulkaninsel **Isla Ometepe** (S. 413) mit Petroglyphen, Vulkantreks und kommunalem Fincaleben. Per Schiff geht es dann weiter nach **San Carlos** (S. 327), dem Eingangstor zum Río San Juan. Von hier aus bieten sich verschiedene Abstecher an: zum Vogelparadies **Los Guatuzos** (S. 430), auf den Inselarchipel **Solentiname** (Ernesto Cardenals Wirkungsort; S. 431) oder entlang der einstigen Piratenroute zur alten spanischen Festungsruine **El Castillo** (S. 444). Nur wenige Touristen machen die achtstündige Bootsfahrt nach **San Juan de Nicaragua** (S. 447). Zurück geht es über den Río Frío nach **Los Chiles** (Costa Rica; S. 210).

Wer lediglich zur Isla Ometepe möchte, kann innerhalb eines Tages von der Insel nach San José zurückkehren oder von Ometepe per Schiff weiter nach **Granada** (ca. 4 Std.) fahren. Wer hingegen nur die Río San Juan-Region bereisen möchte, sollte am Grenzübergang Los Chiles nach Nicaragua ein- und ausreisen.

© JULIA REICHARDT

Klima und Reisezeit

Klima

Costa Rica und Nicaragua befinden sich in den Tropen, d. h. das Klima ist von geringen Temperatur- und starken Niederschlagsschwankungen geprägt. Nach der Niederschlagsmenge werden auch die Jahreszeiten eingeteilt:

Die **Trockenzeit**, der Verano (Sommer), beginnt im Dezember und hält bis April an. Die **Regenzeit**, der Invierno (Winter), dauert von Mai bis Mitte November.

Daneben gibt es noch eine Vielzahl an Mikroklimaten. Sie sind der Grund dafür, dass man das Wetter in Costa Rica und Süd-Nicaragua nur schwer voraussagen kann. Grob lässt sich die Region in drei **Klimazonen** einteilen.

Am **Atlantik** müssen Besucher das ganze Jahr über mit Niederschlag rechnen, die Temperaturen liegen hier ganzjährig um 26 °C. Regenfälle treten oft sturzartig ein und können mehrere Tage anhalten. Trockenere Monate für die Karibikregion sind September, Oktober, Februar und März.

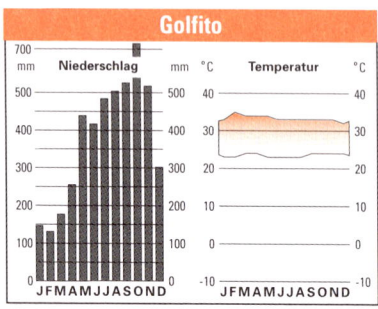

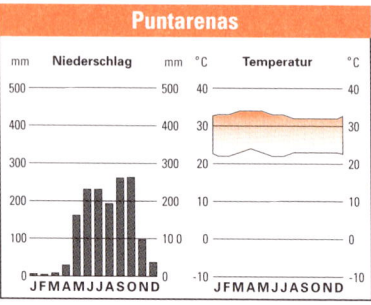

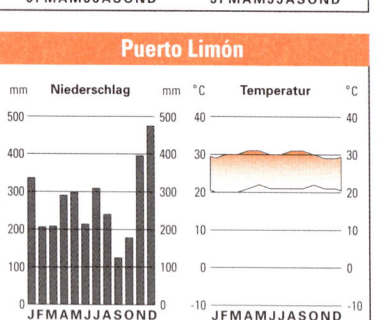

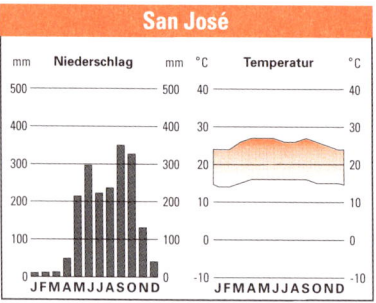

Am **Pazifik** regiert ein wechselfeuchtes Klima mit einer markanten Trockenzeit zwischen Dezember und April, in der kaum Niederschlag fällt und oft unerträglich hohe Temperaturen herrschen. Deutlich mehr Regen gibt es am Südpazifik, auf der Península de Osa.

Das **Valle Central** in Costa Ricas Hochlandregion ist mit ganzjährigen Temperaturen um die 20 °C merklich kühler als die Küstentiefländer. Einheimische nennen das Klima deshalb hier Primavera eternal – ewiger Frühling.

In **Nicaragua** herrscht das gleiche Klima wie in Costa Rica: wechselfeucht am Pazifik und niederschlagsreich am Atlantik. Die gesamte Karibikküste wird zudem von Juni bis November von Orkanen heimgesucht. Die stärksten Stürme wehen in den Monaten Oktober und November.

Reisezeit

Wann ist die beste Zeit für eine Reise nach Costa Rica und Süd-Nicaragua? Das kommt ganz darauf an: Windsurfer warten die Passatwinde ab, Wellenreiter und Kajakfahrer die Regenzeit. Wanderer ziehen die Trockenzeit vor und Tierbeobachter richten sich nach den Nist- und Brutzeiten von Vögeln und Meeresschildkröten.

Generell unterscheidet man zwischen zwei Temporadas (Reisezeiten): In der **Trockenzeit**, der Temporada seca (Dez–April), herrscht in Costa Rica Sonne pur und – mit Ausnahme der Karibikküste – kaum Regen. Die Wanderwege sind trocken und die Straßen nicht überschwemmt. Ein großer Nachteil der Trockenzeit jedoch ist, dass das Land von Touristen überlaufen ist (das gilt besonders für die Weihnachts- und Osterzeit). Die Preise für Flüge und Unterkünfte sind am höchsten, die Temperaturen oft unerträglich heiß und die verdörrte Natur lechzt nach Wasser.

Die Temporada verde (die **grüne Jahreszeit**), wie das Instituto Costarricense de Turismo die Nebensaison geschickt vermarktet – dauert von Mai bis November. Nachteile dieser Reisezeit sind die aufgeweichten Wanderwege (in Corcovado werden einige Pfade in der Regenzeit gesperrt) sowie Überschwemmungen durch über ihre Ufer getretene Flüsse, die einige Küstenstrecken unbefahrbar machen. Dafür ist das Land deutlich grüner, Flüge und Unterkünfte sind merklich günstiger und der Urlaub mit weniger Touristen wesentlich entspannter.

Die **niederschlagsreichsten Monate** sind der September und der Oktober. Am geschicktesten ist es, den Urlaub vor oder nach diese Zeit zu legen, d. h. an den Anfang der Regenzeit (Ende April–Ende Juni), wenn es noch relativ wenig regnet, der Ansturm der Semana Santa (Karwoche, Osterferien) aber bereits vorbei ist – oder ans Ende, in den November, wenn die Schauer bereits nachlassen und die Hauptsaison noch bevorsteht. In den Monaten Juli und Juli herrscht in einigen Regionen eine weitere Hochsaison.

Für **Nicaragua** gelten – klimatisch gesehen – die gleichen Reisezeiten wie für Costa Rica. Großer Vorteil ist jedoch hier, dass das Land auch in der Trockenzeit nicht so stark von Touristen überlaufen ist.

Palmen satt, ob Karibik oder Pazifikküste

© JULIA REICHARDT

© JULIA REICHARDT

Reisekosten

Costa Rica ist schon lange kein billiges Reiseland mehr. Budget-Reisende müssen rund $35–40 pro Tag für Unterkunft im Schlafsaal, einfaches Essen und Transport in öffentlichen Verkehrsmitteln einplanen. Günstige Unterkünfte für $10 p. P. und Nacht sind rar, für ein Bett im Schlafsaal oder eine einfache Cabina werden in der Hauptsaison häufig rund $13 verlangt. Viel Geld ($10 p. P.) verschlingen auch die Eintrittsgebühren für die Nationalparks. Günstig essen kann man dagegen bereits für $4–5 in einer Soda. Auch öffentliche Verkehrsmittel sind sehr preiswert.

Die Hotel- und Restaurantpreise der mittleren und höheren Preisklasse entsprechen oft dem europäischen Preisniveau. Für eine Übernachtung in einem Mittelklassehotel zahlt man $35–80, ein Hauptgericht in einem guten Restaurant kostet ca. $10–16. Am teuersten sind die Touristenzentren Montezuma, Tamarindo, die Urlaubsorte am Nordpazifik oder Manuel Antonio. In der Nebensaison fallen die Preise mitunter um 20–30 %.

Nicaragua ist besonders für anspruchslos Reisende ein sehr günstiges Reiseland. Deshalb trifft man hier auch auf deutlich mehr Rucksackreisende als in Costa Rica. Die Preise jedoch variieren erheblich, je nachdem, wo man sich aufhält – in Touristenzentren wie San Juan del Sur sind die Preise um einiges höher als in abgelegenen Dörfern. Die Preise in der Region um den Río San Juan sind grundsätzlich etwas höher als im Rest des Landes.

Achtung, **versteckte Kosten**: In Costa Rica und in Nicaragua werden auf Zimmer- und Essenspreise 13 % **Mehrwertsteuer** (in Nicaragua 15 %) aufgeschlagen. Eigentlich müssen diese jedoch im ausgewiesenen Preis enthalten sein. Auf Speisekarten sind manchmal zwei Preise angegeben, mit und ohne Steuern. In Restaurants werden außerdem 10 % **Servicesteuer** der Rechnung hinzugefügt. Die in diesem Reiseführer angegebenen Preise beinhalten alle Steuern.

Was kostet wie viel?	
Costa Rica	
Mineralwasser	$0,90–1,20
Cola	$1–1,60
Bier im Restaurant	$1,60–2,80
Kaffee	$1
Abendessen in der Soda/im Restaurant	$5/12–20
Hotelzimmer (DZ)	$35–80
Schlafsaalbett	$13
1 Liter Benzin (Super)	$1,25
Mietwagen mit Vierradantrieb in der Hauptsaison pro Woche in der Nebensaison pro Woche	ca. $400 $320
Nicaragua	
Mineralwasser, Cola, Bier im Supermarkt im Restaurant/Café	$0,80 $1,20
Kaffee	$1
Abendessen	$5–15
Hotelzimmer (DZ)	ab $35
Schlafsaalbett	$8–10
1 Liter Benzin (Super)	$1,25
Mietwagen mit Vierradantrieb	$75
in der Hochsaison pro Tag, inkl. Versicherung und Steuern; Versicherungspflicht; Angebote je nach Mietdauer	

© OLIVER KIESOW

Traveltipps von A bis Z

Anreise

Am schnellsten und bequemsten reist man mit dem Flugzeug von Europa nach Costa Rica. Leider gibt es keine Direktflüge von Deutschland nach San José, der Hauptstadt Costa Ricas. Bei der Einreise muss ein Rück- oder Weiterflugticket vorliegen, das innerhalb der 90-tägigen Aufenthaltserlaubnis (s. Visa) datiert ist.

Mit dem Flugzeug

Die schnellste Verbindung nach Costa Rica bieten die Fluggesellschaften Condor und Iberia an.

Condor, 🖵 www.condor.de, fliegt in der Hochsaison mindestens zweimal wöchentlich von Frankfurt – mit einem ungefähr zweistündigen Zwischenstopp in Santo Domingo – nach San José. Reisezeit rund 15 Std.

Iberia, 🖵 www.iberia.de, fliegt von verschiedenen deutschen Flughäfen nach Madrid und von dort täglich nonstop nach San José. Reisezeit ca. 15 1/2 Std.

Für die Einreise als Tourist benötigen deutsche Staatsangehörige, Schweizer und Österreicher kein Visum; s. auch Visa, S. 73.

Über Nordamerika

Etwa 3–5 Stunden länger dauern die Flüge von Europa über Nordamerika nach San José. Der Transitaufenthalt in den USA gilt bereits als Einreise ins Land. Transitreisende müssen daher vor Reiseantritt über die Webseite 🖵 https://esta.cbp.dhs.gov/esta/ eine Reisegenehmigung

Rückflug

Bei Charterflügen ist es sinnvoll, den Rückflug 72 Stunden vorher zu bestätigen, selbst dann, wenn das Ticket einen OK-Status aufweist. In der Hauptsaison sind viele Flüge überbucht und ohne Rückbestätigung kann es vorkommen, dass der reserviert geglaubte Platz nicht zur Verfügung steht. Die Rückbestätigung kann mit Hilfe eines Reisebüros oder direkt im Büro der Airline stattfinden.

beantragen, ausdrucken und per Kreditkarte die $14 Visumgebühren zahlen. Für den Rückflug ist keine weitere Genehmigung nötig. Urlauber, die über die USA nach Costa Rica fliegen, sollten sich zudem auf lange und strikte Sicherheitsmaßnahmen (Fingerabdrücke, Fotos vom Auge, Befragungen etc.) am jeweiligen US-Flughafen einstellen. Auch das Gepäck muss neu eingecheckt werden.

Zu den Airlines, die über Nordamerika fliegen, gehören u. a.: **Lufthansa/Delta**, 🖵 www.lufthansa.com (über Atlanta), **American Airlines**, 🖵 www.aa.com, und **Continental**, 🖵 www.continental.com (über Newark). Außerdem bietet die kolumbianische Fluggesellschaft **Avianca**, 🖵 www.avianca.com, Flüge von Frankfurt via Bogotá (Kolumbien) nach San José an.

Nach Nicaragua

Die gängigste Flugverbindung von Deutschland nach Nicaragua bietet **Lufthansa/United**, 🖵 www.lufthansa.com, via Miami an.

Flugtickets

Flüge können über ein Reisebüro, über Internet-Fluganbieter oder direkt bei den Fluggesellschaften gebucht werden, doch sind diese Angebote meist teurer als jene über Reisebüros. Inzwischen werden nur noch E-Tickets ausgestellt.

Flugpreise

Über Weihnachten, Ostern und in den Sommerferien sind die Flüge nach Costa Rica am teuersten. Am günstigsten fliegt man in der Nebensaison, d. h. zwischen Ostern und Ende Juni oder in den Monaten September und Oktober. Die besten Schnäppchenpreise bietet Condor an. Die Preisermäßigungen für Kinder sind von Fluggesellschaft zu Fluggesellschaft unterschiedlich. Auch die Richtlinien und Preise für die Mitnahme von Sportgepäck setzt jede Airline anders.

Flüge online buchen

Um Flüge online zu buchen, muss man kein Reiseexperte sein. Am besten beschränkt man sich bei der Suche auf einige der etablierten Reiseportale. Auch die Seiten der Fluggesellschaften

Der Klimawandel ist vielleicht das dringlichste Thema, mit dem wir uns in Zukunft befassen müssen. Wer reist, erzeugt auch CO_2: Der Flugverkehr trägt mit einem Anteil von bis zu 10 % zur globalen Erwärmung bei. Wir sehen das Reisen dennoch als Bereicherung: Es verbindet Menschen und Kulturen und kann einen wich-

nachdenken • klimabewusst reisen

tigen Beitrag für die wirtschaftliche Entwicklung eines Landes leisten. Reisen bringt aber auch eine Verantwortung mit sich. Dazu gehört darüber nachzudenken, wie oft wir fliegen und was wir tun können, um die Umweltschäden auszugleichen, die wir mit unseren Reisen verursachen. Wir können insgesamt weniger reisen – oder weniger fliegen, länger bleiben und Nachtflüge meiden (da sie mehr Schaden verursachen). Und wir können einen Beitrag an ein Ausgleichsprogramm wie 🖳 **www.atmosfair.de** leisten.

Dabei ermittelt ein Emissionsrechner, wie viel CO_2 der Flug produziert und was es kostet, eine vergleichbare Menge Klimagase einzusparen. Mit dem Betrag werden Projekte in Entwicklungsländern unterstützt, die den Ausstoß von Klimagasen verringern helfen.

lohnen einen Blick, da es hier oft besondere On-line-Tarife gibt. Grundsätzlich sollte man darauf achten, dass Kreditkartendaten verschlüsselt übertragen werden.

In den endlosen, verwirrenden Listen Hunderter Anbieter sind günstige Offerten eher selten. Auch der Service lässt zu wünschen übrig, und ein Reisebüro hat immer noch den Vorteil, dass es dort einen Ansprechpartner gibt, der bei Problemen kontaktiert werden kann.

Wer flexibel ist oder schon bald losfahren möchte, findet auch Last-Minute-Angebote oder Sondertarife für Flüge, Hotelzimmer oder Tickets, die teils nur im Netz von Veranstaltern, Hotels oder Airlines offeriert werden.

Am Flughafen

Im Flughafengebäude gibt es einige Banken mit Geldautomaten, eine Post und ein Touristenbüro. Wer Bargeld umtauschen will, sollte dies erst in einer Bank in San José tun, die Umtauschgebühren am Flughafen sind unverschämt hoch.

Flughafentransfer

Der Aeropuerto Internacional Juan Santamaría liegt – je nach Verkehrsaufkommen – rund 40 Minuten vom Stadtzentrum entfernt. Öffentliche **Busse** nach Alajuela und ins Zentrum von San José fahren von der Hauptstraße vor dem Flug-

hafengebäude ab. Die Busse kommen jedoch oft bereits überfüllt an, für Gepäck gibt es nur wenig Platz. Die Fahrt ins Zentrum dauert bei guten Verkehrsverhältnissen eine gute Stunde. Der Busfahrer akzeptiert nur Colones.

Auffällig orangefarbige **Flughafentaxis** warten direkt vor dem Flughafeneingang, 🖳 www.taxiaeropuerto.com, ✆ 2221-6865. Je nach Strecke und Verkehr kostet eine Fahrt ins Zentrum rund $25–30. Jedes Taxi sollte mit laufendem Taxameter fahren. Falls nicht: *Ponga la maria, por favor* – Bitte stellen Sie den Taxameter an. Die Fahrer akzeptieren Dollar. Manche Hotels bieten kostenlosen Flughafentransfer, sofern der Gast erwartet wird.

Steuern am Flughafen

Die **Ausreisesteuer** am Aeropuerto Juan Santamaría in San José beträgt $29. Gleich rechts neben dem Eingang im Abflugbereich befinden sich einige Schalter, an denen man die Steuer entrichten muss. Der Beleg ist gleichzeitig die Ausreisekarte, die gewissenhaft ausgefüllt werden muss. Kreditkartenzahlung ist möglich, aber teurer, da Gebühren aufgeschlagen werden. Die **Einreisesteuer** von rund $15 ist bereits im Flugticketpreis enthalten.

Vorsicht: Falle

San Josés Taxifahrer erhalten eine Kommission für jeden Gast, den sie einem Hotel bringen. Je teurer das Hotel, desto besser der Verdienst. Die Fahrer greifen deshalb gelegentlich zu unlauteren Mitteln und behaupten, das Hotel oder die Herberge hätte kürzlich geschlossen oder wäre umgezogen. Tipp: Nicht glauben, Taxi wechseln.

Außerdem bietet das **Shuttlebus**-Unternehmen Interbus, 🖳 www.interbusonline.com. Flughafentransfers zu verschiedenen Hotels in San José an ($15 p. P., eine Reservierung ist notwendig).

Auf dem Landweg

Zwischen Costa Rica und den übrigen mittelamerikanischen Staaten pendeln täglich mehrere Überlandbusse (s. Regionalkapitel „San José"). Viele Expats nutzen die Verbindung, um ihre Visa zu verlängern – und Touristen, um einmal nach Panama oder Nicaragua hineinzuschnuppern (s. auch Regionalkapitel „Süd-Nicaragua")

Botschaften und Konsulate

Vertretungen Costa Ricas und Nicaraguas im Ausland

Deutschland
Botschaft von Costa Rica
Dessauer Str. 28/29, 10963 Berlin
✆ 030-26398990
🖳 www.botschaft-costarica.de
🕐 Mo–Do 9.30–13 und 14–17.30, Fr 9.30–13 und 14–16.30 Uhr
Konsularische Anfragen nur nach Vereinbarung

Honorarkonsulate von Costa Rica
Meyerhofstraße 8, 22609 Hamburg
✆ 040-801395
✉ rica@congenricahh.de
🕐 Di und Do 10–12 Uhr und nach Vereinbarung
Niederkirchweg 22, 65934 Frankfurt/Main
✆ 069-39043656
✉ confrancfort@googlemail.com
🕐 Mo und Mi 10–13 Uhr und nach Vereinbarung
Marienstraße 8, 30171 Hannover
✆ 0511-281127
✉ consulcrhannover@aol.com
🕐 Di und Fr 12–14 Uhr
Brandvorwerkstr. 52/54, Büro 309, 04275 Leipzig
✆ 0341-9096732;
✉ leipzig@konsulat-costa-rica.de
🕐 Mo und Do 9–12 Uhr

Botschaft von Nicaragua
Joachim-Karnatz-Allee 45, 10557 Berlin
✆ 030-2064380
✉ embajada.berlin@embanic.de
🕐 Mo–Fr 9–13 Uhr

Honorarkonsulate von Nicaragua
Bertha von Suttner-Ring 20, 60598 Frankfurt a. M.
✆ 069-68608931
✉ martha_buhl@hotmail.com;
Osterwaldstraße 95, 80805 München
✆ 089-25542530
🖳 www.konsulat-nicaragua.de

Österreich
Botschaft von Costa Rica
Wagramerstr. 23, 1220 Wien
✆ 01-2633824
✉ embajadaaustria_costa.rica@chello.at
🕐 Mo–Fr 9–16 Uhr

Honorargeneralkonsulat der Republik Costa Rica
Hagenauerstr. 5, 5020 Salzburg
✆ 0662-441386
✉ zeilinger@salzburg.co.at
🕐 Mo–Fr 8–13 Uhr

Botschaft von Nicaragua
Ebendorferstr. 10, 1010 Wien
✆ 0043-1-4031838
✉ embanicviena@chello.at
🕐 Mo–Fr 9.30–12.30 Uhr

Schweiz

Botschaft von Costa Rica
Marktgasse 51, 3011 Bern
☏ 031-3727887
✉ costa.rica@bluewin.ch
⊕ Mo–Fr 9–16 Uhr

Honorarkonsulat von Costa Rica
Case postale 85, Chemin de Mornex 38,
1001 Lausanne
☏ 021-3127764

Botschaft von Nicaragua
Rue de Vermont 37/39, 1202 Genève
☏ 022-7405160
✉ mission.nicaragua@cancilleria.gob.ni

Honorarkonsulat von Nicaragua
C.P. 5434, 6901 Lugano
☏ 091-9212812
✉ cons.nicaragua@bluewin.ch

Ausländische Vertretungen in Costa Rica

Deutsche Botschaft
Torre Sabana, 8. Etage,
300 m westlich vom ICE-Gebäude
in Sabana Norte, San José
(Postadresse: Apdo. 4017-1000 San José,
10102 Costa Rica)
☏ +506/2290-9091
🖥 www.san-jose.diplo.de
⊕ Mo–Do 7.30–16.30, Fr 7.30–13.30 Uhr
Notfalltelefon: ☏ +506/8381-7968
(mobil; nur in extremen Notfällen
Mo–Fr 16.45–24, Sa,
So und Feiertage 7.30–24 Uhr)

Österreichisches Konsulat
Centro Corporativo La Nunciatura, Boulevard
Rohrmoser, 100 m südl. der Librería
Internacional, San José
☏ +506/2291-6142
✉ consulado.austria@cr4a.com
⊕ Mo–Fr 9–12 und 14–16 Uhr.
Als Botschaft ist die **österreichische Botschaft
in Mexiko** zuständig: Sierra Tarahumara 420,
Colonia Lomas de Chapultepec,
11000 Mexico, D.F., ☏ +52/55-5251-0806,
🖥 www.aussenministerium.at/mexiko

Schweizer Botschaft
Paseo Colón, Edificio Centro Colón, San José
(Postadresse: Embajada de Suiza, Apartado 895,
Centro Colón, 1007 San José, Costa Rica)
☏ +506/2221-4829,
🖥 www.eda.admin.ch/sanjose
⊕ Mo–Fr 9–12 Uhr, Telefonsprechstunde Mo–
Do 8–12 und 13.30–16, Fr 8–12 Uhr.

Ausländische Vertretungen in Nicaragua

Deutsche Botschaft
Managua; an der Landstraße nach Masaya,
vom „Colegio Teresiano" 1 Block südlich und
einen Block die Straße hinunter
☏ +505/2255-6920, ✉ info@managua.diplo.de
⊕ Mo, Di, Do 7.30–16, Mi, Fr 7.30–13 Uhr
Notfallnummer: ☏ 8882-3971

Österreichisches Konsulat
Managua; von der Plaza España 100 m in
Richtung See
☏ +505/2266-3316, ✉ managua@ada.gv.at
Als Botschaft ist die österreichische Botschaft
in Mexiko zuständig (s. o.).

Schweizer Konsulat
Managua; am „Jean-Paul-Genie-Kreisel" 900 m
die Straße hinunter und 150 m in Richtung See
☏ +505/2266-7328, ✉ consulado.managua@
sdc.net
Als Botschaft ist die schweizerische Botschaft
in Costa Rica für Nicaragua zuständig (s. o.).

Einkaufen

Proviant

Selbstversorger haben keine Probleme in Costa Rica. Ihnen steht ein dichtes Netz an Supermärkten zur Verfügung. Fast jedes Pueblo (Dorf)
hat einen **Palí** (die costa-ricanische Variante
von Aldi oder Lidl). Eine größere Auswahl gibt
es im **Perimercado** oder **Más X Menos**; die Spitze der Supermarkthierarchie führt der **Automercado** an, der auch internationale Produkte führt.

Wer mit dem Auto unterwegs ist und vorhat, seinen Urlaub an der Pazifikküste zu verbringen, sollte seinen Proviant zuvor im Landesinneren aufstocken – die Auswahl der **Minimercados** (Minisupermärkten) und **Pulperías** („Tante-Emma-Lädchen") in den Touristenzentren ist oft begrenzt und überteuert.

Günstiges, frisches Obst und Gemüse findet man auf jedem **Mercado Central** (Markt). Ökoprodukte führen die zahlreichen **Macrobióticas** (Ökoläden) des Landes. Größter Ökoproduzent in Costa Rica ist Bioland, der auch biologisch abbaubare Seifen und Shampoos herstellt.

Souvenirs

Ein beliebtes Mitbringsel für Freunde und die Familie daheim ist costa-ricanischer Kaffee. Achten sollte man beim Kauf unbedingt auf Exportqualität. Verkauft werden die koffeinhaltigen Bohnen in den meisten Supermärkten oder auf San Josés Mercado Central, dem Schnäppchenort für Souvenirjäger. Dort findet man auch den Chorreador de café, ein einfaches Holzgestell mit Stoffsäckchen, in dem – glaubt man den Ticos (Costa Ricanern) – der Muckefuck sein bestes Aroma entfaltet. Weniger abwechslungsreich ist der Besuch Sarchís, des größten Zentrums für Holzschnitzkunst in Costa Rica. Wen der Kommerz nicht stört, findet hier mit Sicherheit den passenden Schaukelstuhl oder bunt dekorierten Ochsenwagen – die Auswahl ist enorm. Ochsenwagen und Schaukelstühle sind zusammenlegbar und werden von den Geschäften gegen einen Aufpreis per Schiff nach Europa versandt.

Costa Ricas **Kunsthandwerk** hat durch den Tourismus einen neuen Aufschwung erlebt und ist besonders für die vom Staat vernachlässigten Indianerreservate eine wichtige Einnahmequelle. Großer Beliebtheit erfreuen sich die kunstvoll geschnitzten Teufelsmasken aus dem Indianerreservat Boruca (s. Kasten S. 343). Eine Maske, die eine Fiesta durchtanzt hat und vom Tänzer handsigniert wurde, steigt in ihrem Wert. Wer den weiten Weg nach Boruca zeitlich nicht schafft, kann die Mascaras und weiteres Kunsthandwerk aus den Reservaten zum fairen Preis in der Galería Namú in San José kaufen (S. 132).

Handbemalte **Keramik** nach alter Chorotega-Tradition wird in Guaitil (Guanacaste) hergestellt (S. 259, Kasten „Töpfernde Füße").

Die staubige Heimat des Sabanero – des costa-ricanischen Cowboys – ist auch der beste Ort, um robuste **Leder**hüte, -stiefel und -sättel aufzutreiben.

Originelle Andenken aus Nicaragua findet man auf dem Inselarchipel Solentiname, wo Artesano-Familien leuchtend bunte Schildkröten, Störche und Fische aus **Balsaholz** schnitzen. Die Balsabäume werden auf der Insel wiederaufgeforstet und wachsen innerhalb von wenigen Jahren nach. Auch **Gemälde** aus der Escuela Primitivista, die Ernesto Cardenal (S. 434, Kasten „Dichter, Priester, Revolutionär") einst auf dem Archipel gründete, sind auf Solentiname erhältlich.

Ein kritisches Auge sollten Urlauber beim Souvenirkauf haben, denn allzu oft mischen sich Schildkrötenpanzer, aufgespießte Schmetterlinge und Käfer, illegal gerodete Edelhölzer oder Produkte aus Kaimanleder unter das Angebot.

Essen und Trinken

Comida Típica

Die traditionelle costa-ricanische Küche, die sogenannte Comida típica, ist eine bäuerliche Küche, in der stärkehaltige Zutaten wie Reis, Mais, Maniok, Kochbananen und außerdem viel Fleisch und Fett dominieren. Die *comida tica* und *nica* (costa-ricanische und nicaraguanische Hausmannskost) liefert die nötige Energie für harte Feldarbeit – oder lange Urwaldtreks.

Bereits zum *desayuno* (Frühstück) wird in Costa Rica und in Nicaragua **Gallo Pinto** gegessen – gebratener Reis, mit schwarzen Bohnen vermischt, und Spiegel- oder Rührei obendrauf. Dazu gibt es Maistortillas und Sauerrahm. Noch üppiger fällt das *almuerzo* (Mittagessen) oder die *cena* (Abendessen) aus. Costa Ricas Nationalgericht **El Casado** (wörtlich übersetzt: „der Verheiratete") besteht je nach Wunsch aus einem Stück Huhn, Fisch oder Fleisch. Als Beilage

Tamales bereiteten die Indigenen bereits vor Tausenden von Jahren zu.

In Guanacaste, dem Nordwesten Costa Ricas, wurde die Küche stark von den aus Mexiko eingewanderten Chorotega-Indianern beeinflusst. Sie brachten Maispflanzen aus ihrer Heimat mit. Noch heute werden die gelben Körner zu leckeren **Tortillas** (Maisfladen), **Rosquillas** (Maisgebäck) und **Pozole** (Fleischeintopf mit Mais) verarbeitet. **Tamales** – Maistaschen, in Bananenblätter eingewickelt und mit Käse oder Fleisch gefüllt – sind ein fester Bestandteil des costa-ricanischen Weihnachtsessens.

Je näher zur Küste hin, desto reicher wird die Auswahl an **Fisch und Meeresspezialitäten**. *Corvina* (Seebarsch), *dorado* (Goldmakrele), *atún* (Thunfisch) oder *pargo* (Goldbarsch) sind dabei die häufigsten Vertreter. Bestellen kann man sich den Fisch *frito* (gebraten), *a la plancha* (gegrillt) oder einmal ganz anders: roh, klein geschnitten und in Zitronensaft, Zwiebeln und Knoblauch mariniert; das Resultat ist köstlich und nennt sich *ceviche*. Die Eier der inzwischen unter Schutz gestellten Meeresschildkröten gelten unter Costa Ricanern leider nach wie vor als Delikatesse (S. 257, Kasten „Legale Eier").

Der costa-ricanischen Küche fehlt es oft an Würze. „Nachpfeffern" kann man aus dem **Chilero**, einem großen Glasgefäß, in dem Chilis, Gurken, Knoblauch und Zwiebeln in Essig eingelegt sind. Erheblich pikanter ist die Küche an der **Karibikküste**: An der costa-ricanischen und nicaraguanischen Karibikküste wird mit Ingwer, Muskat und Koriander gewürzt. Nach frischer Kokosnuss schmecken der Fisch, das Brot und die Soßen (S. 389, Kasten „Karibische Küche").

Am günstigsten und typischsten isst man in einem Esslokal, das **Soda** (in Nicaragua auch **Comedor**) genannt wird, einer kleinen, einfachen Imbissstube, in der für einen üppigen Casado nicht als mehr $5 verlangt werden. Beträchtlich teurer sind die **Restaurantes**.

Weitere Informationen im kulinarischen Wörterbuch auf S. 451.

werden Reis, Bohnen, gebratene Kochbananen *(plátanos)* und Salat serviert.

Weitere beliebte Hauptspeisen sind der **Olla de Carne**, ein kräftiger Fleisch- und Gemüseeintopf, die **Sopa Negra** – Bohnen, diesmal als Suppe angerichtet – oder **Peyiballe** – nussige Palmenherzen in Salzwasser gekocht. Ebenfalls aus der Palmenfrucht wird der schmackhafte **Ensalada de Palmitos** zubereitet.

Beliebte Desserts sind *tres leches*, ein Kuchen, der in Sahne, Kondens- und Vollmilch schwimmt, oder *churros* – lange Brandteigspiralen, die frittiert, mit Zucker bestreut und in den heißen Kaffee getunkt, gegessen werden. Eine Delikatesse zum Osterfest ist **Miel de Chevirre**. Mit der Konfitüre aus der kürbisartigen Chiverre-Frucht werden zur Semana Santa die Teigtaschen *(empanadas)* gefüllt. Gesünder aber mindestens ebenso süß ist ein Nachtisch aus **Obst**. Aus Bananen, Melonen, Ananas, Mangos, Sternfrucht und Papayas werden u. a. leckere **Ensaladas de frutas** (Obstsalate) gezaubert.

Internationale Küche

Der Zustrom an Touristen und Expats aus aller Welt hat Costa Ricas Gastronomie immens bereichert. In San José und den größeren Tou-

Im fleischliebenden Mittelamerika wird auch ein Vegetarier satt. Allerdings ist fleischlose Kost abseits der Touristenzentren vorwiegend auf Bohnen und Reis (Gallo Pinto) beschränkt. Auf Nachfrage werden auch (recht fade) Gemüse- und Salatteller zubereitet. Eine Alternative zu den täglichen Bohnen sind die Empanadas de Queso (mit Käse gefüllte Teigtaschen) oder vegetarisches Chopsuey, das in den zahlreichen China-Restaurants in Costa Rica angeboten wird.

In den größeren Städten und Touristenzentren wie Tamarindo, Montezuma, Puerto Viejo oder San Juan del Sur (Nicaragua) können Vegetarianos endlich zuschlagen: Hier stehen eine Vielfalt von Tofugerichten, asiatischen Currys oder vegetarischem Sushi auf der Speisekarte. Sogar Veganer und Rohköstler werden mitbedacht. In San José und Heredia bietet außerdem die vegetarische Schnellrestaurantkette Vishnu fleischlose Hamburger und üppige Gemüseteller zu günstigen Preisen an.

ristenzentren lockt eine internationale, experimentierfreudige Restaurantszene mit köstlichen Gerichten aus den Tropen, Thailand, dem Libanon oder Frankreich.

Getränke

Costa Ricas Bebidas (Getränke) tragen den Geschmack und die Süße der Tropen in sich, jeder Schluck ist wie ein Kuss aus dem üppigen Garten Eden. Aus Bananen, Ananas, Papayas oder Mangos werden köstliche **Frescos** zubereitet, die je nach Geschmack mit Wasser, Milch, Joghurt oder cremiger Sahne vermischt werden.

Das erfrischende **Agua de Pipa** (S. 322, Kasten „Lebensretter Kokosnuss"), trinkt man dagegen rein und klar, mit Strohhalm, direkt aus der Kokosnuss. Mutter Natur darf auch im **Chicha** (fermentiertes Maisgetränk) und den **Cocktails** nicht fehlen: Hier wird den tropischen Früchten süßer Zuckerrohrschnaps *(guaro)* beigemengt. Wer lieber beim Gewohnten bleibt und gern ein

kühles **Bier** zischt: Zwei costa-ricanische Brauereien brauen Imperial, Pilsen oder Bavaria-Bier. **Wein** ist in jedem Restaurant und Supermarkt zu haben. Besonders chilenische Weine sind in Costa Rica beliebt und recht günstig.

In Restaurants beinhaltet die Rechnung 10 % *servicio*. Dies ist kein **Trinkgeld**, sondern ein Teil des Gehalts. Wer mit dem Service zufrieden ist, sollte ruhig noch etwas drauflegen.

Fair reisen

Reisen wirkt sich auf die Umwelt und die besuchten Menschen aus. Das reicht von der An- bzw. Abreise über die Arbeitsbedingungen für Angestellte der Tourismusbranche bis zur Nutzung lokaler Ressourcen und dem Entstehen von Abfällen. Touristen verbrauchen durchschnittlich mehr Wasser und Strom und produzieren mehr CO_2 und Müll als die Einheimischen. Beschäftigte im Tourismus werden meist schlecht bezahlt. Auch werden im Tourismus Menschenrechte verletzt, z. B., wenn Einheimische von ihrem Land vertrieben werden, damit neue Hotelanlagen entstehen können, oder wenn Einheimische unter Wassermangel leiden, während Touristen nebenan bewässerte Golfplätze genießen. Zudem gibt es in Costa Rica nach wie vor ein großes Problem mit Sextourismus und immer wieder Fälle von Prostitution Minderjähriger.

Natürlich hat der Tourismus auch gute Seiten. Er hat vielen Menschen einen Weg aus der Armut gezeigt, ihnen ermöglicht, einen Beruf zu ergreifen, sich weiterzubilden. Er stimuliert lokale Investitionen, verbindet Kulturen und trägt zur Gleichberechtigung der Geschlechter bei. Vielerorts hat er Naturräume geschützt, die ohne Touristen dem Kommerz zum Opfer gefallen wären.

Tipps für umweltbewusstes und sozial verträgliches Reisen

Beim Reisen ist jeder Einzelne gefordert, auch in Ländern, in denen die Bevölkerung sich selbst nicht immer umweltbewusst verhält. Das Ar-

Einrichtungen, die sich durch besonders umweltfreundliches oder sozial verträgliches Verhalten auszeichnen, sind in diesem Buch mit einem Baumsymbol gekennzeichnet. Sie verwenden zum Beispiel Solarenergie, bieten Bioprodukte an, nutzen Trockentoiletten, zahlen faire Löhne, investieren ihre Gewinne in soziale Projekte, propagieren einen nachhaltigen Tourismus oder stellen Besuchern Informationen für umweltverträgliches Verhalten bereit.

gument: „Die Einheimischen machen das doch auch", ist wenig überzeugend. Besser ist es, mit gutem Beispiel voranzugehen und die goldene Regel anzuwenden: Alle Plätze so verlassen, wie man sie selbst gerne vorfinden würde.

Umweltbewusst reisen

■ Den durch die An- bzw. Abreise verursachten CO_2-Ausstoß (Flug, Bus, Schiff, Zug) mithilfe des Kompensationsprogramms einer nachweislich korrekt agierenden Klimaagentur neutralisieren (S. 35).

■ Keine **Souvenirs** aus bedrohten Pflanzen oder Tieren kaufen! Das Washingtoner Artenschutzabkommen verbietet deren Import nach Europa.

■ **Klimaanlagen** vermeiden bzw. in jedem Fall Licht und AC ausstellen, wenn man das Zimmer verlässt.

■ Mit **Wasser** immer sparsam umgehen. Duschen statt baden.

■ **Pfandflaschen** kaufen, auf Dosen verzichten. Softdrinks nicht in Plastiktüten umfüllen lassen!

■ Statt mit **Batterien** mit aufladbaren Akkus reisen. Wenn sich Batterien nicht vermeiden lassen, diese mit nach Hause nehmen!

■ Toilettenpapier und andere **Hygieneartikel** nicht in die Toilette, sondern in die daneben stehenden Eimer werfen!

■ Von zu Hause biologisch abbaubare **Shampoos und Seifen** mitbringen.

■ Für Einkäufe einen **Baumwollbeutel** mitbringen; die Ware nicht in Tüten packen lassen.

Sozial verantwortlich reisen

■ Auf **respektvollen Umgang** mit der Bevölkerung und den Angestellten der Tourismusbetriebe achten und ggf. auch Mitreisende darauf hinweisen.

■ Den persönlichen **Wohlstand nicht zur Schau stellen**. Bettelnden Kindern kein Geld geben. Wirksamer ist es, einer lokalen Kinderhilfsorganisation Geld zu spenden.

■ Kleinen lokalen Hotels, Restaurants, Reiseveranstaltern, Guides etc. gegenüber großen nationalen und internationalen Ketten den Vorzug geben – das erhöht die Chance, **zu lokalen Einkommen beizutragen**.

■ Kunsthandwerk möglichst direkt beim Produzenten (z. B. in den Indianerreservaten) kaufen.

■ Landwirtschaftliche **Produkte aus der Umgebung** statt importierte Waren kaufen.

■ Auf **fair gehandelte und biologisch erzeugte Waren** zurückgreifen und danach fragen.

Besuch von Naturschutzgebieten, Trekking- und Kajaktouren

■ Darauf achten, dass der **ökologische Fußabdruck** minimiert wird: Müll vermeiden oder mit in die nächste Stadt nehmen sowie Flora und Fauna ungestört lassen.

■ Ehrgeizige Reisende sammeln den herumliegenden **Müll** auf einer Trekkingroute bzw. am Flussufer auf – eine schöne Art, Mitreisende und die lokale Bevölkerung für das Thema zu sensibilisieren.

■ Beim **Buchen eines Treks** möglichst darauf achten, dass die Agentur ihren Mitarbeitern (Guides etc.) gute Bezahlung, Ausrüstung, Verpflegung etc. garantiert. In ländlichen Gebieten nachfragen, ob die lokale Bevölkerung von dem Besuch profitiert

Nützliche Adressen

Wer mehr zum Thema „umweltfreundliches und sozial verantwortliches Reisen" wissen möchte, findet bei folgenden Adressen Anregungen:
Brot für die Welt – Tourism Watch, Caroline-Michaelis-Str. 1, 10115 Berlin, 030- 652111806, www.tourism-watch.de. Auf der Website

sind Hintergrundberichte zu den Themen Tourismuspolitik, Umwelt, Menschenrechte und Wirtschaft in Englisch und Deutsch verfügbar. Darüber hinaus findet man dort Links, Literaturkritiken und aktuelle Veranstaltungshinweise.

CSR-Tourism-Certified und Forum anders reisen, 🖳 www.tourcert.org, www.forum andersreisen.de. Seit 2009 können sich Tourismusunternehmen mit dem Siegel „CSR-Tourism-Certified" auszeichnen lassen. Es bewertet die gesamte Dienstleistungskette einer Reise. Die meisten Reiseveranstalter, die das erste faire Tourismussiegel bislang erhalten haben, sind im forum anders reisen zusammengeschlossen. Sie streben eine nachhaltige Tourismusform an, die laut eigenen Angaben „langfristig ökologisch tragbar, wirtschaftlich machbar sowie ethisch und sozial gerecht für ortsansässige Gemeinschaften sein soll".

Fair einkaufen – aber wie? 🖳 www.fair einkaufenaberwie.blogspot.de. Der Ratgeber für fairen Konsum gibt in seinem Tourismus-Kapitel u. a. einen Überblick über die Schattenseiten des Tourismus, die negativen Auswirkungen des Flugverkehrs und die sexuelle Ausbeutung von Kindern. Viele Tipps und Adressen helfen Verbrauchern, fairer und nachhaltiger zu reisen.

Fair unterwegs, Arbeitskreis Tourismus & Entwicklung, Missionsstr. 21, 4003 Basel, 📞 +41-61-2614742, 🖳 www.fairunterwegs.org. Sehr umfangreicher Webauftritt mit aktuellen Hintergrundinfos, Themen, die von Menschenrechten über Ethik bis zu Tourismuskritik reichen, Länderprofilen und zahlreichen Tipps zum fairen Reisen. An junge Leute richten sich die Infos und Angebote (z. B. zu Freiwilligenarbeit) im Bereich „jung&fair".

Studienkreis für Tourismus und Entwicklung e. V., Bahnhofstr. 8, 82229 Seefeld-Hechendorf, 📞 08152-999010, 🖳 www.studienkreis.org. Der Verein, der sich mit entwicklungsbezogener Informations- und Bildungsarbeit im Tourismus beschäftigt, ist Herausgeber der Sympathie-Magazine. Die Hefte ermöglichen einen Blick hinter die touristischen Kulissen europäischer und außereuropäischer Reiseziele und schaffen so ein Bewusstsein für die Lebensweisen der Menschen im Gastland.

Traverdo, 🖳 www.traverdo.de. Die Internetplattform präsentiert touristische Projekte, die auf kreative Weise Bildung und Einkommen für lokale Gemeinschaften gewährleisten und zum Erhalt ihrer Umwelt beitragen. Eine Suchmaschine ermöglicht die Eingrenzung nach Ländern, Reisekategorien oder Reiseterminen. Weitere Webadressen und Buchtipps unter 🖳 www.stefan-loose.de.

Feste und Feiertage

Januar / Februar

Mitte Januar – Fiesta de Santa Cruz: die Gelegenheit, guanatekische Sabanero-(Cowboy) Kultur live zu erleben. Rodeos, Recorridos de Toro (s. Kasten S. 264), Musik

Gesetzliche Feiertage

An den Días feriadas (gesetzlichen Feiertagen) haben Banken, Büros und die meisten Geschäfte geschlossen. Auch der öffentliche Transport wird eingeschränkt. An den nicht obligatorischen Feiertagen bleiben Ämter und öffentliche Stellen geschlossen, alles andere ist geöffnet.

1. Januar	Neujahr
März/April	Semana Santa (Do und Fr vor Ostersonntag)
11. April	Día de Juan Santamaría
1. Mai	Tag der Arbeit
25. Juli	Anerkennung von Guanacaste durch Costa Rica
15. August	Mariä Himmelfahrt (nicht obligatorisch)
15. September	Unabhängigkeitstag
12. Oktober	Día de la Raza (Kolumbus-Tag; nicht obligatorisch)
25. Dezember	1. Weihnachtstag; Festlichkeiten an den Folgetagen

© JULIA REICHARDT

Fast zu jeder *fiesta popular* gehört ein bunter Maskenumzug.

und Volkstänze. Dazu gibt es frisch gebackene Maisspezialitäten. Yippiyeah!

31. 12–2. 1. – Fiesta de los Diablitos: für drei Tage erwachen die hölzernen Teufelsmasken im Indianerreservat Boruca zum Leben; junge, maskierte Männer kämpfen dann in Staub und Hitze gegen einen *toro* (Stier) aus Ästen und Jutesäcken. Dabei wird kräftig Chicha getrunken. Weniger touristisch und weniger geordnet findet das gleiche Spektakel in kleinerem Umfang Anfang Februar im benachbarten Curré statt (s. Kasten S. 343).

März / April

Mitte März – Día del Boyero (Tag des Ochsenwagenfahrers): farbenfrohe Ochsenwagenparade in San Antonio de Escazú.

Mitte März – Festival Internacional de las Artes (S. 108, Kasten „Festivals").

Ostern – Osterprozessionen, die im ganzen Land abgehalten wird.

11. April – Día de Juan Santamaría: Costa Rica feiert seinen Nationalhelden Juan Santamaría.

Eine Woche voller Paraden, Konzerte und Tänze. Die größten Feierlichkeiten finden in der Heimatstadt des Helden, Alajuela (S. 142), statt.

Juli

Mitte Juli – Fiesta de la Virgen del Mar: Üppig geschmückte Fischerboote fahren im Hafen von Puntarenas aus; außerdem Regatten, Paraden und Feuerwerk (s. auch Kasten S. 306).

25. Juli – Día de Guanacaste: 1824 entschieden sich die Guanateken dafür, sich von Nicaragua zu trennen und stattdessen Costa Rica anzuschließen. In ganz Guanacaste gibt es Rodeos, Folkloretänze, guanatekische Maisspezialitäten und Marimba-Musik.

August

1. und 2. August – Virgen de Los Angeles: der größte Wallfahrtszug in Costa Rica: Tausende von Gläubigen pilgern zur Negrita in Cartago (S. 158), hinterlassen silberne Miniaturbrüste, -beine und -augen und beten um Heilung ihrer Krankheiten.

September

14. und 15. September – Día de la Indepen-dencia: Ganz Mittelamerika feiert seine Unabhängigkeit von Spanien. Höhepunkt ist ein Staffellauf von Guatemala nach Cartago, Costa Ricas ehemaliger Hauptstadt. Der Läufer mit der Freiheitsfackel trifft am 14. September abends in Cartago ein und wird enthusiastisch gefeiert. Am folgenden Tag finden große, patriotische Paraden statt.

Oktober

Anfang–Mitte Oktober – Día de la Raza: bacchantische Karnevalsstimmung in der karibischen Hafenstadt Puerto Limón (S. 377, Kasten „Ein Karneval für Colón").

Dezember

Mitte Dezember – Fiesta de la Yeguita: ein Fest zu Ehren der Virgen de Guadalupe; alte indianische Rituale vermischen sich mit katholischem Glauben. Feuerwerk, Konzerte und guanatekische Gaumenfreuden.

Fotografieren

Fotografen müssen sich in Costa Rica auf extreme Lichtverhältnisse einstellen. Durch die starke Sonneneinstrahlung am Strand und die Dunkelheit im Regenwald gehören Blitzgerät, UV-Filter und Streulichtblende zur Grundausrüstung. Für Tierfotografie sollte man Stativ, Teleobjektiv und viel Geduld mitnehmen. Kamerazubehör, Speicherkarten und (teure!) Diafilme sind in San José erhältlich. Beim Filmkauf unbedingt auf das Haltbarkeitsdatum achten! (s. auch Verhalten.)

Frauen unterwegs

Costa Rica ist generell ein sicheres Reiseland für Frauen. Dennoch sollte „frau" sich bewusst sein, dass außerhalb der Touristenzentren „Machismo" herrscht, und das Verhältnis zwischen Mann und Frau deutlich weniger entspannt ist als in Europa.

Eine alleinreisende Frau in Costa Rica fällt auf und weckt grundsätzlich Neugierde. *Estás sola?* (Bist Du allein?) – *Estas casada?* (Bist Du verheiratet?) – *No tienes miedo?* (Hast Du keine Angst?), werden Globetrotterinnen häufig gefragt. Der Alltag in Costa Rica lässt wenig Spielraum zum Flirten. „Mann" kommt ohne Umschweifen schnell zur Sache. Frauen, die es nicht auf eine Romanze abgesehen haben und unangenehme Begegnungen vermeiden wollen, sollten daher von Anfang an eindeutige Signale und Grenzen setzen. Ein zu langer Blick, ein mitmenschliches Lächeln oder eine etwas überschwänglich ausgefallene freundschaftliche Begrüßung können sehr leicht missverstanden werden. Beiläufige Hinweise auf den Freund/Bruder/Ehemann wirken manchmal Wunder.

Typisch für ganz Lateinamerika sind die sogenannten *piropos* (Zischlaute und Zurufe). Das *mamacita, guapa, reina, muñeca* oder *amorcita* geht meist mit einer Fleischbeschau einher. Besonders betroffen sind blonde, blauäugige „Exotinnen" oder Frauen in sehr körperbetonter Kleidung. Piropos sollte „frau" jedoch gelassen ignorieren. Platzt doch einmal der Kragen, reichen ein deutliches *Déjeme en paz!* (Lassen Sie mich in Frieden!) oder *No me moleste!* (Belästigen Sie mich nicht!) in den allermeisten Fällen aus, um den Störenfried abzuschütteln. Weitere erprobte Abwehrmanöver sind weite Kleidung, unrasierte Beine oder ein auffälliger Ehering.

Zurückzischen verschlägt dem Macho entweder die Sprache oder verletzt seinen Stolz dermaßen, dass er mit Beleidigungen kontert. Vorsicht bei fremden Männern in San José, die Solo-Frauen zu alkoholischen Getränken einladen. Auch Piratentaxis (nicht offizielle Taxis) sollte „frau" meiden.

Geld

Costa Rica

Währung

Costa Ricas Landeswährung ist der **Colón** (C$). Im Umlauf sind Noten zu 1000, 2000, 5000 und 10 000, 20 000 und 50 000 Colones. Das Kleingeld besteht aus Münzen zu 5, 10, 25, 50 100 und 500 Colones. Die 2006 neu eingeführten Münzen sind gold und klein, die alten Münzen groß und silbern. 2011 wurden neue Banknoten eingeführt.

Viele Hotels, Restaurants, Tourveranstalter und Supermärkte mittlerer und höherer Preiskategorie akzeptieren kleinere Dollarbeträge (in Supermärkten meist bis zu $20). Das Wechselgeld erhält der Kunde dann meist in costaricanischer Währung. Für Bus- und Taxifahrten, Essen in kleinen Sodas und Einkäufen in kleineren Geschäften sollte man stets Colones zur Hand haben.

Geldwechsel

Urlauber sollten bereits mit Dollarnoten im Gepäck nach Costa Rica reisen. Dollares werden überall umgewechselt, Euros u. a. in den großen Banken in San José, (s. Regionalkapitel „San José"). Bei anderen Währungen (insbesondere bei nicaraguanischen Cordobas) wird es schwieriger.

Banken haben Mo–Fr von ca. 8.30 bis 15 Uhr geöffnet, einige auch am Samstagvormittag, die Geldwechselstuben der Hauptbanken teils sogar am Sonntag. Um Geld wechseln zu können, muss grundsätzlich der Reisepass vorgezeigt werden! Warteschlangen vor den Bankschal-

Schmutzige Dollarscheine

Keine stark verschmutzten oder eingerissenen Dollarnoten annehmen! Man wird sie auch mit dem charmantesten Lächeln nicht mehr los!

tern gehören in Costa Rica zum Alltag. Außerhalb der Banköffnungszeiten kann man auch auf Reisebüros und einige Hotels ausweichen, dort wird jedoch eine höhere Gebühr berechnet.

Bargeld

Es ist ratsam, bereits von zu Hause (kleine) Dollarscheine nach Costa Rica mitzunehmen. So kann man das Flughafentaxi zahlen und ist nicht auf den schlechten Wechselkurs am Flughafen angewiesen.

Geldautomaten und Geldkarten
Maestro-Karte/Debitkarte

Das Abheben mit einer Geldkarte mit Maestro-Symbol ist die bequemste Art der Bargeldbeschaffung in Costa Rica und mittlerweile bei den meisten großen Banken akzeptiert. Vor Urlaubsbeginn sollte man unbedingt darauf achten, dass der Magnetstreifen auf der Karte nicht beschädigt ist. Maestro-Karten werden von den Cajeros der Hauptbanken in San José und in allen größeren Touristenzentren akzeptiert, einige Geldautomaten geben sowohl Dollar als auch Colones aus. Pro Abhebung berechnet die Hausbank dem Kunden rund $6. Vor der Abreise sollte man sich bei seiner Hausbank erkundigen, wie viel Geld man maximal pro Tag im Ausland abheben darf. Der Auszahlungsbetrag variiert auch von Geldautomat zu Geldautomat.

Seit 2011 haben viele deutsche Banken die **Abhebelimits** im außereuropäischen Ausland deutlich oder ganz auf Null gesenkt. Costa-Rica-Urlauber sollten sich daher vor ihrer Abreise unbedingt bei ihrer Hausbank erkundigen, wie viel Geld sie maximal pro Tag im Ausland mit ihrer EC-Karte abheben dürfen und gegebenenfalls Kartensperrungen für die Urlaubszeit aufheben bzw. die Verfügungsgrenze für das Geldabheben heraufsetzen lassen.

Verschiedene Geldinstitute haben das Format der Maestro-Karte leider durch V PAY-Karten ersetzt. Im Gegensatz zur Maestro-Karte ist die Nutzung der V PAY-Karte im außereuropäischen Ausland **nicht** möglich. Nähere Infos dazu unter 🖥 www.vpay.com.

Kreditkarten

In vielen Hotels, Restaurants und Supermärkten der mittleren und höheren Preisklasse kann man problemlos mit Kreditkarte zahlen. Am weitesten verbreitet sind in Costa Rica die VISA- und die MasterCard. Einige Hotels schlagen bei Kreditkartenzahlung zusätzliche Steuern auf. Bargeldabheben ist günstiger mit der EC-Karte (s. oben). Wichtig: Wer sich ein Auto mieten will, muss eine Kreditkarte vorlegen!

Empfehlenswert ist es, neben Bankkarten stets auch andere Geldmittel mit auf die Reise zu nehmen. Die Kreditkartennummer sollte man sich notieren, um im Falle eines Kartenverlustes schnell handeln zu können. Ist die Karte einmal verloren oder gestohlen, gilt: Sofort sperren!

Karten sperren

Visa, Master-/Eurocard, Maestro-Karte
Sperr-Notruf Deutschland ✆ +49-116116 oder +49-30-40504050,
🖥 www.sperr-notruf.de
ansonsten via R-Gespräch für Mastercard ✆ +1-636/722-7111,
für Visa ✆ +1-410/581-9994

Bankkarten mit Maestro-Logo
Deutschland: ✆ +49-1805-021021 oder +49-116116
Österreich: +43-1-2048800
Schweiz: +41-800-888601 (UBS),
+41-800-800488 (Credit Suisse)

American Express
Deutschland und Österreich:
✆ +49-69-97972000
Schweiz: +41-44-6596444

Reiseschecks

Reiseschecks sind in den letzten Jahren immer unüblicher geworden, da immer mehr Touristen mit Kreditkarten reisen. Dennoch bilden die Schecks weiterhin eine sichere Alternative zum Bargeld und sind gegen eine geringe Provi-

sion bei jeder Bank im Heimatland erhältlich. Die Schecks müssen in US-Dollar ausgestellt sein. In Costa Rica werden American Express-Reiseschecks und Travellerschecks nur in einigen Banken umgetauscht, z. B. in den Hauptfilialen der Banco Nacional und Banco de Costa Rica in San José. Beide berechnen eine Provision (S. 133), und man muss mit langen Wartezeiten rechnen. Hotels nehmen Schecks nur selten an. Kaufabrechnung und Reiseschecks sollten stets voneinander getrennt aufbewahrt werden. Denn im Falle eines Diebstahls oder Verlustes werden die Schecks nur gegen Vorlage der Kaufabrechnung ersetzt.

Geldüberweisung

Bei Auslandsüberweisungen aus Europa schickt die jeweilige Bank aus Costa Rica ein Fax an die Hausbank und fordert die gewünschte Geldsumme an. Der Betrag wird daraufhin nach Costa Rica überwiesen, zum aktuellen Devisenkurs umgerechnet und bar oder in Reiseschecks dem Kunden ausgezahlt. Diese Bank-zu-Bank-Überweisung ist jedoch nur dann möglich, wenn man ein Konto in Costa Rica hat oder das Konto eines Bekannten zu diesem Zweck nutzen kann.

Bedeutend schneller geht der Geldtransfer mit Moneygram oder Western Union. Hier wird der gewünschte Betrag in einer Filiale in Europa eingezahlt, der Kunde kann bereits unmittelbar danach das Geld in Costa Rica in Empfang nehmen. Die Transfergebühren richten sich dabei nach der Höhe der überwiesenen Geldsumme. Weitere Informationen gibt es unter:
Moneygram, 🖥 www.moneygram.de
Western Union, 🖥 www.westernunion.com.
Wird in Deutschland von allen Zweigstellen der Postbank angeboten. Bis 500 € wird eine Überweisungsgebühr von 32,50 €, bei Beträgen über 1000 € 5 % des Überweisungsbetrags berechnet.

Nicaragua

Währung

Nicaraguas Währung ist der **Córdoba** (C), unter Einheimischen auch Peso genannt. Im Umlauf sind Geldnoten zu 10, 20, 50 und 100, 200

Wechselkurse Nicaragua

1 €	= 35,40 Córdoba
1 sFr	= 28,95 Córdoba
1 US$	= 25,80 Córdoba
10 Córdoba	= 0,30 €
10 Córdoba	= 0,35 sFr
10 Córdoba	= 0,40 US$

Aktuelle Wechselkurse unter
🖥 www.finanzen.net/waehrungsrechner.

und 500 Córdoba (die größeren Scheine sind schwer umzutauschen), Geldmünzen zu 1, 5 und 10 Córdoba sowie 5, 10, 25 und 50 **Centavos**. Im ganzen Land werden Dollar akzeptiert. Besonders abseits größerer Städte und Touristenzentren sollte man jedoch stets Córdoba zur Hand haben.

Geldwechsel

Wie in Costa Rica, sollten Urlauber bereits mit Dollarnoten im Gepäck nach Nicaragua reisen. Dollar kann man problemlos in allen Banken in Córdoba umtauschen, Euros dagegen werden nur bei einer Bank (BAC) umgetauscht, und das zu deutlichem Kursverlust, mit langen Wartezeiten und nicht in jeder Filiale. Auch Währungen aus den anderen mittelamerikanischen Ländern sind schwer umzuwechseln, meist werden sie nur von den Coyotes (Geldwechslern) an den Grenzübergängen umgetauscht. Und da gilt: Aufpassen und sich grundsätzlich vorher über den genauen aktuellen Wechselkurs informieren!

Banken haben Mo–Fr 8.30–16 Uhr geöffnet, einige auch am Samstagvormittag.

Geldautomaten

Geldautomaten gibt es heute in allen größeren Orten Nicaraguas. Am verbreitetsten ist das Visa Plus System. Abheben mit EC-Karte ist bei der Banco America Central (BAC) oder Banpro möglich. Oft kann der Kunde bei der Auszahlung zwischen Dollar und Córdoba wählen. In vielen Hotels und Restaurants können Gäste mit Kreditkarte (Visa, Mastercard und via Credomatic auch American Express) zahlen.

Mitunter kann es zu Problemen bei der Liquiditätsabfrage oder (dort, wo Elektrizitätsversorgung nach wie vor unverlässlich ist) auch zu Stromausfall kommen. Urlauber, die mit Maestro-Karte reisen, sollten vor Reisen an den Río San Juan ausreichend Geld abheben. Auf der Isla Ometepe gibt es mittlerweile einen Geldautomaten der BAC, der auch Maestro-Karten akzeptiert.

Reiseschecks

Reiseschecks sind für Nicaragua nicht geeignet, nur einige Banken tauschen die Schecks zu sehr hohen Gebühren um.

Gepäck und Ausrüstung

Auch fürs Reisen gilt: Weniger ist mehr! Schwere, sperrige Gepäckstücke sind auf dem aufgeweichten Pfad zur Urwaldlodge oder in der sengenden Tropenhitze nur ein lästiges Hindernis. Das geeignetste Gepäckstück für einen Costa-Rica-Urlaub ist ein leichter **Trekkingrucksack** mit wasserdichter Schutzhülle. Viele Urlauber nutzen die kostenlose Gepäckaufbewahrung, die zahlreiche Hotels in San José, Santa Ana und Alajuela anbieten. Auf diese Weise reist man leichter, beweglicher und sicherer (kleines Gepäck lässt sich im Bus immer auf den Sitzplatz mitnehmen). Die Fälle von Gepäckdiebstählen in Costa Rica haben nämlich in den letzten Jahren stark zugenommen (S. 56, Sicherheit).

Wertsachen wie Geld, Pass, Schecks, Kreditkarte und Flugtickets sollten stets dicht am Körper aufbewahrt werden. Ideal hierfür ist ein breiter Hüftgurt (Tipp: noch unauffälliger sind Geldgurte fürs Bein oder Gürtel mit versteckten Fächern) aus Baumwolle, den man kaum sichtbar unter Hosen und Kleidern tragen kann. Sinnvoll ist es außerdem, Wertsachen durch eine Plastikhülle gegen Feuchtigkeit zu schützen und nicht alle „Juwelen" am gleichen Ort zu verstauen. Statt einer auffälligen Kameratasche empfiehlt es sich, eine ganz normale Tasche zu benutzen, ohne „Nikon"- oder „Kodak"-Aufschrift.

Gesundheit

Impfschutz

Impfungen sind bei der Einreise aus Europa nach Costa Rica oder Nicaragua nicht vorgeschrieben. Sehr zu empfehlen sind jedoch die üblichen Schutzimpfungen gegen Tetanus (Wundstarrkrampf), Diphtherie, Polio und Hepatitis A, bzw. alte Impfungen auffrischen zu lassen. Bei Aufenthalten von über vier Wochen oder bei besonderer Exposition ist auch eine Immunisierung gegen Hepatitis B, Tollwut und Typhus ratsam. Wer aus einem Gelbfiebergebiet nach Costa Rica oder Nicaragua einreist, muss einen Impfschutz gegen Gelbfieber nachweisen.

Die Impfungen erfolgen bis zu acht Wochen vor Abflug. Man sollte sich deshalb frühzeitig vom Hausarzt oder einem tropenmedizinischen Institut (s. u.) beraten lassen. Alle Impfungen werden in einen **Internationalen Impfausweis** eingetragen, der zu den Reiseunterlagen gehört und bei der Einreise auf dem Landweg vorzulegen ist. Medizinischen Rat für Reisen in die Tropen bietet auch das Internet, z. B. 🖥 www.crm.de und 🖥 www.die-reisemedizin.de.

Am besten ist eine aktuelle **Impfberatung** beim Haus- oder Tropenarzt. Jeder Hausarzt kann diese Beratung durchführen (meist muss er sich zuvor kundig machen). Erst danach ist er legitimiert, Medikamente wie etwa eine Malaria-Prophylaxe zu verschreiben. Ein Plus ist, dass der Reiseort beim Hausarzt aktenkundig wird. Malaria-Prophylaxe kann bei Reisen ins Landesinnere angeraten sein.

Medizinische Versorgung

Wer im Urlaub schwer erkrankt, sollte sich – wenn möglich – in einer Privatklinik in San José (Costa Rica) oder Managua (Nicaragua) behandeln lassen. Die medizinische Versorgung ist

---

Tropenmedizinische Institute

Deutschland

Berlin, Institut für Tropenmedizin, Spandauer Damm 130, Haus 10, 14050, ☎ 030-301166, 🖥 www.tropeninstitut.charite.de

Dresden, Institut für Reisemedizin und Gelbfieberimpfung, Friedrichstr. 39, 01067, ☎ 0351-4803805, 🖥 www.khdf.de

Düsseldorf, Tropenmedizinische Ambulanz, Heinrich-Heine-Universität, Moorenstr. 5, Gebäude 11.31, ☎ 0211-8117031, 🖥 www.uniklinik-duesseldorf.de

Göttingen, Tropenmedizinisches Beratungszentrum, Werner-von-Siemens-Str. 10, 37077, ☎ 0551-307500

Hamburg, Bernhard-Nocht-Institut, Bernhard-Nocht-Str. 74, 20359, ☎ 040-428180, 🖥 www.bnitm.de

Heidelberg, Institut für Tropenhygiene, Im Neuenheimer Feld 324, 69120, ☎ 06221-562905, 🖥 www.tropenmedizin-heidelberg.de

Leipzig, Uni-Klinik, Abt. für Infektions- und Tropenmedizin, Liebigstraße 20, 04103, ☎ 0341-9724970

München, Abt. für Infektions- und Tropenmedizin, Leopoldstr. 5, 80802, ☎ 089-218013500, 🖥 www.tropinst.med.uni-muenchen.de

Rostock, Abt. für Tropenmedizin und Infektionskrankheiten, Ernst-Heydemann-Str. 6, 18057, ☎ 0381-4947511, 🖥 www.tropen.med.uni-rostock.de

Tübingen, Institut für Tropenmedizin, Wilhelmstr. 27, 72074, ☎ 07071-2982365, 🖥 www.medizin.uni-tuebingen.de/tropenmedizin

Österreich

Wien, Zentrum für Reisemedizin, Alserstr. 48/2, 1090, ☎ 01-4038343, 🖥 www.reisemed.at

Schweiz

Basel, Schweizerisches Tropeninstitut (STI), Socinstr. 57, 4051, ☎ 061-2848111, 🖥 www.sti.ch, telefonische Auskunft vom Band unter ☎ 0900-575131 (2,69 sFr./Min.)

Von allen regelmäßig benötigten Medikamenten sollte man einen ausreichenden Vorrat mitnehmen. Nicht zu empfehlen sind Zäpfchen oder andere hitzeempfindliche Medikamente.

Basisausstattung
- [ ] **Verbandzeug** (Heftpflaster, Leukoplast, Blasenpflaster, Mullbinden, elastische Binde, sterile Kompressen, Verbandpäckchen, Dreiecktuch, Pinzette)
- [ ] **Alkoholtupfer**
- [ ] **Desinfektionsmittel** (Betaisadona-Lösung, Kodan-Tinktur)
- [ ] **Mückenschutz** (für Kinder: Zanzarin)
- [ ] **Sonnenschutz** mit UVA- und UVB-Filter

Schmerzen und Fieber
- [ ] **Fieberthermometer**
- [ ] **Paracetamol, Dolormin** (keine acetylsalicylsäurehaltigen Medikamente)
- [ ] **Buscopan** (gegen krampfartige Schmerzen)

Magen- und Darmerkrankungen
- [ ] **Perenterol**
- [ ] **Imodium** (bei Durchfall)
- [ ] **Elotrans** (zur Rückführung von Mineralien)
- [ ] **Talcid, Riopan** (gegen Sodbrennen)

Malaria-Prophylaxe
- [ ] **Chloroquin** (z.B. Resochin*), Malarone
- [ ] **Lariam*** als Stand-by-Mittel
- [ ] **Mückenschutz** (auch direkt vor Ort erhältlich)

Hauterkrankungen
- [ ] **Antibiotische Salbe** für infizierte oder infektionsgefährdete Wunden (Nebacetin RP)
- [ ] **Mittel gegen Juckreiz** nach Insektenstichen und Allergien (Soventol-Gel, Azaron-Stift, Fenistil-Tropfen, Teldane-Tabletten)
- [ ] **Cortison-Creme** für starken Juckreiz oder stärkere Entzündung (Soventol Hydrocortison Creme, Ebenol-Creme, Systralsalbe)
- [ ] **Wund- & Heilsalbe** (Bepanthen)
- [ ] **Fungizid ratio, Canesten** (bei Pilzinfektionen)
- [ ] **Augentropfen** bei Bindehautentzündungen (Berberil, Yxin)

Reisekrankheit
- [ ] Superpep-Kaugummis, Vomex

Bitte bei den Medikamenten Gegenanzeigen und Wechselwirkungen beachten und sich vom Arzt oder Apotheker beraten lassen. (*rezeptpflichtig in Deutschland).

---

dort mit europäischem Standard vergleichbar, denn viele der Ärzte und Zahnärzte wurden in den USA ausgebildet. Außerhalb von San José und Managua ist die medizinische Versorgung dagegen oft nicht zufriedenstellend. Eine Liste mit deutschen Ärzten ist in der deutschen Botschaft in San José oder Managua erhältlich. Der Arztbesuch wird in bar oder per Kreditkarte bezahlt. Patienten sollten sich einen detaillierten Krankheitsbericht für ihre Krankenversicherung ausstellen lassen.

Kliniken
San José (Costa Rica)
Clínica Bíblica (Privatklinik), Av. 14, C. 0–1, ✆ 2522-1000, 🖥 www.clinicabiblica.com.
Clínica Católica, San Antonio de Guadalupe (Privatklinik), an der Südseite der Tribunales

de Justicia, ✆ 2246-3000,
🖥 www.hospitallacatolica.com.
Hospital CIMA, Escazú, ✆ 2208-1000,
🖥 www.hospitalsanjose.net.
In allen genannten wird Englisch gesprochen.

Managua (Nicaragua)
Hospital Metropolitano Vivian Pellas, 9,5 km von Masaya auf der Carretera Masaya, ✆ 2255-6900,
🖥 www.metropolitano.com.ni.

Apotheken und Medikamente
Apotheken gibt es in Costa Rica und Nicaragua zuhauf. In den Hauptstädten San José und Managua haben einige von ihnen rund um die Uhr geöffnet. Tabletten werden meist lose, ohne Verpackung und Beipackzettel verkauft. **Medika-**

mente laufen mitunter unter anderen Namen als in Europa. Wichtige Medikamente immer von zu Hause mitbringen.

Besonders in ländlichen Gegenden werden auch heute noch sehr gute Naturheilmittel der indianischen Vorfahren angewendet. Sogenannte Macrobioticas – kleine Naturmedizinläden – verkaufen in Costa Rica u. a. pflanzliche Heilmittel und Vitamine.

Gesundheitstipps für die Reise

Die Tropen haben es in sich. So wie das Immunsystem der Indianer nicht auf europäische Krankheiten vorbereitet war, ist das unsere nicht auf Tropenerreger eingestellt. Selbst leichtere Erkrankungen oder kleine Verletzungen klingen – bedingt durch das feucht-heiße Tropenklima – deutlich langsamer ab als daheim. Durch **umsichtiges Verhalten** lassen sich die meisten Krankheiten jedoch vermeiden. Achten sollte man z. B. darauf, möglichst nur geschältes Obst und Gemüse zu essen, auf Salate und Eiswürfel/Eiscreme zu verzichten, Fliegen vom Essen fernzuhalten und großen Wert auf Handhygiene zu legen.

In Nicaragua ist das **Leitungswasser** nicht trinkbar, Urlauber sollten hier grundsätzlich Flaschenwasser oder abgekochtes Wasser trinken. In Costa Rica kann man das Leitungswasser trinken, in sehr abgelegenen, unterentwickelten Gebieten sollte man jedoch auch dort auf Flaschenwasser zurückgreifen.

Reisemedizin zum Nachschlagen S. 460.

Reisemedizin im Internet

🖳 **www.crm.de** Centrum für Reisemedizin
🖳 **www.die-reisemedizin.de** In Verbindung mit dem betriebsärztlichen Dienst der LTU
🖳 **www.dtg.org** Deutsche Gesellschaft für Tropenmedizin
🖳 **www.fitfortravel.de** Neben Gesundheitstipps auch Länderinfos, Botschaftsadressen etc.
🖳 **www.gesundes-reisen.de** Reisemedizinisches Zentrum des Tropeninstitutes Hamburg

Informationen

Über Costa Rica

Auswärtiges Amt
Werderscher Markt 1, 10117 Berlin
📞 030-18170 (24 Std.),
🖳 www.auswaertiges-amt.de
Sicherheitshinweise, Gesundheitsvorsorge, knappe Landesinformation.
Botschaft der Republik Costa Rica
Dessauer Strasse 28/29, 10963 Berlin
🖳 www.botschaft-costarica.de
Instituto Costarricense de Turismo (ICT)
🖳 www.visitcostarica.com
Die Website des costa-ricanischen Fremdenverkehrsamts informiert auch auf Deutsch.

Websites
🖳 **www.1-costaricalink.com**
Informationen über Costa Rica zu beinahe allen Themen; auch auf Deutsch.
🖳 **www.hallo-costarica.com**
Costa-Rica-Forum mit aktuellen Infos auf Deutsch u. a. zu Nationalparks, Hotels, Leben in und Auswandern nach Costa Rica.
🖳 **www.forum-costa-rica.eu**
Ausführliches Costa-Rica-Forum mit aktuellen Infos zu Hotels, Transport, Praktika, sogar einen Reisepartner kann man hier finden! Auf Deutsch.
🖳 **www.costarica-nationalparks.com**
Karten und Informationen zu Costa Ricas Nationalparks und Naturreservaten auf Englisch.

Über Nicaragua

Auswärtiges Amt, s. Costa Rica.
Intur
nicaraguanisches Fremdenverkehrsbüro
🖳 www.intur.gob.ni; auf Spanisch
Nicaragua-Forum Heidelberg
Angelweg 3, 69121 Heidelberg, 📞 06221-985409, 🖳 www.nicaragua-forum.de, Reiseinfos, aktuelle Meldungen zu Nicaragua, Nicaragua-Zeitung. Nützliche Links.

Websites

🖥 www.manfut.org
Ein wunderbares Sammelsurium an Reisetipps, Fotos, Mythen, Geschichten und Artikeln. Auf Spanisch.

🖥 www.nicaraguaportal.de
Kulturportal der Republik Nicaragua; auf Deutsch.

🖥 www.vianica.com
Informationen zum Land, Hotels und Restaurants; auf Englisch.

🖥 www.nicaliving.com
Nicaragua-Forum mit Themen zu Gesundheit, Natur, Kultur, Auswandern …

Lateinamerika generell

GIGA, Institut für Lateinamerika-Studien
Neuer Jungfernstieg 21, 20354 Hamburg, 📞 040-428 25-593, 🖥 www.giga-hamburg.de. Friedrichstr. 206, 10969 Berlin, 📞 030-53167575, 🖥 www.giga-hamburg.de/berlin. Große Fachbibliothek zu Lateinamerika. Zahlreiche Kontakte zu nationalen und internationalen Forschungsorganisationen.

Ibero-Amerikanisches Institut Preußischer Kulturbesitz
Potsdamer Str. 37, 10785 Berlin, 📞 030-26645-2000, 🖥 www.iai.spk-berlin.de. Die europaweit größte Fachbibliothek zu Ibero-Studien; Vorträge und kulturelle Veranstaltungen.

Informationsstelle Lateinamerika e.V. Ila
Oscar Romero Haus, Heerstr. 205, 53111 Bonn, 📞 0220-C50613, 🖥 www.ila-bonn.de Zeitschrift zu Themen aus Lateinamerika; erscheint 10 Mal pro Jahr. Auf der Webseite Leseproben, Buch- und CD-Besprechungen.

Lateinamerika Reisemagazin
🖥 www.lateinamerika-reisemagazin.com. U. a. Reiseartikel, Buchtipps, Hotels, Fluginformationen. Auf Deutsch.

Nachrichtenpool Lateinamerika e.V.
Köpenicker Str. 187/188, 10997 Berlin, 📞 030-78991361, 🖥 www.npla.de. Aktuelle Meldungen, Reportagen, Artikel über Politik, Kultur und Gesellschaft Lateinamerikas.

Österreichisches Lateinamerikainstitut
Schlickgasse 1, 1090 Wien
📞 01-3107465, 🖥 www.lai.at

Landkarten und Stadtpläne

Landkarten zu Costa Rica sind u. a. bei National Geographic (2010) erschienen. Unter Nicaragua-Urlaubern sind die Karten des deutschen Verlags **Mapas Naturismo**, 🖥 www.mapas-naturismo.com, sehr beliebt. Neben Landkarten zu Nicaragua und Costa Rica hat Naturismo auch eine empfehlenswerte Regionalkarte zur Region Río San Juan (2010) herausgebracht. Die Karten richten sich speziell an Natururlauber. Gutes Kartenmaterial gibt es auch vor Ort in der Libreria Lehmann in San José (S. 132).

Kostenlose Landkarten und **Stadtpläne von San José** sind beim costa-ricanischen Fremdenverkehrsamt, dem Instituto Costa Ricense de Turismo (ICT) in San José erhältlich (s. Regionalkapitel).

Internet

Am einfachsten und billigsten kommuniziert man aus dem Urlaub über E-Mail. Mittlerweile haben fast alle Hotels und Cabinas WLAN-Empfang oder bieten Gästen kostenlose Internetnutzung an. Wer in abgelegene Regionen reist, muss gelegentlich mit langsamer und schlechter Verbindung rechnen.

Traveller online

🖥 **www.dzg.com** Deutsche Zentrale für Globetrotter.
🖥 **www.igougo.com** Aktuelle Berichte, Fotos usw. Traveller tauschen ihre Erfahrungen aus.
🖥 **www.stefan-loose.de/globetrotter-forum** Im Globetrotter-Forum tauschen sich Traveller aus.
Erfahrungsaustausch zum Reiseziel Costa Rica bieten auch die diversen Online-Foren, s. o. „Websites".

Kinder

Dschungelseilbahnen, Lava spuckende Vulkane, spielende Affen und warme Badebuchten – welches Kinderherz schlägt da nicht höher? Das Reisen mit Kindern ist in Costa Rica relativ sicher und einfach. Das kleine Tropenland verfügt über die beste medizinische Versorgung in ganz Mittelamerika, über gute Hygieneverhältnisse und ein weit ausgebautes Bus- und Flugnetz. Die Costa Ricaner sind sehr kinderlieb. Kinderlärm oder die Bitte, ein zusätzliches Bett ins Hotelzimmer zu stellen, bereiten fast nie Probleme.

Kinder sind auch in Nicaragua gern gesehene Gäste. Häufig zahlt man für den Transport und die Unterbringung von Kleinkindern keine Extrakosten. Die hygienischen Verhältnisse besonders auf öffentlichen Toiletten sind hier allerdings oft sehr dürftig.

Gepäck

Eine bessere Alternative zum Kinderwagen ist beim Reisen eine Kindertrage mit Hüftgurt. Für das Kind hat sich ein Kinderrucksack bewährt, den es selbst packen und tragen kann. Es ist nicht nötig, Wegwerfwindeln, Milchpulver, Babynahrung etc. für den gesamten Urlaub einzupacken – in San José und einigen großen Touristenorten sind die wichtigsten Babyutensilien erhältlich. Im Falle einer Verspätung oder eines verpassten Anschlussfluges sollte man immer ein Notkit mit Windeln, Babynahrung und Wechselwäsche im Handgepäck haben. Nicht fehlen sollte außerdem:

Die Anreise im Flugzeug

Der lange Flug und die sieben Stunden Zeitverschiebung können zur ersten Belastungsprobe im Familienurlaub werden. Wartezeiten am Flughafen sollten Eltern zum Waschen, Zähneputzen, Umziehen und Wickeln der Kinder nutzen, denn der Platz im Flugzeug ist beschränkt und die Waschräume sind oft besetzt. Renommierte Fluggesellschaften lassen Reisenden mit Kindern beim Ein- und Ausstieg den Vortritt. Zum Service gehören auch Babybettchen, Kindermenüs sowie Bastel- und Spielmaterial.

Im Land

Kinder (und Eltern) brauchen genügend Zeit, um sich in Costa Rica an das Klima und die Zeitumstellung zu gewöhnen. Ratsam ist daher, nach der Ankunft eine Nacht in Flughafennähe einzuplanen. Das ruhige Alajuela, die Kleinstadt Santa Ana (s. Kasten S. 126) oder die Aparthotels am großen Sabana-Park im Westen San Josés sind bessere Alternativen zur hektischen und lauten Hauptstadtmitte. Die günstigste Unterkunftsmöglichkeit am Strand sind die sogenannten Cabinas, in denen auch viele costa-ricanische Urlauber übernachten, und deren Zimmer oft über mehrere Betten verfügen. Hotels mittlerer und höherer Preisklasse bieten mehr Komfort. Kinderkrippen, spezielle Kinderanimation und -tarife gehören mitunter zum Angebot.

✗ Nicht vergessen!

- ☐ **Reisepass** (Deutsche Kinderausweise und Kinderreisepässe werden anerkannt). Die Eintragung des Kindes in den Reisepass eines Elternteils genügt in der Regel nicht.
- ☐ **Impfpass**
- ☐ **SOS**-Anhänger mit allen wichtigen Daten
- ☐ **Kleidung** – möglichst strapazierfähige, leichte Sachen
- ☐ **Wegwerfwindeln** sind sowohl in Costa Rica als auch in Nicaragua erhältlich. Besonders in Nicaragua sollten sich Eltern aber sicherheitshalber in größeren Städten mit Windeln eindecken.
- ☐ **Feuchttücher**
- ☐ **Babynahrung**
- ☐ **Fläschchen** für Säuglinge
- ☐ **Spiele**, Bücher, MP3-Player
- ☐ **Sonnencreme** mit hohem Lichtschutzfaktor
- ☐ **Kopfbedeckung**

Wer vorhat, in Costa Rica ein Auto zu mieten, sollte sich rechtzeitig einen Kindersitz reservieren oder den eigenen von zu Hause mitbringen, denn nicht alle Autovermietungen bieten sie an.

Maße und Elektrizität

In Costa Rica und Nicaragua gilt das metrische System. Die Stromspannung beträgt 110 Volt. Für europäische Elektrogeräte ist ein Adapter mit flachen Kontakten notwendig. Diese sind in Costa Rica in fast jeder *ferretería* (Eisenwarenladen) erhältlich.

Medien

Zeitungen und Magazine

Im Gegensatz zu vielen anderen lateinamerikanischen Ländern, wurde in Costa Rica das Desacato-Gesetz (Verleumdungsgesetz) bereits im Jahr 2001 abgeschafft. Das Gesetz hatte Politikern und Personen des öffentlichen Lebens, die sich durch die Medienberichterstattung in ihrer Ehre verletzt fühlten, ermöglicht, Journalisten anzuzeigen. Entsprechend mild und vorsichtig fielen costa-ricanische Medienberichte aus. Heute nimmt Costa Rica laut der Menschenrechtsorganisation Reporter ohne Grenzen Platz 29 auf der Weltrangliste der Pressefreiheit (2010) ein und hat somit, was freie Meinungsäußerung in den Medien betrifft, auf dem gesamten lateinamerikanischen Kontinent die Nase vorn. Nicaragua folgt auf Platz 71.

Al Día, 🖥 www.aldia.co.cr; Costa Ricas „Bildzeitung".
La Nacion, 🖥 www.nacion.co.cr; Costa Ricas führende Tageszeitung mit der Beilage *Viva*, die das Veranstaltungsprogramm für San José enthält.
La Prensa Libre, 🖥 www.prensalibre.cr; liberale Tageszeitung.

La Republica, 🖥 www.larepublica.net; neoliberale Tageszeitung mit Schwerpunkt auf Wirtschaft und Finanzen.
Semanario Universidad, 🖥 www.semanario. ucr.ac.cr; Unizeitung der Universidad de Costa Rica; viele Beiträge zu Kultur und Politik.
Nicaraguas führende Tageszeitung ist **La Prensa**, 🖥 www.laprensa.com.ni.

Englisch

Mesoamerica, 🖥 www.mesoamericaonline. net; Monatszeitschrift mit Beiträgen zu Menschenrechten, Wirtschaft, Politik und Umweltschutz in Mittelamerika.
The Tico Times, 🖥 www.ticotimes.net; Blog mit Veranstaltungskalender. Außerdem gibt es verschiedene kostenlose regionale Magazine für Touristen, z. B.
Carribbean Way, 🖥 www.costaricaway.net; an der Karibikküste.
Quepolandia, 🖥 www.quepolandia.com; in der Region Quepos und Manuel Antonio.
Guía Península de Nicoya, 🖥 www.nicoya zoom.com; wöchentl. Spanisch-Englisch, Hotels, Fahrplan der Fähren, Karten etc.
Ballena Tales, 🖥 www.ballenatales.com; an der Zentralpazifikküste.

Deutsch

Focus und Der Spiegel sind u. a. im Casa de la Revista in San José erhältlich, Letzterer sowie der Stern auch bei 7th Street Books in San José.

Deutsche Welle

Radio

Die Deutsche Welle hat ihr lineares deutschsprachiges Radioprogramm eingestellt. Nachrichten und Beiträge auf Deutsch können aber weiterhin auf 🖥 www.mediacenter.dw.de/german/podcasts abgerufen werden.

DW TV

Die Deutsche Welle strahlt ihr Fernsehprogramm DW TV im Mittelamerika sowie verschiedene Hörfunkprogramme über den Satelliten Intel Sat 9 (Deutsch, Englisch und Spanisch) und AMC 1 (Deutsch, Englisch) aus. Einige Hotels speisen das Programm in das hoteleigene Netz ein.

Öffnungszeiten

Liebe Leser: Mittelamerika ist nicht Deutschland, mitunter bleiben private Tourenveranstalter oder kleinere Geschäfte auch während der angekündigten Öffnungszeiten geschlossen, manchmal selbst dann, wenn ein großes „ABIERTO"-Schild an der Eingangstür hängt. In Touristengebieten variieren die Öffnungszeiten zudem zwischen Haupt- und Nebensaison. Außerhalb der Großstädte schließen Büros und Geschäfte häufig für 1 bis 2 Stunden während der Mittagszeit. Die nachstehend genannten Öffnungszeiten gelten daher nur als grobe **Orientierungshilfe**.

Costa Rica

Banken
⏰ Mo–Fr 8.30–15.30 Uhr (einige Banken haben auch am Samstagvormittag geöffnet).

Büros
⏰ Mo–Fr 8–17, Sa 9–12 Uhr.

Geschäfte
⏰ Mo–Sa 8–18 Uhr. Die großen Supermärkte haben wochentags mitunter bis 20 Uhr oder später und an Sonn- und Feiertagen zu verkürzten Öffnungszeiten geöffnet.

Nicaragua

Banken
⏰ Mo–Fr 8.30–16.30, einige Banken auch Sa 8–12 Uhr.

Büros
⏰ Mo–Fr 8.30–12 und 13.30–17 Uhr (private Firmen ohne Mittagspause).

Geschäfte
Supermärkte ⏰ Mo–Fr 8–21 Uhr, am Wochenende häufig verkürzte Öffnungszeiten; Pulperias oft länger.

Post

Postämter haben in der Regel wochentags von 8–17 Uhr geöffnet. Eine Postkarte von Costa Rica nach Deutschland kostet 505C$, ein Brief 570C$ (über 20 g 950C$). Postsendungen in die Heimat dauern ungefähr 1–4 Wochen. Per Espreso geht es zügiger. Wer Briefe aus Europa in Costa Rica erhalten möchte, kann sich diese an das Hauptpostamt in San José (Adresse: Lista de Correos; Correo Central; San José; Costa Rica) oder an ein Postamt jedes größeren Ortes senden lassen. **Wichtig** dabei ist der deutliche Vermerk „Lista de Correos", und dass der Nachname des Empfängers deutlich in Großbuchstaben angegeben ist. Die Postsendungen werden bis zu 30 Tage nach Ankunftsdatum gelagert. Beim Abholen muss der Empfänger seinen Pass vorzeigen.

Von Paketsendungen aus Deutschland ist abzuraten, da sie aufgrund der Zollabfertigung und Bürokratie sehr zeit- und kostspielig sind.

Reisende mit Behinderungen

Costa Rica ist immer besser auf behinderte Reisende eingestellt. Seit 2012 müssen Restaurants, öffentliche Gebäude, Museen und Touristenattraktionen (wenn möglich) behindertengerecht ausgestattet sein. Die Nationalparks Volcán Poas und Carara (weitere Parks sollen folgen) sind bereits rollstuhlgerecht, ebenso das Institut für Biodiversität Inbio und die Urwaldseilbahn Areal Tram im Braulio Carillo-Nationalpark. Stadtbusse in San José verfügen über Rollstuhlrampen. Straßen und Bürgersteige befinden sich jedoch oft noch in schlechtem Zustand und, so hilfsbereit die Costa

Ricaner auch sind, man darf sich nicht darauf verlassen, dass immer eine helfende Hand zur Stelle ist. Der einzige Tourveranstalter, der vor Ort **Touren für Rollstuhlfahrer** anbietet ist Vaya con Silla de Ruedas, 🖵 www.gowith wheelchairs.net.

Die **Nationale Koordinationsstelle Tourismus für Alle** (NatKo), Fleher Straße 317a, 40223 Düsseldorf, 📞 0211-3368001, 🖵 www.natko.de, der acht deutsche Behindertenverbände angehören, berät Anbieter bei der Verwirklichung behindertengerechter Unterkünfte, Programme usw. und nennt Behinderten hilfreiche Adressen für die Reiseplanung, die sich auch in einer von der NatKo herausgegebenen Broschüre finden.

Ebenfalls hilfreich ist die US-Datenbank im Internet, 🖵 www.access-able.com.

Reiseveranstalter

Eine Vielzahl deutscher Reiseveranstalter bieten Reisen nach Costa Rica an. Das Angebot reicht von Rund- und Aktivreisen (Rafting, Trekking, Radfahren) über Familienreisen bis hin zu ornithologischen Reisen. Die folgende Auswahl beschränkt sich auf Veranstalter, die den Schwerpunkt auf kleine Gruppen, deutschsprachige Reiseleitung und nachhaltigen Tourismus legen. Weitere Informationen zu costa-ricanischen Tourveranstaltern befinden sich in den jeweiligen Regionalkapiteln sowie unter „Sport und Aktivitäten".

Tourveranstalter in Deutschland

Adeoreisen, 🖵 www.nicaragua-reisen.de. Vorwiegend auf Nicaragua spezialisiert. Im Angebot stehen Rundreisen sowie der fünftägige Reisebaustein „Río San Juan und das Inselarchipel Solentimane".
Colibri Umweltreisen, 🖵 www.colibri-travel.de. Rund- und Familienreisen; ornithologische Reisen.

Organisierte Touren vom Loose-Mitarbeiter

Der Zentralamerika-Kenner und Loose-Mitarbeiter Volker Alsen kennt Costa Rica wie seine Westentasche. Seine Agentur **Alautentico**, 🖵 www.alautentico.com, bietet individuell zugeschnittene Costa-Rica-Rundreisen und Kombireisen durch Costa Rica, Panama und Nicaragua, außerdem Tagestouren ab San José an. Auch unverbindliche Beratung und allgemeine Tipps. Deutschsprachige Reiseleitung. Volker betreibt außerdem eine kleine Posada in Santa Ana, s. Kasten S. 126.

Dr. Koch Reisen, 🖵 www.drkochtours.de. Spezialist für ornithologische Reisen.
Esperanza Tours, 🖵 www.esperanza-tours.de. Sprach-, Aktiv-, Regenwaldreisen speziell für Familien; naturkundliche Reisen; auch Kombireisen Costa Rica und Nicaragua sind möglich.
Papaya Tours, 🖵 www.papayatours.de. Ein- bis mehrwöchige Rundreisen sowie individuell kombinierbare Reisebausteine durch Costa Rica und Nicaragua. Auch Kombitouren oder „Abstecher" nach Nicaragua.
Travel To Nature, 🖵 www.travel-to-nature.de. Rundreisen oder Spezialreisen u. a. für Vogelfreunde, Wanderer und Rafter. Auch Costa-Nica-Kombireisen oder Stippvisiten nach Nicaragua.

Tourveranstalter in Mittelamerika

ACTUAR, 🖵 www.actuarcostarica.com. Öko- und Agrotourismus; Reiseleitung auf Spanisch und Englisch.
kooltour, 🖵 www.kool-tour.com. Kulturhistorische Touren; Rundreisen und Tagestouren durch Costa Rica und vor allem Nicaragua. Deutschsprachige Reiseleitung.
Simbiosis, 🖵 www.turismoruralcr.com. Öko- und Agrotourismus-Touren; Reiseleitung auf Englisch und Spanisch. Empfehlenswert.

Schwule und Lesben

Costa Ricas Schwulen- und Lesbenszene beschränkt sich auf die Orte San José und Manuel Antonio. Dort gibt es Hotels, Discos, Bars und Tourveranstalter für die Escena gay. Auf den Internetseiten ⌨ www.mujerymujer.com, ⌨ www.orgullogaycr.com und ⌨ www.travelcostaricanow.com finden sich Veranstaltungskalender, Artikel und Foren für Lesben und Schwule.

Das **Centro Cultural de la Diversidad Sexual de Costa Rica**, ⌨ www.cipacdh.org, in San José berät Homosexuelle in Gesundheits- und Rechtsfragen und organisiert die jährliche Gay Parade durch die Hauptstadt. Touren für Schwule und Lesben veranstalten u. a. **Gaytours**, ⌨ www.gaytourscr.com, und das **Colors Oasís Resort**, ⌨ www.coloursoasis.com, ⌨ www.travelcostaricanow.com.

Weitere Infos S. 69, Verhaltenstipps.

Sicherheit

Kriminalität tritt besonders dort auf, wo Armut und Reichtum aufeinanderprallen. Costa Rica und Nicaragua machen da keine Ausnahme. Mit dem ansteigenden Tourismus haben Überfälle und vor allem Diebstahlsdelikte in Costa Rica stark zugenommen. Wer jedoch wachsam reist, sich vor Ort über die aktuelle Lage informiert und unten stehende Sicherheitshinweise beachtet,

Der „Gepäck-aus-dem-Fenster-Trick"

Der „Gepäck-aus-dem-Fenster-Trick" ist ein beliebter Trick, auf den viele nichts ahnende Touristen jedes Jahr erneut reinfallen. Ein netter Mensch fragt beim Einsteigen in den Bus, ob er beim Tragen des Gepäcks behilflich sein kann. Dankend nimmt man das Angebot an. Der hilfsbereite Fahrgast steigt ein und reicht das Gepäckstück an der gegenüberliegenden Fensterseite an einen Komplizen weiter und verschwindet.

Dokumente online sichern

Alle wichtigen Dokumente zu Hause einscannen und an die eigene Webmail-Adresse schicken, evtl. auch Geheimzahlen, Telefonnummern, Reisescheknummern etc. So können diese im Notfall unterwegs abgerufen werden.

kann Gefahren weitgehend vermeiden. Spezielle Warnhinweise befinden sich außerdem in den Regionalkapiteln und den Abschnitten „Frauen unterwegs" und „Tipps für Autofahrer".

Diebstahl und Überfälle

Taschendiebe und organisierte Banden nutzen die Unvorsichtigkeit, Müdigkeit und Desorientierung von Touristen aus. Urlauber sollten keine Unsicherheit zeigen, Reisen bei Nacht möglichst vermeiden und Wertsachen niemals zur Schau stellen. Besondere Wachsamkeit ist auf San Josés Busbahnhöfen, in öffentlichen Bussen und jeder Art von Menschenansammlung geboten, denn dies sind Tummelplätze für Taschendiebe. Im seltenen Falle eines bewaffneten Überfalls sollte man keinen Widerstand leisten und ohne Zögern sofort den Forderungen des oder der Täter nachkommen.

Pass / Geld

Ob Costa Ricaner oder Tourist, jeder ist in Costa Rica verpflichtet, einen Ausweis bei sich zu tragen. Es reicht jedoch, sich zunächst mit der Passkopie auszuweisen; der Originalpass sollte sicherheitshalber im Hotelsafe verwahrt oder bei der Weiterreise stets dicht am Körper getragen werden. Für Wertsachen gilt generell: Nur das Nötigste mitnehmen und teuren Schmuck zu Hause lassen. Statt großer Bargeldsummen sollten Urlauber auf Kredit- und EC-Karten zurückgreifen, denn diese können im Notfall sofort gesperrt werden. Geld sollte möglichst tagsüber abgehoben und Geldzählen in der Öffentlichkeit vermieden werden.

Am sichersten ist Bargeld in versteckten Innentaschen oder unauffälligen Geldgürteln aufgehoben; niemals sollte es in den Seiten- oder Hintertaschen eines Rucksackes verstaut werden.

Gepäck

Ob im Bus, im Auto oder am Strand: Gepäck sollte grundsätzlich nie unbeaufsichtigt gelassen und Geld und persönliche Dokumente stets am Körper getragen werden. Viele Urlauber machen von der kostenlosen Gepäckaufbewahrung der Hotels und Herbergen in San José und Alajuela Gebrauch und reisen so leichter und sicherer. Busreisende sollten versuchen, Nachtfahrten zu vermeiden und ihr gesamtes Gepäck mit zu sich in den Bus zu nehmen. Wer sperrige Rucksäcke und Taschen im Gepäckraum verstaut, sollte bei Stopps stets ein Auge nach draußen werfen, um sich zu vergewissern, dass kein Fremder sich mit dem Gepäck aus dem Staub macht. Die Busgesellschaft haftet nicht für Gestohlenes.

Auto

Autofahrer sollten den Mietwagen grundsätzlich nur auf bewachten Parkplätzen abstellen und selbst dort kein Gepäck im Auto lassen. In der Vergangenheit häuften sich die Fälle von Reifenpannen bei Touristen, die vermutlich vorher arrangiert wurden. Die Autopannen liefen dabei stets nach dem gleichen Schema ab: Einheimische boten den Urlaubern ihre Hilfe an, der Reifen wurde geflickt, die netten „Helfer" verschwanden und zu spät bemerkten die Touristen, dass ihr gesamtes Gepäck aus dem Wagen gestohlen wurde. Bei Reifenpannen sollte daher stets eine Person im Mietwagen zurückbleiben oder die Türen verriegelt werden.

Strafbare Handlungen

Costa Rica und Nicaragua sind wichtige Transitländer für den Drogenschmuggel von Süd- nach Nordamerika. In Surforten oder an der im Reggae swingenden Karibikküste sind Rauschmittel weitverbreitet. Drogenbesitz ist jedoch in beiden Ländern illegal, und Gesetzesbrechern drohen langjährige Haftstrafen. Fragt sich, ob ein Tütchen das wert ist.

Umgang mit der Polizei

Costa Rica hat zwar kein Militär, dafür sind einige Polizeieinheiten stark bewaffnet und übernehmen paramilitärische Aufgaben. Wagenpapiere, Fahrzeugschein und Ausweis sollten Autofahrer bei einer Polizeikontrolle stets zur Hand haben. Wer sich länger in Mittelamerika aufhält, wird schnell lernen, dass es gang und gäbe ist, Schwierigkeiten mit Polizisten (u. a. Staatsdienern) durch eine *coima* (Bestechungsgeld) aus dem Weg zu räumen (s. auch „Tipps zum Autofahren in Costa Rica", S. 65). Trotzdem sollten Reisende diese Praxis nicht unterstützen.

Nicaragua

Nicaragua weckt bei vielen Europäern immer noch das Bild des gefährlichen Bürgerkriegslandes. Dabei herrscht bereits seit über

Hilfe im Notfall

Diebstähle und Überfälle sollte man grundsätzlich immer bei der nächsten Polizeistation melden. Gestohlenes taucht zwar dadurch nicht wieder auf, doch um Schadensersatz von der Versicherung zu beantragen, wird ein Polizeibericht verlangt.

Hilfe bei Diebstahl in San José

Oficina de Atención a la Victima del Delito, 50 m südöstl. von der Fundacion Omar Dengo, Barrio Francisco Peralta, Av. 10–12, C. 25, ⏱ Mo–Fr 7.30–12 und 13–16.30 Uhr.

Wichtige Telefonnummern

In Costa Rica	
Polizei / Notruf	911
Feuerwehr	118
Ambulanz (Rotes Kreuz)	128
In Nicaragua	
Polizei / Notruf	118
am Río San Juan	2583-0350
Ambulanz (Rotes Kreuz)	128
Feuerwehr	115

15 Jahren Frieden im Land, die Guerilla ist aufgelöst und Nicaragua gilt inzwischen als eines der sichersten, gleichzeitig aber auch als eines der ärmsten Reiseländer in ganz Lateinamerika. Und Diebstähle und Überfälle können natürlich auch hier auftreten. Besondere Vorsicht ist am Mercado Roberto Huembes, am Mercado Oriental sowie am Tica Bus-Bahnhof in der Hauptstadt Managua geboten. Selbstfahrer sollten in den Grenzregionen auf den Hauptstraßen bleiben, um unangenehmen Befragungen durch Militärposten auf Nebenstraßen aus dem Weg zu gehen.

Sport und Aktivitäten

Costa Rica hat traumhafte Strände. Für reinen Strandurlaub aber ist das Land viel zu schade. Denn, ob zu Wasser, in der Luft oder im Regenwald, das Angebot an Sportmöglichkeiten und Aktivitäten ist enorm:

Abseiling

Felswände hinunterzuklettern ist bereits aufregend genug. In Costa Rica wird das Naturerlebnis aber noch gesteigert: Man klettert am Seil mitten in oder unter Wasserfällen hindurch. Beliebte Abseiling-Regionen sind Matapalo auf der Península de Osa oder Costa Ricas Zentrum für Abenteuersport Fortuna. Für einen Wasserfall-Abstieg zahlt man bis zu $80 p. P.

Baden

Zwei große Ozeane und Wassertemperaturen um die 25 °C laden zum täglichen Baden ein. An einigen Pazifikstränden herrschen allerdings gefährliche Unterströmungen, die jedes Jahr leichtsinnige Touristen das Leben kosten. Rettungsschwimmer und Strandwächter gibt es kaum in Costa Rica. Deshalb – bevor es in die Wellen geht – immer erst fragen, ob es Corrientes (Strömungen) gibt.

Bungee Jumping

Costa Rica einmal kopfüber erleben! Mehr als 30 000 Mutige haben es bereits probiert. Gesprungen wird von der 80 m hohen Colorado-Brücke. $75 kostet der Adrenalinkick. Weitere Infos unter 🖳 www.bungee.co.cr.

Canopy

Das Leben im Regenwald spielt sich zum größten Teil in den Baumkronen ab. Dort sitzen die Vögel, spielen die Affen, hängen die Faultiere. Doch wie vom Erdgeschoss in den ersten Stock gelangen? Sich Stelzen zulegen? Auf Bäume klettern? Stolze $50 p. P. verlangen Tourveranstalter mitunter fürs Baumkraxeln. Bequemer machen es dem Neugierigen der **Skywalk** in Monteverde und das **Rainmaker Reservat** bei Quepos. Sie haben hohe Stahlbrücken errichtet, auf denen man leise durch die Baumkronen pirschen und Fotos schießen kann. Mit der **Rainforest Aereal Tram** im Braulio Carillo Park werden Besucher fast unhörbar per Skilift in die Baumkronen transportiert.

Wem mehr am Adrenalinkick als an der Natur gelegen ist, der kann sich wie weiland Tarzan an der Liane an einem Drahtseil von Plattform zu Plattform schwingen (s. Kasten S. 193, „Adrenalinkick im Nebelwald"). Bei Canopy-Touren sollten Teilnehmer sich vorher vergewissern, dass die Sicherheitsvorkehrungen stimmen. Zur Ausrüstung gehören ein Sicherheitsseil, ein Helm und Handschuhe. Hauptspielplatz für Urwaldtarzane ist Monteverde. Canopy-Veranstalter schießen jedoch überall in Costa Rica wie Pilze aus dem Boden.

Fußball

Costa Rica ist ein fußballbegeistertes Land. Die costa-ricanische Primera Division besteht aus zwölf Mannschaften. Die Erzrivalen La Liga aus Alajuela und Saprissa aus San José führen die Tabelle an. In jedem noch so kleinen costa-ricanischen Nest befindet sich ein riesiger *campo de fútbol* (Fußballplatz) – der beste Ort, um sich kreatives Tico-Kicken abzugucken. Adelante!

Kajak fahren / Rafting

Costa Rica ist ein exzellentes Reiseziel für Kajakfahrer und Rafter, die hier Flüsse aller Schwierigkeitsgrade vorfinden. Die Hochsaison für Paddler liegt in der Regenzeit, dann steigen die Ströme gewaltig an. Viele Wildwasser-Touren werden von San José aus angeboten, Verpflegung ist dann im Preis enthalten. Zu den großen Raftingveranstaltern zählen:

Ríos Tropicales, 🖥 www.riostropicales.com;
Costarica Expeditions,
🖥 www.costaricaexpeditions.com;
Exploradores Outdoors,
🖥 www.exploradoresoutdoors.com.

Oft trifft man mit lokalen Anbietern jedoch die bessere Wahl, s. Regionalkapitel Turrialba (Valle Central, S. 167) und La Virgen (Der Norden, S. 204) – die Gruppen sind kleiner, die Touren weniger hektisch und da der Rückweg in die Hauptstadt entfällt, verbringt die Gruppe letztendlich mehr Zeit auf dem Fluss. Einige Veranstalter bieten außerdem sogenannte „Floatingtouren" mit Schlauchboot an, ideal zum Tierebeobachten und Fotografieren. Grob gesagt, gibt es drei Kernregionen für Wildwasserfahrer:

Turrialba, südöstlich von San José

Turrialba ist Costa Ricas Paddel- und Raftingzentrum Nr. 1; die Flüsse in dieser Gegend sind meist ganzjährig befahrbar. Die wichtigsten:
Río Pacuare (WW III–IV); für die Befahrung des oberen Abschnitts müssen die Kajaks auf Pferde verladen werden. Die einzelnen befahrbaren Abschnitte sind jeweils über 20 km lang und eher wasserwuchtig, d. h. sie werden in der Regenzeit zunehmend schwieriger.
Río Reventazón (WW II–V), der mittlere Abschnitt ist durch die mittlerweile fertig gestellte 2. Staustufe nicht mehr befahrbar. Der Fluss ist stark abwasserbelastet.

Río Pejibaje (WW III), ein Nebenfluss des Río Reventazón. Ein sehr kleiner Fluss, daher nur in der Regenzeit befahrbar.

Die Gegend um La Virgen de Sarapiquí im Norden Costa Ricas

In und um den kleinen Ort La Virgen bieten rund zehn Tourveranstalter Raftingtrips und geführte Kajaktouren an, z. B. Aguas Bravas, 🖥 www.costaricaraftingvacation.com, und Pozo Azul, 🖥 www.pozoazul.com. Da es sich meist um relativ kleine Flüsse handelt, ist die Befahrbarkeit extrem vom Wasserstand abhängig. Die besten Monate für Paddler sind Juni bis Januar (Regenzeit). Die wichtigsten Flüsse:

Río Sarapiquí (WW I–IV+);
Río Puerto Viejo (WW IV abnehmend);
Río Toro (WW I–V);
Río Toro Amarillo (WW III–IV);
Río Sucio (WW IV);
Catarata Pozo Azul: ein 10 m hoher Wasserfall, den man mit Kajak befahren kann.

San Isidro de General im Süden des Landes

Die wichtigsten Flüsse: **Río Chirripó** (WW IV–V); ein paddeltechnisch anspruchsvoller Fluss; bis maximal Mitte Januar befahrbar. **Río General** (III–VI), bis max. Mitte Januar befahrbar; befahrbarer Abschnitt 60–80 km; Mehrtagestouren sind möglich. Der Fluss ist zeitweise durch Abfälle aus der Kaffeeproduktion verunreinigt.

Weitere schöne schöne Paddelziele

Río Naranjo (WW II–III), südlich vom Parque Nacional Manuel Antonio und Seekajaktouren im **Golfo Dulce** (Península de Osa).

Mountainbiking

Costa Ricas Gebirgszüge und Schlaglochpisten eignen sich teilweise hervorragend zum Mountainbiken. Nicht umsonst findet hier jedes Jahr die Ruta de los Conquistadores statt, eines der härtesten Mountainbikerennen der Welt. Mountainbikeverleihstellen gibt es in den meisten

Touristenzentren. Die Qualität der Fahrräder ist jedoch sehr unterschiedlich. Helm, Wasser und Sonnenschutz sollte man stets auf eine Tour mitnehmen. Empfehlenswerte Tourveranstalter sind **Bike Arenal**, 🖥 www.bikearenal.com, in Fortuna (exzellente Ausrüstung!) und **Cultourica**, 🖥 www.cultourica.com.

Reiten

Costa Rica ist die Heimat des Sabanero – des costa-ricanischen Cowboys. Reittouren werden im ganzen Land angeboten. Besonders beliebt sind Ausritte am Strand (Junquillal, S. 255, oder Matapalo, S. 321) oder der Reittrek von Fortuna nach Monteverde. Reiter sollten darauf achten, dass ihre Pferde nicht unterernährt sind. Leider ist das keine Selbstverständlichkeit in Costa Rica und – noch weniger in Nicaragua.

Sportfischen

Sportfischen ist vor allem bei nordamerikanischen Urlaubern ein beliebter und teurer Freizeitsport. Geangelt wird von kostspieligen Sportjachten aus nach Marlin, Robalo und Tarpunfischen. Je größer der Fisch, desto besser, denn anschließend lässt man sich mit dem Fang auf einem Foto verewigen. Der Fisch wird danach zurück ins Wasser geworfen. Bei dieser angeblich tierfreundlichen Methode des Catch and Release (Fangen und Freilassen) werden die Mäuler und Flossen der Fische jedoch oft so verletzt, dass die Tiere schließlich doch verenden.

Die amerikanischen Sportfischer machen in Costa Rica allerdings mehr Schlagzeilen durch Besäufnisse und Orgien mit Prostituierten als durch große Fischtrophäen. Zentren für Sportfischen sind Quepos, Playa Carrillo, Playa Flamingo, Jacó und Tamarindo.

Surfen

Costa Ricas Surfszene boomt. Zwar hat das Land nicht die höchsten Wellen, dafür aber eine Vielzahl an breaks. Ehemalige kleine Fischerorte wie Tamarindo, Jacó oder Santa Teresa sind heute Treffpunkte der internationalen Surfszene. Neoprenanzüge braucht man bei den warmen Wassertemperaturen nicht. Surfbretter kann man sich in jedem größeren Surfort (Tamarindo, Santa Teresa, Jacó, Puerto Viejo, Pavones) ausleihen. Für Anfänger eignen sich besonders die Strände Playa Tamarindo und Playa Jacó. Fortgeschrittene bevorzugen dagegen die Breaks der Playa Hermosa, Playa Grande, Playa Negra, in Matapalo, Pavones oder Puerto Viejo an der Karibikküste (s. Karte „Surfspots"). Die weltberühmten Surfsports Ollie's Point und Witches Rock an der Nordwestküste sind nur mit dem Boot zu erreichen. Immer mehr Surfer zieht es seit einigen Jahren an die Pazifikküste Nicaraguas. Dort herrscht weniger Betrieb, und die Unterkunftspreise sind günstiger.

Auf die besten **Surfbedingungen** an der Pazifikküste trifft man während der Regenzeit. An der Karibik ist es umgekehrt, sie hat die höchsten Wellen im Verano, von November bis Mai. Ausführlichere Informationen stehen in den Regionalkapiteln. Wettervorhersagen, Gezeitentabellen und die genaue Beschreibung der einzelnen Breaks gibt es unter 🖥 www.crsurf.com.

Tauchen

Costa Rica hat für Taucher einen großen Vorteil: Die Wassertemperaturen sind angenehm warm. Dafür sind die Sichtverhältnisse, besonders während der Regenzeit, oft nicht optimal. Als beste Zeit zum Tauchen gelten die Monate Juni und Juli.

Die beliebtesten **Tauchstationen** liegen an der Pazifikküste in Playa Ocotal, Playa del Coco und Playa Hermosa. Getaucht wird hier in der Umgebung der Isla Murciélago und Isla Santa Catalina mit unzähligen Muränen, Haifischen, Rochen, Barracudas, Delphinen und Meeresschildkröten. Sehr beliebt zum Tauchen sind auch die Unterwasserschluchten an der Isla del Caño (Península de Osa).

Die Karibikküste ist gut für Anfänger geeignet, Tauchschulen haben dort in Puerto Viejo und Manzanillo eröffnet. Entdeckungsgeister können in San Juan del Sur (Nicaragua) Tauchgän-

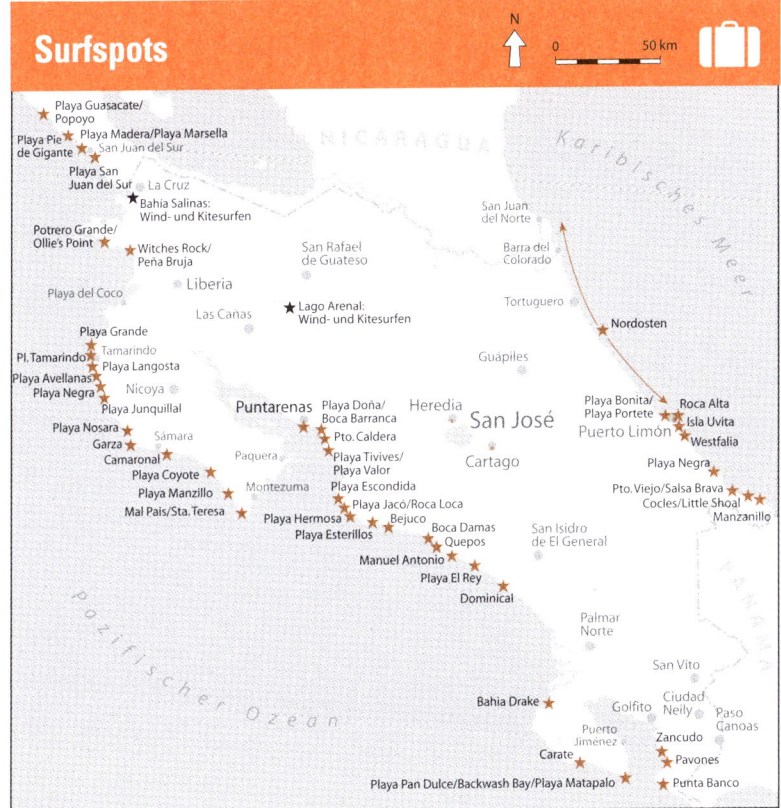

Surfspots

ge in ein altes, versunkenes japanisches Schiffswrack unternehmen. Und wer Zeit und Geld nicht scheut, der wird das Tauchparadies Isla de Coco (S. 306) ansteuern, das der berühmte Meeresforscher Jacques Cousteau einst zu einem der schönsten Tiefseeplätze der Welt kürte.

Trekking

Costa Ricas Trekkingrouten reichen von mehrstündigen Wanderungen durch leicht begehbares Terrain bis zu mehrtägigen, anspruchsvollen Gebirgs- oder Dschungeldurchquerungen. Die Wege führen hinab zu erloschenen Vulkankratern, hinauf in atemberaubende Moränen-

landschaft, quer durch dichte Regen- und Nebelwälder oder an kilometerlangen Stränden entlang. Die besten **Wanderreviere** befinden sich in den Nationalparks und Reservaten des Landes (S. 23, „Reiseziele").

Als Ausrüstung dürfen Sonnenschutz, gegebenenfalls ein leichter Regenschutz, ausreichend Wasser sowie knöchelhohe Schuhe mit gutem Profil nicht fehlen. Für mehrtägige Dschungeltreks sollten Wanderer außerdem Kompass und Karte einpacken. Mit einem gut ausgebildeten Fremdenführer sieht das ungeübte Auge auf jeden Fall mehr. Die meisten Treks sind – mit Ausnahme des Parque Internacional de la Amistad – jedoch auch alleine gut zu bewältigen.

Vögel beobachten

Costa Rica ist ein Eldorado für Vogelkundler. In dem kleinen Tropenland leben fast 900 Vogelarten – das sind mehr Arten als in ganz Europa zusammen. Vogelkundler kommen das ganze Jahr über auf ihre Kosten. Der Lieblingsvogel vieler Urlauber ist der **Quetzal**, der in den Nebelwäldern Monteverdes und auf dem Cerro de la Muerte zu Hause ist. Er führt seinen spektakulären Balztanz am Ende der Trockenzeit auf, d. h. im März und April.

Beste Chancen, den seltenen **roten Ara** zu sehen, hat man auf der Península de Osa (S. 357, Kasten „Der Nussknacker von Osa"). **Wasservögel** wie der Jabiru-Storch oder der Rosa Löffler halten sich bevorzugt in den Feuchtgebieten Caño Negro, Los Guatuzos (Nicaragua) und Palo Verde auf. Hinzugesellen sich Tausende von **Zugvögeln** aus Nordamerika, die in Costa Rica und Nicaragua den Winter verbringen. Fernglas nicht vergessen! Weitere Informationen zu den Vogelarten, stehen auch unter „Flora und Fauna", S. 83.

Windsurfing

Starke Passatwinde fegen von Dezember bis März über das Land und verwandeln den Stausee Arenal zu einem der Topreviere für Wind- und Kitesurfer. Die Wassertemperaturen liegen zwischen 18 und 21 °C. Gesurft wird vor allem auf dem westlichen Seeabschnitt. Die beste Surfausrüstung am See hat Ticowind, 🖵 www.ticowind.com, S. 184. Ein weiteres, bislang noch wenig touristisches Kitesurfgebiet ist die Bahía Salina im äußersten Nordwesten Costa Ricas.

Yoga

Viele Hotels in Costa Rica bieten Yogakurse an. Oft sind dies exklusive, abgelegene Yogaresorts wie das Samasati Nature Retreat, 🖵 www.samasati.com, an der Karibikküste, das Hotel Guaría de Osa, 🖵 www.guariadeosa.com, die Urwaldlodge Ojo del Mar, 🖵 www.ojodelmar.com, oder die La Luna Lodge, 🖵 www.lunalodge.com, auf der friedlichen Península de Osa.

Günstiger, aber nicht weniger schön, ist die Yogafarm in Punta Banco (S. 365, Kasten). Yogaaufenthalte mit ayurvedischer Ernährung bietet der Tourveranstalter **Cultourica**, 🖵 www.cultourica.com, an. Yogalehrgänge und Fortbildung für Yogalehrer werden vom Nosara Yoga Institute, 🖵 www.nosarayoga.com, an der Playa Nosara angeboten.

Sprachkurse

In Costa Rica und Nicaragua lässt sich das Spanischlernen wunderbar mit Urlaub kombinieren. Unter den costa-ricanischen Sprachschulen erfreut sich die Montana Linda Schule im schönen Orosi-Tal (S. 163) großer Beliebtheit. Wer den Strand nicht missen möchte, findet gute und sehr günstige Angebote in San Juan del Sur in Nicaragua (s. Kasten „Bildungsurlaub", S. 409) oder in Costa Ricas (teureren) Strandorten Sámara, Jacó und Tamarindo. Die beliebte Schule Spanish at Locations, 🖵 www.spanishatlocations.com, mit Standorten in Costa Rica und Panama, bietet Pakete mit Kursen an mehreren Standorten an. Außerdem haben diverse Reiseveranstalter Sprachreisen von Deutschland nach Costa Rica im Angebot.

Steuern

Restaurants und Hotels der mittleren und höheren Preiskategorie berechnen 13 Prozent auf den Rechnungsbetrag. Infos zu Flughafensteuern s. Kasten S. 35.

Telefon

Telefonieren zählt zu den Lieblingsbeschäftigungen der Costa Ricaner. Selbst im abgelegensten Ort gibt es immer noch Telefonzellen mit Münz- oder Kartenapparaten. Telefonkarten sind

Internationale Vorwahlen

Bei internationalen Gesprächen entfällt die Null der jeweiligen Ortsvorwahl.
Innerhalb von Costa Rica gibt es keine Vorwahlnummern.

Deutschland	0049
Österreich	0043
Schweiz	0041
Costa Rica	00506
Nicaragua	00505

Nicht vergessen: Freunde und Familie zu Hause sind zeitlich 7 Stunden (während der deutschen Sommerzeit sogar 8 Stunden) voraus!

zu 500C$, 1000C$ und 3000C$ (in San José auch zu $10 von Viajera) erhältlich und werden u. a. in Pulperías ("Tante-Emma-Lädchen"), Supermärkten und an Lottoständen verkauft. Llamadas internacionales (Auslandsgespräche) führt man am besten in den Internetcafés in San José, Managua oder den großen Touristenzentren, die günstige Tarife nach Europa anbieten.

In Nicaragua kann man außerdem – ganz auf die altmodische Art – von den Filialen der Telefongesellschaft Enitel ins Ausland anrufen: Der Kunde wird mit der gewünschten Nummer verbunden und bezahlt die Rechnung anschließend am Kundenschalter. Die unschlagbar günstigste Variante ist das Telefonieren über Internet und Kopfhörer mit Skype.

Mobiltelefone

Roaming in Mittelamerika wird inzwischen von E-Plus, O2, T-Mobile und Vodafone angeboten. Wesentlich günstiger ist es, mit einer SIM-Karte einer costa-ricanischen Telefongesellschaft (ICE, 🖥 www.grupoice.com, Movistar, 🖥 www.movistar.cr, oder Claro, 🖥 www.claro.cr) zu telefonieren. Die Karten sind landesweit in jeder Filiale der genannten Anbieter, in Pulperías, Reisebüros und in einigen Hotels erhältlich und können dort auch wieder aufgeladen werden, wenn das Guthaben aufgebraucht ist. Für den Kauf einer Karte muss man den Reisepass vorlegen. Die „Kölby"-Standardkarte (ICE) kostet $6. Das Grundguthaben dieser Karte ist für eine komplette Costa-Rica-Reise meist völlig ausreichend. Die SIM-Karten sind auch in den Formaten Micro und Nano (für iPhone, Galaxy und Ipads) erhältlich.

Die beste Netzabdeckung in Costa Rica bietet der staatliche Anbieter ICE. Benötigt wird dafür ein Handy, das die Frequenz GSM 1800 abdeckt. Movistar und Claro senden zusätzlich auf den Frequenzen GSM 850 bzw. 900. Ein ICE-Schalter befindet sich direkt am internationalen Flughafen. Außerdem vermieten Cell Phones Costa Rica, 🖥 www.cellphonescr.com, ✆ 2293-5892, und Why Not Phones, 🖥 www.whynotphones.com, ✆ 2231-3500, Mobiltelefone. Mietpreise variieren nach Mietdauer und Leistung.

In Nicaragua stehen nur die zwei privaten Anbieter Movistar und Claro zur Verfügung. Claro deckt ein etwas größeres Netz ab. Auch hier sind die meisten Handys aus Deutschland (auch ältere Modelle) nutzbar. SIM-Karten kann man direkt an der Grenze von einem Straßenhändler kaufen (kein Pass notwendig, nicht legal), ansonsten bei oben genannten Anbietern (wie in Costa Rica).

Transport

Per Bus, Flugzeug, Boot oder Drahtesel – das Transportmittel bestimmt ganz entscheidend den Charakter einer Reise. Es folgt eine Übersicht costa-ricanischer Transportmittel mit ihren Vor- und Nachteilen.

Busse

Der Bus ist das wichtigste und günstigste Transportmittel in Costa Rica. Busverbindungen bestehen bis in die entlegensten Winkel des Landes. Fast alle **Fernrouten** führen über San José, den Hauptverkehrsknotenpunkt des Landes, mit mehreren Dutzend Busgesellschaften, wild in der Stadt verstreut. Einige von ihnen besitzen noch nicht einmal einen Verkaufsschalter, ge-

Busabfahrtszeiten, -haltestellen und -routen ändern sich in Costa Rica und Nicaragua am laufenden Band. Selbst der vom Instituto Costa-Ricense de Turismo (ICT) veröffentlichte Busfahrplan kann bei dem Tempo nicht mithalten und weist Fehler auf. Busreisende sollten sich deshalb unbedingt immer vor Ort über die aktuellen Abfahrtszeiten und Abfahrtsorte erkundigen. Hilfreich dabei ist u. a. die Webseite 🖵 www.thebusschedule.com/cr.

schweige denn einen Busfahrplan im Aushang. Von San José bestehen täglich mehrere Verbindungen in die größeren Städte. Nach Alajuela und Cartago fahren die Busse sogar im Fünf-Minuten-Takt.

Costa Ricaner unterscheiden zwischen **Directos** – Bussen, die (rein theoretisch!) ohne Haltestopp zum Zielort fahren, und **Colectivos**, die an jeder Ecke halten. Directos sind dabei meist die besseren, neueren Busse. Bei einigen Bussen ist über der Fensterreihe an der Decke eine Kordel angebracht. Wer aussteigen will, muss an ihr ziehen. Üblich sind auch Pfiffe, das Klopfen mit einem Geldstück gegen die Fensterscheibe oder ein lauter *Parada!*-Schrei. Fahrkarten sollte man, besonders in der Weihnachts- und Osterzeit, bereits einige Tage vor der Abfahrt kaufen und am Verkaufsschalter Datum, Uhrzeit und Zielort überprüfen. In den Colectivos werden die Fahrkarten meist im Bus verkauft.

Busreisende sollten stets ihr **Handgepäck** mit zu sich auf den Sitzplatz nehmen und bei Stopps einen Blick nach draußen auf das Gepäckfach werfen (s. auch S. 56, „Sicherheit").

Colectivos

Colectivos sind Sammeltaxis, in denen sich die Fahrgäste den Fahrpreis untereinander aufteilen. Leider gibt es das Colectivo-System nicht überall: Paso Canoa hat es, Golfito und Rivas (Nicaragua) auch. Mitunter werden auch Boote (Lanchas) als Colectivos (S. 66, Kasten „Lancha, Panga, Barco …") bezeichnet.

Mietwagen / Motorräder

Mietwagen sind in Costa Rica teuer, die Straßen oft mit Schwerlastern verstopft oder mit Schlaglöchern übersät (S. 332, Kasten „Straße zu adoptieren"). Trotzdem, wer wenig Zeit hat, unabhängig reisen will und plant, in abgelegenen Dschungel-Lodges zu übernachten, für den ist das Auto die beste Transportmöglichkeit. Vorgezeigt werden müssen: ein gültiger Reisepass, eine Kreditkarte und der Führerschein. In fast jedem größeren Touristenort gibt es eine Autovermietung. Die größte Auswahl befindet sich auf dem Paseo Colón in San José oder am Aeropuerto Internacional Daniel Oduber in Liberia.

Die **Mietpreise** hängen sehr von der jeweiligen Reisesaison und der Mietzeit ab. Angebote und Leistungen variieren erheblich; Unternehmen in Flughafennähe berechnen einen zusätzlichen Aufpreis. Bei einigen Anbietern gehört ein Mobiltelefon zur Ausstattung, andere sind bei der Routenplanung behilflich oder vermieten ältere Wagenmodelle zu vergünstigten Preisen.

Unbedingt empfehlenswert ist ein Wagen mit **Vierradantrieb**. Die Preise beginnen hier bei $320 pro Woche in der Nebensaison und steigen bis zu $400 Dollar pro Woche in der Hauptsaison (inkl. Basisversicherung.) Für eine Vollkasko- Zusatzversicherung ohne Selbstbeteiligung werden rund $15–20 berechnet.

Motorräder vermietet das deutsche Duo Thomas und Thorsten von Wild Rider, 🖵 www.wild-rider.com; auch Motorradtouren sind im Angebot.

Fahrrad

Für kurze Mountainbiketouren ist Costa Rica ideal (S. 59, „Sport und Aktivitäten"). Vom Fahrrad als Haupttransportmittel ist allerdings abzuraten. Gebirgszüge und Tropenklima erschweren das Radeln. Viel störender aber ist der starke Schwerlasttransport. Radwege gibt es keine und gefahrliche Uberhol- und Ausweichmanöver sind an der Tagesordnung (s. Kasten S. 66, „In die Defensive!"). Am besten nimmt

Tipps zum Autofahren in Costa Rica

Höchstgeschwindigkeit **80 km/h** – da lacht der deutsche Urlauber. Doch bei kratergroßen Schlaglöchern, abruptem Ende der Fahrspur und Überholmanövern im Nebelwald ist man froh, wenn der Fuß rechtzeitig vom Gaspedal ist. Rechthaber haben es schwer auf Costa Ricas Straßen. Gefragt sind Flexibilität, defensives Fahren und ein gutes Reaktionsvermögen!

Vor der Abfahrt
- Genau informieren, was die Versicherung im Schadensfall abdeckt.
- Das Fahrzeug genau inspizieren und sich eventuelle Lackschäden oder Mängel schriftlich bestätigen lassen.

Fremde Länder, fremde Sitten
- In Costa Rica gibt es nur selten Ortsschilder. Orientieren kann man sich häufig an Pulperías und anderen Geschäften, die wie die Ortschaften heißen, in denen sie sich befinden.
- Gelegentlich sind Verkehrshinweise direkt auf den Asphalt geschrieben: Ceda heißt „Vorfahrt gewähren!", Para bedeutet „Stopp!"
- Auf Blinken ist kein Verlass! Oft wird der Blinker vergessen auszuschalten. Ein Fahrbahnwechsel wird dagegen oft gar nicht angezeigt.

Verkehrssünder
Erst seit einigen Jahren geht die costa-ricanische Regierung verschärft gegen Verkehrssünder vor, vor allem Tempoüberschreitungen werden scharf geahndet. Besonders um die Weihnachtszeit häufen sich die Tempokontrollen, beliebter Kontrollort ist die Puente de la Amistad (S. 299). Wer erwischt wird, hat die Wahl: Entweder eine **saftige Geldstrafe** über-

weisen oder sich durch eine *coima* (Bestechungsgeld) aus der Affäre ziehen. Letztere Praxis sollte man jedoch nicht unterstützen.

Cuidado (Vorsicht)!
- Schlaglöcher zählen zu den Hauptunfallursachen in Costa Rica. Achtung, sie tauchen auch auf frisch asphaltierten, glatten Straßen auf.
- Auf mehrspurigen Straßen kann die äußerste Fahrbahn ohne Warnhinweis plötzlich enden.
- Besonders in ländlichen Regionen muss mit Fußgängern, Tieren und Kindern auf der Fahrbahn gerechnet werden.
- Das Fahren in der Nacht sollte man in Costa Rica aus oben genannten Gründen besser vermeiden.
- Durch den starken Lastwagenverkehr kommt es in Costa Rica oft zu Verkehrsstaus. Besonders die Hauptverkehrsstraßen über den Cerro de la Muerte und durch den Braulio Carrillo Nationalpark sind bekannt für riskante Überholmanöver.
- Viele Flüsse steigen während der Regenzeit stark an. Immer vergewissern, wie tief der Fluss ist und gegebenenfalls umkehren.
- Autofahren am Strand ist verboten.

Sicherheit
- Niemals Gepäck im Auto zurücklassen, auch nicht „nur für fünf Minuten".
- Beim Restaurantbesuch immer den Mietwagen in Sichtweite parken.
- Bewachte Parkplätze benutzen!
- Bußgelder niemals an Polizeibeamte zahlen!

Unfall
Im Falle eines Unfalls das Auto nicht vom Fleck bewegen, sondern warten, bis die Polizei und ein Versicherungsbeauftragter an der Unfallstelle sind.

man das Rad im Bus mit und fährt in die **fahrradfreundlichen** Regionen. Dazu zählen z. B. die staubigen, aber malerischen Küstenstraßen der Península de Nicoya, eine Rundfahrt um den

idyllischen Arenalsee oder um das malerische Orosi-Tal.

Radfahrer sollten ihr Rad über Nacht immer in die Unterkunft mitnehmen und tagsüber sicher anschließen. Fahrradreparaturwerkstätten gibt es in beinahe jedem Ort, oft führen diese jedoch nur Ersatzteile für ältere Fahrradmodelle. Wer mit dem eigenen Fahrrad unterwegs ist, sollte sich das wichtigste Werkzeug und eine Ersatzkette von zu Hause mitbringen.

Trampen

Reisen per Anhalter birgt in jedem Land ein großes Risiko. Dies gilt vor allem für alleinreisende Frauen. In Costa Rica ist Autostopp nicht sehr verbreitet. Ticos ziehen es meist vor, lange auf den Bus zu warten. Üblicher ist das Reisen per Anhalter in Nicaragua oder in abgelegenen Regionen, die nur schwer mit dem Bus zu erreichen sind. In der Küstenregion z. B. bietet sich oft die Gelegenheit von anderen Urlaubern – Surfern – mitgenommen zu werden. Wer bei Einheimischen mitfährt, sollte dem Fahrer anbieten, sich am Fahrpreis zu beteiligen, d. h. fragen: *Cuánto le debo?* (Wie viel Geld bin ich Ihnen schuldig?).

Eisenbahn

Seit dem letzten großen Erdbeben von 1991, das Costa Ricas Schienennetz um 1,5 m emporhob, liegen die Eisenbahngleise im Land weitgehend brach – der Gütertransport wurde vollständig auf die Straße verlegt. Einige Strecken wurden jedoch in den letzten Jahren wieder in Betrieb genommen. Sie werden vor allem von Pendlern genutzt. Daher verkehren die meisten Züge nur frühmorgens und am späten Nach-

mittag. Bereits 2006 eröffnete die kurze Strecke von San Pedro nach Pavas (Stadtrand von San José). Seit 2009 besteht außerdem eine Zugverbindung zwischen San José und Heredia, 2011 folgte die Verbindung zwischen San Antonio de Belén und San José. Und seit 2013 verkehrt auch wieder ein Zug zwischen Cartago und San José (s. auch Regionalkapitel). Aktuelle Fahrpläne im Internet auf ⌨ www.trenurbano.co.cr/Horario_Tren_Urbano.aspx.

Boote und Schiffe

Fähr- oder Bootsfahrten sollte man – wenn möglich – grundsätzlich Straßenrouten vorziehen. Auf ihnen lernt man die malerischsten Gegenden Costa Ricas und Nicaraguas kennen. Zu den „Wasserstraßen" zählen:

- Die Fährüberfahrt von Puntarenas über den Golfo de Nicoya auf die Península de Nicoya.
- Die Fährüberfahrt von Puerto Jiménez über den Golfo Dulce nach Golfito.

Fähre auf dem Río San Juan in Süd-Nicaragua

- Die Bootsfahrt von Cariari über den Río Tortuguero ins Schildkrötenland Tortuguero und weiter über die Kanäle an die Karibikküste nach Moín.
- Die Grenzüberquerung von Los Chiles (Costa Rica) über den Río Frío nach San Carlos (Nicaragua; S. 210, Kasten „Per Lancha nach Nicaragua").
- Die Bootsfahrten von San Carlos (Nicaragua) über den Río San Juan nach El Castillo und weiter an die nicaraguanische Karibikküste nach San Juan del Norte, oder über den Lago Cocibolca auf den Inselarchipel Solentiname.
- Die Schiffsfahrt von der Isla Ometepe (Nicaragua) über den Lago Cocibolca nach San Carlos und nach Granada (sehr langsam). Der Wellengang auf dem Lago Cocibolca kann mitunter recht stark sein. Nicht umsonst wird der See auch Mar dulce (Süßwasser-Meer) genannt. Reisekaugummis gegen Übelkeit einpacken!
- Die Fährüberfahrt von San Jorge (Nicaragua) über den Lago Cocibolca auf die Isla Ometepe.

Flüge

Zwei Fluggesellschaften fliegen täglich von San José zu den **Haupttouristenzentren** und beliebtesten Nationalparks Costa Ricas. Außerdem bestehen Flugverbindungen nach Panama und Nicaragua.

Das staatliche Flugunternehmen **Sansa** befindet sich auf dem Gelände des Aeropuerto Internacional Juan Santamaría. Die private **Nature Air** fliegt vom Aeropuerto Tomas Bolaños in Pavas, rund 8 km westlich vom Zentrum San Josés. Passagiere dürfen bei Sansa nicht mehr als 14 kg mit sich führen. Nature Air erlaubt maximal 20 kg und bietet zusätzlich kostenlose Gepäckaufbewahrung an.

Surfbretter können gegen einen Aufpreis von $30 (Sansa) bzw. $40 (Nature Air) pro Brett mitgenommen werden. Fahrräder müssen in speziellen Schutztaschen verpackt sein. Longboards (über 2,1 m), Windsurfausrüstung und Kajaks werden nicht mitbefördert. Passagiere sollten sich auf häufige Verspätungen oder Flugplanänderungen einstellen. Während der **Hauptsaison** sollte man Flüge so früh wie möglich buchen.

Nahverkehr

Eine **Busfahrt** innerhalb des Stadtzentrums kostet ungefähr $0,50. Costa Ricas offizielle **Taxis**, die Taxis rojos, sind rote Autos mit einem gelben Dreieck an der Tür. Eine Taxifahrt innerhalb des Stadtzentrums kostet rund $5, vorausgesetzt man fährt außerhalb der Stoßzeiten. Bei Kurzfahrten sollte man stets darauf bestehen, dass der Fahrer das Taxameter anstellt; nur bei größeren Distanzen lohnt es sich, Festpreise auszuhandeln. Trinkgeld wird nicht erwartet.

Shuttlebusse

Eine (teure) Alternative zu den öffentlichen Bussen sind Shuttlebusse: Kleine, bequeme, klimatisierte Minibusse, die die Haupttouristenzentren im Land miteinander verbinden und Urlauber von Hotel zu Hotel chauffieren. Die zwei Hauptunternehmen sind Interbus, 🖥 www.interbus online.com, und Grayline, 🖥 www.graylinecos tarica.com. Reservierungen und Fahrkarten sind über Reisebüros oder das Internet erhältlich. Interbus bietet auch Flughafentransfer an.

Übernachtung

Rustikale Urwald-Lodges – Villen reicher Kaffeebarone – ökologische Yogafarmen oder von Hand geschnitzte Baumhäuser. Costa Ricas Vielfalt an Unterkünften ist enorm, viele Träumer haben hier ihr Traumhotel gebaut.

Der Schwerpunkt in der Hotelauswahl wurde in diesem Reiseführer auf kleine bis mittelgroße Unterkünfte gesetzt. Die Preisangaben beziehen sich stets auf die Zimmerpreise während der Hauptsaison (Januar bis April). Dabei sind die Steuern, die von den Hotels der mittleren und oberen Preisklasse berechnet werden, bereits berücksichtigt. Wenn Mahlzeiten im Zimmerpreis enthalten sind, wird dies mit „VP" (Vollpension), „HP" (Halbpension) oder „Frühstück" vermerkt.

Weitere Informationen S. 32, „Reisekosten".

Aparthotels findet man vor allem in La Sabana, am westlichen Stadtrand von San José.

Aparthotels haben Zimmer mit Küche und eignen sich gut für Familien. Oft werden Sondertarife für Langzeitaufenthalte angeboten.

Cabinas gibt es in fast jeder Ortschaft. Die einfachen Zementzimmer haben meist ein eigenes Bad und liegen im unteren bis mittleren Preisbereich. Bei einigen wird der Übernachtungspreis pro Person berechnet, andere berechnen die Preise pro Zimmer.

Camping ist unter costa-ricanischen Urlaubern sehr beliebt. Wildes Zelten am Strand ist nur noch an einigen wenigen Orten erlaubt. Mehrere Nationalparks bieten Campingvorrichtungen an. Offizielle Zeltplätze sind häufig sehr laut und die Sanitäranlagen leider nur selten zufriedenstellend. Auf Sicherheit sollte man unbedingt achten.

Luxuriöse Wohnzelte sind in Costa Rica groß im Kommen. Die stabilen, geräumigen Zelte sind mit Möbeln, Deckenventilator und Badezimmern ausgestattet. Die meisten befinden sich auf der Península de Osa und an der zentralen Pazifikküste. Die Übernachtungspreise sind ähnlich hoch wie bei Hotels der mittleren oder hohen Preisklasse.

Statt Jugendherbergen gibt es in Costa Rica eine Vielzahl von privaten **Backpackern, Hostales** und **Hospedajes**. Die Konkurrenz ist groß. Geworben wird mit Swimmingpools, kostenlosem Internet oder großen Fernsehlounges. Eine Nacht im Schlafsaal kostet deshalb in der Hauptsaison selten unter $13.

Preiskategorien

Die Unterkünfte werden in diesem Buch nach den unten aufgeführten Kategorien eingeteilt. Die Preise beziehen sich auf ein DZ inkl. Steuern in der Hauptsaison.

❶	bis US$20
❷	bis US$35
❸	bis US$60
❹	bis US$80
❺	bis US$100
❻	über US$100

Der Begriff **Hotel** ist in Costa Rica sehr weit gefasst. Das können schäbige, muffige Zimmer ohne Fenster sein, zwielichtige Stundenhotels – oder Luxushotels.

Eine **Lodge** ist eine rustikale Unterkunft, meist in der Natur. Lodges gehören häufig zur mittleren bis höheren Preiskategorie.

Verhaltenstipps

Wie flirten Costa Ricaner, wie wird kritisiert und wie begrüßt man sich? Der folgende, kurze Überblick soll Urlauber vor den schlimmsten Fettnäpfchen bewahren.

Bettler

Ein Aufenthalt in einem Entwicklungsland bedeutet auch, mit Armut konfrontiert zu werden. Während Costa Rica einen der höchsten Lebensstandards in Mittelamerika hat und bereits zu den Schwellenländern gehört, zählt Nicaragua zu den ärmsten Ländern ganz Lateinamerikas. Die Hälfte aller Nicaraguaner leben unter der Armutsgrenze und Straßenkinder gibt es zuhauf. Einige Dollar für einen Hilfsbedürftigen reißen niemandem ein Loch in die Reisekasse. Doch oft unterstützt man mit dem Geld Drogensucht wie Leimschnüffeln oder Alkoholismus. Der Kauf einer Mahlzeit z. B. ist oft die bessere Alternative. Engagieren kann man sich auch nach dem Urlaub durch Spenden oder Mitarbeit, z. B. in einem der vielen deutschen Hilfsprojekte. Infos gibt es u. a. beim Nicaragua-Forum Heidelberg (S. 50), beim Ometepe-Projekt und der Alianza auf Solentiname (s. Kästen S. 422 und S. 436).

Ehe und Familie

Für viele Costa Ricaner und Nicaraguaner bildet die Familie den Lebensmittelpunkt und eine wichtige soziale Absicherung. Großfamilien leben oft unter einem Dach zusammen. Der Mann gilt nach wie vor als Beschützer und Ernährer der Familie. Kinder verlassen das Elternhaus oft erst nach der eigenen Hochzeit. Teenager-Mütter und Gewalt an Frauen gehören zum traurigen Alltag. Durch die Frauenemanzipation beginnen sich in den großen Städten jedoch langsam die traditionellen Rollenmuster aufzulösen.

Fotografieren

Jeder Fotograf kennt das Dilemma: Soll man das Foto einfach machen oder erst fragen und riskieren, dass die natürliche Haltung zur Pose wird? Das hängt ganz von der Situation ab. Feingefühl ist bei Porträtaufnahmen das A und O. Dass es respektlos ist, ungebeten bei religiösen Zeremonien zu fotografieren oder ungefragt Personen das Objektiv vor die Nase zu halten, versteht sich von selbst. In Indianerreservaten sollte man grundsätzlich um Erlaubnis fragen. Die Boruka-Indianer verlangen während ihrer Fiesta de los Diablitos (Kasten S. 343) eine Foto- und Videogebühr. Kinder lassen sich meist gern fotografieren. Eine Digitalkamera hat den Vorteil, dass man anschließend gemeinsam die Aufnahmen ansehen kann.

Homosexualität

Costa Rica und Nicaragua sind klassische Macho-Länder. Homosexuelle Handlungen zwischen volljährigen Personen aber sind in beiden Ländern (in Nicaragua erst seit 2008) legal. Gleichgeschlechtliche Paare reisen weitgehend unbehelligt, wenn sie sich in der Öffentlichkeit diskret verhalten.

Gast im fremden Land

Die Freundlichkeit, Hilfsbereitschaft und menschliche Wärme der Costa Ricaner sind umwerfend. Höflichkeit wird unter Ticos geradezu gefeiert: *Para servirle* (Ich bin hier, um Ihnen zu dienen), *con permiso* (mit Verlaub), *con mucho gusto* (mit größtem Vergnügen) usw. gehören bei Jungen wie bei Alten zum täglichen

© JULIA REICHARDT

Lärm

„Die Wohnung ist ruhig, eine leise Gegend, ideal zum Schreiben", versichert mir die Vermieterin. Sie ist kein Miethai, die kleine Campesino-Frau. Sie lügt nicht. Allerdings ist sie Costa Ricanerin und ich bin Nordeuropäerin – und *tranquilo* (ruhig) ist ein sehr relativer Begriff.

Musik gehört in Costa Rica zum Alltag. Getrommelt und gesungen wird im Geschäft, beim Zahnarzt, im Internetcafé und auf den Oberschenkeln im Bus. Musik ist Ausdruck von Lebensfreude. Ohne den Umgangston. Zur Begrüßung gibt man sich einen Wangenkuss, Männer einen Handschlag. Selbstverständlich ist es, Älteren, Frauen und Schwangeren im Bus den Sitzplatz zu überlassen oder beim Tragen von Gepäck behilflich zu sein. Direktheit oder Kritik sind Costa Ricanern fremd und können, wenn von Ausländern geäußert, leicht als Bevormundung missverstanden werden. Costa Rica ist eine konfrontationslose Gesellschaft, ein klares Nein hört man äußerst selten. Wer brüllt oder andere beleidigt, verliert hier sein Gesicht.

Gringo

Die Bezeichnung „Gringo" kann in Costa Rica sowohl eine neutrale als auch eine abwertende Bedeutung haben, es kommt auf die Betonung und den Kontext an. Im Zusammenhang mit dem Landaufkauf (S. 311, Kasten „Der Ausverkauf eines Landes") und dem Freihandelsabkommens CAFTA (s. Wirtschaft) hat Gringo jedoch meist eine negative Bedeutung.

Kleidung

Costa Ricaner und Nicaraguaner legen großen Wert auf Körperhygiene und ein gepflegtes Äußeres. Auch bei der armen Bevölkerung sind saubere, gebügelte Kleidung, geputzte Schuhe und tägliches Duschen selbstverständlich.

Ein Europäer, der sich einen Fernflug leisten kann, aber in lumpigen Klamotten oder barfuß umherreist, stößt besonders in ländlichen Gebieten auf Unverständnis und missbilligende Blicke. Eine legerere Kleiderordnung herrscht in den Touristenzentren und in San José, wo Badeschlappen, Shorts, Jeans, Turnschuhe

tiefen, dumpfen Bass des Reggaeton oder die herzzerreißenden Liebesschnulzen im Hintergrund fühlt ein Tico sich einsam. Und Musik muss gut zu hören sein. Der rebellierende Teenager dreht sie genauso auf wie die kochende Hausfrau. Dazu wird kräftig mitgesungen, klappern Töpfe und Pfannen und spielt im Hintergrund die brasilianische Telenovela (Seifenoper). Die dünnen Pappkartonwände vibrieren. Leise? Schreiben? Imposible.

Zeit

Der Zeitbegriff – oder wie Ticos sagen die *hora tico* – kann einen pünktlichen Deutschen zur Weißglut bringen. Eine Veranstaltung, die auf 15 Uhr angesetzt ist, beginnt oft erst ein oder zwei Stunden später. Genauso ist es mit Einladungen. Man sagt zu, ganz unverbindlich, kommt oder kommt nicht. Ein costa-ricanischer Freund erklärt: „Wenn ein Tico früher als verabredet auftaucht, dann nur, weil er über beide Ohren verknallt ist (mich hat er natürlich wieder warten lassen ...). Auch Busse fahren oft nicht nach Plan. Los geht's, wenn der Colectivo voll ist. Und fragt man nach der Abfahrtszeit, erhält man immer dieselbe Antwort: *Ahora* (gleich). – Gleich? Jetzt? Das Jetzt kann eine Stunde sein, ein halber Tag oder gar nicht. Besser gar nicht fragen und Zeit mitbringen. Denn die braucht man fürs Schlangestehen vor Banken, Supermärkten und Fahrkartenschaltern. Warum unnötig hetzen in dieser Tropenhitze? *Tranquilo, tranquilo*. Keine Zeit? Das gibt's hier nicht.

Distanz

Costa Ricaner wohnen oft auf engem Raum zusammen – die ganze Großfamilie unter einem Dach. Berührungsängste gibt es hier nicht. Ein Kuss zur Begrüßung, Anfassen beim Erzählen – Ticos suchen immer den Kontakt. Schweigendes Warten an der Bushaltestelle ist in Costa Rica unvorstellbar. Auf Entfernungsangaben sollte man sich allerdings nicht verlassen: Man erhält stets so viele Antworten, wie man Leute fragt.

und Baseballkappe auch bei Einheimischen auf dem Vormarsch sind. Mit hautenger Kleidung, knappen Miniröcken, tiefen Ausschnitten und hohen Stöckelschuhen bezirzen viele Ticas die Männer. Eine Frau, die unbelästigt reisen will, sollte sich weite, unauffällige Kleidung zulegen (s. auch S. 44, „Frauen unterwegs"). Oben ohne und Freikörperkultur werden weder in Costa Rica noch in Nicaragua toleriert.

Religion

In Costa Rica und Nicaragua spielt die katholische Religion traditionell eine große Rolle im Leben der Bevölkerung. Wie auch immer man zu Papst und Kirche stehen mag, mit Kritik sollte man sich sehr zurückhalten und sich bei einem Kirchenbesuch angemessen kleiden und respektvoll verhalten.

Sprache

Englisch wird in Costa Rica in fast allen größeren Touristenzentren gesprochen, in Nicaragua dagegen weitaus weniger. In beiden Ländern gilt: Wer Spanisch beherrscht, hat es leichter, sich abseits der Touristenroute zu bewegen und Land und Leute kennenzulernen. Aus Respekt sollte sich jeder Urlauber auf jeden Fall die Mühe machen, zumindest die wichtigsten Redewendungen auf Spanisch zu lernen (S. 450, Sprachführer).

Versicherungen

Eine optimale Absicherung bietet der Abschluss einer separaten Kranken-, Rat & Tat-, Unfall- und Gepäckversicherung. Da sich die Versicherungsbeiträge jedoch zu einer stattlichen Summe addieren, sollte das Risiko genau abgewogen werden.

Auf jeden Fall ist eine **Reisekrankenversicherung** notwendig, da die heimischen Kassen die Behandlung im Ausland nicht bezahlen. Eine Erkrankung kann jedoch leicht Tausende Euro kosten, wenn z. B. ein schneller Transport nach Europa nötig wird. Da kaum jemand diese hohen Summen bei sich trägt, kann in solchen Fällen die deutsche Botschaft um Hilfe gebeten werden. Diese kann Geld vorstrecken; jedoch nur, sofern die Kosten nachweislich von einer Krankenversicherung übernommen werden.

Reisekrankenversicherung

Nur wenige private Krankenkassen bieten weltweiten Schutz. Um das Risiko einer Erkrankung abzusichern, muss jeder für eine Reise nach Lateinamerika eine Auslandskrankenversicherung abschließen. Die meisten Reisebüros haben entsprechende Angebote vorliegen. Im Krankheitsfall muss Geld vom Kranken vorgestreckt werden, denn die Kosten werden von den Versicherungen erst später erstattet.

Im Versicherungsfall

Folgende Angaben müssen auf der Rechnung stehen, die nach der Reise bei der Versicherung einzureichen ist:

- Name, Vorname, Geburtsdatum
- Behandlungsort und -datum
- Diagnose
- erbrachte Leistungen in detaillierter Aufstellung (Beratung, Untersuchungen, Behandlungen, Medikamente, Injektionen, Laborkosten, Krankenhausaufenthalt)
- Unterschrift des behandelnden Arztes, mit Stempel

Zudem sind einige Einschränkungen zu beachten: Bei Zahnbehandlungen werden nur Notfallbehandlungen bezahlt. Auch chronische Krankheiten oder solche, die bereits vor Abreise auftraten, sind nicht von der Versicherung abgedeckt. Erkrankte werden dann nach Hause geflogen, wenn am Urlaubsort keine ausreichende Versorgung gewährleistet ist. Dafür kommen Linienmaschinen oder eigens geschickte Ambulanzflugzeuge zum Einsatz.

Reiserücktrittsversicherung

Bei einer pauschal gebuchten Reise ist die Reiserücktrittsversicherung meist im Preis inbegriffen. Es empfiehlt sich zur Sicherheit nachzufragen. Eine individuelle Reise kann ebenfalls versichert werden. Manche Reisebüros vermitteln derartige Versicherungen. Eine Reiserücktrittsversicherung muss kurz nach Buchung (in der Regel spätestens 14 Tage danach) abgeschlossen werden. Bei Krankheit oder Tod eines Familienmitglieds oder Reisepartners ersetzt die Versicherung in der Regel die anfallenden Stornokosten der Reise. Bei einer Reiseunfähigkeit wegen Krankheit ist ein ärztliches Attest vorzuweisen. Die Kosten der Versicherung richten sich nach dem Preis der Reise und der damit verbundenen Höhe der Stornogebühren, meist zwischen 15 und 90 € p. P., z. T. mit Selbstbeteiligung.

Reisegepäckversicherung

Viele Versicherungen bieten auch eine Absicherung des Gepäcks. Die Bedingungen für den Ersatz der verlorenen Gegenstände sind immer sehr eng gefasst. Daher sollten die Versicherungsbedingungen genau gelesen werden. Gepäck darf z. B. nicht unbewacht in abgestellten Kraftfahrzeugen zurückgelassen werden und Kameras und Fotoapparate müssen, um vor Straßenräubern sicher zu sein, quer über der Brust und nicht nur über der Schulter getragen werden. Bargeld ist nie versichert und auch bei Schmuck und Foto- und Videogeräten wird meist nur ein Bruchteil des Wertes ersetzt.

Wer sich für eine Reisegepäckversicherung entscheidet, sollte darauf achten, dass diese Weltgeltung besitzt und die Reisedauer in ausreichender Höhe absichert. Bei einem Schadensfall muss der Verlust bei der Polizei gemeldet werden. Hilfreich ist hierbei eine vorher angefertigte Checkliste, auf der alle Wertgegenstände verzeichnet und beschrieben sind. Alle wichtigen Gegenstände im Handgepäck befördern.

Fotoversicherung

Da Foto- und Videogeräte selten ganz abgesichert sind, bietet sich bei der Mitnahme einer guten Kamera eine zusätzliche Fotoapparate-Versicherung an. Diese ist relativ teuer, die Gebühr richtet sich nach dem Wert der Ausrüstung oder der angesetzten Versicherungssumme.

Visa

Bürger aus den Mitgliedstaaten der EU und aus der Schweiz können sich bis zu 90 Tage mit einem Reisepass ohne Visum in Costa Rica oder Nicaragua aufhalten. Der Pass muss sechs Monate über das Einreisedatum hinaus gültig sein. Wer einen längeren Aufenthalt plant, muss noch vor Ablauf der Frist für 72 Stunden in eines der Nachbarländer ausreisen oder einen zeitaufwendigen Verlängerungsantrag bei der Inmigración (Einreisebehörde) in San José beantragen. Die Einwanderungsbehörde befindet sich 4 km nördlich des Parque La Sabana, ☎ 2299-8135, ⌨ www.migra cion.go.cr, ⏲ 8–16 Uhr. Für Langzeitaufenthalte (Studium, Freiwilligendienst, Arbeit) muss eine Aufenthaltserlaubnis bei der zuständigen costaricanischen Botschaft im Heimatland beantragt werden (S. 36, „Botschaften und Konsulate").

Voluntario (Freiwilligendienst)

Costa Rica

Folgende Organisationen bieten ökologischen Freiwilligendienst an:
ACVOCR (Asociación de Voluntarios para el Servicio en las Areas Protejidas),

⌨ www.asvocr.org; costa-ricanische Non-Profit-Organisation, die Voluntarios an Nationalparks und Reservate vermittelt.
Pretoma, ⌨ www.pretoma.org; costa-ricanische Nichtregierungsorganisation, die sich für den Schutz von Meeresschildkröten und Meeressäugern einsetzt.
Proyecto Cloudbridge, ⌨ www.cloud bridge.org; privates Nebelwaldreservat an den Hängen von Costa Ricas höchstem Berg, Cerro Chirripó.
Widecast, ⌨ www.latinamericansea turtles.org; Nichtregierungsorganisation, die sich für den Schutz der Meeresschildkröten an der Karibikregion einsetzt, (Kasten S. 388, „Engagiert in Talamanca").

Nicaragua

Folgende deutsche Organisationen führen Hilfsprojekte in Nicaragua durch. Sie arbeiten mit Voluntarios oder können Informationen zum Freiwilligendienst in Nicaragua geben.

Alianza, ⌨ www.solentiname.org/ alianza.html; Bildungsprojekt auf Solentiname, Kasten S. 436.
Nicaragua Forum, ⌨ www.nicaragua-forum.de.
Nicaragua Verein, ⌨ www.nicaragua-verein.de; Städtepartnerschaft zwischen Hamburg und León; Hilfsprojekte in León.
Ometepe-Projekt, ⌨ www.ometepe-projekt-nicaragua.de (Kasten S. 422).
Verein zur Förderung der Städtepartnerschaft Berlin-Kreuzberg / San Rafael del Sur, ⌨ www.staepa-berlin.de.

Weiterreise

Costa Rica ist gut vernetzt mit Nord- und Südamerika. Die meisten Flugverbindungen vom vom Aeropuerto Juan Santamaría in San José bietet die kolumbianische Fluggesellschaft **Avianca**, www.avianca.com, die 2013 mit der mittelamerikanischen Fluggesellschaft Taca

Immer wieder versuchen Touristen, in ihren Taschen quietschgrüne oder knallgelbe Frösche aus Costa Rica nach Europa einzuschmuggeln. Liebe Urlauber: Seid bitte „kein Frosch" und lasst die armen Tiere in ihrer Heimat. Prinzen gibt es auch in Europa genug!

fusioniert ist. Avianca fliegt alle mittelamerikanischen Hauptstädte an sowie Kuba, die Dominikanische Republik, Venezuela (Caracas), Peru (Lima) und die USA.

Zeit

Costa Rica und Nicaragua liegen hinter der MEZ 7 Stunden (während der Sommerzeit 8 Std.) zurück. In der tropischen Hitze ticken die Uhren deutlich langsamer als in Nordeuropa (Kasten S. 70/71 „Kulturschock Costa Rica"). Warteschlangen vor Banken, Fahrkartenschaltern und in Supermärkten gehören zum Alltag. Wartezeit sollte man grundsätzlich einplanen!

Zoll

Personen ab 18 Jahren können mit jeweils 500 g Tabak, 5 l Wein oder Likör und bis zu 2 kg Süßigkeiten nach Costa Rica einreisen. Vögel dürfen grundsätzlich nicht aus Europa eingeführt werden. Genaue Informationen zu den Zollbestimmungen erhalten Reisende bei der costa-ricanischen Botschaft in ihrem Land (s. Botschaften) oder auf der spanischen Internetseite 🖳 www.actualidadaduanera.com. Für die Ausreise gilt: Es ist verboten, exotische Tiere und Pflanzen aus Costa Rica auszuführen, auch Frösche (s. Kasten).

© JULIA REICHARDT

Land und Leute

Geografie

Costa Rica

Fläche: 51 100 km²

Nord-Süd-Ausdehnung: 464 km

Ost-West-Ausdehnung: 259 km

Größte Städte: San José (ca. 352 000 Einw., Großraum über 1,52 Mio.), Alajuela (254 886 Einw.), Heredia (123 616 Einw.), Puerto Limón (ca. 94 415 Einw.)

Höchster Berg: Cerro Chirripó (3819 m)

Längster Fluss: Río Grande de Térraba (196 km)

Nachbarländer: Panama, Nicaragua

Nicaragua

Fläche: 129 494 km²

Nord-Süd-Ausdehnung: 450 km

Ost-West-Ausdehnung: 430 km

Größte Städte: Managua (ca. 1 028 808 Einw., Großraum über 2,1 Mio.), León (ca. 156 000 Einw.), Matagalpa (ca. 91 000 Einw.)

Höchster Berg: Mogotón 2107 m

Längster Fluss: Río Coco 750 km

Nachbarländer: Costa Rica, Honduras

Costa Rica liegt zwischen dem 8. und 11. Breitengrad nördlich des Äquators, genau am Rande von zwei **Erdplatten** – der Cocos- (oder pazifischen) und der karibischen Kontinentalplatte. Wenn sich die schwerere Cocosplatte unter die karibische Platte schiebt, entstehen Erdbeben und vulkanische Aktivität, beides sind regelmäßige Phänomene in Costa Rica. Costa Ricas sieben **Vulkane** liegen allesamt auf einer Gebirgskette, die das Land wie eine Wirbelsäule von Norden nach Süden durchzieht und den Pazifischen Ozean von der Karibik trennt. Der Gebirgszug besteht aus der **Cordillera de Guanacaste** im Nordwesten, der **Cordillera de Tilarán** und der **Cordillera Central** im Landesinneren sowie der weitgehend unerschlossenen **Cordillera Talamanca** im Südosten Costa Ricas.

Zu beiden Seiten dieses gewaltigen Gebirgsrückens erstrecken sich die Küstentiefebenen: Die **karibische Tiefebene** mit den Flüssen Pacuare, Reventazón und Sarapiquí ist ein Paradies für Wildwasserfahrer. Die schmalere und hügeligere **pazifische Ebene** ist mit ihren unzähligen Stränden, zerklüfteten Buchten und Halbinseln das Reiseziel für Wellenreiter und Sonnenanbeter.

Mitten auf der Gebirgskette, in 1000 bis 1500 m Höhe, liegt das **Valle Central**, der „Brotkorb" Costa Ricas, in dem Gemüse, Kaffee und Zuckerrohr angebaut werden und sich die vier größten Städte – San José, Alajuela, Heredia und Cartago – befinden.

Flora und Fauna

Arche Noah, Garten Eden, Ökoparadies – was wurde Costa Rica nicht bereits alles getauft? Schließlich zählt das kleine Land mit mehr als 10 000 Pflanzen-, rund 870 Vogel-, 205 Säugetier-, 215 Reptilien-, rund 160 Amphibien- sowie 35 000 Insektenarten zu den artenreichsten Ländern auf der ganzen Welt. Dieses Kapitel soll eine kleine Einführung in Costa Ricas vielfältige Fauna und Flora geben, einen fachkundigen Tier- und Pflanzenführer kann und soll es jedoch nicht ersetzen.

Mangrovenwälder und Feuchtgebiete

In Costa Rica gibt es insgesamt fünf verschiedene Mangrovenarten. Ihre dichte Wurzelschicht spielt eine bedeutende Rolle beim Erosionsschutz von Flussmündungen und Küstengebieten. Mangroven können im salzigen Ambiente überleben, da sie das Salz bereits während der Wasseraufnahme herausfiltern oder es später über ihre Blätter ausscheiden. Die Sedimentablagerungen auf und zwischen ihren Wurzeln bilden einen wichtigen Lebensraum und Laichplatz für Fische, Krebse und Garnelen.

Costa Ricas Marsch- und Feuchtgebiete (z. B. Caño Negro und Palo Verde) sind Heimat von Tausenden Wasservögeln. Diese Gebiete entstehen während der Regenzeit, wenn die Flüsse über ihre Ufer treten, und schrumpfen in der Trockenzeit auf nur wenige Lagunen zusammen. Die Mangrovenwälder und Feuchtgebiete sind durch die zunehmende Bodenentwässerung aufgrund der Entstehung großer Hotelkomplexe gefährdet.

Trockenwälder

Tropischer Trockenwald bedeckte einst den gesamten mittelamerikanischen Isthmus. Noch zu Kolonialzeiten holzten die Spanier 90 % seines Bestandes in Costa Rica für Weidewirtschaft ab. Überreste tropischen Trockenwaldes findet man heute noch im Parque Nacional Palo Verde und der Reserva Biológica Lomas Barbudal. Im Gegensatz zum tropischen Regenwald erreichen die Bäume hier maximal Höhen von rund zwölf Metern und sind in lediglich zwei Stockwerken aufgebaut. Trockenwälder werfen in der Trockenzeit ihr Laub ab, um ihren Wasserverbrauch auf ein Minimum zu beschränken (s. auch Kasten S. 297).

Tropische Regenwälder

Immerfeuchter, tropischer Regenwald wächst nur dort, wo gleichbleibende Jahrestemperaturen (zwischen 23 und 27 °C) herrschen und ein Jahresniederschlag von mindestens 1500 mm fällt. Mit anderen Worten: Es muss stets mehr regnen als Wasser verdunsten kann. Reste tropischen Regenwaldes sind in Costa Rica u. a. noch im Parque Nacional Cahuita, Parque Nacional Corcovado und Parque Nacional Manuel Antonio vorhanden. Charakteristisch ist ihr Stockwerkbau mit bis zu sechs Etagen.

Die Bodenschicht des tropischen Regenwaldes besteht aus markanten **Stelzwurzeln**, die bereits an den Stämmen der Baumriesen entspringen und ihnen so Halt im dünnen, lockeren Humusboden geben. Darauf folgen eine Krautschicht mit Moosen und Farnen und

eine Strauchschicht, in der u. a. nektarhaltige **Helikoniengewächse** wachsen, die von Kolibris bestäubt werden. Einem vierten Stockwerk mit niedrigen Bäumen schließt sich die Kronenschicht an, in der sich zwei Drittel der Waldtiere aufhalten und ganze 80 % der Biomasse produziert werden. Einige Bäume, sogenannte Überständer wie der 70 m (!) hohe **Ceiba**-Riese im Parque Nacional Corcovado, ragen noch weit über die Kronenschicht hinaus.

Die üppig grünen Regenwälder erwecken den Anschein, als würden sie auf einem unerschöpflich fruchtbaren Boden wachsen. Das Gegenteil ist der Fall. Im tropischen Regenwald gibt es keine so dicke Humusschicht wie in den Laubwäldern gemäßigter Breiten. Laub, Äste und Tierkadaver werden in der Hitze und Feuchtigkeit sofort zersetzt und kontinuierlich dem Nährstoffkreislauf zugeführt. Umso gefährlicher ist es, die Wälder zu roden. Die dünne, nährstoffhaltige Humusschicht wird schnell abgetragen – der Boden ohne Wald ist wertlos. Die Pflanzen im tropischen Regenwald stehen in einem harten Wettkampf ums Sonnenlicht. Lediglich 10 % des Lichts gelangt vom Kronendach auf den Waldboden. Fällt ein Baum um, wird die Lichtung sofort eingenommen. Bekannte „Lückenfüller" sind die schnell wachsenden **Balsabäume**, deren helles, leichtes Holz zum Schnitzen benutzt wird.

Die kleineren Pflanzen haben raffinierte Überlebensmethoden entwickelt: **Lianen** gelangen ans Sonnenlicht, indem sie an anderen Bäumen hinaufklettern; **Epiphyten** (Aufsitzerpflanzen, z. B. Farne oder Bromeliengewächse), indem sie auf den Astgabeln und Ästen anderer Bäume wachsen, ohne ihnen dabei zu schaden. Da sie bei dieser Lebensweise auf Bodenwurzeln verzichten müssen, fangen Bromeliengewächse Wasser und Nährstoffe in trichterförmigen Blättern auf. Eine große Bromelie kann in ihren Blütentrichtern bis zu zehn Liter Wasser speichern. In den kleinen Blütenzisternen legen Frösche und Mücken ihre Larven beziehungsweise ihren Laich ab. **Orchideen** bilden dagegen Luftwurzeln aus, die mit ihrem Speichergewebe Feuchtigkeit aufsaugen. In Costa Rica gibt es über 1000 Orchideenarten, die purpurfarbene Orchidee Guaria Morada wurde zur Nationalblume gekürt.

Im Nationalpark Tortuguero finden sich letzte Reste des immerfeuchten Küstenregenwaldes, der einst die gesamte Karibikküste überzog.

Würgefeigen beginnen als Epiphyten im Kronendach eines Baumes. Ihre Luftwurzeln wachsen dann am Wirtsbaum hinunter, verankern sich im Boden und verdicken zu Stämmen. Der Wirtsbaum ist bald wie von einem engen Gitterkäfig umgeben, seine Leitungsgefäße werden durch die Feigenwurzeln abgeschnürt, seine Blätter und Äste verdrängt – er stirbt langsam ab. Die bei der Zersetzung freiwerdenden Nährstoffe verwertet die Feige für sich, im Inneren des Wirtes bleibt ein Hohlraum zurück.

Prämontaner und montaner Feucht- und Regenwald

Der prämontane und montane Feucht- und Regenwald wächst in den Gebirgslagen Costa Ricas, z. B. in Monteverde, im Cloudbridge Reservat am Cerro Chirripó oder an den Hängen des Volcán Barva. Diese Feucht- oder Nebelwälder sind ganzjährig von einem dichten Wolkennebel umgeben, der entsteht, weil die feuchtwarmen Karibikwinde in den kälteren Höhenlagen kondensieren. Im Nebelwald herrscht deshalb nahezu 100-prozentige Feuchtigkeit.

Zur typischen Nebelwaldvegetation gehören Baumfarne, Moose, Bartflechten, Epiphyten, Eichen und der großblättrige *Sombrilla del Pobre* (Regenschirm der Armen). An den windausgesetzten Hängen sind die Bäume oft knorrig und zwergwüchsig (s. auch Kasten S. 189).

Páramo

Oberhalb der Baumgrenze, am Cerro Chirripó oder in Teilen des Parque Internacional de La Amistad wachsen nur noch Gräser und kleinwüchsige Sträucher.

Säugetiere

Affen

Insgesamt leben vier Affenarten in Costa Rica. Sie sind tagaktiv, leben in großen Gruppenverbänden zusammen und sind deshalb relativ leicht zu entdecken. Allesamt gehören sie zur Familie der Breitnasenaffen, die sehr weit auseinander stehende Nasenlöcher haben. Am weitesten verbreitet ist der ungefähr einen halben Meter große, schwarz-braune **Mantelbrüllaffe** *(Mono congo),* dessen raubtierähnliche Rufe kilometerweit durch den Regenwald schallen.

Der goldbraune **Klammeraffe** *(Mono arana)* kann sein gesamtes Körpergewicht an seinem rund einen Meter langen Schwanz halten. Sein unteres Schwanzende ist nackt und dient ihm wie eine menschliche Handfläche als Greif- und Tastorgan.

Der *Mono Titi* ist mit maximal 35 cm der kleinste, zierlichste und flinkste Affe in Costa Rica. *Mono Titis* sind leicht an ihrem auffällig goldgelben Rückenfell und der maskenartigen Gesichtszeichnung zu erkennen, die ihnen den deutschen Namen **Totenkopfäffchen** einbrachte. Rotrücken-Totenkopfäffchen sind in Costa Rica stark vom Aussterben bedroht.

Die **Weißschulter-Kapuzineraffen** sind an Kehle, Brust und im Gesicht weiß gefärbt. Körper, Extremitäten und der Kopf sind schwarz und heben sich wie die Kutte eines Kapuzinermönches vom restlichen Körper ab.

Ameisenfresser

Drei Arten von Ameisenfressern leben in Costa Rica. Am weitesten verbreitet von ihnen ist der Ameisenbär *(Oso hormiguero),* den man leicht an seiner Röhrenschnauze erkennt. Ameisenbären ernähren sich – der Name sagt es bereits – ausschließlich von Ameisen und Termiten. Mit ihren langen, scharfen Krallen brechen sie die Insektenbauten auf und lecken die Beute mit ihrer langen, klebrigen Zunge heraus.

Faultiere

Faultiere kommen ausschließlich auf dem amerikanischen Kontinent vor. In Costa Rica leben zwei Arten: Das **Zweifinger-** und das **Dreifinger-Faultier** (die häufig verwendete Bezeichnung „Dreizehen-Faultier" ist verwirrend, denn beide Faultierarten haben drei Zehen und sind lediglich an der Anzahl ihrer Finger zu unterscheiden). Faultiere ernähren sich ausschließlich von Blättern. Viel Energie liefert diese nährstoffarme Lebensweise nicht. Deshalb hängen Faultiere die meiste Zeit von Bäumen, schlafen, fressen oder verdauen.

Dreifinger-Faultiere besitzen zudem neun Nackenwirbel (die meisten Säugetiere und das Zweifinger-Faultier haben nur sechs oder sieben), die es ihnen ermöglichen, ihren Kopf um 270 Grad zu drehen und sich so beim Fressen

kaum von der Stelle zu bewegen. Aufgrund ihres riesigen Magens können die Tiere über eine Woche im Baum ohne „Toilettengang" verbringen. Ihr zottiges Fell ist Lebensraum für viele Insekten und Algen. Letztere geben dem Faultier vor allem während der Regenzeit eine grüne Tarnfarbe.

Fledermäuse

Über die Hälfte aller Säugetiere in Costa Rica sind Fledermäuse. Am gefürchtetsten ist die nachtaktive Vampirfledermaus – das einzige Säugetier, das sich ausschließlich von Blut ernährt. Mit ihrem auffälligen Nasenaufsatz spürt sie die passende Bissstelle bei Tieren (und vereinzelt auch bei Menschen) auf und leckt das Blut mit der Zunge heraus. Der Blutverlust ist für das Opfer gering, bedenklicher ist jedoch die Gefahr einer Tollwutinfektion.

Gürteltiere

Gürteltiere kommen ausschließlich auf dem amerikanischen Kontinent vor. Sie sind von einem harten Panzer aus Horn und Knochenplatten umgeben und werden deshalb im Spanischen *Armadillos* (die Gepanzerten) genannt. Beim weitverbreiteten Neunbinden-Gürteltier ist der starre Panzer durch quer liegende Hautfalten in sieben bis zehn Gürtel unterteilt, sodass sich das Tier auch mit schwerer Rüstung erstaunlich flink bewegen kann.

Gürteltiere fressen Ameisen und Käfer und sind deshalb in menschlichen Wohnsiedlungen gern gesehene Insektenvertilger. Andererseits werden sie wegen ihres Fleisches und Panzers gejagt, aus dem Musikinstrumente hergestellt werden.

Huftiere

Der **Tapir** ähnelt mit seinem Greifrüssel und den kleinen Ohren einer Kreuzung zwischen Schwein und Elefant. Seine nächsten Verwandten sind jedoch Huftiere wie das Pferd und das Nashorn. Tapire sind nachtaktive Einzelgänger, die sich tagsüber ins Dickicht zurückziehen. Gute Chancen, einem Tapir zu begegnen, haben Wanderer im Parque Nacional Corcovado, im Parque Internacional de la Amistad und auf der Kraterwanderung im Parque Nacional Rincón de La Vieja.

Zur Familie der Huftiere zählen auch die dunkelgrau-bräunlichen **Halsbandpekaris** mit ihrem unverkennbaren, hellen Streifen um Hals und Nacken. Die borstigen Wildschweine haben wie alle „Nabelschweine" eine nabelartige Drüse am Rücken, über die sie ein moschusartiges Sekret abgeben, um ihr Revier zu markieren. Pekaris sind Allesfresser, sogar Giftschlangen stehen auf ihrem Speiseplan; gegen das Gift sind sie immun. Durch die starke Nachfrage nach Pekarifleisch und die damit verbundene stärkere Jagd auf Pekaris hat die Zahl der Tiere in Costa Rica bedenklich abgenommen.

Kleinbären

Waschbären *(Mapache)* und **Pizotes** sind leicht an ihrer schwarzen Gesichtsmaske und rüsselartiger Schnauze erkennbar. Die Kleinbären halten sich gern auf Campingplätzen auf, wo sie Urlaubern den Proviant wegfressen.

Nagetiere

Agutis sind schlanke Tiere mit orange-braunem Fell und dünnen, langen Beinen. Mit ihrem wuchtigen Kopf, den kleinen, runden Ohren und großen Augen ähneln sie Riesen-Eichhörnchen. Agutis sind tagaktive, sehr scheue Tiere, die in hohlen Baumstämmen und Bauen leben. Sie legen unterirdische Vorratskammern mit Früchten und Samen an und tragen so entscheidend zur Verbreitung vieler Pflanzenarten bei. Agutis werden wie ihre nachtaktiven Cousins, die **Pakas**, wegen ihres Fleisches gejagt.

Meeressäuger

Costa Ricas warme Gewässer locken **Delphine** und **Buckelwale** an. Letztere wandern jedes Jahr von den Polarmeeren zur Bahía Ballena, um in der costa-ricanischen Sonne zu balzen und Junge zu werfen (S. 325, Kasten „Wa(h)lheimat Costa Rica").

In den Lagunen von San Juan del Norte, Barra de Colorado und Gandoca halten sich Seekühe auf. Im Gegensatz zur Schwanzflosse der Wale ist ihre Schwanzflosse rund oder spatenförmig. **Manatis** können bis zu einer Viertelstunde unter Wasser bleiben und ernähren sich ausschließlich von Seegras und Wassersalat. Seekühe sieht man heute nur noch sehr selten.

Tipps zum ökologischen Reisen

- Müll (Plastik!) vermeiden und aus den Nationalparks wieder mitnehmen.
- Mit Akkubatterien reisen.
- Übermäßigen Wasserverbrauch in ariden Regionen (Guanacaste) vermeiden.
- Grundsätzlich auf den Wegen der Nationalparks bleiben und die Parkregeln beachten.
- Keine Wildtiere füttern!
- Kein Feuer außerhalb der dafür vorgesehenen Orte machen.
- Keine Pflanzen oder Tiere als Souvenirs mitnehmen.
- Keine Korallen berühren oder abbrechen.
- Möglichst in kleinen, von Einheimischen geführten Hotels übernachten, die den Schwerpunkt auf nachhaltigen Tourismus legen.
- Keine Taschenlampen oder Blitzlichter bei Schildkrötentouren benutzen. Dunkle Kleidung tragen.
- Muskelkraft statt Motorsaft: Kanus statt Motorboote!

Wie Wale wurden sie wegen ihres Fleisches, Fettes und ihrer Haut gejagt und stehen heute auf der Liste der gefährdeten Tiere.

Raubkatzen

Sechs verschiedene Raubkatzen – **Ozelotkatze**, **Ozelot**, **Baumozelot**, **Wieselkatze**, **Puma** und **Jaguar** – leben in Costa Rica. Sie sind überwiegend nachtaktiv und scheu, Touristen bekommen sie daher selten zu Gesicht.

Amphibien und Reptilien

Frösche

Unter den mehr als 160 Amphibienarten in Costa Rica sind 20 Giftfrösche. Der bekannteste unter ihnen ist der **Pfeilgiftfrosch** *(Rana venenosa)*, auch Baumsteigerfrosch genannt, weil er auf Bäume klettern kann. Pfeilgiftfrösche leben im tropischen Regenwald und fallen durch ihr leuchtendes Gelb, Grün, Orangerot oder Blau sofort ins Auge. Sie legen ihren Laich in den

Trichterblättern von Bromelien ab. Ihr Gift nehmen sie über die Nahrung auf, hauptsächlich durch den Verzehr von Ameisen. Indianer benutzten das Froschgift für ihre Pfeile – daher der Name Pfeilgiftfrosch. Bei Menschen kann das Toxin Muskel- und Atemlähmungen hervorrufen und zum Tode führen.

Echsen

An kleine Saurier aus der Urzeit erinnern die vielen verschiedenen Echsenarten in Costa Rica. Die meisten von ihnen können bei Gefahr den Schwanz abwerfen und mit dem abgetrennten, noch wackelnden Körperteil ihren Feind täuschen. Der Schwanz wächst ihnen anschließend wieder nach. Echsenfleisch ist eine Delikatesse in Mittelamerika, außerdem sind die Reptilien begehrte Terrarientiere, die oft illegal ins Ausland geschmuggelt werden.

Der rund zwei Meter große **Grüne Leguan** wirkt mit seinem massigen Kopf, den großen Kehllappen und dem Rückenkamm Furcht einflößend, ist aber für Menschen völlig harmlos. **Helmbasilisken** sieht man häufig im Südwesten Costa Ricas. Dort flitzen sie über die Wasseroberfläche – *Jesus Christ Lizards* werden sie deshalb auf Englisch genannt. Helmbasilisken sind olivbraun, haben einen gelben Bauch und einen Kamm am Hinterkopf, dem sie ihren Namen verdanken.

Krokodile

Die besten Orte, um **Krokodile** oder **Krokodilkaimane** zu beobachten, sind der Río Tarcoles und das Feuchtgebiet Caño Negro. Dort liegen die bis zu 4 m (Kaimane werden lediglich rund 2 m lang) großen Reptilien regungslos am Flussufer und tanken Sonne auf. Augen, Nasenöffnungen und Ohren befinden sich bei Krokodilen erhöht auf der Schädeloberseite, sodass sie im Wasser – vollständig untergetaucht – ihre Umgebung beobachten können. Die Zahl der Krokodile hat seit Ende des Zweiten Weltkrieges drastisch abgenommen. Krokodile und Kaimane wurden lange wegen ihres Leders gejagt. Heute stehen die Reptilien unter Schutz.

Meeresschildkröten

Fünf verschiedene Arten von Meeresschildkröten (Lederschildkröte, Grüne Meeresschildkröte, Karettschildkröte, Oliv-Bastardschildkröte, Unechte Karettschildkröte) legen in Costa Rica

In Costa Rica sind mehr als 200 unterschiedliche Reptilienarten heimisch.

© OLIVER KIESOW

ihre Eier ab (S. 24, Reiseziele). Die Reptilien verlassen nur zur Nistzeit das Wasser. Besonders eindrucksvoll sind die Landungen der riesigen Laura-Schildkröten (S. 253, Kasten „Die Greisin des Ozeans") und die *Arribadas* der Oliv-Bastardschildkröten, die zu Zigtausenden ihre Eier ablegen.

Meeresschildkröten wurden jahrhundertelang in Mittelamerika wegen ihres Panzers, Fleisches, Öls und ihrer Eier gejagt. Heute stehen die Tiere unter Schutz. Schildkröteneier gelten jedoch nach wie vor als Delikatesse und aphrodisisches Mittel. Um die Nestdieberei zu verhindern, gehen Freiwillige während der Nistzeit an den Stränden auf Patrouille.

Schlangen

Über 135 Schlangenarten leben in Costa Rica, darunter auch die bis zu viereinhalb Meter lange und bis zu 60 kg schwere **Boa** *(Boa constrictor)* oder Königsschlange – eine der am schönsten gemusterten Schlangen überhaupt. Boas sind nachtaktiv. Tagsüber verstecken sie sich in Fels- und Baumhöhlen. Mit ihrem muskulösen Körper umschlingen und erwürgen sie ihre Beute und verschlingen sie anschließend in einem Stück.

Zu den größten **Giftschlangen** Costa Ricas zählt der bis zu 3 m lange nachtaktive **Busch-**meister. Angriffslustiger ist die bis zu 1,80 m große **Terciopelo-Lanzenotter**, die für die meisten Bisse verantwortlich ist, vor allem in den sumpfigen Bananenplantagen. Die Lanzenotter ist eine lebend gebärende Schlange, sie bringt zwischen 15 und 50 Jungtiere zur Welt.

Insekten

Über 35 000 Insektenarten summen und stechen in Costa Rica. Blattschneiderameisen kreuzen oft des Wanderers Pfad. Sie tragen Blattstücke in ihre unterirdischen Nester und züchten auf den Blättern Pilze (S. 200, Kasten „Von Ameisen, die Pilze züchten"). Das größte Insekt auf Erden – der **Herkuleskäfer** *(Dynastes hercules)*, erreicht eine beeindruckende Größe von 20 cm. Der Gigant lebt in den Wurzel- und Rindenschichten der Bäume in den Regenwäldern.

Zehn Prozent aller Schmetterlingsarten flattern in Costa Rica. Der **Monarchfalter** hat auffällig rot-braune Flügel mit schwarzen Adern und weißen Punkten. Die Punkte symbolisierten für einige Indianerstämme verstorbene Seelen, die hinauf in die Berge fliegen. Monarchfalter ziehen im Herbst von Nordamerika ins warme Costa Rica und begeben sich im Frühjahr wieder auf

Her mit den Kröten – Ein Froschkrimi, der unter die Haut geht

Sie ist das bekannteste Opfer, die **Goldkröte**, *Sapo dorado,* auf lateinisch *Bufo periglenes*, zu Hause in den Bergnebelwäldern Monteverdes. 1989 wurde sie zuletzt gesehen, praktisch über Nacht verschwand die goldene Kröte vom Erdboden. Wissenschaftler standen vor einem Rätsel. Was war die Ursache? Frösche sind biologische Indikatoren. Sie leben zu Wasser und zu Land. Mit ihrer dünnen, transparenten Haut reagieren sie auf Umwelteinflüsse aus beiden Lebensbereichen. Laut Fachzeitschrift *Nature* starben weltweit zwei Drittel der Froscharten zwischen den 80er- und 90er-Jahren aus. Für das massive Froschsterben machen Experten eine Reihe von Ursachen verantwortlich. Lebensraumzerstörung, Überdüngung, Pestizide, erhöhte UV-Strahlung, Froschjagd, Klimawandel. Nach Expertenmeinung gelten 41 % der Frösche heute weltweit als gefährdet. Hauptursache aber, so zeigen die neuesten Forschungen, ist ein Chydridpilz, mit dem schwierigen vollständigen Namen *Batrachochytrium denrobati.* Er gedeiht durch den Klimawandel besser als je zuvor und kann auch über Kleidung und Schuhe von Touristen verbreitet werden. Chydrid verstopft die lebenswichtigen Poren seiner Opfer, die Frösche können sich nicht wehren, ihre Haut, durch die sie auch atmen, trocknet aus, ganze Amphibiengemeinschaften vernichtet der Pilz so in einem Schlag. Allein in Mittelamerika soll Chydrid 40 Froscharten auf dem Gewissen haben. Dabei zeigt der Froschkiller durchaus Geschmack, als Opfer sucht er sich die dünnhäutigsten, biologisch interessantesten Frösche aus, zurück bleiben die anpassungsfähigen, eher langweiligen Generalisten.

Die Wälder Costa Ricas sind ein Paradies für Vogelkundler.

die Rückreise. Dabei legen ihre zarten Flügel täglich mehr als 100 km zurück.

Bezaubernd schön, aber schwierig zu fotografieren sind die blauen Flügel des **Morpho-Schmetterlings**. Ihr schimmerndes Blau entsteht durch einen optischen Trick: Auf den Flügeln befinden sich unzählige Rillen, die ausschließlich blaues und ultraviolettes Licht reflektieren. Ziel der Männchen ist es, so den Weibchen zu imponieren. Die nehmen die Balz etwas gelassener und kleiden sich in unauffälliges Braun.

Vögel

Fast 900 Vogelarten leben in Costa Rica – das sind mehr Arten als in ganz Europa zusammen.

Adler

Die sagenumwobene Königin der Greifvögel, die **Harpyie,** wird nur noch äußerst selten in den abgelegenen Regenwaldregionen Corcovados gesichtet. Mit einer Höchstgeschwindigkeit von bis zu 80 km/h und einer Flügelspannweite von 190 bis 240 cm stürzt sie sich auf Faultiere und Affen und zieht ihre Beute an den Krallen mit sich in die Luft.

Kolibris

Der kleinste Vogel der Welt, der **Kolibri,** ist mit mehr als 50 Arten in Costa Rica vertreten. Atemberaubende rund 80 bis 200 Mal bewegt er seine Flügel pro Sekunde und kann so rückwärts und seitwärts fliegen und in der Luft „stehen". Ohne ein großes Herz, stählerne Flügelmuskulatur und eine leistungsstarke Lunge wäre solche Luftakrobatik nicht möglich. Kolibris füllen ihre Kraftreserven mit Blütennektar und Insekten auf.

Papageien

Unter den insgesamt 16 Papageienarten in Costa Rica ist der **Rote Ara** der schönste und größte (S. 357, Kasten „Der Nussknacker von Osa"). Er ist vor allem auf den Mandelbäumen im Corcovado-Nationalpark anzutreffen. Sein **grüner** Namensvetter bevorzugt den Norden, das Schildkrötenland Tortuguero.

Trogone

Der auffällig rot-grün gefiederte **Quetzal** zählt zu den Hauptattraktionen vieler Vogelfreunde. Er lebt ausschließlich in den Nebelwäldern Mittelamerikas, z. B. in Monteverde und im Parque Nacional Los Quetzales. In der Brutzeit führt das Quetzal-Männchen spektakuläre Balzflüge auf.

Bei den Azteken wurde der Quetzal als heiliger Vogel verehrt und Priesterschmuck aus seinen prachtvollen langen Schwanzfedern gefertigt. Wer den Quetzal tötete, musste selbst Federn lassen und mit dem eigenen Leben bezahlen.

Schreivögel

Der **Hämmerling** *(Pajaro campaña)* gehört unverkennbar zur Familie der Schreivögel. Sein metallischer Ruf zählt zu den lautesten im ganzen Vogelreich. Auffällig sind außerdem seine drei bis zu 10 cm langen Kehllappen, die ihm fadenartig vom Schnabel hängen und sich wie elektrisiert aufrichten können.

Tukane

Tukane fallen durch ihre bunten, großen Schnäbel auf, die sich vom übrigen schwarzen Fiederkleid deutlich abheben. Mit diesen Schnäbeln führen sie regelrechte Schwertkämpfe aus, um lästige Artgenossen vom Ast zu vertreiben.

Wasservögel

Die Feuchtgebiete Palo Verde, Caño Negro und Los Guatuzos sind Heimat Tausender Wasservögel: Gelbschnablige, weißgefiederte **Silberreiher**, exzentrisch pink gefärbte **Rosa Löffler** und der weltgrößte Storch **Jabiru** waten hier durch die Marschgebiete auf der Suche nach Fisch. In der Trockenzeit gesellen sich Tausende von Zugvögeln aus Nordamerika hinzu.

An der Meeresküste beeindrucken **Fregattvögel**, **Brauntölpel** und **Pelikane** mit ihren riskanten Sturzflügen ins Wasser. Der Brauntölpel schützt sich dabei vor dem Aufprall mit „Airbags" (Luftsäcken) am Kopf, der Pelikan wiederum streckt beim Eintauchen ins Wasser Beine und Flügel weit zurück, um Knochenbrüche zu vermeiden.

Schreitvögel

Die nacktköpfigen, aasfressenden **Geier** sind unter Vogelbeobachtern nicht sehr beliebt. Die sagenumwobenen Vögel nehmen jedoch eine wichtige Stellung als Gesundheitspolizei in der Natur ein. Die Geier der „Neuen Welt", also Nord- und Südamerikas, werden Neuweltgeier genannt und sind mit den Störchen verwandt. Daher ordnet man sie der Familie der Schreitvögel und nicht mehr wie früher den Greifvögeln zu.

Nationalparks

Laut Ministerio de Ambiente (Umweltministerium) steht rund ein Viertel von Costa Ricas Landesfläche unter Naturschutz. Die insgesamt 166 Schutzgebiete – (darunter 28 Nationalparks, 9 Waldreservate, 71 Tierschutzgebiete, 12 Feuchtgebiete) verteilen sich auf alle zwölf Ökozonen des Landes, vom Trockenwald in Guanacaste über die Mangroven Manzanillos bis hin zur kargen Páramo-Landschaft oben am Cerro Chirripó.

Die Nationalparks werden vom Ministerio de Ambiente, Energia y Telecomunicaciones (MINAET) und dem Sistema Nacional de Areas de Conservación (SINAC) verwaltet. Der Parkeintritt kostet fast immer $10 p. P.

> ### 🌳 Amigos de los Parques Nacionales
>
> Sie möchten Costa Ricas Nationalparks unterstützen, wissen aber nicht wie? Mit einer Mitgliedschaft beim Verein Amigos de los Parques, 🖥 www.amigosdelosparques.org, einem Gemeinschaftsprojekt der costa-ricanischen Nichtregierungsorganisationen Proparques, 🖥 www.proparques.org, Fundecor 🖥 www.fundecor.org und der staatlichen Umweltbehörde SINAC, 🖥 www.sinac.go.cr, können Naturfreunde Costa Ricas Naturschutzgebiete finanziell fördern. Zehn Nationalparks gehören dem Verein an. Eine Mitgliedschaft reicht von zwei Wochen bis zu einem Jahr. Jedes Mitglied erhält eine Chipkarte mit Tiermotiv, die bei jedem Parkbesuch eingescannt wird. Die Karte berechtigt (je nach Länge der Mitgliedschaft) zu 3–30 Parkbesuchen sowie verschiedenen Vergünstigungen. Wovon profitiert nun aber der Park? Der Geldbetrag, der beim Ablauf einer Mitgliedschaft übrigbleibt, fließt (anders als bei den Eintrittsgeldern) als Spende **direkt** an die Nationalparks und Naturschutzgebiete im Land, auch an die, die dem Programm zurzeit nicht angehören. Nutzt ein Mitglied z. B. nur die Hälfte seiner $100 Mitgliedschaft, gehen $50 direkt an die Parks. Die Chipkarten sind über das Internet oder an den jeweiligen Parkeingängen erhältlich. Nähere Infos unter 🖥 www.amigosdelosparques.org.

Welches Land ist das glücklichste der Welt? Der englische Öko-Thinktank *The New Economics Foundation (nef)*, 🖥 www.neweconomics.org, untersuchte Daten der Vereinten Nationen zu insgesamt 143 Ländern. Das Ergebnis: Zehn lateinamerikanische Länder führen die Glücks-Tabelle an und an der Spitze steht Costa Rica! Deutschland landete auf Platz 51, die USA weit abgeschlagen auf Platz 114, das Schlusslicht bildeten afrikanische Staaten.

Bei ihrer Studie gingen die NEF-Ökonomen revolutionär vor. Statt wie unter Wachstumsökonomen üblich, Lebensqualität an dem Indikator Bruttosozialprodukt festzumachen, führten sie als neues Maß den Happy Planet Index (HPI) ein. Der HPI soll messbare und vergleichbare Kriterien geben für ein gutes, erfülltes, langes und – hier liegt der ganz entscheidende Punkt – nachhaltiges Leben! Mit dem HIP stellen NEF-Ökonomen die gängigen, nach dem Bruttosozialprodukt erstellten Tabellen auf den Kopf. So waren laut Happy Planet Index schnell wachsende Wirtschaftsmächte wie Indien, China und die USA vor 20 Jahren glücklicher und grüner als heute. Tabellensieger Costa Rica zeigt wie man's besser macht: Mit nur einem Viertel des ökologischen Fußabdrucks eines US-Amerikaners, erreichen die Ticos nach Kanada die höchste Lebenserwartung in ganz Nord- und Lateinamerika! Lebe hoch, Costa Rica!

Geschichte

Noch bis Ende der 1960er-Jahre zahlte die costa-ricanische Regierung Prämien an Siedler, die abgelegene Regenwaldflächen rodeten und in Ackerland umwandelten. Costa Ricas radikale Wandlung vom Waldraubbau zum Waldschutz ist hauptsächlich nordamerikanischen und europäischen Einwanderern zu verdanken. Bereits Anfang der 1950er-Jahre kaufte Monteverdes nordamerikanische Quäker-Gemeinde Nebelwald auf, um die Waldfläche vor weiterer Rodung zu schützen. Das Quäker-Reservat Reserva Monteverde wurde zum Vorbild für viele weitere Privatinitiativen im In- und Ausland.

1960 warnte der in Costa Rica lebende Skandinavier Olof Wessberg internationale Naturschutzorganisationen: *Only in one spot is there today some of the wildlife that was formerly everywhere in the northwest ... Here are the puma and manigordo, deer, peccary, tepiscuintle, pizote, kinkajou, chulumuco, kongo, carablanca, and miriki. The jaguar and tapir are already extinct ... Two years more and the mountain will be dead. Who is going to save it?*

Die Antwort auf diese Frage war: Wessberg selbst. Er schaffte es, mit Hilfe von internationalen Naturschutzorganisationen die costa-ricanische Regierung von der Notwendigkeit der Gründung eines Nationalparksystems zu überzeugen. Welche Interessenskonflikte zwischen Umweltschützern und Holzindustrie – damals wie heute – bestehen, macht die Ermordung Wessbergs während der Gründung des Nationalparks Corcovados deutlich.

Weitere wichtige Naturschützer der ersten Stunde waren die amerikanischen Biologen **Archie Carr**, der sich jahrzehntelang für die Gründung eines Nationalparks und den Schutz der Schildkröten in Tortuguero einsetzte, und **Leslie Holdrige**, der Gründer des weltbekannten Tropeninstituts La Selva in Sarapiquí, das nach wie vor nachhaltige Landwirtschaft lehrt.

Das gefährdete Paradies

Costa Rica, das Ökoparadies, das auf den ersten Blick wie eine üppige, robuste, grüne Oase erscheint, ist in Wirklichkeit ein fragiles Ökosystem, das zusammen mit seinen Bewohnern ums Überleben kämpft. Das auf den ersten Blick beeindruckende Nationalparksystem – ein Vorbild für viele andere Länder – ist von Korruption, Missmanagement und Geldmangel durchzogen: Nur ein geringer Prozentanteil der Parkeinnahmen wird zurück in die Schutzgebiete investiert; der Löwenanteil wandert in eine zentrale Regierungskasse.

Bestes Beispiel für die Finanzmisere ist der **Parque Nacional Manuel Antonio**, mit jährlich rund 160 000 Besuchern einer der meistbesuchten Nationalparks des Landes. Pro Tourist werden $10 Eintritt verlangt. Dem Park aber fehlt das Geld, um Informationsbroschüren zu drucken oder morsche Bänke zu reparieren. Anderen Naturparks fehlen die Mittel zur Feuerprävention, und fast alle haben kein Geld für Parkwächter, die die Schutzgebiete gegen Abholzung und Wilddieberei schützen sollen.

Die finanzielle Krise der Nationalparks ist bereits so schlimm, dass viele Naturschützer sich gegen die Gründung weiterer Schutzgebiete aussprechen. Denn was helfen Naturschutzgebiete auf Papier, wenn in der Praxis Abholzung und Wilddieberei unverändert fortschreiten? Der costa-ricanische Biologe **Mario Boza**, einer der Mitbegründer des heutigen Nationalparksystems, fordert deshalb radikale Reformen in der Nationalparkverwaltung. Laut Boza haben die geschützten Wälder nur dann eine Überlebenschance, wenn die Nationalparks als private Unternehmen geführt werden.

Bevölkerung

Costa Rica

Einwohner: 4,81 Mio. (2012 geschätzt)

Bevölkerungswachstum: 1,29 % (2011 geschätzt)

Lebenserwartung: Männer 77,5 Jahre; Frauen 82 Jahre

Säuglingssterblichkeit: 9 pro 1000

Alphabetisierungsrate: Frauen 96,5 %; Männer 96 %

Bevölkerung unter der Armutsgrenze: 24,2 % (2010 geschätzt)

Nicaragua

Einwohner: ca. 5,99 Mio. (2012 geschätzt)

Bevölkerungswachstum: 1,05 % (2013 geschätzt)

Lebenserwartung: Frauen 74,5 Jahre, Männer 70 Jahre

Säuglingssterblichkeit: 21 pro 1000

Alphabetisierungsrate: Frauen 77,9 %; Männer 78,1 % (2013)

Bevölkerung unter der Armutsgrenze: 42,5 % (2009)

Touristen sind oft erstaunt darüber, wie hellhäutig die meisten Costa Ricaner sind. Immerhin stammen 95 % der Bevölkerung von europäischen Einwanderern ab, darunter auch von deutschen. Blonde und blauäugige *Ticos* (liebevolle Kurzform für „Costa Ricaner") sind daher nichts Ungewöhnliches. Von den dunkelhäutigen Ureinwohnern haben dagegen nur 1,6 % überlebt (S. 88, Geschichte).

Costa Rica war seit jeher ein Einwanderungsland: Mitte des 19. Jhs. wanderten Chinesen, Italiener und Jamaikaner ein (s. u.). Deutsche kamen Ende des 19. Jhs. nach Costa Rica und stiegen in die Kaffeearistokratie auf. US-amerikanische Quäker ließen sich Mitte des 20. Jhs. in Monteverde nieder, um dem Militärdienst im eigenen Land zu entkommen. In den 1960er- und 1970er-Jahren strömten Chilenen, Nicaraguaner, Kolumbianer und El Salvadorianer nach Costa Rica, auf der Flucht vor den Diktaturen und blutigen Bürgerkriegen ihrer Heimat.

Heute ist das kleine Tropenland Ziel Tausender europäischer und nordamerikanischer Expats, die hier Land ersteigern und sich bevorzugt an der Pazifikküste ansiedeln (s. auch S. 311, Kasten „Der Ausverkauf eines Landes"). Die Hälfte der rund 5 Millionen Costa Ricaner lebt im Valle Central. Dort finden sich die gut bezahlten Jobs, die besten Ausbildungschancen und die beste Gesundheitsversorgung im Land.

Afro-Costaricaner und Chinesen

Afro-Costaricaner und Chinesen machen 4 % der Gesamtbevölkerung Costa Ricas aus. Die ersten Einwanderer afrikanischer Herkunft trafen bereits im 16. Jh. aus Nicaragua ein. Sie ließen sich in Tortuguero und Talamanca (Karibikküste) nieder, lebten dort vom Schildkrötenfang und vermischten sich mit den Bribrí-Indianern. Mitte des 19. Jhs. kamen Jamaikaner und Chinesen ins Land, um die Eisenbahntrasse von San José an die Karibikküste zu legen und später auf den Bananenplantagen der United Fruit Company zu arbeiten. Bis Mitte des 20. Jhs. war es Afro-Costaricanern verboten, ins Valle Central zu reisen.

Afro-Costaricaner prägen die Kultur der Karibikküste.

Erst mit der neuen Verfassung von 1949 erhielten sie die volle Staatsbürgerschaft und das Wahlrecht. Noch heute lebt die afro-costaricanische Bevölkerung vorwiegend in der Provinz Limón (S. 374), wo sie ihre protestantische Religion und ihren englischen Dialekt Patois bewahrt haben.

Frauen

Wie in ganz Lateinamorika ist der Machismo auch in Costa Rica weitverbreitet. Ironischerweise sind es jedoch oft die Frauen selbst, die sich ihre eigenen Söhne zu kleinen Machos heranziehen. Besonders auf dem Land halten nur wenige Frauen dem gesellschaftlichen Druck stand und brechen aus traditionellen, gesellschaftlichen Rollenklischees aus. Erst 1949 wurde Costa Ricanerinnen mit der neuen Verfassung das Wahlrecht und somit politische Mitbestimmung zugesprochen.

Die 1980er- und 1990er-Jahre brachten weitere wichtige Gleichstellungsreformen und ebneten Costa Ricanerinnen den Weg in die Arbeitswelt und Politik. An Costa Ricas wichtigster Universität, der Universidad de Costa Rica, wurde eine Fakultät für Frauenstudien (Investigación en Estudios de la Mujer) eröffnet. Das Proyecto de Ley sobre la Igualdad de la Mujer spricht Frauen u. a. gesetzlichen Schutz bei Gewaltdelikten zu.

1994 kandidierte **Margarita Penon** als erste Costa Ricanerin um das Präsidentenamt. Ende der 1990er-Jahre bezogen **Astrid Fischel** und **Elizabeth Odio** als erste Frauen die beiden Vizepräsidentenämter. 1989 wurde zudem das Instituto Nacional de las Mujeres eröffnet und damit der Posten einer Frauenministerin (Ministra de la Condición de la Mujer) geschaffen.

Seit 2010 hat Costa Rica mit Laura Chinchilla zum ersten Mal in seiner Geschichte eine Frau als Präsidentin. Chinchilla besetzte ihr halbes Kabinett mit Politikerinnen. Bei der Regierungsvorstellung sagte sie: „80 % der nationalen Wirtschaft werden unter der Leitung von Frauen sein." Ein Schwerpunkt ihrer Regierung lag auf der Verteidigung wirtschaftlicher Rechte von Frauen. Denn trotz aller Erfolge in der Gleichberechtigung, verdienen Costa Ricanerinnen für die gleiche Arbeit nur einen Bruchteil des Gehalts eines Mannes. Laut der Tageszeitung *Nación* vergrößerte sich die Gehaltsschere zwischen den Geschlechtern im letzten Jahrzehnt um 75 %, am schlimmsten betroffen sind selbstständig arbeitende Frauen, sie verdienen im Durchschnitt nur die Hälfte vom Gehalt eines selbständig arbeitenden Mannes.

Indianer

Acht Indianerstämme haben in Costa Rica überlebt. Seit 1977 leben sie auf insgesamt 22 Reservate verteilt. Die Mehrheit der costa-ricanischen Indianer spricht heute Spanisch, ist katholisch und trägt moderne Kleidung. Lediglich die Guaymí-, Bribrí- und Cabécar-Indianer halten an ihren Traditionen und ihrer Sprache fest. Im Boruca-Reservat (S. 344) wird heute in der Schule wieder die alte Stammessprache unterrichtet, die die Elterngeneration niemals lernte.

Die Indianerreservate zählen zu den ärmsten und am meisten vernachlässigten Regionen in Costa Rica. Das oft minderwertige Land gehört weiterhin dem Staat oder ist im Besitz von Privatpersonen. Die Reservate sind daher immer wieder durch Minen-, Abholzungs- oder Staudammprojekte gefährdet. Seit den 1980er-Jahren nehmen Costa Ricas Ureinwohner verstärkt ihr Schicksal in die eigene Hand. Nichtregierungsorganisationen wurden gegründet und Landrechte eingeklagt. Ein wichtiger Schritt in Talamanca war die Eröffnung einer Bank speziell für Indianer. Denn „normale" Banken genehmigten Indianern nur selten Kredite.

Erst 1992 erhielten Costa Ricas Ureinwohner die volle Staatsbürgerschaft – und zwei Jahre später das Wahlrecht. 2007 trat zum ersten Mal in der Geschichte Costa Ricas eine Gruppe von Ureinwohnern der costa-ricanischen Polizei bei. Immer mehr Reservate öffnen sich heute dem Tourismus und bieten Touren und Übernachtung an (S. 25, Reiseziele).

Nicaraguaner und Kolumbianer

Nicaraguaner und Kolumbianer haben einen schweren Stand in Costa Rica. Offiziell leben rund 250 000 Nicaraguaner im Land, die Dunkelziffer liegt weitaus höher. Nicaraguaner fallen schnell durch ihre dunklere Hautfarbe auf und werden – wie Kolumbianer auch – oft zum Sündenbock für die ansteigende Kriminalität gemacht. Ähnlich wie die mexikanischen Wanderarbeiter in den USA, wandern Nicaraguaner oft illegal ins reichere Costa Rica aus und verdingen sich dort als Tagelöhner und Pflücker auf den großen Obst- und Kaffeeplantagen – eine Arbeit, für die sich Costa Ricaner heute oft zu schade sind.

Nordamerikaner und Europäer

Seit Anfang der 1980er-Jahre wandern verstärkt Nordamerikaner und Europäer nach Costa Rica ein und lassen sich vorwiegend an der Pazifikküste nieder (S. 311, Kasten „Der Ausverkauf eines Landes"). Der US-amerikanische Einfluss im kleinen Costa Rica macht sich stark bemerkbar. Supermarkt- und Fastfood-Restaurantketten sprießen wie Pilze aus dem Boden, protestantische Gemeinden haben Zulauf und besonders in den Touristenzentren wird heute Englisch statt Spanisch gesprochen.

Geschichte

Costa Rica

Costa Rica sticht heraus aus den übrigen mittelamerikanischen Nationen. Als einziger Staat in Mittelamerika schaffte es das kleine Tropenland, den Kreislauf von Militärdiktaturen und Bürgerkriegen zu durchbrechen. Mit lediglich zwei Exportprodukten – Bananen und Kaffee – und einer stabilen Demokratie, ohne Militär, entwickelte es sich zur „Schweiz Mittelamerikas"; dem Land mit dem höchsten Lebensstandard und dem besten Bildungs- und Sozialsystem auf dem zentralamerikanischen Isthmus.

Schmelztiegel der Kulturen

Bereits um 40 000 v. Chr. wanderten Jäger und Sammler aus Asien über die Beringstraße (eine Landbrücke, die Asien mit Amerika verband) nach Nordamerika. Das Gebiet des heutigen Costa Rica wurde gegen 12 000–8000 v. Chr. besiedelt. Mittelamerika wurde zum Schmelztiegel von Anden- und mesoamerikanischer Kultur. Die verschiedenen kulturellen Einflüsse sind am Schmuck, in der Landwirtschaft oder am Häuserbau sichtbar. Der Jadeschmuck der Maya aus dem Norden wurde später von den Chibchas aus dem Süden durch Gold und Metall ersetzt.

An der Karibikküste, die unter südamerikanischem Einfluss stand (Panama, Ecuador, Kolumbien) wurden Yucca und Süßkartoffeln angebaut. Die Menschen dort lebten in Stammesverbänden in großen, meist rechteckigen Pfahlbauten, sogenannten Palenques, mit Platz für bis zu mehreren hundert Personen. Die Nordpazifikregion dagegen stand unter dem Einfluss des Nordens (Mexiko). In der Landwirtschaft dominierten hier Mais und Bohnen, und die Häuser hatten eine elliptische Form.

Mit Beginn der Sesshaftigkeit entstanden sogenannte **Cacicazgos** (Herrschaftsgebiete) und eine strikte Gesellschaftshierarchie. An der Stammesspitze standen ein Cacique (Häuptling) und ein Schamane (Priester) als Repräsentanten des militärischen und geistlichen Adels (ihre Ämter wurden durch Erbfolge übertragen), gefolgt von den Arbeitern und Sklaven. Die verschiedenen Cacizagos lagen untereinander in fortdauerndem Kriegszustand. Durch Kriege wurde das Territorium vergrößert, Zugang zu neuen Handelswegen geschaffen, Sklaven, Frauen und Nahrung erbeutet. Typische Kriegstaktiken waren Überraschungsüberfälle, Plünderungen und das Abbrennen von Feldern. Als Waffen dienten Speer, Bogen und Steine. Trotz Kriegen war zu Beginn der Conquista keiner der rund 27 verschiedenen Stämme innerhalb der Grenzen des heutigen Costa Rica dem anderen überlegen. Es gab jedoch eine Lingua franca, nämlich die Sprache der Huetares-Indianer, die im Valle Central lebten.

Indigene Religion

Die Indigenen waren Anhänger des animistischen Glaubens, d. h. Menschen, Tiere und die Natur waren für sie beseelt. Die Verbindung zwischen dem Übernatürlichen und dem Irdischen stellte der **Schamane** dar. Er war nicht nur wichtigster Ratgeber des Caciquen, sondern gleichzeitig auch Medizinmann und Priester. In Trance konnte er Kontakt mit der Geisterwelt aufnehmen, Krankheiten heilen, Tote ins Jenseits begleiten, böse Geister abwehren und die Zukunft vorhersagen. Der Tod stellte für die Indianer nicht das Ende dar, er war lediglich ein Übergang von einer Existenz in eine andere. Bedeutenden Stammesmitgliedern wurden deshalb Wertgegenstände, Nahrung oder Sklaven mit ins Grab gegeben, die ihnen auf der Reise ins Jenseits und im Leben nach dem Tode von Nutzen sein sollten.

Wenig ist in Costa Rica aus der präkolumbischen Zeit erhalten geblieben. Zum einen wurde viel durch Erdbeben und Kolonisation zerstört. Zum anderen wurden in Costa Rica niemals große Tempel oder Pyramiden wie in Guatemala oder Honduras gebaut. Die beeindruckendsten Relikte präkolumbischer Kultur außerhalb von Museumsmauern findet man heute in Guayabo bei Turrialba (S. 169) oder in der Region von Palmar (S. 346, Kasten „Die Granitkugeln vom Valle Diquís").

Wo steckt das Gold?

1502 landete **Christoph Kolumbus** auf der Isla Uvita in der Nähe des heutigen Puerto Limón (Atlantikküste). Er vermutete dort große Goldvorkommen und nannte das Land deshalb Costa Rica (reiche Küste). In den 1520er-Jahren trafen die ersten Konquistadoren ein, in der Hoffnung hier zu schnellem Reichtum zu gelangen. Im Jahr 1522 wurde an der Pazifikküste die erste Siedlung errichtet, die die Spanier aufgrund heftiger Indianerangriffe jedoch bereits nach kurzer Zeit wieder verließen.

Auch die Siedlungsversuche am Atlantik – im Jahr 1535 entstehen hier Marbella, Villa de Concepción und Badajoz – sind zum Scheitern verurteilt. Die Spanier stoßen am Atlantik auf noch stärkeren Indianerwiderstand als am Pazifik – und auch noch auf Piraten. Das Schema wiederholt sich im Landesinneren, wo **Juan de Cavallón** 1561 im Valle Central die Siedlung Garcimuñoz gründet. Wieder zwangen heftige Indianerattacken die erfolglosen Eroberer zur Flucht. Erst 1563 schaffte es **Juan Vasquez de Coronado**, in

Cartago eine permanente Kolonialsiedlung zu errichten. Im Gegensatz zu seinen Vorgängern wusste er die Indianerstämme geschickt gegeneinander auszuspielen. Cartago, umgeben von Bergen, weit weg von den Weltmeeren und bedeutenden Handelsrouten, wurde zur Hauptstadt der spanischen Kolonie.

Mit der Ankunft der Spanier ging die Zahl der indigenen Bevölkerung dramatisch zurück. Waren es 1569 noch 120 000 Eingeborene, lebten im Jahr 1611 lediglich noch 10 000 Ureinwohner in Costa Rica. Den Indianern fehlten die Abwehrkräfte gegen die aus Europa eingeschleppten Epidemien wie Typhus, Masern, Pocken und Grippe. Ein Teil von ihnen wurde versklavt und an Goldminen in Peru, Panama, auf die Antillen und an den Golf von Honduras verschifft. Seit 1569 teilte die spanische Krone den neuen Siedlern als Belohnung Land und die dort lebenden Eingeborenen zu. Als „Dank" für ihre Christianisierung und Zivilisierung mussten die Indianer den **Encomenderos** (S. 459, Glossar) unentgeltlich als Arbeitskraft dienen und obendrein noch Abgaben zahlen.

Durch die Kolonisation wurden bedeutende, über Jahrhunderte gewachsene Handelswege zu den Nachbarländern zerstört, Clanstrukturen aufgelöst und einst wirtschaftlich autarke Stämme in ein versklavtes Volk verwandelt. Viele Indianer flohen in das abgeschiedene Talamanca-Gebirge und organisierten von dort Rebellionen (Kasten S. 162, „Auf den Spuren ..."). Hier ent-

Geschichtsüberblick Costa Rica

12 000–8000 v. Chr. Jäger und Sammler kommen über die Behringstraße von Asien nach Amerika. Besiedlung von Costa Rica.

800–1500 v. Chr. Entstehung von Cacicazgos und Stammeshierarchien.

1502 „Entdeckung" Costa Ricas: Kolumbus landet auf der Isla Uvita bei Puerto Limón; er vermutet große Goldvorkommen und nennt das Land Costa Rica – reiche Küste.

1506–1524 Beginn der spanischen Kolonisation.

1510–1570 Unterwerfung und dramatischer Rückgang der indigenen Bevölkerung.

Ca. 1550 Costa Rica wird Teil der Audiencia de Guatemala und politisch von Guatemala aus regiert.

1564 Gründung von Costa Ricas erster Hauptstadt Cartago.

1569 Vergabe von Encomiendas an die spanischen Siedler.

1709/10 Letzter großer Aufstand der Talamanca-Indianer; Enthauptung des Häuptlings Pablo Presbere in Cartago.

1736 Gründung von San José.

1821 Unabhängigkeit Mittelamerikas von Spanien.

1823 „Schlacht von Ochomogo"; San José löst Cartago als Hauptstadt ab.

1824 Costa Rica tritt der Zentralamerikanischen Föderation bei. Nach einer Volksabstimmung wird das Gebiet des heutigen Guanacaste von Costa Rica annektiert.

1835 Sieg San Josés im „Krieg der 3-Städte-Liga".

1838 Costa Rica tritt aus der Zentralamerikanischen Föderation aus.

1838–1842 Diktatur Braulio Carrillos. Beginn des Kaffeebooms.

1842 José Francisco Morazán setzt Braulio Carrillo als Präsident ab und übernimmt selbst das Amt.

1849–1870 Herrschaft der Kaffeebarone.

1856–1857 Sieg über William Walker; Cholera-Epidemie in Costa Rica.

1872–1882 „Aufgeklärte Diktatur" unter Einfluss von General Tomás Guardia.

Ab 1878 Bau der Eisenbahnstrecke von San José nach Puerto Limón. Minor Keith baut in Costa Rica die ersten Bananen an.

1886–1889 Liberale Reformen und Wahlbetrug Präsident Bernardo Sotos führen zum Volksaufstand; der konservative Joaquín Rodríguez übernimmt das Präsidentenamt.

1897 Eröffnung des Teatro Nacional in San José.

1930–1942 Politische Vorherrschaft der republikanischen und republikanisch-nationalen Partei.

1931 Gründung der kommunistischen Partei.

1934 Großer Bananenstreik auf den Plantagen der United Fruit Company.

brannte 1709 auch der letzte große Indianer-Aufstand unter dem Häuptling **Pablo Presbere**. Presbere wurde ein Jahr später in Cartago enthauptet; sein Kopf wurde zur Abschreckung in der Hauptstadt aufgespießt.

Die Indianer rafften die eingeschleppten Krankheiten dahin, den Spaniern gingen deshalb die Arbeitskräfte aus. Verstärkt begannen sie nun *Indios bravos* („wilde Indianer") aus dem Talamanca-Gebirge heranzuholen und afrikanische Sklaven zu importieren. Der schnelle Reichtum, zu dem ihre Landsleute in anderen Kolonien gekommen waren, blieb bei den Konquistadoren in Costa Rica aus. Das Gold entpuppte sich als ein Mythos, und der Mangel an Arbeitskräften zwang die Spanier, selbst Subsistenzwirtschaft zu betreiben. Der für Lateinamerika typische Dualismus zwischen Großgrundbesitzern und Kleinbauern blieb deshalb in Costa Rica weitgehend aus. Die führende Kaufmannsschicht unterschied sich kaum in Glauben und Herkunft von den Bauern spanischen Ursprungs im Valle Central. Diese Situation ebnete Costa Rica den Weg zu einer relativ frühen Demokratisierung.

Das Valle Central mit den Städten Heredia (1706), San José (1736) und Alajuela (1782) wurde im Laufe des 18. Jhs. zur wirtschaftlich wichtigsten Region im Land und San José zur größten Stadt. In den Städten siedelte sich die führende Kaufmannsschicht an, die die militärische und politische Macht innehatte. Costa

1940 Rafael Ángel Calderón Guardia wird Präsident.
1945 Beginn des Nachkriegs-Booms. Wahlfälschungen der Regierung Calderón/Picado lösen Bürgerkrieg aus; Sieg der Nationalen Befreiungsarmee unter José Figueres.
1949 Ausrufung der Zweiten Republik; Verkündung einer neuen Verfassung: Abschaffung des Militärs; Einführung des Wahlrechts für die schwarze Bevölkerung und für Frauen; Verbot der kommunistischen Partei.
1951 Gründung der sozialdemokratischen Partido Liberación Nacional (PLN).
1975 Aufhebung des Verbots der kommunistischen Partei.
1977–1979 Costa Rica bricht die diplomatischen Beziehungen zur Somoza-Regierung in Nicaragua ab; Unterstützung der sandinistischen Revolution.
1980–1981 Wirtschaftlicher Einbruch, Inflation.
1983 Gründung der christlich-demokratischen Partido Unidad Social Cristiana (PUSC). Präsident Luis Alberto Monge verkündet Costa Ricas Neutralität im „Contra-Konflikt". Bananenkrise: Abzug der United Fruit Company aus der Golfito-Region.
1984 Großer Friedensmarsch in San José.
1987 Friedensinitiative von Präsident Óscar Arias zur Beilegung der Bürgerkriegskonflikte in Nicaragua, El Salvador und Guatemala (Verhandlungsprozess von Esquipulas); 1987 erhält er für seine Vermittlerrolle den Friedensnobelpreis.
1988–1994 Haushaltsdefizite und Außenverschuldung zwingen Costa Rica zu Umschuldungsverhandlungen mit internationalen Finanzinstitutionen.
1992 Costa Ricas Indianer erhalten die volle Staatsbürgerschaft und das Wahlrecht.
1995 Freihandelsabkommen mit Mexiko.
2002 Abel Pacheco de la Espriella (PUSC) wird nach einer Stichwahl Präsident.
2006 Óscar Arias Sánchez (PLN) wird zum zweiten Mal Präsident. Seine Partei hat keine Mehrheit im Parlament.
2009 Das umstrittene Freihandelsabkommen mit den USA wird unterzeichnet. Ein heftiges Erdbeben ereignet sich um den Vulkan Poás, mind. 40 Menschen kommen ums Leben, Hunderte werden verletzt.
2010 Die ehemalige Vizepräsidentin Laura Chinchilla übernimmt als erste Frau in Costa Rica das Präsidentenamt.
2010 Freihandelsabkommen mit China und der EU werden unterzeichnet.
2014 Luis Guillermo Solís von der Partido Acción Ciudadana (PAC) wird zum Präsidenten gewählt.

Rica, das seit 1570 von Guatemala aus politisch und militärisch gelenkt wurde und noch nicht einmal einen eigenen Bischofssitz hatte, war in ihren Anfängen eine arme, provinzielle Kolonie, die weitestgehend sich selbst überlassen war.

Der Kaffeeboom

Im Gegensatz zu den südamerikanischen Staaten erlangte Costa Rica seine Unabhängigkeit 1821 ohne Kampf und Blutvergießen. Costa Rica stand vor der Wahl: Sollte es sich wie Nicaragua dem mexikanischen Kaiserreich Agustín Iturbides anschließen? Das konservative Lager in Heredia und Cartago war dafür. Oder besser die frisch erworbene Unabhängigkeit bewahren? Dafür plädierten die Liberalen in San José und Alajuela.

Ein Bürgerkrieg brach aus. Die Liberalen siegten, Costa Rica wurde eine Republik und trat 1823 der Confederación de Centroamérica bei, einem losen Staatenbund der mittelamerikanischen Nationen. **Juan Mora Fernandez** (1824–1833) wurde der erste Präsident der Republik, der seit 1824 – nach einem Volksentscheid – auch das ehemals nicaraguanische Guanacaste angehörte. Die Rivalität zwischen den Städten San José, Alajuala, Heredia und Cartago jedoch hielt an.

Im Jahr 1835 kam es zwischen diesen Städten zum Guerra de la Liga, den Präsident **Braulio Carillo Montana** (1838–1842) für San José entschied. San José übernahm daraufhin als Hauptstadt die Führungsrolle im Land. Carillo stieg 1838 aus der Zentralamerikanischen Föderation aus und ernannte sich drei Jahre später zum lebenslangen Diktator. 1842 vertrieb der ehemalige Präsident der Confederación de Centroamérica, **Francisco Morazán Quesada** (1842), den Despoten Carillo aus Costa Rica und übernahm selbst das Präsidentenamt. Als der gebürtige Honduraner jedoch Steuern für den Aufbau des costa-ricanischen Heeres einführte und die Zentralamerikanische Föderation wiederaufleben lassen wollte, wurde er im Parque Central von San José exekutiert.

In den 1830er-Jahren stieß Costa Rica endlich auf sein lang ersehntes Gold: **Kaffee**. Esel, Leder, Tabak und Kakaobohnen hatte man bisher mehr oder weniger erfolgreich u. a. in die übrigen Länder Mittelamerikas exportiert. Mit der goldenen Bohne aber, die im fruchtbaren Valle Central so gut gedieh, erstürmte Costa Rica den Weltmarkt.

Der Kaffee verwandelte die arme Kolonie in das reichste Land der Region. Ein Kaffeeboom ergriff das Land: **Muckefuck**, das neue Modegetränk in Europa, wurde zum Katalysator für die soziale und wirtschaftliche Entwicklung Costa Ricas. Die Regierung verteilte kostenlos Setzlinge an Bauern. Kaffeeterrassen entstanden nun auch in Turrialba, San Carlos und am Pazifik. Durch die starken Handelsbeziehungen mit Europa kamen europäische Mode, Literatur und Architektur ins Land. Neue Straßen entstanden, San José verwandelte sich von einem Dorf in eine Stadt. Viele Deutsche wanderten Ende des 19. Jhs. nach Costa Rica aus und stiegen in die Kaffeearistokratie auf.

Costa Ricas von Subsistenzanbau geprägte Landwirtschaft verwandelte sich zunehmend in einen Agrarkapitalismus. Das Rückgrat dafür bildete nach wie vor die Familienfarm. Denn im Gegensatz zu anderen Ländern wurde Kaffee nicht auf großen Haciendas angebaut, sondern auf der kleinen Chacarita. Die kleinen Kaffeeplantagen gehörten überwiegend den Bauern selbst. Das Vertriebs- und Finanzwesen jedoch, und die Beneficios (Verarbeitungsanlagen) waren im Besitz der neuen Kaffeearistokratie, die sich aus der Kaufmannsschicht des 18. Jhs. herausgebildet hatte. Mitte des 19. Jhs. übernahm sie auch die Regierung. Mit **Juan Rafael Mora Porras** (1849–1859) wählte sich die Kaffeeelite einen Kaffeebaron zum Präsidenten. Fast drei Jahrzehnte lang putschten und stürzten sich nun rivalisierende Kaffeebarone gegenseitig an die Macht und von der Macht.

William Walker

Der Aufschwung im Land wurde im Jahr 1856 empfindlich gebremst. William Walker (s. Kasten S. 234) fiel von Nicaragua her in Costa Rica ein, mit dem Ziel ganz Mittelamerika unter eine weiße, angelsächsische Herrschaft zu bringen und die Sklaverei wieder einzuführen. Mora stellte ein Freiwilligenheer von 9000 Campesinos und Arbeitern auf und besiegte im Bündnis mit den übrigen mittelamerikanischen Staaten den Eindringling in zwei Schlachten: der Schlacht von Santa Rosa (Guanacaste) und der Schlacht bei Rivas (Nicaragua).

Walker wurde zurück in sein Heimatland verschifft, die costa-ricanischen Soldaten aber raffte anschließend eine Cholera-Epidemie dahin, die ein Zehntel der Bevölkerung das Leben kostete. Der Krieg hatte dem Kaffeehandel das Geld und die Arbeitskräfte geraubt. Drei Jahre lang brauchte Costa Rica, um sich von Walker wieder zu erholen.

Die aufgeklärte Diktatur

Mit dem Kaffeehandel gelangten liberale und (den Strömungen der Zeit entsprechend) aufklärerische Gedanken aus Europa nach Costa Rica. Von ihnen beeinflusst, beendete Präsident **Tomás Guardia Gutierrez** (1876–1882) Ende des 19. Jhs. die Herrschaft der Kaffeebarone und führte gemeinsam mit seinen Nachfolgern **Próspero Fernández Oreamuno** (1882–1885) und **Bernardo Soto y Alfaro** (1885–1889) auf diktatorischem Wege Reformen ein.

Zwischen der liberalen, von modernem europäischem Gedankengut geprägten Bourgeoisie und der Landbevölkerung, die an Katholizismus und altväterlichen Traditionen festhielt, klaffte eine große Lücke. Folglich waren nicht alle Schichten der Bevölkerung mit den Reformen einverstanden, die vorsahen, dass ganz Costa Rica in einen modernen, kapitalistischen und säkularisierten Staat umgewandelt werden sollte. Um dies zu erreichen, wurden die allgemeine Schulpflicht eingeführt und Werte wie Wissenschaft, Hygiene und Patriotismus vermittelt. Auch Priester mussten nun Steuern zahlen. Scheidungen und standesamtliche Trauungen wurden zugelassen und der Religionsunterricht aus den Schulen verbannt.

Die katholische Kirche sah sich zunehmend ihrer Macht beraubt, und die Landbevölkerung verlor durch die Einführung der Schulpflicht die wichtige, bis dato selbstverständliche Arbeitskraft der Kinder. Die Unzufriedenheit mit den Liberalen entlud sich, als Präsident Soto durch einen Wahlbetrug 1889 erneut an die Macht kam. Angestachelt von der Kirche, ergriff das Volk die Waffen und umzingelte die Hauptstadt San José. Costa Rica stand kurz vor einem Bürgerkrieg.

Präsident Soto jedoch trat zurück und überließ das Amt dem konservativen, von der katholischen Kirche gestützten **José Joaquín Rodríguez Zeledon** (1890–1894).

Bananen

Kaffee ebnete den Weg für Costa Ricas zweiten Exportschlager: Bananen. Die alte Exportroute, von Puntarenas um den südamerikanischen Kontinent herum nach Europa, war zu lang. Eine neue Eisenbahnstrecke sollte nun die Anbaugebiete im Valle Central mit dem Karibikhafen in Puerto Limón verbinden. Der New Yorker **Minor Keith** übernahm 1871 die Leitung des Mammutprojekts. Chinesen, Italiener und ehemalige Gefangene aus den USA wurden als Schienenleger unter Vertrag genommen. Nachdem Tausende von ihnen an Malaria und Gelbfieber umgekommen waren, holte Keith jamaikanische Arbeiter ins Land, in der Hoffnung, dass sie immun gegen die tropischen Krankheiten wären. Costa Ricas Regierung ging bald das Geld aus. Statt mit Geld wurde Keith nun mit Land ausgezahlt, außerdem gewährte man ihm die steuerfreie Nutzung des Hafen in Limón und der Eisenbahn. Auf diese Weise begann Costa Ricas wirtschaftliche Abhängigkeit von den USA.

Noch während des Eisenbahnbaus machte Keith ein Experiment und baute entlang der Gleise Bananen an. Die gelben Früchte fanden reißenden Absatz in den USA. 1890 stand die Eisenbahntrasse, Keith gründete daraufhin 1899 die **United Fruit Company**, die zum Monopol der Bananenindustrie und zum größten Arbeitgeber Mittelamerikas aufstieg und Keith zu einem der einflussreichsten Männer in Mittelamerika machte. United Fruit hatte wirtschaftlich, politisch und ökologisch großen Einfluss auf Costa Rica. Der Konzern rodete großflächig Urwald ab, und wenn der Boden durch die Monokultur ausgelaugt und für neue Plantagen ruiniert war, verließ das Unternehmen die Region.

1930 zog sich United Fruit aus der Atlantikregion zurück und 1984 von der Pazifikküste, beide Male blieben sozial und ökologisch desolate Regionen zurück. Menschenunwürdige Arbeitsverhältnisse, blutige Streikniederschlagungen, Landenteignungen und Vertreibung der indigenen Bevölkerung waren von der Regierung hingenommen und unterstützt worden, denn der Zweck heiligte die Mittel: Schließlich übertrafen Bananen zu Beginn des 20. Jhs. die Exportzahlen des Kaffeeexports.

Unter dem Einfluss der russischen Revolution bildete sich Anfang des 20. Jhs. auch in Costa Rica eine **Arbeiterbewegung**. Durch die Einführung des direkten (1913) und geheimen Wahlrechts (1925) machte Costa Rica entscheidende Schritte auf dem Weg zur Demokratie; Bauern und Arbeiter hatten nun ein politisches Mitspracherecht.

Waffen zu Pflugscharen

Bis in die 1930er-Jahre wurde Costa Ricas Politik vom liberalen Fortschrittsglauben geleitet. Das heißt, es wurde davon ausgegangen, dass – wenn man dem Handel freie Hand gewährte – sich zwangsläufig bald Wohlstand für alle einstellen müsste. Diese Auffassung änderte sich schlagartig mit dem Börsensturz von 1929, dem Abzug der United Fruit Company aus der Talamanca-Region und dem Beginn des Zweiten Weltkrieges, durch den Costa Rica 50 % seines Marktes in Europa verlor. Von da an griff die Politik verstärkt in die Wirtschaft ein. Zum Ärgernis der Kaffeearistokratie brachte der Republikaner **Rafael Ángel Calderón Guardia** (1940–1944) soziale Reformen in Gang. Gewerkschaftsrechte und Minimallöhne wurden in die Verfassung aufgenommen und eine Sozialversicherung eingeführt.

Calderón hatte mit seiner arbeiter- und armenfreundlichen Politik die Kirche hinter sich, verspielte sich jedoch die Gunst der *Cafetaleros* (Kaffeebarone). Diese waren gegen seinen Reformkurs und gegen die Kriegserklärung an Deutschland, durch die Costa Rica immerhin die Hälfte seines europäischen Marktes verlor. Costa Rica nahm zwar nicht aktiv am Kriegsgeschehen teil, aber der Grundbesitz deutscher Einwanderer wurde konfisziert und viele Deutsche kamen in Internierungslager. Um an der Macht zu bleiben, ging Calderón eine ungewöhnliche Koalition mit der kommunistischen Partei ein. Als 1948 Calderóns Opposition mit Otilio Ulate Blanco als Präsidenten gewählt wurde, erklärte der von Calderón-Anhängern dominierte Kongress die Wahlen für ungültig.

José Figueres Ferrer (1948–1949; 1953–1958), ein starker Gegner Calderóns, der wegen seiner offenen, heftigen Kritik bereits im Exil war, begann daraufhin einen fünf Wochen langen, blutigen Bürgerkrieg, in dem rund 2000 Costa Ricaner ihr Leben verloren und aus dem Figueres als Sieger hervorging. Figueres wollte einen Bruch mit der politischen Vergangenheit. Weg von sozialen Eliten – hin zum modernen Sozialstaat. 18 Monate lang regierte er das Land mit einer Übergangsjunta. Er entließ Calderón-Anhänger, schickte sie ins Exil und verbot die Kommunistische Partei. Banken, die zuvor in der Hand der Kaffeeoligarchie gewesen waren, wurden verstaatlicht, das Wahlrecht für Frauen und Schwarze wurde eingeführt und – zur Überwachung künftiger Wahlen – ein unabhängiger Gerichtshof, der Consejo Supremo Electoral, eingerichtet. Der bedeutendste Schritt aber war die Abschaffung des Militärs, für Figueres ein Hindernis für die Demokratie.

1949 überließ Figueres **Otilio Ulate Blanco** (1949–1953), dem ein Jahr zuvor rechtmäßig vom Volk gewählten Präsidenten, das Präsidentenamt. Mit der neu gegründeten Partido Nacional de Liberación (PLN) an der Spitze, erlebte Costa Rica in den drei Jahrzehnten nach dem Zweiten Weltkrieg einen neuen Aufschwung. Es war die goldene Ära der Mittelklasse. Ausländische Firmen investierten ins Land, drei neue Universitäten wurden eröffnet, die Städte wuchsen. In der Landwirtschaft verdrängten Monokulturen die Kleinbauern. 50 000 ha Regenwald wurden allein zwischen 1963 und 1973 abgeholzt, nur im Amazonasbecken wurde noch heftiger gerodet. Starker Chemikalieneinsatz (S. 394, Kasten „David gegen Goliath") steigerte die Kaffee- und Bananenernte. Und damit der Aufschwung anhielt, nahm der Staat immer mehr Kredite auf.

Krieg und Krise

Ende der 1970er-Jahre steckte die Welt in einer Ölkrise. Costa Ricas Kaffeepreise fielen in den Keller und Mitte der 1980er-Jahre verließ die United Fruit Company nun auch die Pazifikregion. Costa Ricas Industrie war überwiegend in den Händen amerikanischer Konzerne, sodass ein Gros des erwirtschafteten Geldes ins Ausland floss. Der Schuldenberg aber wuchs unaufhörlich.

LAND UND LEUTE

1981 kollabierte Costa Ricas Wirtschaft. Das Land konnte die Schulden nicht mehr bezahlen. Die Arbeitslosenquote stieg um 10 % an, die jährliche Inflation betrug 80–100 % im Jahr. Der Contra-Krieg in Nicaragua zerschmetterte den Handel. 1981 betrugen die Schulden Costa Ricas 3,8 Mrd. Dollar. Präsident **Luis Alberto Monge Alvarez** (1982–1986) sandte eine klare Botschaft an die USA: Wenn Costa Rica weiterhin das Vorzeigebeispiel für Kapitalismus und Demokratie in Lateinamerika sein sollte, dann müssten die USA sich dies etwas kosten lassen. Costa Rica erhielt daraufhin ein finanzielles Hilfspaket der USA, allerdings mit der Auflage, seine Staatsausgaben drastisch zu senken.

Vor der Haustür brodelte die Revolution. Ende der 1970er-Jahre unterstützte Costa Ricas Regierung den Sturz der Somoza-Diktatur. Danach zog der Kalte Krieg ins Land. Costa Ricas Außenpolitik wurde mehr als ein Jahrzehnt lang (1979–1990) vom Nicaragua-Konflikt überschattet. Die USA befürchteten eine Ausbreitung des Kommunismus in Lateinamerika. Um diesen „Domino-Effekt" abzuwehren, verletzten die USA die Souveränität Costa Ricas und benutzten das Land als Südfront ihrer Contras. Unter der Reagan-Regierung wurden geheime Flugzeuglandebahnen im Dschungel gebaut und die CIA bildete paramilitärische Gruppen aus. Die costa-ricanischen Medien standen völlig unter nordamerikanischem Einfluss. Rufe nach erneuter Militarisierung wurden laut. Der Bürgerkrieg drohte auf Costa Rica überzuschwappen. Tausende von Menschen gingen in San José auf die Straße und marschierten für den Frieden. Der Druck auf Costa Rica wuchs. 1983 verkündete Präsident Monge Costa Ricas Neutralität im Konflikt.

Frieden auf dem Isthmus

Im kriegsgeschüttelten Mittelamerika wurde Costa Rica in den 1980er-Jahren zu einer Oase des Friedens. Tausende von Flüchtlingen aus Nicaragua, El Salvador und Guatemala suchten Schutz in dem kleinen, schuldengebeutelten Land. 1986 wurde **Óscar Arias Sánchez** (1986–1990), der ehemalige Generalsekretär von Präsident Figueres, als jüngstes Staatsoberhaupt Costa Ricas zum Präsidenten gewählt. Arias ge-

lang ein Seiltanzakt. Er schaffte es, Millionen von Hilfsgeldern aus den USA zu beziehen und so das für Mittelamerika einzigartige Bildungs-, Gesundheits-, und Sozialsystem aufrechtzuerhalten, gleichzeitig aber auch Costa Ricas Neutralität zu wahren. Außenpolitisch nahm Arias die Rolle des Friedensvermittlers auf dem Isthmus ein. Er setzte sich für Amnestien für Guerilla-Kämpfer ein, die freiwillig ihre Waffen niederlegten, und brachte die Rebellen in Guatemala und El Salvador wieder an den Verhandlungstisch.

Der Zeitpunkt war ideal; Contras und Sandinistas waren nach einem Jahrzehnt Bürgerkrieg kriegsmüde. Außerdem verloren die Sandinisten mit dem bevorstehenden Auseinanderbrechen der Sowjetunion ihren Waffenlieferanten, und die USA hatten gerade die schmutzige Iran-Contra-Affäre hinter sich. Auf dem Gipfeltreffen von Esquipulas unterzeichneten alle fünf Präsidenten Mittelamerikas Arias Friedensplan. 1987 wurde Costa Ricas Präsident mit dem Friedensnobelpreis ausgezeichnet, im Land selbst aber genoss er damals wenig Ansehen, denn 1989 war der Schuldenberg bereits auf 5 Milliarden Dollar angestiegen. Dennoch sollten die Costa Ricaner 20 Jahre später Arias erneut zu ihrem Präsidenten wählen.

Costa Rica heute

In den 1990er-Jahren öffnete sich Costa Rica zunehmend dem Tourismus. Mehr als eine Million Touristen besuchten Ende der 1990er die paradiesischen Strände und explosiven Vulkane des kleinen Tropenlandes. Der Tourismus und die neue Elektronikindustrie (Mikrochips) brachten Costa Rica nun mehr Devisen ein, als die traditionellen Exportgüter Kaffee und Bananen. 2006 trat Friedensnobelpreisträger Óscar Arias seine zweite Amtszeit an. Das Volk verlor jedoch zunehmend das Vertrauen in die Politik, da gegen vier ehemalige Präsidenten (Rafael Ángel Calderón Fournier (1990–1994; PUSC), José María Figueres Olsen (1994–1998; PLN), Miguel Ángel Rodriguez Echeverría (1998–2002; PUSC) und Abel Pacheco de la Espriella (2002–2006; PUSC) schwere Korruptionsvorwürfe erhoben wurden. Calderón wurde 2009 zu fünf Jahren Haftstrafe verurteilt und zog darauf seine Kandidatur für den Präsidentenwahlkampf 2010 zurück.

2009 stimmte Costa Rica dem umstrittenen Freihandelsabkommen zwischen den mittelamerikanischen Ländern, der Dominikanischen Republik und der USA (CAFTA) zu (s. auch Wirtschaft, S. 105), 2010 folgten Abkommen mit China und der EU. Im gleichen Jahr riss ein heftiges Erdbeben in der Region um den Vulkan Poás 30 Menschen in den Tod, mehrere hundert wurden verletzt. Trotz Naturkatastrophe wurde Costa Rica kurz darauf zum glücklichsten Land der Welt gekürt (s. Kasten S. 85). 2010 übernahm Laura Chinchilla als erste Frau das Präsidentenamt. Anfang 2014 wurde der Geschichts- und Politikwissenschaftler Luis Guillermo Solís zum neuen Präsidenten gewählt. Damit übernahm die Partido Acción Ciudadana (PAC) zum ersten Mal in ihrer 14-jährigen Geschichte die Regierungsmacht (s. auch Politik).

Nicaragua

Die Rivalen León und Granada

Wie Costa Rica gehörte auch Nicaragua dem spanischen Kolonialreich an und wurde damals politisch von Guatemala aus regiert. Blutige Unabhängigkeitskämpfe blieben dem Land erspart. Nach der Kolonialzeit schloss sich Nicaragua zunächst dem kurzlebigen mexikanischen Kaiserreich an, bevor es der Zentralamerikanischen Föderation (1823–1848) beitrat. Bald bildeten sich in Nicaragua zwei politische Lager heraus, die durch zwei Städte repräsentiert wurden: Granada (konservativ-feudalistisch) und León (liberal-antifeudalistisch).

Mitte des 19. Jhs. kam es zwischen beiden Parteien zu einem Bürgerkrieg, in dem die Liberalen den nordamerikanischen Filibuster William Walker zu Hilfe riefen. Walker jedoch nutzte den Hilferuf, um seine eigenen Ziele zu verfolgen: Er ernannte sich selbst zum Präsidenten von Nicaragua und wollte ganz Mittelamerika unter eine weiße, angloamerikanische Herrschaft bringen und das Sklaventum wiedereinführen. 1856 wurde er vom mittelamerikanischen Heer besiegt (S. 234, Kasten „William Walker"). Walker wurde in seine Heimat zurückgeschickt, die USA jedoch waren weiterhin in Nicaragua präsent.

Im „Hinterhof" der USA

Seit den 1850er-Jahren ermutigte die US-Regierung amerikanische Unternehmer, in die für Washington strategisch wichtigen Länder zu investieren („Dollar Diplomacy"). Nicaragua, mit Panama ein Kandidat für den Bau eines interozeanischen Kanals, gehörte zweifellos dazu. Bereits Mitte des 19. Jhs. waren u. a. Obstplantagen, Minen und Teile des Transportsystems im Besitz der USA. Bis 1893 wurde Nicaragua von der konservativen Partei regiert, die die wirtschaftlichen Interessen der Vereinigten Staaten vertrat.

Mit **José Santos Zelaya** trat jedoch ein Liberaler und Nationalist die Regierung an. Zelaya gliederte die ehemals britische Miskitoküste wieder in den nicaraguanischen Staat ein. Nachdem die USA sich für den Kanalbau in Panama entschieden hatte, bot Zelaya unter anderem Deutschland und Japan die Kanalrechte auf dem Río San Juan an. Die USA befürchteten Konkurrenz und griffen ein. Sie enthoben Zelaya 1909 seines Amtes und ersetzten die Liberalen durch eine konservative Regierung, die ihnen 1914 im Chamorro-Bryan-Vertrag die Exklusivrechte für den Bau eines Kanals in Nicaragua zusicherte. Die Konkurrenz war somit ausgeschaltet und Nicaraguas Aussichten, sich wirtschaftlich zu emanzipieren, bis auf weiteres verbaut.

Zwischen 1912 und 1924 wurden mehr als zehn Aufstände der Liberalen von den US Marines niedergeschlagen. Bis 1933 stand Nicaragua weitgehend unter US-Besatzung. Washington legitimierte seine Interventionspolitik mit der sogenannten Roosevelt Collary (1904), die den USA eine Schiedsrichterfunktion und ein Interventionsrecht bei Konflikten in Lateinamerika einräumte.

Augusto Sandino

1927 brach noch einmal ein Bürgerkrieg zwischen Liberalen und Konservativen aus: der Guerra Constitutional – ausgelöst durch einen Putsch des ehemaligen Präsidenten **Emilio Chamorro**. Die USA befürchteten einen Sieg der Liberalen und schritten ein. Im Friedensvertrag von Espino Negro forderten sie die Entwaffnung der Liberalen-Armee. Nur unter dieser Bedingung würden sich die US-Streitkräfte wieder zurückziehen. Die Bedingung wurde erfüllt – bis auf eine Ausnahme: Für General **Augusto Sandino** war der Vertrag Vaterlandsbetrug. Er zog mit 30 seiner engsten Verbündeten in die Berge Nord-Nicaraguas und begann einen Guerrillakrieg gegen die US-amerikanischen Truppen.

Seine nur mit Macheten bewaffnete Campesino-Armee fügte den US-Truppen empfindliche Niederlagen zu. Selbst Bomben konnten Sandino und seine Anhänger nicht aus den Bergen vertreiben, denn sie hatten die Landeskenntnisse und die Hilfe der Landbevölkerung hinter sich. Bevor die US-Marines 1933 das Land verließen, gründeten sie noch die Guardia Nacional, die mit **Anastasio Somoza** als Oberbefehlshaber den Kampf gegen Sandinos Guerrillabewegung fortsetzen sollte. 1934 wurde Sandino durch die Nationalgarde in Managua ermordet. Seinen Namen und die rot-schwarze Fahne übernahm später die revolutionäre Frente Sandinista de Liberación Nacional (FSLN).

Die Somoza-Diktatur

Mit der Nationalgarde bahnte sich Somoza, der als Übersetzer für die amerikanischen Truppen gearbeitet hatte, den Weg an die Macht. Mit Somozas Putsch gegen Nicaraguas Präsidenten Juan Bautista Sacasa im Jahr 1937 begann eine über vier Jahrzehnte währende, brutale Diktatur, die nach Somozas Ermordung 1956 von seinen Söhnen **Luís Somoza Debayle** (1956–1965) und **Anastasio Somoza Debayle** (1967–1979) fortgesetzt wurde.

Zwar hielt der Diktator an einem Mehrparteiensystem fest, wichtige Ämter aber wurden mit Familienangehörigen und Freunden besetzt. Oppositionelle wurden verschleppt, gefoltert und hingerichtet. Vier Jahrzehnte lang bereicherte sich der Somoza-Clan hemmungslos an internationalen Hilfsgütern und Land. So gingen u. a. die Ländereien und Kaffeeplantagen, die im Zweiten Weltkrieg von der deutschstämmigen Bevölkerung konfisziert wurden, in Somozas Privatbesitz über. Auf diese Weise entstand eines der größten Wirtschaftsimperien Lateinamerikas.

Der Mythos Augusto Sandino lebt weiter.

© JULIA REICHARDT

Für die USA war die Somoza-Diktatur eine unverzichtbare Stütze. Im Zweiten Weltkrieg lieferte Nicaragua u. a. Gummi und Baumwolle für die US-Kriegsindustrie. Mitte der 1950er-Jahre nutzte Kennedy die Hafenstadt Puerto Cabeza als Ausgangsbasis für seinen Angriff auf das kommunistische Kuba. Während der Regentschaft des jüngsten Sohnes Anastasio Somoza Debayle, eines Absolventen der Westpoint-Militärakademie in Florida, hatte die Familiendynastie ihren Höhepunkt an Brutalität und Ausbeutung erreicht. Im Volk begann es zu brodeln.

Die Revolution

Bereits Anfang der 1960er-Jahre gründeten **Carlos Fonseca Amador**, **Tomás Borge Martínez** und **Silvio Mayorga** die Frente Sandinista de Liberación Nacional (FSLN), die marxistische Weltanschauung mit den antiimperialistischen Idealen Augusto Sandinos vereinte. Die FSLN rief die Bevölkerung zum bewaffneten Kampf auf und hatte trotz heftiger Unterdrückung großen Zulauf, vor allem unter radikalen Studenten.

Als 1972 ein schweres Erdbeben in Managua fast 100 000 Menschenleben forderte und die Hauptstadt in Schutt und Asche lag, leitete Somoza skrupellos die internationalen humanitären Hilfsgelder auf seine Privatkonten um. Die Oppositionsbewegung wuchs daraufhin merklich an und ermöglichte es der FSLN, ein breites Bündnis, u. a. mit dem oppositionellen Bürgertum und Vertretern der Befreiungskirche (Kasten S. 434, „Dichter, Priester, Revolutionär") einzugehen.

Die Wirtschaftskrise Ende der 1970er-Jahre brachte Nicaraguas soziale Gegensätze deutlich zum Vorschein: Somozas Besitztümer und Reichtum standen im starken Kontrast zum wachsenden Elend. Als im Januar 1978 **Pedro J. Chamorro**, Chef der Tageszeitung *La Prensa* und Anführer der bürgerlichen Opposition, von der Nationalgarde ermordet wurde, kam es zu Generalstreiks im ganzen Land. Einen Monat später ließ Somoza einen Aufstand von Ureinwohnern in Masaya blutig niedergeschlagen. Hunderte von Indianern kamen dabei ums Leben.

Doch die Revolution war nicht mehr aufzuhalten. Im August 1978 stürmte ein FSLN-Kommando den Nationalpalast in Managua. Das gesamte Parlament wurde als Geisel genommen, um Gefangene freizupressen. In verschiedenen Städten kam es gleichzeitig zu Volksaufständen. Erinnerungen an die kubanische Revolution wurden wach. Somoza reagierte mit Luftbombardements und Artilleriebeschuss. Ende Mai 1979 begann die 52 Tage lange Endoffensive. Die internationale Gemeinschaft (mit Ausnahme der USA) brach ihren Kontakt zu Somoza ab.

Am 19. Juli 1979 flüchtete der Diktator nach Miami und wurde später in Paraguay ermordet. Nicaraguas Regierung wurde von einer fünfköpfigen Junta übernommen, die aus drei Sandinistas (darunter auch der gegenwärtige Präsident **Daniel Ortega**) und zwei Vertretern der bürgerlichen Opposition (darunter die Witwe Pedro Chamorros und spätere Präsidentin **Violeta Chamorro**) bestand. Tausende von Somoza-Anhängern und Mitgliedern der Nationalgarde wurden festgenommen, Hunderte von ihnen hingerichtet.

Eine Wirtschafts-, Finanz- und Gesetzesreform stand an. Denn jetzt erst trat das ganze Ausmaß der Diktatur zutage: Das gesamte Land – die Kaffee-, Tabak-, und Baumwollplantagen, den Transportsektor, die Zement-, Bau- und Textilindustrie, den Schiffs- und Bergbau – hatte Somoza als Privatbesitz regiert.

Von Euphorie zu Ernüchterung

Das bürgerlich-sandinistische Bündnis zerbrach bald, und die FSLN setzte sich mit ihrer marxistisch ausgerichteten Ideologie durch. Den Anfang machte eine Landreform. Der gesamte Familienbesitz Somozas wurde eingezogen, verstaatlicht und an Bauernkooperativen verteilt. (Die besten Grundstücke und Ländereien – das stellte sich aber erst später heraus – riss sich die Sandinisten-Führung selbst unter die Nägel). Der neue Kulturminister **Ernesto Cardenal** (1979–1984) startete eine erfolgreiche Alphabetisierungskampagne: Studenten gingen in die Dörfer und brachten der Landbevölkerung das Lesen, Schreiben und Grundkenntnisse in Mathematik bei, beeinflusst von sandinistischer Ideologie. Lehrer wurden im Schnellverfahren ausgebildet. Die Analphabetenquote sank von 65 auf 12 %. Nicaraguas Wirtschaftselite allerdings, die sich dem Kampf gegen die Somoza-Diktatur angeschlossen hatte, sah ihre Interessen durch die Sandinisten verraten und inves-

1522–1524 Spanische Eroberung; der spanische Eroberer Gil Gonzalez de Ávila nennt das Land Nicaragua, nach dem Caciquen Nicarao. Nicaragua gehört nun – wie Costa Rica auch – der Audiencia de Guatemala an.

1524 Gründung der Städte Léon (liberales Lager) und Granada (konservatives Lager).

17./18. Jh. Britische Piraten lassen sich an der Karibikküste nieder; Errichtung des Reino de la Mosquitia.

1821 Unabhängigkeit von Spanien; Nicaragua tritt dem Kaiserreich Mexiko bei.

1823 Beitritt zur Zentralamerikanischen Föderation.

1838 Nicaragua wird Republik.

1856–1857 Sieg über William Walker.

1860 Die Briten ziehen sich aus der Karibik zurück.

1893 Regierungsputsch; der Liberale José Santos Zelaya wird neuer Präsident.

1909 US-Streitkräfte heben Zelaya aus dem Amt. Unterzeichnung des Chamorro-Bryan-Vertrags: den USA werden die Exklusivrechte zum Kanalbau auf dem Río San Juan zugesprochen.

1912–1933 Weitgehende Besatzung Nicaraguas durch US-Streitkräfte.

1927–1933 Pacto de Espino Negro (1927); Sandino beginnt einen Guerrilakrieg gegen die US-amerikanische Besatzung. Abzug der US-Streitkräfte (1933); Bildung der Guardia Nacional unter dem Oberbefehl Anastasio Somozas. Ermordung Sandinos durch die Guardia Nacional.

1937 Regierungsputsch Somozas; Beginn einer über 40-jährigen Unrechts-Diktatur.

1956 Ermordung Anastasio Somozas. Als Nachfolger tritt sein Sohn Luís Somoza Debayle an.

1961 Gründung der Frente Sandinista de la Liberación Nacional (FSLN).

1967 Tod von Luís Somoza; die Nachfolge tritt sein jüngerer Bruder Anastasio Somoza Debayle an.

1978 Ermordung des Journalisten und Anführers der bürgerlichen Oppositionsbewegung Pedro Joaquín Chamorro; Generalstreik.

1979 Sturz Somozas durch ein breites Bündnis bürgerlicher und sandinistischer Kräfte; eine fünfköpfige Militärjunta übernimmt die Regierung.

Ab 1982 Beginn des „Contra-Krieges". Ortega wird zum Präsidenten gewählt.

1985 Die USA verhängen ein Wirtschaftsembargo über Nicaragua. Friedensgipfel von Esquipulas und Tela.

1990 Freie Wahlen; Wahlsieg der Unión Nacional Opositora (UNO); Violeta Barrios de Chamorro wird Präsidentin.

1996 Wahl des Liberalen Arnoldo Alemán zum Präsidenten.

1998 Hurricane Mitch: rund 3000 Tote, Hunderttausende Nicaraguaner werden obdachlos.

2001 Wahl des Liberalen Enrique Bolaños Geyer von der Partido Liberal Constitucionalista (PLC) zum Präsidenten.

2003 Alemán wird wegen Korruption zu 20 Jahren Gefängnisstrafe verurteilt; die Strafe wird später zu „Hausarrest" abgemildert.

2004 Die Weltbank erlässt Nicaragua 80 % seiner Schulden.

2006 Nicaragua stimmt dem Central American Free Trade Agreement (CAFTA) zu.

2006 Präsident Bolaños gibt neue Kanalpläne für den Río San Juan bekannt.

2007 Wiederwahl Daniel Ortegas zum Präsidenten.

2009 Der Oberste Gerichtshof lässt die laut nicaraguanischer Verfassung verbotene Wiederwahl Ortegas zu.

2011 Erneute Wiederwahl Daniel Ortegas.

tierte nicht mehr. Viele Unternehmer und Arbeitskräfte verließen das Land.

US-Präsident Ronald Reagan, der zwei Jahre nach der nicaraguanischen Revolution das

Präsidentenamt bezog, versuchte die FSLN mit politischen, militärischen und wirtschaftlichen Mitteln zu stürzen. Die Sandinisten stellten nicht nur eine Bedrohung für die US-amerikanische Wirtschaft dar, die Reagan-Regierung befürchtete auch, dass sich der Kommunismus in Lateinamerika ausbreiten würde (Dominotheorie). Um das zu verhindern, unterstützten die USA seit 1982 finanziell und logistisch die Contrarevolucionarios (Contras), die sich zum großen Teil aus der ehemaligen Nationalgarde Somozas zusammensetzten.

Mit dem Bau geheimer Flugschneisen in Costa Rica verletzten die USA die Neutralität der Costa Ricaner. Das Geld für die Unterstützung der Contras bezogen sie u. a. aus dem Waffenschmuggel an den Iran und aus dem Kokainhandel. 1986 wurden die USA vom Internationalen Gerichtshof in Den Haag wegen „ungesetzlicher Anwendung von Gewalt" gegen Nicaragua zur Zahlung von Reparationen verurteilt. Die USA weigerten sich, das Urteil anzuerkennen und legten gegen eine Resolution des UN-Sicherheitsrates, die sie zur Zahlung verpflichtete, ein Veto ein.

Auch die rechtmäßige Wahl **Daniel Ortegas** zum Präsidenten erkannte Reagan nicht an. 1985 verhängten die USA ein **Wirtschaftsembargo** gegen Nicaragua. Die Exporteinnahmen Nicaraguas sanken dadurch drastisch. Die Handelssperre bremste die wirtschaftliche Entwicklung ab, der Staat verschuldete sich. Die Landwirtschaftskooperativen waren ineffizient, es herrschte Gütermangel, ein Großteil des Staatshaushalts wurde für den Krieg ausgegeben. Ortega führte den Servicio militar patriotico ein, damit war der Militärdienst von nun an obligatorisch.

Die internationale Solidaritätsbewegung unterstützte das sandinistische Projekt kräftig mit Geld und Arbeitskraft. In Scharen trafen in den 1980er-Jahren Rucksackrevolutionäre aus Deutschland, Italien und sogar aus den USA am Flughafen in Managua ein und halfen als Kaffeepflücker, Hausbauer oder als menschliche Schutzschilde im hart umkämpften Grenzgebiet mit Costa Rica.

Ortegas Führungsstil wurde derweil immer autoritärer. Bekannte Sandinisten wie **Gioconda Belli** (S. 102/103) oder Ernesto Cardenal (S. 434 stiegen aus der Partei aus. Nach der revolutionären Euphorie der Anfangsjahre trat die große Ernüchterung ein. Vom Versuch, Nicara-

gua durch eine Revolution aus der Armut und Gewaltherrschaft zu befreien, war nicht viel übrig geblieben. Die Revolution war bürokratisiert, die Wirtschaft hoch verschuldet, Zensur und Geheimpolizei wurden gegen Oppositionelle eingesetzt. Das Land war vermint, Zehntausende hatte der Krieg das Leben gekostet, rund 150 000 Nicaraguaner waren Ende der 1980er-Jahre aus ihrer Heimat geflüchtet. Nicaragua war kriegsmüde.

Óscar Arias Friedensplan kam zur rechten Zeit (S. 95, Geschichte Costa Rica). Auf dem Gipfeltreffen von Esquipulas wurden mit dem Einverständnis der Sandinisten Neuwahlen angesetzt, die von den Vereinten Nationen überwacht werden sollten. Als sich die FSLN-Führung kurz vor den Wahlen im kriegsgebeutelten Land Eigentumstitel ausschrieb, Dienstwagen privatisierte und Staatsgüter auf Privatpersonen überschrieb, hatte sie endgültig ihre Glaubwürdigkeit in der Bevölkerung verloren. 1990 wählte das Volk die Sandinisten ab. **Violeta Chamorro** wurde überraschend zur neuen Präsidentin gewählt. Sie war die erste Frau, die als Staatsoberhaupt in Lateinamerika vereidigt wurde.

„Give Peace a Chance"

Chamorro brachte mit ihrer Unión Nacional Opositora (UNO), einer Koalition, die sich aus 14 konservativen und anti-sandinistischen Parteien zusammensetzte, Stabilität in das kriegsgeschüttelte Land. Eine kapitalistische Privatwirtschaft wurde eingeführt, Verstaatlichungen rückgängig gemacht und enteignetes Land neu zugeschrieben. Die Armee wurde drastisch reduziert und die Contras entwaffnet. Chamorro setzte außerdem eine strikte Sparpolitik durch und traf mit dem Internationalen Währungsfond ein Abkommen, um die Inflation einzudämmen.

1996 übernahm der Liberale **Arnoldo Alemán** (Partido Liberal Constitucionalista) das Präsidentenamt. Während seiner Amtszeit wurde der Wiederaufbau Nicaraguas vorangetrieben, gleichzeitig aber war seine Regierungsperiode von schweren Korruptionsskandalen gekennzeichnet. Die internationale Nichtregierungsorganisation Transparencia International, die sich den weltweiten Kampf gegen Korruption zum

Ziel gesetzt hat, listet Alemán sogar unter den zehn korruptesten Politikern der Welt auf. Mit seinem Rivalen Daniel Ortega schloss er 1998 einen Pakt, mit dem die beiden Caudillos ihre Macht zementierten und sich lebenslängliche politische Immunität zusicherten. 1998 wütete Hurrican Mitch in Nicaragua. Der Wirbelsturm zerstörte die Ernten und machte Tausende von Nicaraguanern obdachlos.

Alemáns Nachfolger **Enrique Bolaños** (2001–2006) sagte der Korruption den Kampf an und verklagte Alemán und andere hohe Parteigenossen. Bolaños gewann dadurch hohes Ansehen im Ausland, verspielte sich jedoch die Unterstützung des eigenen Parlaments, das seine Politik blockierte. Alemán wurde darauf immerhin die Immunität entzogen und zu einer 20-jährigen Gefängnisstrafe verurteilt. Sechs Jahre saß er davon als Hausarrest in Managua ab und wartete auf Amnestie seines Paktfreundes Daniel Ortega. 2009 erfolgte die Urteilsaufhebung. Ortega selbst kehrte nach drei missglückten Versuchen und einem Imagewechsel 2007 an die Spitze von Nicaraguas Regierung zurück: **Gobierno de Reconciliación y Unidad** (Regierung der Versöhnung und Einheit) nannte er sein neues Wahlprogramm. Bewusst setzte der einstige Guerrillaführer den ehemaligen Contra **Jaime Morales Carazo** als Vizepräsidenten ein.

Die traditionellen FSLN-Farben rot und schwarz wurden im Wahlkampf durch ein grelles Pink und die Hymne der FSLN durch das John-Lennon-Lied *Give Peace a Chance* ersetzt. Die USA befürchten, dass Ortega eine enge Partnerschaft mit dem linksgerichteten venezolanischen Präsidenten Hugo Chávez eingehen könnte. Die moderate Movimiento de Renovación Sandinista – eine Alternative zur orthodoxen und autoritären Linken Nicaraguas – schied aus dem Wahlkampfrennen aus, als der Parteivorsitzende Herty Lewites im Juli 2006 verstarb. 2009 ließ der Oberste Gerichtshof die laut nicaraguanischer Verfassung verbotene Wiederwahl Ortegas zu, das Urteil der Richter kommt einer faktischen Änderung der Verfassung gleich. 2011 wurde Daniel Ortega erneut zum Präsidenten gewählt. Die Wahl wurde von Unregelmäßigkeiten überschattet, und die Wiederwahl Ortegas stieß international auf Kritik.

Politik

Costa Rica

Staatsform: Präsidialrepublik

Provinzen: 7

Hauptstadt: San José

Staatspräsident: Luis Guillermo Solís von der Partido de Acción Ciudadana (PAC)

Vizepräsident: Helios Fallas

Nicaragua

Staatsform: Präsidialrepublik

Provinzen: 15 *Departamentos* und zwei autonome Regionen (Atlantico Norte, Atlantico Sur)

Hauptstadt: Managua

Präsident: Daniel Ortega Saavedra

Vizepräsident: Moisés Omar Halleslevens Acevedo

Costa Rica ist in sieben *Provincias* (Provinzen), 81 *Cantones* (Bezirke) und 473 *Distritos* (Distrikte) unterteilt. San José bildet die Hauptstadt und das politische Zentrum des Landes.

Seit 1949 ist Costa Rica eine Präsidialrepublik. Die Staatsverfassung sieht eine Gewaltenteilung und ein allgemeines Wahlrecht ab dem 18. Lebensjahr vor. Der Präsident wird alle vier Jahre direkt vom Volk gewählt und steht als Staatsoberhaupt und Regierungschef an der Spitze der **Exekutive**. Er ernennt die 17 Staatsminister und die Gouverneure der sieben Provinzen. 2003 wurde eine Gesetzesänderung vorgenommen, die die Wiederwahl des Präsidenten nach einer achtjährigen Pause ermöglicht. So konnte 2006 Oscar Arias (PLN) – 20 Jahre nach seiner ersten Amtszeit – erneut kandidieren.

Die **Legislative** wird vom Parlament *(Asamblea legislativa)* ausgeübt. Die 57 Parlamentsabgeordneten werden alle vier Jahre vom Volk gewählt. Wie der Präsident können auch die Abgeordneten nach einer vierjährigen Pause wiedergewählt werden. Das Parlament verabschiedet den Staatshaushalt und ernennt die obersten Richter. Es kann Regierungsentscheidungen mit einer Zweidrittel-Mehrheit widerrufen.

Jedes Jahr findet in der Nicaraguas Kulturhauptstadt Granada das **Festival de Poesía** statt – ein Stelldichein für Dichtergrößen und Debütanten aus ganz Lateinamerika. Gioconda Belli, renommierte Schriftstellerin, Frauenrechtlerin und Ex-Revolutionärin ist die Vizepräsidentin des Festivals. Loose-Autorin Julia Reichardt sprach am Rande der Veranstaltung mit Frau Belli über das Festival, ihre Werke und Nicaraguas Dichtkunst.

In Ihrer Autobiografie Die Verteidigung des Glücks – Erinnerungen an Liebe und Krieg beschreiben Sie Granada als eine wunderschöne Stadt, der es jedoch an revolutionärem Geist fehle und in der die Bewohner den lieben langen Tag nur in Schaukelstühlen säßen und tratschten. Früher wären Sie sicherlich nicht zum Festival de Poesia angereist, es wäre Ihnen damals zu „bourgeois", zu elitär gewesen.

Ich glaube, damals hätten wir so ein Festival gar nicht gehabt. Wir mussten erst lernen, die Geschichte Granadas und die Schönheit seiner kolonialen Architektur zu schätzen. Mit dem Festival de Poesia rütteln wir das Leben und den Alltag in Granada auf. – Es ist gut, Dinge aufzurütteln. Dies ist ein Festival zu Ehren der großen Dichter dieses Landes, der nicaraguanischen literarischen Avantgarde.

Das Festival findet nicht zufällig kurz nach dem 80. Geburtstag von Ernesto Cardenal statt, ist das der Hauptgrund ihres Kommens, Nicaraguas Dichter zu ehren oder kamen Sie auch, um eigene Werke vorzustellen?

Ich kam, weil ich die Idee, ein Lyrikfestival ins Leben zu rufen, sehr gut fand. Seit dem Ende der Revolution hat das kulturelle Leben in Nicaragua sehr gelitten. Das Festival gibt uns die Möglichkeit – wenn auch nur für wenige Tage –, uns zu erinnern, wie es war, ein kulturelles Leben zu haben, und mit Hilfe der großen Dichteravantgarde unseres Landes die Kultur wiederzubeleben. Aus diesem Grund gehöre ich dem Festivalkomitee an und natürlich auch, weil ich Teil dieses Landes bin und seine Lyrik liebe. Ich fühle mich als Erbin der literarischen Avantgarde in Nicaragua, die wir hier auf dem Festival feiern und ehren. Und wenn Sie sich die Teilnehmerliste anschauen werden Sie feststellen, dass das hier kein bourgeoises Festival ist. Interessant ist aber, dass Granadas Bourgeoisie das Festival finanziell unterstützt hat. Das ist das Besondere an der Poesie in Nicaragua, sie kennt keine sozialen Klassen.

Nicaragua ist ein Land der Dichter. Warum, glauben Sie, interessiert sich die junge Generation noch heute so stark für Lyrik?

Nicaragua hatte viele Jahre niemanden, auf den es stolz sein konnte, wir waren isoliert und lebten unter einer schrecklichen Diktatur. Rubén Darío [1867–1916, Dichter und Begründer der literarischen Moderne in Nicaragua] wurde für uns das Sinnbild eines Poeten schlechthin. Er war kein Politiker und er war nicht korrupt. Dichtung in Nicaragua ist nichts Elitäres. Als wir noch keine Druckerpresse hatten, wurden die Gedichte mündlich überliefert, ein wenig wie bei den Troubadouren, die der Bevölkerung vom Widerstand erzählten.

Glauben Sie, dass Dichtung und Kunst soziale Veränderung herbeiführen kann?

Nein, das glaube ich nicht.

Konzentrieren Sie sich heute auf das Schreiben, oder sind Sie nach wie vor politisch engagiert?

Das Schreiben nimmt heute eine sehr wichtige Rolle für mich ein, nicht nur als Kunstform. Selbst wenn ich heute nicht mehr Mitglied einer Partei bin, heißt das nicht, dass ich mich nicht weiterhin für humanitäre Projekte einsetze. Ich engagiere mich z. B. sehr in der Frauenrechtsbewegung, ich

setze mich für eine menschlichere Globalisierung ein. Ich arbeite bei Amnesty International mit und bin außerdem hier an Projekten in Nicaragua involviert. Der Unterschied zu früher ist, dass ich heute selbstständig versuche, etwas zu verändern.

… was manchmal effektiver ist.
Genau. Oft kommen junge Frauen auf mich zu und sagen mir, wie sehr meine Bücher sie inspiriert hätten. Und wenn ich an mich denke, wie mich Bücher inspiriert und angestachelt haben, politisch aktiv zu werden, wird mir bewusst, dass man die Macht des Wortes nicht unterschätzen sollte. Das Wort ist eine Waffe. – Ich kann heute nicht länger Guerillakämpferin sein, die Zeiten haben sich geändert.

Wie würden Sie Ihr Verhältnis zu den Sandinisten heute beschreiben?
Ich bin 1994 aus der Partei ausgetreten, im Herzen aber bin ich eine Sandinista geblieben. Der Sandinismus hat sich gespalten. Es gibt die offizielle Linie, mit Daniel Ortega an der Spitze. Und dann gibt es ein breites Spektrum alter Sandinista-Revolutionäre – zu denen zähle ich auch mich – die unzufrieden mit Ortega sind.

Sie leben in den USA. Haben Sie vor, irgendwann einmal wieder nach Nicaragua zurückzukehren?
Ich habe mein Leben so organisiert, dass ich in beiden Ländern leben kann. In den USA lebt meine Familie, dort schreibe ich auch. Ich führe dort das ruhige Leben einer Schriftstellerin. Sobald ich aber in Nicaragua bin, fange ich an aufzuleben und aktiv zu werden.

Verglichen mit deutschen Schriftstellerinnen Ihrer Generation, die vehement die Mutter- und Hausfrauenrolle ablehnten und sich von der Unterdrückung durch die Männer befreien wollten, spielten Männer in ihrem Leben eine große Rolle. Oft waren sie Musen für Sie. Würden Sie sich dennoch als feministische Autorin bezeichnen?
Der Feminismus in Lateinamerika unterscheidet sich vom Feminismus in Europa oder in den Vereinigten Staaten. Hier waren wir überzeugt, dass beide, Frauen und Männer, unterdrückt waren und sich von alten Ideologien und Rollenbildern befreien mussten. Wir haben keinen Antagonismus zwischen den Geschlechtern gesehen, Männer waren für uns nie „die Bösen".

Haben Sie in zwei Revolutionen gekämpft, eine für die Sandinisten und eine für Frauen?
Wir haben eine Revolution geführt, die den Kampf für Frauenrechte beinhaltete. Einige Rechte konnten wir uns dabei erkämpfen. Wir sind aber noch immer weit von dem entfernt, was wir uns damals erträumt haben. In Nicaragua, Mexiko und Guatemala verschlimmert sich die Gewalt gegen Frauen zusehends. Die Tatsache, dass Frauen aktiver und unabhängiger geworden sind und verstärkt die klassische, passive Rolle ablehnen, hat die Männer gewalttätiger gegen Frauen werden lassen.

Was mir am meisten an Ihrer Autobiografie imponierte, war nicht die selbstbewusste, mutige Frau, die unter Lebensgefahr Waffen schmuggelte oder dem damaligen panamesischen Generaal Torrijos einen Korb verpasste, sondern die Ehrlichkeit, mit der sie schilderten, wie Sie in die Rolle der unterdrückten Frau zurückfielen. Sie gaben Ihre Führungsposition beim nicaraguanischen Fernsehen für eine Sekretärinnenstelle an der Seite ihres damaligen Partners auf, der einen hohen Posten in der neuen sandinistischen Regierung bezog, und fielen dadurch in eine tiefe Depression.

Ich glaube, dass dieses Kapitel viele Leserinnen nicht mochten, aber mir gegenüber musste ich so ehrlich sein. Oft hat man mir in Deutschland gesagt, dass ich so das Bild der starken Heldin, das man von mir hatte, zerstört hätte. Mir aber war wichtig zu zeigen, wie schnell man in die alte Rollenabhängigkeit zurückfallen kann, und dass wir dabei oft gegen unsere eigenen, hehren Grundsätze verstoßen.

Warum, glauben Sie, haben Ihre Bücher in Deutschland so einen Erfolg? Sind ihre Werke ähnlich erfolgreich in den USA?

Meine Bücher haben auch in Italien, Spanien und den USA Erfolg. Allerdings wird dort mehr Unterhaltungsliteratur gelesen. In Deutschland sind die Menschen politischer. Als ich in Deutschland bekannt wurde, kamen viele Dinge zusammen. Da war die Revolution in Nicaragua; in Deutschland begann die Frauenbewegung langsam, einen anderen Weg einzuschlagen, weg vom Antagonismus Mann gegen Frau. Außerdem fühlten sich viele Leser von der lateinamerikanischen Mythologie in meinem Roman *Die bewohnte Frau* angesprochen. Die Menschen finden in meinen Büchern Hoffnung. Sie möchten keine nihilistischen, zynischen Bücher mehr lesen. Don Quijote zu sein, das ist doch manchmal gar nicht so eine schlechte Idee (lacht).

Schreiben Sie gerade an einem neuen Buch?

Mein neuestes Buch ist gerade erschienen. Es ist ein Roman über einen Geschichtsprofessor, der mit der Erzählung über die Königstochter Juana von Kastilien – auch bekannt als „Juana, die Verrückte" – ein Mädchen verführt. Es gibt viele historische Texte über diese Frau, aber niemand hat bisher einen Roman über sie geschrieben. Juana war in vieler Hinsicht eine moderne Frau. Sie war eine der gebildetsten Personen in der Renaissance. Sie war zudem leidenschaftlich und impulsiv und wurde deshalb gemeinsam von ihrem Vater, Mann und Sohn eingesperrt. Es ist eine schmerzliche und zugleich wunderschöne Geschichte über das Leben einer Frau im 16. Jh.

Haben Sie sich mit Juana identifiziert?

Ja, das habe ich und ich denke, das werden auch Sie.

Sie haben Ihre Mutter immer sehr respektiert, aber wollten nicht das Leben führen, das sie führte. Gab es in Ihrem Leben eine Frau, die Vorbild für Sie war, die Ihnen half, stark zu bleiben?

Isadora Duncan war eine Frau, die ich ihrer Energie wegen liebte. Ich wollte nicht so sein wie sie, ich liebte sie einfach. Virginia Woolf, die *Passionaras* (Freiheitskämpferinnen im spanischen Bürgerkrieg) oder Rosalia Castellano, eine sehr gute mexikanische Dichterin, die zugleich Diplomatin war. Ich habe mich von vielen Frauen inspirieren lassen.

Vielen Dank für das Interview.

Der neueste Roman von Gioconda Belli, *Republik der Frauen* (2012), ist in deutscher Übersetzung im Droemer-Verlag erschienen. Weitere Informationen zu ihren Romanen s. Literaturverzeichnis auf 🖥 www.stefan-loose.de unter dem Menüpunkt „Links und Downloads" in der Länderauswahl Costa Rica. Das aktuelle Programm des Festivals findet sich auf 🖥 www.festivalpoesianicaragua.com.

Costa Ricas oberster Gerichtshof übt die **Jurisdiktion** aus. Die Rechtsordnung folgt französischem und spanischem Vorbild. Der unabhängige Gerichtshof Tribunal Supremo Electoral (TSE) ist für die Vorbereitung und Überwachung der Wahlen verantwortlich.

Die Parteien

Costa Ricas Zweiparteiensystem aus PLN (Partido Liberación Nacional; Sozialdemokraten) und PUSC (Partido Unidad Social Cristiana; Christdemokraten) wurde 2002 durch die linkssozialistische PAC (Partido Acción Ciudadana) durchbrochen. Die Christdemokraten sind heute nur noch viertstärkste Partei im Land.

2014 (kurz vor Drucklegung dieses Buches) fanden die letzten Präsidentschafts- und Parlamentswahlen in Costa Rica statt. Als deutlicher Sieger ging Luis Guillermo Solís (PAC) hervor. Solís konnte eine Stichwahl gegen den PLN-Kandidaten Johnny Araya, der aufgrund schlechter Umfragewerte vorzeitig aus dem Wahlkampf ausgestiegen war, für sich entscheiden. Solís löste damit die in der Bevölkerung sehr unpopuläre Regierung von Laura Chinchilla (PLN) im Präsidentenamt ab. Die PAC verfügt jedoch über keine Mehrheit im Parlament. Sie erlangte nur 13 Sitze von 57. Zum ersten Mal in der jüngeren Geschichte Costa Ricas wurde das Zweiparteiensystem von PLN und PUSC aufgelöst.

Innen- und Außenpolitik

Während ihrer Amtszeit führte die neoliberale, konservative Präsidentin Chinchilla den wirtschaftsliberalen Kurs ihres Vorgängers Óscar Arias Sánchez weiter. Weitere Schwerpunkte ihrer Regierung waren innere Sicherheit und der Kampf gegen den Drogenhandel. Zu den USA unterhält Costa Rica traditionell enge Beziehungen. Während des Contra-Krieges galt Costa Rica als Musterbeispiel für Demokratie und Kapitalismus in Mittelamerika. Zu Beginn des Irak-Krieges trat Costa Rica der Anti-Irak-Koalition bei, verstieß damit gegen das eigene Neutralitätsgebot und löste im eigenen Land starken

Protest und Streiks aus. Nach einem Beschluss des costa-ricanischen Verfassungsrates musste Costa Rica 2003 wieder aus der Koalition austreten. Das Freihandelsabkommen mit den USA führte zu heftigen Protestwellen im Land, nach einer Volksabstimmung wurde das CAFTA-Abkommen 2009 unterzeichnet (s. Wirtschaft).

Im Rahmen der Antidrogenpolitik gewährte das costa-ricanische Parlament den USA auf Antrag Chinchillas die Stationierung von bis zu 46 Kriegsschiffen und 7000 Soldaten in Costa Rica für einen Zeitraum von sechs Monaten. Nachdem der Grenzkonflikt mit Nicaragua 2010 erneut aufgeflammt war, beschloss Chinchilla die Aufrüstung von Polizeieinheiten zur Sicherung der Grenze, Außenminister Castro kündigte gar zum Ärgernis der Opposition eine paramilitärische Grenzpolizei an. Costa Rica hatte nach einem kurzen Bürgerkrieg 1948 sein Militär aufgelöst.

Wirtschaft

Costa Rica

BIP: 55,73 Mrd. US$
Agrarsektor: 6,2 %
Industrie: 21,5 %
Dienstleistung: 72,4 %
Wirtschaftswachstum: 5 %
Inflation: 4,5 %

Nicaragua

BIP: 18,77 Mrd. US$
Agrarsektor: 17,3 %
Industrie: 25,9 %
Dienstleistung: 56,8 %
Wirtschaftswachstum: 5,2 %
Inflation: 7,2 %

Wirtschaftsstruktur

Costa Rica hat sich in den letzten fünf Jahrzehnten von einem Agrarland in ein Dienstleistungs- und Industrieland verwandelt. Der **Tourismus** ist dabei der wichtigste Devisenbringer im Land. Selbst im Krisenjahr 2009 kamen rund 1,9 Mio. Touristen ins Land, und 2013 konnte ein Besucherrekord von 2,4 Mio. verzeichnet werden. Rund 11,7 % der costa-ricanischen Erwerbstätigen sind direkt und indirekt in der Tourismusbranche beschäftigt. Der Tourismussektor produziert ca. 5,8 % des BIP (Bruttoinlandprodukt).

Costa Ricas **Industrie** (22,9 % vom BIP, geschätzt 2010) befindet sich vorwiegend in den Händen ausländischer Konzerne. 1998 lockte Costa Rica den US-amerikanischen Technologiekonzern Intel ins Land, der seitdem ein Viertel seiner Computerchips in Costa Rica produzierte. 2013 war der Konzern allein für ein Fünftel der costa-ricanischen Exporte verantwortlich. Umso härter war der Schlag für das kleine, landwirtschaftlich geprägte Land, als Intel Anfang 2014 ankündigte, seine Produktionsstätte mit 1500 Beschäftigten nach Asien zu verlegen.

Costa Ricas **Landwirtschaftssektor** nimmt heute lediglich 6,2 % vom BIP ein, ist aber nach wie vor ein wichtiger Arbeitgeber. Neben den traditionellen Ausfuhrgütern Bananen und Kaffee, die dem Land im 19. Jh. einen starken wirtschaftlichen Aufschwung brachten, werden heute außerdem Ananas, Melonen und Palmöl exportiert. Die dazu weit angelegten Monokulturen (insbesondere Bananen- und Ananasplantagen) richten verheerende Umwelt- und Gesundheitsschäden an und zerstören die Existenz vieler Kleinbauern (s. Kasten S. 394/395, „David gegen Goliath").

Rohstoffe

Im Gegensatz zum Mythos des goldreichen Landes muss Costa Rica seine Rohstoffe komplett einführen. Das Öl z. B. wird aus Mexiko und Venezuela importiert. Geplante Ölbohrungen an der Karibikküste konnten durch heftigen Protest von Umweltschutzorganisationen verhindert werden. Costa Rica nimmt eine Vorreiterrolle in erneuerbaren Energien in Lateinamerika ein. 98 % des Stroms werden aus regenerativen Energien hergestellt, der Großteil wird durch Wasserkraftwerke gewonnen. Außerdem spielen Windenergie und Geothermie eine immer wichtigere Rolle. 2009 wurde der große Windpark „Planta Eólica Guanacaste" eingeweiht,

am Nationalpark Rincón de la Vieja wurde ein neues Geothermie-Kraftwerk errichtet. Bis 2021 will sich das Land ausschließlich durch regenierbare Energien versorgen.

Handelspartner

Costa Ricas wichtigster Handelspartner sind die USA. 2011 gingen 38 % der Exporte in die Vereinigten Staaten. Zunehmend an Bedeutung gewinnt der asiatische Markt. Der Exportanteil in die Europäische Union lag 2009 bei 17,9 %, davon gingen 1,3 % nach Deutschland.

Nach Costa Rica importiert werden vor allem Industrieprodukte. Auch hier sind die USA mit 47,8 % (2011) die wichtigsten Partner vor China (8 %) und Mexiko (6,7 %). Aus Deutschland kommen 2 % der Importe. Auf Grund der politischen Stabilität, des hohen Bildungsstandards und wirtschaftlicher Anreize in den Freihandelszonen (s. u.) ist Costa Rica bei ausländischen Investoren sehr beliebt. Vor allem multinationale Konzerne ließen sich in den vergangenen Jahren in den Freihandelszonen nieder.

Das Freihandelsabkommen CAFTA

Nach dem Vorbild des nordamerikanischen Freihandelsabkommens NAFTA (North American Free Trade Agreement) zwischen den USA, Kanada und Mexiko wurde 2004 das zentralamerikanische Freihandelsabkommen DR-CAFTA (Dominican Republic-Central America Free Trade Agreement) zwischen den USA, der Dominikanischen Republik und den mittelamerikanischen Staaten ausgehandelt. Das Abkommen sieht u. a. die Aufhebung der costa-ricanischen staatlichen Monopole im Bereich der Versicherungen und Telekommunikation vor.

Viele Costa Ricaner befürchteten, dass der Vertrag den Abbau wichtiger Sozial- und Umweltrechte in Costa Rica vorantreiben würde und einheimische Betriebe keine Überlebenschance gegen die großen US-Konzerne haben würden. Heftige Proteste und Massendemonstrationen waren die Folge. Nach einem Volksentscheid, in dem sich 51,6 % der Bevölkerung für das Abkommen entschieden, trat der Vertrag 2009 auch für Costa Rica in Kraft. 2010 wurden außerdem Freihandelsabkommen mit der EU und China unterzeichnet.

Entwicklungshilfe

Auf Grund seines für Mittelamerika relativ hohen Entwicklungsstands ist Costa Rica bei vielen Geberländern kein Schwerpunktland in der Entwicklungszusammenarbeit mehr.

Religion

Rund 80 % der Costa Ricaner sind Katholiken. Der afro-costaricanische Bevölkerungsanteil an der Karibikküste ist vorwiegend protestantisch. Abgesehen von dem landesweit größten Wallfahrtszug zur „Virgen de Los Angeles" in Cartago, fehlt den religiösen Umzügen in Costa Rica aber die Inbrunst anderer lateinamerikanischer Länder.

Kirche bedeutet für die junge Generation heute nicht mehr als Tradition. Man zeigt Respekt vor dem *Padre* (Priester) und geht an Feiertagen in den Gottesdienst (während der Osterwoche *Semana Santa* sieht man aber mehr Ticos am Strand als in einer Osterprozession). Die Zahl der kirchlichen Trauungen nimmt stetig ab, die der Scheidungen hingegen konstant zu.

Am deutlichsten wird die zunehmende Säkularisierung an den Geschäftsöffnungszeiten: Selbst in kleinen Provinzstädten haben Geschäfte heute sonntags und feiertags geöffnet.

Kultur

Costa Rica haftete lange der Ruf eines kulturellen Niemandslandes an. Die Konfrontationslosigkeit und ausgeprägte Anpassungsbereitschaft der Costa Ricaner trugen u. a. dazu bei, dass Künstler selten aus Konventionen ausbrachen und wenig Herausragendes hervorbrachten. Doch Costa Ricas Image als Kulturbanause ändert sich. 2006 wurde San José zur „Capital Iberoamericana de la Cultura" gekürt. Und während des Festival Internacional de las Artes geben sich jedes Jahr internationale Größen aus Theater, Musik und Tanz ein Stelldichein (Kasten S. 108, „Festivals").

Folklore

Guanacaste ist Costa Ricas Zentrum für Folklore. Die Folkloretänze werden von traditionellen Instrumenten wie dem **Quijongo** begleitet, einem einsaitigen Bogeninstrument, auf dem bereits die Chorotega-Indianer spielten. Stark beeinflusst von der Folkore ihrer Heimat wurde die bekannte guanatekische Sängerin **Guadalupe Urbina**, 🖳 www.guadalupeurbina.com.

Malerei und Literatur

Charakteristisch für costa-ricanische Kunst ist die Landschaftsmalerei, auch leicht spöttisch *Arte casita* genannt, wegen des immer wiederkehrenden Motivs des weißen Adobe-Hauses. Costa Ricas bekanntester Bildhauer, **Francisco Zuñigo**, wanderte bereits Mitte der 1930er-Jahre nach Mexiko aus. Zuñigo machte sich durch seine üppigen, nackten Frauenstatuen weltweit einen Namen.

Zu den international bekannten zeitgenössischen Künstlern zählen der gebürtige Nicaraguaner **Rolando Castellón** und die vielseitige **Priscilla Monge**, die mit Fotografien, Skulpturen und Installationen auch gesellschaftskritische Themen aufgreift. Einen Überblick über costa-ricanische Kunst gibt das Museo del Arte Costa Ricense am Parque La Sabana in San José. Zeitgenössische costa-ricanische Kunstwerke sind im Museo del Arte y Diseño Contemporáneo am Parque Nacional in San José ausgestellt.

Auch Costa Ricas Literatur erlebte nur wenige Höhenflüge. Zu den nennenswerten Schriftstellern des 19. Jhs. gehören **Roberto Brenes Mesén** und **Joaquín García Monge**. Der Autor **Carlos Fallas** erregte 1940 Aufsehen mit seinem Roman *Mamita Yunai*, der das Leben von Plantagenarbeitern in der United Fruit Company schildert. Ähnlich bewegend ist der autobiografische Roman *La Isla de los Hombres Solos,* den Autor **José María Sánchez** während seines Gefängnisaufenthaltes auf Zementsäcken niederschrieb (S. 279, Kasten „Ein Wille stärker als Mauern"). Zu den bekanntesten zeitgenössischen Autoren zählt der mehrfach preisgekrönte **Alfonso Chase**.

Chunches de Mar, 🖥 www.chunchesdemar. com. Einen Monat lang Kunst und Campen am Strand vom Refugio Mixto de Vida Silvestre bei Montezuma. Teilnehmer sammeln den angeschwemmten Müll vom Strand und verwandeln ihn in kreative Kunst. Am letzten Sonntag des Monats große Strandparty. Termine ändern sich von Jahr zu Jahr.

Festival Internacional de las Artes, 🖥 www. festivaldelasartes.go.cr, im März in San José. Das bedeutendste Kulturspektakel in Costa Rica mit Tanz, Theater, Musik und Film.

Festival de la Cultura Negra, im August in Limón und San José. Tanz, Theater, Vorträge zur afro-costaricanischen Kultur; 📞 2758-0020.

Festival de Poesia, 🖥 www.festivalpoesia nicaragua.com, im Februar in Nicaraguas Kulturhauptstadt Granada. Poesie unter freiem Himmel von Dichtergrößen und Debütanten.

International Film Festival, 🖥 www.costarica filmfest.com, im November in Montezuma. Von Low-Budget-Studentenfilmen bis zu teuren und aufwendigen Produktionen aus aller Welt: von jedem Genre etwas. Dazu gibt es Livemusik und Straßenpartys mit Feuertanz.

Das mangelnde literarische Talent macht Costa Rica durch eine lebendige Theaterszene wett. Dutzende kleiner Theater in der Hauptstadt bieten alles, von Pantomime über Klassiker bis hin zu experimentellem Tanztheater. 2010 eröffnete das Teatro La Aduana in San José, eines der technisch modernsten Theater in Mittelamerika.

Das Nachbarland **Nicaragua** kann auf eine bedeutende Erzähl- und Dichtertradition zurückblicken, allen voran steht die Dichterikone **Rubén Darío** – der Vater der literarischen nicaraguanischen Moderne. Weitere international bekannte nicaraguanische Schriftsteller sind **Gioconda Belli** (S.102-104, Kasten „Das Wort ist eine Waffe"), **Ernesto Cardenal** (Kasten S. 434, „Dichter, Priester, Revolutionär") und **Sergio Ramirez**. Während der sandinistischen Regierung nahm Literatur in Nicaragua einen hohen Stellenwert ein. Auf dem Land wurden Alphabetisierungskampagnen und Dichterworkshops durchgeführt.

Gedichte unter freiem Himmel gibt es jedes Jahr gratis auf dem Festival de Poesia in Nicaraguas Kulturhauptstadt Granada (s. Kasten).

Musik

Den Schritt auf die Weltbühne der Klassik wagte Costa Rica 1970 mit der Gründung des **Orquesta Sinfónica Nacional**, das seitdem regelmäßig mit international renommierten Solisten und Dirigenten im ehrwürdigen Teatro Nacional in San José auftritt. Seit 1989 besitzt das Land auch einen professionellen Kammerchor.

Von Reggae- und Calypso-Rhythmen wird die Karibikküste beherrscht. Costa Ricas derzeit erfolgreichste Popgruppe **Malpaís**, 🖥 www.grupo malpais.com, wurde bereits mehrfach mit dem *Disco Oro* ausgezeichnet (Kasten S. 291). Mit seiner Mischung aus Folk, Latin, Jazz und Rock hat das Sextett auch über die Landesgrenzen hinaus großen Erfolg und tritt regelmäßig im bekannten Jazz Café in Escazú auf.

© JULIA REICHARDT

San José  **1 HIGHLIGHT**

Stefan Loose Traveltipps

Auf der Suche nach dem versteckten Charme Der Loose-Spaziergang führt hinter das Wellblech zu den schönsten Gebäuden der Stadt. S. 110

Stadtindianer Das Museo Nacional stellt die faszinierende Welt der Schamanen vor. S. 111

Teatro Nacional Kaffeetrinker aus aller Welt finanzierten den Bau dieses prachtvollen Schauspielhauses mitten im Herzen von San José. S. 117

Mercado Central Ein Labyrinth aus Schuh-, Blumen-, Fleisch- und Quacksalberständen. S. 119

Gourmet-Tipps Grenzenlos schlemmen, denn man gönnt sich ja sonst nichts. S. 127

Kalú & Kiosco Moderne Kunst, Kunsthandwerk und gesunde Gastronomie unter einem Dach. S 128

Nightlife San José Merengue, Salsa, Latin Jazz: Nachts zittert das Blech unter den heißen Rhythmen der Stadt. S. 130

Rostige Blechdächer, hohe Stacheldrahtzäune, Häuser, die Garagen gleichen – eine Schönheit ist Costa Ricas Hauptstadt wahrlich nicht. Mit der jungen Generation an Josefinern beginnt jedoch ein spürbarer Wandel in der Stadt. Verfallende Architekturjuwele werden renoviert, Künstlerbars eröffnen in der Innenstadt, kulturbegeisterte Hauptstädter schwingen sich aufs Rad und zeigen Besuchern den versteckten Charme, der hinter der hässlichen Blechfassade steckt. Wer dann zwischen Zement-Kasinos, Neonreklamen und laut röhrenden Bussen ein originelles Museum, die Villa eines Kaffeebarons, einen lebendigen Markt oder eine verkehrsberuhigte Grünfläche entdeckt, würdigt sie umso mehr. Für Busreisende ist San José der Hauptverkehrsknotenpunkt.

Geschichte

San Josés Anfänge waren keineswegs glorreich. Noch zu Beginn des 18. Jhs. diente das Boca del Monte-Tal, in dem Costa Ricas Hauptstadt heute liegt, lediglich als Verbindungsstrecke zwischen den Tälern Aserrí und Barva; leben wollte hier niemand. Um eine bessere Kontrolle über die in der Umgebung verstreut lebenden Farmer zu haben, ließen die spanischen Kolonialherren 1738 ein Gotteshaus bauen und ordneten der Bevölkerung an, in Kirchennähe umzusiedeln. Doch erst als Geld- und Körperstrafen angewandt wurden und Häuser in Flammen aufgingen, zogen die Bauern ins Boca del Monte-Tal um.

1801 wurde das Tal nach dem Schutzpatron San José getauft, und der Ort überholte bald die damalige Hauptstadt Cartago in Fläche und Einwohnerzahl. Als San José im Bürgerkrieg gegen Cartago und Heredia siegte und damit den Anschluss Costa Ricas an das damalige Kaiserreich Mexiko verhinderte (S. 92, Geschichte), übernahm es schließlich selbst die Führungsrolle im Land. Den Sprung vom Provinznest zur Stadt schaffte San José jedoch erst Mitte des 19. Jhs., zur Blütezeit des Kaffeehandels. Schotterwege wurden durch Straßen und Tramlinien ersetzt, Telegrafenmasten errichtet und die Kaffeebarone ließen sich prachtvolle Häuser bauen.

Heute lebt jeder vierte Costa Ricaner in der Hauptstadt. Internationale Gourmet-Restaurants, eine aufstrebende, junge Kunst- und Kulturszene sowie das Bestreben einiger betuchter Hoteliers, das historische Erbe San Josés vor der Planierraupe zu bewahren, setzen Lichtpunkte in den grauen Hauptstadtsmog.

Orientierung

San José ist in einem Schachbrettmuster angelegt: Von Ost nach West verlaufen die „Avenidas" und von Nord nach Süd die „Calles". Das Herz der Stadt bildet die Avenida Central oder Avenida 0, eine der wenigen Fußgängerzonen der Innenstadt. Straßen sind in Costa Rica durchnummeriert und haben selten einen Namen. Adressen sind in Reiseführern oder Telefonbüchern deshalb wie folgt angegeben: **La Esquina de Buenos Aires**, C. 11, Av. 4, das Restaurant befindet sich also an der Ecke von Calle 11 und Avenida 4. Beim Teatro Nacional wird es etwas komplizierter. Die Adresse ist C. 15–17, Av. Central–Av. 2, d. h. das Museum befindet sich zwischen C. 15 und 17 und zwischen der Av. Central und Avenida 2.

Fragt man einen Costa Ricaner nach dem Weg, wird der einem jedoch meist keine Straßenangabe geben. Auto- und Taxifahrer sowie Fußgänger orientieren sich an den Wahrzeichen oder auffälligen Gebäuden der Stadt. In San José sind das z. B. der Mercado Central oder die Torre Mercedes (Mercedesturm). Die Richtungsangabe für die Tica-Busstation wäre z. B.: „del Torre Mercedes cien metros (100 m) al sur y doscientos metros (200 m) al oeste" (von der Torre Mercedes 100 m südlich und 200 m westlich). 100 m sind dabei stets ein Häuserblock.

Spaziergang durch San José

Der Spaziergang beginnt am Parque Nacional im Osten San Josés und führt von hier zu den Hauptsehenswürdigkeiten der Stadt, darunter auch zu den drei wichtigsten Museen, dem Museo del Oro, Museo de Jade und Museo Nacional. Ziel der Tour ist der Mercado Central im Westen San Josés, der größte Markt der Stadt. (s. Routenkarte S. 114/115).

Der **Parque Nacional** ist mit seinen Holzpavillons, Springbrunnen und Picknicktischen bei

Weitem der schönste Park der Innenstadt. In der Mitte steht das aus Bronze gegossene, monumentale Nationaldenkmal aus dem Jahr 1885, das an die Schlachten von Santa Rosa und Rivas (S. 234, Kasten „William Walker") erinnert. Das Denkmal wurde in Paris hergestellt. Die fünf mittelamerikanischen Staaten werden durch amazonenhafte, Schwert zückende und Axt schwingende Frauen und weniger furiose Männer dargestellt. Der Feind William Walker liegt bereits am Boden. Eine Replik des Denkmals vom Nationalhelden Juan Santamaría (das Original steht in Alajuela) steht im Südwesten des Parks, vor dem Gebäude der Asamblea Legislativa.

Vom Park führt die Route links in die verkehrsberuhigte Calle 17, vorbei an der **Casa Rosada**, dem **Castillo Azul**, einem ehemaligen Präsidentenwohnsitz (beide rechte Straßenseite) sowie der einstigen Mädchenschule **Colegio de Sión** (linke Straßenseite), die eine bedeutende Rolle in der Geschichte der Mädchenbildung in Costa Rica spielte. Heute werden alle drei Gebäude vom costa-ricanischen Parlament genutzt. Auf der Avenida Central geht es rechts zur neu gestalteten Plaza Democracia und dem imposanten gelben **Bellavista-Schloss**. Ende des 19. Jhs. gehörte das festungsartige Schloss dem deutschen Naturalisten Alexander von Frantzlust, 1917 wurde es zum Hauptquartier der costa-ricanischen Armee. Nach dem Bürgerkrieg von 1949 (S. 94, Geschichte) – die Einschusslöcher aus Kriegszeiten sind noch deutlich im Schloßgemäuer zu sehen – machte Costa Rica Schwerter zu Pflugscharen: Die Armee zog aus und das **Museo Nacional**, 🖳 www.museocostarica.go.cr ein. Vom neuen modernen Museumseingang, geschmückt mit einer präkolumbischen Granitkugel (S. 346, „Die Granitkugeln vom Valle Diquís") geht es durch einen Schmetterlingsgarten hinauf ins Museumsinnere. Hier wird in fünf Sälen die Entwicklung Costa Ricas von der präkolumbischen Ära über die Kolonialzeit bis zur heutigen multikulturellen Gesellschaft erklärt. Besonders eindrucksvoll ist die präkolumbische Sammlung, die mit Ausstellungsobjekten wie Petroglyphen, kunstvoll gravierten Grabplatten, Grabschmuck und nachgebauten Palenquehäusern das Leben der Indianer vermittelt. Seit 2009 sind auch die Casas de los Comandantes

Sicherheit in San José

Wie in jeder Großstadt gilt auch für San José: Aufgepasst und gesunden Menschenverstand walten lassen. Diebstahlsdelikte haben mit dem ansteigenden Tourismus im Land stark zugenommen. Wichtige Dokumente wie Geld und Wertgegenstände sollte man sicherheitshalber im Hotelsafe lassen (s. auch S. 56, „Sicherheit"). **Berüchtigte Viertel** sind La Coca Cola, Parque Central/Av. 2, das Barrio México und die Rotlichtviertel im Süden der Stadt. Beliebtes Pflaster von Taschendieben ist auch der Mercado Central. Vorsicht ist aber überall geboten, denn eine Anzeige bei der Polizei bringt Gestohlenes nicht wieder. Hilfe bei Diebstählen bietet **Oficina de Atención a la Víctima del Delito**, 50 m südöstlich von der Fundacion Omar Dengo, Barrio Francisco Peralta, Av. 10–12, C. 25, 🕐 Mo–Fr 7.30–12, 13–16.30 Uhr.

aus dem 19. Jh. für die Öffentlichkeit zugänglich. 🕐 Di–Sa 8.30–16.30, So 9–16.30 Uhr; Erwachsene $8, Studenten $4.

Die Calle 15 führt vom Museum zurück zum Parque Nacional. An der Nordwestecke des Parks steht die **Biblioteca Nacional** (1969–71), ein hässlicher Zementkasten, dessen schmale Fenster wie Schießscharten aussehen. Daneben befindet sich die ehemalige **staatliche Schnapsfabrik**, 1850 erbaut, um die Staatskasse aufzubessern und die illegale Schnapsbrennerei zu unterbinden. Heute beherbergt das große Gebäude das Ministerium für Kultur, Jugend und Sport, zwei Theater sowie das **Museo de Arte y Diseño Contemporáneo**, 🖳 www.madc.cr, mit Ausstellungen zu zeitgenössischer lateinamerikanischer Kunst und Design. 🕐 Mo–Sa 9.30–17 Uhr, Eintritt $3, Studenten mit Studentenausweis 500C$; Mo Eintritt frei.

Die Route führt nun die Avenida 3 hügelabwärts, vorbei am Tribunal Supremo de Elecciones (1995). Nach der langen Museumsmauer steigt rechts eine Treppe hinab zum kleinen idyllischen **Parque de España**. Rechter Hand steht nach wie vor die alte Schnapsfabrik, auf dieser Seite mit dem schmucken Eingang zum Kulturministerium. Geradeaus, auf der gegen-

San José Großraum

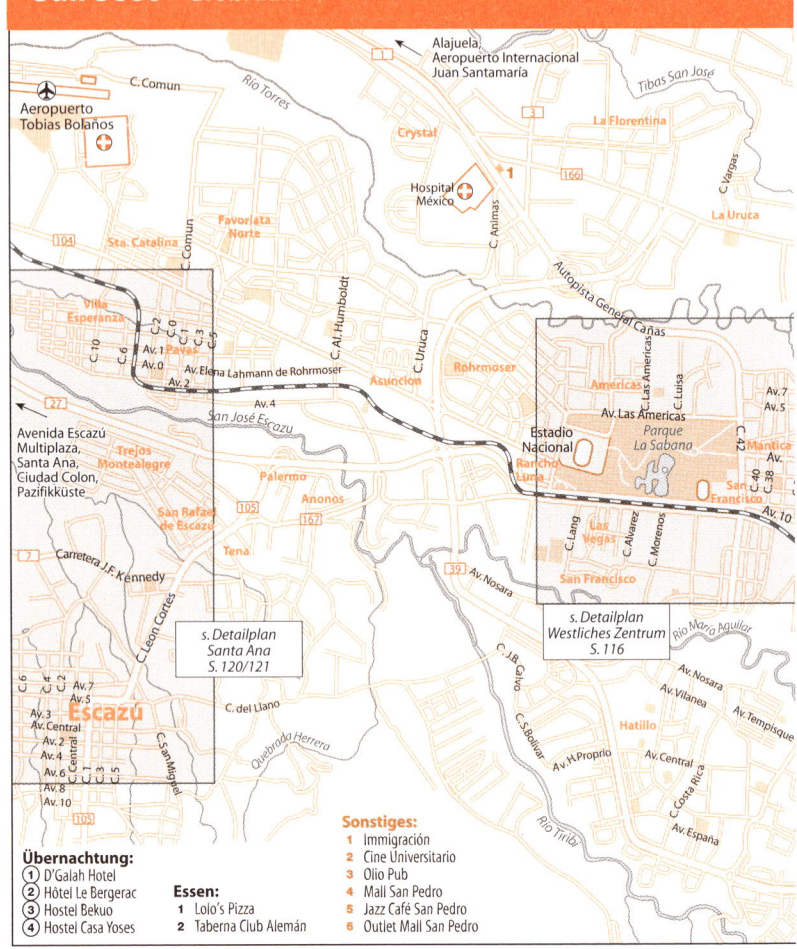

Alajuela,
Aeropuerto Internacional
Juan Santamaría

Tibas San José

Aeropuerto
Tobias Bolaños

C. Comun
Río Torres
Crystal
La Florentina

104 Sta. Catalina
C. Comun
Favorita
Norte
Hospital
México
+1
166
C. Vargas
La Uruca
C. Animas

Villa
Esperanza
C.10
C.8
C.6
C.4
C.1 Pavas
C.0
C.2
C.3
Av.1
Av.0
Av. Elena Lahmann de Rohrmoser
Av.2
Asunción
C. Uruca
C. Al. Humboldt
Rohrmoser
Autopista General Cañas
Americas
Las Americas
Av. Las Americas
C. Luisa
Av.7
Av.5
Mantica
Av.
C.42

27
Avenida Escazú
Multiplaza,
Santa Ana,
Ciudad Colon,
Pazifikküste
Trejos
Montealegre
San Rafael
de Escazú
Palermo
Anonos
Tena
105
167
Av.4
San José Escazu
Estadio
Nacional
Rancho
Luna
Parque
La Sabana
C. Alvarez
C. Morenos
Las
Vegas
San Francisco
C. Lang
Av. Nosara
C.40
C.38
San
Francisco
Av.10

Carretera J.F. Kennedy
C. Leon Cortes
s. Detailplan
Santa Ana
S. 120/121
39
Av. Nosara
C.J.R. Glvo
Río Maria Aguilar
s. Detailplan
Westliches Zentrum
S. 116
Av. Nosara
Av. Vilanea
Av. Tempisque

C.6
C.4
C.2
Av.7
Av.5
Av.3
Escazú
Av.2
Av. Central
Av.4
Av.6
Av.8
Av.10
105
C.1
C.3
C.5
C. San Miguel
C. del Llano
Quebrada Herrera
C.S. Bolivar
Av. H. Proprio
Hatillo
Av. Central
C. Costa Rica
Av. España
Río Tiribi

Sonstiges:
1 Immigración
2 Cine Universitario
3 Olio Pub
4 Mall San Pedro
5 Jazz Café San Pedro
6 Outlet Mall San Pedro

Übernachtung:
1 D'Galah Hotel
2 Hôtel Le Bergerac
3 Hostel Bekuo
4 Hostel Casa Yoses

Essen:
1 Lolo's Pizza
2 Taberna Club Alemán

überliegenden Seite der Avenida 7, befindet sich die **Casa Amarilla** (die gelbe Villa), die Andrew Carnegy, der nordamerikanische Eisenmagnat, 1912 dem zentralamerikanischen Gericht stiftete. Nach dessen Auflösung ging das Gebäude 1919 in den Besitz des costa-ricanischen Staates über. Heute sitzt hier das Außenministerium.

Links daneben steht das 14-stöckige INS-Versicherungshochhaus (erbaut 1970) mit dem **Museo de Jade**, Av. 7–9, C. 9–13, ☎ 2287-6034, im Annex nebenan. Außer Jadeschmuck zeigt das Museum auch präkolumbische Artefakte aus Holz, Knochen und Stein. Schautafeln erklären das Schamanenleben sowie die Bedeutung indianischer Symbole, Rituale und Zeremonien.

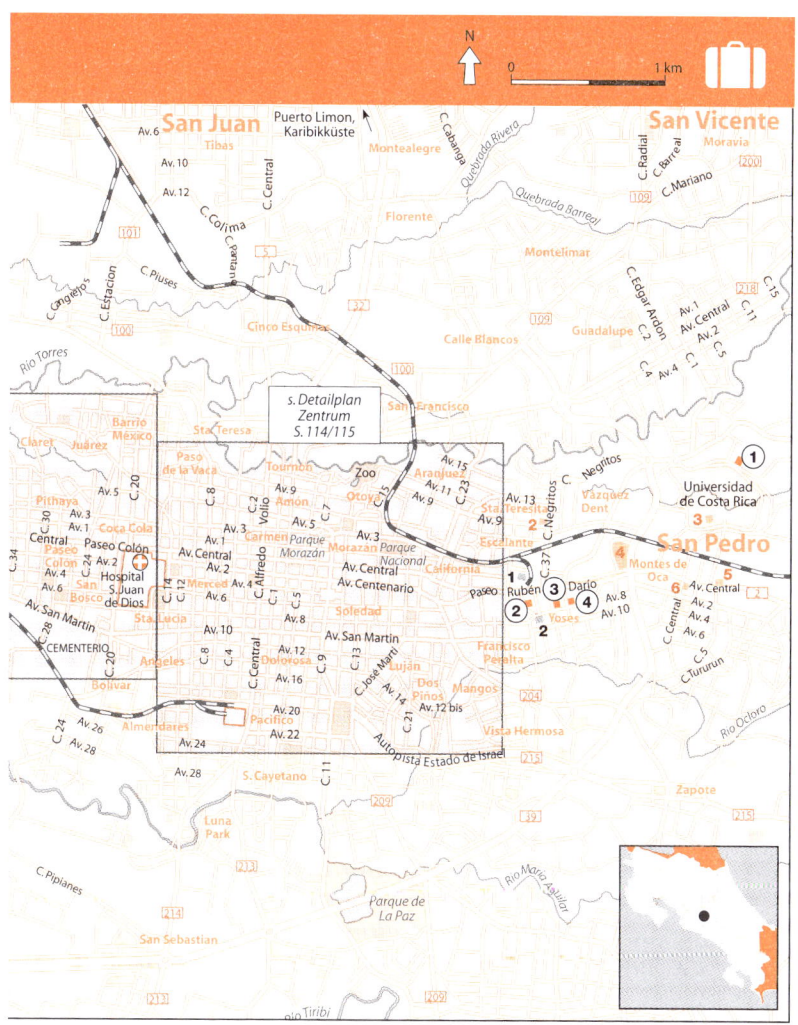

⏲ Mo–Fr 8.30–15.30, Sa 10–14 Uhr; Eintritt $8, Kinder unter 12 Jahren gratis.

Südlich vom Hochhaus glänzt das attraktive **Edificio Metálico**. Die Eisenteile des Gebäudes wurden in Belgien hergestellt, nach Costa Rica verschifft und hier 1892 zusammengelötet, ganz nach dem Geschmack der Zeit, als Eisenkonstruktionen wie der Eiffelturm die Großstädte der Welt eroberten. Heute beherbergt das Gebäude zwei Schulen. Der Park davor heißt **Parque Morazán**, benannt nach dem dreifachen Präsidenten der Zentralamerikanischen Föderation (s. S. 92, Geschichte). Morazán wurde 1842 in San José exekutiert (die Route führt später noch am Ort seiner Hinrichtung vorbei). Den römisch anmutenden **Templo de la Musica** (1920) schuf

San José Zentrum

Unión

Av. 15
Av. 13
C. 16
C. 10

Museo de los Niños
& Galería Nacional

Heredia (12 km)

Guápiles (64 km),
Limón (168 km)

Tournon

Parque
Zoológico

**Paso de
la Vaca**

C. Dr. R.A. Grillo
Av. 11
Av. 9

Av. 7
Av. 5

C. 14
C. 12
C. 10
C. 8

Av. 9

Amón

Av. 9

Av. 7

C. Central

C. 7

Av. 7

Av. 5

Av. 5

Museo de Jade

Casa
Amarilla

C. 11
C. 13

Ministerio
de Cultura

Edificio
Metálico

Parque
España

Correo Central
& Museo Postal

Iglesia
El Carmen

Banco
Nacional

Corte Suprema
de Justicia

La Sabana

ENDE   Paseo Colón

Av. 3

Av. 1

Av. Central

Centro

Av. 1

Parque
Morazán

Cine Varie-
dades

Plaza
de la
Cultura

Museo de Oro

Av. 1

Plaza de la
Democracia

Mercado de
Artesanía

Av. Centenario

Teatro
Melico Salazar

Teatro
Nacional

**Parque
Merced**

Iglesia
La Merced

Av. 2

Parque
Central

Catedral
Metropolitana

Iglesia
La Soledad

C. Thomas Guardia

Merced

Av. 4

Av. 6

Av. Castro Madriz

**Sta.
Lucia**

Av. 8

Av. Simon Bolivar

Av. 10

Av. San Martin

Soledad

Av. San Martin

C. Alfredo Vollo

Av. 8

C. 7

Av. 6

C. 15

Dolorosa

Iglesia
La Dolorosa

Av. 12

Av. Rep. de Chile

C. 12
C. 10
C. 8
C. 6
C. 4
C. 1
C. 3
C. 5
C. 7
C. 11
C. 13

Angeles

Av. 14

Paseo Sarmiento

Clínica Biblica

Av. 16

Paseo de los Estudiantes

Av. 14

C. José

Av. 18

Av. Republica de Panamá

Av. 18

Av. 20 bis

C. 14

Estación de
Ferrocarril
del Pacífico

Av. 20

Plaza
Gonzales
Viques

Av. 22

Av. 22

Av. Dr. Carit

Av. 24

C. 1
C. 3
C. 5
C. 7
C. 9
C. 11
C. 13

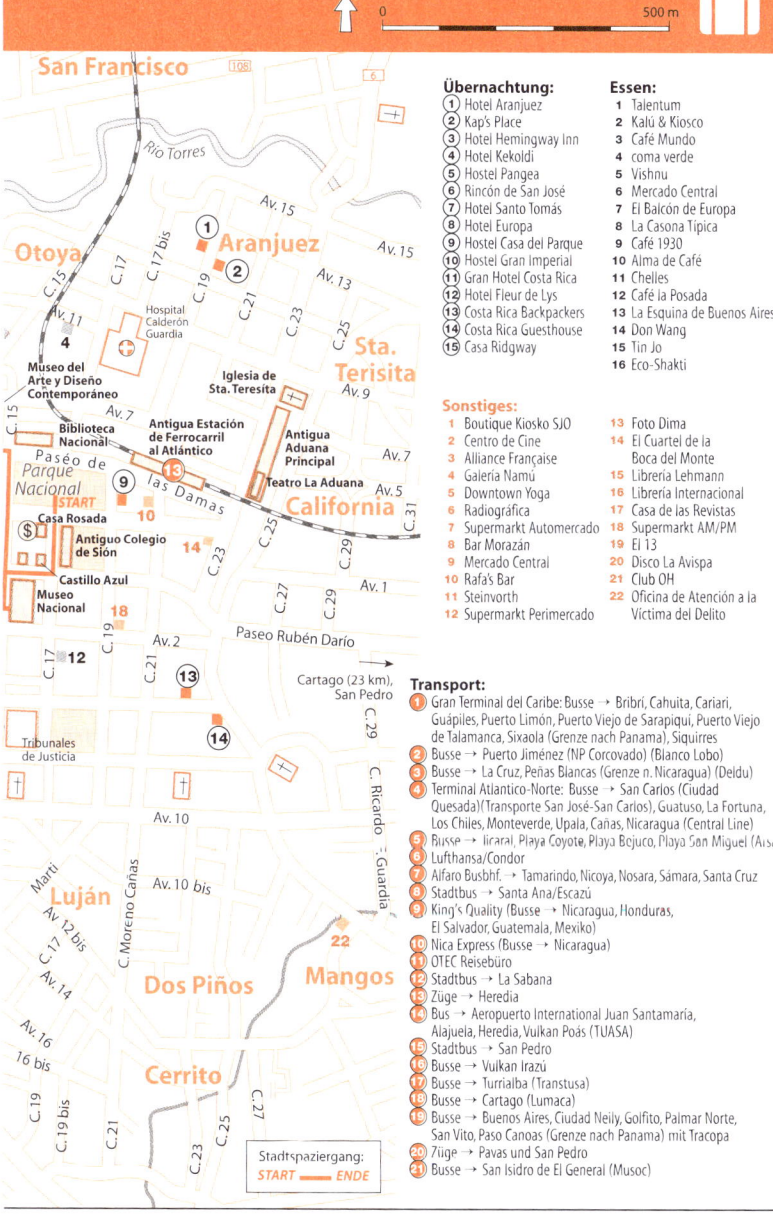

Übernachtung:

1. Hotel Aranjuez
2. Kap's Place
3. Hotel Hemingway Inn
4. Hotel Kekoldi
5. Hostel Pangea
6. Rincón de San José
7. Hotel Santo Tomás
8. Hotel Europa
9. Hostel Casa del Parque
10. Hostel Gran Imperial
11. Gran Hotel Costa Rica
12. Hotel Fleur de Lys
13. Costa Rica Backpackers
14. Costa Rica Guesthouse
15. Casa Ridgway

Essen:

1. Talentum
2. Kalú & Kiosco
3. Café Mundo
4. coma verde
5. Vishnu
6. Mercado Central
7. El Balcón de Europa
8. La Casona Típica
9. Café 1930
10. Alma de Café
11. Chelles
12. Café la Posada
13. La Esquina de Buenos Aires
14. Don Wang
15. Tin Jo
16. Eco-Shakti

Sonstiges:

1. Boutique Kiosko SJO
2. Centro de Cine
3. Alliance Française
4. Galería Namú
5. Downtown Yoga
6. Radiográfica
7. Supermarkt Automercado
8. Bar Morazán
9. Mercado Central
10. Rafa's Bar
11. Steinvorth
12. Supermarkt Perimercado
13. Foto Dima
14. El Cuartel de la Boca del Monte
15. Librería Lehmann
16. Librería Internacional
17. Casa de las Revistas
18. Supermarkt AM/PM
19. El 13
20. Disco La Avispa
21. Club OH
22. Oficina de Atención a la Víctima del Delito

Transport:

1. Gran Terminal del Caribe: Busse → Bribri, Cahuita, Cariari, Guápiles, Puerto Limón, Puerto Viejo de Sarapiquí, Puerto Viejo de Talamanca, Sixaola (Grenze nach Panama), Siquirres
2. Busse → Puerto Jiménez (NP Corcovado) (Blanco Lobo)
3. Busse → La Cruz, Peñas Blancas (Grenze n. Nicaragua) (Deldu)
4. Terminal Atlantico-Norte: Busse → San Carlos (Ciudad Quesada)(Transporte San José-San Carlos), Guatuso, La Fortuna, Los Chiles, Monteverde, Upala, Cañas, Nicaragua (Central Line)
5. Busse → Jicaral, Playa Coyote, Playa Bejuco, Playa San Miguel (Arsa)
6. Lufthansa/Condor
7. Alfaro Busbhf. → Tamarindo, Nicoya, Nosara, Sámara, Santa Cruz
8. Stadtbus → Santa Ana/Escazú
9. King's Quality (Busse → Nicaragua, Honduras, El Salvador, Guatemala, Mexiko)
10. Nica Express (Busse → Nicaragua)
11. OTEC Reisebüro
12. Stadtbus → La Sabana
13. Züge → Heredia
14. Bus → Aeropuerto International Juan Santamaría, Alajuela, Heredia, Vulkan Poás (TUASA)
15. Stadtbus → San Pedro
16. Busse → Vulkan Irazú
17. Busse → Turrialba (Transtusa)
18. Busse → Cartago (Lumaca)
19. Busse → Buenos Aires, Ciudad Neily, Golfito, Palmar Norte, San Vito, Paso Canoas (Grenze nach Panama) mit Tracopa
20. Züge → Pavas und San Pedro
21. Busse → San Isidro de El General (Musoc)

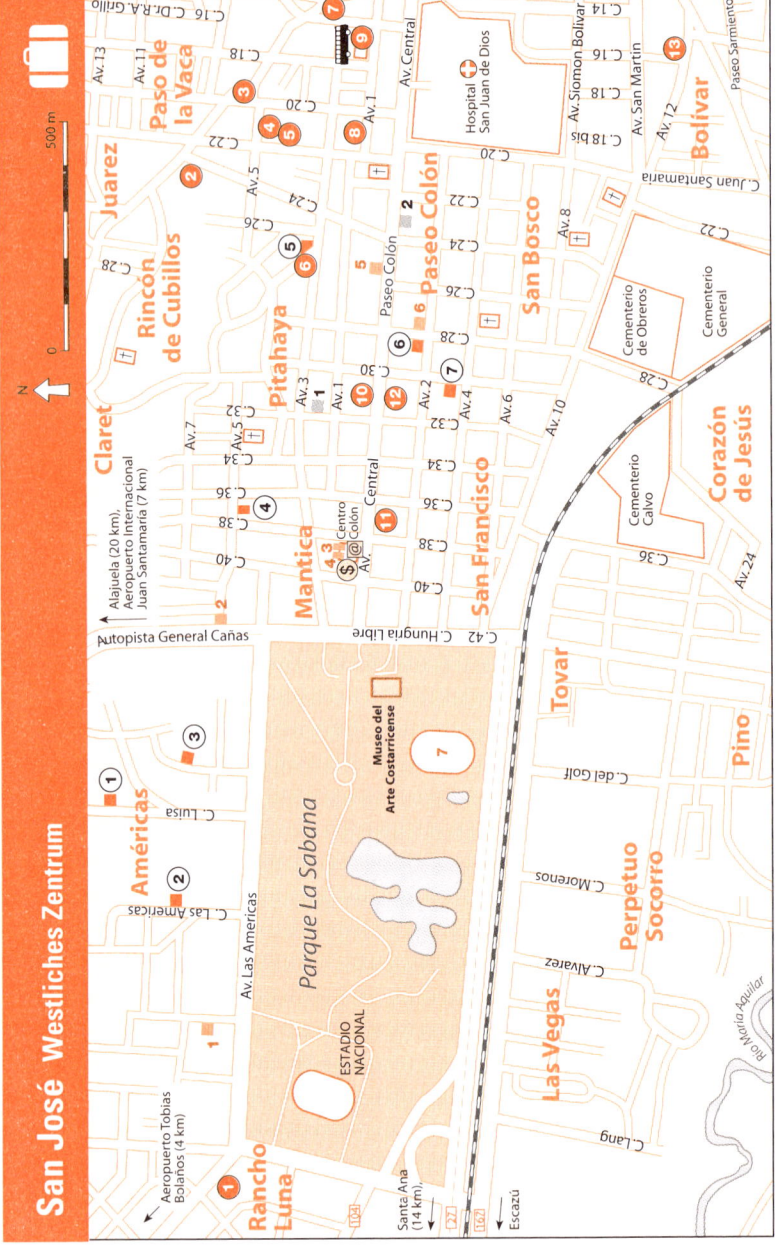

San José **Westliches Zentrum**

Rancho Luna

Américas

Claret

Rincón de Cubillos

Juárez

Paso de la Vaca

Pitahaya

Mantica

Paseo Colón

San Bosco

Bolívar

San Francisco

Corazón de Jesús

Las Vegas

Perpetuo Socorro

Tovar

Pino

Parque La Sabana

ESTADIO NACIONAL

Museo del Arte Costarricense

Hospital San Juan de Dios

Alajuela (20 km), Aeropuerto Internacional Juan Santamaría (7 km)

Autopista General Cañas

Aeropuerto Tobías Bolaños (4 km)

Santa Ana (14 km)

Escazú

Río María Aguilar

500 m

N

Architekt José Francisco Salazar, inspiriert vom Temple de l'Amour in Versailles. Hier finden u. a. Konzerte, Reden und Tanzaufführungen statt. Der südliche Parkabschnitt verwandelt sich abends in einen Straßenstrich für Touristen.

Am westlichen Parkende (also auf der gegenüberliegenden Seite vom großen Holiday Inn-Hochhaus) führt der Spaziergang links, vorbei an Souvenirgeschäften, in die **Calle 5**. Auf der linken Straßenseite haben einige Gebäude vom Anfang des 20. Jhs. überlebt, darunter ein verfallender, ehemaliger Präsidentenwohnsitz, aus dessen morbidem Gemäuer bereits Pflanzen und Moose wachsen, das ehemalige Kaufhaus **Edificio Maroy** mit Kuppeldach (Ecke Av. 1, Calle 5) sowie das **Cine Variedades** mit einer neoklassizistischen, grün-weißen Fassade. Das Lichtspielhaus wurde 1891 eingeweiht und ist damit das älteste Kino der Stadt. 1930 wurde hier der erste costa-ricanische Film *El Retorno* gezeigt.

Calle 5 führt direkt zur **Plaza de la Cultura**, dem Herzen San Josés. Bunkerartig auf 3 Ebenen unterhalb der Plaza, dort wo blecherne Abluftrohre wie U-Boote aus der Tiefe ragen, befindet sich der Eingang zum modernsten Museum der Stadt, dem **Museo de Oro y Numismática**,  www.museosdelbancocentral.org. Über 1600 Goldobjekte erwarten den Besucher. Die Ausstellungsstücke wurden im Zeitraum von 500 v. Chr. bis zur Ankunft der Spanier im 16. Jh. hergestellt. Empfehlenswert ist eine selbst geführte Audiotour. Oft lohnt sich im Anschluss ein Besuch der interessanten Wechselausstellungen. ⊙ Mo–So 9.30–17, Jan–März 9.30–18 Uhr; Eintritt $11, Studenten mit Studentenausweis $8.

Westlich der Plaza de la Cultura steht das edle **Gran Hotel Costa Rica** aus dem Jahr 1930 (S. 123 und Kasten S. 126) und gegenüber das **Teatro Nacional**, beide Gebäude wurden als nationales Kulturerbe deklariert. Als die legendäre italienische Operndiva Adelina Patti Ende des 19. Jhs. auf ihrer Lateinamerikatournee einen Bogen um Costa Rica machte, weil das Land kein Theater hatte, waren die Kaffeebarone in ihrem Stolz schwer gekränkt. Schnell erhoben sie eine Sondersteuer auf alle Kaffee-Exporte und finanzierten so den Bau eines Theaters, von dem lediglich das Holz aus Costa Rica stammt: Als Modell diente das Pariser Opernhaus, der Entwurf kam aus Belgien, für die Konstruktion waren Deutsche verantwortlich, die Innendekoration und Malerei lag in den Händen von Italienern. Spiegel, Lampen, Masken, Marmor, sogar Tapeten und Teppiche wurden aus der alten Heimat eingeschifft. Am 21. Oktober 1897 war es dann so weit: Die eigens aus Frankreich angereiste Pariser Oper weihte das Theater mit einer Faust-Aufführung ein.

Auf dem Operndach stehen drei **Statuen**, die Symbole für Musik, Tanz und Ruhm. Der Eingang wird links von einer Beethovenstatue und rechts von der Statue des spanischen Dichters Pedro Calderón de la Barca flankiert. In der palastartigen Eingangshalle aus Marmor und Kupfer stehen die beiden Statuen Comedia und Tragedia. Marmortreppen führen zum hufeisenförmigen, dreistöckigen **Auditorium**, das mit goldenen Stuckdecken und eleganten Ledersitzreihen Platz für mehr als 1000 Besucher bietet.

Übernachtung:
① Suites Cristina
② Mi Casa Hostel
③ Aparotel La Sabana
④ Gaudy's
⑤ Tica Bus Hotel
⑥ Aldea Hostel
⑦ Grano de Oro

Essen:
1 Machu Picchu
2 Lubnán

Sonstiges:
1 Deutsche Botschaft
2 Supermarkt Más por Menos
3 Vertigo
4 Schweizer Botschaft
5 Supermarkt Pali
6 Cine Sala Garbo
7 Schwimmhalle La Sabana

Transport:
Ⓐ Busse → Liberia, Playa del Coco (Pulmitan)
Ⓐ Avianca/TACA-Büro
Ⓐ Busse → Grecia, Sarchí (Tuan)
Ⓐ Busse → Playa Portrero, Playa Conchal, Playa Brasilito, Playa Flamingo, Santa Cruz (Tralapa)
Ⓐ Transnica: Busse → Nicaragua, Honduras
Ⓐ Ticabus: Busse → Nicaragua, Panama, El Salvador, Guatemala, Mexiko
Ⓐ Busse → Santa Ana und Escazú
Ⓐ Busse → Aeropuerto Tobias Bolaños
Ⓐ Busbahnhof La Coca Cola: Busse → Cañas, Jacó, Malpais, Playa Tambor, Montezuma, Santa Teresa, Quepos, Tilarán, Upala, Manuel Antonio, Uvita, Dominical
Ⓐ Wild Rider Motorcycle
Ⓐ Alamo
Ⓐ Budget Car
Ⓐ Busse → Puntarenas, Panama City

SAN JOSÉ

© JULIA REICHARDT

Mit einer Fackel rettete Juan Santamaria seine Heimat Costa Rica vor der Filibusterei. Heute wird er als Nationalheld gefeiert.

Im **Treppenhaus** hängt das berühmte Bananenplantagenbild des italienischen Malers Aleardo Villa aus dem Jahr 1897, das einst die Fünf-Colón-Geldscheine schmückte. ⊕ Mo–Sa 9–16 Uhr; stdl. Führungen, abwechselnd in Spanisch und Englisch; Eintritt $7 (inkl. Führung); aktuelles Programm unter 🖳 www.teatronacional.go.cr; Theaterkasse ✆ 2010-1111.

Von der Plaza de la Cultura geht es bei Eis Pops links in die Fußgängerzone **Avenida Central**, auf der fliegende Händler ihre Ware ausbreiten. Gleich zu Beginn stehen einige restaurierte Gebäude deutscher Einwanderer vom Anfang des 20. Jhs., z. B. die **Librería Lehmann** (1914), heute eine der bedeutendsten Buchhandlungen im Land. Oder schräg gegenüber das **Edificio Knöhr e Hijos** aus dem Jahr 1914, eines der wenigen Exemplare neoklassischer Architektur in der Innenstadt.

Nach 200 m biegt die Route links in die Calle Central ab, zum **Teatro Melico Salazar** (1928), dem zweitwichtigsten Theater der Stadt. Hier finden regelmäßig Konzerte, Tanzaufführungen und Filmabende statt. Die Büste Melico Salazars, Costa Ricas berühmtestem Tenor (1887–1950),

steht in der Eingangshalle. Die Restaurierung der Theaterfassade wurde (wie auch das Bahnhofsgebäude und das Edificio Metálico) aus dem Kulturerhalteprogramm der Bundesrepublik Deutschland finanziert. Das Auditorium ist nur während der Abendvorstellungen geöffnet. Mit dem Verzehr im Theatercafé nebenan unterstützt man die Restaurierung der Theaterinnenräume.

Auf der gegenüberliegenden Seite der Avenida 2 sieht man die **Catedral Metropolitano** im neoklassischen Stil. Die alte Kirche, ein Ziegelbau mit Strohdach, wurde 1821 bei einem Erdbeben zerstört. Der angrenzende **Parque Central** bildete einst das Zentrum San Josés. Am 15. September 1842 wurde hier der Honduraner Francisco Morazán hingerichtet. Morazán selbst schrie noch „Feuer" bei seiner Exekution. Mit seinem Tod starb der Traum einer zentralamerikanischen Republik, der Park Morazán (s. Tourbeginn) ist nach ihm benannt. Unter dem gigantischen Zementpavillon finden an Feiertagen und Wochenenden auch heute noch Konzerte statt.

Die Tour nähert sich dem Ende. Vom westlichen Parkrand führt die Route bei KFC rechts in die **Calle 2** und zurück in die Fußgängerzone (Avenida Central). Lohnenswert ist von hier (Av. 0, Ecke C. 2) ein kurzer Abstecher zum schönen alten Post-, Telegrafenamt und **Briefmarkenmuseum (Museo Filatélico)**. Man muss am Schalter eine Briefmarke für $0,30 kaufen, dann darf man das Museum im 1. Stock betreten. Bei den Renovierungsarbeiten 1998 fand man 30 über 40 Jahre alte Postsäcke mit Briefen, die nicht zugestellt wurden. ⊙ Mo–Fr 8.30–16 Uhr.

Zurück auf der Avenida Central geht es auf die Zielgrade, vorbei an der 2,10 m hohen, 500 kg schweren Bronzeskulptur *La Chola* des einheimischen Bildhauers Manuel Vargas und den sechs Hundeskulpturen des costa-ricanischen Künstlers Francisco Munguía (s. Kasten) zum **Mercado Central**. Das Labyrinth aus Blumen-, Käse-, Schuh- und Souvenirständen ist ein guter Ort, um günstig unter Einheimischen zu essen und Kaffeebohnen zu kaufen. Aber Vorsicht vor Taschendieben! ⊙ Mo–Sa 6.30–18 Uhr.

Kirchen

San Josés Kirchen sind in der Form eines Kreuzes angelegt, in dessen Mitte die **Catedral Metropolitano** steht. Sie wird umgeben von La Soledad (Osten), La Merced (Westen), El Carmen (Norden) und La Dolorosa (Süden). Lohnenswert ist ein Besuch der **Iglesia La Merced** südwestlich vom Mercado Nacional. Viele von Costa Ricas Kirchen stehen an der Stelle ehemaliger alter Adobe-Kirchen, die bei Erdbeben zerstört wurden.

Parks und Plazas

Der **Parque La Sabana**, C. 42, am westlichen Ende des Paseo Colón, ist die grüne Lunge im versmogten San José und das Wochenendziel vieler Josefiner Familien. Auf dem ehemaligen Flugplatzgelände, das von Hauptverkehrsadern umkreist wird, stehen den Großstädtern kostenlos Fußball-, Baseball-, Basketball- und Tennisplätze zur Verfügung. Joggingpfade umzirkeln das große Areal mit See. Im Westen liegt das Fußballstadion, in dem Costa Ricas Nationalelf trainiert.

Der Sabana-Park zieht das für Großstadtparks typische, bunte Potpourri an Menschen an. In den kühlen Morgenstunden absolvieren hier Profi- und Hobbysportler ihr Trainingsprogramm, hoch zu Ross dreht die Polizei ihre Runden, sonntags mischt sich das metallische Rascheln der Drachenverkäufer mit den Stimmen abgehärteter Großstadtvögel. Während des Festival Internacional de las Artes füllt sich der Park mit Imbiss- und Kunsthandwerksbuden und es finden ungewöhnliche Theateraufführungen statt.

Weitere Sehenswürdigkeiten

Ein weiteres wichtiges Museum, das **Museo de Arte Costarricense**, 🖳 www.musarco.go.cr, befindet sich im einstigen Flughafenterminal am Eingang zum Parque La Sabana, Av. 0, C. 42. Zu sehen gibt es einen Querschnitt aus der costa-ricanischen Kunst. Unter anderem sind Akte, Skulpturen, Textildrucke, Fotos, Collagen und Graffitikunst ausgestellt. Den Schwerpunkt dabei bilden das 19. und 20. Jh. Im Salon Diplomático im Obergeschoss des Museums sind die wich-

---

Hundeleben

Sechs Hunde stehen neben dem Mercado Central. Sie kläffen nicht, sie beißen nicht, sie machen kein Geschäft. Bobi, Paulete, Tabatas und Co sind **Eisenskulpturen**, rund 1 m hoch, angefertigt vom Josefiner Künstler Francisco Munguía und sollen Passanten an die Tausenden von streunenden, misshandelten und ausgesetzten Hunde im Land erinnern. Hinter jedem der sechs steckt eine wahre Geschichte, Bobi wurde während einer Kastrierungskampagne mit einer verstümmelten Nase aufgespürt. Einen Hund ohne Nase wollte niemand adoptieren, Bobi wurde eingeschläfert. Paulete fristete ihr Dasein in einem winzigen Käfig, nach ihrer Befreiung litt sie an Verhaltensstörungen. Tabatas wurde misshandelt und ausgesetzt, bevor sie bei einem Autounfall ein Bein verlor. Finanziert wurde das Projekt von der Nichtregierungsorganisation El Arca de Noe, der Zeitschrift *Pets y más* und der Stadt San José.

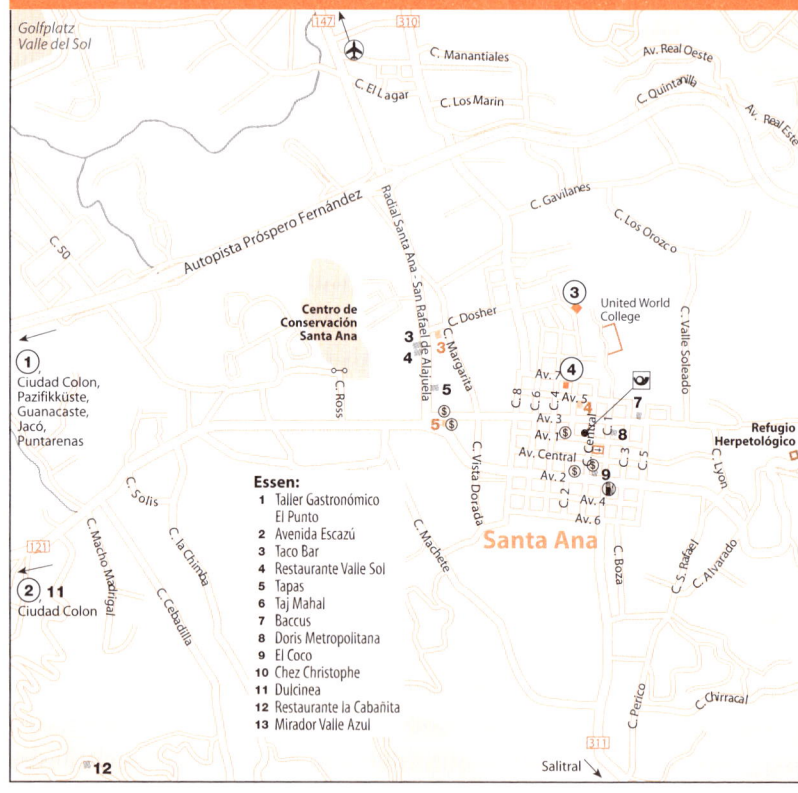

Santa Ana

Golfplatz
Valle del Sol

C. Manantiales
Av. Real Oeste
C. El Lagar
C. Los Marin
C. Quintanilla
Av. Real Este

Autopista Próspero Fernández

C. Gavilanes
C. Los Orozco

Centro de
Conservación
Santa Ana

Radial Santa Ana - San Rafael de Alajuela

C. Dosher
United World
College

C. Valle Soleado

3

4

C. Margarita

5

C. Ross

5 $

Av. 7

4

C. 8
C. 6
Av. 5
C. 4
7
Av. 3
8
Av. 1 $
C. 3
C. 5

Refugio
Herpetológico

Central

Av. Central
9 $

C. Vista Dorada

C. Machete

Santa Ana

Av. 2
C. 2
Av. 4
Av. 6

C. Lyon

C. Boza

C. S. Rafael
C. Alvarado

① Ciudad Colon,
Pazifikküste,
Guanacaste,
Jacó,
Puntarenas

C. Solis

C. la Chimba

C. Cebadilla

C. Macho Madrigal

121

② **11**
Ciudad Colon

Essen:
1 Taller Gastronómico
  El Punto
2 Avenida Escazú
3 Taco Bar
4 Restaurante Valle Sol
5 Tapas
6 Taj Mahal
7 Baccus
8 Doris Metropolitana
9 El Coco
10 Chez Christophe
11 Dulcinea
12 Restaurante la Cabañita
13 Mirador Valle Azul

C. Perico
C. Chirracal

12

Salitral

311

---

tigsten historischen Ereignisse Costa Ricas in ein 150 m langes, mit Bronze überzogenes Stuckrelief eingraviert. ⊕ Di–So 9–16 Uhr; Eintritt frei.

Auf kleine Weltenbummler warten im **Museo de los Niños**, Av. 9, C. 4, Antigua Penitenciaria, 🖵 www.museocr.org, Ausstellungsräume zu Themen wie „Recycling", „das Solarsystem" oder „Computer" mit vielen blinkenden Lichtern, Knöpfen und Hebeln. Eltern können zwischenzeitlich im gleichen Gebäude die kostenlose **Galería Nacional** besuchen. ⊕ Di–Fr 8–16.30, Wochenende 9.30–17 Uhr; Eintritt 1300C$, Kinder 1000C$.

Außerhalb von San José, im **Parque Nacional de Diversiones**, 🖵 www.parquediversiones.

com, in Uruca (rund 2 km westlich vom Hospital México), werden Besucher in ein idealisiertes Costa Rica der Vergangenheit entführt mit Folkloreshows und Bootstouren. Die Öffnungszeiten ändern sich von Monat zu Monat und sind auf der Webseite einzusehen.

Westliche Vororte

San Josés westliche Vororte **Escazú** und **Santa Ana** haben sich in den letzten Jahren extrem gewandelt. Es entstand eine komplett eigenständige Infrastruktur mit Hotels, Einkaufszen-

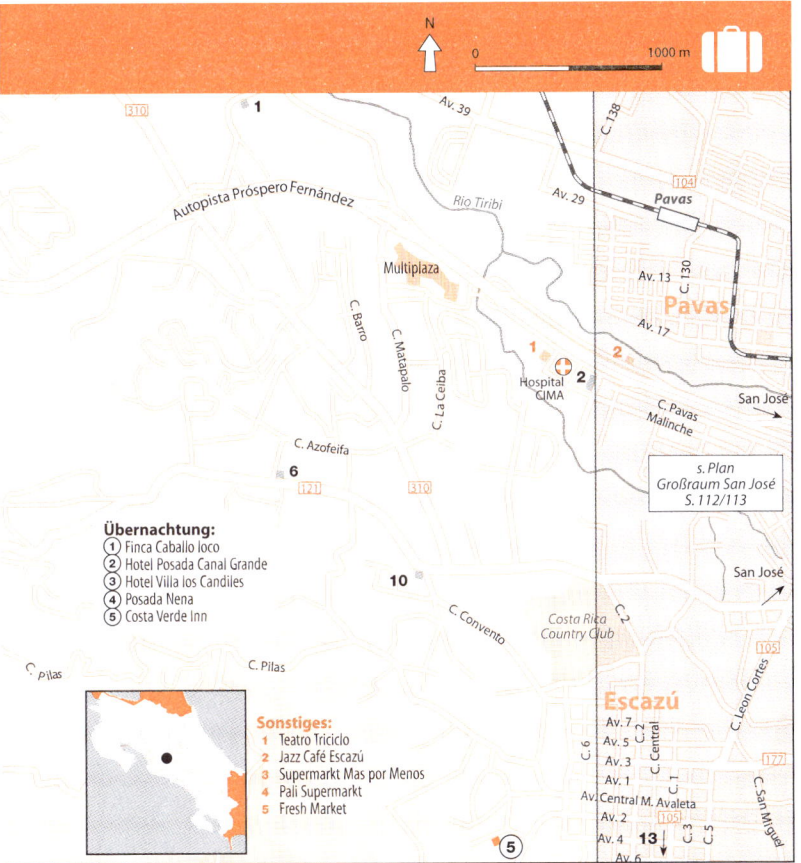

SAN JOSÉ

Übernachtung:
1. Finca Caballo loco
2. Hotel Posada Canal Grande
3. Hotel Villa los Candiles
4. Posada Nena
5. Costa Verde Inn

Sonstiges:
1. Teatro Triciclo
2. Jazz Café Escazú
3. Supermarkt Mas por Menos
4. Pali Supermarkt
5. Fresh Market

s. Plan
Großraum San José
S. 112/113

tren und modernsten Kliniken. Viele gute Restaurants zogen aus der Innenstadt hierher, und die grünen Hügel in der Umgebung bieten gute Möglichkeiten für lohnenswerte Tagestouren. Die Vororte sind vom Zentrum aus schnell per Bus, Auto oder Taxi erreichbar und liegen in unmittelbarer Reichweite zum internationalen Flughafen.

Auf den **Wochenmärkten** von Escazú (samstags) und Santa Ana (sonntags) geht es noch recht traditionell zu; in den frühen Morgenstunden strömen die Bauern der Umgebung zu Pferde oder mit dem Ochsenkarren herbei und bieten ihre Waren lautstark feil. Der Duft von frisch

gebrautem Kaffee sowie Obst und Fruchtsäfte locken ein bunt gemischtes Publikum an.

Die grüne Umgebung bietet zahlreiche Ausflugsmöglichkeiten in unmittelbarer Nähe vom pulsierenden Leben in San José. Südlich von Santa Ana und Escazú erstreckt sich das Naturschutzgebiet **Cerros de Escazú**, eine Verlängerung der Cordillera Talamanca, die sechs 2000er-Gipfel einschließt. Interessierte können das Schutzgebiet von Escazú aus erkunden: Einfach vom Hotel Costa Verde Inn die Straße „Calle Cerro" hinaufwandern; von hier gelangt man auf einige unbefestigte Straßen, die in das Schutzgebiet führen, und auch ein Wasserfall lässt sich von hier erkunden. Von Santa Ana kann man das Gebiet über das südlich gelegene Örtchen **Salitral** erreichen. Von dort gibt es mehrere Zugänge zu den Cerros de Escazú. Der neue **Windpark** oberhalb von Santa Ana hat sich zu einem beliebten Ausflugsziel entwickelt. Von hier oben bieten sich fantastische Ausblicke über ganz San José bis über Alajuela und auf den Vulkan Poás.

An der alten Landstraße zwischen Escazú und Santa Ana werden im **Refugio Herpetológico**, www.refugioherpetologico.com, illegal gefangene und verletzte Tiere wieder aufgepäppelt und auf die Wiederauswilderung vorbereitet. Durch das Projekt soll die einheimische Bevölkerung für den Artenschutz begeistert werden. Tieren, die in der Wildnis nicht mehr überleben könnten, wird ein neues Zuhause geboten. Ein Restaurant serviert günstige und leckere Speisen. ☉ Di–So 9–16.30 Uhr; Eintritt $14 p. P., Kinder bis 12 J. die Hälfte.

Weitere Ausflugsziele in der Umgebung sind das Naturschutzgebiet **El Rodeo**, 2 km westlich von Ciudad Colón, mit Primär- und Sekundärwald, der zahlreiche Vögel beherbergt und zu ausgedehnten Wanderungen und Ausritten einlädt; außerdem das **Centro de Conservación Santa Ana**, 300 m westl. und 200 m nördl. vom Cruz Roja, eine 54 ha große, urwaldähnliche Parkanlage mit Tiergehegen und einem kleinen Museum mit einer alten Zuckerrohrpresse *(trapiche)*. ☉ 9–17 Uhr; Eintritt $5, Kinder bis 12 J. $3,50.

ÜBERNACHTUNG

San José Zentrum
Karte S. 114/115

Aranjuez und California

Hostel Casa del Parque, an der Ostseite des Parque Nacional, Av. 1–3, C. 19, Haus Nr. 156, ☎ 2233-3437, 🖥 www.hostel casadelparque.com. Geschmackvoll eingerichtete, geräumige Privatzimmer im Erdgeschoss und ein Dorm im Obergeschoss eines eleganten Hauses in Familienbesitz. Gute Matratzen, eleganter Gemeinschaftssaal mit Ledersofas und Kunst- und Lifestyle-Büchern, große romantische Terrasse mit Springbrunnen und schmiedeeisernen Stühlen. Interessanter Mix aller Altersklassen unter den Gästen.

Besitzer Federico ist eine gute Informationsquelle. Kein Partyhostel! Exzellente Lage. Auch Apartments für längere Aufenthalte. Günstige Nebensaisonpreise. Dorm $12, DZ ❸

Hotel Aranjuez, Barrio Anranjuez, C. 19, Av. 11–13, ☎ 2256-1825, 🖥 www.hotelaranjuez.com. 5 viktorianische Familienhäuser wurden hier zu einem Hotel mit 35 Zimmern zusammengelegt: herrlich altmodisch, z. T. mit Holzdielen und TV, 6 Zimmer haben Gemeinschaftsbad. Große Gemeinschaftsbereiche. Das Hotel benutzt Solarboiler und recycelt. Hervorragendes Frühstücksbuffet im tropischen Hintergarten, Parkplatz. Kinder bis 8 Jahre kostenfrei im Zimmer der Eltern. Um die Ecke steht der moderne Apartment-Komplex mit besseren und größeren Badezimmern, aber weniger Flair, nur wochenweise ab $230 für 2 Pers. DZ ohne ❷, mit Bad ❸

Kaps Place, C. 19, Av. 11–13, Eingang durch die Garage, ☎ 2221-1169, 🖥 www.kapsplace.com. Mehrstöckiges, verschachteltes Haus mit niedrigen Decken, wo jeder Zentimeter genutzt wird. 32 Zimmer verschiedener Größen, von extrem kleinen Zimmern mit Mini-Waschbecken bis zu geräumigeren Apartments mit Privatküche, teils mit TV und AC. Innenhöfe mit Hängematten, Billard, Tischtennis; Touren, 2 moderne Gemeinschaftsküchen, Bibliothek, Kaffee gratis, sehr sauber. DZ ohne ❷, mit Bad ❸

Otoya und Amón

Die historischen Stadtviertel *(barrios)* Amón, Otoya und Aranjuez liegen im nördlichen Zentrum, wo es etwas ruhiger ist. Viele der Hotels sind in viktorianischen Häusern mit Innenhof untergebracht.

Hostel Pangea Av. 7, 2 C. 3–3bis, ☎ 2221-1992, 🖥 www.pangea.hostel.com. Ganz klar ein Partyhostel. Dachterrasse mit spektakulärem Blick auf die Stadt und Bar-Restaurant sowie Pool. Düstere, aber saubere Dorms mit Stockbetten und Schließfächern zum Gang raus. Durch die niedrigen Decken und Wandmalereien fühlt man sich wie in einer Höhle. Keine Gemeinschaftsküche! $14 p. P. ❸

Hotel Hemingway Inn, Av. 9, C. 9, hinter INS-Gebäude, ☎ 2257-8630, 🖥 www.hemingwayinn.

com. Altes Cafetalero-Haus, der Besitzer war ein Freund Hemingways. Die 16 etwas altmodischen, aber hübschen Zimmer mit TV und Holzdielen tragen die Namen von Hemingways Werken und Lebensstationen, Originalfotos vom Meister schmücken die Wände. Mikrowelle und Grill im schönen Hintergarten, Haustiere willkommen, Frühstück inkl. **4**

Hotel Kekoldi, Av. 9, C. 5–7, ✆ 2248-0804, 🖥 www.kekoldi.com. 10 helle, farbenfrohe Zimmer unterschiedlicher Größe in Art Decó-Haus mit kleinem Garten. Zimmer im 2. Stock nehmen! Frühstück inkl., freundlicher Service, deutsch/spanische Leitung. **4**

Hotel Santo Tomás, Av. 7, C. 3–5, ✆ 2255-0448, 🖥 www.hotelsantotomas.com. Viktorianisches Haus, vorn Büroatmosphäre, hinten Großstadtoase. 20 kleine Zimmer, Pool, Jacuzzi, kleines Fitnessstudio, Frühstücksbuffet inkl., kostenpflichtiger Parkplatz. **4**

Rincón de San José, Av. 9, C. 15, ✆ 2221-9702, 🖥 www.hotelrincondesanjose.com. 42 saubere Zimmer unterschiedlicher Ausstattung. Am schönsten sind die altmodischen Zimmer im Haupthaus mit Blümchentapete, Holzdielen, Erker und TV. Im Annex schlichtere, neuere Zimmer mit Fliesen. Gemeinschaftsterrasse mit Blick auf San José. Holländische Leitung. Ruhiges und grünes Gartenrestaurant „el Jardin" mit einer abwechslungsreichen Karte, sehr lecker, Sa und So ab 15 Uhr wird gegrillt, Stark auf Gruppen ausgerichtet. Frühstücksbuffet inkl. Kein AC. **4**

Zwischen Museo Nacional und Tribunales de Justicia

Casa Ridgway, C. 15, Av. 6–8, ✆ 2233-6168, ✉ casaridgway@yahoo.es. Einladende, saubere Herberge in ruhiger Seitenstraße. Schlafsaal im Erdgeschoss direkt neben der Gemeinschaftsküche – schöner sind die EZ oder DZ im Obergeschoss mit Gandhi- und Martin Luther King-Postern. Gemeinschaftsraum, große Küche, Gäste aller Altersklassen, Büchertausch, Bibliothek, gutes Preis-Leistungs-Verhältnis. Die Einkünfte gehen an das Friends Peace Center nebenan. Empfehlenswert. Dorm $15 p. P. **3**

Costa Rica Backpackers, Av. 6, C. 21–25, ✆ 2221-6191, 🖥 www.costaricabackpackers. com. Das riesige Hostel hat mehrere saubere Schlafsäle und DZ zur Auswahl. Dorms teils mit durchgelegenen Matratzen. Viele Zimmer sind in Barnähe (laut!). Ruhiger, aber gefängnisähnlich sind die Kellerzimmer ohne natürliches Licht. Großer Gemeinschaftsbereich mit TV, Pool, Liegewiese und Palmen! Große Gemeinschaftsküche. Auch Restaurant-Kantine mit Flippertisch, Bar und Bühne für Livemusik. Frühstück extra, Dorm $13 p. P., DZ **3**

Costa Rica Guesthouse, schräg gegenüber vom Costa Rica Backpacker, Av. 6, C. 21–25, ✆ 2223-7034, 🖥 www.costa-rica-guesthouse. com. Saubere, geräumige, schlichte DZ teils mit Privatbad im 2. Stock. Große Betten und riesige Badezimmer. Frühstücks- und Fernsehraum, Rezeption im Erdgeschoss. Etwas unpersönlich. Unter der gleichen Leitung wie das Costa Rica Backpackers, die Einrichtungen des Backpackers (Pool) können mitbenutzt werden. **3**

Hotel Fleur de Lys, C. 13, Av. 2–6, ✆ 2223-1206, 🖥 www.hotelfleurdelys.com. Pinkfarbenes viktorianisches Haus, drinnen in leuchtend tropischen Farben. 30 holzausgekleidete, sehr saubere Zimmer mit Rattanmöbeln. Jedes Zimmer ist nach einer costa-ricanischen Blume benannt. Gutes Restaurant, 🕐 18–22.30 Uhr, Frühstücksbuffet, Parkplatz, Touren; schweizerische Leitung. **5**

Centro

Die Hotels in der Innenstadt von San José haben den Vorteil, dass alle Sehenswürdigkeiten zu Fuß zu erreichen sind. Schattenseiten sind die oft starke Lärmbelästigung und Abgase.

Gran Hotel Costa Rica, C. 3, Av. 0–2, Ostseite des Teatro Nacional, ✆ 2221 4000, 🖥 www. grandhotelcostarica.com. Das imposante 5-stöckige Hotel im Herzen San Josés stammt von 1930. Das Haus hat seinen einst angeschlagenen Ruf aufpoliert und wurde als nationales Kulturerbe deklariert. Eingangsbereich mit Café-Restaurant, 🕐 18–20 Uhr, Salonflügel und Mosaikboden. Die mit Teppich ausgelegten (Standard-)Zimmer fallen dagegen enttäuschend karg aus: kleine Bäder mit Badewanne, TV, Blick auf das Teatro Nacional und die Plaza

de la Cultura. Spa mit Massage. Riesiger
Frühstückssalon. Frühstück inkl. ⑥

Hotel Europa, C. Central, Av. 3–5, ☎ 2222-1222,
🖳 www.hoteleuropacr.com. Eines der ältesten
Hotels in San José. Schwere Kerzenleuchter
und Schwarz-Weiß-Fotos vom alten San José
im Eingangsbereich. 72 große, saubere, Zimmer,
gediegen-bürgerlich, mit riesigen Betten und
großen Fenstern, AC, TV und Bad. Leider
nehmen Laminatböden und Teppiche das Flair.
Renovierungsbedürftiger Pool. Buffet-Restau-
rant, Casino, Parkplatz, Frühstück inkl. ④

Coca Cola-Busterminal

Um den Coca Cola-Busterminal befinden sich
die billigsten Unterkünfte San Josés; viele
davon sind schmuddelige und laute Absteigen.
Nur empfehlenswert, wenn man am nächsten
Morgen früh mit dem Bus weiterreisen will.

Hostel Gran Imperial, C. 8, Av. Central–Av. 1,
westl. Seite des Mercado Central, Eingang
an der C. 8, bitte klingeln, ☎ 2222-8463,
✉ granhimp@sol.racsa.co.cr. Langweilig wird
es hier nie: vom Balkon Blick auf das bunte
Treiben des Mercado Central. Sehr einfache,
saubere Zimmer mit Neonlicht, teils mit harten
Holzpritschen und dünnen Wänden, teils mit
Privatbad. Saubere, gut ausgestattete Gemeinschaftsküche. Dorm $12 p. P., EZ mit Gemein-
schaftsbad $18; DZ ohne ②, mit Bad ③

Östliche Stadtviertel

Karte S. 112/113

San Pedro

Der San Pedro-Bus fährt direkt gegenüber vom
Restaurant Balcón de Europa ab, Av. 0, C. 9.
San Pedro wird von großen amerikanischen
Einkaufszentren und der Universidad de
Costa Rica beherrscht. Hier befinden sich
viele günstige Sodas und lebendige Bars.
Die Qualität der Hostels im nahe gelegenen
Los Yoses ist deutlich besser als in San Pedro.

D'Galah Hotel, nördl. Seite der Universität,
gegenüber der Fakultät für Pharmazie,
☎ 2280-8092, 🖳 www.dgalah.com. Gepflegtes
Hotel mit sauberen Apartments mit Teppich,
kleiner Pool mit Liegestühlen im Hintergarten,
kein Frühstück. ③

Escalante und Los Yoses

Zu erreichen mit dem Bus Richtung San Pedro
oder Tres Ríos; Abfahrt in der Av. 0, C. 9, schräg
gegenüber der Bar Chelles.

In den östlich des Zentrums gelegenen Bot-
schaftsvierteln Los Yoses und Escalante gibt
es neben Luxushotels einige empfehlenswerte,
ruhig gelegene Low-Budget-Unterkünfte.
Das lebendige Universitätsviertel San Pedro
liegt mit vielen Bars und billigen Restaurants
in unmittelbarer Nachbarschaft. San Josés
Zentrum erreicht man in 5 bis 10 Minuten
per Bus.

Hostel Bekuo, 325 m westl. von Spoon Los
Yoses, ☎ 2234-1091, www.hostelbekuo.com.
Sehr freundliches Hostel. Schlichte Zimmer
mit asiatischem Touch. 4 Schlafsäle. Rustikale
Betten mit guten Matratzen, 5 Privatzimmer.
Innengarten, großer Billardraum, Lesezimmer,
kostenlose, internationale Telefongespräche,
moderne Küche, Frühstück inkl. Kein Partyhostel, um 22 Uhr ist Ruhe im Haus. Wer feiern
will, geht in die Bars. Dorm $11 p. P., DZ ②

Hostel Casa Yoses, Av. 8, C. 41, ☎ 2234-5486,
🖳 www.casayoses.com. Einladendes altes,
renoviertes Haus mit Jugendherbergs-
charakter fern der Hauptstraße. Saubere,
nach Geschlechtern getrennte Schlafräume
mit guten Matratzen und Schließfächern,
einige Bäder haben Badewanne. Küche und
großer Ess- und Fernsehraum, Garten mit
Liegestühlen, Parkplatz, Restaurant, Frühstück
inkl. Dorm $13 p. P., DZ ohne ②, mit Bad ③

Hôtel Le Bergerac, Av. Central, C. 35,
☎ 2234-7850, 🖳 www.bergerachotel.com.
Luxushotel mit französischer Eleganz, tropischem Hintergarten und Blick auf die Berge.
Helle, schön geschnittene große Zimmer, teils
mit Balkon. Fön, Wäscheservice, Restaurant,
Parkplatz. Frühstück inkl. ⑥

La Sabana / Paseo Colón

Karte S. 116

Bus von Av. 2, C. 5–7, Richtung „Cementerio
Sabana" oder „Sabana Estadio".

Vom Zentrum führt der breite Paseo Colón
zum größten Park San Josés, dem Parque
La Sabana. Die Unterkünfte in den Seiten-
straßen und der Parkgegend sind eine gute

Wahl für Familien oder diejenigen, die das Zentrum San Josés meiden wollen. Hier befinden sich einige schöne, ruhig gelegene Apartotels und günstige Backpacker-Unterkünfte. Die Hotels am stark befahrenen **Paseo Colón** sind aufgrund der hohen Lärmbelästigung nicht aufgelistet. Busse verkehren regelmäßig zwischen dem Flughafen und dem nahen Zentrum (10 Min.).

Aldea Hostel, C. 28, Av. 2, 100 m südl. von Pizza Hut (Paseo Colón), ✆ 2233-6365, 🖥 www.aldeahostelcostarica.com. Hostel in viktorianischem Holzhaus mit gutem Traveller-Ambiente. Drei 8er- und ein 6er-Dorms mit recht guten Matratzen und kleinen Bädern. Die Privatzimmer sind karg eingerichtet. Fernsehraum, Billardtisch, Küche, Dorm $12 p. P., DZ ❷

Apartotel La Sabana, Sabana Norte, 50 m westl., 150 m nördlich von Burger King, ✆ 2220-2422, 🖥 www.apartotel-lasabana.com. Schöne, ruhig gelegene Anlage mit Apartments verschiedener Größe, AC und TV, kleiner Balkon; teils Küchenzeile im gleichen Zimmer, teils als Extrazimmer. Großer Pool, kreativ mit bunten Mosaiken verziert, Liegestühle, umgeben von Palmen. Parkplatz, Wäscheservice, Touren. Sehr guter Service. Apt. für 2 Pers. ab ❺

Gaudy's, Av. 5, C. 36–38, ✆ 2248-0086, 🖥 www.backpacker.co.cr. Schönes, wohnliches Backpacker-Hostel mit Küche und Wohnzimmer. Inkl. Frühstück (nur von 7.30–8.30). Schlafsaal $12 p. P., DZ ohne ❷, mit Bad ❸

Grano de Oro, C. 30, Av. 2–4, ✆ 2255-3322, 🖥 www.hotelgranodeoro.com. Luxushotel in altem viktorianischen Haus in stiller Seitenstraße mit 40 makellosen, stilvoll eingerichteten Zimmern und einem der besten Restaurants der Stadt. Terrasse, Garten mit Springbrunnen, Frühstück extra, kanadische Leitung. ❻

Mi Casa Hostel, 50 m westl., 150 m nördl. vom ICE-Gebäude, Sabana Norte, ✆ 2231-4700, 🖥 www.micasahostel.com. In einer ruhigen Wohngegend liegt dieses saubere, einladende Haus für Backpacker. Schlafräume (gemischt oder nur Frauen) mit Stockbetten aus Holz; Bäder mit Badewanne. Die Zimmer im Annex sind gut für kleine Familien mit schmalem

Budget. Großer Gemeinschaftsbereich mit Esszimmer, Küche, Stereoanlage, Garten, Billard, Büchern und Spielen. Gute Busanbindung. Tico-Leitung. Schlafsaal $13 p. P. Frühstück inkl. $10 extra. DZ ohne oder mit Bad ❷

Suites Cristina, Sabana Norte, 300 m nördl. vom ICE, ✆ 2220-0453, 🖥 www.cristina.co.cr. 50 moderne, ruhig gelegene Apartments verschiedener Größe mit Einbauküche und TV; großer Pool. Konferenzsaal, italienisches Restaurant, Parkplatz. Beliebt bei Familien. Freundliche italienische Leitung, inkl. Frühstücksbuffet und Flughafentransfer. Duplex für 4 Pers. $126, Apt. für 2 Pers. ❺

Tica Bus Hotel, 200 m nördl. und 100 m westl. der Torre Mercedes am Paseo Colón, ✆ 2221-0006. Vor allem Tica Bus-Reisende übernachten hier; Tipptopp saubere, moderne Zimmer mit grauen Wänden und Privatbad. Wenig Ambiente, dafür wartet der Ticabus direkt vor der Tür. Mit WLAN, Cafeteria, AC und Warmwasser. $28 für 1 Pers., DZ ❷

Westliche Vororte: Escazú, Santa Ana und Ciudad Colón

Karte S. 120/121

Costa Verde Inn, bei Escazú, ✆ 2228-4080, 🖥 www.costaverdeinn.com. Ruhig gelegenes Hotel mit 19 attraktiven, rustikalen Zimmern und Apartments verschiedener Größe. Pool, Jacuzzi, Grill, Parkplatz, hoch über Escazú, nahe am Waldrand, überwiegend amerikanische Gäste, Frühstück inkl. ❺

Finca Caballo loco, in Ciudad Colón, ✆ 7010-1771, 🖥 www.fincacaballoloco.com. Liebevoll geführte Mini-Posada der freundlichen Gastgeber Victor und Krysia, mit 2 toll ausgestatteten Zimmern mit Urwaldblick im Naturschutzgebiet „El Rodeo" (S. 122); gutes Essen und Reitstall mit sanften und gepflegten Pferden. Pferdebegeisterte sowie Vogel- und Naturliebhaber kommen voll auf ihre Kosten. Auch individuelle Reittouren für Nicht-Gäste (auch für Anfänger, 2 Std. für $60 p. P., nur mit Reservierung). ❺

Hotel Posada Canal Grande, oberhalb von Santa Ana, in Piedades, ✆ 2282-4089, 🖥 www.hotelcanalgrande.com. Etwas altmodisches

Neuankömmlinge aus Übersee haben nach der langen strapaziösen Anreise meist nur eines im Sinn, bevor sie zu weiteren Entdeckungs-touren im Land aufbrechen: eine ordentliche Mütze Schlaf! In der Umgebung von San José gibt es zahlreiche Unterkünfte die zur Erholung nach oder vor dem anstrengenden Flug einla-den. Einige werden von deutschsprachigen Besitzern geleitet, die noch dazu mit wertvol-len Tipps aufwarten können. Das Hotel **Posada Nena – Casa Alegre**, ℡ 2282-1173, www.posa danena.com, in Santa Ana wird vom Latein-amerika-Experten und Loose-Autor Volker und seiner venezolanischen Frau Minerva geleitet. Es liegt nur ca. 20 Minuten vom internationa-len Flughafen entfernt und bietet 9 geschmack-voll eingerichtete, helle Zimmer mit AC. Vol-ker kennt Costa Rica wie seine Westentasche und hilft gerne bei der weiteren Reisepla-nung (auch Touren im Angebot). Das famili-äre Hotel mit Bar und Restaurant verfügt über einen kleinen Garten mit Whirlpool, Liegestüh-len und Hängematten. Internationale Telefo-nate kostenlos, Bücherauswahl, Frühstück inkl. Adresse: in Santa Ana, 100 m nördl. und 150 m westl. vom Supermarkt Palí. ❸–❹
Eine weitere empfehlenswerte Unterkunft mit hilfsbereiten deutschsprachigen Gastgebern ist das **Coconut House** in Alajuela (s. S. 143).

Hotel mit kleinem Pool im tropischen Garten; schöner Blick, italienisches Restaurant, Frühstück inkl. ❺
Hotel Villa los Candiles, in Santa Ana, Quintas Don Lalo, ℡ 2282-8280 🖥 www.hotelvilla loscandiles.com. Im viktorianischen Stil erbautes Boutiquehotel mit 10 komfortablen Zimmern bzw. Suiten und Garten mit Mini-Pool in ruhiger Lage. ❻

ESSEN

Chilenische Empanadas, peruanische Parihuela, Lammgerichte aus dem Libanon oder frittierte Plátanos aus Costa Rica – San Josés Restaurantszene präsentiert sich ebenso abwechslungsreich und international

wie seine Einwohner. Günstige, landes-typische Gerichte erhält man im Mercado Central oder in einer der zahlreichen Sodas der Stadt, die für $4 sättigende Casados anbieten. Fast alle Restaurants in San José und Umgebung bieten günstigen Mittagstisch an. Sogar in den exklusiveren Lokalen bekommt man mittags ein recht günstiges Menü (nach „plato ejecutivo" fragen). In Restaurants werden auf die Rechnung bis zu 23 % aufgeschlagen, 10 % für den Service und 13 % Steuern. Ob Mehrwertsteuer und Service im Preis enthalten sind, muss aus der Speisekarte ersichtlich sein. Zusätzliches Trinkgeld wird nicht erwartet, kann aber bei gutem Service gerne gegeben werden. Buen provecho!

San José Zentrum

Alma de Café, im Teatro Nacional, Av. 2, C. 3–5. Kaffee-Spezialitäten und Eisbecher an Marmor-tischchen unter handbemalten Holzdecken. Unwiderstehlich ist der ofenwarme Mango-Pie! Auch Herzhaftes. ☉ Mo–Sa 9–19, So 9–18 Uhr, an Theaterabenden auch etwas länger.
Café 1930, Av. 2, C. 3–5, am Eingang zum Gran Hotel Costa Rica. Hier gibt's Gourmetkaffee und Eis auf schmiedeeisernen Stühlen und Leder-sofas unter Palmen, außerdem Salonmusik und Schwarz-Weiß-Fotos vom alten San José. Die Zeit vergessen und dabei eine echte Havanna genießen. ☉ 6–22 Uhr, Pianomusik live 16–18 Uhr.
Café Central, im Mercado Central (West). Leckere Kaffeespezialitäten und Verkauf von Bohnenkaffee und Souvenirs. Fruchtsäfte und Kleinigkeiten für den Hunger zwischendurch. Der Kaffee wird vor Ort frisch geröstet, so kann man beim Warten den Duft genießen.
Café la Posada, Av. 2, C. 17, schräg gegenüber von der Südost-Ecke des Museo Nacional. Gut für eine Stärkung nach dem Museumsbesuch. Leckere Empanadas, Quiches, Kuchen und Sandwiches, landestypische Gerichte und Steaks. ☉ Mo–Fr 7–17.30, Sa 10–17.30 Uhr.
Café Mundo, C. 15, Av. 9, 200 m östl. und 100 m nördl. vom INS-Gebäude. Viktorianisches Haus mit Salons in unterschiedlichem Design und schöner Terrasse. Es gibt Pizza, Pasta- und Fleischgerichte, Salate und eine große Auswahl

La Esquina de Buenos Aires, C. 11, Av. 4, www.laesquinadebuenosaires.com. Die Tür geht auf und man tritt ein in ein Buenos Aires der 1940er-Jahre. Nostalgische Tangomusik, Schwarz-Weiß-Fotos mit alten argentinischen Stars, eine Kasse aus dem Jahr 1918, Originalstühle aus Buenos Aires. Die schlanken Kellner flitzen elegant in ihren langen weißen Schürzen von Tisch zu Tisch. Wer hierherkommt, bestellt meist eins: Fleisch. Argentinisches Steak, saftig, gegrillt. Doch die Esquina kann mehr: Deliziös ist der hausmarinierte Lachs oder geräucherte Marlin aus Montezuma. Vegetarier werden sich an den Ravioli mit Gorgonzola und Spinat laben. Dazu passt exzellent ein Glas argentinischer rubinroter Malbec-Wein. Ein karamellisierter Apfel-Crêpe mit Rum Flambé rundet den Abend ab. Hauptgericht ab $20. ⊕ Mo–Do 11.30–15 und 18–22.30, Fr 11.30–23, Sa 12.30–23, So 12–22 Uhr.

Tin Jo, C. 11, Av. 6–8, 🖳 www.tinjo.com. Das ehemalige China-Restaurant der Eltern haben Yin Yin und ihr amerikanischer Mann Robert in einen panasiatischen Genusstempel ausgebaut. Je nach Stimmung hat der Gast die Wahl zwischen dem Japan-, Indien- oder Indonesien-Saal. Gekocht wird überwiegend mit Produkten aus ökologischem Anbau. Legendär ist der Arroz cantonés nach elterlichem Rezept. Für Vegetarier steht eine große Auswahl an Tofugerichten bereit. Statt Coca Cola werden aromatische Tees u. a. aus Zitrone, Ingwer, Tamarindo angeboten. Auch glutenfreie und vegane Kost. Wer mit dem Fahrrad anreist, bekommt 30 % Rabatt! Gutes Preis-Leistungs-Verhältnis. ⊕ Mo–Do 11.30–15 und 17.30–22, Fr und Sa 11.30–15 und 17.30–23, So 11.30–22 Uhr.

Avenida Escazú, in Escazú, direkt an der A 27, neben dem CIMA-Hospital. Diese moderne Gourmet-Zeile ist etwas für Genießer! Die Ansammlung von Top-Restaurants – viele ehemals in San José und Umgebung angesiedelt – bietet an einem Ort die größtmögliche Vielfalt an Gaumenfreuden. Eine Auswahl: **Saga**, das erste Restaurant an der Avenida. Internationale Küche auf höchstem Niveau: Sushi, Fusion und exquisite Desserts. ⊕ Mo–Sa 12–23, So 12–17 Uhr. **L'Ile de France**, französisches Restaurant der Spitzenklasse, super lecker und geschmackvolle Einrichtung. Besonders zu empfehlen: Kaninchen in sahniger Weißweinsoße. ⊕ Mo–Sa 12–23.30, So 9–19 Uhr mit Brunch. **Product C**, ein in ganz Costa Rica geschätztes Fischrestaurant. Frischer Fisch, Meeresfrüchte, Langusten zu fairen Preisen. Sehr beliebt! ⊕ Mo–Sa 12–23, So 12–18 Uhr. **Praha**, gemischte, internationale Küche und Cocktails in lebendiger Atmosphäre, So Brunch. Abends ist Party angesagt. ⊕ Mo–Mi 12–24, Do–Sa 12–2 Uhr. **Terraza Toscana**, typische, italienische Spezialitäten auf einer Terrasse, gut zum Leute-Beobachten. ⊕ 11–22.30 Uhr. **Búlali**, gesunde und vegane Kost, Bio-Kaffee und frische Säfte. ⊕ Di–Sa 8–20 Uhr. Daneben gibt es in der Avenida Escazú jede Menge Cafés, Fastfood-Läden, einen Abenteuerspielplatz und das modernste Kino im Land.

Doris Metropolitana, in Santa Ana, C. 1, zw. Av. 1 und 3, ☎ 2282-2221. Wer gerne gut und viel Fleisch isst, sollte dieses elegante Restaurant besuchen. Hier gibt es Rindfleisch aus eigener Zucht, das für 21 Tage im „Dry Age-Verfahren" ausgehangen wird. Reservierung empfohlen. ⊕ 12–23 Uhr.

an Kaffee und Kuchen; gehobene Preisklasse. ⊕ Mo–Fr 11–23, Sa 17–24 Uhr.

Chelles, Av. Central, C. 9. Eine der wenigen alten Bars (1909!), die nicht der Planierraupe zum Opfer fiel. Bocas und billiges Bier inmitten eines bunt gemischten Publikums. ⊕ 24 Std.

Eco-Shakti, Av. 8, C. 13. Für Gesundheitsbewusste. Kleines freundliches Restaurant mit frischen Gemüse- und Obstsäften, Vollkornbrot und -gebäck; Casado und Sopa Negra, viele vegetarische Gerichte. Untere Preisklasse. ⊕ Mo–Fr 7.30–19, Sa 8–19 Uhr.

El Balcón de Europa, C. 9, Av. Central–Av. 1. Bekannt für seine hausgemachte Pasta. Auch Fleischgerichte und Meeresspezialitäten. Italienische, französische und chilenische Weine. Das holzgetäfelte Lokal von 1909 zählt zu den ältesten Restaurants von San José, seit 3 Generationen in Familienbesitz, mittlere Preisklasse. ⊕ Di–So 11–22.30 Uhr.

Kalú & Kiosco, Barrio Amon, 300 m nördl. vom Parque Morazán, Ecke C. 7, Av. 11, 🖵 www.kalu.co.cr. Kunst, Literatur und ein Kreativlabor samt Boutique und Caféoteca-Restaurant mit einer Terrasse, die einen Blick über die Dächer von San José bietet. Neben leckeren Kuchen und Gebäck auch internationale Leckereien, sowie Salate, Bocas, Pizza. Urban-künstlerisches Ambiente. Viele Kultur-Events. ⊕ Mo, Di 12–20, Mi–Fr 12–22, Sa 8–22 Uhr (mit Brunch).

La Casona Típica, Av. 2, schräg gegenüber von der Merced-Kirche. Rustikales Rancho-Ambiente. Alles, was die einheimische Küche zu bieten hat: Casados, Gallo Pinto, Maisspezialitäten wie Tamales, Tortillas, Chorreada und den beliebten Olla de Chicharrones. Günstig und beliebt bei Einheimischen. ⊕ 7–22 Uhr.

Mercado Central, Av. Central–1, C. 6–8. Umgeben von Marktständen gibt es hier günstig gute Comida Típica (landestypische Kost), empfohlen sei hier die Soda Tapia, seit über 120 Jahren auf dem Markt. ⊕ Mo–Sa 6.30–18 Uhr.

Talentum, im Barrio Amon (neben dem Hotel Mona Lisa), 🖵 www.galeria talentum.com. Im tgl. dekorierten Talentum gibt es tgl. (außer Sa) einen wechselnden Tagesteller sowie eine Auswahl an Salaten, Suppen und Quiches, präsentiert in einer kunstgefüllten, Wohnzimmerumgebung. Man kann auf der Terrasse, im Garten oder im Wohnzimmer sitzen. ⊕ Mo–Fr 11–18.30, Sa 9–16 Uhr.

Vishnu, Av. 1, C. 1–3. Schnellrestaurant für Vegetarier, verschiedene Tagesmenüs, Pizza und Hamburger sind mit Tofu zubereitet, große (Obst-)Salate, frische Säfte, leckeres Vollkorn- und Bananenbrot. Preisgünstig, auch Frühstück. ⊕ Mo–Sa 7–21, So 9–19.30 Uhr.

Escalante und Los Yoses

Aya Sofya, gegenüber der Sprachschule Intensa, Av. 3, C. 33, ✆ 2224-5050, 🖵 www. sofiamediterraneo.com. Die Gäste von Mehmet und Hasan, die beide gut Deutsch sprechen, nehmen gerne eine weite Anfahrt in Kauf. Hier kann man mediterrane Küche in allen

Variationen genießen, Spezialität ist Lamm in allen erdenklichen Formen, auch leckere vegetarische Angebote. Viele Veranstaltungen und Themenabende, Termine auf der Website. ⊕ Di 10–15, Mi–Sa 10–23, So 12–17 Uhr.

Coma Verde, in der Casa del Arcoiris, 50 m westl. vom Besuchereingang des Hospital Calderón. Hübsches kleines Stehcafé mit kreativer Einrichtung und vegetarischen Gerichte und Produkten aus ökologischer Landwirtschaft. ⊕ Mo–Fr 9–18 Uhr.

Lolo's Pizza, von der Sprachschule Intensa Escuela (Av. 3, C. 33) einen Block die Av. 3 hinauf, dann rechts ca. 25 m bis zu einem kleinen gelben Haus mit Caféschild auf der rechten Seite. Seit 20 Jahren wird hier leckere knusprige (costa-ricanische) Pizza mit dünnem Boden gebacken! ⊕ Mo–Sa 18–22 Uhr.

Taberna Club Alemán, Av. 8, C. 35, los Yoses, ✆ 2225-0366, 🖵 www.clubaleman.org. Sehnsucht nach einem kühlen Pils, einem Jägerschnitzel oder eingelegtem Hering? Oder wie wär's mit Brat-, Weiß- oder Blutwurst aus eigener Herstellung? Der Treffpunkt des Club Alemán serviert deutsche Hausmannskost. Hans kümmert sich sehr persönlich um seine Gäste. ⊕ Di–Sa 11.30–22 Uhr, Kneipe Fr–Sa 18–2 Uhr.

La Sabana / Paseo Colón

Lubnán, Paseo Colón, C. 22–24. Große Auswahl an exzellenten libanesischen Gerichten und Weinen, z. B. Humus-, Lamm- und Couscousgerichte oder Shish-Kebab; zum Nachtisch Dattelkekse oder Flan mit heißem Honig. Mittlere bis obere Preisklasse. ⊕ Di–Sa 11–15 und ab 18, So 11–17 Uhr.

Machu Picchu, 125 m nördl. vom KFC am Paseo Colón. Sehr beliebtes Restaurant. Ceviche und Parihuela, eine peruanische Suppe aus Meeresfrüchten. Der Pisco Sour, Perus Nationalgetränk, ist hier umwerfend gut! Mittlere Preisklasse. ⊕ Mo–Sa 10–22, So 11–18 Uhr.

Westliche Vororte: Escazú, Santa Ana und Ciudad Colón

Baccus, Santa Ana, Antigua Casa Quitirrisí, ✆ 2282-5441. Feine mediterrane Küche im ältesten Haus von Costa Rica. Vielfältige

Speisen verwöhnen Gaumen und Augen, die Forelle *al cartoccio* ist exzellent, toller Service. ⊙ Mo–Fr 12–15 und 18–23, Sa 12–23 und So 12–21 Uhr.

€ **Bar, Restaurant El Coco**, Av. 2, C. Central–1. Die älteste Gastwirtschaft im Westen von San José ist seit über 40 Jahren in Familienbesitz. Hier kann man Gäste beobachten, die ihr Pferd am Parkplatz anbinden und sich auf dem Rückweg auf den Orientierungssinn desselben blind verlassen, Top-Service und Mini-Preise, stets gut besucht, warme Küche bis in die Morgenstunden, Sa Oldie-Mix, So Karaoke. ⊙ Mi–Mo 11–2 Uhr.

Chez Christophe, 75 m südl. vom Multi Centro Paco in San Rafael. Französische Bäckerei für kulinarische Hochgenüsse. Duftende Backwaren, frisches Baguette und Gourmet-Sandwiches versüßen hier den Start in den Tag. Ab mittags werden ausgewählte Speisen angeboten. ⊙ Di–Sa 7–19, So von 8–19 Uhr.

€ **Dulcinea**, zwischen Santa Ana und Ciudad Colón, Brasil de Mora de Santa Ana, 200 m westl. von der Schule, ✆ 2249-4056. Kleine Soda mit einer ausgefallenen Karte und abwechslungsreichen Tagesgerichten. Große, schmackhafte Portionen für wenig Geld, Besitzerin Eszter aus Ungarn spricht Deutsch. ⊙ Mo–Sa 11–18 Uhr.

Mirador Valle Azul, hoch in den Bergen über Escazú in San Antonio de Escazú. Auf über 1600 m Höhe bei einem grandiosen Blick über San José und das gesamte Zentraltal bekommt man feinste italienische Küche serviert. Obere Preisklasse, der Ausblick entschädigt. ⊙ 12–23 Uhr.

Restaurante la Cabañita, auf dem Berg südl. von Santa Ana, kurz vor dem Windpark, ✆ 2100-1764. Mini-Restaurant mit fantastischem Blick über das gesamte Zentraltal; günstiges und typisches Essen, nur am Wochenende, sonst mit Vorbestellung. ⊙ Sa 12–20 und So 8–21 Uhr.

Restaurante Valle Sol, direkt links neben der Taco Bar. Einfaches Restaurant unter Palmen mit typischer mexikanischer Küche, einer unbegrenzten Auswahl an frisch zubereiteten Säften und Salatbar. ⊙ Mo–Sa 7–21, So 7–18 Uhr.

Taco Bar, in Santa Ana, 200 m nördl. vom Cruz Roja. Die erfolgreiche Taco-Bar aus Jacó hat 2013 ein Restaurant in Santa Ana eröffnet. Die Spezialität sind Fisch-Tacos, alternativ gibt es auch viele andere Fischgerichte; der Thunfisch ist zart und saftig. Viele vegetarische Angebote, SB-Salatbar inkl. ⊙ Di–So 7–21.30 Uhr.

Taj Mahal, am Ortsende von Escazú in Richtung Santa Ana an der alten Landstraße. Original indisches Restaurant mit Innen- und Außenbereich. Gäste können zusehen, wenn die abwechslungsreichen Speisen zubereitet werden; nicht billig, aber es lohnt sich. ⊙ Di–Sa 12–15 und 18–23, So 13–21 Uhr.

Taller Gastronómico El Punto, im Gewerbezentrum 1 km nordwestl. vom Multiplaza-Kreisel, gegenüber der Blue Valley-Schule im CC Trivium. Spanisches Tapas-Restaurant mit außergewöhnlichen Kreationen; ständig wechselndes Angebot, tolle Weinkarte, ideal für den kleinen Hunger, freundliche Bedienung. ⊙ Di–Fr 12–14.30 und 19–22, Sa 13–22, So 13–15.30 Uhr.

Tapas, 200 m nördlich vom Cruz Roja, in Richtung Lindora. Spanische Tapas-Bar mit vielen leckeren Kleinigkeiten; originelle Toiletten, bis spät in die Nacht geöffnet. ⊙ Di 17–1, Mi–So 11.30 Uhr–spät.

UNTERHALTUNG

Nachtschwärmer haben die Wahl zwischen vibrierenden **Salsadiscos**, schrägen Undergroundbars oder exaltierten Dragqueen-Shows. Im **Jazz Café** geben sich internationale Jazzgrößen ein Stelldichein. Bekannte costaricanische Bands wie *Malpaís* treten hier regelmäßig auf. In den Nachtclubs und Kasinos der Stadt – dem Blue Marlin, Key Largo und Atlantis – halten sich vorwiegend nordamerikanische Sextouristen mit Prostituierten auf.

Bars

El Cuartel de la Boca del Monte, Av. 1, C. 21–23, 🖥 www.elcuartel.net. Mo ist der Tag für diese Bar! Gute Mischung aus alt und jung. Latin, Rock, Reggae, Mo Livemusik. Sehr beliebt. Restaurant ⊙ Mo–Fr 11.30–14 und ab 18 Uhr, Wochenende nur abends; Bar ⊙ ab 20 Uhr.

Jazz Café, San Pedro, neben der Banco Popular, 🖳 www.jazzcafecostarica.com. Livekonzerte mit internationalen Jazzgrößen, auch Rhythm and Blues, Funk, Soul, Folk, Latin Music. ⊕ Mo–So 18–2 Uhr.

Morazán, am Parque Morazán, beliebte Stadtbar. Gespielt wird 80er- und 90er-Musik, ab 22 Uhr Electronic. Klar wird auch getanzt! ⊕ 17–24, Fr–So bis 3 Uhr.

Olio Pub, 300 m nördl., 20 m östl. der Antigua Pulpería La Luz, parallel zu den Bahnschienen. Netter Ort zum Plaudern über einem Glas Bier oder Wein und Tapas. ⊕ Mo–Fr 12–23, Do, Fr 12–24, Sa 18–24 Uhr.

Rafas Bar, C. 21, Av. 1–3. *Donde la Amistad no tiene límites* lautet der Leitspruch dieser Stadtkneipe. ⊕ 11–24, Fr, Sa bis 2 Uhr.

Diskotheken

Castro's Bar, Barrio Mexico. Der Ort für Latin Dance, Salsa, Merenge, Cumba, nur leider fehlt's an Ambiente! Verschiedene Tanzebenen. ⊕ tgl. ab 18 Uhr, Eintritt nur Fr, Sa 2500C$ und So 1000C$.

Jazz Café, in Escazú gegenüber vom Cima-Krankenhaus, 🖳 www.jazzcafecostarica.com. Livekonzerte mit internationalen Jazzgrößen, auch Rhythm and Blues, Funk, Soul, Folk und Latin. Die beste Gelegenheit, Costa Ricas erfolgreichste Band *Malpaís* live zu erleben. ⊕ Mo–So 18–2 Uhr.

La Rumba, Radial de Santa Ana – Belén, 🖳 www.larumba.cr. Größte Diskothek in der Umgebung von San José für ca. 1500 Gäste, internationale Musik am frühen Abend, in den Nachtstunden dann nur noch Salsa und Merengue, oft mit Livemusik. ⊕ Fr, Sa 19–2 Uhr.

Vertigo, im Centro Colón, Paseo Colón, 🖳 www.vertigocr.com. Die Nummer 1 in San José für Electronic und Techno. ⊕ Fr, Sa 22–6 Uhr, Live-Events auch in der Woche.

Kino

Die Mehrzahl der Kinos in San José befindet sich in den diversen Shopping-Zentren der Stadt. Sie zeigen nordamerikanische Kassenschlager mit spanischen Untertiteln. Das aktuelle Kinoprogramm steht in der Beilage *Viva* der Tageszeitung *La Nación* oder unter

Wer in San José nach einem guten Ausgehort fragt, dem wird bestimmt das **Steinvorth** (C. 1, Av. 0–1) empfohlen, ein Bar-Café im Herzen San Josés, elegant modern auf zwei Etagen verteilt. Das Gebäude stammt aus dem Jahr 1907 vom deutschen Einwanderer Otto Steinvorth, der hier u. a. Wein und Möbel verkaufte. Steinvorth wurde wie viele deutsche Einwanderer während des Zweiten Weltkriegs enteignet. 2010 gewann das Gebäude den vom Kulturministerium ausgeschriebenen und mit $200 000 dotierten Wettbewerb „Salvemos Nuestro Patrimonio Arquitectónico". Mit dem Preisgeld soll das Gebäude bald restauriert werden. Das Bar-Café im oberen Stock wurde bereits 2009 aus privaten Mitteln renoviert und ist beliebter Treffpunkt der Mitte 20- bis Mitte 30-jährigen Großstädtler, die sich hier während der Woche bei gedämpftem Jazz und einem Glas Wein unterhalten. Am Wochenende legt ein DJ auf, dann heißt es Schlange stehen! ⊕ Di–Fr 17–2.30, Sa 21–2.30 Uhr.

www.cinemania.co.cr. Folgende Filmspielhäuser heben sich durch ihr Ambiente oder Programm ein wenig von der breiten Masse ab.

Centro de Cine, C. 11, Av. 9, hinter dem INS-Gebäude, Barrio Otoya, ✆ 2256-5001, 🖳 www.centrodecine.go.cr. Im Anschluss oft Diskussionen über den Film. Hier wird auch das Festival de Cine organisiert.

Cine Sala Garbo, C. 28, Av. 2, ✆ 2222-1034, 🖳 www.cinegarbo.cr.co. Programmkino, zeigt Filme aus aller Welt mit spanischen Untertiteln.

Cine Universitario, ✆ 2511-4717. Filmabende im Jura-Auditorium der UCR in San Pedro. Von März–Dez (außer Juli) Do und Fr um 18.45 Uhr.

Nova Cinema, 🖳 www.novacinemas.cr. Das modernste und am besten ausgestattete Kino in ganz Costa Rica findet man an der Flaniermeile „Avenida Escazú" (S. 127). 4 normale Kinos, 2 VIP-Säle und ein 3-D IMAX-Saal bieten beste Kinounterhaltung. Besonders die VIP-Kinos sind einen Besuch wert, mit elektrisch verstellbaren Liegen, viel Platz und Restaurantservice.

Variedades, C. 5, Av. 0–1, ☎ 2222-6108.
Das älteste Kino San Josés zeigt mitunter
spanischsprachige Filme im Mainstream-
Programm. Zur Zeit der Recherche war das
Kino geschlossen. Eine Wiedereröffnung
ist für Anfang 2015 angekündigt.

Lesben und Schwule

Club OH, C. 2, Av. 14–16. Lesben- und
Schwulendisco und Bar. Junges Publikum.
Fr, Sa Dragqueen-Show.
El 13, Av. 8, C. 11–13. Gute Mischung aus
Alt und Jung, Homos und Heteros. Fröhliche
Bohemien-Atmosphäre. Oft Mottotage, die
Straße gehört dann mit zur Inszenierung.
⊙ 12–24, Wochenende bis 2 Uhr.
La Avispa, C. 1, Av. 8–10. Die beliebteste
Lesben- und Schwulendisco San Josés.
Bester Tag: Do, immer voll, Eintritt frei!
Fr–Sa $2, ⊙ Do–Sa 20–2, So 16–2 Uhr.

Theater

San José hat eine lebendige Theaterszene
und günstige Eintrittspreise. Unter den mehr als
ein Dutzend Theatern sind das Teatro Nacional
und das Teatro Mélico Salazar die Aushänge-
schilder der Stadt. Das aktuelle Bühnen-
programm steht in der Beilage *Viva* der Tageszeitung *La Nación* und in der englischsprachigen
Online-Ausgabe der *Tico-Times*.
Teatro Nacional, C. 5, Av. 2, ☎ 2221-5341,
🖥 www.teatronacional.go.cr. Opern-, Tanz-,
Theateraufführungen und Konzerte, darunter
regelmäßige Auftritte des nationalen Sinfonie-
orchesters.
Teatro Mélico Salazar, C. Central, Av. 2,
☎ 2257-6005, 🖥 www.teatromelico.go.cr.

Kulturtipps San José

Aktuelle Infos zu San Josés Kultur- und Nachtleben liefern die Tageszeitung *La Nación* in
ihrer Wochenendbeilage *Viva*, 🖥 www.nacion.
com, sowie die Internetseiten *Entretenimiento*,
🖥 www.entretenimiento.co.cr, und *Gam Cultural*, 🖥 www.gamcultural.com. Letztere liegt
auch als monatliche Printversion (mit Stadtplan)
in Museen, Theater, Bars und Hotels gratis aus.

Tanz-, Theateraufführungen und Konzerte,
Auftritte des nationalen Tanzensembles.
Teatro La Aduana, Barrio La California, C. 25,
Av. 3, ☎ 2257-8305. Neues, modernes Theater
mit guter Akustik, Sitz der Compañía Nacional
de Teatro. Austragungsort des Festival
Internacional de las Artes.
Teatro Triciclo, im Plaza Tempo in Escazú,
neben dem Hospital Cima, ☎ 2222-2624,
🖥 www.teatroeltriciclo.com. Modernes
Theater, meist Komödien; tolle Akustik, auch
Schauspielunterricht.

AKTIVITÄTEN UND TOUREN

Joggen

Im **Parque La Sabana**, **Parque de la Paz** und auf
dem Campus der **Universidad de Costa Rica**.

Schwimmen

Schwimmhalle im **Parque La Sabana**, mit
50-m-Becken.

Stadttouren

Chepecletas, 🖥 www.chepecletas.com. Drei
junge Josefiner bieten Touren auf Spanisch und
Englisch zu Fuß am Tag und bei Nacht durch die
Innenstadt an. An der Nocturbano-Tour kann
jeder teilnehmen, sie findet alle 2 Wochen statt,
2000C$. Private Touren (ca. 1 1/2 Std.) in Gruppen
von mind. 4 Pers. kosten $15 p. P. Reservierungen
unter ☎ 8849-8316, ✉ info@chepecletas.com.
The Bird's Word, ☎ 89269867, 🖥 www.tour
sanjosecostarica.com. Keine Vogeltouren,
sondern Stadt- (ca. 2 Std., $28) und Kneipen-
touren (ca. 5 Kneipen, $20 p. P. inkl. 1 Glas
Guara Rum) auf Englisch.

Tanzstunden

Unterricht in Latin Dance bieten:
Academia de Bailes Latinos, Av. Central,
C. 25–27, Barrio Escalante, ☎ 2233-8938, und
Merecumbé, u. a. in San Pedro, 100 m südl.
und 25 m westl. von der Banco Popular, in
Santa Ana Av. 3, C. 4–6, ☎ 2224-3531. Weitere
14 Filialen sind im ganzen Land verstreut.

Tennis

Costa Rica Tennisclub, Sabana Sur, südl.
vom Parque La Sabana.

Yoga

Downtown Yoga, C. 7, Av. 5–7, Haus Nr. 735,
🖥 www.downtownyogacostarica.com.
Tgl. Yoga- und Hula-Hoop-Kurse. $10 pro Kurs.

Apotheken

Mehrere Apotheken in der Av. 2, gegenüber
vom Teatro Nacional, und in der Av. Central.
Apotheke der **Clínica Bíblica**, Av. 14, C. 0–1,
🖥 www.clinicabiblica.com, ☎ 2522-1000,
⏰ 24 Std.

Autovermietungen

Die meisten Autovermietungen befindet sich
am Paseo Colón; s. a. Tipps für Autofahrer, S. 65
Alamo, Paseo Colín, C. 36–38, ☎ 2242-7733,
🖥 www.alamocostarica.com.
⏰ 7.30–18 Uhr.
Budget, Paseo Colón, C. 30 ☎ 2436-2000,
🖥 www.budget.co.cr. ⏰ Mo–Sa 7–18,
So 7–16 Uhr.

 Wildrider, Paseo Colón, C. 30–32,
☎ 2258-4604, 🖥 www.wild-rider.com.
Das deutsche Duo Thomas und Thorsten
kennt Costa Ricas Pisten wie die eigene
Westentasche. Wild Rider vermietet auch
Motorräder und ältere Automodelle zu
günstigeren Preisen. ⏰ Mo–Sa 8–18 Uhr.

Botschaften und Konsulate

Deutsche Botschaft
Torre La Sabana, 8. Etage, 300 m westl. vom
ICE-Gebäude in Sabana Norte, ☎ 2290-9091,
🖥 www.san-jose.diplo.de, ⏰ Mo–Fr
9–11.30 Uhr. Notfalltelefon ☎ 8381-7968
(Handy, nur in absoluten Notfällen).

Österreichisches Honorargeneralkonsulat
Im Barrio Rohrmoser, ☎ 2291-6142,
✉ consulado.austria@cr4a.com, ohne Pass-
befugnis. Als Botschaft ist die österreichische
Botschaft in Mexiko für Costa Rica zuständig
(S. 37). ⏰ Mo–Fr 8–16 Uhr.

**Botschaft der Schweizerischen
Eidgenossenschaft**
Paseo Colón, Edificio Centro Colón, 10. Stock,
☎ 2221-4829, 🖥 www.eda.admin.ch/eda;

⏰ Mo–Fr 9–12 Uhr; Telefonsprechstunde
Mo–Do 8–12 und 13.30–16, Fr 8–12 Uhr.

Bücher und Zeitschriften

Librería Lehmann, Av. Central, C. 1–3.
Spanische Bücher, englischsprachige Reise-
führer, Karten. ⏰ Mo–Fr 8–18.30, Sa 9–17,
So 11–16 Uhr.
Librería Internacional, Av. Central, C. 1–3,
in Lindora und im Multiplaza Escazú. Englische,
spanische und eine kleine Auswahl an
deutschen Büchern. ⏰ Mo–Sa 9–19,
So 9–17 Uhr.
Macondo, am Universitätscampus in
San Pedro. Große Auswahl an spanischer
Literatur und Fachliteratur. ⏰ Mo–Fr 8–18,
Sa 9–12 Uhr.
Casa de la Revista, gegenüber vom Eingang
zum Museo de Oro an der Plaza de la Cultura,
neben Tacobell. Verkauft (meist abgelaufene)
deutsche Zeitschriften. ⏰ 9–18 Uhr.

Büchereien

Bibliotéca Nacional, Av. 3, C. 5–7.
Nur Referenzbücherei. Auch costa-ricanische
Tageszeitungen und Internet. ⏰ Mo–Fr
8–16 Uhr.
Universidad de Costa Rica, in San Pedro.

Deutsche Organisationen

Colegio Humboldt, Pavas, 100 m westl.,
50 m nördl. der US-Botschaft, ☎ 2232-1455,
🖥 www.humboldt.ed.cr.
Deutscher Akademischer Austauschdienst
(DAAD), rund 1,5 km nördl. der US-Botschaft
in Pavas, ☎ 2296-8231, 🖥 www.conare.ac.
cr/daad.
**Deutsche Gesellschaft für Internationale
Zusammenarbeit GIZ**, Jürgen Popp, Col. Rohrmoser, 250 m nördl., 25 m östl. von La Casa de
Óscar Arias, ☎ 2520-1535, 🖥 www.giz.de.

Einkaufen

Galería Namú, Av. 7, C. 5–7. Masken aus
Boruka, außerdem Bilder, Vasen, Hüte und
Körbe von verschiedenen Indianerstämmen,
teils Kitsch, fairer Handel. In den Reservaten
sind die Preise niedriger. ⏰ Mo–Sa 9–18.30,
So 13–17 Uhr.

SAN JOSÉ

Boutique Kiosko SJO, Barrio Amon, Kreuzung C. 7, Av. 11, ⌨ www.kioscosjo.com. Originelle Geschenke: Schmuckstücke, Kleidung, Holzschnitzkunst und Möbel. CDs mit Musik aus Zentralamerika und Accessoires aus recyceltem Material. Im selben Lokal wie Cafe Kalú (S. 128). Beinahe keinen Wunsch offen lassen die großen Einkaufszentren **Outlet Mall** in San Pedro und im Westen das **Multiplaza Escazú**, eines der größten Einkaufszentren in Lateinamerika, direkt an der Autobahn 27 gelegen, mit dem Bus nach Santa Ana zu erreichen. Für weiteres Kunsthandwerk s. u., Märkte.

Fotogeschäfte

Dima, Plaza de la Cultura. Kamerazubehör und Speicherkarten, Reparaturen. ⊕ Mo–Fr 9–18 Uhr.

Geld

Travellerschecks: Travellerschecks kann man in den Zentralen der Banco de Costa Rica ($2 Gebühr pro Scheck) und der Banco Nacional ($10 pro Transaktion) umtauschen (s. u.). Es folgt eine Auswahl der großen Banken im Zentrum von San José.
Banco Nacional, Hauptgebäude C. 4, Av. 3–1, ⌨ www.bncr.fi.cr, ⊕ Mo–Sa 8.30–15.45, Kasse ⊕ Mo–Sa 13–19 Uhr.
BN-Wechselstube, Av. Central, C. 4. Tauscht Dollar und Euro um, keine Kommission. ⊕ Mo–Fr 10.45–18, Sa, So 8.30–15.45 Uhr.
Banco de Costa Rica, C. 4–6. Av. 0–2, ⌨ www.bancobcr.com. ⊕ Mo–Fr 8.30–18, Sa 8.30–16 Uhr.
BCR Wechselstube, tauscht Euro und Dollar um.
Banco Popular, C. 1, Av. 2–4, ⌨ www.banco popularcr.com. Nur Umtausch von Dollar, keine Travellerschecks. Geldautomat akzeptiert nur Visa und Visa Plus. ⊕ Mo–Fr 9–16.45, Sa 8.15–11.30 Uhr.
Zentrale der BAC, Av. 2. nördl. der Kathedrale. Alle Karten werden akzeptiert. An den BAC-Geldautomaten, die überall in der Stadt (oft auch innerhalb von Mini-Märkten) zu finden sind, kann man mit allen Karten Geld abheben, Ausgabe in Dollar oder Colones. ⊕ Mo–Fr 11–19, Sa und So 13–18 Uhr.
Weitere Geldautomaten am Parque Nacional.

Immigration

Migración, von der Brücke Puente Juan Pablo II 300 m nördl., hinter dem Restaurant las 3 Hermanas, ✆ 1311, ⌨ www.migracion.go.cr. ⊕ ab 7 Uhr, früh herkommen.

Informationen

Instituto Costarricense de Turismo (ICT), an der Autopista General Cañas, neben der Brücke Puente Juan Pablo II, ✆ 2299-5800, ⌨ www.visitecostarica.com. ⊕ Mo–Fr 8–16 Uhr.
Oficina de Información Turistica de San José, im Ed. Las Academias, Av. Central, C. 1–3, gegenüber der Librería Lehmann, ✆ 2222-1090. Sehr hilfsbereit. ⊕ Mo–Fr 9–17 Uhr.

Internet

Die Mehrzahl der Hotels und Hostels haben Internet. Für maximal 5–10 Minuten kann man im Gebäude der **Radografíca**, C. 1, Av. 5, das Internet nutzen. ⊕ Mo–Fr 7–20, Sa 9–13 Uhr.
Café Digital, 50 m östl. der Plaza de la Cultura, 2. Stock. Auch internationale Telefonate. ⊕ Mo–Sa 7–22, So 9–18 Uhr.

Kulturinstitute

Alliance Française, Av. 7, C. 5, 200 m westl. vom INS-Gebäude, Barrio Amon, ✆ 2222-2283, ⌨ www.afsj.net. Hin und wieder interessante Ausstellungen von französischen und costaricanischen Künstlern.
Goethe Zentrum, in der Humboldtschule, 100 m westl., 50 m nördl. der US-Botschaft, ✆ 2290-0958, ⌨ www.centrogoethe.com.

Märkte

Mercado Central, Av. 0–1, C. 6–8 (s. Stadtspaziergang S. 119). ⊕ Mo–Sa 7–17.30 Uhr.
Mercado de Artesanía, westl. vom Museo Nacional. Handarbeiten, T-Shirts und andere Souvenirs; auch aus anderen mittelamerikanischen Ländern, Touristenpreise.
Feria Verde, Sportanlage des Barrio Aranjuez, vom Colegio México 400 m westl., ⌨ www.feriaverdearanjuez.blogspot.com. Obst und Gemüse aus biologischem Anbau, landestypisches Frühstück und Mittagessen wie Gallo

Pinto, Tortillas, Bizcoches, Burritos, Empanadas, Tamales, Chorreadas; auch Stände mit Handwerk, Schmuck, Kleidung und Instrumenten. ⊕ Sa 8–14 Uhr.

Medizinische Hilfe

Das Niveau der medizinischen Versorgung in San José ist hoch. Viele Ärzte haben einen Teil ihres Studiums in den USA absolviert. Zahnarzt- und Operationspreise sind in Costa Rica relativ günstig. Der medizinische Tourismus boomt. Eine Liste mit **deutschsprachigen Ärzten** steht auf der Website der deutschen Botschaft.
Clínica Bíblica (Privatklinik), Av. 14, C. 0–1, ✆ 2522-1000, ⌨ www.clinicabiblica.com. Hier wird Englisch gesprochen. Nicht billig.
Clínica Católica (Privatklinik), San Antonio de Guadalupe, an der Südseite der Tribunales de Justicia, ✆ 2246-3000, ⌨ www.hospital lacatolica.com. Hier wird Englisch gesprochen.
Hospital CIMA, in Escazú, ✆ 2208-1000, ⌨ www.hospitalsanjose.net. Eine der am besten ausgestatteten Privatkliniken mit direkten Verträgen mit (fast) allen Versicherern aus dem Ausland. Es wird Englisch gesprochen.
San Juan de Dios (öffentliche Klinik), Paseo Colón, C. 14–16, ✆ 2257-6282.

Post

Correo Central, C. 2, Av. 1–2. ⊕ Mo–Fr 7.30–18, Sa 7.30–12 Uhr. Hier können postlagernde Sendungen abgeholt werden (s. auch S. 54).

Reisebüros

OTEC, 275 m nördl. vom Teatro Nacional, C. 3, Av. 1–3, ✆ 2256-0633 und in Escazú im CC Boulevard, 300 m südl. vom CC Multiplaza Escazú, ✆ 2201-7111. ⌨ www.artours costarica.com. Reisebüro mit günstigen Flügen, Studentenrabatte. ⊕ Mo–Fr 9–12 und 13.30– 18.30 Uhr.
Weitere Reisebüros befinden sich an der Westseite des Parque Morazán.

Supermärkte

Eine kleine Auswahl im Stadtzentrum:
Perimercado, an der Plaza de la Cultura. ⊕ Mo–Fr 6.30–21, So 8–18 Uhr.

Automercado, Av. 3, C. 3. Größere Auswahl und höhere Preise. ⊕ Mo–Sa 7–20, So 8–18 Uhr.
AM/PM, Av. 2, C. 19. ⊕ 6–24 Uhr.

Taxis

Offizielle Taxis sind rot und haben ein gelbes Dreieck mit den Initialen TSJ auf der Tür. Fahrgäste sollten sich vor der Abfahrt vergewissern, dass der Fahrer das Taxameter angeschaltet hat. Der erste Kilometer kostet 605C$. Eine Fahrt vom Zentrum zum Flughafen kostet ca. $25. Trinkgeld wird nicht erwartet. Taxistände befinden sich an beinahe allen wichtigen Sehenswürdigkeiten und Parks der Stadt oder man winkt eines herbei.
Coopetaxi, ✆ 2235-9966, **Coopetico** ✆ 2224-7979, **Taxis Unidos Aeropuerto**, ✆ 2441-1319 (teurer als normale Taxis, fangen mit 770C$ an).

Telefon

An der Plaza de la Cultura; hier gibt es auch Telefonkarten. Bei **Radiográfica**, C. 1, Av. 5, liegen Telefonbücher von ganz Costa Rica aus; außerdem gibt es kostenlosen Internetzugang. Fast überall, in Hotels, auf der Straße und in Mini-Supermärkten werden SIM-Karten angeboten, eine günstige Option, unterwegs erreichbar zu sein. Die SIM-Karten werden mit der Passnummer aktiviert; auch Internetzugang buchbar. Angeboten werden SIM-Karten von Kölbi, Movistar und Claro (weitere Infos S. 63).

Wäschereien

Die Mehrheit der Hotels und Herbergen bieten Wäscheservice an.

NAHVERKEHR

Lokale **Busse** fahren nach:
SABANA/PASEO COLÓN, an der Ecke schräg gegenüber vom Automercado, alle 10 Min.
SAN PEDRO, an der Ecke schräg gegenüber der Bar Chelles, alle 2–3 Min.
Nach ESCAZÚ und SAN ANTONIO DE ESCAZÚ, Av. 3, 100 m südl. der C. 16, alle 5 Min.
Nach SANTA ANA und PIEDADES über CC Multiplaza, Av. 3, C. 16, alle 10 Min.

Busse

San José ist der Hauptverkehrsknotenpunkt in Costa Rica. Selbst kleine, abgelegene Orte haben meist eine direkte Busverbindung mit der Hauptstadt. Busreisende werden San José daher kaum umgehen können. Die Abfahrtszeiten und Abfahrtsorte ändern sich ständig, Busreisende sollten deshalb grundsätzlich vor ihrer Abfahrt aktuelle Informationen einholen.

Die Buspreise sind niedrig, die Busse fast immer voll besetzt. Über ein Dutzend verschiedene Busgesellschaften gibt es. Fast ebenso viele Busterminals liegen wild in der Stadt verstreut. Einen Online-Fahrplan kann man unter 🖥 www.thebusschedule.com/cr auf Spanisch und Englisch einsehen, dort werden auch die verschiedenen Terminals erwähnt.

Zu den großen Busbahnhöfen zählen:

Terminal La Coca Cola, Av. 1–3, C. 16–18. Busse u. a. an die zentrale Pazifikküste. Sehenswert ist die Feuerwehrzentrale, direkt neben dem Terminal: Hier kann man gut erhaltene Einsatzfahrzeuge aus den 20er- und 30er-Jahren bewundern.

Terminal Alfaro, C. 14, nördl. der Av. 5, ☎ 2222-2666. Busse zur Nicoya Halbinsel

Terminal Atlántico-Norte, Av. 9, C. 12, mit Bussen in den Norden (Monteverde, La Fortuna, Ciudad Quesada mit Anschluss nach Pital und Boca Tapada).

Gran Terminal del Caribe, C. Central, nördl. der Av. 13. Busse an die Karibik und in die Sarapiquí-Gegend, sehr sauberes und gepflegtes Terminal, mit Restaurants, Internetcafé und Supermarkt.

Terminal Musoc, Av. 22, C. Central–C. 1. Busse in den Süden.

Terminal Tralapa, Av. 5, C. 20–22, vom Hospital de Niños 300 m nördl. und 25 m westl., ☎ 2223-5859. Busse zu den Stränden in Guanacaste.

Busse innerhalb Costa Ricas

ALAJUELA (über Flughafen), 5–22 Uhr alle 5 Min., Av. 2, C. 12–14, mit Tuasa, ☎ 2442-6900.

ATENAS, 5.40–22 Uhr alle 30–60 Min., 1 1/2 Std., Terminal La Coca Cola, mit Coope-

transatenas, ☎ 2446-5767, 🖥 www.coopetransatenas.com.

BRAULIO CARILLO NP (s. Guápiles).

BRIBRÍ (über CAHUITA und PUERTO VIEJO), 4x tgl. zwischen 6 und 16 Uhr, 5 Std., Terminal del Caribe, mit Mepe, ☎ 2257-8129.

BUENOS AIRES, 7x tgl., mit Weiterfahrt in den Süden, 4 Std., C. 5, Av. 20–18, mit Tracopa, ☎ 2221-4214, 🖥 www.tracopacr.com.

CAHUITA, 5x tgl. zwischen 6 und 16 Uhr, 4 Std., Terminal del Caribe, mit Mepe, ☎ 2257-8129.

CAÑAS, stdl. 5–20 Uhr, 3 1/2 Std., Terminal La Coca Cola, mit Empresa Cañas, Upala, Tilarán, ☎ 2258-5792 und Pulmitan, Av. 5–7, C. 24, ☎ 2256-9552.

CAÑO NEGRO (s. Los Chiles).

CARIARI (zur Weiterreise nach TORTUGUERO), 7x tgl. zwischen 6.30 und 18 Uhr, 1 3/4 Std., Terminal del Caribe, mit Caribeños, ☎ 2222-0610, 🖥 www.grupocaribenos.com.

CARTAGO, Direktbusse Mo–Sa 6.30–20 Uhr alle 5–10 Min., So weniger, Av. 10, C. 5–7, mit Lunaca, ☎ 2537-2323.

CHIRRIPÓ NP (s. San Isidro).

CIUDAD NEILY, 5x tgl. zwischen 5 und 18.30 Uhr, Fr außerdem 2 Übernachtbusse, 5 Std., C. 5, Av. 20–18, mit Tracopa, ☎ 2221-4214, 🖥 www.tracopacr.com.

CIUDAD QUESADA, Direktbusse tgl. 5.15, und 8–17 Uhr, Bus fährt ab, wenn er voll ist, 2 1/2 Std. Regulärbusse (mit vielen Stopps) ca. stdl. 5–19.30 Uhr, 2 1/2 Std., Terminal Atlántico-Norte, mit Autotransporte San José Venecia, ☎ 2255-4300.

CORCOVADO NP (s. Puerto Jiménez)

FLUGHAFEN (s. Alajuela).

GOLFITO, 2x tgl., 7 Std., C. 5, Av. 20–18, mit Tracopa, ☎ 2221-4214, 🖥 www.tracopacr.com.

GRECIA, 6–22.10 Uhr alle 30 Min., 1 1/2 Std., C. 20, Av. 7, mit Tuan, ☎ 2258-2004.

GUÁPILES, 5.30–19 Uhr, Bus fährt, wenn er voll ist, 1 1/2 Std., Terminal del Caribe, mit Caribeños und Linaco, ☎ 2222-0610.

GUATUSO, 3x tgl., 5 Std., Terminal Atlántico-Norte, mit S. José-S. Carlos, ☎ 2255-4300.

GUAYABO (s. Turrialba).

HEREDIA, ca. alle 8 Min. 5–22 Uhr, Av. 2, C. 12–14, mit Tuasa, ☎ 2442-6900.

SAN JOSÉ

JACÓ, 8x tgl., 3 Std., Terminal La Coca Cola, mit Transportes Jacó, ✆ 2223-1109. Busticket am Fahrkartenschalter (⏱ 6–18 Uhr) kaufen! Möglichst einige Tage im Voraus. Die Fahrt geht über die alte Landstraße und dauert gute 3 Std., nur der erste Bus um 6 Uhr ist schneller. Alternativ den Bus nach Quepos nehmen und bei Jacó, ca. 2 km vom Zentrum, aussteigen.

LA CRUZ (s. Peñas Blancas).

LA FORTUNA, 3x tgl., letzter Direktbus 11.30 Uhr, später muss man über Ciudad Quesada reisen, zum Fahrkartenkauf 30 Min. früher da sein, 4 1/2 Std.,Terminal Atlántico-Norte, mit S. José-S. Carlos, ✆ 2255-4300.

LIBERIA, stdl. 6–20 Uhr, Direktbusse 14x tgl. ab 6 Uhr, 4 1/2 Std., C. 24, Av. 5–7, mit Pulmitan, ✆ 2256-9552, 🖥 www.pulmitan deliberia.com.

LIMÓN, ca. stdl. 5–19 Uhr, am Vormittag jede halbe Std., 2 1/2 Std., Terminal del Caribe, mit Caribeños, ✆ 2222-0610.

LOS CHILES, 2x tgl. um 5.30 und 15.30 Uhr, 5 Std., Terminal Atlántico-Norte, mit S. José-S. Carlos, ✆ 2255-4318.

MAL PAÍS (über Puntarenas und Fähre nach Paquera,) 2x tgl. um 6 und 14 Uhr, Terminal La Coca Cola, mit Transportes Cobano. ✆ 2642-0219.

MANUEL ANTONIO (s. Quepos).

MONTEVERDE, 2x tgl. um 6.30 und 14.30 Uhr, 5 Std., Terminal Atlántico-Norte, mit Transmonteverde B.S.A., ✆ 2222-3854.

MONTEZUMA (über PUNTARENAS und Fähre nach Paquera), 2x tgl. um 6 und 14 Uhr, Terminal La Coca Cola, mit Transportes Cobano.

NICOYA, 7x tgl. zwischen 5.30 und 17.30 Uhr, Fr bis 18 Uhr, Av. 5, C. 14, mit Alfaro, ✆ 2222-2666.

NOSARA, tgl. um 5.30 Uhr, 5 1/2 Std., C. 14, Av. 5, mit Alfaro, ✆ 2222-2666.

PALMAR NORTE, 5x tgl. zwischen 5 und 18.30 Uhr, Fr außerdem 2 Übernachtbusse, 5 Std., C. 5, Av. 20–18, mit Tracopa, ✆ 2221-4214, 🖥 www.tracopacr.com.

PASO CANOAS, 7x tgl. zwischen 5 und 18.30 Uhr, Fr außerdem 3 Übernachtbusse, C. 5, Av. 20–18, mit Tracopa, ✆ 2221-4214, 🖥 www.tracopacr.com.

PEÑAS BLANCAS (Grenze zu Nicaragua, via LA CRUZ), 10x tgl. zwischen 4 und 19 Uhr, 5 Std., schräg gegenüber vom Terminal Atlántico-Norte, mit Deldú, ✆ 2258-8486.

PLAYA BRASILITO (s. Playa Portrero).

PLAYA CONCHAL (s. Playa Portrero).

PLAYA COYOTE (JICARAL, SAN MIGUEL), 2x tgl., Terminal Atlántico-Norte, mit Arsa.

PLAYAS DEL COCO, 3x tgl., 5 Std., keine Direktbusse, C. 24, Av. 5–7, mit Pulmitan, ✆ 2256-9552, 🖥 www.pulmitandeliberia.com.

PLAYA FLAMINGO (s. Playa Portrero).

PLAYA PORTRERO (über PLAYA CONCHAL, PLAYA BRASILITO und PLAYA FLAMINGO), 3x tgl. um 8, 10.30 und 15 Uhr, Av. 5, C. 20–22, mit Tralapa, ✆ 2223-5859.

PUERTO JIMÉNEZ (über SAN ISIDRO, BUENOS AIRES, PALMAR), 2x tgl. um 8 und 12 Uhr, $15, 9 Std., C. 14, Av. 9–11, mit Blanco Lobo, ✆ 2257-4121.

PUERTO VIEJO DE LIMÓN (über CAHUITA), 9x tgl. zwischen 6.30 und 18 Uhr, 5 Std., 3x tgl. zwischen 6.30 und 17 Uhr über die schöne Strecke von Vara Blanca, 6 1/2 Std., Terminal del Caribe, mit Mepe und Linaco, ✆ 2257-8129.

PUERTO VIEJO DE SARAPIQUÍ, 10x tgl., 2 Std., Terminal del Caribe, mit Guapileños, ✆ 2222-0610.

PUNTARENAS, Direktbusse 6–19 Uhr, immer wenn der Bus voll ist, 2 Std., C. 16, Av. 12, mit Empresarios Unidos, ✆ 2222-0064.

QUEPOS (und MANUEL ANTONIO), 6x tgl., ab 5.30, 3 1/2 Std., Terminal La Coca Cola, mit Morales, ✆ 2223-5567. Fahr-karten am Fahrkartenschalter kaufen! ⏱ 6.30–17 Uhr.

SÁMARA (über PUENTE DE LA AMISTAD), 2x tgl. um 12 und 17 Uhr, 5 Std., C. 14, Av. 5, mit Alfaro, ✆ 2222- 2666.

SAN ISIDRO DE EL GENERAL, 9x tgl. Direktbusse zwischen 4.30 und 16.30 Uhr, 3 Std., C. Central, Av. 22–24, mit Musoc, ✆ 2222-2422.

SANTA CRUZ, 6x tgl. zwischen 7.15 und 18 Uhr, 5 Std., Av. 5, C. 14–16, mit Alfaro, ✆ 2222-2666.

SANTA CRUZ (teils über PUENTE DE LA AMISTAD, teils über LIBERIA), 8x tgl., ab

7.15 Uhr, 5 Std., Av. 5, C. 20–22, mit Tralapa, ℡ 2223-5859.

SANTA TERESA (über PLAYA TAMBOR, COBANO), 2x tgl. um 6 und 14 Uhr, 600 m nördlich von der Iglesia la Merced, C. 14, Av. 5–7, die Fährkosten kommen zum Ticketpreis dazu, mit Transportes Cobano, 🖵 www.transportescobanocr.com.

SAN VITO, 4x tgl. zwischen 6 und 16 Uhr, 7 Std., C. 5, Av. 20–18, mit Tracopa, ℡ 2221-4214, 🖵 www.tracopacr.com.

SARCHÍ, 1x tgl., 1 1/2 Std., C. 18, Av. 5–7, mit Tuan, ℡ 2258-2004.

SIQUIRRES, Mo–So 6.30–18 Uhr, Fr–So 6.30–19 Uhr jeweils ca. stdl., Terminal del Caribe, mit Caribeños, ℡ 2222-0610.

SIXAOLA (Grenzübergang Panama) (über CAHUITA, PUERTO VIEJO, BRIBRÍ), 4x tgl., 6 Std., Terminal del Caribe, mit Mepe, ℡ 2257-8129.

TAMARINDO (über LIBERIA), 2x tgl. um 11.30 und 15.30 Uhr, weitere Verbindungen mit Umsteigen in Liberia, 5 1/2 Std., C. 14, Av. 5, mit Alfaro, und 2x tgl. (über SANTA CRUZ), C. 20–22, Av. 5, mit Tralapa.
TAMBOR (s. Montezuma).

TILARÁN, 5x tgl. zwischen 7.30 und 18.30 Uhr, So weniger, 4 Std., Terminal La Coca Cola, C. 20, Av. 3, mit Empresa Cañas, Upala, Tilarán, ℡ 2258-5792.

TURRIALBA, Direktbusse Mo–Fr 8–20 Uhr stdl., Sa 7–19 und So 9–19 Uhr alle 1–2 Std., mit Umsteigen Mo–So bereits ab 5.15 bis 22 Uhr, 1 3/4 Std., $3, C. 13, Av. 6, mit Transtusa, ℡ 2222-4464.

UPALA, 4x tgl. zwischen 10.15 und 17.10 Uhr (über CAÑAS,), 5 Std., Terminal Atlántico-Norte, mit Transnorte de Upala, ℡ 2221-9022.

VOLCAN IRAZÚ, tgl. 8 Uhr; Rückfahrt 12.30 Uhr, 2 Std., C. 1–3, Av. 2, gegenüber vom Gran Hotel Costa Rica, mit Metropoli, ℡ 2530-1064.

VOLCAN POÁS, tgl. 8.30 Uhr, 2 Std., Av. 2, C. 12–14 mit Tuasa, 3 2442-6900.

Shuttle-Busse
Interbus, ℡ 2283-5573,
🖵 www.interbusonline.com.
Gray Line, ℡ 2220-2126,
🖵 www.graylinecostarica.com.

Direktbusse von San Jose ins Ausland
Central Line, Terminal Atlántico-Norte, tgl. um 4.30 Uhr nach NICARAGUA (u. a. Rivas, Granada, Masaya, Managua). Tickets 1–2 Tage im Voraus kaufen. ⏲ 8–17 Uhr.
Tica Bus, von der Torre Mercedes am Paseo Colón 200 m nördl. und 100 m westl., ℡ 2221-0006, 🖵 www.ticabus.com. PANAMA tgl. 12 Uhr ($42), Ejecutivo um 23 Uhr ($58). Außerdem 1x tgl. nach MEXICO ($119) und 3x tgl. nach NICARAGUA ($27), EL SALVADOR ($80), GUATEMALA ($77).
Tracopa, C. 5, Av. 20–18, ℡ 2221-4214, 🖵 www.tracopacr.com. 7.30 und 12 Uhr für $21 nach DAVID (Panama).
Transnica, 🖵 www.transnica.com, C. 22, Av. 3–5, ℡ 2223-4242. 3x tgl. nach NICARAGUA ($38), ein Ejecutivo (Bus mit mehr Komfort) tgl. um 12 Uhr ($34); 1x tgl. Anschluss nach HONDURAS ($46).

Bei allen Bussen ins Ausland gilt, dass man mind. 24 Std. vor der geplanten Abfahrt sein Busticket kaufen muss.

Eisenbahn

Das einstige Hauptverkehrsmittel Costa Ricas bedient nur noch einen Bruchteil des einst weiten Eisenbahnnetzes.
Von der **Estación Pacífico**, Av. 20, C. 2–4, Instituto Costarricense de Ferrocarriles (InCoFer), ℡ 2221-0777:
PAVAS, Mo–Fr nur am Morgen 2 und dann wieder am Nachmittag 2 Züge, ab 5 Uhr.
SAN PEDRO, Mo–Fr 4x tgl. 2 sehr früh, 2 am Nachmittag.
Von der **Estación al Atlántico** am Parque Nacional:
HEREDIA, Mo–Fr 6–8 und 16–19.30 Uhr alle halbe Stunde.
Weitere Informationen auf S. 66 und unter 🖵 www.horariodetren.com.

Flüge

Internationale Flüge
Aeropuerto Internacional Juan Santamaría, 17 km nordwestl. von San José und nur 3 km südöstl. von Alajuela, ℡ 2437-2400, 🖵 www.fly2sanjose.com. Näheres zum Flug-

hafen und Transport vom und zum Flughafen, s. Anreise, S. 34.

Fluggesellschaften

American, Centro Carsbuilding, gegenüber vom Hotel Corobici, östl. vom Parque La Sabana, ☎ 2248-9010.
Continental, am Flughafen, ☎ 2440-0580.
Iberia, 900 m östl. vom Flughafen, ☎ 4000-0225.
Lufthansa/Condor, C. 5, Av. 7–9, ☎ 2243-1818.
Sansa/TACA, La Uruca, ☎ 2290-4400.

Inlandsflüge

Sansa Air und **Nature Air** sind Costa Ricas nationale Fluglinien. Beide Anbieter fliegen ab dem nationalen Terminal am Juan Santamaría-Flughafen. Oft werden Flugplanänderungen in letzter Minute vorgenommen, es ist daher ratsam, sich den Flug kurz zuvor bestätigen zu lassen. Ticket-Reservierungen sind heute meist über Internet bzw. das Hotel üblich. In der Hochsaison sollte man mindestens 2 Wochen im Voraus buchen. Nachstehende Angaben beziehen sich auf die Hauptsaison.

Nature Air, ☎ 2299-6000, 🖥 www.nature air.com, fliegt nach:
ARENAL (1x tgl.), DRAKE BAY (3x tgl.), GOLFITO (2x tgl.), LIBERIA (4x tgl.), PALMAR SUR (1x tgl.), PUERTO JIMÉNEZ (5x tgl.), PUNTA ISLITA (2x tgl.), QUEPOS (3x tgl.), NOSARA (3x tgl.), TAMARINDO (4x tgl.), TAMBOR (4x tgl.), TORTUGUERO (1x tgl.), MANAGUA/NICARAGUA (Mo, Mi, Fr, So je 1x tgl.), BOCAS DEL TORO/PANAMA (1x tgl.).

TACA / Sansa, C. 40, Ecke Av. Las Américas (Sansa-Büro), ☎ 2290-4100, 🖥 www.flysansa. com, fliegt nach:
DRAKE BAY (2x tgl.), GOLFITO (3x tgl.), LIBERIA (2x tgl.), PALMAR SUR (1x tgl.), PUERTO JIMENEZ (4x tgl.), PUNTA ISLITA (Di–Sa je 1x tgl.), QUEPOS (8x tgl.), TAMARINDO (3x tgl.), TAMBOR (8x tgl.), TORTUGUERO (1x tgl.).

Außerdem Flüge in alle mittelamerikanischen Hauptstädte, nach Süd- und Nordamerika und Europa.

San José

Valle Central

Stefan Loose Traveltipps

2 **Vulkane** Dampfende Fumarolen am aktiven Vulkan Poás und die gewaltige grüne Lagune des Irazú inmitten von karger Mondlandschaft. S. 146, 160

Día de la Virgen de los Ángeles
Zigtausende pilgern zur Basílica de los Ángeles, die sich wie ein Tempel aus 1001 Nacht aus Cartagos Wellblechmeer erhebt. S. 158

Spanisch lernen Ein Sprachkurs im idyllischen Orosi-Tal, umgeben von Kaffeeplantagen. S. 163

3 **Wildwasserfahren** Das Schlauchboot schaukelt, die Gischt im Gesicht – Rafting auf dem Río Pacuare, dem „König der Flüsse". S. 167

VALLE CENTRAL

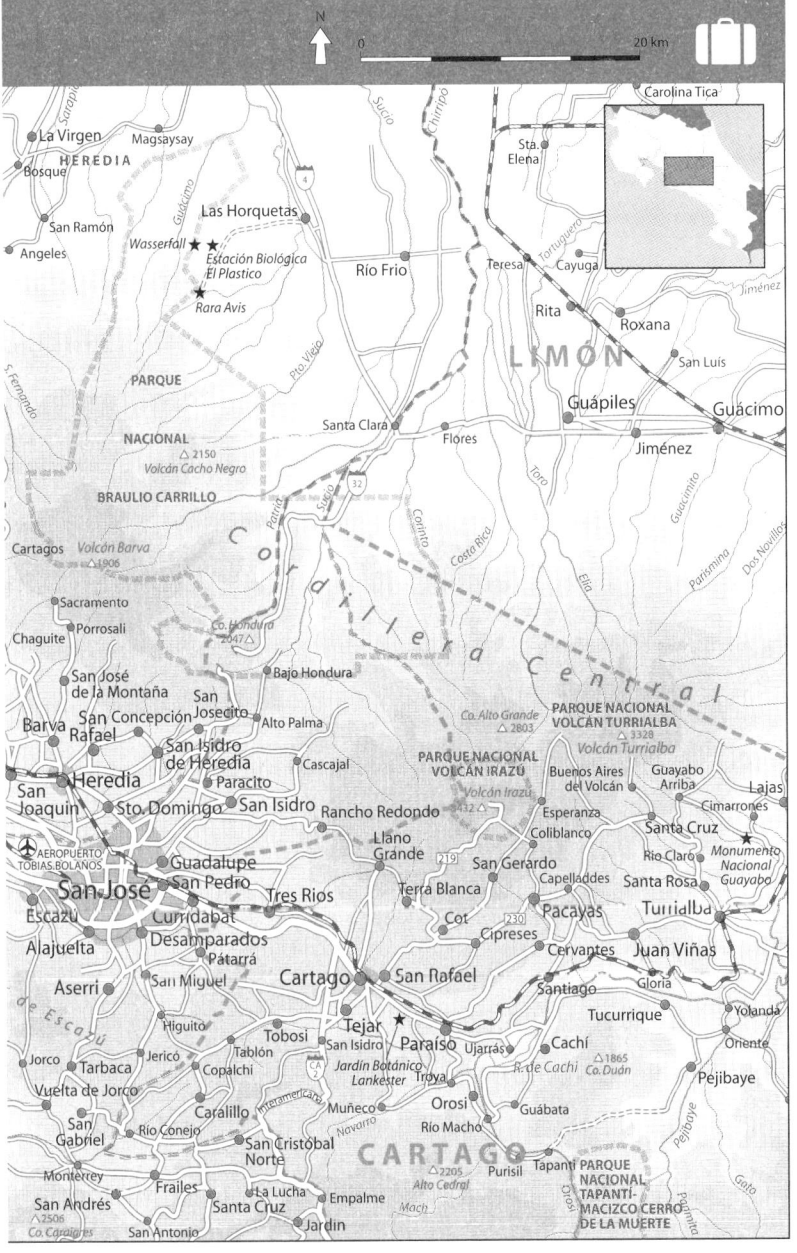

Die Sonne jagt den Schatten über die schroffen Bergketten des Valle Central. Dutzende kleine Täler liegen eingekesselt zwischen den Gebirgsmassiven der Cordillera Talamanca im Südosten, der Cordillera Central im Norden und der Montes de Aguacate im Westen. Selbst an den Hängen der aktiven **Vulkane Irazú, Poás und Turrialba** haben all Fincas angesiedelt. Seit Jahrhunderten schneiden hier Männer mit Macheten das Zuckerrohr, fallen rot gereifte Kaffeebohnen in die schwieligen Hände der Pflückerkolonnen.

Das Valle Central ist die am dichtesten besiedelte und landwirtschaftlich produktivste Region Costa Ricas. Zwei Drittel der Bevölkerung leben auf lediglich sechs Prozent der Landesfläche. Auf dem vulkanisch fruchtbaren Land bauten bereits die Indianer Mais, Maniok, Bohnen und Chayote an. Mit der Ankunft der Spanier Mitte des 16. Jhs. verschwanden die Waldflächen zunehmend, das Land wurde in Encomiendas (S. 90 und Kasten „Auf den Spuren der Huetares-Indianer", S. 162) aufgeteilt.

Im Kontrast zur ländlichen Idylle stehen die vier größten und wichtigsten Städte des Landes: **San José, Alajuela, Cartago** und **Heredia**. Sie alle wurden mehrmals von Erdbeben heimgesucht, von der Architektur vergangener Jahrhunderte ist daher kaum etwas erhalten. Dafür wird der Besucher mit neuen, fantasievollen Kirchenbauten überrascht: gewagt-modern, verschnörkelt-kitschig oder als romantische Ruine vom letzten Beben belassen. Ein kurzer Abstecher in Costa Ricas Urbanität genügt, denn zu verlockend ist die Umgebung mit **Nebelwald** und dampfenden **Kraterlagunen** an den Vulkanen, Rafting-Touren auf den Flüssen **Reventazón** und **Pacuare** oder ein Sprachkurs im malerischen **Orosi-Tal**.

Alajuela und Umgebung

Alajuela

Die *Ciudad de los Mangos* (Stadt der Mangos), in der die köstlichen, ovalen Früchte im schönen Parque Central von den Bäumen hängen (und

nichts ahnenden Passanten kräftige Beulen bescheren), bietet sich – dank einer guten Auswahl an preiswerten Unterkünften – als ruhigere und klimatisch mildere Alternative zur 18 km entfernten Hauptstadt San José an. Schnell ist von hier der Flughafen erreicht, ungestört der Jetlag ausgeschlafen, sodass man sich ohne kostbare Urlaubszeit zu verschwenden ins Abenteuer Costa Rica stürzen kann.

Sehenswertes

Alajuela ist die Geburtsstadt von Juan Santamaría, Costa Ricas 19-jährigem Nationalhelden, der 1856 in der Schlacht gegen William Walker (s. Kasten S. 234) sein Leben opferte und dafür im ganzen Land gebührend verehrt wird: Eine Fackel werfend steht der junge Soldat als Bronzestatue in C. 2, Av. 2, und der nur 3 km entfernte Flughafen verbreitet den Namen des jungen Heroen in aller Welt.

Im **Museo Juan Santamaría**, Av. 3, C. Central–2, 🖳 www.museojuansantamaria.go.cr, wird die bedeutende Batalla de Rivas noch einmal aufgerollt. Die zwei Museumssäle im ehemaligen Stadtgefängnis widmen sich ganz der Schlacht gegen William Walker, der Ende des 19. Jhs. nach der Devise „alle fünf oder keines" ganz Mittelamerika erobern wollte. Zu sehen gibt es das übliche Kriegsbrimborium, Gewehre, Orden, Kanonen, Filme, Dokumentationen und Schlachtpläne. Ein Saal mit wechselnden Kunstausstellungen befindet sich am Museumseingang. In einem kleinen Café können sich Besucher stärken. ⏲ Di–So 10–17 Uhr, Eintritt frei.

Als zweitgrößte Stadt des Landes hat Alajuela sonst wenig zu bieten. Die Gebäude aus der Kolonialzeit – die Stadt wurde 1667 gegründet – überstanden die Erdbeben der vergangenen Jahrhunderte nicht. 1863 entstand die **Catedral**, deren großer, dunkelroter Wellblechdom einer Planetariumskuppel gleicht, und in der Ex-Präsident Tomás Guardia Gutiérrez (1831–1882) bestattet liegt. Sechs Blöcke östlich vom Park steht die attraktive Kirche **La Agonía** aus den 1930er-Jahren. Über ihrem Altar leuchtet blau ein fluoreszierendes Neonkreuz, daneben schwebt Gott im Glitzergewand und mit langem, weißem Bart.

Ausflugsziele

Ausflugsziele in die nähere Umgebung Alajuelas gibt es reichlich. Kein Vergleich zum traurigen Parque Zoológico Simón Bolivar in San José ist der sehr gepflegte, privat geleitete **Zoo Ave**, 5 km westlich von Alajuela in la Garita, 🖥 www.zooavecostarica.org. Hier finden verletzte und illegal als Haustiere gehaltene Wildtiere ein neues Zuhause. Außerdem werden im Zoo der vom Aussterben bedrohte Grüne und Rote Ara gezüchtet und ausgewildert. ☉ Mo–So 9–17 Uhr, Eintritt $20, Studenten $15.

Ebenfalls in **la Garita** befindet sich **Vicosa**, eine der sehr wenigen Weinkellereien in Costa Rica. Hier kann man die kleine Fabrik kostenlos besichtigen, bekommt den Herstellungsprozeß sehr anschaulich erklärt und muss eine Probe nehmen – freundlicherweise sollte man anschließend eine Kleinigkeit kaufen. An der Landstraße nach Atenas, 1,5 km westlich vom Restaurant La Fiesta del Maíz. ☉ Mo–Fr 8.30–16, Sa 8.30–12 Uhr.

Botanical Orchid Garden, 800 m vor dem Restaurant Delicias del Maíz in la Garita, ✆ 2487-8095, 🖥 www.orchidgardencr.com. Ein großer Garten mit Lehrpfad, Baumschule, Laboratorien und Wassergärten. ☉ Di–So 8.30–16.30 Uhr, Eintritt $12, Kinder $6.

Busverbindungen bestehen zu allen Ausflugszielen, s. „Transport."

Alajuela Backpackers, Av. 4, Ecke C. 4, ✆ 2441-7149, 🖥 www.alajuelabackpackers.com. Große, etwas unpersönliche Backpacker-Unterkunft mit 40 einfachen Zimmern. Dorms für 4, 6 und 10 Pers. ($15 p. P.), Frühstück $3, Bar-Restaurant auf dem Dach, Gratis-Shuttle zum Flughafen. ❸

Casa Tago, Av. 2, C. 35, ✆ 2443-5323, 🖥 www.hotelcasatago.com. Freundliches kleines Hotel gegenüber dem Hotel Mi Tierra mit hilfsbereiter Leitung. 8 Zimmer mit Bad (DZ $45), teils mit AC ($55). Parkmöglichkeit und Frühstück inkl. ❸

🏨 **Coconut House**, 1,5 km vom Zentralpark Alajuela in La Trinidad, ✆ 2441-1249, 🖥 www.coconuthouse.info. Schlichte und geräumige Zimmer in ruhiger Wohngegend. Freundliche, hilfsbereite Leitung. Nur 10 Min.

mit dem Taxi bis zum Flughafen und gute Busanbindung nach Alajuela. Guter Tipp für den ersten Tag, Heike und Reiner kennen sich perfekt in der Umgebung aus und helfen mit vielen Infos, sind sehr aktiv in sozialen Programmen. EZ ab $29 (mit Gemeinschaftsbad). WLAN und gutes Frühstücksbuffet inkl. ❸

Hotel Cortéz Azul, Av. 5, C. 2–4, ✆ 2443-6145, ✉ hotelcortezazul@gmail.com. Einfaches Hostel mit Hintergarten; helle Zimmer teils mit Bad, teils mit Fenster zum Gang. Im 2. Stock geräumiger Schlafsaal für 4 Pers.; Gemeinschaftsküche. Der freundliche junge Künstler Eduardo stellt tolle Mosaikmöbel her, die das ganze Hostel schmücken. Dorm $12. Frühstück inkl. ❷–❸

Hotel Los Volcanes, Av. 3, C. Central–C. 2, ✆ 2441-0525, 🖥 www.hotellosvolcanes.com. 12 helle, geschmackvolle Standardzimmer in einem der ältesten Hauser der Stadt, einige mit Gemeinschaftsbad und Fenstern zum Gang. Außerdem 4 ruhig gelegene „Superior Rooms" mit AC. Frühstück und 24-Std.-Flughafen-transfer inkl. ❸–❹

Hotel Mi Tierra, Av. 2, C. 3–5, ✆ 2441-1974, 🖥 www.hotelmitierra.net. Einladendes Hotel mit 12 Zimmern für jeweils 2 oder 3 Pers. ($40–60). Mit kleinem Pool und Gemeinschaftsküche. Die Betreiber organisieren Kajaktouren in der Umgebung (z. B. auf dem Arenalsee und im Golfo de Nicoya), Frühstück inkl. ❸

Hotel 1915, C. 2, Av. 5–7, ✆ 2440-7163, 🖥 www.1915hotel.com. Dieses Hotel ist etwas teurer als der Durchschnitt in Alajuela, dafür sind die Zimmer komfortabel. DZ mit unterschiedlicher Ausstattung, teilweise mit AC. Auch Familienzimmer mit eigener Veranda ab $110. Gratis-Flughafenshuttle. ❹–❻

Hotel Pacandé B&B, Av. 5, C. 2–4, ✆ 2443-8481, 🖥 www.hotelpacande.com. 10 sehr saubere und gemütliche Zimmer mit TV, teils mit Bad und hübscher Ethno-Deko. Einige Zimmer mit Fenster zum Gang. Ideal für Familien ist das hübsche, holzverkleidete 5-Pers.-Zimmer im 2. Stock. Kleiner Hintergarten. Vom freundlichen Kolumbianer José Manuel betrieben. Frühstück inkl. ❸–❹

Hotel Trotamundos, Av. 5, C. 2–4, ✆ 2430-5832, 🖥 www.hoteltrotamundos.com. Freundlicher,

VALLE CENTRAL

Alajuela

Übernachtung:
1. Hotel Cortéz Azul
2. Hotel Pacandé B&B
3. Hotel Trotamundos
4. Hotel 1915
5. Hotel Los Volcanes
6. Coconut House
7. Hotel Mi Tierra
8. Casa Tago
9. Alajuela Backpackers

Essen:
1. Soda María José
2. El Chante Vegano
3. Café Delicias
4. Café Dreams
5. Restaurante Cugini
6. La Mansarda
7. Soda La Amistad
8. Chiwake

Sonstiges:
1. La Tacareña
2. Conexion
3. Goodlight Books
4. Supermarkt Más X Menos
5. Farmacia El Aguilar
6. Bar Guitarras
7. Bar Mi Cielo
8. Supermarkt Palí

Transport:
1. Ciclo Deportes
2. Busse → Grecia, Sarchí, Naranjo
3. Busse → San José, Flughafen
4. Busse → Heredia
5. Taxis
6. Busse → La Garita, Atenas
7. Busse → Volcán Poás
8. Busse → Zoo Ave
9. Busse → La Guácima
10. Busse → San José, Flughafen
11. Aeropuerto Juan Santamaría (3 km)
12. Parada Radial (Busse → Liberia, Monteverde, Arenal, Managua)

sauberer Backpacker mit Gemeinschaftsküche; die Wände des Schlafsaals reichen nicht bis zur Decke! Auch DZ, z. T. mit Bad. Dorm $12 p. P. Flughafentransfer von 4–11 Uhr inkl. ❷

ESSEN UND UNTERHALTUNG

Chiwake, C. 3, Av. 6–8. Peruanisches Restaurant, beliebt bei Ticos. Große Auswahl an Fisch- und Seafood-Gerichten. ⏰ 12–21 Uhr.

Café Delicias, Av. 3, Ecke C. 1 sowie Av. 6, Ecke C. 9. Schön dekoriertes Café/Restaurant. Frühstück, Casados, Tex-Mex. Sandwiches, Kuchen und andere Snacks. ⏰ Mo–So 7–20 Uhr.

Café Dreams, gegenüber vom Café Delicias. Viele Kaffeespezialitäten, Sandwiches, aber auch komplette, typische Hauptgerichte. ⏰ 8–19 Uhr.

C-Vichito y más, 1 km westl. vom Price Smart in Alajuela, im Wohnviertel La Trinidad, nur 150 m vom Coconut House entfernt, ✆ 2442-9157. Stilvolles Spezialitätenrestaurant von Alvaro. Er arbeitet ohne Speisekarte, sondern bereitet zu, was der Kunde sich wünscht. Absolut Spitze und nicht teuer. ⏰ Mo, Di, Do 16–22, Fr und Sa 11.30–22 Uhr oder bis der letzte Kunde geht.

El Chante Vegano, 25 m westl. vom Postamt. Sehr schön eingerichtetes vegetarisches und veganisches Restaurant mit ansprechender Karte. Sehr langsame Bedienung, keine Kreditkarten. ⏰ 11–20 Uhr.

La Mansarda, 50 m südl. vom Park. Casado, Fisch und Meeresspezialitäten; beliebt bei Touristen. Sitzgelegenheit auf dem Balkon. ⏰ 11–23 Uhr.

La Tacareña, Av. 7, C. 2. Authentische Bar mit Restaurantbetrieb (Pizza). ⏰ 14–11 Uhr.

Soda La Amistad, Av. Central, C. 14. Gute Comida Típica. ⏰ 7–17 Uhr.

Soda Maria José, vom Friedhof 250 m nach Norden. Gut, typisch, günstig.

Weitere Restaurants und Imbisse im Mercado Central und an der amerikanisch geprägten **Plaza Real**, Av. 10, Ecke C. 9. U. a. das argentinische Restaurant **Como en Casa**, ✆ 2441-7607, mit guten, aber nicht billigen Steaks.

Bar Las Tejas, am Friedhof, **Bar Guitarras** in der Calle Ancha und **La Tacareña** beim Hotel 1915.

SONSTIGES

Apotheken

Farmacia El Aguilar, C. 1, zw. Av. 1 und 3. So wie früher einmal eine Apotheke ausgesehen hat, hier wird noch frisch präpariert. ⏰ Mo–Sa 8–17, So 8–12 Uhr. Andere Apotheken befinden sich direkt am Park.

Bücher

Goodlight Books, 100 m nördl. und 320 m westl. der Kirche La Agonía, ✆ 2430-4083. Romane auf Englisch und Deutsch, auch Reisebücher und Karten.

Fahrradreparatur

Ciclo Deportes, 150 m westl. vom Museo Juan Santamaría, ✆ 2441-2546.

Geld

Banco Nacional, am Park. ⏰ Mo–Fr 8.30–15.45 Uhr. **Scotiabank**, Av. Central, Ecke C. 1. ⏰ Mo–Fr 8–17, Sa 9–13 Uhr.

Internet

Conexion, C. 1, Av. 3–5. ⏰ Mo–Sa 7–19 Uhr.

Medizinische Hilfe

Hospital San Rafael de Alajuela, an der Radial Francisco J. Orlich, 300 m nördl. vom Walmart in Richtung Alajuela, ✆ 2436-1001. Modernes Krankenhaus, in dem auch Touristen behandelt werden.

Clínica y Farmacia San Miguel, 250 m westl. vom Museum Juan Santamaria, ✆ 2442-5958, 🖥 www.sm.cr. ⏰ 24 Std.

Polizei

Die hilfsbereite Touristenpolizei befindet sich gegenüber vom Hotel 1915, ✆ 2430-1085, 2440-8889.

Post

C. 1, Av. 5–7. ⏰ Mo–Fr 8–17.30, Sa 8–12 Uhr.

Supermärkte

Más X Menos, 200 m westl. vom Park. ⏰ Mo–Sa 7–24, So 7–21 Uhr.

Palí, Av. 2, Ecke C. 8. ⊕ Mo–Fr 8.30–20, Sa 7.30–20, So 8.30–18 Uhr.

Reisebüro
Faytur, Av. 3, C. 2-4, ☏ 2443-4171, 🖳 www.faytur.com. Internationale Flüge.

Taxi
Am Park. Preise: Flughafen 1800C$, Volcán Poás 20 000C$, San José 10 000C$.

Touren
Go Poas, ☏ 2440-8078. Bietet tgl. Transfers von allen Hotels in Alajuela zum Vulkan Poás und zurück ($30 p. P.). Anrufen oder übers Hotel buchen lassen.
Alajuela Walking Tours, ☏ 7064-2842, 🖳 www.alajuelahistorica.com. Ronald bietet tgl. zwei geführte Touren zu Fuß durch Alajuela an. Dauert gute 2 Std. und kostet $10 p. P.

TRANSPORT
Busse
ATENAS, C. 10, Av. 0–2, neben der Polizeistation,%stdl. 5.50–22.30 Uhr, 1 Std.;
SARCHÍ (über GRECIA), C. 10, Av. Central–1, alle 45 Min. 6–22.20 Uhr, 1 Std.;
ZOO AVE (Dulce Nombre), Terminal Palí Pacifico, C 10, Av. 2, alle 15 Min.;
HEREDIA, C. 8, Av. Central–1, alle 20 Min. 5–23 Uhr, 30 Min.;
SAN JOSÉ (via Flughafen), C. 8, Av. Central–1, alle 5 Min. 4–22 Uhr, 30–50 Min. oder C. 2–4, Av. 4, alle 5 Min.;
VOLCÁN POÁS, Av. 2, Ecke C. 6, um 9.15 Uhr, 1 Std. ($2,50).
Außerdem halten Überlandbusse aus San José auf dem Weg zum Grenzübergang nach Nicaragua (MANAGUA mit Transnica, tgl. um 4.30, 5 und 9 Uhr) sowie die Busse nach Guanacaste, Fortuna und Monteverde an der Parada Radial Toyota:
SAN RAMON und PUNTARENAS, 8.45, 9.45, 10.45 Uhr;
LOS CHILES, 6 Uhr;
FORTUNA, 6.45, 9.10, 12 Uhr;
PITAL, 8, 10 Uhr;
LIBERIA, 6.30, 8.30, 9.30, 10.30, 11.30 Uhr;

TILARÁN, 8, 10 Uhr;
PEÑAS BLANCAS (Grenzübergang), 3.20, 6.20, 7, 8, 9 Uhr;
MONTEVERDE, 7, 15 Uhr.

Shuttlebusse
Einen privaten Shuttleservice zu Zielen in ganz Costa Rica bietet **Montezuma Expeditions**, ☏ 2441-3394, 🖳 www.montezuma expeditions.com.

2 HIGHLIGHT

Parque Nacional Volcán Poás

- **MINAET-Büro:** ☏ 2482-2165
- **Öffnungszeiten:** 8–15.30 Uhr
- **Eintritt:** $10 (1200C$ Parkgebühr)
- **Gründungsjahr:** 1971
- **Größe:** 640 ha
- **Transport:** Busse von San José: 8.30 Uhr (9.15 Uhr in Alajuela); zurück 14.30 Uhr
- **Ausrüstung:** Jacke und Regenschutz mitbringen

März 2006: Nach zwölf Jahren des Schweigens bricht der Volcán Poás erneut aus. Im Gegensatz zu den Eruptionen von 1953, 1989 und 1994 ist die Kraterlagune zu jenem Zeitpunkt nicht ausgetrocknet, sie ist 40 m tief. Das saure, heiße, vulkanische Lagunenwasser wird in eine Höhe von fast 150 m gesprüht – Lava fließt keine. Zwei Wochen lang wird das Gelände für Touristen gesperrt. Verglichen mit seiner bislang heftigsten Eruption von 1910, als der Vulkan eine Fontäne von 8 km in den Himmel stieß, ist dieser März-Ausbruch nur ein zaghaftes, verhaltenes Spucken.

Der Vulkan Poás, 37 km nördlich von Alajuela, gehört zu den aktivsten Vulkanen Costa Ricas und ist der am meisten besuchte Nationalpark im Land, u. a. deshalb, weil Besucher bequem mit dem Auto fast bis zum Krater hinauffahren können. Die **Aussichtsplattform**, mit spektakulären Blick auf den Hauptkrater Poás

© JULIA REICHARDT

Geballte Wasserkraft in den Waterfall Gardens La Paz

(2708 m) und der 80 °C heißen Lagune, befindet sich nur 600 m vom Parkplatz entfernt. Bei klarer Sicht blickt man von hier auf den Atlantik und den Volcán Arenal. Im Besucherzentrum wird in Videos die Entstehungsgeschichte des Vulkans erklärt.

Der Sendero Escalona (1,5 km) führt vom Aussichtspunkt zum ruhenden, 7500 Jahre alten Schwesterkrater mit der erkalteten **Laguna Bota** mit einem lohnenswerten Fernblick. Der steile Wanderweg führt durch einsame Krüppelwälder rund um die Lagune und endet am Parkplatz. Früh aufbrechen, denn oft umgibt sich der Poás bereits am Vormittag mit einem dichten Wolkenkleid.

ÜBERNACHTUNG

La Lagunillas Lodge, 2 km vor dem Nationalpark, ℡ 8835-2899, 8959-0119, 🖥 www.lagunillaslodge.com. Einfach-rustikale, gemütliche Häuschen mit Kamin, einige haben Küche. Ein Team von 5 reizenden Geschwistern leitet die idyllisch gelegene Lodge. Für die Anfahrt ist ein Allradfahrzeug notwendig! 4 Zimmer und 4 Cabinas, 10-Pers.-Cabina $120. ❸

Poás Lodge, 4 km vor dem Nationalpark, ℡ 2482-1091, 🖥 www.poaslodge.com. 4 gemütliche Zimmer mit grandiosem Ausblick auf San José und Alajuela; freundliche, nordamerikanische Leitung. Familiäre Atmosphäre. Gutes Restaurant mit Kamin, Kolibrigarten. Frühstück und Transfer zum Nationalpark inkl. Gutes Preis-Leistungs-Verhältnis. ❹

Poás Volcano Lodge, rund 16 km östl. vom Vulkan, kurz vor der Ortschaft Vara Blanca, ℡ 2482-2194, 🖥 www.poasvolcanolodge.com. Luxuriöse Suiten (teilweise mit Jacuzzi, ab $200 für 2 Pers.) und ein imposanter Gemeinschaftsbereich mit Bibliothek, außerdem 9 DZ (ab $145) im Annex. Frühstück inkl. ❻

Villas Calas, 4 km vom Vulkan, Richtung Vara Blanca, ℡ 2482-2222, 🖥 www.villacalas.com. Geräumige Häuschen mit weit heruntergezogenen Dächern und Kamin, teilweise 2-stöckig. Die größeren (bis zu 4 Pers.) haben Küche. Im Restaurant werden u. a. Forellen aus eigener Zucht sowie Gemüse und Erdbeeren aus eigenem Anbau angeboten, Frühstück inkl. ❹

La Paz Waterfall Gardens

Lohnend für diejenigen, die nach dem Vulkanbesuch Richtung Heredia oder Sarapiquí weiterfahren, ist ein Abstecher zu den La Paz Waterfall Gardens, 🖥 www.waterfallgardens.com (für Busreisende nur von San José aus zu erreichen).

Über Treppen und insgesamt 300 Höhenmeter nähert sich der Besucher den eindrucksvollen, bis zu 35 m steilen Wasserfällen **El Templo, Magia Blanca, Encantada** und **Escondida**. Am fünften Wasserfall, **La Paz** (der auch gratis von der Straße zu bewundern ist) chauffieren Shuttlebusse die Schaulustigen zurück zum Eingang. Insgesamt 3,5 km zementierte Wanderwege führen durch das 70 ha große Gelände, das Regen- und Nebelwald, einen **Orchideen**- und **Schmetterlingsgarten** sowie Tiergehege mit Vögeln, Wildkatzen, Affen, Reptilien und Fröschen umfasst. Obwohl sehr touristisch und überteuert – der Anblick der geballten Wasserkraft füllt den eigenen Energietank auf! ⏱ tgl. 8–17 Uhr; Eintritt $38, Kinder bis 12 J. $22. Für Personen mit Gehproblemen aufgrund der vielen Treppen nicht geeignet.

Eingebettet in die Landschaft ist die luxuriöse **Peace Lodge**. Eine Nacht für zwei Personen in dieser weitläufigen Anlage mit Pool und Jacuzzis ist jedoch nicht unter $375 zu haben. Die opulent ausgestatteten Zimmer verfügen über Kamine und sind aufwendig mit Stein- und Holz-Interieurs versehen.

Paradies zum Entspannen

Colinas del Poás, 1 km von Fraijanes in Richtung Nationalpark geht rechts eine Schotterpiste ab, ℡ 2482-1212, 🖥 www.colinasdelpoas.com. Gut ausgeschildert. Wunderschöne Gartenanlage mit gepflegten Liegewiesen und einem See, um einen Tag in Ruhe zu verbringen und die Natur in vollen Zügen zu genießen. Ein bei den Ticos sehr beliebtes Ziel, wo man sich vielseitig beschäftigen kann: Canopy mit 12 Kabeln für $50 p. P., Tarzanswing, Kletterpark (nur für Gruppen), Kanufahren auf dem See, Forellenangeln, Trampolin, Tischtennis, Restaurant und Bar. ⏱ 8–16 Uhr.

An den fruchtbaren Hängen des Vulkan Poás liegt die wunderbare Kaffee-Hacienda **Doka Estate**, ✆ 2449-5152, 🖥 www.dokaestate.com, wo einer der feinsten Kaffees in Costa Rica produziert wird. Hier sollte man an einer sehr interessanten, etwa 2-stündigen Tour und Verkostung teilnehmen. Es lohnt sich, und neben echten Gaumenfreuden erfährt man eine Menge über das Bohnengebräu. ⏱ Mo–Fr 8–17, Sa und So 8–16 Uhr.

TOUREN

Ein günstiges Angebot für eine geführte Tagestour ab jedem Hotel in San José und Umgebung findet man unter 🖥 www.costa-rica-reise.com. Bei dieser Tour werden an einem Tag der Vulkan Poás, die Kaffeehacienda Doka und die La-Paz-Wasserfälle angefahren. Der Preis der Tour ist günstiger als die Summe der Eintrittskosten.

TRANSPORT

Auto

Die Wasserfälle liegen 15 km östl. vom Volcán Poás. Vom Vulkan kommend im Ort Vara Blanca an der Tankstelle links abbiegen. Von der Abzweigung sind es 6 km bis zu den Wasserfällen. Die landschaftlich sehr reizvolle Route führt weiter bis nach San Miguel, in die Sarapiquí-Region von Costa Ricas grünem Norden (S. 204).

Busse

Von San José in Richtung VARA BLANCA um 6.30 und 13 Uhr; zurück 13 und 18.30 Uhr, mit **Guapileños**, ✆ 2221-7990.

Atenas

„Nichts haben wir zu bieten und trotzdem kommen die Touristen", stellt ein Atener Wirt lachend fest. Recht hat er, doch was nach wie vor wirkt, ist der Mythos, hier herrsche **„das beste Klima der Welt"**, eine Tourismuskampagne, die bereits vor Zeiten des Klimawandels durchgeführt wur-de und kanadische und deutsche Expats in den Ort lockte. Die zentrale Lage macht Atenas zu einem guten Ausgangspunkt für Tagesausflüge.

ÜBERNACHTUNG UND ESSEN

Apartamentos Atenas, von Atenas 3 km Richtung Orotina, ✆ 2446-5792, 🖥 www.apartamentosatenas.com. Praktische, hübsch eingerichtete, weit auseinanderstehende Bungalows mit Küche. Großer Garten mit Pool, familiäre Atmosphäre, hervorragendes Preis-Leistungs-Verhältnis, freundliche deutsche Leitung. Gute Basis für Touren mit dem Auto. 4-Pers.-Cabina $75. ❸

Hotel Colinas del Sol, 600 m östl. vom Gimnasio de Atenas Central, ✆ 2446-4244, 🖥 www.hotelcolinasdelsol.com. Praktische, helle Bungalows mit Küche, umgeben von Grün. Großer Pool. Beliebt bei europäischen Urlaubern. Für die Monate Jan, Feb und März lange im Voraus buchen. Deutsche Leitung. ❸–❹

Rancho La Trilla, 75 m östl. der Tankstelle. Große Auswahl günstiger, leckerer Fischgerichte und Casados.

SONSTIGES

Fahrradreparatur

Ciclo Fortuna, am Park, ✆ 2446-6642. ⏱ 9–18.30, So 8–12 Uhr.

Geld

Banco de Costa Rica, neben der Kirche. ⏱ Mo–Fr 9–16 Uhr.

Internet

Rick's Internet, am Kirchplatz. ⏱ Mo–Sa 8–20 Uhr.

Markt

Jeden Freitagmorgen vor der Escuela Central.

TRANSPORT

Busse nach:
ALAJUELA, alle 30–60 Min. 5–21 Uhr, am Wochenende seltener.
SAN JOSÉ, alle 10–30 Min. 4.30–20 Uhr, 12–14 Uhr zur vollen Stunde, letzter Bus 20 Uhr, am Wochenende seltener.

Grecia

Malerisch, von den Bergen der Cordillera Central umgeben, liegt Grecia, das stolz den Titel „Ciudad más Límpia de Costa Rica" (sauberste Stadt Costa Ricas) trägt. Die Bevölkerung lebt vorwiegend vom Zuckerrohr- und Kaffeeanbau. Einzige Sehenswürdigkeit ist die stählerne, neugotische **Parroquia de Grecia** von 1897. Der Stahl wurde aus Südbelgien an die Karibik verschifft, von dort per Eisenbahn nach Alajuela verfrachtet und dann in Ochsenkarren – mit bis zu sieben Ochsen pro Gespann – die Hügel hinauf nach Grecia transportiert. Der Marmoraltar im Kircheninneren stammt aus Spanien, die Kirchenfenster und Türen wurden aus Italien importiert.

Schlangenfreunde kommen in der Schlangenfarm **World of Snakes** voll auf ihre Kosten, einem zoologischen Garten rund 1,5 km außerhalb von Grecia an der alten Straße Richtung Alajuela. Mehr als 50 verschiedene Arten (darunter Nattern und Vipern) werden gezeigt. Führungen auch auf Deutsch. Eintritt $12, Kinder $6. ⏰ 8–17 Uhr.

In der Hacienda los Trapiches in Santa Gertrudis Sur, an der Straße nach Sta. Gertrudis Norte in Richtung Vulkan Poás (den Wegweisern folgen), ☎ 2458-1174, 🖥 www.hacienda lostrapiches.com, wird jeden Sonntag der Herstellungsprozess von Zuckerprodukten mit traditionellen Zuckermühlen gezeigt. ⏰ Beginn 8 Uhr, Dauer mehrere Stunden. Eintritt $6, Kinder $4.

TRANSPORT

Busse nach SAN JOSÉ, SARCHÍ und ALAJUELA, 4.25–20.30 Uhr, ca. alle 30 Min.

Sarchí

Costa Ricas „Wiege des Kunsthandwerks" nennt sich der kleine Ort Sarchí, wo die Carretas, die Ochsenwagen, eines der insgesamt zwölf Nationalsymbole Costa Ricas, hergestellt werden. Die Landschaft passt in das Bild, das sich ein Europäer von kleinen Handwerkszünften macht: Kurvige, schmale Straßen mit folkloristisch bemalten Brücken führen vorbei an Kaffeeplantagen in eine Höhe von 950 m. Einst karrten hier Campesinos ihre Kaffeebohnen in hölzernen Ochsenwagen zu den Märkten. Heute

Kunstvoll bemalte Ochsenwagen in allen Größen gibt es in Sarchí, Costa Ricas Wiege der Handwerkskunst.

werden die Carretas nur noch selten und in sehr ländlichen Gegenden eingesetzt.

Die idyllische Fahrt nimmt in Sarchí ein abruptes Ende. Im Ort herrscht blanker Kommerz. Eine Geschäftshalle reiht sich an die andere, kleine Handwerksbetriebe sucht man vergeblich. Zu Tausenden werden hier Carretas in allen denkbaren Größen und Farben produziert. Sie finden als Minibar, Blumen- oder Nähwagen (ein Wägelchen, in dem man Nähutensilien aufbewahrt) reißenden Absatz bei Touristen. Das älteste Geschäft im Ort ist die **Fábrica de Carretas Chaverri**, die damit begann, die Wagen zu bemalen. Auf Bürgersteigen locken Schaukelstühle, Schränke, Holzschnitzereien – teils Kitsch, teils kunstvoll verarbeitete Ware. Nicht selten sind die Brettchen, Schüsseln und Möbel aus nicaraguanischen Edelhölzern hergestellt, deren Abholzung in Costa Rica verboten ist.

Im eigentlichen Ortskern, **Sarchí Norte**, setzt sich die folkloristische Bemalung der Wagenräder auf Laternenpfählen und Haustüren fort. Die kitschige **Parroquia de Sarchí** ist ein Hingucker. Im Zentrum gibt es Banken, Restaurants und Hotels. Die Mehrzahl der Besucher jedoch kehrt nach ihrer Einkaufstour direkt nach San José zurück.

TRANSPORT

Busse nach GRECIA alle 20–25 Min., dort Anschluss nach SAN JOSÉ und ALAJUELA. Direktbusse nach Alajuela jede Std.

San Ramón

San Ramón gilt als Costa Ricas Stadt der Dichter und Denker. Drei Präsidenten und zwei bedeutende Poeten wurden hier geboren. Im Zentrum steht die **Parroquia de San Ramón** aus dem Jahr 1950, ein Ersatz für die alte Adobe-Kirche, die – wie vielerorts im Land – einem Erdbeben zum Opfer fiel. Mit ihrem Altar aus Italien, Lampen aus der ehemaligen Tschechoslowakei, den Glocken aus Spanien und dem Stahlgerüst von Krupp Stahl Deutschland, spiegelt sie das kosmopolitische Gesicht Costa Ricas trefflich wider. Im Museo de San Ramón leisten Anthropologie-Studenten der örtlichen Universität ihre sozialen Pflichtstunden ab und organisieren Ausstellungen zur Geschichte und Kultur der Umgebung.

Ende August, zur Fiesta de San Ramón, lebt die Stadt für drei Tage auf. Dann tragen die Bewohner der Nachbargemeinden in typischer Tracht und von Musik und Feuerwerk begleitet ihre Heiligenfiguren durch die Straßen und statten dem Schutzpatron San Ramón einen Besuch ab.

Sehenswertes

Im **Museo de San Ramón**, an der Nordseite des Parks, befand sich bis 1893 die Municipalidad. 1969 ging das Gebäude in den Besitz der Universität über. Es werden Wanderausstellungen zur Geschichte und Kultur der Region gezeigt. Ein Saal widmet sich zeitgenössischer costa-ricanischer Kunst. ⏰ Mo–Fr 8–12 und 13–17 Uhr.

Im **Los Angeles Cloud Forest Reserve**, 20 km nördlich von San Ramón, 🖥 www.villablanca-costarica.com, führen Wanderwege durch tropfenden Nebelwald, der nur von wenigen Touristen besucht wird. Im 800 ha großen Privatreservat des Expräsidenten Rodrigo Carazo, das sich bis in eine Höhe von 1800 m erstreckt, sind auch Reittouren und Canopy möglich. Besuch nur mit zweistündiger Führung möglich; Eintritt $28 p. P.

In **Zarcero**, nordöstlich von San Ramón, begann der Gärtner Evangelista Blanco Breves bereits in den 60er-Jahren aus langweiligen Hecken einen fantasievollen Skulpturengarten zu schaffen. Heute schmücken außergewöhnliche Elefanten, Vögel und sogar ein Affe auf einem Motorrad den Kirchplatz.

ÜBERNACHTUNG UND ESSEN

Casa Amanecer, 5 km von San Ramón, 📞 8306-3159, 🖥 www.casa-amanecer-cr.com. 4 moderne Cabinas mit herrlicher Aussicht. Freundliche amerikanische Leitung. Slow-Food-Frühstück inkl. ❹
La Posada Inn, 400 m nördl., 50 m westl. der Nordostecke des Parks, 📞 2445-7359, 🖥 www.posadahotel.net. Durchschnittshotel, auf edel gemacht. 34 saubere, kleine Zimmer mit guten Matratzen, teils mit Jacuzzi, auf zwei Straßenseiten verteilt. Parkplatz. Frühstück inkl. ❺

Im **Mercado Central** hinter dem Museum bieten Sodas günstig landestypische Gerichte an. Es gibt auch außerordentlich viele Pizzerien im Ort.

SONSTIGES

Apotheke
Farmacia Mario Barboza, am lokalen Busbahnhof. ☉ 6.30–20 Uhr.

Fahrradreparatur
Ciclo Visal, 200 m westl. vom Park, ✆ 2445-9358.

Geld
Verschiedene **Banken** befinden sich um den Perimercados.

Internet
50 m östl. vom Perimercados.

Markt
Auf dem Platz vor der Kirche Tremedal, mit vielen biologisch angebauten Produkten aus der Region. ☉ Fr 11–18, Sa 6–12 Uhr.

Post
100 m südl., 200 m westl. des Parks. ☉ Mo–Fr 8–12 und 13–17.30 Uhr.

Supermarkt
Perimercados, 100 m östl. des Parks. ☉ Mo–Sa 7–21, So 7–20 Uhr.
Palí, 50 m nördl. des Parks. ☉ Mo–Sa 6–19.30 Uhr.

TRANSPORT

Es gibt **zwei Busbahnhöfe** in San Ramón. Der regionale Busbahnhof mit lokalen Bussen befindet sich gegenüber vom Mercado Central.
Busse nach San José, Alajuela und Puntarenas fahren vom überregionalen Terminal (C. 16, Av. 1–3), 1 Block westl. vom regionalen Busbahnhof ab.
PUNTARENAS, Mo–Fr mind. stdl. 5.15–23.30 Uhr, 1 1/2 Std., am Wochenende seltener.
SAN JOSÉ (über ALAJUELA), ca. stdl. 5.20–20 Uhr.

Heredia und Umgebung

Heredia

„Ciudad de las Flores" – Stadt der Blumen – wird das im Jahr 1703 von den Spaniern gegründete Heredia wegen seiner bezaubernden Frauen genannt, die bereits seit Jahrhunderten scharenweise die Männer aus der nahe gelegenen Hauptstadt San José anlocken. Heredia besitzt einen der schönsten historischen Stadtkerne in Costa Rica. In seinem Zentrum steht die festungsartige **Basílica de la Inmaculada Concepción** (1797), ein Bollwerk des Katholizismus, das den zahlreichen Erdstößen vergangener Jahrhunderte standhielt. Ihre Kirchenglocken stammen aus Cusco (Peru), die französischen Kirchenfenster zählen zu den ältesten im Land.

Der umgebende **Parque Central** mit seinen hohen, Schatten spendenden Palmen und dem eisernen Brunnen (1879) aus England war im 19. Jh. ein geschäftiger Marktplatz. Um die Kirche herum reihten sich zu Kolonialzeiten im Schachbrettmuster die wichtigsten Gebäude der Stadt. Die *Indios* und *Negros* lebten am Stadtrand. Aus der Kolonialzeit überlebt hat im Zentrum lediglich der ehemalige Präsidentenwohnsitz, in dem sich heute die **Casa de la Cultura** befindet.

Die übrigen Gebäude am Park – die **Antigua Gobernación**, die **Oficina de Correo**, die **Escuela República Argentina** und Heredias Wahrzeichen, **El Fortín** – entstanden Ende des 19. und zu Beginn des 20. Jhs. Dieser Turm wurde 1880 vom costa-ricanischen Philosophen, Politiker und Bildhauer Fadrique Gutiérrez entworfen und diente zeitweise als Gefängnis für politische Gefangene.

Geldmangel und fehlendes Geschichtsbewusstsein lassen die übrigen historischen Gebäude der Stadt zunehmend verfallen. Das Augenmerk richtet sich stattdessen auf das moderne Heredia, das mit Hightechindustrie, der Universidad de Heredia, Schnellrestaurantketten, guten Einkaufsmöglichkeiten und einem Meer von Wellblechdächern das koloniale Erbe umgibt.

Sehenswertes

Die **Casa de la Cultura** aus dem Jahr 1797, an der Nordseite des Parque Central gelegen, war einst der Wohnsitz von Präsident Alfredo González Flores (1877–1962). Typisch für die Kolonialarchitektur sind die Innenhöfe (Patios). Hier wird mit minimalem Budget das Kulturprogramm für die gesamte Provinz Heredia organisiert. Es finden mitunter Ausstellungen und Kulturveranstaltungen statt.

Auf einer Tour durch das Gelände des größten Gourmet-Kaffeeherstellers Costa Ricas, dem **Café Britt**, vom Automercado 500 m nördlich und 400 m westlich, ✆ 2277-1600, 🖥 www.cafebritt. com, erhält der Besucher einen Einblick in den Prozess der Kaffeeproduktion, vom Pflanzen, Trocknen bis zum Würzen der munter machenden Bohne. Führungen finden um 9.30, 11, 12.45 und – in der Hauptsaison – auch um 15.15 Uhr statt. Eintritt $22.

Einen Besuch lohnt auch der **INBioparque** in Santo Domingo Heredia, 🖥 www.inbioparque. com. Schützen, studieren und nachhaltig nutzen, das ist der Leitsatz, den das Institut INBio – Associación Instituto Nacional de Biodiversidad – seinen Besuchern auf einer großzügigen Ausstellungsfläche mit auf den Weg gibt. Auf Schautafeln werden Costa Ricas Artenvielfalt und Nationalparksystem vorgestellt. Eine Farm mit Heilpflanzengarten und Zuckermühle sowie verschiedene Tiergehege mit Vögeln, Spinnen, Reptilien, Fröschen, Fischen und Faultieren gehören zum Gelände. Die Ausstellung ist stark auf Schulklassen ausgerichtet. INBio ist ein privates Forschungsinstitut, das 1989 von verschiedenen Organisationen aus dem staatlichen, privaten und Non-Profit-Sektor gegründet wurde. ⏰ Fr 8–16, Sa und So 9–17.30 Uhr, letzter Eintritt 1 Std. vor Schluss, Eintritt $25, Studenten $19, Kinder bis 12 J. $15.

Im **Museo de Cultura Popular** im Stadtteil Santa Lucía de Barva, zwischen Heredia und Barva Santa Lucía de Barva, 400 m östl. der Farmacia Santa Lucía, werden alte costa-ricanische Bräuche aus dem 18. und 19. Jh. und die traditionelle Bahareque-Architektur anschaulich erklärt. Die ehemalige Finca war einst der Sommersitz von Präsident Alfredo González Flores. ⏰ 9–16 Uhr, Eintritt 2000C$.

ÜBERNACHTUNG

Hotel América de Heredia, C. Central zwischen Av. 2 und 4, ✆ 2260-9292, 🖥 www.hotel americacr.com. Schönes älteres Hotel mit Stil. 45 mittelgroße Zimmer mit Ventilator, gute Innenstadtlage, Frühstück inkl. **❹**
Hotel Colonial, Av. 4, C. 4–6, ✆ 2237-5258. Etwas heruntergekommene Unterkunft bei älterer Dame. Einfache Zimmer unterschiedlicher Qualität (vorher ansehen!) mit Ventilator und Gemeinschaftsbad. **❶**
Hotel Heredia, C. 6, Av. 3–5, ✆ 2238-0880. 12 kleine Zimmer mit TV und Bad in einem renovierten Holzhaus von 1912. **❷**

In Santo Tomás de Santo Domingo de Heredia

Hotel Bougainvillea, 6 km östl. von Heredia, neben der Schule, ✆ 2244-1414, 🖥 www. hb.co.cr. Großer 2-stöckiger Flachbau in holländischer Sachlichkeit mit 82 geräumigen Zimmern. Pool, Tennisplatz, gutes Restaurant, Fitnessraum und 5 ha großer tropischer Blumengarten. **❻**

ESSEN

Bulevar Relax, Av. Central, C. 7. Lautes Bar-Restaurant, beliebt bei Jugendlichen und Studenten. Casados direkt vom Holzkohlegrill. ⏰ 11–23 Uhr.
Cafetería Espigas, am Park. Café Britt in allen Variationen, Frühstück und Snacks. ⏰ 7–22 Uhr.
Delicias Caribeñas de Mami, C. Central, Av. 1–3. Der Geschmack und die Atmosphäre der Karibik im kühlen Heredia: Pan Bon, Patacones, Maniokbrot, Rice and Beans etc., alles mit viel Kokosmilch. ⏰ Di–So 11–20 Uhr.
Ferroviario 1857, im Centro Comercial Paseo de las Flores, ✆ 2237-3281. Schmackhafte, internationale Küche vom Holzkohlegrill, die Einrichtung im Stil eines Eisenbahnwaggons. ⏰ 12–23 Uhr.
Sushi Nipón, im Plaza Heredia, ✆ 2260-1329. Kein schönes Ambiente, dafür ist der Koch ein echter Japaner; auch Essen zum Mitnehmen. ⏰ So–Do 11–21.30, Fr und Sa 11–22.30 Uhr.
Vishnu, C. 7, zwischen Av. Central und 1. Vegetarische Gerichte und Salate,

Heredia

Sonstiges:
1 Internet Flash
2 Artesanía Vilchez
3 Farmacia Sucre
4 Supermarkt Más X Menos
5 Supermarkt Pali

Transport:
1 Busse n. Barva Pueblo (Museo Popular)
2 Busse n. Alajuela, Flughafen
3 Ciclo Aventura
4 Taxistand
5 Busse → Puerto Viejo De Sarapiquí
6 Busse → Santa Barbara
7 Busse → San Isidro
8 Busse → San José de la Montaña, Volcán Barva
9 Busse → Santo Domingo (Parque INBIO)
10 Busse → San José

Übernachtung:
1 Hotel Heredia
2 Hotel América de Heredia
3 Hotel Colonial

Essen:
1 Delicias Caribeñas de Mami
2 Vishnu
3 Pane y Vino
4 Cafetería Espigas
5 Bulevar Relax
6 Mercado Central
7 Sushi Nipón

A = Antigua Gobernación
    (Oficina de Correo)
B = Palacio Municipal
C = El Fortín

Escuela
República
Argentina

Casa
de la
Cultura

Basílica
de la Inmaculada
Concepción

Parque
Central

Iglesia
Sta. Carmen

MERCADO
CENTRAL

MERCADO
FLORENSE

Iglesia
Los Ángeles

UNIVERSIDAD
NACIONAL

Plaza Heredia

Centro Comercial
Paseo de las Flores

ESTADIO
PEDRO
DE HEREDIA

Palacio de
los Deportes

HOSPITAL
SAN VINCENTE
DE PAUL

Volcán Barva
San Isidro
San José
Alajuela

Av. 7
Av. 5
Av. 3
Av. 1
Av. Central
Av. 2
Av. 4
Av. 6
Av. 8
Av. 10
Av. 12
Av. 14

C. 9
C. 7
C. 5
C. 3
C. 1
Calle Central
C. 2
C. 4
C. 6
C. 8
C. 10
C. 12
C. 14
C. 16

N

0   200 m

abwechslungsreiche Tagesgerichte.
🕐 Mo–Fr 8–18, Fr und Sa 8–19 Uhr.
Weitere günstige Sodas befinden sich im
Mercado Central.

SONSTIGES
Apotheke

Farmacia Sucre, C. 2, Av. 2–4, neben der
Banco Nacional, ☎ 2263-6536. 🕐 Mo–Sa
8–19, So 9–18 Uhr.

Fahrradreparatur

Ciclo Aventura, 200 m westl., 50 m südl. der
Nordwestecke des Parks.

Geld

Banco Popular, Av. Central, C. 3.
🕐 Mo–Fr 8.45–16.30 Uhr.
Banco Nacional, Av. 2–4, C. 2.
🕐 Mo–Sa 13–19 Uhr.

Internet

Internet Flash, C. 6, zwischen Av. Central und 1.
400C$ die Stunde. 🕐 Mo–Sa 9–21 Uhr.
24-Std.-Internetcafés befinden sich in Uninähe.

Post

Am Park, Av. Central, C. 2. 🕐 Mo–Fr 8–17.30,
Sa 7.30–12 Uhr.

Reisebüro

Agencia de Viajes Colón, schräg gegenüber
der Banco Popular, ☎ 2260-8989.

Sprachschulen

**Intercultura Language School and Cultural
Center**, ☎ 2260-8480, 🖥 www.intercultura
costarica.com. Spanischunterricht mit
Aktivitäten wie Tanzen, Kino, Kochkurse und
Ausflüge. Übernachtung bei costa-ricanischen
Familien möglich. $300 pro Woche (Mo–Fr,
tgl. 4 Std.), mit Übernachtung $460.
Instituto Profesional de Educación Daza, 275 m
westl. der Post, ☎ 2238-3608, 🖥 www.learn
spanishcostarica.com. Übernachtung bei costa-
ricanischen Familien und Exkursionen, spezielle
Spanisch-Survival-Kurse. $300 pro Kurswoche
(Mo–Fr, tgl. 4 Std.), plus $165 pro Woche für
Übernachtung.

Souvenirs

Artesanía Vilchez, Av. Central, Ecke C. 6,
☎ 2237-9641. Recht ausgefallene Auswahl
an Kunsthandwerk in einem Mini-Lokal.
🕐 Mo–Fr 8–18, Sa 8–12 Uhr.

Supermärkte

Más X Menos, Av. 6, C. 4–6. 🕐 Mo–Sa
7–24, So 7–22 Uhr.
Palí, südl. vom Mercado Central, Av. 8,
C. 2–4. 🕐 Mo–Sa 8–19, So 8–18 Uhr.

Taxis

Am Parque Central. Preise: San José 7000C$,
Flughafen 6000C$, Pueblo Barva 3000C$.

TRANSPORT
Busse

ALAJUELA, Av. 3, C. 1–3, alle 8 Min. 4.40–
23 Uhr, 30 Min. (Bus kommt aus San José);
SAN JOSÉ DE LA MONTAÑA (Vulkan Barva-
Sacramento), Abfahrt südl. vom Mercado,
Av. 8, C. 2–4, Mo–Sa 6.25, 11.45, 15.55, So 6.30,
11, 16 Uhr, 20 Min.;
SAN JOSÉ (via Flughafen), Av. 8, C. Central,
alle 15 Min. 4.30–23 Uhr, 25 Min.;
SANTO DOMINGO (INBIO), C. Central, Ecke
Av. 10, ca. alle 10 Min.; alle 30 Min. fährt ein
Bus direkt vor das INBIO-Gelände, 15 Min.;
PUERTO VIEJO DE SARAPIQUÍ, Av. Central,
C. 9, um 11, 12.45, 15 Uhr, 1 1/2 Std. (Bus kommt
aus San José).;
SANTA BARBARA, C. 6, Av. 2–4, alle 30 Min.
5–23.30 Uhr, 20 Min.

Eisenbahn

Vom Bahnhof südl. des Zentralmarkts nach
SAN JOSÉ Mo–Fr 6–8.30 und 16–20 Uhr alle
30 Min., 30 Min., 460C$.

Parque Nacional Braulio Carrillo / Sektor Volcán Barva

Der Braulio Carrillo zählt zu den größten Nationalparks des Landes. Während des Autobahn-
baus von San José nach Guápiles setzten sich
Umweltgruppen für den Schutz des umliegen-

den Regenwaldes ein, dem Abholzung und Zersiedlung bevorstanden. Ihr Einsatz machte sich bezahlt – ein Jahr später entstand der Nationalpark, der in zwei Sektoren unterteilt wurde: den **Sektor Quebrada González** mit Regenwald-Vegetation, und den wenig besuchten **Sektor Volcán Barva** mit dem ruhenden Volcán Barva und märchenhaftem Nebelwald.

Sektor Volcán Barva

- **MINAET-Büro:** ☎ 2261-2619
- **Öffnungszeiten:** 8–16 Uhr
- **Eintritt:** $10
- **Gründungsjahr:** April 1978
- **Größe:** 47 699 ha
- **Transport**
  Auto: Die letzte Ortschaft vor dem Nationalpark ist Sacramento. Hier hört die Asphaltierung auf. Eine sehr schlechte Lehm- und Schotterpiste, selbst mit Vierradfahrzeug nicht zu empfehlen (3 km) führt hinauf zum Parkeingang. Fincas in Sacramento bieten bewachte Parkmöglichkeit für $2 an.
  Busse: Es besteht keine direkte Busverbindung zum Nationalpark. Busse von Heredia fahren um 6.25, 11.45 und 15.55 Uhr bis nach Sacramento, von dort sind es 10 km Fußmarsch zum Parkeingang.
- **Ausrüstung:** Windjacke und Regenschutz mitnehmen.

Der abgelegene, relativ wenig besuchte Parkabschnitt Volcán Barva stellt eine gute Alternative zu den touristisch überlaufenen Nebelwaldreservaten Monteverdes dar. 6000 Pflanzenarten, darunter die für Nebelwald typischen Moose, Pilze, zwergwüchsigen Bäume und Epiphyten umwachsen den seit Jahrhunderten ruhenden Vulkan. Zwei Wanderwege (1,8–2 km) führen zu seinen zwei Lagunen **Barva** und **Copey**, die eine Temperatur von 10–18°C haben. Am **Sendero Cacho Venado** (1,8 km) trifft man auf die Matapalo-Pflanze, die im Gegensatz zu den Epiphyten nicht harmlos auf anderen Bäumen aufsitzt, sondern den Wirtsbaum umschlingt und ihm so lange Nährstoffe entzieht, bis ihre eigenen Wurzeln auf den Waldboden reichen. Der Wirtsbaum ist dann meist bereits abgestorben.

Um sich im lockeren, feuchten Humusboden halten zu können, haben die größeren Bäume sogenannte Gambas-Wurzeln entwickelt, mit denen sie die Bodenoberfläche großflächig umspannen. Die Jaguare, Tapire und Coyoten im Park bekommt der Besucher äußerst selten zu Gesicht. Kapuziner- und Klammeraffen, Berghasen, Kolibris und Quetzale lassen sich dagegen häufiger blicken.

Die gelisteten Unterkünfte befinden sich in San José de la Montaña, 18 km vom Nationalpark.

Cabañas Don Gollo, an der Straße aus Heredia auf der linken Seite, ☎ 2266-1820. 5 einfache, sehr saubere Cabinas am Hang, teils mit fantastischem Ausblick ins Tal sowie Küche und Kühlschrank. Einheimische Leitung. ❸

Hotel El Portico, an der Straße aus Heredia auf der linken Seite, ☎ 2266-1732, 🖥 www.elporticohotel.net. 20 rustikale Unterkünfte. Italienische Leitung. Pool, italienisches Restaurant. Cabinas für bis zu 4 Pers. $140. Frühstück inkl. ❹

Las Ardillas/Montaña de Mileva, an der Straße aus Heredia auf der linken Seite, ☎ 2266-0046, 🖥 www.grupoardillas.com. Rustikale Holzhäuser verschiedener Größe mit Kamin, TV und Küche, z. T. Badewanne. 4 Pers. $130. Die Häuser im dazugehörigen Ferienhaus-Park sind nicht zu empfehlen, sie standen lange leer. Restaurant, Frühstück inkl. ❺

Nur 5 km unterhalb vom Parkeingang befindet sich das **Restaurant Sacramento**. Von der Terasse hat man einen genialen Ausblick in das Zentraltal. Das aus Holz erbaute Restaurant ist authentisch und bietet für kleines Geld sehr leckeres Frühstück und Essen. Nichtvegetarier sollten unbedingt das Kalbfleisch (ternera) probieren. ⏰ Mo–Fr 7.30–19, Sa 7.30–2, So 7.30–18 Uhr.

Eine **Busverbindung** besteht zwischen Heredia und SAN JOSÉ DE LA MONTAÑA. Abfahrt in San José de la Montaña um 7 und 15.15 Uhr.

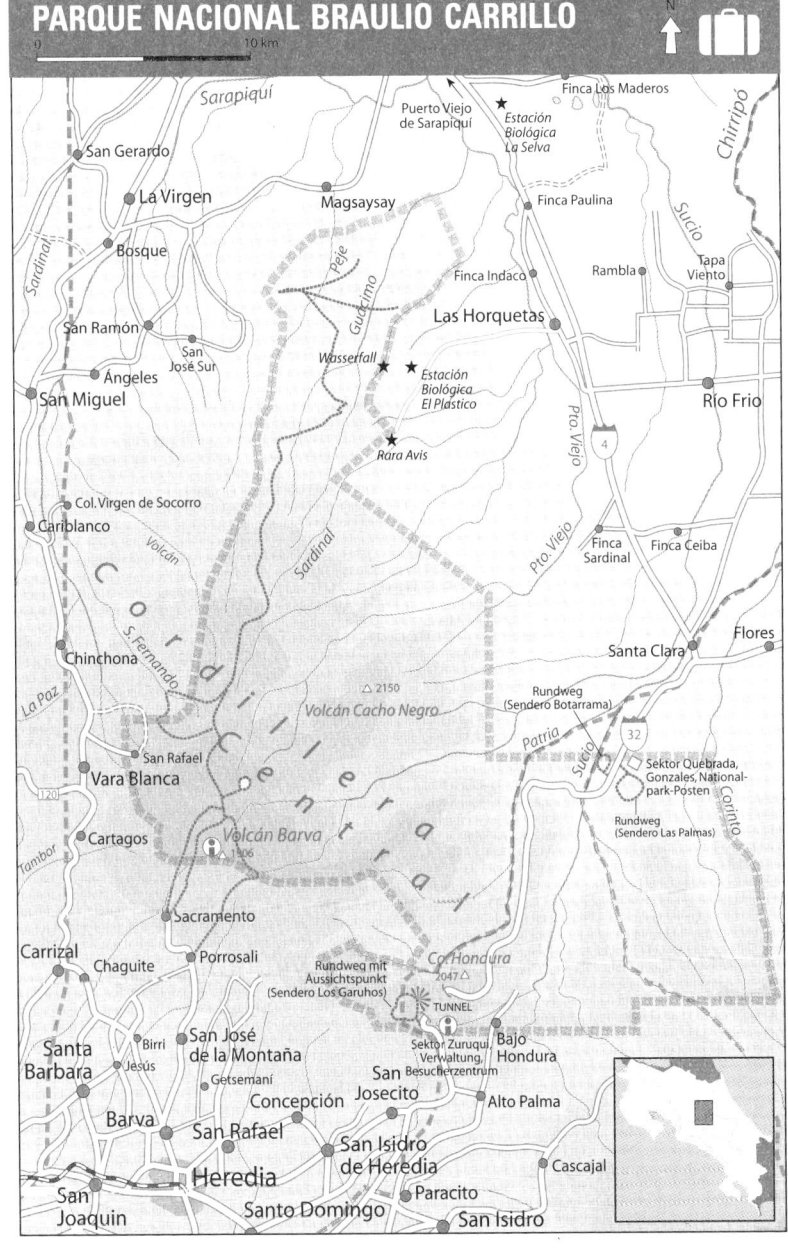

0   10 km

Sarapiquí

San Gerardo

La Virgen

Bosque

San Ramón

San José Sur

Ángeles

San Miguel

Col. Virgen de Socorro

Cariblanco

Chinchona

San Rafael

Vara Blanca

Cartagos

Sacramento

Carrizal   Chaguite   Porrosali

Santa
Barbara

Barva

Birri

Jesús

Getsemaní

San José
de la Montaña

Concepción   Josecito

San Rafael

San
Joaquín   Santo Domingo

Heredia

San Isidro
de Heredia

Paracito

San Isidro

Magsaysay

Puerto Viejo
de Sarapiquí

★ Estación
Biológica
La Selva

Finca Los Maderos

Finca Paulina

Finca Indaco

Las Horquetas

Wasserfall ★ Estación
Biológica
El Plástico

★ Rara Avis

Peje

Guácimo

Rambla

Tapa
Viento

Río Frío

Pto. Viejo

Finca
Sardinal

Finca Ceiba

Santa Clara

Flores

Volcán

Sardinal

Cordillera Central

△ 2150

Volcán Cacho Negro

Rundweg
(Sendero Botarrama)

Patria

Sucio

32

Sektor Quebrada,
Gonzales, National-
park-Posten

Rundweg
(Sendero Las Palmas)

Corinto

Volcán Barva
1906

Rundweg mit
Aussichtspunkt
(Sendero Los Garuhos)

Cº Honduras
2047 △

TUNNEL

Sektor Zurquí,
Verwaltung,
Besucherzentrum

Bajo
Honduras

San
Josecito   Alto Palma

Cascajal

S. Fernando

La Paz

120

Tambor

S.

Chirripó

Sucio

Sucio

Cartago und Umgebung

Cartago

Cartago, 1560 vom spanischen Gouverneur Juan Vásquez de Coronado gegründet, fungierte bis 1823 als Hauptstadt der Provinz Costa Rica. Anschließend übernahm das 22 km entfernte San José die Führungsrolle. Drei heftige Erdbeben legten die Stadt 1841, 1871 und 1910 fast völlig in Trümmer.

Im Stadtzentrum stehen die imposanten Ruinen der Parroquia de Santiago Apóstol aus dem Jahr 1575, kurz **Las Ruinas** genannt. Beim Erdbeben von 1841 wurde das Gotteshaus zerstört. Noch bevor der Wiederaufbau abgeschlossen war, fiel die Kirche 1910 bei erneuten Erdstößen noch einmal zusammen und wurde danach als Ruine belassen. Im einstigen Kirchenschiff befindet sich heute ein Blumengarten. Der Legende nach wandelt nachts in den alten Kirchengemäuern der *Padre sin cabeza* – der Priester ohne Kopf – umher. Der Fromme soll in der Kirche in flagranti mit seiner Schwägerin ertappt worden sein, woraufhin der eigene Bruder ihm den Kopf abschlug. ⊕ Mo–Do 8–12 und 13–16, Sa und So 8–16 Uhr.

Wie ein Tempel aus 1001 Nacht erhebt sich aus Cartagos Wellblechmeer im Osten die weiße **Basílica de la Virgen de los Ángeles** in byzantinischem Baustil. Zu ihr pilgern jedes Jahr am 2. August Tausende von Costa Ricanern. Mehrtägige Fußmärsche legen die Gläubigen zurück, um die Negrita, die Schutzpatronin Cartagos, der Heilkräfte nachgesagt werden, um Heilung von Krankheiten zu bitten. Hinter Dutzenden von Säulen, hölzernen Bögen und Holzaltären empfängt die kleine Heiligenfigur ihre knienden Verehrer. Silberne Miniaturbeine, -finger und -herzen als Symbol für die kranken Körperteile hinterlassen die Gläubigen; die Gaben sind in der Gruft an der Rückseite der Kathedrale ausgestellt. Heiliges Wasser aus der Quelle neben der Kirche nehmen sie mit.

Mehrmals soll die Heilige einem Indianermädchen in der Gestalt einer Puppe auf einem Fels erschienen sein. Das Mädchen nahm die Puppe mit nach Hause, nachts aber kehrte die Negrita stets zum Stein zurück – ein Fingerzeig Gottes, so glaubte die Bevölkerung, und errichtete 1625 auf dem Fels die Basilika. Seitdem wurde die Kirche

Beliebtes Pilgerziel: die Basilica de la Virgen de los Ángeles in Cartago

© OLIVER KIESOW

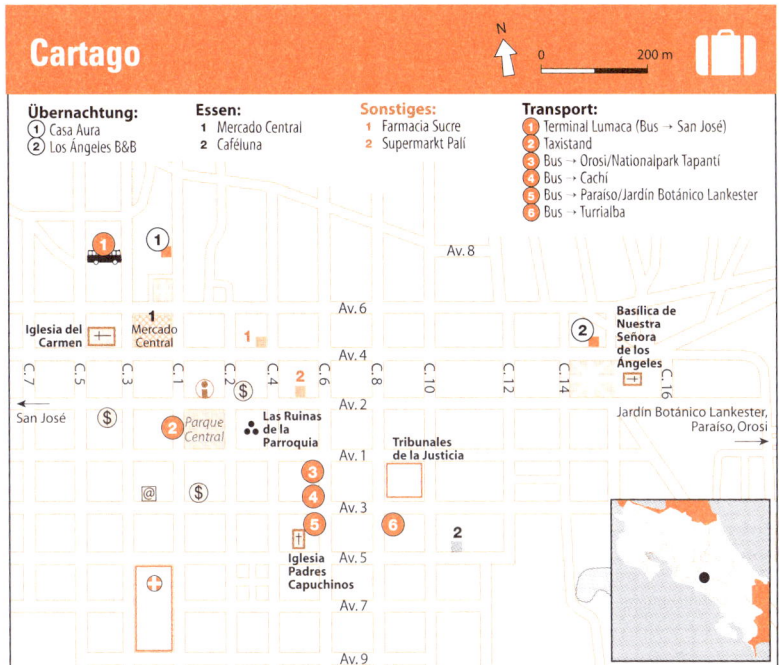

Cartago

Übernachtung:
1. Casa Aura
2. Los Ángeles B&B

Essen:
1. Mercado Central
2. Caféluna

Sonstiges:
1. Farmacia Sucre
2. Supermarkt Palí

Transport:
1. Terminal Lumaca (Bus → San José)
2. Taxistand
3. Bus → Orosi/Nationalpark Tapantí
4. Bus → Cachí
5. Bus → Paraíso/Jardín Botánico Lankester
6. Bus → Turrialba

Av. 8
Av. 6
Av. 4
Av. 2
Av. 1
Av. 3
Av. 5
Av. 7
Av. 9

C. 7 C. 5 C. 3 C. 1 C. 2 C. 4 C. 6 C. 8 C. 10 C. 12 C. 14 C. 16

Iglesia del Carmen
Mercado Central
Parque Central
San José
Las Ruinas de la Parroquia
Tribunales de la Justicia
Iglesia Padres Capuchinos
Basílica de Nuestra Señora de los Ángeles
Jardín Botánico Lankester, Paraíso, Orosi

mehrfach von Erdbeben zerstört, die heutige Fassade stammt aus dem Jahr 1926.

Mehr Unglück als Heilung brachte die Schutzpatronin dem 19-jährigen José Léon Sanchez, der 1953 des Raubes der Negrita angeklagt wurde und 40 Jahre seines Lebens unschuldig in Gefangenschaft verbrachte (Kasten S. 279 „Ein Wille stärker als Mauern").

Sehenswertes

Aus dem ehemaligen privaten Orchideengarten des englischen Hobbybotanikers Charles Lankester entstand nach dessen Tod 1973 der 11 ha große Botanische Garten **Jardín Botánico Lankester**, 🖥 www.jbl.ucr.ac.cr. Das Gelände ist heute im Besitz der Universidad de Costa Rica und dient als Forschungslabor für Biologie-Studenten und Wissenschaftler. Bekannt ist der Garten für seine reiche Epiphytensammlung.

Insgesamt erwarten den Naturfreund 3000 Pflanzen, darunter Kakteen, Helikonien, Bambus- und Palmenhaine. ⏰ 8.30–16.30 Uhr, am 1. Weihnachtstag, Neujahr und Karfreitag geschlossen. Eintritt $7,50, Schüler/Studenten $5, Kinder unter 6 J. frei. Der Garten liegt an der Busstrecke von Cartago nach Paraíso auf der rechten Seite (s. Transport).

ÜBERNACHTUNG UND ESSEN

Cartago ist keine Stadt zum Bleiben. Eine größere Auswahl an wesentlich besseren Unterkünften befindet sich im nahe gelegenen Orosi-Tal oder in der quirligen Hauptstadt San José. Die Busverbindungen dorthin sind sehr gut.

Casa Aura, Av. 6–8, C. 1, ✆ 2591-8161, 🖥 www.casaaura.com. Gepflegte Unterkunft nahe dem Busbahnhof. 4 saubere Zimmer im Hinterhof eines Privathauses mit kleinem Garten. AC, TV. Frühstück inkl. ❸

Los Ángeles B&B, Av. 4, C. 14–16, ✆ 8829-6279, 2551-0615. Im Restaurant nachfragen. 7 saubere Zimmer in unmittelbarer Nähe der Basilika.

Großes Restaurant La Puerta del Sol im Erdgeschoss. Beliebt bei einheimischen Wochenendausflüglern. Mehrere Zimmer ansehen, sind sehr unterschiedlich, die teureren sind nicht besser. EZ $50, Frühstück inkl. ❸

Caféluna, 100 m südl., 50 m östl. der Südostecke des Gerichts. Costa-ricanisch/italienische Küche. ⊕ Mo–Sa 7–19 Uhr.

Casa Vieja, gegenüber vom Botanischen Garten Lankester. Günstige landestypische Speisen in rustikalem Ambiente. ⊕ Di–So 16–21 Uhr.

Mercado Central, C. 1, Ecke Av. 6. Die Sodas bieten günstige, landestypische Gerichte.

SONSTIGES

Apotheke
Farmacia Sucre, C. 4, Av. 4.
⊕ Mo–Sa 7–19, So 8–18 Uhr.

Geld
BAC San José, Av. 3, C. 1–2. Geldautomat, alle Karten.
Banco Nacional, Av. 2, C. 3.
⊕ Mo–Fr 8.30–15.45 Uhr.

Informationen
Oficina de Turismo, im Rathaus am Parque Central. ⊕ Di–Fr 8–17 Uhr.

Internet
Ciber Espacio, A. 3, C. 1–3.

Supermarkt
Palí, Av. 2, C. 4–6. ⊕ Mo–Do 8.30–19, Fr und Sa 8.30–19.30, So 8.30–18 Uhr.

Taxis
Am Parque Central. Preise: Jardín Botánico Lankester 4000C$, Orosi 10 000C$, Tapanti-Nationalpark 15 000C$.

TRANSPORT

Busse nach:
CACHÍ (via PARAÍSO, UJARRÁS), C. 6, Av. 1–3, alle 40 Min. 5.30–22.15 Uhr, am Wochenende seltener;
NATIONALPARK TAPANTÍ (via PARAÍSO, OROSI; der Bus hält in PURISIL), C. 6, Av. 1–3, um 5.40, 6.40, 11, 13, 16 Uhr, 55 Min.;
OROSI (via PARAÍSO), C. 6, Av. 1–3, alle 30 Min. 6–22.20 Uhr, 30 Min.;
PARAÍSO/JARDIN BOTANICO LANCASTER, Av. 3, C. 6, alle 7 Min.;
SAN JOSÉ, am neuen Terminal Lumaca, C. 3, Av. 6–8, alle 10 Min. 4.30–23 Uhr, 45 Min., von hier auch nach ZAPOTE regelmäßig 5–20 Uhr;
TURRIALBA (via PARAÍSO), Av. 3, C. 8–10, am Gerichtsgebäude, alle 30 Min. 6–22.40 Uhr, am Wochenende seltener.

2 HIGHLIGHT

Parque Nacional Volcán Irazú

- **MINAET-Büro:** ☎ 2200-5025
- **Öffnungszeiten:** 8–16 Uhr (letzter Einlass 15.30 Uhr)
- **Eintritt:** $10 (Parkgebühr 1200C$)
- **Gründungsjahr:** 1955
- **Größe:** 2390 ha
- **Transport:** Ein Direktbus fährt täglich um 8 Uhr von der Av. 2, C. 1–3, in San José zum Vulkan (Fahrzeit 2 Std.). Der Bus hält außerdem rund 45 Minuten später an den Ruinas de Cartago. Zurück um 12.30 Uhr.
- **Ausrüstung:** Es kann mitunter sehr kalt und windig am Vulkan sein. Vorsichtshalber Jacke mitnehmen.

Von Cartago aus empfiehlt sich ein Ausflug zum Vulkan Irazú. Inmitten karger Mondlandschaft leuchtet die giftgrüne Schwefellagune aus dem 1050 m breiten und 300 m tiefen Hauptkrater des Vulkan Irazú, Costa Ricas höchstem Feuerberg und eines der beliebtesten Fotomotive im Land. Der Vulkan brach 1963 zum letzten Mal aus und bedeckte die Städte Cartago und San José mit Vulkanstaub und Vulkanasche.

Bei gutem Wetter hat man vom höchsten Aussichtspunkt eine tolle Sicht auf beide Ozeane, gelegentlich sogar bis zum Lago Cocibolca im benachbarten Nicaragua. Beste Chancen auf wolkenfreie Sicht sind die Morgenstunden in der Trockenzeit (Jan–März). An Wochenenden ist mit großem Besucherandrang zu rechnen.

© JULIA REICHARDT

Der Rundweg um das Valle de Orosi beginnt im Ort Orosi. Er führt dann gen Osten, zum Stausee von Cachí und den romantischen, sagenumwobenen **Ruinas de Ujarrás**. Großartige Aussichtspunkte liegen auf der Strecke, und mehrere Restaurants laden zu frischer Forelle und köstlichen Mokkaspezialitäten ein. Leider ist die Route nur für Auto- und Radfahrer möglich, da Busse nicht das gesamte Tal umfahren. Busreisende müssen sich bereits in Cartago oder Paraíso (S. 165) entscheiden, ob sie den Westen (Orosi) oder Osten (Cachí) des Tals besuchen wollen.

Der Parkplatz befindet sich etwa 500 m vom Hauptkrater. Besucher können einen der Krater (Cráter Principal) aus der Nähe betrachten oder auf die Spitze des Vulkans wandern. Im zweiten Parksektor Prusia (etwa 15 km vor dem Kratersektor links abbiegen) gibt es weitere und umfangreichere Wandermöglichkeiten.

Valle de Orosi

Weit schweift der Blick vom Mirador de Orosi über das grüne Orosi-Tal und den langen, gleichnamigen Fluss, der sich wie eine große Schlange durch die Senke zieht. Fincas schmiegen sich an die steilen Hänge, selbst in luftiger Höhe werden noch Kaffee, Obst und Gemüse angebaut. Ruhe herrscht hier und Frieden – *Paz*. Nichts deutet mehr auf die blutige Vergangenheit des Tals hin, auf Piratenüberfälle, Pestausbrüche und Indianeraufstände (Kasten S. 162).

Das Valle de Orosi ist ein **Wander-** und **Radfahrparadies**. Wanderwege führen durch den **Nationalpark Tapantí**, der gemeinsam mit dem benachbarten Parque Nacional Chirripó (S. 338) und Parque Internacional de la Amistad (S. 344) eines der größten zusammenhängenden Naturschutzgebiete des Landes bildet. Der **Circuito de Orosi** (s. Kasten), ein 30 km langer Rundweg mit wenig Verkehr, umrundet das gesamte Tal. Das Valle de Orosi ist schnell als Tagesausflug von San José (60 km) erreicht. Die Ruhe, angenehme Frische und relativ wenigen Touristen machen es zu einem attraktiven und günstigen Ziel für mehrtägige **Sprachkurse**.

Orosi

Der kleine Ort Orosi bildet das touristische Herz des Orosi-Tals. Im Zentrum erhebt sich die Parroquia de Orosi, Costa Ricas älteste intakte Kolonialkirche. Ihre unschuldig weiße Fassade aus dem Jahr 1743 steht im scharfen Kontrast zur

Auf den Spuren der Huetares-Indianer

Aquädukte, Grabplatten, Schmuck und Petroglyphen sind Spuren, die die Huetares-Indianer – die **Ureinwohner** des Valle Central – der Nachwelt hinterließen. Im Gegensatz zu den Indianerstämmen der Atlantikküste, die mitunter ihre Sprache und Kultur bis heute bewahren konnten, existierten im Valle Central bereits im 19. Jh. keine indianischen Siedlungen mehr. Das Encomienda-System (S. 90, Geschichte) hatte die Gesellschaftsstruktur der Huetares zerstört: Indianersiedlungen waren zu Dörfern, der Naturglaube zum Christentum, die Stammesstruktur zu Kleinfamilien umgewandelt worden. Um die Assimilierung zu beschleunigen, entledigten sich die Spanier oft der Stammesoberhäupter (Caciques). Über Jahrhunderte gewachsene Handelsbeziehungen zu Indianerstämmen in Mexiko, Kolumbien, Nicaragua und Panama zerbrachen, die Huetares produzierten nur noch für die spanischen Kolonialherren. Aus einem ehemals wirtschaftlich autarken Stamm war ein versklavtes Volk geworden.

Wenig wird über den **Widerstand** der Huetares berichtet. Doch es gab ihn, in verschiedener Form: So zogen sich die Spanier bereits zu Beginn der Conquista aus Garcimuñoz, der ersten bedeutenden spanischen Siedlung im Valle Central zurück, denn die Indianerangriffe waren zu heftig. Später wird von Indios berichtet, die die Teilnahme am Gottesdienst verweigerten oder den Leichnam ihres Häuptlings aus Kirchen befreiten, um ihn nach indianischem Brauch zu bestatten. Man liest über Franziskanermönche, die, weil sie Stammesgesetze missachteten und Häuptlinge zur monogamen Ehe zwangen, mit ihrem Leben bezahlten. Felder, Brücken und „ein Dutzend Kirchen", heißt es im kleinen Museum von Orosi, wurden im Valle Central bei Indianeraufständen abgebrannt. Viele Indianer folgten ihren Caciques und flohen aus dem Valle Central in die Tierra Interna, die abgelegene Bergregion der Cordillera Talamanca.

In Talamanca hatten die Spanier aufgrund des schwierigen Terrains nie Fuß fassen können. Die gebirgige Region blieb verschont vom Encomienda-System und die gesamte Kolonialzeit hindurch unabhängig. Jahrhunderte lang wurde die ursprüngliche Heimat der Bribrí-Indianer zum Zufluchtsort für die Huetares und entwickelte sich zum Hort des Widerstandes. Von hier organisierten die Caciques verschiedener Stämme Aufstände sowohl gegen die Spanier als auch gegen Indianer, die sich freiwillig den Kolonialherren als Arbeitskraft anboten. Als Ende des 17. Jhs. die Pest Tausende von Indianern auf den Encomiendas im Valle Central dahinraffte, war auch Talamanca nicht mehr sicher. Die Spanier drangen verstärkt in die Gebirgsregion ein, um neue Arbeitskräfte zu fangen. Der letzte große Indianeraufstand, der 1709 in Talamanca aufkeimte, fand ein Jahr später sein tragisches Ende mit der Enthauptung des Anführers Pablo Presbere in Cartago. Dieser Tag, der 4. Juli, wurde für die Ureinwohner Costa Ricas zum Gedenktag an den erbitterten Kampf gegen die Jahrhunderte lange spanische Unterdrückung.

---

kolonialen Vergangenheit. Insgesamt 14 Kolonialkirchen gab es in der Region, sie fielen Erdbeben und Überschwemmungen zum Opfer oder wurden bei Indianeraufständen niedergebrannt.

Ende des 17. Jhs. rafften drei Pestschübe die indigene Bevölkerung Orosis dahin, denn der aus Europa eingeschleppten Pest waren die Indianer machtlos ausgeliefert. Die wenigen Überlebenden wurden in den Osten des Tales, nach Ujarrás umgesiedelt. Orosi blieb daraufhin jahrzehntelang eine Geisterstadt. Im Jahr 1755 wagten die Franziskanermönche einen Neuanfang,

sie errichteten die Parroquia de Orosi und besiedelten den verlassenen Ort mit Indianern aus der Talamanca-Region. Im Franziskanerkonvent wurden sie im Web-, Tischler- und Schmiedehandwerk unterwiesen. Chorjungen und Messdiener erhielten zudem Lateinunterricht.

1846 folgten die Mönche dem Ruf des Erzbischofs nach Guatemala; die Ermita (Wallfahrtskirche) verfiel. Im Gegensatz zur Kirche in Ujarrás überstand sie jedoch die schweren Erdstöße von 1910. Im Jahr 1940 kehrten die Mönche kurzzeitig zurück, 40 Jahre später wurde aus dem

Kloster ein Museum. Im Ort befinden sich einige Unterkünfte, zwei von Thermalquellen gespeiste Freibäder und eine Sprachschule.

Die **Parroquia de Orosi** aus dem Jahr 1727 wurde im Bahareque-Stil gebaut. Das schlichte Kircheninnere spiegelt die Weltanschauung des Franziskanerordens wider, der zu den Bettelorden zählt und Besitz ablehnt. Im Gotteshaus befinden sich handgeschnitzte Heiligenfiguren und -bilder aus dem 16.–18. Jh.

Das benachbarte **Museo Franciscanos** – das ehemalige Franziskanerkloster – zeigt eine Sammlung mit sakraler Kunst, darunter braune Franziskanerkutten, Zepter, alte Bibeln und Kronen. Auf Wandtafeln wird die Geschichte der Kirche erläutert. ⊕ Di–So 9–16 Uhr, Eintritt 500C$, Kinder 250C$.

ÜBERNACHTUNG

Dragonfly Guesthouse, 75 m südl. der Sprachschule, ✆ 2533-3640, 🖳 www.montanalinda.com. Saubere, helle Zimmer von den Gründern der Montaña-Linda-Sprachschule. Gemütlicher Gemeinschaftsraum mit Küche, Veranda. Ruhig gelegen und schön. ❷

Hotel Tapantí Media, an der Straße zum Nationalpark, rechte Seite, vor den Thermen, ✆ 2533-9090, ✉ tapantimedia@gmail.com. Tolle Lage mit Blick auf Vulkan und Tal. Rustikale, gemütliche Zimmer, gutes italienisches Restaurant, Bar mit offenem Kamin, sehr freundlich. ❸

Hostel Casa del Café, im Ort La Alegría, 1 km von Orosi, auf der anderen Seite der Fußgängerbrücke, ✆ 2533-1896, 🖳 www.hosteldelcafe.com. 3 sehr saubere und freundliche Zimmer in familiärer Atmosphäre mit Gemeinschaftsküche. Gutes Preis-Leistungs-Verhältnis. EZ ab $25 mit Gemeinschaftsbad. Frühstück inkl. ❷

Montaña Linda, 150 m westl. vom Friedhof, ✆ 2533-3640, 🖳 www.montanalinda.com. Saubere, relativ dunkle Schlafräume mit niedrigen Decken, aber guten Matratzen, beliebt bei Gästen der Sprachschule. Gemeinschaftsküche (Benutzung $1), schöner Gemeinschaftsbereich. EZ ab $15, Dorm $9. Camping $4 p. P. ($3 p. P. mit eigenem Zelt). ❷

Orosi Lodge, direkt vor den Orosi-Thermen, ✆ 2533-3578, 🖳 www.orosilodge.com.

Schlichte, große, geschmackvoll eingerichtete Zimmer mit Kitchenette und Vulkanblick sowie 2 Ferienhäuser für max. 4 bzw. 5 Pers. Viele Informationen, WLAN. Deutsche Leitung; empfehlenswert. 3 Pers. $92. Mountainbike-Vermietung ($10 pro Tag). Dem Hotel angeschlossen ist das Café Orosi Lodge mit großer Veranda und leckerem Frühstück ($8), Gebäck, Snacks, Kaffee und – eine original Wurlitzer-Jukebox mit 60er-Jahre Latinoschnulzen. ⊕ Mo–Sa 7–19 Uhr. Verkauf von Kaffee aus ökologischem Anbau. ❹ – ❺

ESSEN

Restaurante Coto, nördl. vom Fußballplatz, landestypische Küche. ⊕ Mo–Fr 7–22, Sa und So 7–24 Uhr.

Restaurante El Mirador, an der Straße zum Nationalpark im Hotel Tapantí Media. Original italienische Küche, toller Blick von der Terrasse. ⊕ 7–21 Uhr.

Restaurante El Nido, 150 m nördl. vom Sportplatz. Bar mit günstigen landestypischen Snacks. ⊕ 11.30–22 Uhr.

Pizzeria Luz de Luna, neben der Banco Nacional. ⊕ 14–21 Uhr.

AKTIVITÄTEN

Reittouren
Über Sprachschule Montaña Linda oder Orosi Lodge; $13 pro Std.

Sprachschule
Montaña Linda (Otiac), ✆ 2533-3640, 🖳 www.montanalinda.com. Beliebte Sprachschule mit kleinen Gruppen (max. 3 Pers.) und günstigen Preisen. Spezielle Angebote für längere Aufenthalte. Auch Kombiangebote: Unterricht plus Unterkunft in den schönen Herbergen der Schule oder bei costaricanischen Familien. Angebote: 1 Woche Kurs mit Unterbringung im Hostel: $199, $300 mit Unterbringung bei einer Familie inkl. HP. Es werden auch Kurse außerhalb des Klassenzimmers angeboten, z. B. am Fluss, unter freiem Himmel. Damit man zur richtigen Zeit im richtigen Kurs sitzt, mindestens eine Woche im Voraus anmelden! Alle Lernmaterialien sind im Preis enthalten.

Thermalbäder

Bei Orosis „Balnearios" handelt es sich eher um schöne Freibäder, die mit Thermalwasser gespeist werden, als um Thermalbäder. Das Wasser ist bestenfalls lauwarm, da es über lange Wasserrohre herantransportiert wird. **Los Balnearios**, 300 m südl., 200 m westl. der Kirche. ⊙ 7.30–16 Uhr, Eintritt $3, in Nebensaison Di geschl.
Balneario Los Patios, 1 km von Orosi Richtung Nationalpark. ⊙ Di–So 8–16 Uhr, Eintritt $5, auch für Kinder.

Wandern

Eine reiche Auswahl an Wandervorschlägen in Orosis Umgebung mit Routenbeschreibung und selbst gezeichneten Karten gibt es kostenlos in der Sprachschule Montaña Linda.
Parque Nacional Tapantí-Macizo de la Muerte, 12 km von Orosi (S. 166).
Reserva Montesky, 11 km von Orosi, Richtung Nationalpark, ✆ 2228-0010. Mehrere Wanderwege führen durch das 530 ha große Gelände mit Primärwald. Der schönste geht von der Parkwächterhütte zu einem Wasserfall (ca. 40 Min.). Die Wege dieses Privatreservats sind nicht so gepflegt wie im Tapantí-Nationalpark. ⊙ Di–So 8–16 Uhr, Eintritt $10.

SONSTIGES

Apotheke

Farmacia Tabor, 50 m östl. vom Fußballplatz, ✆ 2533-3395.

Fahrradverleih

Costa Rica Moto, 100 m südl. der Banco Nacional, ✆ 2533-1442, 🖳 www.costaricamoto.com. Neben Motorrädern werden auch Fahrräder vermietet. Fahrrad $9 pro Tag. ⊙ Di–Fr 6–16, Sa und So 7–16 Uhr.
Orosi Lodge, Mountainbikes für $10 pro Tag.

Geld

Banco Nacional, 225 m südl. vom Park. ⊙ Mo–Fr 8.30–15.45 Uhr.

Informationen

Otiac, 250 m westl. der Bar La Primavera, ✆ 2533-3640, 🖳 www.montanalinda.com.

Viele Informationen und Tourangebote. ⊙ 7–18.30 Uhr.

Internet

Internet PC Orosi, 300 m südl. der Kirche. Günstig: $1 für 1 Std. ⊙ Mo–Sa 8.30–20.30, So 8–17 Uhr.

Supermarkt

Supermercado Anita, 225 m südl. vom Park, neben der Bank. ⊙ Mo–Sa 7–20, So 7–17 Uhr.

Taxis

Am Fußballplatz. Preise: NP Tapantí $18, Ruinas de Ujarrás $18, Cachí $20.

TRANSPORT

Busse nach:
CARTAGO (via PARAÍSO), mind. alle 30 Min. 4–22.30 Uhr, am Wochenende seltener, 40 Min.; PARQUE NACIONAL TAPANTÍ, es gibt keine direkte Busverbindung zum Nationalpark. Busse halten in **Purisil**, der letzten Ortschaft vor dem Park. Von hier sind es 4 km Fußmarsch (s. Transport Cartago);
UJARRÁS / CACHÍ, es besteht keine direkte Busverbindung zwischen Orosi und Cachí. Der Bus Richtung Cartago hält in der Ortschaft **Paraíso**. Von hier fahren Busse über Ujarrás nach Cachí.

Cachí

Cachí bietet sich als Pause auf dem Rundweg um das Orosi-Tal an. Die **Represa Hidroeléctrica de Cachí**, 2 km von Cachí in Richtung Ujarrás, gehört zu den ersten und größten Staudammprojekten Costa Ricas. 75 m hoch und 148 m lang ist der Betondamm, der seit Mitte der 1960er-Jahre das Wasser des 152 km langen Río Reventazón staut. Achtung: Autos dürfen auf dem Damm nicht halten. Eine gute Sicht auf den Damm hat man von dem Cafe 100 m vor der Represa auf der linken Straßenseite).

Zwei Kilometer östlich vom Staudamm steht die **Casa del Soñador**, die einfache Holzhütte des 1995 verstorbenen Macedonio Quesada. Macedonio brachte sich das Schnitzen selber bei und wurde vom Dorf als Träumer verlacht. Der Spott aber schlug in Bewunderung um, als Touristenbusse aus aller Welt vor der bescheidenen Hütte hielten, um Macedonios Schnitzkunst zu sehen. Das *Ultima Cena* ist sein Meisterwerk, es stellt das letzte Abendmahl mit Indio-Kindern dar. Macedonios Söhne führen das Schnitzhandwerk fort und stellen kleine Kaffeepflückerfiguren her. ⏀ 8–18 Uhr, Eintritt frei.

ÜBERNACHTUNG UND ESSEN

Las Piedras Albas de Cachí, in Cachí, hinter der zweiten Brücke 2,5 km rechts hinauf, ✆ 2577-1462, 🖥 www.cabinas.co.cr. 4 schlichte, gemütliche Cabinas (max. 4 Pers.) mit Ofen, Küche, Veranda in idyllischer, abgeschiedener, Hanglage mit Wanderwegen. Am Wochenende teurer. Die untere Cabina mit Küche macht das Rennen. Frühstück möglich. ❸

Hotel Quelitales, in Cachí, hinter der zweiten Brücke 3,5 km rechts hinauf, ✆ 2577-2222, 🖥 www.hotelquelitales.com. 6 Cabinas auf schönem Areal; sehr ruhig. Eigene Fischteiche und Wasserfall. Frühstück inkl. ❻

Das Restaurant **La Casona de Cafetal**, ✆ 2577-1414, liegt idyllisch am Lago de Cachí und serviert hausgemachtes Mokka-Eis und andere Spezialitäten aus der Region (u. a. Rindfleisch und Forellen). ⏀ 11–18 Uhr.

TRANSPORT

Busse fahren nach CARTAGO (via UJARRÁS und PARAÍSO) Mo–Fr 7x tgl., Sa und So 3x.

Ujarrás / Paraíso

Auf den romantischen, moosbedeckten **Ruinas de Ujarrás** (⏀ 8–16 Uhr), in deren Mauern heute Papageien ihre Nester bauen, erhob sich einst die Iglesia de Nuestra Señora de la Limpia Concepción, die erste Kirche Costa Ricas, die 1570 von den Spaniern errichtet wurde. Beim schweren Erdbeben von 1910 fiel sie in Trümmer; die Erdstöße bildeten das Ende einer Serie von Katastrophen, die den kleinen Ort heimsuchten: 1666 näherte sich dem Städtchen von der Karibik über den Río Reventazón her ein Piratenschiff. An Bord waren britische Freibeu-

ter, darunter die gefürchteten Piraten Edward Mansfield und Henry Morgan. Ujarrás' Einwohner flehten ihre Jungfrau um Hilfe an. Mit einem Heer von 600 Mann erschien diese darauf den Piraten, die furchterfüllt die Flucht ergriffen.

Dem Wunder von Ujarrás und der amazonenhaften Jungfrau wird jedes Jahr Mitte April mit einer Prozession zu den Kirchenruinen gedacht. 1833 überflutete der Río Reventazón den Ort. Die Einwohner gründeten daraufhin 7 km weiter nördlich den Ort Paraíso. Paraíso ist eine wichtige Umsteigestation, um von Orosi nach Cachí zu gelangen, denn zwischen den beiden Orten besteht keine direkte Busverbindung. Colectivos (sehr langsame Busse) fahren außerdem von Paraíso ins 34 km entfernte Turrialba.

Der Circuito de Orosi (S. 161) endet mit zwei herrlichen Aussichtspunkten über das Orosi-Tal, dem **Mirador Ujarrás**, kurz hinter Ujarrás, und dem **Mirador Sanchirí**, 2 km südlich von Paraíso, beide mit Einkehrmöglichkeit. Autofahrer können direkt von Ujarrás über eine Nebenstrecke nach Turrialba fahren. Die landschaftlich sehr reizvolle Straße mündet nach ca. 40 Minuten in die Hauptroute von Paraíso nach Turrialba.

ÜBERNACHTUNG

🏠 **Sanchirí Mirador & Lodge**, 2 km südl. von Paraíso, ✆ 2574-5454, 🖥 www.sanchiri.com. 20 moderne Zimmer mit großer Fensterfront und feiner Einrichtung, oder gemütliche, rustikale Holzcabinas (max. 8 Pers.). Der Blick aufs Tal ist überwältigend. Zuvorkommende Leitung, eigene Milch- und Viehwirtschaft, Käseherstellung, Nutzung von eigenem Biogas im Hotelbetrieb. Ein Großteil der im Restaurant (⏀ 7–21, Sa und So bis 22 Uhr) verwendeten Lebensmittel stammt aus Eigenproduktion. Jede weitere Pers. $12. Frühstück inkl. ❹

SPRACHSCHULE

Finca la Flor de Paraíso, 7 km nordöstl. von Paraíso an der Straße Richtung El Yas, 🖥 www.la-flor.org. Sprachunterricht auf einer Öko-Farm. 20 Std. pro Woche (Mo–Fr 4 Std. tgl.) kosten $450 p. P. (inkl. VP und Übernachtung bei costaricanischen Familien). Rabatte für größere Gruppen. Busverbindung besteht aus Cartago.

Parque Nacional Tapantí

- **MINAET-Büro:** ☎ 2206-5615
- **Öffnungszeiten:** 8–16 Uhr
- **Eintritt:** $10
- **Gründungsjahr:** 1999
- **Größe:** 58 500 ha
- **Transport:** Der Hauptzugang zum Park befindet sich 12 km südlich von Orosi. Es fahren keine Busse direkt zum Nationalpark. Busse fahren aus Catargo via Paraíso und Orosi nach Purisil, der letzten Ortschaft vor dem Nationalpark. Von hier sind es 5 km Fußmarsch zum Park. Alternative: Fahrrad in Orosi leihen (S. 164).
- **Ausrüstung:** Regen- und Schwimmsachen mitnehmen.

Mit der Gründung des Parque Nacional Tapantí–Macizo de la Muerte ist das Ziel der Schaffung eines biologischen Korridors, in dem Tiere ungestört von Panama nach Mexiko wandern können, bedeutend näher gerückt: 1999 wurde der Park mit den benachbarten Schutzgebieten Reserva Forestal Los Santos und Reserva Forestal Río Macho zusammengelegt. Damit stehen insgesamt 58 500 ha Regenwald an der nördlichen Cordillera Talamanca unter Schutz. An diese Fläche schließen sich im Südosten der Parque Nacional Chirripó und der Parque Internacional La Amistad an. Letzterer erstreckt sich über die Landesgrenze hinweg bis nach Panama!

Der Nationalpark ist mit einem jährlichen Niederschlag von 5600 mm einer der **niederschlagsreichsten** Parks Costa Ricas überhaupt. Zum Wandern sind die relativ trockenen Monate Februar, März und April am besten geeignet. Mehrere kurze Wanderwege (1,2–2 km) führen durch montanen und prämontanen Wald zum **Mirador** und den **Wasserfällen** Salto und Palmitas. Der schönste Pfad, der Sendero Oropendula (1,2 km), führt zum Río Orosi, der zum Schwimmen geeignet ist. Für die Öffentlichkeit gesperrt ist das Proyecto Hidroeléctrico Tapantí, dessen Turbinen im Nationalpark stehen.

Albergue de Montaña Kiri, 3 km hinter Purisil, 1 km vom Nationalpark, ☎ 2533-2272, 8394-6286,

🖳 www.kirilodge.com. Das nächste Hotel am Nationalpark. 6 einfache, saubere Zimmer in schöner Lage bei einer Tico-Familie. Wer will, kann sich aus dem hoteleigenen Forellenteich Forellen angeln und von der Köchin zubereiten lassen (5500C$ pro kg). Angelzubehör wird gestellt. Einfaches Frühstück inkl. ❸

Busse 4x tgl. von Purisil nach CARTAGO (via OROSI).

Turrialba und Umgebung

Turrialba

Im tiefen, fruchtbaren Turrialba-Tal, zu Füßen des zweitgrößten Vulkans des Landes, liegt die freundliche Provinzstadt Turrialba, die ihren Tico-Charme und ihr gemächliches Tempo bewahrt hat. Einst machte in Turrialba die atlantische Eisenbahn Halt, auf dem Weg von San José nach Limón. Heute rosten die Gleise unter hohen Grasbüscheln vor sich hin und dienen nur noch dem entdeckungsfreudigen Reisenden als originelle Wanderroute ins 100 km entfernte Limón. Der Einfluss der Karibik ist bereits spürbar in Turrialba, das Klima hier ist heißer und feuchter als im übrigen, relativ kühlen Valle Central.

Im **Jardín Botánico CATIE** (Centro Agronómico Tropical de Investigación y Enseñanza), rund 3 km südöstlich von Turrialba, ☎ 2556-2700, 🖳 www. catie.ac.cr, wachsen Kaffee, Kakao, Litschis, Durian und Mangostan. In diesem tropischen Garten Eden, wo Schnuppern, Anfassen und sogar Kosten erlaubt ist, forschen und lehren Wissenschaftler aus aller Welt seit über 40 Jahren im Bereich tropischer Landwirtschaft. Das Institut arbeitet u. a. mit den kleinen Kaffee- und Kakaobauern der Region zusammen, stellt Saatgut zur Papierherstellung, Erosionsbekämpfung oder für Obst- und Nussplantagen her und bildet künftige Forscher aus. ⊕ Mo–Fr 7–16, Sa 8–16 Uhr, Eintritt $10, Studenten $6, Führung $25. Die Busse in

Richtung La Suiza fahren am Garten vorbei. Unkomplizierter ist es jedoch, die Strecke zu Fuß zurückzulegen oder ein Taxi zu nehmen ($6).

Lohnenswerte Tagesausflüge führen zum 19 km entfernten **Monumento Nacional Guayabo** – Costa Ricas bedeutendster archäologischer Ausgrabungsstätte – und zum allgegenwärtigen, aktiven Volcán Turrialba.

Wildwasserfahrten

Hauptattraktion der Stadt sind die Flüsse **Río Pacuare** und **Río Reventazón**, die scharenweise Rafter und Kajaker anlocken. Letzterer ist seit dem Bau der Represa Angostura streckenweise nicht mehr zum Rafting geeignet, durch den 2002 fertig gestellten Staudamm wurde der Wasserpegel des Flusses gesenkt. Raftingtouren mit den lokalen Anbietern (s. u.) sind den Veranstaltern aus San José vorzuziehen. Die Gruppen sind kleiner, die Touren weniger hektisch und da der Rückweg in die Hauptstadt entfällt, verbringt die Gruppe letztendlich mehr Zeit auf dem Fluss.

ÜBERNACHTUNG

Turrialba bietet einige sehr günstige Unterkünfte. Die Sauberkeit lässt jedoch mitunter zu wünschen übrig. Ausnahmen bilden die nachstehend genannten Häuser.

Hotel Casa Turire, 14 km südöstl. von Turrialba, ☎ 2531-1111, 💻 www.hotelcasaturire.com. Luxushotel im Stil eines Plantagenhauses. Lockere, freundliche schweizerische Leitung. Die 12 farbenfrohen Zimmer und 4 Suiten sind umgeben von einem kunstvoll angelegten Garten mit See. Pool, gutes Restaurant mit internationaler Karte. Jede weitere Pers. $25. ❻

€ **Hotel Interamericano**, Av. 1, an den Bahngleisen, ☎ 2556-0142, 💻 www. hotelinteramericano.com. 21 saubere, schlichte und hellhörige Zimmer, auch EZ, teils mit Gemeinschaftsbad, beliebt bei Raftern und Kajakern. Nette amerikanisch/costa-ricanische Leitung, gutes Preis-Leistungs-Verhältnis. Frühstück $5. ❶–❷

Hotel Kardey, 200 m östl. und 50 m südl. vom Busbahnhof Transtuca, ☎ 2556-0050, 📧 hotel kardey@hotmail.com. 22 saubere Zimmer verschiedener Größe und Qualität in verwinkeltem Hotel, meist mit Fenster zum Gang. Am schönsten sind die Zimmer ganz oben mit Balkon. Internetcafé im Haus, Parkplatz. ❸

Turrialtico Lodge, in Pavones, 8 km von Turrialba Richtung Siquirres, ☎ 2538-1111, 💻 www.turrialtico.com. 17 einfache Zimmer. Die große Veranda bietet einen spektakulären Blick auf das Turrialba-Tal. Gutes Restaurant. Beliebt bei Raftern. Frühstück inkl. ❹

Hotel Wagelia, Av. 4, C. 2–4, ☎ 2556-1566, 💻 www.hotelwagelia.com. 18 saubere Standardzimmer mit älterer AC um einen hübschen Innengarten, nettes Restaurant. Sehr zentral, nahe Busbahnhof. Das Hotel hat noch eine günstigere Dependence: **Wagelia Dominica**, am Stadtrand von Turrialba, ☎ 2556-1142, ❸. Es lohnt sich jedoch, die $20 mehr für das Haupthaus im Zentrum zu investieren, Atmosphäre und Zimmer sind hier schöner. Frühstück inkl. ❹

ESSEN UND UNTERHALTUNG

Pinkay, gegenüber der Feuerwehr. Tico-Bar, gutes Essen.

Pizzeria Mammamia und **Pizza Popos**, beide am Park. Pizza zum Mitnehmen. 🕐 12–20 Uhr.

Restaurante Don Porfi, 4,5 km in Richtung Vulkan. Bietet in gehobenem Ambiente guten Fisch und Meeresspezialitäten; Weinkarte. 🕐 Mo–Sa 12–22, So 11–21 Uhr.

Günstige, landestypische Gerichte haben **Soda Ana**, hinter dem Hotel Interamericana, die bei Einheimischen beliebte **Soda Lorena**, gegenüber der Banco Costa Rica, und das **Restaurante La Feria**, gegenüber der Tankstelle Richtung Busbahnhof, 🕐 Mi–Mo 11–20 Uhr.

Charlie's Bar, im Centro Comercial, und **Bar-Restaurant Olé, Olé**, 100 m nördl. vom Servicentro San Ramón, sind die Zentren des Nachtlebens.

TOUREN

Kajaking / Rafting

Loco's Tropical Tours, gegenüber dem Busbahnhof, ☎ 2556-6035, 💻 www.whiteh2o.com.

Touren auf dem Río Pacuare und für Anfänger auf dem unteren Río Reventazón. Rabatt ab 5 Pers.
Tico's River Adventures, ✆ 2556-1231, 🖥 www.ticoriver.com. Touren auf den Flüssen Pacuare, Reventazón, Pascua und Peralta. Auch mehrtägige Kajakkurse.
Costa Rica Ríos, ✆ 2556-8664, 🖥 www.costaricarios.com. Erfahrener Anbieter von mehrtägigen Raftingtrips inkl. Abholung vom Flughafen, Transfer, eigenen Camps und Verpflegung.
Exploranatura, ✆ 2556-4932, 🖥 www.explornatura.com. Veranstalter, der in ganz Costa Rica Abenteuertouren anbietet, u. a. eine mehrtägige Rafting- sowie eine Canyoningtour in der Umgebung von Turrialba.

SONSTIGES

Apotheke
Farmacia El Valle, gegenüber der Panadería Castellana. ⏱ Mo–Sa 7–23, So 7–15 Uhr.

Fahrradreparatur
Ciclo Oki, neben Hotel Wittingham. ⏱ Mo–Sa 8–12 und 13.30–18 Uhr.

Fotogeschäft
Fuji, Westseite der Kirche. ⏱ Mo–Sa 8–18 Uhr.

Geld
Banco Popular, 50 m westl. vom Parque Central. ⏱ Mo–Fr 8.45–16.30, Sa 8.15–11.30 Uhr.
Banco Nacional, Av. 0, C. 1–3. ⏱ Mo–Fr 8.30–15.45 Uhr.
Banco Costa Rica, C. 3, Ecke Av. 0. ⏱ Mo–Fr 9–16 Uhr.

Internet
Hotel Kardey, 50 m südl. der Tankstelle am Busbahnhof. Internetcafé: ⏱ Mo–Sa 7–21 Uhr.

Sprachschule
Spanish by the River, 3 km außerhalb von Turrialba in Richtung Cartago, ✆ 2556-7380, 🖥 www.spanishatlocations.com, ✉ turrialba@spanishatlocations.com. 5 Sprachschulen in Panama und Costa Rica haben sich zur sehr empfehlenswerten Sprachakademie „Spanish at locations" zusammengeschlossen und bieten ein gemeinsames Programm in folgenden Orten an: Turrialba und Puerto Viejo in Costa

Blick in einen Krater des Vulkan Turrialba. Erst seit Kurzem spuckt der Feuerberg wieder Asche.

© JULIA REICHARDT

Rica, Panamá City, Boquete und Bocas del Toro in Panamá. Die Kurse sind aufeinander abgestimmt, sodass man an einer Location startet und dann zu anderen weiterreisen kann, um dort weiterzulernen. Unterkunft in Gastfamilie oder im Hotel. Ab $195 die Woche; auch Privatstunden und Spezialkurse.

Supermarkt

Bogaro Supermercado, am Ortsausgang Richtung Cartago. ⊕ Mo–Sa 7–20, So 8–13 Uhr.
Megasuper, C. 3, Ecke Av. 2. ⊕ Mo–Sa 8–21, So 8–19 Uhr.

Taxis

Taxis stehen am Busbahnhof und entlang der C. 1. Preise: Monumento Nacional $24 (nur Hinfahrt), Vulkan Turrialba $40.
Taxi Ascut, Zentrale am Busbahnhof, ✆ 2556-7070.
Taxi Undidos, ✆ 2556-2424.

Wäschereien

Lavanderia Turrialba, 50 m südl. der Feuerwehr. ⊕ Mo–Sa 8–16.45 Uhr.
Lavandaria Sago, 20 m südl. der Tankstelle. ⊕ Mo–Sa 7.30–17 Uhr.

TRANSPORT

Busse nach:
MONUMENTO NACIONAL GUAYABO, s. u.;
SAN JOSÉ, mind. stdl. 5–17.20 Uhr,
1 3/4 Std., danach keine Direktbusse mehr;
SIQUIRRES, Di, Mi, Do mind. alle 2 Std.
6–18 Uhr, Fr–Mo stdl. 7–19 Uhr, 1 3/4 Std.

Monumento Nacional Arqueológico Guayabo

■ **MINAET-Büro:** ✆ 2559-1220
■ **Öffnungszeiten:** 8–15.30 Uhr
■ **Eintritt:** $6 p. P.; für Führungen auf Englisch ist eine Anmeldung nötig. Die Führungen finden auf Trinkgeldbasis statt.
■ **Gründungsjahr:** 1973
■ **Größe:** 233 ha

■ **Transport**
Auto: Das Monument liegt 19 km nord-östlich von Turrialba, davon 15 km asphal-tierte Straße mit Schlaglöchern und 4 km Schotterpiste.
Busse: Von Turrialba verkehren Busse zum Monument um 11.15, 15.10 und 17.20 Uhr (So um 9, 15 und 18.30 Uhr), rund 1 Std., mit Transportes Rivera, ✆ 2556-0362. Vom Monument nach Turrialba um 7, 12.30 und 16 Uhr.

Ein Monolith am Eingang zur Ausgrabungsstät-te verrät, wer hier vor rund einem Jahrtausend lebte: Der Stein zeigt einen Jaguar, das Symbol des Cabécar-Stammes, der heute im Talamanca-Gebirge, an der Atlantikküste Costa Ricas, lebt. In Guayabo, so nehmen Archäologen an, befand sich eine Schule für Caciques. Rund 1000 Men-schen lebten hier von Fischerei, Keramikherstel-lung und Landwirtschaft. Warum die Cabécares diesen Ort wählten und ihn 400 Jahre später – zu Friedenszeiten – wieder verließen, ist nach wie vor ungeklärt.

Vom **Cerro Cacique**, auf den einst der Häupt-ling und der Schamane (Arzt) zum Meditieren stiegen, blickt der Besucher auf zwölf Montícu-los (Steinhügel) hinab. Es sind die Fundamente ehemaliger Häuser. Mindestens weitere 24 be-finden sich nach wie vor unter der Erde. In je-dem Haus lebten 20 bis 40 Personen. Je höher die Stellung in der Stammeshierarchie, desto größer und zentraler lag das Haus. Der größte Montículo, im Zentrum des Geländes, war folg-lich das Haus des Stammeshäuptlings. Sein Fun-dament misst 30 m im Durchmesser, ebenfalls 30 m soll es einst hoch gewesen sein. Die Materia-lien zum Hausbau, der Cedro-amargo-Baum und die gelb blühende Dijagua-Pflanze für das Dach, wachsen nach wie vor auf dem Gelände.

Im Cacique-Haus entdeckten Archäologen die Gräber von drei verschiedenen Häuptlingen. Die Grabbeilagen sind heute im Museo Nacional in San José ausgestellt. Zum Bestattungsritual der Cabécares gehörte, die Verstorbenen in Blätter eingewickelt unter freien Himmel zu legen. Erst wenn der Zopilote – das Symbol für Sipos, den Gott der Indígenas – begann, den Leichnam zu fressen, wurde der Körper begraben. Mehrere über- und unterirdische, nach wie vor intakte Aquädukte versorgten den Ort mit Wasser aus den umliegenden Bergen. Vier Straßen führen in die vier Himmelsrichtungen, nach Siquirres, Turrialba, zum Vulkan und zur Cordillera Talamanca. Vom Wegenetz wurden erst 200 m freigelegt.

Guayabo ist die bei Weitem größte archäologische Stätte in Costa Rica. 2002 fanden hier die bislang letzten Ausgrabungen statt. Allerdings wurde 2013 die Ausgrabungstätte schön renoviert und die Wege neu angelegt. Große Teile der Siedlung sind noch immer von Wald überwachsen, für weitere Ausgrabungen fehlte zur Zeit der Recherche nach wie vor das Geld. Eine Führung durch das Gelände lässt jedoch die Steinfundamente zu einer präkolumbischen Siedlung erwachen und gibt dem Besucher einen guten Einblick in das Leben von Costa Ricas Ureinwohnern.

Parque Nacional Volcán Turrialba

- **MINAFT-Büro:** Das Büro ist zurzeit aufgrund der Vulkanaktivität geschlossen. Kontaktaufnahme über MINAET am Vulkan Irazú, ℡ 2200-5025.
- **Öffnungszeiten:** Der Park war zur Zeit der Recherche für Besucher geschlossen.
- **Gründungsjahr:** 1955
- **Größe:** 1456 ha
- **Transport**
  Auto: Folgende Wegbeschreibung gilt im Falle einer Wiedereröffnung des Nationalparks: Der Parkeingang ist 16 km von La Pastora und 20 km von Santa Cruz entfernt. Wer anschließend San José ansteuert, kann statt nach Turrialba zurückzukehren von Santa Cruz die landschaftlich reizvolle Route via Pacayas nach Tejar (4 km südl. von Cartago) nehmen. Nur mit Vierradantrieb.
  Busse: Es gibt keine direkte Busverbindung zum Nationalpark. Der Bus von Turrialba

(4x tgl.) und Cartago (2x tgl.) fährt bis Pastora, von dort sind es weitere 16 km bis zum Nationalpark.
Pferd: In der Turrialba Lodge (s. Übernachtung) werden Pferde vermietet.

24 km nordöstlich der Stadt Turrialba liegt der Vulkan Turrialba, Costa Ricas zweithöchster Vulkan (3340 m). Geomorphologisch bildet er eine Einheit mit dem nur 10 km Luftlinie entfernten Volcán Irazú (3432 m). 1864 kam es vorläufig zum letzten großen Ausbruch des Turrialba, damals spuckte er seine Asche bis nach Corinto, an die Pazifikküste Nicaraguas. In jener Explosion entstand der **Cráter Principal San Francisco**. Dieser und der **Cráter Central** sind vulkanisch aktiv. Schwefeldämpfe steigen von ihren Kraterwänden; die Fumarole haben Temperaturen zwischen 45 und 90 °C. Anfang 2010 spuckte der Turrialba erneut Aschewolken, dabei bildete sich ein neuer, etwa 100 m breiter Krater. Zur Zeit der Recherche (2014) war der Park für die Öffentlichkeit gesperrt. Ein Abstecher in die Umgebung des Parks aber ist möglich und lohnenswert. Der Anblick der vom heißen, weißen Wasserdampf bedeckten Wälder und des von Rauch und Wolken umgebenen Vulkangipfels sind eindrucksvoll.

ÜBERNACHTUNG

Volcán Turrialba Lodge, ℡ 2273-4335, 💻 www.volcanturrialbalodge.com. Die rustikale Lodge mit Reitställen, eigener Milchwirtschaft und Lammzucht (Spezialität im hauseigenen Restaurant: Lamm) liegt idyllisch am Fuße des Turrialba-Vulkans. 12 gemütliche Zimmer (für max. 5 Pers.) mit TV, Ofen, Gemeinschaftsküche, Blick auf den nur 5 km entfernten Vulkan. Ideal für Reitausflüge, auch zum Volcán Irazú; Reittouren (ab $20 p. P.) werden organisiert. Die Lodge hat es schwer seit der Schließung des Vulkangeländes; ausgezeichnet mit dem CST-Zertifikat für umweltbewusste Landwirtschaft. Leckeres Frühstück mit Espresso (ca. $12) und ausgezeichnetes Mittag- bzw. Abendessen ($19 p. P.). ❺

La Fortuna

San José

Der Norden

Stefan Loose Traveltipps

La Fortuna Dampfende Thermalbäder für müde Wanderermuskeln und ein Wasserfall wie aus dem Bilderbuch. S. 174

Lago Arenal Auf dem Surfbrett um den Vulkankegel – am Arenalsee bläst der Wind dazu. S. 183

4 **Monteverde** Auf Hängebrücken durch den Nebelwald, wo Faultiere und Affen hausen. S. 195

Rio Sarapiquí Wanderpaddeln bis an die Karibikküste und durch das Vogelparadies Caño Negro. S. 203

Rio Frio Grenzerfahrung auf dem Wasser: eine Lancha-Fahrt nach Nicaragua. S. 210

Volcán Tenorio Wanderungen im Regenwald, umgeben von Feuerbergen und einem himmelblauen Fluss. S. 212

DER NORDEN

Islas de Solentiname
(Lago Cocibolca)

ISLA LA VENADA

ISLA ZAPOTE

Santa Fe

San Carlos

N I

im Bau

Colón

Los Chiles

Hacienda

Pizote

México

Lomas Buenavista

Birmania

San José

San Emilio

Llanura de Guatusos

Parque

Delicias

Upala

San Isidro

Caño Negro

Refugio Nacional de Vida Silvestre Caño Negro

Medio Queso

Brisas

Chimurria Abajo

Ángeles

Lago Caño Negro

San Macario

Amparo

Pavón

Caño Negro

Guadaljoa

Canalete

Col. Puntarenas

Zapote

Caño Negro

Rita

Ujuminica Alligator Farm

35

Zapote

Caño Negro

Fila Caño Negro

Canalete

Caño Ciego

Buenavista

Cordillera de

Guayabal

Volcán Miravelles 2026

San Jorge

Lago Mogote

Co. La Giganta

Bijagua

San Miguel

Buenavista

Frío

San Jorge

A

Zona Protectorata Miravelles

Rangerstation El Pilón

Parkeingang El Tenidero

Río Celeste

Palmera

Limonal

Fortuna

1082

Volcán Tenorío 1916

San Rafael de Guateso

Río Celeste

Pataste

Tomto

San Bernardo

Frío

PARQUE NACIONAL VOLCÁN TENORÍO

Reserva Indígena Los Guatusos

Muerte

Jicarito

Pataste

Bagaces

S. Jerónimo

Blanco

Tierras Morenas

Co. Jíguero 1058

Lago de Cote

Venado

4

Venado

Monterrey

Corobici

Sabálito

Guadalajara

Nuevo Arenal

Tigra

Arenal

Mirador

Palmira

Montano

Los Ángeles

Tronadora

Laguna de

Unión

Sta. Eulalia

Palma

Guaria

Burio

GUANACASTE

Sandilla

142

Sta. Rosa

Corobici

Vergel

Tilarán

Queb.

Chiripa

Sangregado

Balneareo Tabacón

Minaet-Buro/ Eingang NP

1633

Volcán Arenal 1100

142

La Fortuna

Hda. Tamarindo

Cañas

711 Co. Jabilla

Grande

Libano

S. Miguel

El Castillo

Finca Co. Chalo

Volcán Chato

Chachagua

Río Tenorio

San José

660

San José 1052

Campos de Oro

Dos de Tilarán

PARQUE NACIONAL VOLCÁN ARENAL

1315

Co. Los Perdidos

Piedras

Bebedero

San Miguel

Reserva Cabaceras

La Cruz

Pocosol

PARQUE NACIONAL

Hda. Taboga

Santa Elena

Peñas Blancas

1327 Co. Pocosol

PALO VERDE

Lajas

Sierra

Reserva Biológica Bosque Nuboso Monteverde

Tempisque

18

Las Juntas de Abangares

Cerros

Jamaical

Pueblo Nuevo

18

Guacimal

Lagarto

N

0　　　　　　20 km

△ 502

△ 210

C A R A G U A

Chiripá

△ 463

△ 648

San Juan

Boca de Sábalos

Pocosol

Tiricias

Jocote

△ 502

Negro

△ 431

Crucitas

337 △

△ 339

Conchuda

Concho

Chamorro

San Antonio

A J U E L A

Moravia

Boca de
San Carlos

L. Maquenque

San Juan

Recreo

L. Cunacas

Cureña

Coopevega

Sta. Rita

San Carlos

Betania

Boca Tapada

Acapulco

Santa
Rosa

San Gerardo

Boca Sahino

Toro

H E R E D I A

Maritis

San Carlos

Sta. Teresa

Chambacu

Sahino

Pangola

Sardinal

Boca Arenal

IGriega

El Tanque
Ángeles

Muelle

San Rafael

Puerto
Viejo
de Sarapiquí

Sucio

Bajos de
Chilamate

Pital

Toro

Vega

Palmera
Corte

Tabla

San
Gerardo

Magsaysay

Sarapiquí

4

San
Isidro

Jabilos

Buenos Aires

Sta. Rita

La Virgen

Estación Biológica
La Selva

Valle
Azul

Florencia

Sta.
Clara

San
Roque

Vieja

Aguas
Zarcas

Venecia

Bosque

San
Ramón

Las
Horquetas

La
Tigra

Ciudad
Quesada
(San Carlos)

Ciudad Cutris

Río Cuarto

Wasserfall

Ángeles

Estación Biológica
El Plástico

Río Frío

Sucre

Colón

PARQUE

PARQUE

San
Lorenzo

Buena
Vista

Volcán
Platanar
2183
2267

NACIONAL

JUAN CASTRO

Cariblanco

San Miguel

Rara Avis

NACIONAL

Santa
Clara

Zapote

BLANCO

Volcán Congo

Laguna

Palmira

Bajos del Toro

PARQUE
NACIONAL
VOLCÁN POAS

Chinchona

La Paz Waterfall Gardens

BRAULIO CARILLO

Guápiles

San José

Volcán Angel

32

Sabalo

Santa Cruz

Infiernito

Medio Que

Pocosol

San Juan

Tres Amigos

Fatal

Sonzapote

Sucio

Pto. Viejo

Esperanza

Im Galopp durch die Vulkanlandschaft von **La Fortuna**, windsurfend auf dem **Lago Arenal**, im Drahtseilakt über tropfenden Nebelwald oder im Schlauchboot auf dem **Río Sarapiquí** – Costa Ricas Norden ist ein Eldorado für Abenteuersportler. Haupttouristenattraktionen sind dabei zweifellos der **Volcán Arenal** und die Märchenwelt von **Monteverdes Nebelwaldreservaten**. In den umliegenden, weitgehend abgeholzten Tiefebenen **Llanuras de San Carlos** und **Llanuras de Guatuso** ertönt das Kreischen lauter Motorsägen. Privatreservate versuchen hier die letzten Flecken tropischen Regenwaldes zu retten und bieten Ökotourismus und vogelkundliche Touren im Dschungel an. Je weiter nördlich, desto ländlicher wird Costa Rica. Besuche im **Refugio Caño Negro**, der Heimat zahlloser Kaimane und Wasservögel, und in den Privatreservaten in **Boca Tapada** lassen sich gut mit einem Abstecher nach **Nicaragua** verbinden.

La Fortuna und der Lago Arenal

La Fortuna

La Fortuna steht auf der Reiseroute fast aller Costa-Rica-Besucher. Der kleine, touristische Ort liegt zu Füßen des mächtigen Vulkans Arenal. Blicke, Aussichtsterrassen und Hotelbalkons richten sich im Ort auf den Kegel im Westen, der sich leider allzu oft mit einem dichten Wolkenkleid umhüllt.

La Fortuna ist außerdem eines der größten Zentren für **Abenteuersport** in Costa Rica. Etliche Tourveranstalter bieten neben Exkursionen zum Chato- und Arenal-Vulkan eine Vielzahl von Touren an, darunter Mountainbiking, Abseiling, Rafting, Kajakfahren und Reitausflüge.

Für Reisende, die mit dem Bus unterwegs sind, ist La Fortuna die beste Ausgangsbasis, um die Arenal-Gegend zu erkunden. Im Ort gibt es eine breite Auswahl an günstigen Unterkünften und Transportmöglichkeiten.

Aktivitäten

Wanderungen zu den Vulkanen Chato und Arenal S. 182 sowie Kasten „Für Menschen, die keine Touren mögen", S. 180; Tourveranstalter stehen auf S. 180.

Zum Wasserfall der **Reserva Ecológica Catarata Río Fortuna**, ⌨ www.arenaladifort.com, geht es über die Brücke Richtung Stierarena, nach 2 km rechts abbiegen, von hier sind es noch 4 km, die teilweise über Schotterpiste führen. Besucher müssen sich am Eingang mit Namen registrieren. Eine kurze, sehr steile Wanderung (ca. 10 Min., 480 Stufen) führt zu diesem 70 m hohen Bilderbuchwasserfall (Badesachen mitnehmen!). Früh aufbrechen, dann hat man das Paradies noch für sich allein. ⏲ 8–17 Uhr, Eintritt $11. Das eingenommene Geld kommt einem guten Zweck zugute (Kasten S. 177).

Das private **Ecocentro Danau**, ✆ 2479-7019, ⌨ www.ecocentrodanaus.com, 2 km von La Fortuna Richtung Ciudad Quesada, betreibt Aufforstungsprogramme in der Umgebung. Wanderwege führen durch den Sekundärwald des Naturreservats, in dem u. a. Faultiere, Frösche und rund 150 Vogelarten leben. Es gibt einen Schmetterlings- und Heilpflanzengarten mit über 60 verschiedenen Heilpflanzen. Nachttouren finden nur nach Voranmeldung statt. Das Projekt wird vom Verein Kinderregenwald Deutschland e. V. mit Spenden unterstützt. Touren bei Dunkelheit beginnen um 18 Uhr. Preis tagsüber mit Führer (Voranmeldung!) $15, ohne Führer $10, Nachttouren $35. Kinder zahlen die Hälfte. ⏲ Mo–Fr 8–16 Uhr.

Thermalbäder

Fünf Thermalbäder laden auf dem Weg zum Vulkan zum entspannenden, heißen Bad in der Natur ein. Anschließend werden die Besucher in den Spas mit Lavaerdepackungen und Massagen verwöhnt. Viele Hotels und Agenturen in La Fortuna verkaufen vergünstigte Eintrittskarten zu den Baldi- und Tabacón-Thermen.

Balneario Tabacón, 12 km westlich von La Fortuna, ⌨ www.tabacon.com, mit heißen Wasserfällen, Poolbars, Restaurant und Spa, ist das luxuriöseste und teuerste Thermalbad. An dieser Stelle befand sich einst die Ortschaft Tabacón, der Vulkanausbruch von 1968 machte sie

Heißes Vergnügen: die Thermalquellen im Balneario Tabacón

dem Erdboden gleich. Eintritt ohne Verköstigung $60, Kinder $10; auch Ganztagespässe inkl. Mittag- oder Abendessen sind erhältlich.

Baldi Termae, 4 km westlich von Fortuna, 🖳 www.baldihotsprings.cr, ist eine günstigere Alternative zum Tabacón und wirbt damit, die größte Therme der Welt zu sein. Die Anlage verfügt über 21 heiße und 4 kalte Pools. Außerdem Poolbars, Wasserrutschen, Restaurants und Spa. Abends statt Entspannung laute Musik im unteren Bereich des Areals. Eintritt $31, Kinder bis 5 Jahre die Hälfte. Im Angebot auch Tagespässe mit Mittag- und Abendessen. ⏲ 10–22 Uhr.

Empfehlenswert sind auch die **Ecothermales**, gegenüber den Baldi-Thermen, 📞 2479-8787, 🖳 www.ecotermalesfortuna.cr. Eintritt $34, dafür bekommt man große Handtücher und ein Schließfach; Restaurant, am Wochenende Reservierung (über Website) ratsam.

Los Laureles, 5 km westlich von La Fortuna an der Straße zum Vulkan, 🖳 www.termales loslaureles.com, mit 7 warmen und 2 kalten Bädern, Wasserrutsche, Grillhütten, Spielplatz und Sportfeldern; vor allem bei Tico-Familien beliebt. Auch Camping ist möglich, und es gibt eine Cabina. Eintritt $12, Kinder bis 10 J. und Senioren $6. ⏲ 9–21 Uhr.

Termalitas del Arenal, rund 250 m vor den Ecothermales auf der gleichen Seite, bietet 6 Schwimmbäder mit verschiedenen Temperaturen in nett angelegtem Garten mit Picknickhütten, Eintritt $6.

Canopy und hängende Brücken

15 Seilbahnen mit jeweils zwei Kabeln (eins zum Gleiten, ein Sicherheitskabel) und ein „Tarzan-Swing" bietet **Arenalecoglide**, 2 km vor den Tabacón-Thermen, 📞 2479-7120, 🖳 www.arenal ecoglide.com, $55, Studenten und Kinder unter 12 Jahren $45.

Die **Puentes Colgantes** (hängenden Brücken), 4 km östlich vom Thermalbad Tabacón, 📞 2290-0469, 🖳 www.puentescolgantes.com, sind 15 Brücken, die mehr als 3 km Regenwald überspannen. Davon sind sechs Hängebrücken. Die Puente de la Catarata und Puente Pilón haben Vulkanblick; spezielle Morgenführungen und Nachtwanderungen werden angeboten.

La Fortuna
N
0 300 m
Übernachtung:
1 Hotel Arenal Rabfer
2 Hotel El Volcán
3 Hotel San Bosco
4 La Choza Inn
5 Boutiquehotel Las Colinas
6 Arenal Backpackers
7 Arenal Oasis Eco Lodge
8 Brisas Arenal
9 Hotel Lomas del Volcán
10 Linda Vista Lodge
11 Miradas Arenal
12 Observatorio Volcán Arenal
13 Rancho Margot
14 Roca Negra Inn
15 Hotel Vista del Cerro
16 Hotel Manoa
17 Essence Arenal
18 Arenal Green Hotel
19 Cabinas la Catarata
20 Hotel Cerro Azul Arenal
Essen:
1 El Rancho la Cascada
2 Anch'io, Chocolate Fusion
3 Las Brasitas
4 Don Rufino
5 Soda La Parada
6 My Coffee
7 Rainforest Café
8 Soda Viquez
9 Soda La Hormiga
10 El Vagabondo
Av. Volcán
Centro Médico
Av. Fort
ESCUELA
Iglesia Católica
Parque Central
C. Central
C.1
C.2
C.3
C.4
C.5
POLIZEI
Av. Central
El Tanque, 12
Av. Arenal
6, 7, 8, 9, 10, 11, 12, 13, 14, 15, 16, 17, 10, 16, 17, 18, 19, 20, 21, 22, 23, 24, 25, El Castillo, Volcán Arenal, Lago Arenal, Nationalpark
Río Burío
Plaza de Fútbol
Plaza de Toros
Reserva Ecológica Catarata Río Fortuna, 26, 18, 19, 20
Sonstiges:
1 Ciclo Fortuna
2 Bar Kazan
3 Eagle Tours
4 Wave Expeditions
5 Lavandería La Fortuna
6 Desafío
7 Lava Lounge
8 Farmacia Fischel
9 Bar Mango
10 Supermarkt Super Christian II
11 Aventuras Arenal
12 Ecocentro Danau
13 Lavandería Burbuja
14 Megasuper
15 Supermarkt Super Christian I
16 Baldi Termae
17 Balneario Tabacón
18 Canoa Aventura
19 Los Laureles
20 Ecothermales
21 Puentes Colgantes
22 Skytram und Skytrek
23 Disco Volcán Look
24 Arenal Ecoglide
25 Termalitas del Arenal
26 Bike Arenal / Hike Arenal
Transport:
1 Taxis
2 Alamo Rent-A-Car
3 Nature Air/ Sunset Tours
4 Adobe
5 Busse

🕒 7.30–16.30 Uhr; Eintritt $24, Studenten $14, Kinder bis 12 Jahre frei.

Zu **Skytram** und **Skytrek**, ✆ 2479-9944, 💻 www.skyadventures.travel, gelangt, wer am Arenalsee nach der Brücke rechts abbiegt. Der Touristenmagnet umfasst 1 km Seilbahn über die Baumkronen und anschließend eine 2,8 km Canopy-Tour. Der **Sky-River Drift** bietet eine Kombination aus Canopy und Rafting im Einzelfloß, das wie ein Autoreifen geformt ist. Adrenalin pur! Skytram und Skytrek $77, Studenten $61, Kinder $48, nur Skytram $55/44/28, Sky Walk mit Führer $35/28/22, ohne Führer $24/18/16; Sky-River Drift $35/28/22. Auch spezielle Touren bei Dunkelheit.

ÜBERNACHTUNG

Die Auswahl an Unterkünften aller Preisklassen ist groß, und die Qualität hat sich in den letzten Jahren aufgrund der großen Konkurrenz enorm gesteigert. Die Mehrzahl der Hotels der oberen Preisklasse liegt an der Straße Richtung Vulkan. Empfehlenswerte ruhige Unterkünfte abseits der Touristenströme sind z. B. die Arenal Oasis Eco Lodge oder die Unterkünfte auf dem Weg zum Catarata Río Fortuna.

La Fortuna Zentrum

Arenal Backpackers, im Zentrum in Richtung Vulkan, ✆ 2479-7000, 🖥 www.arenalback packers.com. Das Bruder-Team des Pangea Hostels aus San José leitet auch diesen neuen, weitläufigen, eingezäunten Luxus-Backpacker. Dorms mit AC; große, kahle DZ mit TV, teils mit Privatbad, manche mit Balkon. Pool mit Liegewiese und Hängematten, Schließfächer, großer Parkplatz. Am günstigsten sind die auf Holzplattformen aufgestellten Zelte mit Matratze ❷, Dorm $14 p. P., DZ ❸

Boutiquehotel Las Colinas, C. 1, zwischen Av. Central und Av. Arenal, ✆ 2479-9305, 🖥 www.lascolinas arenal.com. Seit 22 Jahren empfängt dieses um Umweltschutz bemühte Familienhotel mitten im Zentrum seine Gäste. 2008 wurde die Unterkunft komplett modernisiert und auf Solarenergie umgestellt. 30 moderne Standardzimmer, 2 Junior Suites, Frühstück inkl. Sehr motiviertes, ausgesprochen freundliches Personal mit vielen Informationen über die Gegend. Terrasse mit Liegestühlen und Vulkanblick. ❸ – ❺

Hotel Arenal Rabfer, 150 m nördl. vom Parque Central, ✆ 2479-9187, 🖥 www.arenalrabfer. com. Kleine grüne Oase abseits vom Autolärm, geleitet vom freundlichen Ehepaar Sánchez und seinen 4 Söhnen. Schöne holzgetäfelte Zimmer mit AC und Pool. ❺

Hotel El Volcán, 150 m nördl. vom Parque Central, ✆ 2479-9760, 🖥 www.volcanarenal sports.com. Bei den Brüdern Luís und Mauricio. Saubere, praktische Zimmer mit AC, Dorm für $12 p. P. Kajakvermietung. ❸

Hotel San Bosco, 100 m nordöstl. vom Parque Central, ✆ 2479-9050, 🖥 www.hotelsanbosco. com. 34 kleine, ruhig gelegene Zimmer mit Gemeinschaftsbalkon und Vulkanblick; nach einem Zimmer im oberen Stockwerk fragen! Pool, Kinderbecken und Jacuzzi, sehr gepflegter Garten, Frühstück inkl. ❺

La Choza Inn, 250 m westl. vom Postgebäude, ✆ 2479-9091, 🖥 www.lachozainnhostel.com. Rustikale Dorms für 2–6 Pers. mit Holzwänden, Stockbetten und Gemeinschaftsbad, die DZ mit TV liegen im Annex. Schöne Gemeinschaftsküche, auch Touren. La Choza ist gleichzeitig der Sitz von Eagle Tours, daher wuselt hier viel Personal herum; manchmal etwas hektische Atmosphäre. Dorm $10 p. P., DZ ❷ – ❸

Am Weg zum Wasserfall

Arenal Green Hotel, 1 km südl. und 1 km westl. von La Fortuna auf der Straße zum Wasserfall, ✆ 2479-8585, 🖥 www.arenalgreen. com. 7 edle Holzhäuser verschiedener Größe mit AC, modernem Bad und kleiner Terrasse, Spa. Frühstück inkl. ❺

Cabinas la Catarata, 2 km vor dem Fortuna-Wasserfall, ✆ 2479-9753, ✉ cabinaslacatarata@hotmail.com. 6 einfache rustikale, schön geschnittene Holzhäuser in verschiedenen Größen (bis zu 6 Pers.) mit Küche, einige mit Balkon am Fluss. Große Rasenfläche, Parkplatz, ideal für Familien, sehr gutes Preis-Leistungs-Verhältnis. Frühstück ist optional und kostet $6 p. P. Der freundliche Besitzer Felix Barga gehört dem Verband Vacaciones con Campesinos an. ❸

Hotel Cerro Azul Arenal, ca. 2,5 km vor dem Wasserfall, ✆ 2479-7360, 🖥 www.rancho

---

🛠 Für das Wohl der Gemeinde

Die **Asociación de Desarrollo Integral de la Fortuna (ADIFORT)**, 🖥 www.arenaladifort.com, ✆ 2479-8338, ist eine gemeinnützige Organisation mit dem Ziel, die Lebensumstände in der Gemeinde La Fortuna zu verbessern. Die Asociación gibt die Instandhaltung und den Bau von Straßen, Brücken, Sportanlagen und Schulen in Auftrag. Sie setzt sich für die Unterstützung älterer Bürger, den Umweltschutz und Erwachsenenbildung ein. Ohne die Organisation gäbe es in La Fortuna weitaus weniger Arbeitsplätze, und auch der Tourismus profitiert von der ehrenamtlichen Arbeit. Finanziert werden die Projekte hauptsächlich durch die Eintrittsgelder der Catarata de Fortuna (S. 174). Besucher des Wasserfalls tragen mit ihrem Eintrittsgeld also dazu bei, die Zukunft der Menschen in der Umgebung zu sichern.

DER NORDEN

cerroazul.com. 4 geräumige Holzferienhäuser mit AC und großer Terrasse mit Hängematte. Frühstück extra. ❸

Am Weg zum Vulkan

Brisas Arenal, 1,5 km westl. von La Fortuna, hinter dem Friedhof, direkt vor dem Super Christian links abbiegen, nach ca. 1,5 km rechts 400 m den Berg hoch (schlecht ausgeschildert), auf der linken Seite, ✆ 2479-9225, 🖥 www. brisasarenal.com. 4 geräumige, moderne, klimatisierte Holzcabinas auf riesigem Gelände mit Avocado-, Zitronen- und Orangenbäumen. Kleiner Pool und Vulkansicht; sehr ruhig. Oft hat man den Garten ganz für sich allein. Terrasse mit Hängematte. Schöner Rundweg durch den Wald, jede Extra-Person zahlt $13. Inkl. Frühstück. Zur Zeit der Recherche befanden sich 2 neue Holzcabinas im Bau. ❹

Arenal Oasis Eco Lodge, 1,5 km westl. von La Fortuna, hinter dem Friedhof, direkt vor dem Supermarkt Christian links abbiegen, nach 1 km auf der rechten Seite, ✆ 2479-9526, 🖥 www.arenaloasis.com. Ruhige Privatfinca abseits des Touristenpfades mit 7 schönen, rustikalen, weit auseinanderstehenden und geräumigen Blockhäusern bei dem reizenden Ehepaar Doña Rosa und Don Fernando. Früher wurde hier Kakao angebaut, heute beteiligt sich die Finca an Wiederaufforstungsprojekten. Durch den Sekundärwald werden Nachttouren angeboten. Frühstück inkl., beliebt bei Europäern. Empfehlenswert. ❹

Hotel Lomas del Volcán, ✆ 2479-9000, 2 km westl. von La Fortuna, Einfahrt auf der linken Straßenseite, 🖥 www.lomas delvolcan.com. 47 edle, geräumige Cabañas in Hanglage auf einer 150 ha großen Finca mit Vulkansicht, AC und 2 Veranden pro Haus. Der Pool liegt eingebettet in der Natur. Gutes Restaurant, Bar und Spa. Schöner Garten, empfohlen. ❻

Hotel Vista del Cerro, 2 km westl. von La Fortuna auf der rechten Seite gegenüber vom Supermarkt Christian IV, ✆ 2479-7029, 8569-3000, 🖥 www.hotelvistadelcerro.com. Von Jenny geleitetes familiäres Hotel mit 10 ordentlichen, klimatisierten Zimmern auf

2 Etagen. Kleiner Pool im Garten, Touren, sehr freundlich, Frühstück inkl. ❸

Roca Negra Inn, 2,5 km westl. von La Fortuna, ✆ 2479-7313, 🖥 www.hotelrocanegradel arenal.com. 8 geräumige Cabañas bei freundlicher costa-ricanischer Familie für 2–4 Pers. mit riesigen Bädern, A/C, Kühlschrank, Terrasse mit Vulkanblick und Schaukelstühlen, umgeben von üppigem Tropengarten mit Pool. Ohne Frühstück. ❸

Hotel Manoa, 7 km westl. von La Fortuna, ✆ 2479-1111, 🖥 www.arenalmanoa.com. Herrliches 4-Sterne-Hotel auf einer riesigen Hacienda mit 80 weit verteilten, luxuriösen Bungalows, alle mit direktem Blick auf den Vulkan Arenal. Heiße Bäder, Schwimmbad, Bars, gutes Restaurant (auch für Nicht-Gäste) machen das Angebot komplett. ❻

Miradas Arenal, 7,5 km westl. von La Fortuna, ✆ 2479-1944, 🖥 www.miradasarenal.com. 10 niedliche, farbenfrohe Häuser mit Badewanne, AC, Kühlschrank, TV und Veranda, umgeben von Rasen. Pool, Vulkanblick. Frühstück inkl. ❺

El Castillo

Essence Arenal, in El Castillo links die Straße 1200 m hoch, auf der rechten Seite, ✆ 2479-1131, 🖥 www.essencearenal.com. Auf einem Areal mit fast 22 ha Regenwald befindet sich dieses freundliche Hostel; tgl. geführte Tag- und Nachtwanderungen, toller Blick auf den See, Kochkurse und Yoga, gute Matratzen; ohne ❷, mit Bad ❸

Linda Vista Lodge, auf der Straße Richtung Nationalpark, 6 km hinter dem Nationalpark, ✆ 2479-1551, 🖥 www.hotellindavista.com. Steil auf einem Hügel gelegen. Die 4 Standardzimmer sind nichts Besonderes, die Sicht aus der Honeymoon Suite und den Premiumzimmern mit großen Fenstern ist atemberaubend, alle mit Vulkan- und Seeblick. Jacuzzi, Pool. Frühstück inkl. ❹ – ❻

Observatorio Volcán Arenal, 7 km vor dem Nationalpark, 2,7 km vom Vulkan entfernt, ✆ Reservierung 2290-7011, Lodge 2479-1070, 🖥 www.arenalobservatorylodge.com. Nordamerikanische Vulkanforscher kauften diese ehemalige Farm für Forschungszwecke.

Heute gibt es hier 48 Zimmer sehr unterschiedlicher Ausstattung in verschiedenen Gebäuden, teils mit großen Fensterwänden und Blick auf den Arenalsee oder Vulkan. Dazu gehört ein 350 ha großes tropisches Privatreservat mit Wanderwegen. Freie Kost und Logis für Kinder bis 6 Jahre, Kinder bis 11 Jahre zahlen nur für Essen. Frühstücksbuffet inkl. ❻

 Rancho Margot, 400 m westl. der Kreuzung am Río Caño Negro, ✆ 8302-7318, 🖥 www.ranchomargot.org. Moderne Finca mit ökologischer Land- und Viehwirtschaft, idyllisch auf Hügeln am Arenalsee gelegen. Unterkunft zu zweit in winzigen Zimmern mit Stockbetten und Gemeinschaftsbad für $75 oder in schönen, geräumigen, rustikalen Bungalows; Pool, Yogadeck und Wanderwege gehören zur Finca. Die stolzen Preise beinhalten alle Mahlzeiten, geführte Touren, Wanderungen, Transport von und nach Fortuna, außerdem 2 Yogastunden (für Besucher $15) pro Tag. Bungalows ❻

ESSEN

Anch'io, rund 400 m westl. von der Autovermietung Alamo. Pizza und Pasta in schönem Ambiente, günstig und gut. ◷ Mi–Mo 12.30–21.30 Uhr.

Chocolate Fusion, am Ortsausgang Richtung Vulkan rechts, ✆ 2479-7330. Hübsch dekoriertes Café mit leckeren Kuchen und Sandwiches; frische Fruchtsäfte, sehr freundlich. Auch Kakao-Kurse: In 1 Std. lernt man alles von der Bohne bis zur Praline (einige darf man auch mitnehmen), $25 p. P., ab 2 Pers. ◷ Mi–Sa 7–22, So 11–22 Uhr.

Don Rufino, Av. Central, Ecke C. 3. Edles, kleines Restaurant mit moderner, internationaler, kreativer Küche. Neben Ceviche und Casado gibt es raffiniert zubereiteten Tilapia und Krebsrisotto, Pasta und Sandwiches, Meeresfrüchteteller in Kokossauce! Sehr guter Service. ◷ 11–23 Uhr.

El Vagabondo Lounge Bar, 1 km westl. von La Fortuna. Riesige Auswahl an leckerer Holzofenpizza in rustikalem Ambiente, auch Pasta und auch zum Mitnehmen. Mittlere Preisklasse. ◷ Di–So 12–22 Uhr.

Las Brasitas, 275 m westl. von der Autovermietung Alamo. Mexikanische Gerichte wie Burritos und Fajitas für $7–10. ◷ So–Do 10–22, Fr und Sa 10–23 Uhr.

My Coffee, an der Südseite vom Park. Das In-Café in la Fortuna; viele Kaffeespezialitäten und Süßes. ◷ 7–19 Uhr.

Rainforest Café, 50 m südl. vom Parque Central, gegenüber vom Boutiquehotel Las Colinas. Hier sitzt man unter einem Dach aus Kaffeesäcken und an Tischen mit Kaffeebohnen hinter Glas. Kuchen und große Auswahl an heißen und kalten Kaffees, darunter kreative Kreationen wie der „Kaffee Reina" mit Marshmellow und Schokosirup oder der „Mono Loco" mit Milch, Banane und Zimt. Mittags auch kleine Gerichte. Beliebt bei Touristen. ◷ 7–20 Uhr.

Restaurant El Rancho la Cascada, schräg gegenüber der Banco Nacional, ✆ 2479-1940. Umfangreiche Speisekarte mit landestypischen und internationalen Gerichten, beliebt bei Gruppen; gut, aber langsame Bedienung. Mittlere Preisklasse. ◷ 11–23 Uhr.

Günstige landestypische Gerichte gibt es in der kleinen **Soda La Hormiga**, gegenüber vom Busbahnhof (◷ 6–20 Uhr), in der **Soda Viquez**, schräg gegenüber vom Hotel Las Colinas (◷ 7–22 Uhr) und in der **Soda La Parada** gegenüber vom Park (◷ 24 Std.). Die beliebte Soda **La Tipica** befindet sich 2 km westl. von Fortuna an der Straße Richtung Vulkan an der linken Straßenseite. Große, leckere Portionen! ◷ 6–20 Uhr.

UNTERHALTUNG

Tanzen kann man in der Diskothek **Volcán Look**, 4 km westl. von La Fortuna, ◷ Mi–Sa ab 20 Uhr. Beliebte Bars in La Fortuna sind die **Lava Lounge**, Av. Central, C. 2–4, ◷ 11–23 Uhr, **Bar Mango**, rund um einen Mangobaum an der Südseite des Parks, ◷ 16–1 Uhr, und die **Bar Kazan** an der Nordseite des Parks, ◷ 17–2 Uhr. In allen Bars gibt es neben Cocktails auch Essen.

TOUREN

In La Fortuna läuft beinahe alles über Tourveranstalter. Individualreisende (s. a. Kasten „Für Menschen, die keine Touren mögen", S. 180) treffen an den Eintrittskassen mitunter auf erstaunte Kassierer, die nicht wissen, was sie Einzelreisenden als Eintritt berechnen sollen. Beliebte Tourziele sind der Vulkan Arenal und Vulkan Chato im Nationalpark Arenal, der Fortuna-Wasserfall, die Caño Negro Reserva und die hängenden Brücken. Außerdem werden Aktivitäten wie Rafting, Kajaking, Canopy-Touren, Reiten und Mountainbiking angeboten. Die Auswahl an Tourveranstaltern im kleinen La Fortuna ist überwältigend, die Unterschiede zwischen den führenden Tourunternehmen jedoch nur gering, denn oft bieten sie nicht nur die gleichen Touren an, sondern tauschen sogar die Guides untereinander aus. Folgendes sollten Urlauber bei einer Buchung beachten:

- Den Tourveranstalter fragen, ob die Tour von den eigenen Guides geleitet wird – viele „leihen" sich die Führer eines anderen Veranstalters aus, der Kunde zahlt dafür drauf.
- Vorsicht vor Scharlatanen im Tourgeschäft. Mitunter wurden an ahnungslose Touristen günstige Touren verkauft, die niemals statt-fanden, dazu wurden sogar falsche Infor-mationsstände aufgestellt! Folgende Tour-veranstalter sind seriös:

Aventuras Arenal, Av. Central, C. 3–5, ℡ 2479-9133, ⌨ www.arenaladventures.com. Schlauchboottouren (Floating) auf dem Peñas Blancas, Bootstouren auf dem Arenalsee; günstige Touren zur Reserva Caño Negro. Auch Tagestouren nach Nicaragua.

Bike Arenal / Hike Arenal, 7 km südl. von La Fortuna, ℡ 2479-7150, ⌨ www.bikearenal. com, www.hikearenal.com. Mehrstündige bis mehrtägige Mountainbiketouren in der Arenal-Gegend und durch ganz Costa Rica sowie ein- bis mehrtägige Wandertouren mit max. 8 Pers. u. a. zum Cerro Chato und im National-park, auch Vogelbeobachtungstouren. Günstigere Mountainbiketouren bietet das junge Team von **Tuki-Tuki Bike**, ℡ 8997-8121, ⌨ www.tukitukibiker.blogspot.com.

Canoa Aventura, 2 km westl. von La Fortuna, ℡ 2479-8200, ⌨ www. canoa-aventura.com. Drei als Naturführer ausgebildete Tico-Brüder (Oscar, Juan Carlos und Jorge) leiten Kanu- und Floating-Touren auf dem Arenalsee und den umgebenden Flüssen; außerdem Wanderungen zum Volcán Chato, Touren zur Reserva Caño Negro und Reittouren in kleinen Gruppen. Empfehlenswert!

Desafio, hinter der Kirche, ℡ 2479-9464, ⌨ www.desafiocostarica.com. Größter und dominierender Anbieter auf Fortunas Aben-teuermarkt. Spezialist für Rafting. Touren auf dem Río Arenal (II–III) und Río Toro (IV), auch Kajaktouren und Reittouren nach Monteverde. Der neueste Trend ist Stand-Up-Paddling auf dem Arenalsee. Amerikanische Besitzer.

Eagle Tours, hinter dem Hotel Choza Inn, ℡ 2479-9496, ⌨ www.eagletours.net. Vor allem bekannt wegen seiner Jeep/Boot/Jeep-Trans-porte nach Monteverde, s. auch Transport.

JAZON – Jóvenes Agro-Ecolo-gistas de la Zona Norte, Valle Azul de San Ramón, zwischen San Ramón und la Fortuna, ℡ 2475-1679, ⌨ www.costarica ruraltours.com. Touranbieter für ländlichen, gemeindebasierten Tourismus. Vermittlung von einfachen Touren und Posadas und Unter-stützung von Familienbetrieben, im Angebot ist z. B. „Ein Tag im Leben eines Bauern".

Wave Expeditions, westl. der Kirche, ℡ 2479-7262, ⌨ www.waveexpeditions.com.

Für Menschen, die keine Touren mögen

Man kann auch ganz allein, ohne Gruppen und Abholservice, Fortuna und seine Umge-bung entdecken. Ein öffentlicher Bus fährt zum Nationalpark und zurück (S. 182). Zum Catarata Río Fortuna kann man sogar zu Fuß von La For-tuna wandern (ca. 6 km bis zum Eingang); inzwi-schen ist die Strecke größtenteils asphaltiert. Kurz vor dem Parkplatz am Wasserfall beginnt auch die Wanderung zum Cerro Chato und sei-ner Lagune, in der man schwimmen kann (ca. 6 km hin und zurück). Dazu rechts steil den Weg zur Green Lodge hinaufsteigen und den blauen Schildern folgen (die Wanderung ist auch von der Arenal Lodge aus möglich). Um den Eintritt kommt man jedoch auch als Individualtourist nicht herum. Für Wasserfall und Chato-Wande-rung werden je $11 bzw. $10 verlangt.

Rafting-Spezialist, aber auch Canyoning und Trekkingtouren. Motiviertes costa-ricanisch-amerikanisches Team.

Pferdetouren

Diverse Veranstalter bieten landschaftlich sehr reizvolle Reittouren von La Fortuna entlang dem Arenalsee nach Monteverde an. Die Touren dauern 5 Std., 3 davon sitzt man im Sattel, der Rest wird mit Auto und Boot zurückgelegt. Das Gepäck wird im Auto transportiert. Gewarnt sei vor schlammigen Wegen und unterernährten Pferden. Verantwortungsbewusste Tourveranstalter s. S. 180

s. S. 180

SONSTIGES

Apotheke

Farmacia Fischel, 25 m östl. vom Park, ⊕ 8–20 Uhr.

Autovermietung

Adobe, 100 m südl. vom Rest. Don Rufino, ✆ 2479-7342, ⊕ 7–18 Uhr.
Alamo Rent-A-Car, hinter der Kirche, ✆ 2479-9090, ⊕ 7.30–18 Uhr.

Fahrradreparatur

Ciclo Fortuna, 50 m nördl. der Klinik, ⊕ Mo–Sa 7–18 Uhr.

Geld

Banco Nacional, am Park, ⊕ Mo–Fr 8.30–15.45 Uhr.
Banco de Costa Rica, an der Hauptstraße, ⊕ Mo–Fr 9–16 Uhr.
BAC, 200 m östl. und 25 m südl. von der Kirche. Nur Geldautomat, aber für alle Karten.

Internet

Viele Tourveranstalter bieten Internetservice an. Je weiter weg von der Hauptstraße, desto günstiger werden die Tarife.

Medizinische Hilfe

Centro Médico, von der Nordost-Ecke des Parque Central 150 m nach Osten, ✆ 2479-7510. Auch mit Krankentransport und Apotheke. ⊕ 24 Std.

Post

Nördl. der Kirche, ⊕ Mo–Fr 8–17, Sa 7.30–12 Uhr.

Supermärkte

Super Christian I bis IV, an der Südostecke Parque Central, neben der Brücke Richtung Wasserfall, sowie 1 km und 2 km westl. von La Fortuna. ⊕ Mo–Sa 7–22, So 8–20 Uhr.
Megasuper, direkt neben der Busstation, mit Touristeninformation. ⊕ 8–19 Uhr.

Taxis

Taxistände am Park und an der Bushaltestelle.
Taxi Fortuna, ✆ 2478-9605.Tarife: Baldi $7, Tabacón $16, Ecothermales $12, Observatorio $35, Nationalpark $25, Puentes Colgantes $30.

Wäscherei

Lavanderia Burbuja, 50 m südl. vom Rest. Rufino, ⊕ Mo–Sa 8–20 Uhr.
Lavandería La Fortuna, C. 4, Dauer ca. 1,5 Std. ⊕ Mo–Fr 8–21, So 8–18 Uhr.
Die meisten Hotels bieten Wäscheservice an.

TRANSPORT

Busse

Der Busbahnhof befindet sich rund 150 m südl. der Kirche, Ecke Calle Central, Av. Arenal. Wichtige Verkehrsknotenpunkte in der Umgebung sind Tilarán und San Carlos (Ciudad Quesada). Von dort fahren Busse weiter nach Monteverde, Guanacaste, an die Pazifikküste, in die Sarapiquí-Gegend und zur Grenze nach Nicaragua (Los Chiles). Canoas Aventuras (s. Touren) bietet tgl. Transfer nach Los Chiles für $20 inkl. Hotelabholung.
CIUDAD QUESADA, ca. alle 45–60 Min., 4.30–19.30 Uhr, 1 Std.;
TILARÁN (zum Umsteigen nach Monteverde), 4x tgl. um 8, 10, 15.30 und 17.30 Uhr, 3 1/2 Std.;
UPALA, 3x tgl. um 6.30, 11.20 und 18.20 Uhr. Bus kommt aus Ciudad Quesada;
SAN JOSÉ, 2x tgl. um 12.45 und 14.45 Uhr, 4 1/2 Std. Wem der letzte Bus nach San José zu früh ist, kann statt eines Direktbusses einen späteren Bus nach Ciudad Quesada nehmen und dort den Direktbus nach San José nehmen. Nicht später als 17.30 Uhr von Fortuna abfahren.

Shuttle-Busse

Interbus, ⌨ www.interbusonline.com,
Gray Line ⌨ www.graylinecostarica.com.

Überlandbusse

NICARAGUA: Ticabus, ⌨ www.ticabus.com,
tgl. zwischen 6.30 und 7 Uhr vom Nachbarort
Für ein Taxi nach EL TANQUE sollte man
ca.15 Min. von La Fortuna einkalkulieren.

Flüge

Nature Air, im Büro von Sunset Tours, C. 2,
Ecke Av. Central, ⌨ www.natureair.com.
Die Flugpiste befindet sich in der Ortschaft
El Tanque. Nature Air fliegt von Arenal
nach GOLFITO, LIBERIA, PUERTO JIMÉNEZ,
PUNTA ISLITA, QUEPOS, SAN JOSÉ und
TAMBOR.

Jeep / Boot / Jeep

Statt den Arenalsee ganz zu umfahren, bieten
einige Tourveranstalter landschaftlich reizvolle
Jeep/Boot/Jeep-Touren nach MONTEVERDE
an. Die Touristen werden dabei per Jeep zum
Boot gebracht, am gegenüberliegenden
Seeufer wieder abgeholt und nach Monteverde
transportiert. $25 p. P., z. B. mit Eagle Tours,
⌨ www.eagletours.net.

Parque Nacional Volcán Arenal

- **MINAET-Büro:** ✆ 2461-8499,
  ⌨ www.sinac.go.cr/AC/ACAHN/
  PNArenal/Paginas/default.aspx
- **Öffnungszeiten:** 8–16 Uhr, letzter Einlass
  15 Uhr
- **Eintritt:** $10, Kinder von 6–12 Jahren $1
- **Gründungsjahr:** 1991
- **Größe:** 12 000 ha
- **Transport**
  Auto: 14 km westlich von La Fortuna
  links zum Parkeingang abbiegen (1,5 km).
  Busse: Busse von La Fortuna in Richtung
  Tilarán halten an der Abzweigung zum Park.
  Von hier sind es 2 km Fußmarsch. Abfahrt
  in La Fortuna 8 Uhr, Rückfahrt von der
  Abzweigung gegen 14 Uhr (Bus kommt
  aus Tilarán).

Der Parque Nacional Volcán Arenal umschließt
den ruhenden **Volcán Chato** (1100 m) und seinen jüngeren, aktiven Bruder **Volcán Arenal**
(1643 m), den man ebenfalls lange für erloschen
hielt. Noch in den 1930er-Jahren führten Exkursionen zum Arenal-Krater. „Cerro Arenal" (Berg)
– nicht einmal „Volcán Arenal" nannten die Einheimischen mehr den schlafenden Feuerberg.
Bis zum 29. Juli 1968, als ein Erdbeben den Berg
aus seinem fast 400-jährigen Schlaf riss. Mit einer gewaltigen Explosion meldete sich der Vulkan eindrucksvoll zurück und begrub die Orte
Tabacón und Pueblo Nuevo sowie 78 Menschen
unter Lava, Geröll und Asche. Eine knappe Einführung mit Fotos in die Geschichte des Vulkans
gibt das Buch *Volcán Arenal* vom Vulkanologen
Jorge Baquero, das für $5 in vielen Souvenirlä-
den in La Fortuna erhältlich ist.

Wanderwege im Park führen zu den **erkalteten Lavaströmen** der verschiedenen Eruptionen.
Besucher werden gebeten, die Absperrungen
und Gefahrenhinweise zu respektieren.

Wanderwege

Der leichte **Sendero Las Heliconias** (1 km) führt
durch Vegetation, die erst nach der Explosion
von 1968 herangewachsen ist. Wanderer können
in der Gegend viele Helekoniengewächse sehen,
außerdem Farne, Schmetterlinge und Kolibris.
Auf dem **Sendero Las Coladas** (4 km hin und zurück) gelangt man zu einem Lavastrom aus dem
Jahr 1992. Vom Sendero Las Coladas zweigt der
Sendero El Ceibo (1,3 km) zu einem 40 m hohen,
rund 100 Jahre alten Ceiba-Baum ab. Zum Aussichtspunkt **Mirador Principal** können Besucher
sogar mit dem Auto fahren. Dort befinden sich
die erkalteten Lavaströme aus den Jahren 1968,
1992 und 1995. Wegekarten und -beschreibungen
sind am Parkeingang erhältlich.

Arenal Observatory Lodge

Das nur 2,7 km vom Vulkan Arenal entfernte Ob-
servatorium, ⌨ www.arenalobservatorylodge.
com, diente nordamerikanischen Vulkanologen
in den 1970er-Jahren als Forschungsstation und
wurde 1987 zum Hotel umgebaut. Die gut ausgeschilderten privaten Wanderwege, u. a. zu
einem hübschen Wasserfall, an dem man baden kann und zum Cerro Chato, dem älteren,

3500-jährigen schlafenden Bruder des Arenal-Vulkans, sind auch Nicht-Gästen zugänglich und bieten eine Alternative zum Nationalpark; Eintritt 4000C$, Naturführer kann man vor Ort anheuern ($35 für 2 Pers.).

Um den Lago Arenal nach Tilarán

16 km westlich von La Fortuna steht der **Presa Sangregado**, ein 88 mal 58 m großer Staudamm, mit dem die staatliche Energiebehörde ICE das Flusswasser des Río Arenal staut und die Tiefebene zwischen der Cordillera Guanacaste und Cordillera Tilarán in eine Seenlandschaft verwandelte. Aus der einstigen kleinen, natürlichen Laguna Arenal entstand so der **Lago Arenal**, der größte See Costa Ricas. Das Wasser wird vom See durch Tunnel in zwei Wasserkraftwerke bei Tilarán geleitet, die 60 % der gesamten Elektrizität in Costa Rica produzieren. In fast 30 m Tiefe liegen die versunkenen Orte Arenal und Tronadora sowie einige präkolumbische Siedlungen. 3500 Menschen mussten 1973 für das Staudammprojekt umsiedeln, 10 Fisch- und 400 Vogelarten sind seitdem hinzugezogen.

Der **Arenalsee** mit seinen kleinen Inseln fügt sich in die grüne Hügellandschaft ein, als wäre er natürlichen Ursprungs. Zum **südlichen Ufer** gelangt man (nur mit 4WD), wenn man auf der Strecke zum Nationalpark einige Kilometer nach der Rangerstation, hinter der Brücke an der Straßengabelung rechts nach El Castillo abbiegt; die Schotterpiste führt bis nach Monteverde. Bleibt man dagegen auf der Hauptstraße von La Fortuna, kommt man an das **nördliche** und **westliche Seeufer**, das malerisch von dichten Schilfgürteln umsäumt wird und – bis auf den Vulkan – an eine Voralpenlandschaft erinnert. Diese Route ist asphaltiert und führt durch die Ortschaft Nuevo Arenal bis nach Tilarán. Viele bayerische, österreichische und schweizerische Expats haben sich, vom milden Klima angezogen, am Seeufer niedergelassen. Dutzende von Maklerschildern treiben den Bauboom am See weiter an. Von November bis April wehen am Arenalsee starke Winde mit einer Geschwindigkeit von bis zu 100 km/h. Sie machen den westlichen Seeabschnitt zu einem der besten Wind- und Kitesurfreviere weltweit.

Arenal Lodge, hinter dem Staudamm rechts, 2 km in Richtung hängende Brücken, ☏ 2479-1881, 🖥 www.arenallodge.com. Steil oben auf einem Hang liegt diese ältere Lodge mit 50 gemütlichen, attraktiven Zimmern unterschiedlicher Ausstattung, umgeben von privatem Dschungel mit Wanderwegen. Fantastische Sicht auf den Arenal, von den Chalets auf der Hangkuppe hat man sogar zwei Aussichten: auf Vulkan und See! Gutes Restaurant. ❻

Hotel Los Héroes, 14 km westl. vom Staudamm, ☏ 2692-8012, 🖥 www.pequenahelvecia.com. Eine Miniatur-Schweiz mit Hotel, Kapelle und einer 3 km langen Eisenbahn, die durch Tunnel und über Brücken zum Restaurant mit Panoramablick (s. Essen) fährt! In der kleinen Bergkapelle im Schweizer Stil gaben sich bereits viele Urlauber das Jawort. Zimmer mit urigen Möbeln und Fensterläden mit Herzen, auch Apartments mit Küche und Badewanne. Frühstück inkl. ❸

Ceiba Tree Lodge, 21 km westl. vom Staudamm, ☏ 2692-8050, 🖥 www.ceibatree-lodge.com. 7 hübsche, schlichte Zimmer mit holzgeschnitzten Türen, einer großen Veranda und spektakulärer Sicht auf den Arenalsee; im Haupthaus befindet sich die Honeymoon Suite. Attraktion in der Nähe des Hotels ist ein majestätischer, 500-jähriger Ceiba-Baum, um den Baumverehrer nackt im Reigen tanzten, denn der Ceiba war den Indianern heilig. ❺

Gingerbread, ☏ 2694-0039, 🖥 www.gingerbreadarenal.com. „Himmlisch", „der beste Koch in Costa Rica", sind die begeisterten Antworten, wenn man Leute nach dem Restaurant Gingerbread fragt. Koch Eyal Ben-Menachem wechselt sein Menü alle 2 Tage, u. a. Gerichte aus Israel und dem Nahen Osten werden aufgetischt. Auch Meeresfrüchte und Fisch. Keine Kreditkarten. ⏲ Di–Sa 17–21 Uhr.

Las Lajas, 2 km vor Nuevo Arenal. Landestypische Gerichte, bekannt für gute Casados und Tilapia; beliebt bei Tourgruppen, großer Souvenirladen dabei. ⏲ 8–17 Uhr.

Restaurant Los Héroes, im Hotel Los Heroes. Internationale Gerichte und schweizerische Spezialitäten wie Rösti und Käsefondue. Sogar die costa-ricanische Bedienung trägt hier Schweizer Tracht. Das 360°-Panorama-Dreh-Restaurant auf dem Hang bietet Ausblicke auf den See und den Vulkan.

Nuevo Arenal

1973 errichtete Costa Ricas Energiebehörde ICE die kleine Ortschaft Nuevo Arenal als Ersatz für das alte Arenal, das beim Staudammprojekt überflutet wurde. Im Ort gibt es Internet, eine Bank, frisches Brot, Weißwurst, Hefeweizen und einige günstige Übernachtungsmöglichkeiten. Nuevo Arenal wird vorwiegend von Tagesausflüglern besucht. Viele nordamerikanische Rentner haben sich in den Hügeln der Umgebung niedergelassen.

ÜBERNACHTUNG

Aurora Inn, am Sportplatz, ✆ 2694-4590. Auf den ersten Blick sieht das Hotel-Restaurant etwas heruntergekommen aus. Hinter der Bar liegen aber hübsche, holzvertäfelte Zimmer mit Veranda und Seeblick versteckt. ❸

Cabinas Catalina, gegenüber der Tankstelle, ✆ 8819-6793. Einfache Zimmer mit TV, Privatbad und guten Matratzen, aber trauriger Sicht auf eine Mauer; Restaurant. ❷

ESSEN

Las Delicias, von der deutschen Bäckerei hügelaufwärts auf der rechten Straßenseite. Zum Frühstück serviert die freundliche Berta günstiges Frühstück von Pfannkuchen über Obstteller bis zu gebratenen Plátanos mit Sahne. Mittags und abends werden Comida Típica und internationale Gerichte aufgetischt. ⏲ 7–19 Uhr.

Moya's Place, gegenüber der Tankstelle bei den Cabinas Catalina. Kleines Restaurant, beliebt bei Einheimischen und Touristen. Große Auswahl an Pizza, Wraps und

Vegetarischem für 3500–8000C$. ⏲ 11.30–22 Uhr.

Tom's Pan, am Ortseingang. Freundliche deutsche Bäckerei mit Café und Restaurant; Kuchen, Brot, Bratwurst, gemischte Wurstplatten und Hefeweizen. Stolze Preise, keine Kreditkarten! ⏲ 7.30–17 Uhr.

SONSTIGES

Apotheke
Farmacia Arenal, im Zentrum. ⏲ Mo–Sa 8–19 Uhr.

Geld
Banco Nacional, am Sportplatz. ⏲ Mo–Fr 8.30–15.45 Uhr.
Banco de Costa Rica, im Zentrum. ⏲ Mo–Fr 9–16 Uhr.
Beide Banken mit Kreditkartenautomaten.

Internet
Café Internet Hollywood, am Sportplatz. ⏲ 9–20 Uhr.

Post
Im Zentrum. ⏲ Mo–Fr 8–12 und 13–17.30 Uhr.

Supermarkt
Supercompro, im Zentrum, gut bestückt. ⏲ 8–20 Uhr.

TRANSPORT

Busse fahren am Ortsausgang ab. Nach TILARÁN 6x tgl., nach FORTUNA und SAN CARLOS 3x tgl., nach GUATUSO 1x tgl. Von der Straße nach Tilarán zweigt ca. 2 km hinter Arenal eine Schotterpiste nach Guatuso ab.

Weiter nach Tilarán

An den Hängen des windigen Westufers drehen sich kräftig Armeen von Windrädern. Von Dezember bis April gleiten hier Wind- und Kitesurfer über den See. Die beste Surf-Ausrüstung verleiht **Ticowind**, am Seeufer, ca. 15 km westl. von Nuevo Arenal, 400 m hinter der Equus Bar, ⌨ www.ticowind.com. Auch Unterricht.

Mystica Resort, ✆ 2692-1001, 🖥 www.
mysticacostarica.com. Auf einem Hügel
gelegenes, ruhiges Hotel mit Blick auf den See;
6 geräumige, schlichte Zimmer mit Steinfuß-
boden, Holzdecke und großer Gemeinschaftsveranda, auch separate, voll eingerichtete
Ferienhäuser mit Küche. Rasenfläche mit Spiel-
gerüst, Restaurant. Yogaplattform im Wald,
Massagen. **6**

Tilawa Hotel, Santa Rosa, Km 30 auf der Straße
nach Tilarán, ✆ 2695-5050, 🖥 www.tilawa.
com. Imposante Eingangshalle, die 21 großen
Zimmer, z. T. mit Seeblick, fallen dagegen
schlicht aus; ältere Badezimmer, viel Beton.
Pool und eigene Brauerei. Stark auf nordamerikanische Gäste ausgerichtet. Das Hotel
vermietet Surfbretter. **4**–**6**

Brisas del Lago, auf der Straße nach Tilarán,
ca. 8 km vor Tilarán an der Kreuzung bei
Cinco Esquinas Richtung Tronadora/San Luis
abzweigen. Günstige landestypische und
internationale Küche mit wunderschönem
Seeblick. Der Koch hat früher in Sterne-
restaurants gearbeitet.

Café Macademia, Km 18 auf der Straße nach
Tilarán. Salate, Sandwiches, Suppen, große,
leckere Salate und für Süßmäuler diverse Obst-
und Schokokuchen. Nicht billig, deshalb vor
allem im Ort für Touristen und Expats. Schöner
Blick auf den See. Terrasse. ⏱ 8–18 Uhr.

Equus Bar, rund 14,5 km westl. von Nuevo
Arenal, zwischen Río Piedras und Tilarán. Tico-
Bar, die von außen wie ein Pferdestall aussieht,
drinnen gemütlich, immer offenes Feuer, oben
Disco. Sehr gute landestypische Küche, Fleisch
vom Feuer. Die gegrillten Hühnerfilets sind
ein Gedicht. ⏱ 11–23 Uhr.

Mystica, im Hotel Mystica. Leckere italienische Holzofenpizza, hausgemachte Ravioli
und Pasta mit Macadamiasauce. Bunt-peppige
Atmosphäre. Die Qualität hängt davon ob,
ob die italienischen Besitzer gerade vor Ort
sind. Untere bis mittlere Preisklasse. Der Seeblick wird leider von Strommasten gestört.
⏱ 7.30–21 Uhr.

Tilarán

Den meisten Touristen dient das freundliche
Tilarán nur als Umsteigeort auf der Busstrecke
von Monteverde nach La Fortuna. Weitere Busverbindungen bestehen von Tilarán nach San
José, zur Pazifikküste und nach Guanacaste.

Hotel Central, 100 m östl., 25 m südl. der Süd-
ostecke des Parks, ✆ 2695-5363. Günstige
Unterkunft; Seiteneingang. Relativ saubere
Zimmer unten mit Privatbad, Zimmer mit
Gemeinschaftsbad im oberen Stock, Matratzen
teils durchgelegen. **2**

Hotel El Sueño, 75 m nördl. vom Taxistand,
✆ 2695-5347. Im 2. Stock. Kleine, saubere,
dunkle Zimmer mit Teppichauslegware und
Plüschbetten. Parkplatz. **3**

Hotel Guadalupe, 100 m südl., 75 m östl. der
Kathedrale, ✆ 2695-5943, www.hotelguadalupe.
co.cr. 36 makellose Zimmer mit Frühstücks-
option. Parkplatz und Restaurant. **3**

Hotel Mary, an der Südseite des Parks,
✆ 2695-5479, 🖥 www.hotelmarytilaran.com.
Saubere Zimmer mit TV, teils mit Privatbad
und AC. EZ z. T. ohne Fenster und mit alten
Matratzen. Verschiedene Zimmer zeigen
lassen. **2**–**3**

Günstige landestypische Gerichte gibt es
in der **Soda El Nilo** schräg gegenüber
der Banco de Costa Rica und in der **Soda Iris**
am Parque Central, direkt gegenüber vom
Taxistand (es gibt kein Namensschild, man
erkennt das Lokal an den Nähmaschinen-
tischen).

Apotheke

Farmacia Sara, ✆ 2695-5607, gegenüber
von Palí. ⏱ Mo–Sa 7–20 Uhr.

Fahrradreparatur

Ciclo Tila, gegenüber dem Taxistand
am Park, ✆ 2695-6540. ⏱ Mo–Fr 8–12 und
13.30–18, Sa 8–16 Uhr.

DER NORDEN

Geld

Banco Nacional, an der Südseite des Parks.
⊕ Mo–Fr 8.30–15.45 Uhr.
BCR, 100 m östl., 100 m nördl. der Nordostecke des Parks. ⊕ Mo–Fr 9–16 Uhr.
Beide haben Kreditkartenautomaten.

Internet

50 m westl. von der Banco Nacional.

Polizei

Neben dem Busbahnhof.

Supermärkte

Pali, 100 m östl. der Nordostecke des Parks.
⊕ Mo–Fr 9–19, Sa 8.30–19.30, So 9–15 Uhr.
Supercompro, an der Südseite des Parks.
⊕ 8–21 Uhr.

Tankstelle

200 m nördl. der Nordostecke des Parks.

Taxis

Taxis Unidos Tilarán, am Park. Tarife:
Nuevo Arenal 18 000C$, Fortuna 50 000C$,
Monteverde 60 000C$.

TRANSPORT

Der Busbahnhof liegt nordwestl. des Parks.
CIUDAD QUESADA (über LA FORTUNA),
2x tgl. um 7 und 12.30 Uhr;
SANTA ELENA / MONTEVERDE, 1x tgl.
um 12.30 Uhr;
SAN JOSÉ, 4x tgl. zwischen 5 und 14 Uhr,
Sa und So auch um 17 Uhr;
PUNTARENAS, 2x tgl. um 6 und 13 Uhr;
GUATUSO, 2x tgl. um 7 und 16 Uhr;
CAÑAS, 7x tgl. zwischen 5 und 15.30 Uhr.

Monteverde und Santa Elena

Eine holprige, ausgewaschene Lehmpiste führt
in die hügelige Elfen- und Feenlandschaft Monteverdes. Über den Wäldern schweben – fliegenden Teppichen gleich – lange, dichte Nebelschwaden. Unaufhörlich tropft es sanft auf
Blechdach und Windschutzscheibe. Der Weg ist
für Ochsen- und Pferdekarren gedacht, nicht für
die Dutzenden sperrigen Blechvehikel, die ihn
täglich befahren. Er ist ein Relikt aus ruhigeren
Zeiten, als Monteverde noch eine kleine Quä-
kersiedlung war (s. Kasten), heute soll die von
Schlaglöchern zerfressene Piste den stetig ansteigenden Tourismusstrom dämpfen.

Santa Elena ist das Zentrum Monteverdes.
Drei große Privatreservate umgeben den kleinen Ort. Die **Reserva Monteverde**, **Reserva Santa Elena** und der **Bosque Eterno de los Niños**
sind sowohl einzigartig in ihrer Vegetation als
auch in ihrer Entstehungsgeschichte und ihrem Management. Monteverdes Quäkergemein-
de machte 1962 den Anfang und stellte 554 ha
Nebelwald unter Schutz. Mitte der 1980er-Jah-
re entstand, dank des Engagements von Schul-
kindern, der Bosque de los Niños, das größte
Privatreservat Costa Ricas. Eine schwedische
Grundschulklasse startete dieses Projekt und
sammelte u. a. durch Theateraufführungen am
schwedischen Königshof Geld für Monteverdes Wälder. Ihrem Beispiel folgten danach Kinder aus über 40 Ländern, die sich an sehr unterschiedlichen Spendenaktionen beteiligten. Im
Fall der Reserva Santa Elena übergab die costa-
ricanische Regierung der Gemeinde Monteverde das Land unentgeltlich auf unbestimmte Zeit.

Verwaltet werden die Reservate durch Nicht-
Regierungsorganisationen oder, wie die Reserva Santa Elena, von der Elterngemeinschaft des
örtlichen *Colegios*. So unterschiedlich die Inter-
essengemeinschaften sind, ihr Ziel ist dasselbe:
der Schutz der Wälder. Mit den Einnahmen er-
werben sie weiteres Land, forsten auf und finanzieren Forschungs- und Umweltprojekte.

Längst aber kommen die Touristen nicht mehr
allein der Reservas wegen: Canopy-Einrichtun-
gen (s. Kasten, S. 193), wo Besucher auf Stahlsei-
len über Baumkronen jagen, und Serpentarien,
Ranarien und Mariposarien schießen in Monteverde wie Pilze aus dem Boden. Während Costa Ricas Bergnebelwälder vom Klimawandel bedroht sind (S. 189), boomt das Geschäft mit dem
„Öko"-Tourismus und erinnert manchmal an eine
Art Disneyland, das auf der Öko-Welle schwimmt.

DER NORDEN

Santa Elena

Das kleine Santa Elena hat sich trotz ansteigender Touristenzahlen seinen einfachen, ländlichrauen Charakter bewahrt. Auf drei asphaltierten Straßen, die zu einem Dreieck zusammenlaufen, befindet sich alles, was das Herz eines Reisenden begehrt: günstige Hotels und Backpacker, Restaurants, Supermärkte, Banken, Internetcafés und Tourveranstalter. Wer direkt von Costa Ricas sonnenverwöhnten Stränden anreist, muss sich in der Bergwelt auf rasche Wetterwechsel einstellen, zeitweise kann es kühl, windig und regnerisch sein!

Busse verbinden Santa Elena mehrmals täglich mit den benachbarten **Nebelwaldreservaten** und dem Rest des Landes.

ÜBERNACHTUNG

Santa Elena hat eine Fülle guter, günstiger Unterkünfte, oft mit Berghüttencharme. Die Hotels der oberen Preisklasse befinden sich hauptsächlich an der Straße zur Reserva Monteverde und werden überwiegend von Pauschaltouristen besucht. Viele Hotels nehmen auch in den Monaten Juli und August Hochsaisonpreise.

Im Zentrum

Camping s. Pensión Santa Elena.

Arco Iris Lodge, im Zentrum, ca. 25 m südl. der Banco Nacional am Restaurant Morpho's rechts abbiegen, ☏ 2645-5067, 🖥 www.arcoirislodge.com. Geschmackvolle rustikale Holzchalets verschiedener Größe und Ausstattung, umgeben von tropischem Garten mit eindrucksvollen Bananenstauden, Bromelien, Orchideen und einer Wiese mit Liegestühlen. Etwas abgelegen, in Hanglage steht „das Haus" mit kolumbischen Möbeln, schmiedeeisernen Lampen und kunstvoll mit Naturstein gemauerten Wänden. Vor der Honeymoon Suite wächst symbolisch ein Feigenbaum. Den Frischvermählten wird das Frühstück auf Wunsch ans Himmelbett gebracht, die gekühlte Flasche Champagner wartet im Kühlschrank. Auch das üppige Frühstücksbuffet lässt keinen Wunsch offen:

Quäker in Monteverde

Anfang der 1950er-Jahre verließen elf Quäkerfamilien ihre Heimat Alabama, um im wenig besiedelten Monteverde ein ländliches Leben in Einfachheit, Abgeschiedenheit und Frieden zu führen. Die kleine Glaubensgemeinschaft, die im 17. Jh. in England gegründet wurde und zu den traditionellen Friedenskirchen zählt, wählte nicht ohne Grund **Costa Rica als neue Heimat**, ein Land, das nur wenige Jahre zuvor seine Schwerter zu Pflugscharen umgewandelt hatte. Kriegsdienstverweigerung und Protestmärsche hatten die *Friends,* wie sich die Quäker untereinander nennen, in den USA oft in Konflikt mit der Staatsgewalt gebracht.

In Monteverde gründeten sie eine Milchwirtschaftskooperative, die sogenannte Lechería, und holzten die umgebenden Nebelwälder für Kuhweiden ab. Ihr Monte-Rico-Käse wurde zum Renner und machte sich bald über die Grenzen Costa Ricas hinweg einen Namen. Heute wird das Ganze als privates Unternehmen geleitet.

Mitte der 1960er-Jahre erkannten die Quäker, wie wichtig der Baumbestand für den Schutz der kontinentalen Wasserscheide war, die sich mitten durch Monteverdes Nebelwald zieht. Sie legten daraufhin die Reserva Bosque Enterno an, die sie mit der Hilfe von amerikanischen Wissenschaftlern 1972 zur Reserva Bosque Nuboso Monteverde erweiterten.

Das Reservat wurde – in einer Zeit, als der Naturschutz in Costa Rica noch in den Kinderschuhen steckte – zum Vorreiter für die Entstehung weiterer Privatreservate im Land.

Quäker leben heute nur noch wenige in Monteverde. Denn um die märchenhaft-mystischen Nebelwaldreservate hat sich zu ihrem Leidwesen eine der Haupttouristenregionen Costa Ricas entwickelt. Doch so sehr sich die Region auch verändert, an der Holperpiste halten die Einwohner fest. Sie soll den Strom der Touristen eindämmen und Besucher mindestens zwei Nächte im Ort halten.

Monteverde/Santa Elena

Übernachtung:
1. Arco Iris Lodge
2. Quetzal Inn
3. Sunset Hotel
4. Pensión Santa Elena
5. Los Cipreses
6. Cloudforest Lodge
7. Hotel Don Taco
8. Cabinas Vista al Golfo
9. Cabinas Nora
10. Cabañas Las Praderas
11. Hotel Belmar
12. Mariposa Bed and Breakfast
13. La Colina Lodge

Essen:
1. Mar y Tierra, Panadería Jiménez I
2. Musashi
3. Tree House
4. Heladería
5. Restaurante Amy's
6. Morpho's
7. Don Juan
8. Sofía
9. Chimera
10. Panadería Jiménez II
11. Pizzería Tramonti
12. Café Stella

Sonstiges:
1. Extremo Canopy
2. Selvatura-Büro
3. Selvatura Canopy
4. El Trapiche
5. Don Juan Coffee Tour Finca
6. Skyadventure
7. Aventura-Büro
8. The Original Canopy
9. Bar Amigos
10. Supermercado Vargas
11. Don Juan Coffee Tour, Büro
12. Librería Chunches
13. Supercompro
14. Jardín de Orchideas
15. Desafío
16. Farmacia Vitosi
17. Loungebar Mataé Caña
18. Ranario und Mariposario
19. Monteverde Arts House
20. Sabine's Smiling Horses
21. CASEM COOP
22. Friends Meeting

Transport:
1. Bushaltestelle/Fahrkartenschalter
2. Reisebüro Camino Verde
3. Taxis

Reserva Biológica Nuboso Santa Elena

Zufahrt zur Reserva Biológica Nuboso Santa Elena (500 m)

Santa Elena

Cerro Plano

Monteverde

Bosque Eterno de los Niños

Reserva Biológica Nuboso Monteverde

Wanderweg zum Cerro Amigos

Lechería

Fotogalerie Hummingbird

Catarata San Luis

Río Guacimal

Quebrada Máquina

Quebrada Sucia

Plaza Monteverde

s. Ausschnitt rechts oben

Campo de fútbol

Clínica

La Fortuna (136 km), Tilarán (35 km)

Panamericana Juntas, Puntarenas, San José

EINGANG

POLIZEI

Für hausgebackene Brotsorten und Kuchen, Eier aus eigener Freilandhaltung, gebratene Plátanos, Müsli, Obst, Gallo Pinto, selbst gemachte Marmeladen, Joghurt und Käse aus Monteverde, Honig aus einer lokalen Imkerei und frisch gerösteten Kaffee zahlt der Gast $7,50. Wäscheservice ($6–11). Sehr hilfsbereite Rezeption. Herz der Unterkunft ist die kreative Susanna, die als Urlauberin kam und als Hotelbesitzerin blieb. Nur wenige Minuten zu Fuß ins Zentrum. Pro extra Pers. $10. ❸ – ❻

Hotel Don Taco, 400 m nördl. der Banco Nacional, ☎ 2645-5263, 🖥 www.cabinasdon taco.com. 23 saubere Zimmer; Standardzimmer mit älteren Möbeln oder gemütliche Cabinas mit großer Fensterfront und Blick auf den Golf von Nicoya – nach Cabinas mit Vista fragen. Hübsch angelegter Garten, Frühstück inkl. ❸

Los Cipreses, 100 m nordöstl. der Escuela Santa Elena, ☎ 2645-5455, 🖥 www.cipreses hotel.com. Das kleine Familienhotel hat sich stark vergrößert und zählt jetzt 30 geschmackvolle, sehr saubere, ruhig gelegene Zimmer unterschiedlicher Größe mit Veranda in Tico-Wohngegend; gute Matratzen. Hübscher Garten, familiäre Atmosphäre, Parkplatz. ❹

Pensión Santa Elena, 25 m südöstl. der Banco Nacional, ☎ 2645-5051, 🖥 www.pension santaelena.com. Beliebter, alternativ angehauchter Backpacker im Herzen Santa Elenas in einem alten, verwohnten Holzhaus. Im Haupthaus befinden sich die Dorms sowie Zimmer teils ohne Fenster, teils mit Privatbad. Große Veranda mit Hängematten. Im mosaikverzierten Annex nebenan sind die wesentlich schöneren, moderneren, ruhigeren Zimmer mit guten Matratzen, großen, kreativen Blumenlampen, Hochbetten, Privatbad, Daunendecken und großen Fenstern. Guter Treffpunkt, zum Schlafen aber nicht der ruhigste Ort. Viel benutzte Küche. Mini-Restaurant „Taco-Taco" anbei, von dort wird auch das Frühstück serviert; Camping auf der Wiese im Hintergarten möglich für $5 p. P., Dorm $12. Frühstück inkl. ❷ – ❸

Quetzal Inn, ca. 50 m südl. der Banco Nacional am Restaurant Morpho's links einbiegen, ☎ 2645-5358, 🖥 www.quetzalinn.com. 17 schlichte Zimmer, teils mit Privatbad; ruhig gelegen, umgeben von Grün, Zimmer im 2. Stock heller; es fehlt etwas an Ambiente, inkl. Frühstück, DZ ohne ❸, mit Balkon ❹

Barrio Orquídeas

Südwestl. des Zentrums, 5 Min. zu Fuß, haben sich viele einfache, aber ruhige Backpackerunterkünfte angesiedelt. Das Barrio hat Sodas, Pulperías und ein Internetcafé.

DER NORDEN

Was ist Nebelwald?

Nebelwald wächst überall dort, wo – der Name sagt es – immerzu Nebel herrscht. Monteverdes Nebel entsteht durch die von der Karibik herüberziehenden, feuchtwarmen Winde. Sie kühlen in den Hügeln ab, kondensieren und umgeben ganzjährig als dichte Nebelschwaden das Blätterdach von Monteverdes Wäldern. Dort löst sich der Nebel zu Niederschlag auf und tropft konstant auf die unteren „Stockwerke". Im Wald herrscht somit 100 % Feuchtigkeit, direktes Sonnenlicht jedoch dringt kaum ein. Um zu überleben und zumindest an etwas Licht zu gelangen, wachsen die kleineren Pflanzen daher auf den Stämmen der umgebenden Baumriesen (Epiphyten).
Wegen seiner knorrigen, dem Wind ausgesetzten, zwergwüchsigen Bäume und der üppigen, von Nebelschleiern umrahmten Pflanzenwelt im Waldesinneren vergleichen viele Besucher den Nebelwald mit einem Märchenwald. Quetzalrufe, Froschlaute und Affengebrüll aus der Ferne, der intensive Geruch nach feuchtem Humus und Laub, scheue Tieraugen im Dickicht und kühle Nebeltropfen auf der Haut machen eine Wanderung durch Monteverdes Nebelwälder zu einem Erlebnis für alle Sinne. Wissenschaftler warnen jedoch, dass dieses einzigartige Ökosystem von Austrocknung bedroht ist. Laut Experten bilden sich durch die zunehmende Entwaldung der Nachbargebiete und die Klimaerwärmung immer weniger Wolken und immer weniger Nebel steigt empor. Der Wasserkreislauf wird somit gestört und die lebensnotwendige Versorgung mit Feuchtigkeit nicht mehr gewährleistet; s. a. Kasten S. 82, „Her mit den Kröten".

Cabañas Las Praderas, 600 m westl. vom Friedhof, ☎ 2645-5740, 🖳 www.lapradera monteverde.com. 7 sehr saubere, weit auseinanderstehende Cabañas unterschiedlicher Ausstattung. Kochgelegenheit, Kühlschrank, Mikrowelle, Reiskocher; ideal für Familien. Die Farm wird von einer costa-ricanischen Familie geführt und befindet sich etwas abseits vom Zentrum in ländlicher, ruhiger Lage; kleiner Pool. Am besten mit eigenem Fahrzeug zu erreichen. Cabaña für bis zu 9 Pers. $95. ❸

Cabinas Nora, 400 m südwestl. vom Super-compro, ☎ 2645-5661, ✉ nora_0360@hotmail.com. 8 ruhig gelegene Holzcabinas ohne Küche mit kleinem Balkon, kein Frühstück. ❷

Cabinas Vista al Golfo, 250 m südl. der Bar Los Amigos, ☎ 2645-6682, 🖳 www.cabinas vistaalgolfo.com. Das Gegenstück zum Party-Hostel im Zentrum beherrscht in diesem Barrio die Backpacker-Szene. Schöne Aussichtsterrasse und Gemeinschaftsküche. Verschiedene Zimmertypen vom Schlafraum, über DZ mit/ohne Privatbad bis zu geräumigen Apartments ❸ mit Küche im Annex nebenan. Viele Infos. Dorm $10, DZ ❷

Richtung Reserva Monteverde
Camping s. u., La Colina Lodge.

Mariposa Bed and Breakfast, 1,5 km vor der Reserva, ☎ 2645-5013, 🖳 www.mariposabb.com. 8 saubere Zimmer in kleinem Familien-betrieb, umgeben von Wald, Frühstück im Haus der Familie. Auch Apartment für 4–6 Pers. mit Küche und Waschmaschine ($120 für 4 Pers.). Frühstück inkl. ❸

La Colina Lodge, an der Straße zur Reserva, 20 m nach der Käse-Fabrik, ☎ 2645-5009, 🖳 www.lacolinalodge.com. 11 freundliche, kleine Zimmer mit schiefen Böden und hand-geschnitzten Möbeln, teils mit Privatbad, in ehemaligem Quäkerhaus. Gemeinschafts-küche. Camping auf Rasen im Hintergarten; die freundlichen tico-amerikanischen Betreiber Mauricio und Kelly organisieren sonntags einen Kunstmarkt auf dem Camping-platz und sind sozial engagiert. $8 p. P., Früh-stück $5, DZ ❷

Hotel Belmar, 2 km von Santa Elena, am Ende der asphaltierten Straße 300 m links den Berg hinauf, ☎ 2645-5201, 🖳 www.hotelbelmar.net. Eindrucksvolles, mehrstöckiges Chalet, umgeben von Grün. Große, freundliche Zimmer mit Balkon und fantastischem Blick; beheizter und überdachter Whirlpool, gutes Restaurant „Celajes", Frühstück inkl. ❻

Cloudforest Lodge, 1 km von Santa Elena, ☎ 2645-5058, 🖳 www.cloudforestlodge.com. 20 rustikale, geschmackvoll eingerichtete Holzhäuser in Hanglage mit Terrasse. Zum Hotel gehören 30 ha Wald mit privaten Wander-wegen. ❻

Richtung Reserva Santa Elena
Sunset Hotel, 2 km von Santa Elena, ☎ 2645-5048, 🖳 www.sunsethotelmonteverde.com. 7 einfache, ruhig gelegene Zimmer, umgeben von großer, gepflegter Rasenfläche. Von der Gemeinschaftsveranda blickt man bei klarem Wetter bis zum Golfo de Nicoya und kann wunderbare Sonnenuntergänge genießen. Geleitet von einem netten Deutschen, der bereits als Kind nach Costa Rica kam. Früh-stück inkl. ❸

ESSEN
Im Zentrum
Don Juan, gegenüber vom Einkaufszentrum (Mall) in Richtung Reservas. Bekannt für Fleisch und Mariscos. Für den kleinen Hunger bietet sich die Käseplatte mit Käsesorten aus der Region an. Kaffee von familieneigener Kaffeeplantage. 🕐 11–21.30 Uhr.

Mar y Tierra, kleines Restaurant im 2. Stock der Panadería Jimènez I. Fisch, Meeresfrüchte und Fleisch. Wer sich nicht entscheiden kann, sollte das Lomito Mar y Tierra bestellen, Rinderfilet und Jumboshrimps! 🕐 11–21.30 Uhr.

Morpho's, 50 m südöstl. der Banco Nacional. Ganz im Zeichen des Morpho-Schmetterlings, außen in kitschigem hellen Wolkenblau, innen hängen Holzschmetterlinge als Lampen von der Decke. Die sehr leckeren Casados werden hier mit drei verschiedenen Saucen gereicht. Beliebt ist das Pollo Morpho mit Curry und Ananas oder die Hamburger mit Avocado und Monteverde-Käse. Für den Nachtisch ist die Mutter des Chefs Matteo zuständig. 🕐 11–15 und 17.30–21 Uhr.

Panadería Jiménez I und II, (im Zentrum und am Cerro Plano) wenn andere noch schlafen, werden hier bereits die ersten frisch gebackenen Bananenbrote verkauft. Plundergebäck, herzhafte Empanadas, Kaffee und Tee. Beliebt zum Frühstücken. ☺ Mo–Sa 5–17.30, So 5–10 Uhr.

Restaurante Amy's, gegenüber vom Supercompro. Internationale Küche, Innen- und Außenbereich, leckere Fischgerichte, nicht ganz billig. ☺ 11.30–22 Uhr.

Tree House, nördl. vom Supercompro. Dieses beliebte Restaurant bietet guten Service und wartet mit einer innovativen Karte auf. Im 1. Stock sitzt man in einem Baum und kann von dort gemütlich das Geschehen im Ort beobachten. Ein günstiges Hotel gehört dazu. ☺ 11–22 Uhr.

Der hübsche Sushiladen **Musashi** neben dem Busfahrkartenschalter ist teuer für nur mittelmäßige Qualität. Mo geschl.

Richtung Reserva Monteverde (von Nord nach Süd)

Heladería, am Cerro Plano, hier wird Eis aus der Monteverde Lechería verkauft: mit Kaffee-, Kokosnuss- oder Guanábanageschmack. ☺ Mi–Mo 10–20 Uhr.

Chimera, am Cerro Plano. Hochgelobtes Tapas-Restaurant. Kleine, aber köstliche Tapas z. B. Palmherzen mit Cashew-Salat, Barsch mit Mango-Chutney oder Garnelen mit Kokosnuss; pro Tapa ca. $3–15. ☺ 11.30–21.30 Uhr.

Sofía, am Cerro Plano, fast um die Ecke vom Chimera (gleiche Besitzerin). Restaurant mit 2 Salons, Bar und Terrasse. Statt Tapas werden hier lateinamerikanische Hauptgerichte für ca. $16–21 serviert. ☺ 11.30–21.30 Uhr.

Pizzeria Tramonti, 100 m vor der Gabelung zum Bosque Eterno de los Niños. Leckere, original italienische Holzofenpizza, auch Pasta und Gegrilltes von Gianni & Adriana, in elegant-rustikaler Atmosphäre. ☺ 11.30–21.30 Uhr.

Café Stella, gegenüber der Handwerkskooperative CASEM COOP. Inhaberin Stella, inzwischen über 80 Jahre alt, gehörte zu den ersten Quäkern, die nach Monteverde zogen. Zum Frühstück gibt's hausgemachte Waffeln

oder Pfannkuchen mit Sirup oder Omelette, mittags Sandwiches, ganz nach Wunsch belegt. Auch Salate und Suppen (Karotten, Linsen, Tomaten, Kürbis, Spinat). Als Nachtisch oder Snack hausgemachte Kuchen, herzhafte Croissants mit Gemüse- und Käsefüllung oder Quiche. ☺ 7–16 Uhr.

Hauptsächlich Einheimische treffen sich in der **Bar Amigos** (☺ bis 1 Uhr), die neue **Loungebar Matáe Caña** zieht dagegen vorwiegend Touristen an.

Canopy

Die Veranstalter empfehlen lange Hosen, gutes Schuhwerk, eine Jacke und Sonnenschutz. Alle Angebote lassen sich auch in den Hotels der Umgebung buchen, oft zu günstigeren Tarifen als direkt an der Kasse.

Aventura, ⌨ www.monteverdeadventure. com. 14 Seilbahnen, dabei die längste in ganz Lateinamerika mit über 1,5 km Länge, ($45, Kinder $35), auf einer fliegt man bäuchlings wie Supermann! 8 Hängebrücken ($30, Kinder $25), Schmetterlings- und Kolibrigarten ($20). Inkl. Transport von den Hotels.

Extremo, ✆ 2645-6058, ⌨ www.monteverde extremo.com. Für Abenteurer: 15 extrem lange Seilbahnen (bis zu 1 km), auch hier gibt es das Supermann-Kabel und Bungee. Canopy ab $40, Combos mit Ausritt für bis zu $120, Kinder bis 8 Jahre $30.

Selvatura, 800 m vor der Reserva Santa Elena, ⌨ www.selvatura.com. 15 Seilbahnen ($45, Studenten $40, Kinder $30), 8 hängende Brücken zwischen 12 und 60 m ($30, Studenten $25, Kinder $20) und ein Schmetterlings- und Kolibrigarten ($15 für alle).

Skyadventure, 2 km vor der Reserva Santa Elena, ⌨ www.skyadventures.travel. 10 Seilbahnen überspannen 2 km Wald (Sky Trek), Hängebrücken führen durch die Baumkronen (Sky Walk) und Gondeln transportieren die Besucher auf eine Höhe von 1400–1600 m (Sky Tram). Ticket für alle drei $106, Studenten $85, Kinder $67, Kombination Sky Trek und Sky Tram $71/57/45, nur Skywalk $35/28/22.

Darf eigentlich bei keinem Fest fehlen: ein Umzug, groß und schön bunt

The Original Canopy, am Hotel Cloudforest Lodge, 🖥 www.canopytour.com. Insgesamt 13 Kabel. Die Anlage gehört zu den Pionieren des Canopy in Costa Rica. Auch nächtliche Canopy-Touren und Klettertouren durch hohle Baumriesen. Gut für Kinder geeignet wegen der kürzeren Kabel. $45, Studenten $35, Kinder unter 12 Jahren $25.

Frosch- und Schmetterlingstouren

Ranario und Mariposario, von Puntarenas kommend kurz vor Erreichen des Zentrums von Santa Elena, am Schild rechts einbiegen, 🖥 www.frogpondmonteverde.com. Hier gibt es ihn, den Frosch mit den roten Augen, den Urlauber sonst nur auf Postkarten sehen. Viele Frösche haben solch eine gute Tarnung, dass sie ein Laie gar nicht entdecken kann. Am besten ist daher eine Führung (Englisch oder Spanisch), sie ist im Preis inbegriffen. Beste Besuchszeit ist nachmittags gegen 17 Uhr, dann kann man sowohl nachtaktive als auch tagaktive Arten erleben. Die Eintrittskarte ist den ganzen Tag über gültig. Ranario $12, Kinder $10, Ranario und Mariposario $20, Kinder $16. ⊙ 9–20 Uhr.

Kaffee- und Zuckerrohrtouren

Die Höhenlage, vulkanischen Böden und das einzigartige Mikroklima machen Monteverde und Umgebung zu einem der besten Kaffeeanbaugebiete des Landes. Verschiedene Tourveranstalter bieten Kaffeetouren an. Dabei lernen die Teilnehmer den Herstellungsprozess kennen, Kostproben inklusive!

Don Juan Coffee Tour, ☎ 2645-8056, 🖥 www.donjuancoffeetour.com. Die Finca ist nur 2 km von Santa Elena entfernt. 2-stündige Tour inkl. Transport vom Hotel $25, Kinder unter 12 Jahren gratis.

El Trapiche, an der Straße nach Tilaran, 🖥 www.eltrapichetour.com. Auf der Tour um 10 und 15 Uhr wird dem Besucher der Anbau verschiedener typischer costa-ricanischer Produkte erklärt: Bananen, Cashew-Nüsse, Orangen, Kaffee. Schwerpunkt aber liegt auf Zuckerrohr. Die Mühle wird auch heute noch vom Ochsen bewegt! Tour ca. 2 Std., $30, Jugendliche und Studenten mit Ausweis $25, Kinder bis 12 Jahre $10.

Einmal wie Tarzan oder Jane durch den Urwald schwingen, das ist die Idee der Canopy-Touren, die ihren Anfang in Monteverdes Nebelwäldern nahmen und nun wie Pilze in ganz Costa Rica aus dem Boden schießen. Ganz so elegant sieht es dann doch nicht aus, wenn selbst ernannte Urwaldkönige sich mit Bauhelm und Gärtnerhandschuhen ausgerüstet und von Becken- und Brustgurten umschnallt, von Plattform zu Plättform stürzen. Die lauten Schreie aber, die durch den Urwald hallen, wenn sie den festen Boden unter den Füßen verlieren und ihr Gewicht vollends dem Stahlseil anvertrauen, können es mit dem dramatischen Schrei des Dschungelhelden aufnehmen. Sanften Ökotourismus und einen Einblick in die oberen Stockwerke der Regenwälder versprechen die Canopy-Veranstalter. Von Wald und Tieren jedoch bekommt man herzlich wenig mit, denn an ihnen rauscht man wie in einem Schnellzug vorbei.

Nachtwanderungen

Für Nachtwanderungen eignen sich die kleinen Fincas mit Sekundärwald oft besser als die großen Nebelwaldreservate. Der Wald der Fincas ist meist lichter, und somit sind die Chancen größer, nachtaktive Tiere zu sehen. „Nacht"-Touren beginnen generell um 17.30 Uhr. Transport inkl.

Bosque de los Niños, ☎ 2645-5305.
Cloudforest School, ☎ 2645-5161, 🖥 www.cloudforestschool.org. Mit den Eintrittsgeldern werden bedürftige Schüler der Cloudforest School vor Ort unterstützt.
Ficus Trails, ☎ 2645-6474.
Valle Escondido, ☎ 2645-6601, 🖥 www.monteverdenighttour.com.

Orchideengarten

Jardín de Orchídeas, neben dem Eingang zum Morpho's Restaurant, 🖥 www.monteverdeorchidgarden.net. Kleiner Orchideengarten mit insgesamt 425 Orchideenarten, 10 davon endemisch, rund 150 egal zu welcher Jahreszeit stets in Blüte, davon viele kleinblütige Arten und die kleinste Orchidee der Welt, die die Besucher durch eine Lupe bewundern können. Stolze $10 p. P. kosten die 25–40-minütigen Touren durch den kleinen Garten, wer zuvor im Morpho-Restaurant isst, erhält 20 % Rabatt. ⏲ 8–17 Uhr.

Pferdetouren

Diverse Veranstalter bieten landschaftlich sehr reizvolle Reittouren von Santa Elena entlang dem Arenalsee nach La Fortuna an. Die Touren dauern 5 Std., 3 Std. sitzt man im Sattel, der Rest wird mit Auto und Boot zurückgelegt. Das Gepäck wird im Auto transportiert. Gewarnt sei vor schlammigen Wegen und unterernährten Pferden, man sollte diese Tour deshalb nur im Sommer machen. Verantwortungsbewusste Touranbieter sind:
Desafío, ☎ 2645-5874, 🖥 www.monteverde tours.com. Reittouren auf gesunden Pferden u. a. nach Fortuna.
Sabine's Smiling Horses, Barrio Orquideas, 700 m westl. vom Friedhof, ☎ 2645-6894, 🖥 www.smilinghorses.com. Vollmond- und Sonnenuntergangstouren, Touren zu Wasserfällen und nach La Fortuna, für Anfänger und Sattelfeste auf gesunden Pferden. Sabine kennt die Gegend wie ihre Satteltasche. Auf Deutsch.

SONSTIGES

Apotheke

Farmacia Vitosi, ⏲ Mo–Sa 8–20, So 9–16 Uhr.

Bücher

Librería Chunches, 25 m südl. der Banco Nacional. Große Auswahl an Natur-, Tier-, und Bestimmungsbüchern in spanischer und englischer Sprache, Büchertausch. Postkarten. Kleines Café. Auch Wäscheservice (4 kg für 3500C$). ⏲ Mo–Fr 8–18 9–12 Uhr.

Feste

Jan–April: **Festival Musica Monteverde** mit Konzerten aus Latin, Jazz und Klassik; einige gratis.

Fotogeschäft

In der **Farmacia Vitosi**. Einwegkameras, Digitalkarten. ⏲ Mo–Sa 8–20, So 9–16 Uhr.

Geld

Banco Nacional, ⏲ 8.30–15.45 Uhr.
Banco Popular, ⏲ 9–16 und Sa 8.15–11.30 Uhr.
Banco de Costa Rica, ⏲ 8–16 und Sa 8–12 Uhr.
Alle drei Banken haben Geldautomaten.

Informationen

Cámara de Empresas Turísticas Monteverde, im Zentrum, ☎ 2645-6565. Ortspläne von Monteverde. Außerdem hängen hier alle Tourangebote und Hotels der Mitglieder und die aktuellen Busfahrpläne aus. Tipps und Empfehlungen werden nicht gegeben. ⏲ Mo–So 8–20 Uhr. Informationen gibt es auch im **Hotel Arco Iris** und in der **Pensión Santa Elena**.

Internet

Im Ort gibt es einige Internetcafés.

Kunsthandwerk

CASEMCOOP (Comité de Artesanas de Santa Elena y Monteverde), ca. 2 km auf dem Weg zur Reserva Monteverde. Kunsthandwerk-Kooperative, einst von acht Frauen gegründet. Heute stellen hier 89 Frauen und 3 Männer Schmuck, Stickarbeiten, Karten und schöne Schnitzarbeiten her. ⏲ Mo–Sa 8–17, So 10–16 Uhr.
Monteverde Arts House, 100 m nördl. der Grundschule in Cerro Plano, 🖥 www.monte verdearthouse.com. Verkaufsausstellung einheimischer und ausländischer Künstler. Farbenfrohe, teils kitschige Bilder mit tropischen Motiven. Auch Schmuck und Handwerk aus den Indianerreservaten. ⏲ 8.30–18.30 Uhr.

Markt

Jeden Samstag: Frische Produkte aus der Region am Gimnasio del Colegio. ⏲ 7–12 Uhr.

Medizinische Hilfe

Klinik, 300 m südöstl. der Plaza de Deporte, ☎ 2645-5076.
Emergencias Monteverde, am Cerro Plano, ☎ 2645-7778, 8304-2121.

Post

Am Ortsausgang, Richtung Reserva Monteverde, ⏲ Mo–Fr 8–16.30, Sa 8–12 Uhr.

Reisebüro

Camino Verde, 📞 2645-6304, 🖥 www.hotel caminoverde.com. Tica-/Nicabustickets, nationale Flugtickets und Touristeninformation. ⏰ 6–18.30 Uhr.

Supermärkte

Supercompro, im Zentrum. Sehr große Auswahl. ⏰ Mo–So 7–21 Uhr.
Supermercado Vargas, im Zentrum. Gute Auswahl an Spirituosen. ⏰ Mo–Sa 7–21, So 8.30–21 Uhr.

Taxi

Es gibt 3 Taxizentralen in Santa Elena: 📞 2645-7171, 2645-6969 und 2645-6868; Tarife: Reserva Monteverde $10 (nur Hinfahrt), Reserva Santa Elena $12 (nur Hinfahrt).

Telefon

Vor der Kirche und gegenüber vom Super-markt Vargas.

Wäscherei

Wäscheservice im Buchladen Chunches ($8 für 4 kg) und in allen Hotels.

NAHVERKEHR

Aktuelle Busfahrpläne für die Reservas hängen in der **Cámara de Empresas Turísticas Monteverde** (s. Informationen) aus. **Reserva Santa Elena**, hin 6.30, 8.30, 10.30 und 12.30 Uhr, zurück 9, 11, 13 und 16 Uhr, $2. Reservierung erforderlich, 📞 2645-6332. **Reserva Monteverde**, im gelben Schulbus, hin 6.15, 7.20, 13.30 und 15 Uhr, zurück 6.45, 11.30, 14 und 16 Uhr. Einfache Strecke 600C$.

TRANSPORT

Busse

Fahrkartenschalter an der Hauptstraße, im Zentrum, 📞 2645-5159, Fahrkarten mind. 1 Tag vorher kaufen. ⏰ 5.30–7, 7.30–11.30, Fr auch 13.30–17, Sa und So 13.30–15 Uhr. Wer von Monteverde direkt weiter nach Guanacaste (Liberia, Playas del Coco, Nicoya) reist, muss einen Bus Richtung Las Juntas oder Puntarenas nehmen und an der Kreuzung La Irma bzw. Chomes an der Interamericana umsteigen.

PUNTARENAS, 1x tgl. um 6 Uhr, 4 Std.;
LAS JUNTAS, 2x tgl. um 4.30 und 15 Uhr, fährt weiter nach Puntarenas;
SAN JOSÉ, 2x tgl. um 6.30 und 14.30 Uhr, 4–5 Std.;
TILARÁN, 1x tgl. um 7 Uhr.

Shuttle-Busse

Interbus, Quality Shuttle und **Grayline** fahren verschiedene Ortschaften in ganz Costa Rica an. Reservierungen über die Hotels.

Internationale Busse

NICARAGUA: Wer von Monteverde aus direkt weiter nach Nicaragua reisen möchte, nimmt am besten den öffentlichen Bus um 4.30 Uhr nach La Irma und steigt dort um 7 Uhr in den Transnica-Bus. Bei diesem frühen Morgenbus wartet man ca. 1 Std. in La Irma auf den Anschlussbus nach Nicaragua, bei allen späteren Bussen, ist die Wartezeit erheblich länger. Transnica-Tickets sind im Reisebüro Camino Verde erhältlich.

Jeep / Boot / Jeep

Die schnellste und beliebteste Verbindung von Monteverde nach La Fortuna – zudem auf sehr reizvoller Strecke – ist die Kombination aus Jeep (über Land) und Bootsfahrt über den Arenalsee; z. B. 2x tgl. mit dem Tourveranstalter **Eagle Tours**, 🖥 www.eagletours.net, oder buchbar über die Hotels, $25 p. P.

 **HIGHLIGHT**

Reserva Monteverde

- **Reservierung und Informationen:** 📞 2645-5122, 🖥 www.cct.or.cr
- **Öffnungszeiten:** 7–16 Uhr
- **Eintritt:** $18, Studenten (Ausweis mitbringen!) und Kinder bis 12 Jahre $9.
- **Führungen:** um 7.30, 12.30 und 13.30 Uhr, 2 1/2 Std., $20 (zusätzlich zum Eintrittspreis),

Nachtführungen um 18.15 Uhr, 2 Std. $20, mit Transport vom und zum Hotel $25 p. P., spezielle Vogeltouren $64 p. P. Die Touren finden in Englisch oder Spanisch statt, die Anzahl der Touren soll in Zukunft erhöht werden. Reservierungen empfehlenswert.

- **Gründungsjahr**: 1972
- **Größe**: 10 500 ha
- **Unterkunft**: Die Schutzhütten Refugio Eladios und Refugio Alemán im abgelegenen Bereich der Reserva waren zur Zeit der Recherche nicht für die Öffentlichkeit zugänglich, sollen aber in Zukunft wieder für Touristen geöffnet werden, Nachfragen lohnt sich. **Albergue La Casona**, am Parkeingang, mit Frauen- und Männerschlafräumen in Stockbetten. $65/55 p. P. mit/ohne Privatbad, inkl. VP und Eintritt zur Reserva. Reservierung erforderlich.
- **Transport**
  Die 4,8 km lange Piste von Santa Elena zum Eingang der Reserva ist **zu Fuß** zu bewältigen, in der Hauptsaison ist die Straße jedoch recht stark befahren und staubig. Eine bessere Alternative sind Busse. **Busse**: Von Santa Elena 6.15, 7.20, 13.20, 15 Uhr, zurück um 6.45, 11.30, 14 und 16 Uhr, $1; (s. a. Santa Elena, „Transport") Man kann den Bus auch entlang der Strecke von Santa Elena zur Reserva durch Winken anhalten.
- **Ausrüstung**: Gute Wanderschuhe, Regenschutz, Jacke, Mückenschutz. Ferngläser können am Eingang für $10 pro Tag gemietet werden. Wanderkarten sind gratis am Eingang erhältlich.

8 km östlich von Santa Elena liegt das älteste und bekannteste Naturreservat Monteverdes. Es wurde 1972 von dem Quäker Wilford Guindon und dem nordamerikanischen Biologenehepaar George und Harriet Powell gegründet. 554 ha der Fläche hatte die Quäkergemeinschaft bereits Mitte der 1960er-Jahre unter Schutz gestellt. Verwaltet wird der Naturpark heute durch die Nicht-Regierungsorganisation **Centro Cientifico Tropical** ⌨ www.cct.or.cr, eine Gruppe vorwiegend ausländischer Wissenschaftler, die Anfang der 1960er-Jahre entscheidend am Umdenken im Land (weg von der Abholzung, hin zum Nationalparksystem) beteiligt war.

Das Reservat liegt auf der kontinentalen Wasserscheide, d. h. es wird sowohl vom pazifischen Klima als auch vom atlantischen Klima (starke Passatwinde) beeinflusst. Im Park herrschen vier verschiedene Mikroklimate. Bambus- und Zwergwälder, gigantische Baumfarne und gewaltige Würgebäume wachsen in den insgesamt sechs verschiedenen Ökosystemen. Sogenannte „Aufsitzerpflanzen", d. h. Kletterpflanzen, Bromeliengewächse und 500 Orchideenarten haben sich auf den Baumriesen eingenistet. Ein Drittel dieser Orchideen sind endemisch, 28 Arten kommen sogar nur in Monteverde vor.

130 verschiedene Säugetierarten, darunter die sechs Wildkatzen Puma, Jaguarundi, Margay, Ozelot, Tigrillo und Jaguar, schleichen über die weichen Torf- und Humusböden. Dazu gesellen sich 500 Vogelspezies wie der Quetzal und der Tukan sowie 120 Amphibien- und Reptilienarten. Die 2,5 cm große Goldkröte *(Sapo dorado)*, die Wissenschaftler erst Mitte der 1960er-Jahre im Reservat entdeckten, wurde seit 1988 nicht mehr gesichtet und gilt als ausgestorben (s. Kasten „Her mit den Kröten", S. 82).

Wanderwege

Lediglich 2 % des Naturreservats, das sogenannte Triangulo, sind der Öffentlichkeit zugänglich. In der Trockenzeit halten sich mitunter 170 Personen gleichzeitig im Park auf, auf den Hauptrouten ist man daher selten allein. Die insgesamt neun Wanderwege führen alle durch Nebelwald und sind größtenteils mit Holz oder Steinen befestigt. Die einzelnen Wege lassen sich als Rundwege kombinieren. Tiere sieht man selbst mit aufmerksamen Führern nur sehr selten. Sie halten sich meist in dem nicht der Öffentlichkeit zugänglichen Parkabschnitt auf. Bei der Parkverwaltung sind Wanderkarten erhältlich. Zu den beliebtesten Wegen zählen der

Sendero Tosi und der sich anschließende, zum Wasserfall weiterführende **Sendero Quebrada Cuecha** (insgesamt 0,8 km).

Auf der Touristenroute liegen außerdem der **Sendero Camino** (2 km), ein exzellenter Weg zum Schmetterlinge- und Vögelbeobachten, der breiter ist als die übrigen Wege und dadurch mehr Sonnenlicht erhält, sowie der **Sendero Bosque Nuboso** (1,9 km), einer der schönsten Pfade des Reservats. Beide beginnen am Parkeingang und enden an der kontinentalen Wasserscheide nahe dem **Mirador La Ventana**, von dem man bei gutem Wetter bis auf den Golfo de Nicoya blickt. Am Mirador wachsen die für den Nebelwald typischen, zwergwüchsigen Bäume.

Schwieriger, matschiger, aber dafür weniger touristisch sind die weiter ins Innere des Naturreservats führenden **Sendero Pantanoso** und **Sendero Chomego**.

Reserva Santa Elena

- **Informationen:** ☎ 2645-5390, 2645-7107, 🖥 www.reservasantaelena.org
- **Öffnungszeiten:** 7–16 Uhr
- **Eintritt:** $14, Studenten (mit Ausweis!) $7, Kinder unter 8 Jahren gratis
- **Führungen:** um 7.30 Uhr, 3 Std., $15 p. P.; spezielle private botanische Touren für Fachleute kosten $75 für 3 1/2 Std. für eine Kleingruppe von 1–3 Pers. Führungen finden in Englisch oder Spanisch statt. Reservierungen sind empfehlenswert.
- **Gründungsjahr:** 1992
- **Größe:** 580 ha
- **Transport**
  Ein anstrengender steiler, 7,3 km langer **Fußmarsch** führt von Santa Elena zur Reserva.
  Busse: Von Santa Elena um 6.30, 8.30, 10.30 und 12.30 Uhr, zurück um 9, 11, 13 und 16 Uhr, $2 (s. a. Santa Elena „Nahverkehr", S. 195)
- **Ausrüstung:** Regenkleidung, festes Schuhwerk. Gummistiefel verleiht die Parkverwaltung für rund $1. Wegekarten sind am Eingang erhältlich.

Die Reserva Santa Elena ist höher gelegen, nebliger und weniger touristisch als die Reserva Monteverde. Auf Wanderwegen, zwischen 1,4 bis 4,8 km, erlebt der Besucher die gleiche Fauna und Flora wie in der Quäker-Reserva, die Wege hier sind allerdings nicht befestigt. Dafür liegen in diesem Reservat die Chancen, Tiere anzutreffen um einiges höher (Klammeraffen halten sich z. B. nur in diesem Reservat auf). Die Tiere sind zudem leichter zu erkennen, da der Naturpark z. T. aus lichterem Sekundärwald besteht.

Im Gegensatz zur Reserva Monteverde, die ihre Einnahmen in die Forschung und den Aufkauf von weiteren Waldflächen investiert, kommen die Einnahmen der Reserva Santa Elena ausschließlich der Gemeinde zugute. Der Naturpark wird von einer Elterngemeinschaft der örtlichen Schule verwaltet.

Wanderwege

Alle Wanderwege führen durch Nebelwald. Wanderkarten sind bei der Parkverwaltung erhältlich. Tourgruppen nehmen meist den 1,4 km kurzen Rundwanderweg **Youth Challenge** zu einem Aussichtsturm, von dem man bei klarem Wetter eine schöne Sicht auf den Vulkan Arenal hat (früh aufbrechen), oder den 3,4 km langen **Sendero Encantado**. Nur wenige Touristen wandern hingegen auf dem 4,8 km langen **Sendero Caño Negro**, der ebenfalls einige Aussichtspunkte auf den Arenal bietet.

Bosque Eterno de los Niños

- **Informationen:** ☎ 2645-5305 (Reservierung Nachttouren), 2645-5850 (Information zu den Refugios), 🖥 www.acmcr.org
- **Öffnungszeiten:** 8–16 und 17.30–19.30 Uhr
- **Eintritt:** $10, Studenten $7, Kinder bis 12 Jahre bei Tag gratis.
- **Führungen:** um 17.30 Uhr beginnen Führungen bei Dunkelheit, 2 Std., $20, mit Transport $23 p. P., Kinder $12, mit Transport $14.
- **Gründungsjahr:** 1986
- **Größe:** 22 600 ha
- **Unterkunft:** In der Reserva befinden sich zwei rustikale, biologische Forschungsstationen mit Küche, die für Wissenschaftler und

Touristen geöffnet sind. Die **Station San Gerardo** liegt auf 1220 m Höhe im westlichen Parkabschnitt und blickt auf den Vulkan Arenal. Die Herberge ist zu Fuß von der Reserva Santa Elena zu erreichen.

■ Die **Station Poco Sol**, auf 720 m Höhe gelegen, liegt im östlichen Parkabschnitt, 12 km nordwestlich der Ortschaft San José de la Tigra (auf der Strecke San Ramón nach Fortuna); $50 p. P., inkl. VP. Eine Reservierung ist mehrere Wochen im Voraus erforderlich, ✆ 2645-5850.

■ **Transport**: s. Reserva Monteverde, S. 197.

Der Bosque Eterno de los Niños ist das größte Privatreservat Costa Ricas. „Ewiger Wald der Kinder" wurde das Naturschutzgebiet zu Ehren der Hunderten von Kindern benannt, die durch weltweite Spendenaktionen den Kauf, Schutz und die Wiederaufforstung des Waldes ermöglichten.

Das Naturschutzgebiet ist tiefer gelegen als die übrigen Reservate, hier wächst bereits kein Nebelwald mehr, sondern Prämontanwald. Nasenbären, Agutis, Kapuzineraffen, Flussotter, Füchse und Gürteltiere zählen zu den Parkbewohnern.

Kinder haben tagsüber freien Eintritt, für sie steht außerdem die Casita Bosque de los Niños bereit, mit Spielen und Aufgaben rund um den Wald, in spanischer und englischer Sprache.

Verwaltet wird das Reservat durch die Asociación Conservacionista de Monteverde, die eng mit der Gemeinde zusammen an Umweltprogrammen arbeitet und Wiederaufforstungsprojekte durchführt. 2010 konnte die Reserva erneut 100 ha Regenwald aufkaufen.

Wanderwege

Vom Parkeingang in Monteverde aus ist lediglich der 4,4 km lange **Sendero Bajo del Tigre** zugänglich. Die übrigen, insgesamt 17 km langen Wanderwege beginnen an den biologischen Stationen San Gerardo und Poco Sol. Eine 2-tägige Wanderung führt vom Parkeingang zur Station Poco Sol. Übernachtet wird dabei in einer Schutzhütte der Reserva Monteverde. Die Wanderung ist nur mit Führer und vorheriger Reservierung möglich.

Sehenswertes / Aktivitäten

Die alte Quäker-Molkerei **Lechería**, von Santa Elena kommend rund 3 km Richtung Reserva Monteverde, ist nach wie vor in Betrieb. Heute wird sie als Privatunternehmen geleitet. Teure Führungen mit Diashows geben einen Einblick in die Käseherstellung; durch ein Guckfenster kann man gratis einen Blick in die Fabrik werfen. Milch, Joghurt, Eis und der bekannte Monte Rico-Käse werden hier verkauft. ⏱ Mo–So 7.30–17 Uhr; Führungen finden Mo–Sa um 9 und 14 Uhr statt und kosten $10 p. P., Studenten $8.

Die kleine **Galerie Hummingbird** vor dem Eingang zur Reserva Monteverde zeigt u. a. Kolibri-Aufnahmen der National Geographic-Fotografen Michael und Patricia Fogden. Am Eingang locken mit Zuckerwasser gefüllte Vogeltränken die kleinen Vögel an. ⏱ 8.30–17 Uhr.

Ein insgesamt 3-stündiger, steiler Wanderweg führt hinter der Tankstelle am Hotel Belmar zum Fernsehturm auf dem **Cerro Amigos** (1840 m), den höchsten Berg der Umgebung. Von hier hat man einen fantastischen Blick auf den Vulkan Arenal und den Pazifik bis ins benachbarte Nicaragua.

Die Straße Richtung San Luis führt zum **Catarata San Luis**, einem 130 m hohen Wasserfall, an dem Baden möglich ist. Viele Tourveranstalter bieten Reittouren an. Der Wasserfall liegt auf dem Grundstück einer privaten Finca.

Von Rara Avis nach Ciudad Quesada (San Carlos)

Die Route führt – in einem weiten Bogen – quer durch die zwei nördlichsten Provinzen Costa Ricas: Heredia und Alajuela. Von den vor Hitze dampfenden Ananas- und Palmenplantagen des Nordostens geht es vorbei an den letzten Flecken **tropischen Regenwaldes** hinauf in die auf 650 m Höhe gelegene **Ciudad Quesada**. Naturfreunde können im **Privatreservat Rara Avis** für einige Tage der Zivilisation entfliehen; leichter zugänglich ist der Regenwald an der Forschungsstation **Estación Biológica La Selva**. Rafter kommen im kleinen Ort **La Virgen** auf ihre Kosten, denn dort bieten diverse Veranstalter Touren auf dem wild schäumenden **Río Sarapiquí** an. Ein Abstecher zu den fünf eindrucksvollen **La Paz-Wasserfällen** ist von der Ortschaft San Miguel aus möglich. Vogelfreunde lockt die neue **Vogelroute** an, ⌨ www.costaricanbirdroute.com. Die Website informiert über die besten Orte zum Beobachten von Vögeln und listet Unterkünfte auf, die speziell auf *birdwatching* ausgerichtet sind. Wer Glück hat, entdeckt auf seiner Reise den großen Soldatenara *(Ara ambigua)*, der im Nordosten Costa Ricas einen seiner letzten Lebensräume hat.

Privatreservat Rara Avis

Ein unverfälschtes Naturerlebnis im Dschungel bietet das Privatreservat Rara Avis, ✆ 2764-1111, ⌨ www.rara-avis.com. Die Wanderwege sind unbefestigt, Vögel werden nicht mit Zuckerwasser angelockt, die nächste Ortschaft (Las Horquetas) liegt 15 km entfernt. Eine Landepiste sucht man hier vergeblich. Um die nervenauf-reibende, anstrengende Traktorfahrt kommt niemand herum. Sie ist Teil des Abenteuers, wie ein Ritus, den man durchlaufen muss, um in die Urwaldgemeinde aufgenommen zu werden.

Rara Avis liegt in 700 m Höhe, es herrschen angenehme 22 °C Durchschnittstemperatur. Kein Tag vergeht ohne Regen (7 m pro Jahr) – nicht umsonst ist man im Regenwald. Vier Tukan-, neun Papageien- und 24 Kolibriarten sowie Falken und Habichte leben im Schutzgebiet, das an den Parque Nacional Braulio Carrillo angrenzt. Klammer-, Brüll-, Kapuzineraffen und auch Nasenbären sind relativ leicht zu entdecken. Von Tapiren, Jaguaren, Pumas und Ozeloten sieht der Wanderer meist nur die Spuren. 500 verschiedene Baumarten, darunter wertvolle Edelhölzer, ragen majestätisch bis zu 40 m in die Höhe. „Laufende" Palmen bewegen sich im Laufe ihres Lebens durch das Heranwachsen neuer Stelzwurzeln immerhin um einen Meter vorwärts.

Rara Avis zählt zu Costa Ricas Pionieren im **Ökotourismus**. Bereits 1983 kaufte der nordamerikanische Biologe Amos Bien 409 ha Regenwald auf. Die Interessengemeinschaft Friends of Rara Avis erwarb weitere 558 ha. Bien wollte mit dem Reservat Alternativen aufzeigen, wie

Ein Nasenbär im Privatreservat Rara Avis

© OLIVER KIESOW

Zu Millionen kreuzen sie des Wanderers Pfad: Armeen von **Blattschneiderameisen**, die in straffer Linie, lange Straßen bildend, Blattstücke, doppelt so groß wie sie selbst, in ihren Kiefern tragen. Die Pflanzenstücke sammeln sie nicht als Nahrung – Ameisen können Zellulose nicht verdauen –, sondern sie zerkauen die gesammelten Blätter, Blüten und Gräser zu einem Brei. Mit diesem „Humus" bedecken sie den Boden ihrer unterirdischen Nester und züchten Pilze auf ihm.

Dabei gehen sie in strikter Arbeitsteilung vor: Eine Kaste schneidet die Blätter und transportiert sie zum Nest. Eine andere säubert die Pflanzenstücke und zerkaut sie. Wieder andere setzen die Pilzkulturen oder jäten sorgfältig eingedrungene Fremdpilze, die hier und da wie Unkraut aus dem Boden schießen. Die weiße Bakterienkruste auf ihrem Rücken setzen die Ameisen mitunter als Schädlingsbekämpfungsmittel ein, um zu verhindern, dass der Pilz überhandnimmt.

Auch für Ernte und Abtransport der Ausbeute sorgt eine Spezialeinheit. Der Pilz bedankt sich für die Pflege mit dicken, zuckerhaltigen Pilzfäden (Hyphen), von denen sich die kleinen Gärtner ernähren: eine Nahrungssymbiose im Urwald.

aus Regenwald wirtschaftlicher Nutzen gezogen werden kann, ohne dem Wald dabei zu schaden. Mit der Urwald-Seilbahn, einem Vorläufer des heutigen Canopy, machte Rara Avis international Schlagzeilen und lockte hauptsächlich junge, deutsche Naturfreunde an.

Die Seilbahn besteht seit 1995 nicht mehr, dafür führen bis zu 10 km lange Wanderwege durch den Primärwald. Nach wie vor ist Ökotourismus die Haupteinnahmequelle des Reservats. Außerdem werden Schmetterlinge für Zoos, Baumkeimlinge für Aufforstungsprojekte sowie Orchideen und Bromelien als Zierpflanzen gezüchtet.

Ausrüstung: Es kommt zwar selten vor, aber der Traktor kann stecken bleiben. Deshalb nur das Nötigste mitnehmen; im Rara Avis-Büro gibt es Schließfächer. Wichtig sind Socken, Regenschutz, Taschenlampe und Badesachen; Gummistiefel sind ebenfalls im Büro erhältlich.

ÜBERNACHTUNG

Im Reservat

Reservierungen unter 🖥 www.rara-avis.com. Die relativ hohen Zimmerpreise enthalten VP und den 3-stündigen Traktortransport zum Reservat. Kinder bis 12 Jahre zahlen die Hälfte.

Las Casitas, sehr einfache Zimmer mit Stockbetten, Schaumstoffmatratzen und kalten Außenduschen für 3–4 Pers.; beliebt bei Gruppen. $73 p. P. im DZ.

River Edge Cabins, rustikale Zimmer mit Balkon in abgeschiedener Lage; Privatbad mit Warmwasser. $98 p. P. im DZ.

Waterfall Lodge, großes Chalet, idyllisch auf einem Hügel; rustikale Zimmer mit Stockbetten und Privatbad; Warmwasser; Veranda mit fantastischem Ausblick. $90 p. P. im DZ.

In Las Horquetas

Cabinas Buenas Aires, vor der Klinik, ☏ 2764-1238. Saubere, große Zimmer, AC und Parkplatz. ❸

Sueño Azul Resort, 1 km vom Ortszentrum, ☏ 2764-1000, 🖥 www.suenoazulresort.com. Große Luxusanlage im Ranchstil mit 55 geschmackvoll schlichten Zimmern, Yogasaal, Pool und Spa. ❻

TRANSPORT

Zum Rara Avis-Büro in Las Horquetas
Auto
Von der Carretera 32 Richtung Puerto Limón links auf die Carretera 4, in Richtung Puerto Viejo de Sarapiquí abbiegen und die zweite Einfahrt nach Las Horquetas nehmen. Das Rara Avis-Büro ist ausgeschildert. Am Büro befindet sich ein bewachter Parkplatz.

Busse
Der Direktbus um 6.30 Uhr von SAN JOSÉ in Richtung Puerto Viejo de Sarapiquí trifft rechtzeitig zur Traktorabfahrt um 9 Uhr in Las Horquetas ein. Weitere Verbindungen s. 🖥 www.rara-avis.com. Busse außerdem von Las Horquetas nach PUERTO VIEJO DE SARAPIQUÍ, GUÁPILES und CIUDAD QUESADA (SAN CARLOS).

Zum Reservat
Der Traktor fährt täglich um 9 Uhr am Rara Avis-Büro ab und kehrt um 14 Uhr vom Reservat zurück, meist rechtzeitig, für den letzten Bus nach San José. Alternativ können Besucher die Strecke per Pferd zurücklegen ($35 p. P. pro Strecke), die letzten 3 km sind

Fußmarsch. Die Traktorfahrt ist nicht geeignet für Schwangere oder Personen mit Rückenproblemen.

Estación Biológica La Selva

Leichter machbar und weniger abenteuerlich als ein Aufenthalt in der Reserva Rara Avis ist ein Besuch des Regenwalds im **Privatreservat La Selva**, ☏ 2524-0629, 🖥 www.ots.ac.cr. Das 1613 ha große Reservat wird von der Organisation for Tropical Studies (OTS) geleitet, einer internationalen Nicht-Regierungsorganisation, die weltweit führend in der Erforschung des tropischen Regenwalds ist.

Wanderungen ohne Führer sind im Reservat nicht möglich. Für Touristen werden jedoch täglich lehrreiche **Waldführungen** angeboten, darunter Nacht- und Vogeltouren. Die befestigten Wege sind auch für Rollstuhlfahrer geeignet. Mehr als 70 % des Forschungsterrains bestehen aus Primärwald. Rund 1900 Pflanzen-, über 400 Vogel-, 70 Fledermaus- und Schlangenarten, fünf der insgesamt sechs einheimischen Wildkatzenarten sowie Faultiere, Affen, Pekaris (Nabelschweine), Agutis und Nasenbären leben im Reservat. Viele Tiere wandern von der auf 35 m Höhe gelegenen Reserva in die bis zu 2900 m hohe Cordillera Central des benachbarten Nationalparks Braulio Carrillo. Die Forschungsstation bietet **Übernachtungsmöglichkeiten** in rustikalen Cabinas mit Balkon, Privatbad und VP oder in Familienhäusern mit Küche an ❺.

Eintritt (mit 3-stündiger Führung) $35, Kinder $22, eine Anmeldung ist erforderlich. Die Forschungsstation liegt auf der Busroute San José–Puerto Viejo de Sarapiquí.

Puerto Viejo de Sarapiquí

Der kleine Ort Puerto Viejo de Sarapiquí schmiegt sich eng an das Ufer des Río Sarapiquí. Der 83 km lange Fluss, der am Volcán Barva entspringt und über den Grenzfluss Río San Juan in den Atlantik mündet, blickt auf eine bewegte Geschichte zurück: William Walker (S. 234, Kasten) drang einst über den Sarapiquí

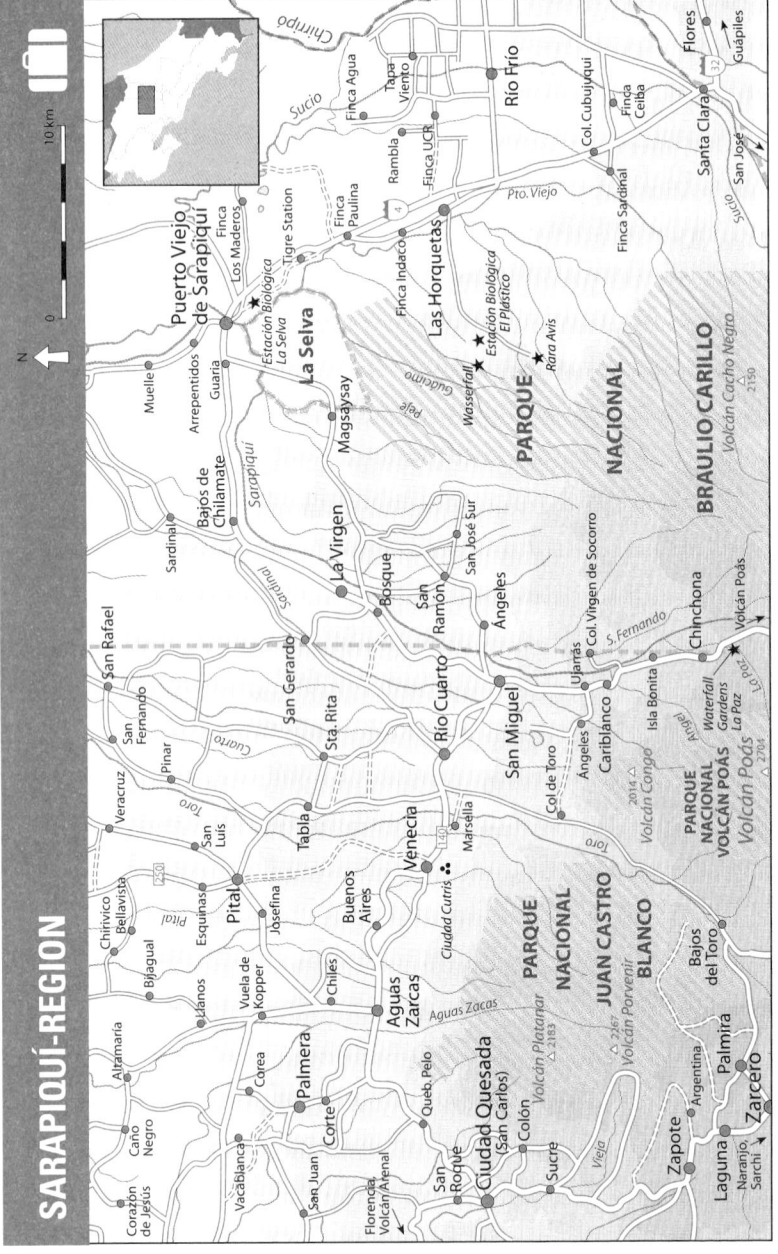

SARAPIQUÍ-REGION

nach Costa Rica ein. Vor dem Bau der Eisenbahn wurden auf dem Fluss Kaffeesäcke nach Puerto Limón verschifft. Während des nicaraguanischen Bürgerkrieges nutzten Contra-Milizen den Sarapiquí als Zufahrt zur 30 km nördlich gelegenen, stark umkämpften Grenze. Seit Einkehr des Friedens trägt der Río Sarapiquí hauptsächlich Touristen auf Boots- und Kajaktouren stromauf- und stromabwärts. Für Raftingtouren ist der Fluss an diesem Abschnitt zu zahm (s. hierfür La Virgen, S. 204).

(s. hierfür La Virgen, S. 204).

ÜBERNACHTUNG

Puerto Viejo

Cabinas Laura, Richtung Bootsanleger, ✆ 2766-6316. Saubere Cabinas im Hinterhof eines Bekleidungsgeschäfts. ❷
Hotel Ara Ambigua, 400 m nördl. der Iglesia La Guaria, ✆ 2766-7101, 🖥 www.hotel araambigua.com. 44 saubere, ruhige Zimmer mit TV und AC in attraktiver Hanglage; Pool. Frühstück inkl. ❹
Hotel Bambú, an der Hauptstraße, ✆ 2766-6005, 🖥 www.elbambu.com. 15 Standard- und 25 Deluxe-Zimmer. Letztere im Anbau haben Balkon und Blick auf den Bambusdschungel. Restaurant, großes Tourenangebot in die Sarapiquí-Gegend. Biogas und Solarenergie. ❹
Hotel Mi Lindo Sarapiquí, ✆ 2766-6281. Saubere Zimmer im *puro centro* de Puerto Viejo. Vordere Zimmer mit Straßenlärm. Restaurant. ❸

Umgebung von Puerto Viejo

Hotel Gavilán, ca. 2 km südl. von Puerto Viejo, ✆ 2766-6743, 🖥 www.gavilanlodge.com. 100 ha Privatreservat mit 13 rustikalen, einladenden Zimmern (2–4 Pers.), Privatbad und Veranda. Hübscher Gemeinschaftsbereich. Wanderwege. Beliebt bei Vogelfans. Ruhig. ❹
Selva Verde, 7 km westl. von Puerto Viejo, ✆ 2766-6800, 🖥 www.selvaverde.com. 40 geräumige Zimmer in Stelzenhäusern mit großer Veranda. Pool, 500 ha Dschungel mit Wanderwegen. Hauptsächlich ältere, nordamerikanische Gäste. VP inkl.; das Reservat ist auch für Nicht-Gäste geöffnet, s. Touren. ❻

ESSEN

Restaurant Mi Lindo Sarapiquí, Hotelrestaurant (s. u.). Frühstück und landestypische Gerichte. Hay Ceviche! ⏱ 9–22 Uhr.

TOUREN

Asociación de Turismo Rural Ruta de los Héroes, am Anlegesteg in Puerto Viejo de Sarapiquí, ✆ 2766-5858, 🖥 www.aturuh.com. 2 ältere Herren bieten verschiedene Bootstouren an. Touren mit Kanufahrt und Wanderung (6 Std., $60 p. P.), 1 1/2–2-stündige Bootstouren auf dem Río Sarapiquí und Río Puerto Viejo kosten $30 p. P. Halbtägige geschichtlich-kulturelle Tour auf Englisch und Spanisch mit überdachter Lancha auf den Spuren William Walkers zur Boca de Sarapiqui $30 p. P. Bootstransfer nach Tortuguero für $600, bis zu 10 Pers.
Aventuras del Sarapiquí, in Chilamate, auf der Straße von Puerto Viejo de Sarapiquí Richtung La Virgen, ✆ 2766-6768, 🖥 www.sarapiqui.com. Kanufahren, Floating, Rafting (II–IV) und Canopy. Mountainbiketouren und Treks durch den Regenwald.
Selva Verde, an der Straße nach la Virgen, 🖥 www.selvaverde.com. Eintritt $10 (ohne Führung); 2x tgl. um 8 und 13.30 Uhr Vogeltouren durch das Privatreservat für $15 p. P.

SONSTIGES

Geld

Banco de Costa Rica, Richtung Ortsausgang, ⏱ Mo–Fr 9–16 Uhr.
Banco Nacional, auf dem Weg zum Anlegesteg, ⏱ Mo–Fr 8.30–15.45 Uhr.
Beide Banken haben Kreditkartenautomaten.

Taxis

Asociación de Taxis Puerto Viejo de Sarapiquí, am Sportplatz. Die Taxis fahren die Lodges der Umgebung an, z. B. Selva Verde 5000C$. Estación Biológica La Selva 4000C$, La Virgen 10000C$.

Informationen / Autovermietung

Souvenir Río Sarapiquí, an der Hauptstraße. Tourinformation, Autovermietung. ⏱ Mo–Sa 8.30–18, So 12–18 Uhr.

Busse fahren nach:
CIUDAD QUESADA (SAN CARLOS) über La Virgen, 9x tgl. 4.40–19 Uhr, 2 1/2 Std.;
SAN JOSÉ, 8x tgl. 5–17.30 Uhr, 2 Std.;
GUÁPILES, 10x tgl. 5.30–17 Uhr, 1 Std.;
LA VIRGEN, 5–20 Uhr, mehrmals pro Std.

La Virgen / San Miguel

La Virgen ist die Ausgangsbasis für Rafting- und Kajaktouren auf dem Río Sarapiquí. Der Ort zieht sich über mehrere Kilometer links und rechts entlang der viel befahrenen Hauptstraße.

In La Virgen gibt es Supermärkte, eine Bank und Internet. Vom benachbarten San Miguel führt eine landschaftlich sehr reizvolle Straße vorbei an den La Paz Waterfall Gardens (S. 148) ins Valle Central. Zur Zeit der Recherche war diese Strecke noch vom letzten großen Erdbeben beschädigt, Selbstfahrer sollten sich daher vor Ort über die aktuelle Situation informieren. La Virgen liegt auf der Busroute Puerto Viejo–Ciudad Quesada.

Wer eine ruhige Bleibe ohne Verkehrslärm sucht, sollte eine Unterkunft wählen, die etwas von der Hauptstraße entfernt liegt.

La Virgen

Cabinas El Bosque, am Ortsausgang, Richtung Ciudad Quesada auf der rechten Straßenseite, ✆ 2761-0204. 12 saubere, hübsche Cabinas mit Ventilator bei der freundlichen Doña Carmen. ❶–❷

Cabinas El Río, am Ortsausgang Richtung Ciudad Quesada auf der linken Straßenseite, ✆ 2761-0138. 7 saubere, kleine, dünnwandige Holzhütten mit weit heruntergezogenen Blechdächern und TV, umgeben von hübschem Gärtchen und einer kleinen Bar am Fluss. Man sieht, die Besitzer geben sich Mühe. ❶

Rancho Leona Lodge, von Puerto Viejo de Sarapiquí kommend auf der linken Straßenseite, ✆ 2761-1019, 2761-0048, 🖳 www.rancholeona.com. Am Fluss gelegen. Rusti-

kale Zimmer mit schönen Mosaiken, Gemeinschaftsbad und -küche. $12 p. P.

Umgebung von La Virgen

Centro Neotropico Sarapiquí, 2 km östl. von La Virgen, ✆ 2761-1004, 🖳 www.sarapiquis.org. 36 relativ kleine Zimmer im präkolumbischen Palenque-Stil. 350 ha Urwald und Park umgeben die Anlage. Das Museum (Eintritt $15 mit Führer, $8 mit Audioguide) und die kleine Ausgrabungsstätte mit präkolumbischen Gräbern ($10 mit Führer, $5 mit Audioguide) stehen auch Nicht-Gästen offen. Stark auf Gruppen und Profit ausgerichtet. ❻

Hotel Las Quintas, 5 km nördl. von La Virgen, 🖳 www.laquintasarapiqui.com, ✆ 2761-1052. Saubere, geräumige Zimmer mit privater kleiner Veranda und Blick auf Garten, zum Teil mit AC. Wanderwege, Restaurant. Familienbetrieb. ❻

Mar y Tierra, im Ortszentrum von La Virgen, gegenüber vom Sportplatz. Die kleine Soda liegt zwar direkt an der lauten Hauptstraße, für den Lärm entschädigen aber gutes Casado und niedrige Preise (2800C$). ⏱ 7–22 Uhr, jeden 2. Di geschl.

Rafting (III, IV), Kajaking, Floating, Reit- und Mountainbiketouren veranstaltet **Aguas Bravas**, ✆ 2766-6524, 🖳 www.aguasbravascr.com.
Ein weiterer Anbieter, **Hacienda Pozo Azul**, ✆ 2438-2616, 🖳 www.haciendapozoazul.com, ist auf Rafting (I–IV), Canopy mit 12 Kabeln, Rappelling (Abseiling), Mountainbike- und Wandertouren spezialisiert.
Wandern kann man im Tirimbina Rainforest Center (TRC), 1,6 km nördlich von La Virgen, 🖳 www.tirimbina.org. Besucher betreten das 345 ha große Privatreservat über eine 262 m lange Hängebrücke. Ein 9 km langes, befestigtes Wegenetz führt durch das Schutzgebiet. Mit dem Erlös aus dem Tourismus finanziert die Nicht-Regierungsorganisation Umwelterziehung an 82 Schulen in der Sarapiquí-Gegend.

Nach Norden am Unterlauf des Río San Carlos

Träge fließt der Unterlauf des knapp 150 km langen **Río San Carlos** dahin, vorbei an Feldern und ausgedehnten forstwirtschaftlichen Flächen. Doch auch unberührte Regenwaldabschnitte säumen die Ufer des Flusses, darunter sogar einige Gebiete mit primärem Tieflandregenwald wie die Umgebung von Boca Tapada. Selbst in der Trockenzeit lässt sich der Fluss gut mit Flößen und Kanus befahren und ermöglicht so unverfälschte Natur- und Tierbeobachtungen.

Die Gegend rund um den Unterlauf des Flusses, der an der Grenze zu Nicaragua schließlich in den Río San Juan mündet, ist bekannt als eines der letzten Rückzugsgebiete des Großen Soldatenaras (Ara Ambigua, span. *lapa verde*), eine vom Aussterben bedrohte Spezies, die hier noch relativ häufig zu beobachten ist.

Pital

Der kleine Ort **Pital** mit etwas über 13 000 Einwohnern ist das Tor zu den nördlich gelegenen Urwaldgebieten um Boca Tapada. Der Ort ist das wichtigste Handelszentrum der Gegend und gilt als Mittelpunkt der costa-ricanischen Ananasindustrie. Für Touristen gibt es hier nicht viel Interessantes zu entdecken. Wer den Ort zu spät für eine direkte Weiterreise erreicht, kann in einem der drei akzeptablen Zimmer bei **Cabinas Gaby**, ✆ 2473-3423, übernachten, ❷. Im Ort gibt es eine Tankstelle, 3 gut sortierte Supermärkte, Apotheken und die **Clínica Santa Mónica**, ✆ 2473-1818.

Pital ist über befestigte Straßen erreichbar – von Westen über Ciudad Quesada und Aguas und von Osten über Puerto Viejo de Sarapiquí und San Miguel. Nach Ciudad Quesada fahren regelmäßig Busse (alle 30 Min., bis 18 Uhr), nach San José 2x tgl. ein Direktbus (7 und 15 Uhr).

Nördlich von Pital

Touristisch weitaus interessanter ist das wenig erschlossene Grenzgebiet nördlich von Pital, in der Nähe der Mündung des Río San Carlos. Bis Palmar führen noch 10 km befestigte Straße, danach wird es abenteuerlicher und Reisende merken schnell, dass sie nun in einem abgelegeneren Teil Costa Ricas gelandet sind. Die Schotterpiste führt über kleine Flüsse und Bäche (zur Zeit der Recherche gab es überall Brücken), bis sie sich bei **Sahino** dem Río San Carlos nähert. Die Nähe zum Wasser ist für Autofahrer jedoch zunächst nur an der veränderten Vegetation wahrnehmbar, erst später kann man den Fluss auch sehen.

Der Ort **Boca Tapada**, weitere 15 km hinter Sahino, bildet mit einer Schule, einer Polizeiwache, zwei Bar-Restaurants und zwei Mini-Supermärkten das Zentrum vom Ende der

La famosa trocha

Die Regierung unter Staatspräsidentin Laura Chinchilla veranlasste 2010 den Bau der **Ruta 1856**, eines 160 km langen Straßenabschnitts, parallel zum Río San Juan auf costa-ricanischem Territorium, von Upala bis zur Boca del Sarapiquí. Anlass für das Vorhaben waren die Grenzstreitigkeiten zwischen Costa Rica und Nicaragua am Río San Juan. Durch die Straße sollten costa-ricanische Beamte leichteren Zugang zum Grenzgebiet bekommen. Doch der Bau der *famosa trocha* („berühmter Wanderweg"), wie die Strecke mittlerweile von vielen Costa-Ricanern scherzhaft genannt wird, stand unter keinem guten Stern. Schlechtes Wetter, unvorhergesehene bauliche Schwierigkeiten, vor allem aber eine Reihe von Korruptionsfällen sorgten dafür, dass die Fertigstellung der Trasse ins Stocken geriet. So muss der Nordosten Costa Ricas nach wie vor auf den Ausbau seiner Infrastruktur warten, auch wenn der amtierende Präsident Luis Guillermo Solís nicht müde wird, zu betonen, dass in seiner Legislaturperiode das Projekt endlich fertiggestellt werden soll. Für die Region birgt der Bau der Straße enorme Entwicklungspotenziale und auch der Tourismus könnte davon entscheidend profitieren. Teile der Strecke und der beeindruckenden Ingenieursleistungen sind schon jetzt bei Golfito de Sarapiquí, Boca de San Carlos und in Los Chiles zu bewundern.

Welt. Hier finden Besucher einige Übernachtungsmöglichkeiten (s. Kasten) und Anbieter für Urwald- und Bootstouren. Von Boca Tapada aus sind es nur noch 12 km Schotterpiste bis nach **Boca de San Carlos**, dem letzten Ort vor Nicaragua.

ÜBERNACHTUNG & ESSEN

Übernachtungsmöglichkeiten s. Kasten „Öko-Lodges in Boca Tapada".

El Cuyito, 4 km südl. von Boca Tapada. Am Fluss gelegenes „Community Center" mit Bar, Restaurant und landestypischem Essen. Empfehlung: der ganze Fisch als Casado. Tilapia-Teich, Kiesstrand (ideal, um ein Boot ins Wasser zu lassen), sehr günstig, guter Zwischenstopp, Camping auf Nachfrage. ⏰ 6–21 Uhr.

SONSTIGES

In Boca Tapada, an der Hauptstraße gibt es eine kleine **Apotheke**, bei Notfällen muss man nach Pital.

Alle 3 Hotels im Ort (s. Kasten) bieten verschiedene **Touren** in die nähere Umgebung von Boca Tapada an, auch für Nicht-Gäste: mit dem Boot zur Boca de San Carlos, Reittouren, Kajak- und Kanutouren, Tagestouren nach Nicaragua, Vogelbeobachtung und Floß-Safaris.

Zu empfehlen ist außerdem die Tour zur Schule von Boca Tapada (tgl., ab 2 Pers. Start an jedem der Hotels). Guide ist ein Schüler der Grundschule, die Tour kostet nichts, aber man sollte den Schülern ein kleines Geschenk mitbringen.

🏠 Öko-Lodges in Boca Tapada

In Boca Tapada gibt es nur drei Hotels, und allen drei gemeinsam ist ihr vorbildliches Engagement für den Erhalt der Umwelt und das Wohlergehen der lokalen Bevölkerung. Die Hotels beschäftigen etwa die Hälfte der Bewohner der Region, sie fördern Bildung und Naturbewusstsein der Einheimischen und investieren in das lokale Gesundheitssystem. Alle Lodges besitzen eigene Regenwaldreservate von jeweils 500 ha, die seltenen Tier- und Pflanzenarten Lebensraum bieten. Besuchern bietet sich hier ein exklusives Naturerlebnis. Besonders unter Ornithologen sind die Reservate, in denen ca. 400 verschiedene Vogelarten leben, beliebt. Boca Tapada und die drei Lodges sind ab Pital gut ausgeschildert.

La Laguna de Lagarto Lodge, 7 km nördl. von Boca Tapada, ausgeschildert, 🖥 www.lagartolodge-costa-rica.com, ✆ 2289-8163 (direkt) oder in Deutschland über Iraya Travel: 07541-584572. Eine der ersten Öko-Lodges in Costa Rica! 20 rustikale Zimmer mit Terrasse und Lagunenblick. Auf dem 10 km langen Wegenetz im privaten Reservat können Besucher mit etwas Glück den seltenen Großen Soldatenara sowie Rote und Grüne Pfeilgiftfrösche entdecken. Besuch und Führung im Reservat inkl., ebenso die Nutzung der Kanus auf der Lagune sowie die abendliche Kaiman-Fütterung. Reit- und Bootstouren auf dem Río San Carlos, Restaurantservice, deutsche Leitung. Die Lodge bietet auch Transfer von San José an. ❸

Pedacito de Cielo, 7,5 km nördl. von Boca Tapada, am Ufer des Río San Carlos, 🖥 www.pedacito decielo.com, ✆ 2200-4780. Seit 2006 von Marco Tulio und seiner Familie geführte Lodge mit 11 Bungalows und 4 rustikalen Zimmern; schöne Gemeinschaftsterrasse mit Bar und Restaurant. Das Privatreservat liegt etwas entfernt von der Lodge; bis zu 4 Std. Führung $10 p. P., Kajak, Flusstour, Frühstück inkl. ❹

Maquenque Eco Lodge, am gegenüberliegenden Ufer des Río San Carlos, 🖥 www.maquen queecolodge.com, ✆ 2479-8200. Die Lage erinnert an eine Insel, umgeben von Lagunen im Regenwald. Der bewachte Parkplatz der Lodge befindet sich 3,5 km nördl. von Boca Tapada, von dort werden Gäste mit dem Boot abgeholt. 14 frei stehende, schön eingerichtete Bungalows, alle mit großem Balkon und Blick auf den Regenwald, Kanus zur freien Verfügung, 8 km Urwaldwege im eigenen Reservat, Naturführer inkl., Touren, kleiner Pool, botanischer Garten und Restaurant, Frühstück inkl. ❻

José Luis, ✆ 8367-2458. Ein junger Guide aus Boca Tapada, bietet einfache, individuelle Touren in die Umgebung an.

TRANSPORT

Der **Bus** nach PITAL, mit Anschluss an CIUDAD QUESADA fährt um 6 und um 12 Uhr in Boca Tapada ab, Fahrtzeit ca. 3 Std., 1300C$. Um 18.30 Uhr kommt der Bus, der weiter nach BOCA DE SAN CARLOS fährt. Am nächsten Morgen kommt er zurück. Die Hotels bieten tgl. Bus-Shuttle nach LA FORTUNA, ab 2 Pers. $47,50 p. P., auf Nachfrage auch nach SARAPIQUÍ und SAN JOSÉ. Auch auf dem Wasserweg kann man Boca Tapada erreichen: aus SARAPIQUÍ über den Río San Juan mit (halb) offizieller Einreise nach Nicaragua oder über BOCA DE ARENAL auf dem Río San Carlos (ca. 3 Std.). Diese Touren organisieren die Hotels in Boca Tapada.

Ciudad Quesada (San Carlos)

Von einem Plateau auf einer Höhe von 650 m blickt Ciudad Quesada, die Hauptstadt der Provinz Alajuela, hinab auf die umliegende saftig grüne Weidelandschaft und die schlappohrigen, buckligen Zebu-Rinder. San Carlos, wie die Stadt unter Einheimischen genannt wird, ist das Zentrum für Milch- und Fleischproduktion in der Zona Norte. Für Touristen ist die Arbeiterstadt wenig attraktiv. Busreisenden aber bietet sie wichtige Anschlüsse in die Arenal- und Sarapiquí-Gegend sowie in den Norden an die nicaraguanische Grenze.

ÜBERNACHTUNG

San Carlos hat zahlreiche billige, schmuddelige Absteigen, die unter der Woche von Arbeitern belegt sind. Es folgt eine Auswahl von sauberen Hotels:
Hotel del Valle, 200 m nördl., 50 m westl. vom Park, ✆ 2460-0718. Älteres Hotel mit großen Zimmern, am schönsten sind die im 2. Stock. ❸
Hotel Don Goyo, südl. der Tribunales de Justicia, ✆ 2460-1780. Einfache, saubere Zimmer, in den oberen Etagen sind sie schöner. ❷

Hotel La Central, am Park, ✆ 2460-0301, 🖥 www.hotellacentral.net. Modernes Gebäude mit 48 Zimmern. Auch hier sind die Zimmer in den oberen Etagen am schönsten und hellsten. ❸

ESSEN

Bar El Río, am Ortsausgang Richtung Ciudad Quesada, bei Cabinas El Río. Abseits der Hauptstraße liegt dieses große Rancho direkt über dem idyllischen Río Sarapiquí. Unter Muschelmobiles und bei Flussrauschen sind Touristen besonders scharf auf die Fleischpfanne „Comalito" mit Yukka. ⏰ 11.30–22 Uhr.
Mercado Central, an der Nordseite des Parks, ⏰ Mo–Sa 6–18 Uhr. Hier bieten mehrere sehr saubere und günstige Sodas Comida Típica an. Zu empfehlen ist die **Soda Plaza** am Eingang mit großen, leckeren Portionen. Zur Überbrückung der Wartezeit liegen Zeitungen aus.
Coca Loca Steak House am Parque Central. Treffpunkt für Karnivoren. Außer Fleischspeisen stehen auch Pasta- und Fischgerichte auf der Karte. ⏰ 11–22 Uhr.

SONSTIGES
Geld
Banco de Costa Rica, an der Südseite des Parks. ⏰ Mo–Fr 9–16 Uhr.
Banco Nacional, am Park. ⏰ Mo–Fr 8.30–15.45 Uhr.
Beide Banken haben einen Kreditkartenautomaten.

Internet
Internet, 75 m östl. vom Mercado Central, ⏰ Mo–Sa 8–21, So 13–21 Uhr.

Supermärkte
Supermercado Granada, an der Nordseite des Parks, Ecke C. 0/ Av. 1. ⏰ 7–24 Uhr. Weitere große Supermärkte befinden sich am Busbahnhof.

TRANSPORT
Der Busbahnhof liegt ungefähr 2 km nördl. vom Park. Taxis nehmen für die Strecke 1000C$. Fahrkartenschalter gibt es nur für

DER NORDEN

die Busse nach San José (im Büro von Auto-transporte San José-Venecia) und Puerto Viejo de Sarapiquí (in der Dulcería Bettel), bei den übrigen Verbindungen kauft man die Tickets direkt im Bus.

Die Hauptverbindungen per Bus von Ciudad Quesada sind:

SAN JOSÉ, 6.40–17.40 Uhr stdl., 2 1/2 Std.;
LA FORTUNA, 12x tgl. 4.30–19 Uhr, 1 Std.;
LOS CHILES, 5–21 Uhr stdl., 2 Std.;
PUERTO VIEJO DE SARAPIQUÍ (über LA VIRGEN), 9x tgl. 4.40–19 Uhr, 2 1/2 Std.;
TILARÁN, 2x tgl.

Ciudad Quesada (San Carlos) Richtung Nicaragua

Große Teile des stark landwirtschaftlich gepräg-ten hohen Nordens von Costa Rica, besonders die Grenzregion zwischen Costa Rica und Nica-ragua, waren während des Contra-Kriegs Nie-mandsland für Touristen. Seit Friedenseinkehr strömen jedoch wieder Vogelkundler und Natur-liebhaber in das **Refugio Nacional de Vida Sil-vestre Caño Negro**, eines der bedeutendsten Feuchtgebiete Mittelamerikas. Der kleine Gren-zort **Los Chiles** – zu Kriegszeiten eine wichtige Versorgungsbasis der Contra-Milizen – dient heute als Sprungbrett für einen Abstecher nach Nicaragua. Lanchas (überdachte, große Motor-boote) setzen von hier über den malerischen Río Frío ins Nachbarland über. Zur Zeit der Recher-che wurde auf nicaraguanischer Seite gerade eine Brücke über den Río San Juan gebaut. Es sieht alles danach aus, dass dieses Projekt Mit-te 2014 fertiggestellt wird und die romantische Bootsverbindung durch eine gut ausgebaute Fernstraße mit Grenzübergang in Los Chiles er-setzt wird.

Richtung Upala musste der einst dichte Re-genwald Zitrusplantagen, Reisfeldern und Kuh-weiden weichen. In bescheidenen, aus Brettern zusammengezimmerten Sodas leisten sonnen-gegerbte Campesinos mit kniehohen Gummistie-feln dem Durchreisenden Gesellschaft beim Al-muerzo. Auf der Strecke bietet sich ein Besuch des Tropfsteinlabyrinths **Cuevas de Venado** und ein Abstecher zum **Parque Nacional Volcán Tenorio** (S. 212) über den Ort San Rafael de Gu-atuso (S. 211) an. **Upala** hat außer Reis- und Ge-treidesäcken wenig zu bieten. Die Carretera 4 führt weiter bis nach Nord-Guanacaste.

Refugio Nacional de Vida Silvestre Caño Negro

- ■ **MINAET-Büro:** zur Zeit der Recherche kein Telefon
- ■ **Öffnungszeiten:** 8–16 Uhr
- ■ **Eintritt:** $10, Kinder unter 12 Jahren $1; gezahlt wird entweder am Bootssteg oder in der Estación Biológica Caño Negro, rund 5 km nördl. der Kirche, am Ende der Schotterstraße.
- ■ **Gründungsjahr:** 1984
- ■ **Größe:** 9969 ha
- ■ **Transport:** s. u., Abschnitt Transport
- ■ **Ausrüstung:** unbedingt Antimückenspray mitnehmen.

Tierfreunde werden in Caño Negro nicht ent-täuscht: Die Artenvielfalt ist überwältigend. Kai-mane säumen das Flussufer, Sackflügelfleder-mäuse krallen sich an Baumstämmen fest und Jesus Christ Lizards flitzen über die Wasser-oberfläche. In erster Linie aber ist Caño Ne-gro ein Eldorado für Vogelfreunde. Insgesamt 307 Vogelarten, darunter Rosalöffler, schwar-ze Anhingas, Silberreiher, Pfeifgänse, Eisvö-gel und die größte Kolonie von Kormoranen wurden im Reservat registriert. Ein Drittel da-von sind Zugvögel. Besuchszeit für Vogelfreun-de sind die regenarmen Monate von Januar bis März, wenn der Wasserpegel des Río Frío sinkt und die Feuchtgebiete bis auf wenige Lagunen eintrocknen.

Caño Negro ist ein Reservat, kein National-park, d. h. nur 40 % des Schutzgebietes sind im

Besitz des Staates, der Rest ist Privatland. Land- und Viehwirtschaft, selbst Fischen ist begrenzt im Reservat erlaubt. Dass diese Regelung unvereinbar mit Naturschutz ist, liegt auf der Hand. Durch die starke Bewässerung der benachbarten Monokulturen ist der Wasserpegel des Flusses in den letzten Jahren merklich gesunken.

Laut Asoprocosarena, 🖳 www.ligambiente. com, einer lokalen Naturschutzorganisation, stellen zudem illegaler Fischfang, Chemikalien in der Landwirtschaft, Waldrodung, Trockenlegung von Land und das Jagen von Kaimanen, deren Häute in der Lederindustrie verarbeitet werden, akute Bedrohungen für das Reservat dar.

ÜBERNACHTUNG

Albergue und Camping Caño Negro, 300 m nördl. der Iglesia Católica, ✆ 2471-2029. Einfache Zimmer mit Gemeinschaftsbad in rustikalen Stelzenhäusern, umgeben von großer Rasenfläche; 7000C$ p. P. Auch Camping für 2000C$ p. P.

Hotel de Campo, am Ortseingang, ✆ 2471-1012, 🖳 www.hoteldecampo.com. 15 schmucke weiße Steinbungalows mit AC, umgeben von

---

Caño Negro auf eigene Faust

Wer auf eigene Faust reist, erlebt mehr. Das trifft auch auf Caño Negro zu. Denn viele Tourveranstalter in Fortuna führen Touristen in die Irre. Als Caño Negro-Tour verkaufen sie Tagesausflüge, die meistens nicht ins Reservat, sondern – um Eintrittsgelder zu sparen – in die Umgebung führen. Durch lange Anfahrtswege und gemeinsames Frühstück verlieren Teilnehmer kostbare Morgenstunden, in denen die Tierwelt am aktivsten ist. Die Motorboote und großen Gruppen verschrecken zudem die Vögel. Im kleinen, friedlichen Ort Caño Negro, direkt am Reservat gelegen, bleiben dagegen wenige. Mit erfahrenen, lokalen Führern, Kanus und einer Handvoll sauberer Unterkünfte lädt der Ort dazu ein, die Lagunen und Feuchtgebiete nach eigenem Gusto und Rhythmus zu entdecken. Und das lohnt sich!

---

großem Garten mit Pool; Blick auf Lagune und eigener Bootsanleger. Der italo-schweizerische Wirt Mauro ist Mitbegründer der örtlichen Umweltschutzgruppe. **5**

Cabinas Martin Pescador (Kingfisher Lodge), 50 m östl. vom Minisuper, ✆ 2471-1369. Ruhig und schön gelegen sind diese 4 rustikalen Holzhäuser mit Veranda, teilweise mit AC. **3**

Natural Lodge Caño Negro, ✆ 2471-1426, 🖳 www.canonegrolodge.com. Große gepflegte Anlage mit Pool und geschmackvoll eingerichteten roten Bungalows mit AC. Beliebt bei Gruppen, italienische Leitung. **6**

ESSEN

Die **Soda la Palmera**, am Bootsanleger, und das **Restaurante El Pueblo**, im Ortszentrum, servieren gute, günstige, landestypische Kost. Mitten im Ort befindet sich auch ein kleiner Minisuper.

TOUREN

Real Tour, gegenüber der Soda La Palmera, ✆ 2471-1621. Bootstouren für 2–4 Pers., 1 Std. $40, 2 Std. $60. Auch Wanderungen und Info zu Kanuverleih. Kanutouren sind nur halb so teuer und man verschreckt nicht die Vögel!

TRANSPORT

Auto

Von San Carlos (Ciudad Quesada) der Carretera 35 Richtung Los Chiles folgen. Rund 6 km südl. von Los Chiles zweigt an der Kreuzung „El Jobo" links eine Sandpiste nach Caño Negro ab (19 km). Caño Negro ist auch über eine Schotterpiste von Upala zu erreichen.

Busse

LOS CHILES, 3x tgl. um 5, 12 und 16.30 Uhr, ca. 1 Std.; Bus kommt aus Upala; UPALA, 3x tgl., ca. 1 Std. 20 Min., Bus kommt aus Los Chiles.

Shuttle-Busse

Direkten Transport von La Fortuna nach Caño Negro (und Kanutouren mit Führer) bietet **Canoa Aventura** in La Fortuna, 🖳 www.canoa-aventura.com.

Los Chiles

Von Los Chiles geht es nur zu Wasser weiter – per Lancha über den **Río Frío** nach **Nicaragua** (s. Kasten). Im Ort herrscht eine entspanntere Atmosphäre zwischen „Ticos" und „Nicas" als im übrigen Costa Rica. Viele der costa-ricanischen Einwohner beteiligten sich an den Kämpfen gegen die Somoza-Diktatur. Später diente Los Chiles den US-gestützten Contras als Versorgungsbasis. Eine Straße nach San Carlos mit Grenzübergang in los Chiles befand sich zur Zeit der Recherche kurz vor der Fertigstellung. Viele Tourgruppen unternehmen vom Hafen aus Ausflüge ins Naturreservat Caño Negro, wer Tiere sehen will, sollte das Naturschutzgebiet lieber frühmorgens auf eigene Faust besuchen (s. Kasten S. 209).

(s. Kasten S. 209).

ÜBERNACHTUNG

Hotel Jabirú Inn, 100 m westl., 100 m nördl. der Bushaltestelle, ✆ 2471-1496, 8898-6357. 16 tipptopp saubere Cabinas unterschiedlicher Größe (bis 4 Pers.), teils mit AC und Kühlschrank. Familienbetrieb. In praktischer Nähe zum Busbahnhof. ❷

Hotel Wilson-Tulipán, gegenüber der Immigración, ✆ 2471-1414. Saubere Zimmer mit AC, einige mit Jacuzzi, einige ohne Fenster. Restaurant, Bar, künstliche Palmen und künstlicher Rasen auf den Treppen, viel Beton. Discolärm. ❸

ESSEN

Restaurante Heliconia, am Hafen, zwischen Immigración und Anleger. Leckeres und günstiges Essen sowie attraktive Touren am Río Frío von Oscar. ⏱ 7–22 Uhr.

SONSTIGES

Geld
Banco Nacional, am Sportplatz, ⏱ Mo–Fr 8.30–15.45 Uhr.

Internet
Internet Multiservicios, gegenüber vom Fußballplatz, ⏱ Mo–So 8–20 Uhr.

Per Lancha nach Nicaragua

Der erste Schritt führt zum Pass-Abstempeln in die **Migración**, rund 100 m östlich vom Hafen, gegenüber dem Hotels Tulipán, ✆ 2471-1223, ⏱ 8–12 und 13.30–16 Uhr. Die Grenzformalitäten in Los Chiles sind meist schnell und unkompliziert erledigt. Eventuelle Visa-Überschreitungen werden an diesem Grenzposten relativ lax gehandhabt. $1 p. P. berechnet Costa Rica für die Ausreise, später sind auf nicaraguanischer Seite noch mal $12 Einreisesteuer zu zahlen. Reisende sollten sowohl Dollar oder Córdoba bei sich tragen.

Auf der gegenüberliegenden Straßenseite der Migración werden die **Fahrkarten** verkauft (7000C$ p. P., nach einer Frau auf einem Stuhl Aussicht halten, es gibt keinen Ticketschalter). Die Abfahrtszeiten (13.30 und 15.30 Uhr) sind nur ungefähre Anhaltspunkte. Das Boot fährt, wenn es voll ist.

Die rund 1stündige Lanchafahrt nach San Carlos (Nicaragua) ist malerisch. Der Fluss ist Verkehrsstraße, Wohnort, Arbeits- und Spielplatz für Mensch und Tier zugleich. Schildkröten und Vögel sieht man häufig, Affengebrüll hallt aus den Baumkronen. Nicaraguanerinnen stehen knietief mit großen Waschbrettern im Fluss. Daneben nehmen Jungen planschend ihr Abendbad. Am Flussufer liegen junge Latinas auf umgestürzten Baumstämmen und werfen, gestrandeten Nixen gleich, den Passagieren betörende Blicke zu. Die Alten beobachten das Treiben von Schaukelstühlen auf ihren Holzveranden. Zu träge sind sie, um noch auf das Winken der mehrmals täglich vorbeifahrenden Bootspassagiere zu reagieren.

Die Reise gibt zudem einen Einblick in die harte Realität des armen Nachbarn von Costa Rica: Touristen teilen sich das Boot mit nicaraguanischen Migrantenarbeitern. Viele von ihnen verdienen ihr Brot illegal auf den Plantagen und Fincas im Norden Costa Ricas und setzen sich dabei der Gefahr aus, ausgewiesen zu werden (s. Kasten „Fluss der Hoffnung", S. 437).

Supermarkt

Palí, am Sportplatz, ⊕ Mo 9–19, Di–Do 9–18, Fr, Sa 9–19.30 und So 9–15 Uhr.
Supermercado Carranzu, westl. Seite der Plaza, ⊕ Mo–Sa 6–20, So 6–19 Uhr.

Touren

Bootstouren auf dem Río Frío und nach Nicaragua bieten das Hotel Jibarú, das Hotel Rancho Tulipán sowie die Bootskapitäne am Anlegesteg an.

TRANSPORT

Busse

Die Busse halten gegenüber der Soda Pamela. CIUDAD QUESADA (San Carlos), stdl., 2 Std.; SAN JOSÉ, 2x tgl. (5 und 15 Uhr), 5 Std. Wer den Direktbus nach San José verpasst hat, kann alternativ jede Std. nach Ciudad Quesada fahren (Achtung, der Bus hält wirklich an fast jeder Ecke!), von Ciudad Quesada fahren stdl. Expresos weiter nach San José; UPALA (über CAÑO NEGRO), 2x tgl., 2 Std.

Boote (Lanchas)

SAN CARLOS (Nicaragua), 13.30 und 15.30 Uhr, rund 1 Std., 8000C$. Die Abfahrtszeiten sind nur ungefähre Orientierungspunkte, das Boot fährt, wenn es voll ist. Bei Bedarf werden zusätzliche Boote eingesetzt. Gegenüber der Immigración verkauft eine Fahrkartenverkäuferin die Tickets (es gibt keinen Fahrkartenschalter), s. a. Kasten „Per Lancha nach Nicaragua".

Cuevas de Venado

Rund 3 km südlich der kleinen Ortschaft Venado befinden sich die Cuevas de Venado, ein Labyrinth aus zehn unterirdischen **Tropfsteinhöhlen**, das 1945 zufällig von zwei Holzfällern entdeckt wurde. 2700 m der Höhlen wurden bisher erforscht. Höhlenforscher schätzen, dass die Grotten vor rund 60 Mio. Jahren entstanden.

Durch vier der insgesamt zehn Gewölbe finden Führungen statt. Drei Schwierigkeitsstufen stehen dabei zur Auswahl und auch die Richtung: auf- oder abwärts. Mit Maske, Helm, Gum-

mistiefeln und Lampe ausgerüstet steigt der Besucher hinab in die Unterwelt, mitunter geht es dabei auf allen Vieren durch sehr enge und nasse Passagen. Unbedingt Wechselkleidung mitnehmen. Duschen sind am Eingang vorhanden. ⊕ 8–16 Uhr, Führung um 8 und 13 Uhr, Eintritt $20. Um lange Wartezeiten zu vermeiden, ist eine Voranmeldung unter ✆ 2478-8008 ratsam. Tourveranstalter bieten von La Fortuna aus Tagestouren zu den Höhlen an.

Indianerreservat Maleku

Rund 600 Maleku-Indianer leben in den drei Siedlungen **Margarita**, **Tonjibe** und **El Sol**, die an der Busroute Upala–La Fortuna liegen. Bis auf einige Palenque-Hütten, in denen Holzschmuck und Trinkflaschen aus Kokosnussschalen verkauft werden, unterscheidet sich das Reservat jedoch kaum von einem gewöhnlichen costaricanischen Ort.

Die Maleku bilden den kleinsten der insgesamt acht Indianerstämme in Costa Rica. Im Krieg gegen die US-amerikanische Reifenindustrie zu Anfang des 20. Jhs. wurde der Stamm fast völlig ausgerottet. Der Krieg entbrannte, als sich die Maleku gegen die Abholzung der Gummibäume auf ihrem Land wehrten. Heute lebt der Indianerstamm von Fischerei, Kakao- und Palmenanbau und dem Erlös aus dem Verkauf von Kunsthandwerk an Touristen. Ihre Sprache haben sich die Maleku bewahrt, und auch ihre traditionellen Riten üben sie nach wie vor aus.

Man kann im Reservat an einer sehr interessanten **Heilpflanzentour** teilnehmen und sogar bei einer der Familien für wenig Geld übernachten, inkl. Verpflegung. Dabei erlebt man Gastfreundschaft auf indianische Art hautnah und kann traditionelle Maleku-Gerichte probieren.

San Rafael de Guatuso

Das kleine, brütend heiße, staubige Nest San Rafael de Guatuso liegt an den Ufern des Río Frío, 6 km westlich des Indianerreservats Maleku. Im Ort gibt es ein paar Supermärkte, Internet, eine Bank und eine Tankstelle. Es besteht eine überraschend gute Busanbindung an die größeren Orte des Nordens sowie nach San José und Guanacaste.

Empfehlenswert sind die sauberen Zimmer im **Hotel Segana**, ✆ 2464-0344, mit/ohne AC. ❷

TRANSPORT

Busse fahren nach:
LA FORTUNA (über CIUDAD QUESADA), 4x tgl. 5–13.15 Uhr;
PALENQUE (Maleku-Reservat), 3x tgl.;
PEÑAS BLANCAS, 1x tgl.;
RÍO CELESTE, 6, 9, 11 und 16 Uhr;
SAN JOSÉ, 3x tgl. 8, 11.30 und 15 Uhr;
TILARÁN, 1x tgl. um 7.15 Uhr;
UPALA, 3x tgl., Bus kommt aus Ciudad Quesada.

Parque Nacional Volcán Tenorio

■ **MINAET-Büro:** ✆ 2206-5369/8
■ **Öffnungszeiten:** 8–14 Uhr
■ **Eintritt:** $10
■ **Gründungsjahr:** 1995
■ **Größe:** 12 717 ha
■ **Transport**
Der Nationalpark hat 2 Eingänge.
Auto: An der Carretera 6, die von der Interamericana nach Norden Richtung Upala führt, liegt der Ort Bijagua. 3 km hinter Bijagua zweigt rechts ein Weg über das kleine San Miguel zum Parkeingang **Pilón** ab. Der zweite Parkeingang **El Teñidero** liegt in der Nähe des Ortes Río Celeste. Diesen erreicht man von El Tanque über die Carretera 4 Richtung Norden, ab San Rafael de Guatuso geht es dann über eine Schotterpiste bis Río Celeste.
Busse: Es fährt kein öffentlicher Bus zum Nationalpark. Busse von Cañas, Upala und San José fahren nach Bijagua. Die 17 km von dort zum Parkeingang **Pilón** muss man mit dem Taxi zurücklegen. Zum zweiten Parkeingang **El Teñidero** nimmt man den Bus in La Fortuna um 6 Uhr nach Guatuso, um 9 Uhr fährt dann ein Bus bis Río Celeste.

Von dort zum Parkeingang sind es noch 4,2 km zu Fuß. Unterwegs kann man einen imposanten, über 100 Jahre alten Baum bewundern, der von Oscar Arias zum „Friedensbaum" erklärt wurde.
■ **Ausrüstung:** Badezeug und Handtuch mitnehmen! Festes Schuhzeug! Die Wege sind oft matschig und es gibt Schlangen im Park.

Vier Vulkankrater ragen aus dem Regen- und Feuchtwald des Nationalparks heraus: Carmela, Montezuma, Tenorio I und II. Unterhalb von ihnen, im Dickicht zwischen Flüssen, Orchideen, wilden Avocadobäumen und Helikonienstauden leben Otter, Boas, Pumas, Kapuzineraffen und Agutis. Tapire ernähren sich von den Früchten des endemischen Jicara-Danto-Baumes, der nur in der Cordillera Guanacaste wächst und Früchte und Blüten am Baumstamm trägt.

Ein rund 3-stündiger, gut ausgeschilderter Wanderweg führt zum Wasserfall **Catarata Celeste** (30 m), zur **Laguna Azul** und dem **Río Celeste**. Mineralien färben dessen Flusswasser himmelblau *(celeste)*, am intensivsten in der Trockenzeit (März/April). Besonders gut kann man dieses Phänomen in **El Teñidero** (*teñir*, span. „einfärben") beobachten. 2 klare Bäche fließen hier zusammen und sorgen für die außergewöhnliche Färbung des Wassers.

Ortskundige Führer warten an den Parkeingängen mit Fernglas. Eine 3 1/2-stündige Tour kostet $30 für 2 Pers. Ein Aufstieg zum Krater Tenorio ist aus Sicherheitsgründen verboten.

ÜBERNACHTUNG

Am Parkeingang Pilón
Posada Río Celeste (früher La Amistad),
1 km nordöstl. vom Parkeingang Pilón, nur mit 4WD zu erreichen, ✆ 8356-0285, 8978-2676, 🖥 www.posadarioceleste.com. Geleitet von einer costa-ricanischen Familie mit 6 Kindern. Hübsche, saubere rustikale Holzcabinas mit Gemeinschaftsbad. Touren in den Park. Frühstück inkl. ❸
Río Celeste Blau Cel Lodge, 1 km vor dem Nationalparkeingang, 🖥 www.costarica rioceleste.com, ✆ 8353-6235. Einfache Cabinas am Hang, in ruhiger Lage mit Doppelbett und Stockbett für 4 Pers. sowie Bad. Die Cabinas

wirken etwas zusammengezimmert, sind aber sauber. Die teureren Cabinas haben eine kleine Badewanne mit herrlichem Ausblick und bessere Matratzen. Inkl. Frühstück. **❸–❹**

Bei Río Celeste

Posada Rural Río Celeste, 300 m südl. vom Ort Río Celeste, 🖵 www.posadaruralriocoeleste. com, ✆ 2200-0525. Einfache, familiengeführte Posada und Campingplatz, rustikale Verpflegung und Touren, sehr freundlich. **❷**

Bei Bijagua

Celeste Mountain Lodge, 3,5 km von der Hauptstraße Richtung Vulkan, ✆ 2278-6628, 🖵 www.celestemountainlodge.com. Beim freundlichen Franzosen Joel. Diese ruhige Unterkunft liegt direkt am Fuße des Vulkans und ist bei Vogelkundlern beliebt. 18 relativ nüchterne Zimmer mit Panoramablick. Beim Bau wurden ökologische Kriterien berücksichtigt, Plantagenholz und alte Lastwagenreifen wurden für die Stützmauern verwendet, Biogasproduktion aus Küchenabfällen, Solaranlagen für Warmwasser. Um Blech und Plastik zu vermeiden, gibt es keine Coca Cola oder andere Dosengetränke, stattdessen hausgemachte Frescos. Keine Fernseher, keine Haartrockner. Nur 4,5 km vom Nationalpark entfernt. Ein Wanderweg führt durch das hoteleigene Reservat. Das Hotel arbeitet viel mit deutschen Reiseanbietern zusammen. Inkl. Gourmet-HP. **❻**

La Carolina Lodge, 6 km nördl. von Bijagua rechts abbiegen, der Zufahrt zum Nationalpark folgen und vor der Ortschaft San Miguel links abbiegen, Anreise möglichst bei Tageslicht, ✆ 2466-6393, 🖵 www.lacarolina lodge.com. Die Carolina Lodge ist eine Rinder- und Gemüsefarm, idyllisch am Fluss gelegen, mit einfachen, rustikalen Blockhütten – ideal für Naturfreunde. Restaurant und Wege sind abends nur mit Kerzen beleuchtet, in den Zimmern gibt es Elektrizität, heißes Wasser, Moskitonetze, z. T. auch Kamine. Einschlafen bei Flussrauschen und Grillengezirpe, Aufwachen bei Vogelgesang. Traditionelle Mahlzeiten werden im Holzofen zubereitet. Leckerer Milchkaffee mit Milch aus eigener Lechería, Gallo Pinto mit Bohnen und Reis aus eigenem Anbau,

selbst gebackenes Brot. Der Hit ist ein Bad im feuerbeheizten Jacuzzi bei Kerzenschein. Inkl. VP ab $75 p. P., Kinder bis 11 J. $35, bis 16 J. $50.

Tenorio Lodge, am Ortseingang von Cañas kommend, ✆ 2466-8282, 🖵 www.tenoriolodge. com. Bungalows mit großer Fensterfront, die vorderen mit Vulkanblick. Moderne, geräumige Bäder mit Pflanzen. Jacuzzi in großen Holzbottichen. Solarenergie. Große Gemeinschaftsterrasse mit Blick auf die Sonnenuntergänge am Vulkan. Sehr zuvorkommendes Personal. **❻**

ESSEN

Landestypische Gerichte bieten die **Soda Río Celeste**, 1 km vor dem Nationalparkeingang, und **Los Pilones**, gegenüber dem Nationalparkeingang. ⏰ 7–18 Uhr.

Soda Barrington, in Bijagua. Breite Auswahl an Gerichten, beliebt ist die Steinofenpizza.

TRANSPORT

Es gibt keine direkte Busverbindung zum Nationalpark. **Busse** halten in Bijagua, rund 17 km vom Nationalpark entfernt. Von Bijagua fahren Taxis zum Nationalparkeingang. SAN JOSÉ, 3x tgl., Bus kommt aus Upala; UPALA, 3x tgl., Bus kommt aus San José; CAÑAS, 7x tgl., Bus kommt aus Cañas; LIBERIA, 1x tgl., Bus kommt aus Upala; Von GUATUSO nach Río Celeste, 1 x tgl. um 9 Uhr, um 15 Uhr zurück.

Upala

Nur 9 km südlich der nicaraguanischen Grenze liegt Upala. Der Ort wurde von Nicaraguanern mitgegründet und lebt hauptsächlich von der Landwirtschaft. Busse fahren von hier zur **Reserva Caño Negro** und nach **Los Chiles**, dem Grenzübergang nach Nicaragua. Südlich führt die von Schlaglöchern zerfressene Carretera 6 zum **Nationalpark Volcán Tenorio** (S. 212) und weiter bis ins Herz des trocken-heißen Guanacaste.

ÜBERNACHTUNG

Hotel Upala, am Park, ✆ 2470-0169. Ältere, einfache, hellhörige Zimmer, z. T. AC; Parkplatz. **❷**

DER NORDEN

Cabinas Maleku, am Park, ✆ 2470-0142.
Eine Klasse höher als das Hotel Upala.
Sehr saubere, geräumige, farbenfrohe Zimmer
mit Privatparkplatz bei der freundlichen Doña
Soreida Fernandez. DZ mit/ohne AC. ❸

SONSTIGES

Fahrradreparatur
Ciclo Zanate, 50 m nördl. vom Park,
✆ 2470-1067, ⊕ Mo–Sa 7–17.30 Uhr.

Geld
Banco Popular, 100 m östl. der Brücke
nach Chimurria, ⊕ Mo–Fr 9–15.30,
Sa 8.30–11.30 Uhr.
Banco Nacional, gegenüber von Radio
Cultura Upala, ⊕ Mo–Fr 8.30–15.45 Uhr.
Beide mit Kreditkartenautomaten.

Internet
Café Internet@up, am Park,
⊕ Mo–Fr 8–12 und 13–21, Sa 9–12 und
13–17 Uhr.

Medizinische Hilfe
Cruz Roja, an der Südseite des Parks,
✆ 2470-0080.

Supermarkt
Palí, an der Hauptstraße, ⊕ Mo–Fr 8.30–19,
Sa 8–19.30, So 8.30–18 Uhr.

Post
200 m südl. vom Park, ⊕ Mo–Fr 9–12 und
13–17.30 Uhr.

Polizei
Neben der Post.

TRANSPORT
Der Busbahnhof liegt am Park.

Busse fahren nach:
LOS CHILES (via CAÑO NEGRO),
Mo–Sa 2x tgl.;
SAN JOSÉ, via CAÑAS 3x tgl., via SAN CARLOS
1x tgl., CIUDAD QUESADA 4x tgl.

© JULIA REICHARDT

Liberia

San José

Nord-Guanacaste

Stefan Loose Traveltipps

2 **Nationalpark Rincón de la Vieja**
Dampfender Boden und Schlamm spuckende Erdlöcher – eine Landschaft wie aus einem Fantasyfilm. S. 223

5 **Ritt auf Poseidons Rücken**
Wellenreiten am Hexenfelsen (Roca Bruja) an der Playa Naranjo, einem der Topsurfreviere der Welt. S. 231

Refugio Nacional de Fauna Silvestre Bahía Junquillal Zelten in der Bucht und aus dem Schlafsack ins Meer. S. 232

Kitesurfing Mit Drachen im Rücken wie ein Pelikan fliegen und über die friedliche Bahía Salinas gleiten. S. 233

NORD-GUANACASTE

NORD-GUANACASTE

NICA–

Carrizales

S. Antonio

Vueltas

Cacao

△ 385

Naranjo

Rosario

△ 440
Alto Filipinas

El Ostional

La Garita

Conventillos

La Cruz

ISLA
BOLAÑOS

Bahía
Salinas

Playa
Pochote

Animas

Sapoá

Golfo de

Santa

Elena

Playa El Coco
B. Jobo

Playa Jobo

Playa Rajada

Playa Rajadita

Playa
Coyotera

Playa
Pto. Soley

Pto. Soley

Las Pilas

Playas
Rapa-
turro

Mesas

Co. El Hacha

△ 455

Playa
Copal

Soley

El Hacha

Salinas

Hacha

Playa
Mostrencal

Brasilito

Sta. Rita

**REFUGIO NACIONAL
DE SILVESTRE
BAHÍA JUNQUILLAL**

ISLA
JUANILLA

Playa
Cuajiniquil

Cuajiniquil

PARQUE NACIONAL

B. Playa Blanca

Playa
Blanca

GUANACASTE

*ISLA
LOS NEGRITOS*

Sector Murciélago

Península Sta. Elena

711 △

Cabo
Sta. Elena

ISLA
PELADA

Islas Murciélago

Playa
Coloradas

Ollie's Point

ISLA
COLORADA

B. Potrero
Grande

Potrero Grande

Minaet-Büro

PARQUE NACIONAL

Sector las Pailas

Co. El Inglés

Dry Tropical Forest
Research Centre ★

△ 316

Sta. Rosa

SANTA ROSA

Hacienda ★
Sta. Rosa
(La Casona)

Potrerillos

B. Nancite

Roca Bruja ★
(Witches Rock)

Playa
Naranjo

Bahía

Naranjo

GUANA

Interamericana

Jobo

Hda. Los Ahogados

Esterón

△ 234
Co. Carbonal

Llano de la Palma

Tempisque

Golfo de

Papagayo

Nacascolo

B. Prieta

Pto.
Culebra

Hda. La Culebra

Bahía

Culebra

Playa
Panama

Mte. Galan

Playa
Hermosa

Panama

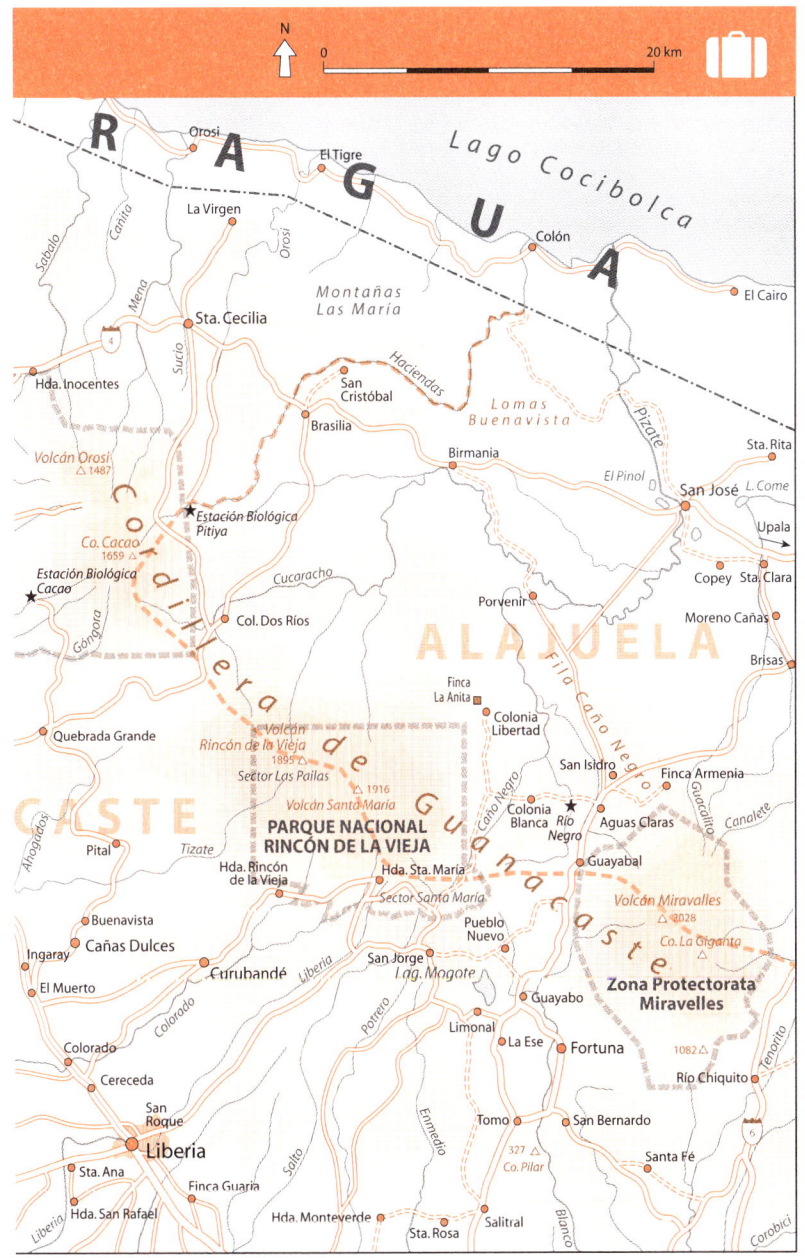

N

0　　　　　　　　　　　　　20 km

R A G U A

Orosi
El Tigre

Lago Cocibolca

La Virgen

Colón

El Cairo

Montañas Las María

Sta. Cecilia

Hda. Inocentes

San Cristóbal

Haciendas

Lomas Buenavista

Brasilia

Birmania

El Pinol

Sta. Rita

San José   L. Come

Volcán Orosi
△ 1487

Estación Biológica Pitiya

Upala

Co. Cacao
1659 △

Cucaracho

Copey   Sta. Clara

Estación Biológica Cacao

Góngora

Col. Dos Ríos

Porvenir

Moreno Cañas

Brisas

A L A J U E L A

Finca La Anita

Quebrada Grande

Volcán Rincón de la Vieja
1895 △

Colonia Libertad

San Isidro

Finca Armenia

Fila Caño Negro

Sector Las Pailas

△ 1916

San Isidro

Canalete

Volcán Santa María

Colonia Blanca   *Río Negro*

Aguas Claras

PARQUE NACIONAL RINCÓN DE LA VIEJA

Pital

Tizate

Hda. Rincón de la Vieja

Hda. Sta. María

Guayabal

Caño Negro

Volcán Miravelles
△ 2028

Co. La Giganta
△

Sector Santa María

Buenavista

Cañas Dulces

Pueblo Nuevo

Ahogados

Ingaray

El Muerto

Curubandé

Liberia

San Jorge
Lag. Mogote

Guayabo

Zona Protectorata Miravelles

Colorado

Limonal

La Ese   Fortuna

1082 △

Tenorito

Cereceda

Colorado

Potrero

Río Chiquito

San Roque

Liberia

Salto

Tomo   San Bernardo

Santa Fé

Sta. Ana

327 △
Co. Pilar

Finca Guaria

Hda. San Rafael

Hda. Monteverde

Sta. Rosa

Salitral

Blanco

Corobicí

Liberio

Guanacaste, der Nordwesten Costa Ricas, ist die sonnigste und flächenmäßig zweitgrößte Provinz des Landes. Es ist die Heimat des Sabanero, des costa-ricanischen Cowboys. Trocken und verdörrt erstrecken sich die unendlich weiten Ebenen der Vieh-Haziendas unter der erbarmungslosen Sonne. Im Hintergrund ragt dramatisch das schroffe Relief der **Cordillera de Guanacaste** hervor, die aus einer Kette von neun verschiedenen Vulkankratern gebildet wird. In der Regenzeit erlebt Guanacaste eine einzigartige Metamorphose. Binnen weniger Wochen verwandelt sich dann die staubige, wüstenähnliche Landschaft in eine Myriade von Grüntönen und bunten Blüten.

Bis 1824 gehörte Guanacaste – das damalige Partido de Nicoya – zum benachbarten Nicaragua. In einem Referendum entschied sich die Bevölkerung dafür, sich Costa Rica anzugliedern. 1836 wurde die Annexion legal besiegelt, bereits 20 Jahre später konnten die Guanateken ihren Patriotismus für das selbst gewählte Vaterland unter Beweis stellen. In der Schlacht von Santa Rosa im heutigen Nationalpark Santa Rosa besiegten sie William Walker (s. Kasten S. 234) und dessen Gefährten und sicherten damit die Souveränität ihres Landes.

Heute zählt Guanacaste zu den Haupttouristenregionen Costa Ricas. Exzellente Wassersportbedingungen und Dutzende von weißen **Sandstränden** an der Pazifikküste, aktive **Vul-** kane, **Thermalquellen** und **Höhlen** im Landesinneren sowie Sonne pur locken Touristenscharen aus aller Welt an. Die Baubranche boomt. Maklerschilder säumen die Strände. Trotz drastischer Wasserknappheit schießen Einkaufszentren, Golfplätze, Eigentumswohnungen und Hotelanlagen wie Pilze aus dem Boden. Liberias Flughafen wurde 2012 erweitert und mit einem nagelneuen Terminal ausgestattet. Bei solch einem Touristenandrang gelangt man allzu leicht auf den ausgetretenen Gringo-Pfad. Mit ein wenig Mühe kann man jedoch auch heute noch abgelegene Strände entdecken und echten costaricanischen Lebensstil und Folklore erleben.

Liberia

Ciudad Blanca, weiße Stadt, nannte man einst die Hauptstadt und Eingangspforte Guanacastes aufgrund ihrer weiß gepflasterten Straßen und weiß gekalkten Häuser. Und wer heute in praller Mittagssonne auf den inzwischen schwarz geteerten, vor Hitze dampfenden Straßen geht, wünscht sich sehnlichst die alten Zeiten zurück.

Liberia heute ist eine Stadt der Kontraste, in der sich Vergangenheit und Moderne dicht aneinanderschmiegen und sich kleinstädtische Provinzidylle mit einem Hauch von internationalem Flair paart. Hier stehen alte **Kolonialhäuser** mit Wänden aus Viehmist und Sand neben moder-

---

Ein Baum mit Ohren

Die Provinz Guanacaste verdankt ihren Namen einem Baum, einem Baum mit Ohren oder einem Baum, der hören kann („Guautil" bedeutet in der Nahua-Sprache Baum und „Nacaztli" Ohr). Der sonnen- und wasserliebende Baumriese trägt nämlich gegen Ende der Trockenzeit braune Hülsenfrüchte, die der Form eines Menschenohrs ähneln. Der Guanacaste, leicht erkennbar an seiner ausladenden, Schatten spendenden Baumkrone, erreicht im Durchschnitt einen Durchmesser von vier und eine Höhe von 15 Metern. In der Trockenzeit wirft er seine großen, harten Blätter für ein bis zwei Monate ab.

Von der Rinde bis zur Frucht, aus beinahe jedem Stück, ziehen Tier und Mensch Nutzen. Die braunen, harten Hülsenfrüchte sind in der Trockenzeit eine wichtige Nahrungsquelle für Rinder, Pferde, Tapire und Papageien. Aus der Rinde wird Hustensirup hergestellt; zerstampft und fermentiert ergibt sie ein gutes Waschmittel. Das termiten- und feuerresistente Holz eignet sich hervorragend zum Haus-, Möbel- und Bootsbau und ist der Grund, warum der „Ohrenbaum" nur noch in geschützten Gegenden sein Höchstalter von 60 bis 70 Jahren erreicht. Seit 1959 zählt der Guanacaste-Baum offiziell zu den Nationalsymbolen Costa Ricas.

---

nen Einkaufszentren und Schnellrestaurantketten aus Zement, wird jahrhundertealte Sabanero-Kultur gepflegt und gleichzeitig in modernen Labors Weltraumforschung betrieben.

Mit einer reichen Auswahl an günstigen Unterkünften bietet sich Liberia als ideale Ausgangsbasis für Ausflüge zum nahe gelegenen **Volcán Rincón de La Vieja**, zum **Nationalpark Santa Rosa** und an die Nordpazifikküste an. Mehrmals täglich verbinden Busse die Stadt mit dem Süden Guanacastes, den Stränden von Playa del Coco und mit Nicaragua.

Sehenswertes

Im Stadtzentrum, vorwiegend in der Calle Real, stehen die für Guanacaste typischen Bahareque-Häuser, deren Wände aus Viehmist und Sand gebaut und mit einer Kalkschicht überzogen sind. Charakteristisch sind auch die Puertas del Sol, große Holzpforten, die ganze Häuserwände ersetzen und das Haus durchlüften und mit Sonnenlicht versorgen.

Die kleine **Ermita de la Agonía** aus dem Jahr 1790 öffnet nur selten ihre Tore und gewährt dem Neugierigen einen Einblick in das alte Liberia. Im kühlen, weiß gekalkten Gotteshaus versammeln sich die Alten der Stadt zum Tratsch und gemeinsamen Rosenkranzbeten. Die holzgeschnitzten Heiligenbilder stammen aus dem 18. Jh., als die religiöse Holzschnitzkunst noch der Aufsicht der katholischen Kirche unterlag und sich die Künstler an strenge Vorgaben zu halten hatten.

ÜBERNACHTUNG

In Liberia kommt es trotz relativ großer Auswahl an Unterkünften oft zu Engpässen, vor allem an Wochenenden oder zu den Fiestas Cívicas (s. Feste, S. 222). Früh eintreffen oder reservieren!

Zentrum

Cabinas Los Angeles, 250 m östl. vom Supermarkt Maxi Bodega, ☎ 2666-5900. Sauber, freundlich und modern, gute Matratzen, Parkplatz. ❷–❸

Casa Vieja, 200 m südl., 50 m westl. der Municipalidad, ☎ 2665-5826. Zentral gelegenes Hotel, etwas unpersönlich, Zimmer verschie-

dener Größe und Ausstattung mit Fenster auf den Gang und großen Duschen und Betten. Kleine Kochmöglichkeit. Die Fernsehberieselung im Gang kann stören. ❷

Hostal Ciudad Blanca, 200 m südl., 150 m östl. der Antigua Governación, ☎ 2666-3962, ✉ altocharovia@hotmail.com. Ruhig, etwas abseits des Zentrums. Zimmer mit TV, AC. Auf der gegenüberliegenden Straßenseite befindet sich der 2-stöckige Annex mit modernen, praktischen Zimmern. Schöne Atmosphäre, das Personal könnte engagierter sein. Inkl. Frühstück. ❸

Hotel Guanacaste, C. 12, Av. 1–3, ☎ 2666-0085, 🖥 www.higuanacaste.com. Keine besonders malerische Umgebung, dafür in unmittelbarer Nähe aller wichtigen Busbahnhöfe und nur 10 Min. zu Fuß ins Zentrum. Saubere, einfache Zimmer mit Stockbetten und harten Matratzen, teils AC. Transport zum Rincón de la Vieja ($20 p. P.). Camping $5 p. P., Schlafsaal $8 p. P., EZ mit Privatbad $16. ❷

Hotel La Posada del Tope, C. Central, 150 m südl. der neuen Kirche, ☎ 2666-3876, 🖥 www.laposadadeltope.com. Einfache, charmante und günstige Unterkunft im Kolonialstil mit Dekorationsstücken aus dem alten Liberia. Einrichtung und Qualität sind von Zimmer zu Zimmer sehr unterschiedlich; verschiedene Zimmer zeigen lassen! Große DZ mit TV, teils mit Außentoilette und hübschem Garten mit Papayabaum. EZ ohne Fenster. Der Besitzer Dennis ist die inoffizielle Touristeninformation vor Ort. Er bietet auch günstig Mietautos und den Transport zum Vulkan Rincón de la Vieja an, s. Transport S. 222. EZ $10. ❷,

🔲 **Hotel La Riviera**, 450 m östl. vom Supermarkt Palí, ☎ 2666-1450. 🖥 www.hotellarivieracr.com. Gepflegtes Hotel mit modernen Zimmern mit Privatbad, teils mit AC. Ruhige Gegend. Frühstück inkl. ❸

Hotel La Siesta, C. 4, Av. 4–6, ☎ 2666-2950, ✉ lasiestaliberia@hotmail.com. Einfache Zimmer für bis zu 4 Pers., Bäder bräuchten einen neuen Anstrich. TV und AC, schöne Gartenanlage mit Liegestühlen und kleinem Pool. Zahlung mit Kreditkarte möglich. ❸

Hotel Liberia, C. Real, ☎ 2666-0161, ✉ hotel liberia@hotelliberia.com. Ein etwas herunter-

Liberia

Nicaragua
(70 km)

N

0   250 m

Übernachtung:
1 Cabinas Los Angeles
2 Hotel del Aserradero S.A.
3 Hotel Guanacaste
4 Hotel La Riviera
5 Hotel Liberia
6 Hotel Boyeros
7 Hotel La Posada del Tope
8 Hotel La Siesta
9 Casa Vieja
10 Hostal Ciudad Blanca

Essen:
1 Mercado Central
2 Los Comales
3 El Pilón
4 Panadería Pan y Miel
5 El Meson Liberiano
6 Toro Negro Steak House
7 Panadería Alemana
8 La Jauja
9 Pan y Miel
10 Restaurante Paso Real
11 Soda Rancho Dulce
12 The Green House
13 Pizza Pronto

Sonstiges:
1 Palí
2 Morales Ranchero
3 Kuru
4 Bar de Luna
5 Supercompro
6 Bar LIB
7 Jumbo Perimercado

Transport:
1 Busbahnhof Liberia
2 Pulmitan-Busbahnhof (Busse nach San José)
3 Busse nach Nicaragua
4 Liberia Travel

Río Liberia

ESTADIO

C.13

C.11
C.9
C.7
C.5
C.3
C.1

Ermita la Agonía

Iglesia Inmaculada Concepción de María

Av. Central

LA CASA DE LA CULTURA

Calle Real

MUNICIPALIDAD

Parque Central

Av. 11
Av. 9
Av. 7
Av. 5
Av. 3
Av. 1
Av. 2
Av. 4
Av. 6
Av. 8

C.2
C.4
C.6
C.8
C.10
C.12
C.14

Plaza

MERCADO CENTRAL

Av. 25 de Julio
Av. 25 de Julio

FOOD MALL

Interamericana

San José (219 km)

Autovermietungen,
Aeropuerto Internacional
Daniel O. Quirós (13 km),
Playa del Coco (36 km),
Playa Hermosa (38 km)

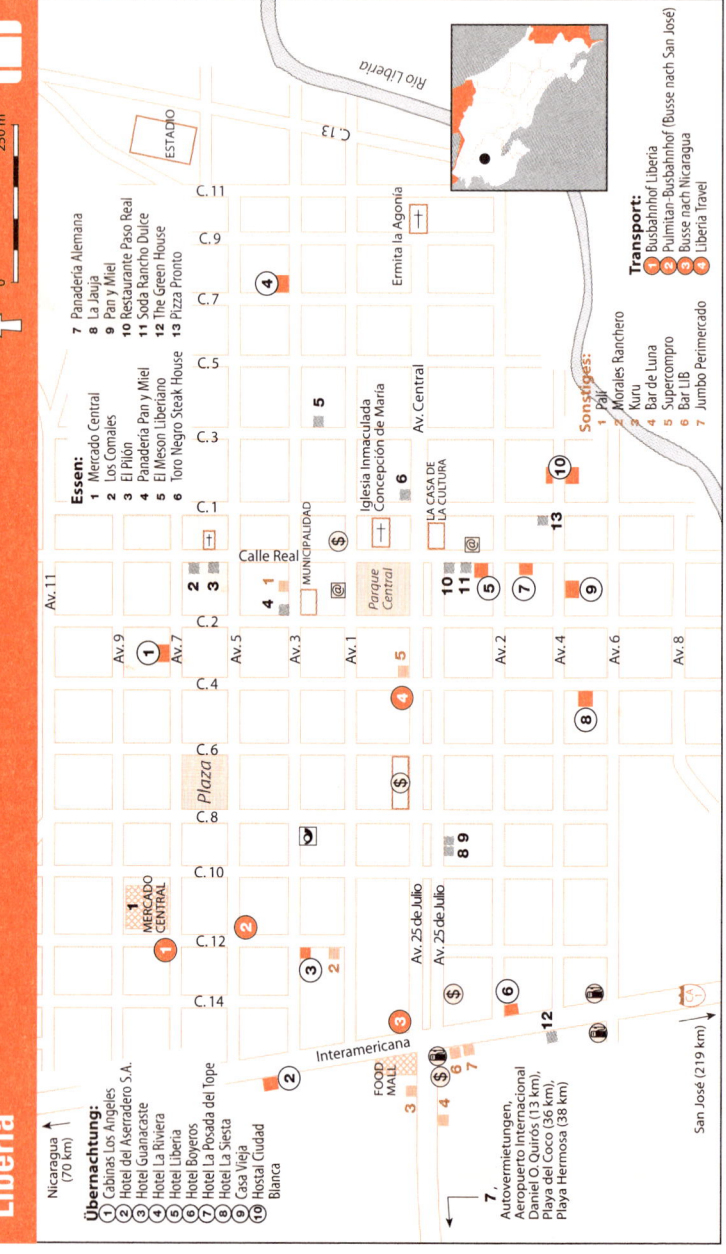

www.stefan-loose.de/costa-rica

gekommener Backpacker mit durchgelegenen Matratzen. Viele Rucksackreisende zieht es nach der ersten Nacht nebenan in die Posada del Tope. Transport zum Rincón de la Vieja (s. Transport, S. 222). Schlafsaal $9, DZ ab ❶.

An der Interamericana

Hotel Boyeros, ✆ 2666-0722, 🖥 www.hotel boyeros.com. Große Anlage älteren Baujahrs, gute Matratzen, 2 Pools mit Liegestühlen; Klettergerüste und Kinderrutsche. 24-Std.-Restaurant. ❹

Hotel del Aserradero S.A., 200 m nördl. von Burger King, ✆ 2666-1939, 🖥 www.hotel aserradero.blogspot.com. Hotel im Ranch-Stil, großzügig geschnittene Zimmer, teils mit AC. Großer Garten mit Schaukelstühlen. Kaffeemaschine und Mikrowelle für alle, Restaurant nebenan. ❹

ESSEN

El Meson Liberiano, im Zentrum, 300 m östl. und 25 südl. von der Municipalidad. Restaurant und Bocas Bar, sehr schmackhaftes Angebot an typischen Tellern, günstig, große Portionen und guter Service. ⏲ 12–21.30 Uhr.

El Pilón, ca. 250 m nördl. der Banco de Costa Rica. Landestypische Gerichte. Das saubere, hübsche, etwas dunkle Restaurant ist beliebt bei Ticos und Touristen. ⏲ Mo–Sa 7–15 Uhr.

La Jauja, Hauptstraße, C. 8–10. Großes überdachtes Rancho um einen Guanacaste-Baum. Spezialität des Hauses sind Fischgerichte und Tenderloin-Steaks. Dazu Knoblauchbrot oder Bruscetta. Auch große Auswahl an Holzofenpizza, allerdings wird es unter dem niedrigen Blechdach tagsüber sehr heiß. ⏲ 10–22 Uhr.

Los Comales, 225 m nördl. der Banco de Costa Rica. Das landestypische Lokal öffnet bereits um 6.30 Uhr zum sättigenden Gallo Pinto-Frühstück. Die Köchinnen und Kellnerinnen sind alleinstehende Frauen, die sich zu einer Kooperative zusammengeschlossen haben. ⏲ 6.30–21 Uhr.

Mercado Central, am Busbahnhof. Essenstände mit landestypischen Gerichten. ⏲ Mo–Sa 6–19, So 6–12 Uhr.

Pan y Miel, Av. 3, C. 0–2. Für Frühaufsteher! In der Bäckerei gibt es unter der Woche Cappuccino und Croissants bereits ab 6 Uhr. Nebenan gutes Fisch-Restaurant. ⏲ Mo–Sa 6–20, So 7–17 Uhr.

Panadería Alemana, 2 km westl. vom Flughafen von Liberia, 🖥 www.panaleman.com. Brote und Gebäck vom Schwabinger Bäcker Hans. In der Bäckerei selbst befindet sich das Café Europa, auch mit vegetarischen oder typisch deutschen Spezialitäten und einem netten Spielplatz. Eine Filiale der Panadería gibt es im Restaurant Jauja im Zentrum Liberias. Einige Brotsorten sind auch in Supermärkten erhältlich. ⏲ 5–21 Uhr.

Pizza Pronto, C. 1, Ecke Av. 4. Schönes, rustikales Ambiente, Lehmofenpizza mit großer Auswahl an Belägen – wie wär's z. B. mit einer Pfirsich-Ananas-Tomate-Käse-Honig-Pizza? Große Pizzen für 2–3 Pers., auch Pastagerichte, mittlere Preisklasse. ⏲ 12–15 und 18–23 Uhr.

Soda Rancho Dulce, C. Real, Av. Central–2, unter dem großen Wellblechdach werden Casados in allen Ausführungen serviert. Auch große Auswahl an Frescos. ⏲ 7–21 Uhr.

The Green House, an der Interamericana, 2,4 km westl. von Liberia. Fusion-Küche in modernem Ambiente. Von Sushi über vietnamesische Wraps und thailändisch zubereitetem Fisch bis zu mexikanischen Tapas und mediterranen Hummus-Gerichten. Neuseeländisch-israelische Leitung, gehobene Preisklasse. Die Qualität schwankt. ⏲ Di–So 11–23 Uhr.

Toro Negro Steak House, am Park, draußen auf der Veranda oder drinnen im über 140 Jahre alten Haus. Schmackhafte Fleischgerichte im modernen Stil und zu gehobenen Preisen; auch Fisch, Salate und sehr leckere Batidos. Wein, Cocktails und Bier. ⏲ 12–22.30 Uhr.

UNTERHALTUNG

Bars und Nightclubs sind im Zentrum von Liberia nicht erlaubt, man findet sie deshalb nur an der Interamericana.

Beliebtester Ausgehort ist die Open-Air-Bar **LIB** an der Plaza Santa Rosa, im 2. Stock mit Livemusik. Im **Kuru**, Av. 25 de Julio, gegenüber vom Best Western EL Sitio, wird Salza, Cumbia und Merengue getanzt. Das **Morales Ranchero** am Hotel Guanacaste lockt mit seiner Rancho-Atmosphäre Sabaneros an. Die **Bar de Luna**, Av. 25 de Julio, neben dem Best Western, wird vor allem von Lesben und Schwulen aufgesucht.

Autovermietung
An der Straße zum Flughafen reiht sich eine Autovermietung an die andere.

Feste
Anfang März: **Fiestas Cívicas**, 10 Tage Feuerwerk, Musik, Stierrodeos.
25. Juli: **Día de Guanacaste**, patriotische Stimmung mit Pferdeparaden, Volkstänzen, Musik und Rodeos.
Letzte Septemberwoche: **La Semana Cultural**, Fest zum Gedenken an die Gründung Liberias mit Musik, Tanz, Kunst und typischen Speisen aus Guanacaste.

Geld
Banco de Costa Rica, am Park,
Mo–Fr 9–16 Uhr.
Banco Nacional, Av. 25 de Julio, C. 6–8,
Mo–Fr 8.30–15.45 Uhr.
BAC, Centro Comercial Santa Rosa,
Local #54, alle Karten.
Mo–Fr 9–18, Sa 9–13 Uhr.
Alle Banken haben Geldautomaten.

Informationen
Tourinformationen gibt es in den meisten Hotels.
Die inoffizielle Touristenauskunft in Liberia ist David in der **Posada del Tope**.

Internet
Internet Planet, C. Central, mit AC.
500C$ pro Std. 8.30–21.30 Uhr.
Internet Cibermania, 600C$ pro Std., auch internationale Telefonate. 8–20 Uhr.

Reisebüro
Liberia Travel, neben dem Supercompro,
2665-3146, www.liberiatravelcr.com.
Flüge, Hotelreservierungen, Touren.

Supermärkte
Supercompro, im Zentrum. Mo–Sa 8–21,
So 8–18 Uhr.
Maxi Palí, 150 m östl. vom Busterminal.
Mo–Sa 8–20, So 8–16 Uhr.
Jumbo Perimercado, im neuen Einkaufszentrum an der Interamericana. Sehr große Auswahl.
Mo–Sa 8–22, So 8–20 Uhr.

Taxis
Am Park.

Telefone
Im Park.

Touren
Das Hotel Guanacaste bietet neben Transport zu den **Nationalparks** Rincón de La Vieja und Santa Rosa auch Touren zum Nationalpark Palo Verde ($75 p. P. inkl. Mittagessen, Führer, Eintritt und Boot) sowie **Raftingtouren** auf dem Río Colorado (Schwierigkeitsstufe III, $50 p. P.) an.

Zum Nationalpark Rincón de la Vieja
Das Hotel La Posada del Tope, Hotel Guanacaste und Hotel Liberia bieten tgl. Transport zum Nationalpark Rincón de La Vieja an. Pro Person $20 (hin und zurück). Abfahrt ist um 7 Uhr. Das Hotel del Tope bietet auch Transport zum Santa Rosa-Nationalpark ($20 p. P.) an.

Busse
Am **Pulmitan-Busbahnhof**, Av. 5, C. 10–12, fahren die Busse nach San José ab.
SAN JOSÉ, stdl. 4–20 Uhr, davon 5 Direktbusse, 3 1/2 Std., sonst 4 1/2 Std.

Am **Busbahnhof Liberia**, Av. 7, C.12–14, fahren die Busse zu den Stränden Nord-Guanacastes und in die Städte Cañas, Puntarenas, Nicoya und Santa Cruz ab.
CAÑAS, 7x tgl., 1 1/2 Std. Schneller ist es, den Bus nach San José zu nehmen und in Cañas auszusteigen.
PUNTARENAS, 8x tgl., 5–15.30 Uhr, ca. 3 Std.;
NICOYA (über SANTA CRUZ), ca. alle 45 Min., 4.20–21 Uhr, ca. 1 1/4 Std., am Wochenende weniger Verbindungen;

NORD-GUANACASTE

SANTA CRUZ (s. Nicoya);
PLAYA TAMARINDO, 3.50, 4.30, 5.15, 6.10,
7, 8, von 10–18 Uhr stdl. So 3 Busse weniger;
PLAYA HERMOSA und PLAYA PANAMA,
7x tgl., ca. 1 1/4 Std.;
PEÑAS BLANCAS (Grenze zu Nicaragua /
Nationalpark Santa Rosa), alle 45 Min.,
5–18.30 Uhr, 1 1/2 Std.;
PLAYA DEL COCO, stdl. 5–11 Uhr, dann alle
2 1/2 Std. bis 18.30 Uhr, 1 Std.;
PLAYA FLAMINGO, 7x tgl. von 6.10–18 Uhr.

Busse nach Nicaragua

Abfahrt der Busse an der Interamericana,
neben McDonald's.

Ticabus, 🖵 www.ticabus.com, 2x tgl. Weitere
Infos und Tickets im Hotel La Posada del Tope,
📞 2666-3876.
Nica Expresso, tgl. außer Mo um 10 Uhr, $21.
Weitere Infos und Tickets im Hotel Guanacaste.
Central Line, tgl. um 8 Uhr, $21. Weitere Infos
und Tickets im Hotel Guanacaste.

Flüge

Der **Aeropuerto International Daniel Odiber
Quirós (LIR)**, 13 km östl. von Liberia, 🖵 www.
liberiacostaricaairport.net, wird von den
nationalen Fluglinien Sansa und Nature Air
sowie von Fluglinien aus den USA und Kanada
angeflogen. **Sansa**, 🖵 www.flysansa.com,
verkehrt in der Hochsaison nach Drake Bay
(Península de Osa), Punta Islita, San José,
Tambor, Tamarindo und Quepos.
Nature Air, 🖵 www.natureair.com, fliegt in
der Hochsaison nach Arenal, Bocas del Toro,
Dominical, Drake Bay (Península de Osa),
Golfito, Nosara, Managua (Nicaragua), Puerto
Jiménez, Punta Islita, Quepos, San José,
Tamarindo, Tambor und Tortuguero.

Flughafentransport

Flughafentaxi, $15 nach Liberia.
Flughafenshuttle, 🖵 www.liberiacostarica
airport.net, fährt u. a. zum NP Rincón de
la Vieja sowie nach Tamarindo, Samara und
Playa de Coco. Reservierung erforderlich.
Der öffentliche Bus nach Liberia fährt zu je
der vollen Stunde von 7–18 Uhr vor dem
Flughafen ab.

Area de Conservación Guanacaste und Umgebung

Nördlich von Liberia erstreckt sich zu beiden
Seiten der Interamericana die Area de Conservación Guanacaste, ein Zusammenschluss aus
den vier landschaftlich sehr unterschiedlichen
Naturparks **Parque Nacional Rincón de la Vieja**, **Parque Nacional Guanacaste** und **Parque
Nacional Santa Rosa** sowie dem **Refugio de Vida Silvestre Bahía Junquillal**. Ziel dieser Allianz
ist es, statt einzelner, isolierter Naturschutzgebiete einen zusammenhängenden „biologischen
Korridor" für Wildtiere zu schaffen. Denn in der
Trockenzeit wechseln viele Tiere ihr Habitat und
wandern aus den flachen, ariden Trockenwald-
ebenen der Santa Elena-Halbinsel in die gebirgigen Feucht- und Regenwaldregionen der Cordillera de Guanacaste.

Die Nationalparkverwaltung bemüht sich,
weiteres Weideland aufzukaufen und arbeitet
mit den Farmern der Umgebung in Wiederaufforstungsprojekten zusammen. Mit 120 000 ha
Fläche gehört der Parkverbund bereits heute zu den größten Schutzgebieten Costa Ricas.
Unmittelbar östlich des Rincón-Nationalparks
erstreckt sich das Schutzgebiet rund um den
Volcán Miravalles, den höchsten Gipfel der Cordillera Guanacaste.

2 HIGHLIGHT

Parque Nacional Rincón de la Vieja

Der Nationalpark Rincón de la Vieja bietet Besuchern die einmalige Gelegenheit, Vulkanismus aus nächster Nähe zu erleben. Umgeben von schmatzenden, Schlamm spuckenden
Erdlöchern, knorrigen, hartblättrigen Bäumen,
zu Lehmskulpturen erstarrten Pflanzen und
Schwaden von Schwefelgeruch fühlt man sich

wie in eine Landschaft aus einem Fantasyfilm versetzt. Kaum zu glauben, dass in dem kochenden Vulkanschlamm sogar Lebewesen existieren! Wissenschaftler entdeckten in dem brodelnden Schlick den unverwüstlichen Einzeller *Euglena pailasensis*. Ein Mensch würde sich bei diesen hohen Temperaturen zwischen 40 und 98 Grad Celsius bereits schwere Verbrennungen zuziehen.

Rund um den Nationalpark ist das Proyecto Geotérmico angesiedelt. Wie am Vulkan Miravalles wird auch hier die in der Erde gespeicherte Wärme in Elektrizität umgewandelt. Für das Landschaftsbild sind die schlangenartigen großen Aluminiumrohre kein Gewinn, in Costa Ricas Bemühen um saubere Energiegewinnung aber unvermeidlich.

Geologie, Flora und Fauna

Der Nationalpark Rincón de la Vieja ist Teil der **Cordillera de Guanacaste**, die eine natürliche Grenzlinie zwischen dem Pazifischen und dem Atlantischen Ozean zieht. Aus ihr entspringen 32 Flüsse und 16 Bäche, die weite Teile der Provinz Guanacaste mit Trinkwasser versorgen.

Der Park umfasst aufgrund seiner Höhenunterschiede und vulkanischen Aktivität verschiedene Vegetationszonen. *Bosque tropical humedo* und *Bosque tropical seco* dominieren mit Bäumen wie dem Guanacaste-Baum, der Balsamfeige und dem Weißgummibaum. Je weiter man sich dem Krater nähert, desto kleinwüchsiger und buschartiger wird die Vegetation. Die Kratergegend selbst ist vegetationslos. Im Februar/März blüht am Wasserfall Catarata Escondida Costa Ricas Nationalblume, die Orchidee Guaria Morada.

Tapiren begegnet man hauptsächlich in der Kratergegend, Waschbären halten sich gerne am Parkeingang auf und Morphofalter sieht man auf dem Wanderpfad zu den Wasserfällen. Außerdem leben im Park über 300 Vögel sowie Brüll-, Kapuziner- und Klammeraffen. Um einen Jaguar oder Puma zu sehen, bedarf es viel Zeit und Geduld. Vorsicht vor den heimtückischen, Fruchtfliegen ähnlichen *Bojones* am Parkeingang. Ihre Stiche jucken fürchterlich und halten lange an (lange Hosen anziehen und Insektenspray mitnehmen).

Wanderungen

Ein gut ausgeschilderter, leichter Pfad führt zu einem Miniaturvulkan, einer Schwefellagune und brodelnden Schlammquellen. Die Wanderung zum Krater des aktiven Vulkans **Rincón de la Vieja**, der zuletzt 1995 Asche spuckte und auch 2013 sehr aktiv war, ist mit mehr Anstrengung verbunden und dauert 7–8 Stunden. Der Aufstieg war jedoch zur Zeit der Recherche für Besucher gesperrt. Bei klarer Sicht (selten!) hat man vom Kraterrand einen überwältigenden Blick auf die Península de Nicoya und den großen Lago Cocibolca im benachbarten Nicaragua. Der ruhende, höher gelegene Schwesterkrater **Santa María** (1916 m), liegt im Parksektor **Santa Rosa**, dem weniger touristischen Parkabschnitt. Er ist mit Vegetation überwachsen und nicht zu erklimmen. Im Santa Maria-Sektor ist Zelten erlaubt.

Sektor Las Pailas

- **MINAET-Büro:** kein Telefon im Park, www.acguanacaste.ac.cr
- **Öffnungszeiten:** Di–So 7–15 Uhr, bis 16 Uhr muss man den Park verlassen haben, sonst wird eine Suchaktion gestartet.
- **Eintritt:** $10 (gilt auch für den Sektor Santa María, Besucher müssen den Pass oder eine Kopie des Passes vorzeigen)
- **Gründungsjahr:** 1973
- **Größe:** 14 083 ha (zusammen mit Sektor Santa María)
- **Transport**
  Auto: Von Liberia 5 km auf der Interamericana Richtung Peñas Blancas (Grenze) fahren, dann nach rechts Richtung Curubande abzweigen, von hier sind es weitere 20 km Schotterpiste bis zum Parkeingang. Es werden $1,50 Mautgebühr von der Hacienda Guachipelín verlangt. Auch aus östlicher Richtung ist der Vulkan Rincón de la Vieja mittlerweile sehr gut erreichbar. Von Upala aus kann man den Park über San Isidro und Colonia Blanca ansteuern, von Bagaces nimmt man die Strecke über Guayabo und San Jorge. Diese Straßen führen zunächst in den Sektor Santa Maria und sind mittler le sehr gut zu befahren. Ausgeschildert sind die Strecken nicht, aber mit Karte oder GPS gut zu finden.

Busse: Es gibt keinen öffentlichen Bus zum Vulkan. Diverse Hotels in Liberia bieten morgens für rund $20 (Hin- und Rückfahrt) Transport mit Minibus an.

- **Sonstiges:** Badesachen mitnehmen!
- **Verpflegung:** Die Soda Guachipelín am Parkeingang bietet Comida Tipica an.

Wanderungen

Ortskundige Führer warten am MINAET-Büro, alle Wanderungen sind jedoch gut ohne Führer zu bewältigen.

Sendero Las Pailas (3 km)

Rundwanderweg; die Parkleitung empfiehlt, nicht nach 14 Uhr aufzubrechen.

Dieser 3 km lange Rundweg führt zu den kleineren, vulkanischen Aktivitäten im Park, darunter eine **Schwefellagune**, **Fumarole** und ein **Miniaturvulkan**. Der gut ausgeschilderte, ebene Weg ist der beliebteste und touristischste von allen Wanderwegen und regelmäßiges Ziel von Tourgruppen, man ist selten allein. Vom Rundweg zweigt ein Pfad zum Sektor Santa Maria des Parks ab (insgesamt 8 km).

Poza Río Blanco (600 m), Cataratas Escondidas (4,3 km), Catarata La Cangreja (5 km)

Jeweils einfache Strecke; die Parkleitung empfiehlt, nicht nach 12 Uhr aufzubrechen.

Der Weg führt am Río Blanco entlang durch den Wald, ein Abstecher zur Poza Río Blanca bietet sich an (links gehen Treppen steil hinab). Man überquert die **Quebrada Escondida**, einen kristallklaren Bach, der sich streckenweise seinen Weg unterirdisch bahnt. Später gabelt sich der Weg, rechts geht es zum **Cataratas Escondida**, links zum 500 m weiter entfernten **Catarata La Cangreja**. Der Weg bietet einige schöne Panoramaaussichten bis zum Pazifik und Bademöglichkeiten.

Der letzte Abschnitt ist eine Kletterpartie, es geht über Wurzeln und Felsen steil hinab zum Wasserfall. Picknick- und Badesachen rausholen! Im Sommer kann der Weg auch per Pferd zurückgelegt werden – der letzte Abschnitt lässt sich aber nur zu Fuß bewältigen.

Krater (8 km)

Einfache Strecke; die Parkleitung empfiehlt, nicht nach 9 Uhr aufzubrechen. Zur Zeit der Recherche war der Krater aufgrund starker Aktivität gesperrt; unbedingt vorher informieren!

Der Aufstieg zum Krater ist die landschaftlich eindrucksvollste und gleichzeitig anstrengendste Wanderung im Park, der Weg ist deshalb weitaus weniger von Touristen überlaufen. Bei sehr windigen und nebligen Wetterverhältnissen ist der Aufstieg gesperrt. Es ist ratsam, früh und in Begleitung von mindestens einer weiteren Person aufzubrechen, da der Aufstieg Kletterpartien umfasst und Wetterumschwünge und Wind am Krater nicht zu unterschätzen sind. Ausreichend Wasser, Sonnenschutz, Schuhe mit Profil und Windjacke mitnehmen!

Der Pfad führt durch Wald hoch zum 1400 m über dem Meeresspiegel gelegenen **Sitio Copelares**. Hier ändert sich die Vegetation schlagartig, statt Baumriesen dominieren nun knorrige, heckenartig miteinander verwachsene Bäume. Rund 2 km vor dem Krater verlässt man das Dickicht, vor einem erstreckt sich eine beeindruckende, vegetationslose Vulkanlandschaft. Es folgen die steilsten und anstrengendsten 2 km zum Kraterrand. Der Weg gabelt sich; der Aufstieg rechts ist um 500 m kürzer, aber steiler. Vorbei geht es an den tiefen Vulkanfurchen, Steinhäufchen weisen den Weg. Eine Gratwanderung führt entlang des Kraterrandes

NORD-GUANACASTE

zum Aussichtspunkt, von wo man bei gutem Wetter Blick auf die **Península de Nicoya** und den großen **Lago Cocibolca** in Nicaragua hat.

Man sollte sich hier maximal 15 Minuten aufhalten, denn dies ist ein aktiver Vulkan und die toxischen Dämpfe können gesundheitsschädigend sein. Südlich des Kraters liegt der **Lago los Jilgueros**.

ÜBERNACHTUNG

5 km hinter Liberia zweigt von der Interamericana die Zufahrtsstraße zum Nationalpark ab. Die meisten der folgenden Unterkünfte liegen entlang der Straße:

Aroma de Campo, rund 2 km nach der Ortschaft Curubande, links hügelaufwärts, ✆ 2294-7100, 🖥 www.aromadecampo.com. An einem Hang gelegenes, kleines familiäres Hotel mit 4 hübschen, geräumigen, unterschiedlich möblierten Zimmern, Mosaikwaschbecken, Frühstück inkl., gemeinsames Abendessen auf der herrlichen Aussichtsterrasse. Naturschwimmbad, auch Campingmöglichkeit; steile, etwas schwierige Auffahrt. In der HS reservieren. ❹

El Sol Verde Lodge & Campground, in der Ortschaft Curubande rechts abbiegen, dem Schild mit der grünen Sonne folgen, rund 200 m weiter liegt die Lodge, ✆ 2665-5357, 🖥 www.elsolverde.com. Gleich vorweg: Dies ist ein Ort für Naturliebhaber, die abends lieber miteinander reden oder ein Brettspiel spielen als fernzusehen oder im Internet zu surfen. Gerard und Ingrid, ein reizendes Paar aus Rotterdam, vermieten 3 liebevoll eingerichtete, einfache Zimmer mit Terrasse und herrlicher Aussicht. Vom Bügel über die Bettwäsche bis hin zum Ventilator ist alles in zartem Grün gehalten. Außerdem 2 entzückende Wohnzelte im Pagodenstil aus Holz und wasserfestem Außenmaterial, innen mit Matratzen ❷. Eine Box mit Küchenutensilien steht Besuchern für $1 pro Tag zur Verfügung. Zelten mit eigenem Zelt kostet $7,50 p. P., Zelt-Urlauber erfreuen sich an der heißen Dusche! Das Frühstück für $7 gibt's mit *happy eggs*, also Eiern von den eigenen Hühnern und selbstgemachter Marmelade. Gäste erhalten ausführliche Infos über

Ausflugsmöglichkeiten in die Umgebung. Herzliches, persönliches Ambiente. Die Lodge arbeitet eng mit der benachbarten Gemeinde zusammen. Keine Kreditkarten! Ein Ort zum Wohlfühlen. ❸

Hacienda Guachipelín, rund 17 km nach der Abzweigung an der Interamericana, ✆ 2690-2900, 🖥 www.guachipelin.com. Die Hacienda, die jedem Nationalparkbesucher $1,50 zur Überquerung ihres Grundstückes abzwackt, ist stark auf Gruppen und Kommerz ausgerichtet. 59 schlichte Zimmer, Pool, Wellnessbereich, Frühstück inkl., großes Restaurant mit Mittags- und Abendbuffet, auch für Nicht-Gäste. Touren im Angebot, auch für Nicht-Gäste. ❺

Hotel Borinquen, von Liberia auf der Interamericana Richtung La Cruz/nicaraguanische Grenze, nach ca. 12 km an der Kreuzung rechts nach Cañas Dulce abbiegen, ab der Ortschaft Cañas Dulce ist das Hotel ausgeschildert, ✆ 2690-1900, 🖥 www.borinquenresort.com. 23 luxuriöse, helle Bungalows, hinter Hecken versteckt, mit stilvollen Landhausmöbeln und großer Veranda; englischer Rasen umgibt die Anlage. Der Renner ist der mit der Natur harmonierende Spa- und Poolbereich mit Thermalquellen und vulkanisch beheizter Sauna. Yogaplattform abgelegen im Wald, Pferderanch; gern von Flitterwöchlern besucht, Touren. Ein Ort zum Entspannen. ❻

Rancho Curabande Lodge, rund 600 m nach der Abzweigung an der Interamericana, ✆ 2665-0375, 🖥 www.rancho-curubande.com. 16 saubere Zimmer mit Gemeinschaftsveranda und AC, außerdem 2 Blockhäuser mit voll ausgestatteter Küche. Frühstück incl. und Abendbrot auf Bestellung, Kinder bis zu 12 Jahren gratis. Leider recht nah an der Hauptstraße zum Vulkan, daher Straßenlärm. ❸, Villa ❺

Rincón de la Vieja Lodge, rund 1 km vor dem Nationalpark, hinter der Schranke der Hacienda Guachepelín, geht es rechts ab, nach 2 km erreicht man die Lodge, ✆ 8708-0238, 2200-0238 🖥 www.hotelrincondelaviejacr.com. Malerisch liegt diese Lodge, von großen Pferdeweiden und einer Lagune umgeben. Besonders empfehlenswert sind die attraktiven, geräumigen, rustikalen Holzferienhäuser mit handgeschnitzten Möbeln

Heiße Quellen und heilender Schlamm

In der Gegend rund um den Nationalpark Rincón de la Vieja werden heiße **Naturbäder** unter freiem Himmel immer beliebter. Sie laden zu Schlammbädern, Schönheitsmasken, heilenden Massagen oder einfach nur zum Relaxen ein. Gute Adressen sind:

Spa Simbiosis, ca. 400 m vor dem Nationalparkeingang, 🖳 www.simbiosis-spa.com. Heiße Thermalquellen im Wald, Massagen beim Flussrauschen, aus Lehmgruben pinseln sich Gäste unter freiem Himmel vulkanischen Schlamm auf die Haut. Schwimmzeug mitnehmen! Eintritt $10 p. P. ⏰ 9–16 Uhr.

Río Negro, ca. 1 km vor dem Eingang zum Nationalpark rechts Richtung Rincón de la Vieja Lodge abbiegen, die Thermalquellen befinden sich 2 km hinter der Lodge auf der rechten Seite; mitten im Wald. Umkleidekabinen, Picknicktische, eine Hängebrücke führt zum anderen Flussufer, abends wild-romantisch mit Fackeln beleuchtet. Eintritt $10 p. P. ⏰ 9–17 Uhr.

und Veranda. Die 30 Standardzimmer sind gefliest und etwas kahl. Ein 400 ha großes Privatreservat mit Wanderwegen und heißen Quellen gehört ebenso zur Lodge wie ein Pool. Kinder unter 10 Jahren gratis. Canopy- und Reittouren. Das Hotel arbeitet mit deutschen Tourveranstaltern zusammen. Frühstück inkl. ❹

TOUREN

Hacienda Guachipelín, 🖳 www.guachipelin.com. Im Angebot sind Canyoning, Abseiling, Reittouren und Tubing.

Sektor Santa María

- **MINAET-Büro:** kein Telefon, 🖳 www.acguanacaste.ac.cr
- **Öffnungszeiten:** Di–So 8–16 Uhr; Ankunft für Camper auch später möglich, die Parkwächter leben im Park
- **Eintritt:** $10 (gilt auch für den Sektor Las Pailas)
- **Gründungsjahr:** 1973
- **Größe:** 14 083 ha (zusammen mit Sektor Las Pailas)

- **Unterkunft:** Schöner Campingplatz auf der Wiese gegenüber dem alten Haziendagebäude, $ 12 p. P., Kinder bis 12 Jahren für $3, Gaskocher mitbringen, Feuermachen ist im Park nicht erlaubt.
- **Transport**
  Auto: Von Liberia kommend: 150 m vor der alten Agonia-Kirche geht es rechts nach San Jorge (19 km) und zum Nationalpark (rund 25 km). Von Bagace kommend: In Guayabo zweigt vor der Tankstelle links ein Schotterweg nach San Jorge ab, von dort sind es weitere 7 km zum Parkbüro. Für beide Anfahrtswege ist Vierradantrieb nötig!
  Busse: Kein öffentlicher Busverkehr von Liberia, Hotel-Minibusse fahren nur den Sektor Las Pailas an. Die Rinconcito Lodge organisiert gegen Bezahlung Transport für ihre Gäste.

Der höchste Vulkan des Parks, der **Volcán Santa María**, liegt verloschen und von Vegetation überwachsen im gleichnamigen Sektor. Bis 1973 befand sich hier eine der größten Haziendas der Region mit Kaffee-, Zuckerrohrplantagen und Viehzucht. Das alte Haziendagebäude beherbergt heute das Parkbüro sowie ein kleines, spärlich ausgestattetes Museum mit alten landwirtschaftlichen Geräten und Fotos vom (unbedeckten!) Rincón de la Vieja-Krater.

Es gibt keinen Wanderweg zum Krater. Kurze Pfade führen zu heißen und kalten Thermalquellen (Baden ist möglich), einem Wasserfall und einem **Aussichtspunkt**, von dem man einen Blick auf Liberia, den Golf von Nicoya und den Golf von Papagayo hat. Ein 8 km langer Wanderweg verbindet die Hazienda mit dem Sektor Las Pailas. Den Sektor Santa Maria besuchen merklich weniger Touristen. Die Chance, Tiere zu sehen, liegt daher erheblich höher.

ÜBERNACHTUNG

Einige Unterkünfte liegen idyllisch in der winzigen Ortschaft San Jorge zwischen den Vulkanen Santa Rosa und Miravalles. Alle Hotels sind einfach-rustikale Unterkünfte, ideal für Naturliebhaber. Anfahrt siehe Sektor Santa Maria.

Finca la Anita, zwischen dem Vulkan Rincón de la Vieja und Miravalles, von San Jorge 24 km nördl. und 14 km nördl. von Agua Claras in Colonia Libertad, ✆ 2466-0228, 🖥 www.laanitarainforestranch.com, Reservierung in Deutschland über Iraya Travel, ✆ 07541-584572. Hier wird Öko-Tourismus groß geschrieben: Die Gäste lernen viel Wissenswertes über Natur und Menschen, und jeder, der die Lodge besucht, praktiziert aktiven Naturschutz. Die Bewohner der Umgebung werden in die Arbeit der Finca mit eingebunden. Gäste können z. B. einen Kochkurs im Haus der einheimischen Joana belegen und bekommen dabei ganz nebenbei einen Eindruck vom Alltag einer Bauernfamilie. Pablo und Ana, die freundlichen Gastgeber, verwöhnen rührend ihre Gäste und informieren über medizinische und tropische Pflanzen, insbesondere über den Anbau von Kakao. Sehr gute Küche, tolle Touren. ❹

Rincón de Gaetano, von der Rinconcito Lodge 300 m in Richtung Aguas Claras, dann links abzweigen (2 km steil den Berg hoch, ausgeschildert), ✆ 8374-9720 (mehrmals probieren, die Verbindung in der Gegend ist sehr schlecht, Reservierung am besten über Internet), 🖥 www.rincondegaetano.com. Anfahrt nur mit 4WD! Versteckte und verwunschen-romantische Herberge abseits des Touristenpfads mit rustikalen, einfachen Holzhütten mit Privatbad, umgeben von Orangenbäumen. Gemeinschaftsküche, *Art-Café*, kleine Bibliothek, Gemeinschaftsrancho mit Hängematten, Frühstück inkl. Die Unterkunft stand zur Zeit der Recherche zum Verkauf. ❸

Rinconcito Lodge, ✆ 2200-0074, 🖥 www.rinconcitolodge.com. Kleiner Familienbetrieb, 18 rustikale, geräumige Häuser mit Holzdecken, Warmwasser und Veranda, wild-romantisches Ambiente, Kühe und Pferde. Ideal für Familien, gutes Preis-Leistungs-Verhältnis. Pferdetouren zum Nationalpark und Vulkan Miravalles, Restaurantservice, gutes Frühstück (extra). Große Lavabrocken umgeben die Lodge. Abendessen, Frühstück inkl., zur Zeit der Recherche befand sich ein Swimming-Pool im Bau, $10 p. P. ❸–❹

Camping Im Nationalpark.

Volcán Miravalles

Der Volcán Miravalles (2028 m) ist der höchste unter den neun Vulkankratern der Cordillera Guanacaste. 1946 stieß er das letzte Mal Rauch aus. Das Gebiet um den Vulkan ist als Schutzgebiet, nicht aber als Nationalpark ausgewiesen, es gibt daher kein MINAET-Büro und keine offiziellen Wanderwege. Private Tourveranstalter bieten jedoch Tagestouren zum Krater an.

Am Fuß des Vulkans verschandeln hässliche Strommasten die idyllische Landschaft. Sie wurden von der **Planta Geotérmica Miravalles** aufgestellt, einem Geothermie-Kraftwerk, das aus Erdwärme Elektrizität erzeugt.

Das **Centro de Actividad Volcánica Las Hornillas** an den Vulkanhängen, 400 m südlich, 2 km östlich der Planta Geotérmica Miravalles, ✆ 2673-0918, 8839-9769, 🖥 www.hornillas.com, ist der einzige Ort, an dem Touristen den Miravalles-Vulkan aktiv (als Fumarole) erleben können. Besucher können sich hier unter freiem Himmel in vulkanischem Schlamm suhlen. Leider wurden in den letzten Jahren Wasserrutschen, Saunen und Wege aus Zement hinzugebaut, das einst natürliche Ambiente hat darunter ziemlich gelitten. Wanderwege führen zu den Wasserfällen der Umgebung. Auch Pferde- und Traktortouren werden angeboten. ⏱ 9–17 Uhr, Eintritt $35 p. P. inkl. Mittagessen.

Thermalquellen findet man in fast allen Hotels (s. Übernachtung), sie werden überwiegend von costa-ricanischen Tagesausflüglern besucht.

Thermomania, ✆ 2673-0233, 🖥 www.thermomania.net, ist ein kleiner Freizeitpark aus Zement mit Wasserrutsche, Sauna und Spa, der auch Unterkunft in einfachen Zimmern anbietet; ⏱ 8–22 Uhr, Eintritt 6000C$ p. P., Kinder bis 10 J. 5000C$. ❹

Die Thermalbäder und Spas am benachbarten Vulkan Rincón de la Vieja haben weniger Beton und mehr Ambiente.

Die Unterkünfte im nahe gelegenen Santa Maria-Sektor des Nationalparks Rincón de La Vieja sind um einiges attraktiver als in der Miravalles-Gegend.

Complejo Aguas Termales Yökö, 500 m hinter dem Hotel El Guayacán, ✆ 2673-0410, 🖥 www. yokotermales.com. Zimmer verschiedener Größe und unterschiedlicher Qualität, umgeben von golfplatzartiger Rasenfläche, mit herrlicher Sicht auf den Vulkan. 4 verschieden temperierte Pools, Thermalbad, Jacuzzi, Wasserrutsche, Wassermassage. Restaurant, auch für Tagesausflügler. Inkl. Frühstück und Eintritt zu den Bädern. ➍

El Guayacán, 4 km von Guayabo Richtung Agua Claras, dann 1 km rechts Richtung Proyecto Geotérmico, ✆ 2673-0349, 🖥 www.termales elguayacan.com. Einfache, saubere Zimmer im typischen Tico-Türkis, 7 kleine Thermalbäder im Vorgarten, viel Zement. Hängebrücke und Aussichtsplattform auf den Vulkan im Hintergarten. Beliebt bei Schulklassen und Gruppen. 10000–18 000C$ p. P.

TRANSPORT

Auto

Von Liberia kommend zweigt in Bagaces links vor der Tankstelle die Straße zum Vulkan Miravalles ab (27 km). Von Guayabo führt eine malerische Schotter-/Lehm-Piste über die Ortschaft San Jorge zum Sektor Santa Maria des Nationalparks Rincón de la Vieja.

Busse

Von Guayabo nach SAN JOSÉ 2x tgl., außerdem mehrmals tgl. Busse nach BAGACES.

Parque Nacional Guanacaste

- **MINAET-Büro:** ✆ 2661-8150, 🖥 www.acguanacaste.ac.cr
- **Öffnungszeiten:** nur für Forscher und Studenten, keine touristische Infrastruktur
- **Eintritt:** $10
- **Gründungsjahr:** 1991
- **Größe:** rund 38 000 ha
- **Unterkunft**
  In jedem Parksektor befindet sich eine Forschungsstation mit einfachen Unterkünften. Anmeldung erforderlich.
  Station Cacao, 4 Schlafräume mit Duschen und Küche.

Station Maritza, 4 Schlafräume mit Duschen, Forschungslabor und Klassenzimmern.
Station Pitilla, 2 große Schlafräume mit Duschen. Forschungslabors. Keine Elektrizität.

- **Transport**
  Anfahrt nur mit eigenem Auto und Vierradantrieb; in der Regenzeit sind die Wege mitunter unpassierbar.
  Sektor Cacao, von Liberia kommend, auf der Interamericana bei Potrerillos nach rechts Richtung Quebrada Grande abzweigen. Von dort sind es 18 km Richtung Norden bis zur Station.
  Sektor Maritza, auf der Interamericana geht gegenüber der Abzweigung nach Cuajinicil eine schlechte Schotterpiste zur Station ab (18 km).
  Sektor Pitilla, erreichbar über die Ortschaft Santa Cecilia. Die Station liegt 9 km entfernt.

Bereits aus weiter Ferne weisen die im Sonnenlicht leuchtenden, erloschenen Vulkankegel **Orosi** (1487 m) und **Cacao** (1659 m) dem Reisenden den Weg zum Nationalpark Guanacaste. Der Park ist jedoch nur wenig auf Tourismus eingestellt und wird hauptsächlich für Forschungszwecke genutzt. Über 300 Vogel- und 1000 Schmetterlings- und Mottenarten leben im Feucht- und Regenwald, der die Vulkane umgibt. Außerdem haben Nasenbär, Faultier, Puma, Jaguar und Tapir hier ihr Zuhause.

Wichtige Flüsse, darunter der 144 km lange **Río Tempisque**, entspringen in der Kratergegend und versorgen das trockene Guanacaste mit vulkanischem Wasser. Im Sektor Maritza bc findet sich das präkolumbische Erbe verschiedener Indianerstämme, eine beeindruckende Kollektion von Hunderten von **Petroglyphen**. Von hier führt ein Wanderweg zum Sektor Cacao, dem Ausgangspunkt für Exkursionen zum Cacao-Krater.

ÜBERNACHTUNG

Von der Interamericana führt vom Polizeiposten in Portrerillos eine erstaunlich asphaltierte Straße in Richtung Quebrada Grande.
Blue River Resort Hotel, von der Abzweigung an der Interamericana Richtung Dos Ríos, von

dort ausgeschildert, ☎ 2206-5000, 🖳 www. blueriverresorthotel.com. Neue große Anlage mit 25 Zimmern. Die edel-rustikalen, geräumigen Holzferienhäuser mit Terrasse sind umgeben von Thermalbädern, die das warme Wasser aus dem Río Celeste beziehen. Außerdem Schmetterlingsgarten, botanischer Garten, Trockensauna, Fitnessraum und Spa. Frühstück inkl., Thermalquellen und Spa sind auch für Nicht-Gäste geöffnet ($25, Kinder $10). ❻

Hotel de Montaña Zelandia, 14 km von der Interamericana Richtung Quebrada Grande, ☎ 2691-8177, Cartago ☎ 2573-4746, 🖳 www. curubanda.com. Ferien auf dem Bauernhof mit Melken und Tierefüttern bietet diese Familienfinca mit Gemüseanbau und Viehzucht. Die Lodge arbeitet in der Wiederaufforstung mit dem Nationalpark Santa Rosa zusammen. Große, einfache Zimmer mit Privatbad und ein romantisch-rustikales, 2-stöckiges Haus, unten Kamin-, oben Schlafzimmer mit Badewanne, große Veranda, Kerzen. Gemeinsames Essen mit der Familie, Reittouren zu beiden Vulkanen. Frühstück inkl. ❹

Parque Nacional Santa Rosa

Der Nationalpark Santa Rosa hat mit drastischen Wasserproblemen zu kämpfen und musste deshalb bereits mehrmals schließen.

Sektor Santa Rosa

- **MINAET-Büro:** ☎ 2666-5051
- **Öffnungszeiten:** 8–16 Uhr
- **Eintritt:** $10, Surfer $15
- **Gründungsjahr:** 1971
- **Größe:** 38 800 ha
- **Unterkunft und Verpflegung**
  Camping: an der Playa Naranjo, mit Picknicktischen und Kochgelegenheit, $2 p. P. Es gibt kein Trinkwasser! Kochen nur mit Kohle oder Gas erlaubt. Wasser, Kohle und Kochausrüstung mitbringen. Nicht unter großen Bäumen zelten (Überflutungsgefahr); die Ostseite des Campingplatzes ist trockener. Proviant im Auto deponieren oder an Bäume hängen – viele Urlauber müssen vorzeitig zurückkehren, weil Wasch-

bären ihren Proviant aufgefressen hatten. Mückenschutz mitnehmen.

Cabinas: 7 km vom Parkeingang. Sehr einfache Zimmer für 8 Pers. in Stockbetten mit sauberen Gemeinschaftsbädern, Verpflegung möglich, Voranmeldung erforderlich, $15 p. P.

- **Transport**
  Auto: An der Interamericana, 10 km hinter Potrerillos, liegt auf der linken Seite der Nationalparkeingang. Von hier sind es 7 km zum Museum und 20 km zur Playa Naranjo.
  Busse: Der Bus aus Liberia (Richtung Peñas Blancas) hält an der Interamericana am Nationalparkeingang. Die Entfernungen zu den Parkattraktionen sind sehr groß. In der Hauptsaison ergattert man morgens leicht eine Mitfahrgelegenheit.
- **Sicherheitshinweise:** Keine Zigaretten und Feuer im Park. Mit Schrittgeschwindigkeit fahren. Vorsicht vor gefährlichen Strömungen und Krokodilen in Flussmündungen.

Der Park war einst Schauplatz der bedeutendsten Schlacht in der Geschichte Costa Ricas. Hier versteckte sich 1856 in der Hazienda **La Casona** William Walker mit Soldaten und wurde vom costa-ricanischen Heer blitzartig in die Flucht geschlagen (s. Kasten S. 234). Heute beherbergt die Hazienda ein Museum mit einigen antiken Möbeln, alten landwirtschaftlichen Geräten sowie Informationstafeln zur Schlacht. 2001 fiel das geschichtsträchtige Gebäude dem Racheakt zweier Holzfäller zum Opfer und brannte bis auf die Fundamente ab. Die Brandstifter wurden zu 20 Jahren Gefängnis verurteilt, das Gebäude konnte mittels landesweiter Spendenaktionen wieder aufgebaut werden.

Verschiedene Wanderwege führen durch die sehr unterschiedlichen Terrains des Parks, unter anderem an der Küste entlang, durch Mangrovenwälder oder durch tropischen Trockenwald (Kasten S. 297).

Die Mehrzahl der Tiere, die Klammer-, Brüllund Kapuzineraffen, Ameisen- und Nasenbären, halten sich in der Trockenzeit an den Wasserlöchern um den Los Patos-Weg auf. Am Parkeingang gibt es Wanderkarten.

Am Ende der 20 km langen, knochenbrecherischen Piste zum Strand Playa Naranjo liegt einer der besten und am schwersten zugänglichen Surf-Spots des Landes, der **Roca Bruja**, der „Hexenfelsen". In der Regenzeit, wenn die Strecke für Autos nicht passierbar ist, die Wellen aber große Tunnel schlagen, legen passionierte Surfer den Weg zu Fuß zurück und schleppen Surfbrett, Campingausrüstung, Grillkohle und Proviant huckepack (s. a. Boote nach Roca Bruja, S. 242). 4 km weiter in Richtung Nordosten erreicht man den weißen Sandstrand **Playa Nancite**, an dem in der Regenzeit Tausende von Bastardschildkröten ihre Eier ablegen. Zugang zum Strand haben ausschließlich Wissenschaftler; Besucher benötigen eine Sondergenehmigung von der Parkverwaltung.

Sektor Murciélago

- **MINAET-Büro:** Kein Telefon, nur Funkverbindung; Information zur Straßenbeschaffenheit und Anmeldung für das Zelten auf der Isla Murciélago sowie über den Sektor Santa Rosa
- **Öffnungszeiten:** 7–18 Uhr; die Parkwächter wohnen im Park
- **Eintritt:** $10, Taucher $15
- **Gründungsjahr:** 1971
- **Größe:** s. Sektor Santa Rosa, S. 230
- **Unterkunft**
  Camping: am Parkeingang (Picknicktische, Kochgelegenheit, Trinkwasser, Duschen) $2 p. P. oder auf der Isla Murciélago (nur mit Voranmeldung beim Sektor Santa Rosa). Es gibt kein Trinkwasser auf der Insel!
- **Transport**
  Auto: Von der Interamericana 20 km nördlich vom Eingang zum Sektor Santa Rosa links auf die Straße nach Cuajiniquil abbiegen. In Cuajiniquil führt von der Bar La Casona links ein Schotterweg in den Wald. Bei der

nächsten Gabelung geht es rechts zur Playa Cuajiniquil, links führt der Weg an Schule und Polizeistation vorbei zum Nationalpark (9 km). Von nun an immer rechts halten. Die Parkzufahrt überquert drei Flüsse, ein Parkbesuch ist daher nur in der Trockenzeit und mit Vierradantrieb ratsam.
Busse: Busse fahren von Liberia nach Cuajiniquil. Es fährt kein Bus zum Park. Von Cuajiniquil sind es 9 km Fußmarsch zum Nationalparkeingang und weitere 17 km zur Playa Naranjo.

Die Hauptattraktion des Murciélago-Sektors ist die **Playa Blanca**, am äußersten Zipfel der Halbinsel Santa Elena gelegen und einer der schönsten und abgeschiedensten Strände Costa Ricas. Die Mehrheit der Besucher legt die vom Parkeingang 17 km lange und schwierige Piste per Geländewagen oder Mountainbike zurück. Der **Mirador Los Pargos** (9,6 km vom Parkeingang) bietet eine herrliche Sicht auf die Bucht Santa Elena.

In der **Poza El General** (400 m vom Parkeingang) soll einst der nicaraguanische General Somoza mit seinem Harem gebadet haben. Sein Heimatland liegt nur 30 km nördlich von hier.

Zu Zeiten des nicaraguanischen Bürgerkrieges (1981–1990) befand sich im Murciélago-Sektor ein Trainingslager für die Contras, die von den USA gestützten Konterrevolutionäre. Kurz vor dem Nationalparkeingang sieht man noch die Reste der inzwischen von Gras überwachsenen, **geheimen Landebahn**, die unter der Reagan-Regierung gebaut wurde und mit der die USA Costa Ricas Neutralität im Konflikt verletzten. Dem Nationalpark vorgelagert liegt die große **Isla Murciélago**, ein beliebtes Ziel von Tauchgesellschaften. Die Insel selbst ist vom Tourismus nur wenig berührt, Camping jedoch ist nach Voranmeldung möglich. Fischerboote fahren von Cuajiniquil zur Insel.

Cuajiniquil

Cuajiniquil ist ein kleines, idyllisch gelegenes, armes Fischerdorf, das – davon bekommt der Durchreisende, wenn überhaupt, nur wenig mit – von Prostitution und Drogen nicht verschont geblieben ist. Tourismus ist hier, trotz der benachbarten Nationalparks, nur wenig entwickelt. Die zwei einzigen Unterkünfte befinden sich 1,5 km außerhalb des Zentrums, in Richtung Fischerhafen.

Cabinas el Manglar, ✆ 2679-1092, ⌨ www. ecoarca-hardfishing.it. Einfache, saubere, rustikale Zimmer, teils mit Privatbad, teils mit Stockbetten; von Italienern geleitet, Küchenbenutzung erlaubt, im 2. Stock mit Sicht auf Mangroven. In der Weihnachtszeit und zur Semana Santa unbedingt reservieren. Ohne Bad ❷, mit Bad ❸

Santa Elena Lodge, ✆ 2679-1038, ✉ santa elenahotel@gmail.com. 8 Zimmer für 2–6 Pers. mit großen modernen Bädern in einer attraktiven Holzlodge vom freundlichen Manuel. Ohne den Teppichboden wär's noch schöner! Inkl. Frühstück. ❹

Bar und Restaurant Arrecife, an der Straße Richtung Muelle, neben dem Supercompro. Wem die schnulzige Latinomusik nichts ausmacht, auf den warten hier günstiger, lecker zubereiteter frischer Fisch, Meeresfrüchte und großzügige Salatportionen. ☉ Di–So 10–21 Uhr.

Marisquería El Paraíso, 400 m westl. vom Supercompro, neben den Cabinas Manglar, mit herrlicher Sicht auf die Mangroven. Ceviche, Meeresfrüchte und andere Fischgerichte bei der freundlichen Flor Spinoza.

Supermarkt

Supercompro, an der Straße Richtung Muelle, gut sortiert. ☉ Mo–So 8–20 Uhr.

Touren

Fischer am Hafen bieten Touren zur **Isla Murciélago** an. Es gibt keine organisierten Touren, man muss den Preis selbst aushandeln.

Busse nach LIBERIA fahren 2x tgl. um 7 und 16 Uhr vom Supermarkt Supercompro, nach LA CRUZ 2x tgl. morgens und mittags.

Refugio Nacional de Fauna Silvestre Bahía Junquillal

- **MINAET-Büro:** ✆ 2679-1088, ⌨ www.acguanacaste.ac.cr
- **Öffnungszeiten:** 8–16 Uhr, Camper können auch außerhalb der Öffnungszeiten eintreffen, die Parkwächter wohnen auf dem Gelände.
- **Eintritt:** $10
- **Gründungsjahr:** 1988
- **Größe:** 505 ha
- **Unterkunft**
  Camping für $2; Kochen nur mit Kohle und Gas erlaubt.
- **Transport**
  Auto: Von der Interamericana biegt 20 km nördlich vom Eingang zum Nationalpark Santa Rosa links die Straße nach Cuajiniquil ab. Am Ort vorbeifahren und der Hauptstraße Richtung „Muelle" (Hafen) folgen; nach rund 1,5 km führt rechts, gegenüber vom Supercompro, ein Schotterweg zur Bahía Junquillal (4 km) und zur Bahía Salina (21 km). Nach schweren Regenfällen ist die Piste allerdings häufig nicht befahrbar und mitunter ist die Brücke auf dem Weg zur Bahía Salina nicht mehr intakt. Unbedingt vorher nachfragen!
  Busse: Von Liberia nach Cuajiniquil, den Rest zu Fuß.

Das Refugio Nacional de Fauna Silvestre Bahía Junquillal ist ein beliebtes Ausflugsziel costa-ricanischer Familien. Sie schlagen ihre Zelte an der 2 km langen, ruhigen und sicheren **Schwimmbucht** auf, von der man einen herrlichen Blick auf die Sonnenuntergänge über dem Muñecos-Inselarchipel hat. Die Hauptbesuchszeit um Weihnachten und Ostern sollte man möglichst meiden, dann tummeln sich mitunter um die hundert Personen in der Reserva.

Wer von hier mit dem Auto Richtung Bahía Salinas fahren will, sollte sich unbedingt nach dem Zustand der Piste erkundigen (s. o.). Als Alternativroute bietet sich die Weiterfahrt auf der Interamericana über die Ortschaft Santa Cruz an.

Von der Bahía Salinas Richtung Nicaragua

Bahía Salinas

Die kleinen Inseln, schroffen Felsen und der schier endlose Flickenteppich von Grün, der die friedliche Bahía Salinas in der Regenzeit umgibt, erinnern an die Ursprünglichkeit und raue Schönheit des schottischen Hochlands. Wind, Weite und Ruhe findet man hier an der äußersten Nordpazifikküste, nur 28 km von Nicaragua entfernt – und noch relativ wenige Touristen. Die wehen erst ab November mit den Passatwinden ein, zu Beginn der Kitesurf-Saison.

Die von der Karibik herbeiziehenden Winde sind auch Ursache des sogenannten Papagayo Upwellings, das man in Mittelamerika nur am Isthmus von Tehuántepec (Südmexiko) und in der Panamabucht beobachtet. Die oberste Wasserschicht wird dabei landeinwärts geweht, kälteres Wasser steigt aus der Tiefe nach und bringt Meeresorganismen mit an die Oberfläche. Die Bucht ist daher sehr fischreich und lockt viele Meeresvögel an. Auf der größten Insel, **Isla Bolaños**, nisten braune Pelikane, amerikanische Austernfischer und Fregattvögel. Vom Fischerhafen Puerto Soley kann man sich dem Vogelschutzgebiet mit Booten nähern, der Zutritt zum Eiland ist jedoch nur mit Parkgenehmigung gestattet.

Leider wird auch die Salinas-Bucht bald ihr friedliches Gesicht verändern, 2014 soll hier der größte Hotelkomplex Mittelamerikas entstehen.

In der Regenzeit ist die Piste Richtung Refugio Nacional de Fauna Silvestre Bahía Junquillal oft nicht befahrbar, Autofahrer sollten sich unbedingt vorher über den Zustand der Strecke informieren und ggf. den Umweg über die Interamericana und die kleine Ortschaft Cuajiniquil zur Schwimmbucht nehmen.

Strände

Die weißen Sandstrände **Playa Rajada** und **Rajadita** eignen sich gut zum Schwimmen. Von hier erlebt man berauschende Sonnenuntergänge, von der **Playa Pochote** und **Puerto Soley** paradiesische Sonnenaufgänge. **Playa Manzanillo** mit der vorgelagerten Isla Dispensa ist ein beliebtes Schnorchelrevier, die steinigeren **Playa Copal** und **Papaturra** locken viele Kitesurfer an.

ÜBERNACHTUNG

Hotel Ecoplaya, Playa Coyotera, ☎ 2676-1010, 🖥 www.ecoplaya.com. 18 Zimmer und 26 helle, dicht nebeneinanderstehende Bungalows verschiedener Größe; geflieste Zimmer mit Badewanne, Mini-Kitchenette, Kühlschrank, AC, Deckenventilator. Blick auf die Isla Bolaño, 3 Pools, Kitesurf-Touren, riesiges palmenbedecktes Restaurant mit sehr begrenzten Öffnungszeiten. Leider ist die Anlage sehr heruntergekommen und schlecht gepflegt. ❺

Kitehouse, Playa Copal, ☎ 2676-1045, 🖥 www.kiteboardingcostarica.com. Dorm $15 p. P., mit Kochmöglichkeit. ❸

Blue Dream Hotel, Playa Papaturro, ☎ 2676-1042, 🖥 www.bluedreamhotel.com. Überwiegend Kitesurfer übernachten hier, beim Kitesurfer Nicolas. Schöne moderne Holzferienhäuser oder Bungalows aus Stein. Hübsche Sicht auf die Bucht. Einzelreisende können sich ein Haus teilen. Das Restaurant Mediterraneo bietet in der Hochsaison Mittelmeerküche auch für Nicht-Gäste. ❸

Restaurante Copal, Playa Copal. Besitzer wechselt von Saison zu Saison.

SONSTIGES

Kitesurfing

Blue Dream Kitesurfing 2000 School, Playa Papaturro, 🖥 www.bluedreamhotel.com. Kitesurfingkurse für Anfänger und Fortgeschrittene und Kiteboardverleih.

Kitehouse, Playa Copal, 🖥 www.kiteboarding costarica.com. Kurse und Kiteboardverleih.

Supermarkt

Minisuper in El Jobo.

TRANSPORT

Von der kleinen Ortschaft El Jobo sind es 17 km Schotterpiste bis La Cruz.

Busse von El Jobo nach LA CRUZ verkehren 5x tgl., 1 Std.

William Walker

© JULIA REICHARDT

William Walker. Patriotismus und Stolz erweckt dieser Name in Mittelamerikanern. Denn was für Südamerikaner die Befreiungskriege gegen die Kolonialmächte waren, stellt für diese Staaten, die nie einen Unabhängigkeitskrieg gegen Spanien führten, die gemeinsame Schlacht gegen William Walker dar. Der Anwalt und Arzt aus Nashville, Tennessee, machte sich 1855 den Bürgerkrieg zwischen liberalem und konservativem Lager in Nicaragua zunutze. An der Seite der Liberalen schlug er das nicaraguanische Nationalheer, nahm darauf die Hauptstadt Granada ein und setzte eine Marionettenregierung ein.

Dann erst verkündete er sein eigentliches Ziel: Mittelamerika wollte er in eine Union von Sklavenhalter-Staaten umwandeln, unter weißer, angelsächsischer Herrschaft. Für die Plantagenbesitzer und Kapitalisten seiner Heimat war dies ein Grund, in den jungen Expansionisten und damit in ihre eigene Zukunft zu investieren. Einer der größten Förderer Walkers war **Cornelius Vanderbildt**, Gründer des nordamerikanischen Dampfschiff- und Eisenbahnimperiums Accessory Transit Company. Er hoffte, mit Walker an der Macht, in Nicaragua eine Bahnstrecke zwischen Pazifik und Atlantik bauen zu können, und gewährte deshalb Hunderten von Walkers Söldnern freie Überfahrt auf seinen Schiffen nach Nicaragua. Als Walker die Baurechte einem Rivalen zusprach, wechselte Vanderbildt die Seiten und unterstützte von da an das mittelamerikanische Heer.

1856 marschierten Walkers Truppen in Costa Rica ein, ihr Aufenthalt war jedoch von kurzer Dauer. In lediglich einer Viertelstunde wurden sie bei Santa Rosa (S. 230) vom costa-ricanischen Heer mit Sicheln und Harken in die Flucht geschlagen. Die Ticos folgten Walker nach Nicaragua, wo sie bei Rivas noch einmal auftrumpften. Hier warf am 11. April 1856 der 19-jährige **Juan Santamaría** aus Alajuela eine Fackel in die Hütte, in der sich Walkers Heer verschanzte. Juan kam dabei in den Flammen um. Er zählt heute zu den wichtigsten Nationalhelden Costa Ricas. Ihm zu Ehren errichtete man ein Denkmal in San Josés Parque Nacional. Auch Walkers Heer erlitt schwere Verluste, der Anführer selbst aber entkam. Inzwischen hatte sich eine Koalition aus guatemaltekischen, salvadorianischen, costa-ricanischen und panamesischen Truppen gebildet, sogar Liberale und Konservative in Nicaragua legten ihre Kontroversen kurzzeitig bei und schlossen sich dem Bündnis gegen den gemeinsamen Feind an. Der schaffte es noch, sich zum Präsidenten von Nicaragua zu ernennen, bevor er am 1. Mai 1857 kapitulierte und zurück in sein Heimatland verschifft wurde. Drei Jahre später wurde Walkers Filibusterei ein Ende gesetzt, als er, 33-jährig, während eines Aufenthalts in Honduras von der honduranischen Armee erschossen wurde.

La Cruz

La Cruz ist die letzte nennenswerte Ortschaft vor der 22 km entfernten Grenze nach Nicaragua. Aufgrund der Grenznähe genießen die Einwohner von La Cruz das Privileg, ohne Pass nach Nicaragua kommen und sich zwei Tage im Nachbarland aufhalten zu dürfen. Für sie entfällt auch die für Costa Ricaner üblicherweise erhobene Visagebühr von $25. Auch Europäer zahlen keine Visagebühr für Aufenthalte von bis zu drei Monaten.

Der kleine unspektakuläre Ort hat einige günstige Unterkünfte und bietet sich als Ausgangsbasis für Ausflüge an die nahe **Bahía Salinas** an. Wer auf der Durchfahrt ist, sollte den Panoramablick auf die Bucht an der Ortsausfahrt nicht versäumen.

Cabinas Santa Rita, vor dem Gericht, ☎ 2679-9062. Bei der freundlichen Doña Rosa Amelia. Ältere, saubere, sehr einfache Cabinas verschiedener Größe, teils mit Privatbad und AC. Die Cabinas mit Gemeinschaftsbad sind sehr spartanisch, kein Internet. ❷ – ❸

Hotel Bellavista, am Ortseingang Richtung Bahía Salinas, ☎ 2679-8060. 2-stöckiges, blau-gelbes Haus mit Pool. Oben kahle Zimmer mit Gemeinschaftsbad (Bad nicht sehr sauber), unten Zimmer mit Privatbad. Beliebt bei Backpackern. $20 p. P. mit Privatbad, $12 im Dormitorio.

Hotel La Mirada, 300 m östl. vom Park, Richtung Interamericana, ☎ 2679-9702 und 8855 6678. Top Unterkunft mit 12 modernen, sauberen Zimmern, teils mit AC. Privatparkplatz, kein Frühstück. ❷, mit Klimaanlage ❸

Restaurante Luna & Sol, 100 m nordl. und 50 m östl. der Banco Popular, ☎ 2679-8323. Freundliche und sehr typische Dorfkneipe mit einer großen, ansprechenden Speisekarte mit günstigen Preisen. ⏰ 10.30–22 Uhr (mit warmer Küche bis zum Schluss).

Apotheke
Farmacia La Cruz, 125 m nördl. vom Park, ⏰ Mo–Sa 7–20, So 9–16 Uhr.

Geld
Banco Popular, 100 m östl. vom Park, ⏰ Mo–Fr 8.45–15, Sa 8.15–12 Uhr.
Banco Nacional, an der Zufahrt zur Interamericana, ⏰ Mo–Fr 8.30–15.45 Uhr.
Beide Banken haben Kreditkartenautomaten.

Internet
An der Nordseite des Parks, Fax und Internet, ⏰ 8–20 Uhr.

Medizinische Hilfe
Clínica de Santa Cruz, an der Interamericana gegenüber der Banco Nacional, ☎ 2679-9116. ⏰ Mo–Do 7–16, Fr 7–15 Uhr.
Rotes Kreuz, 200 m östl. vom Park.

Post
Gegenüber dem Taxistand am Park. ⏰ Mo–Fr 8–12, 13–17.30 Uhr.

Supermarkt
Supercompro, am Park, ⏰ 8–21 Uhr.

Tankstelle
An der Ausfahrt zur Interamericana, gegenüber der Banco Nacional.

Taxis
Am Park (Tarife: Playa Copal 12000C$, Ecoplaya 15000C$, Peñas Blancas 18000C$)

Busse fahren nach:
EL JOBO / BAHÍA SALINA, 3x tgl. 6–17 Uhr, 1 Std.;
SAN JOSÉ (über CAÑAS), 10x tgl. 4.20–18 Uhr.
LIBERIA, alle 45 Min. 5–19 Uhr;
PEÑAS BLANCAS (Grenze nach Nicaragua), ca. alle 45 Min.

Peñas Blancas / Grenze nach Nicaragua

Peñas Blancas ist der wichtigste und meistgenutzte **Grenzübergang** nach Nicaragua. Bereits etliche Kilometer vor der Grenze führt die costa-

Der schnellste Weg

Der schnellste Weg **von San José nach Nicaragua** ist, den Direktbus nach Peñas Blancas zu nehmen, von dort zu Fuß die Grenze zu überqueren und auf nicaraguanischem Boden in den Bus nach Rivas zu steigen (s. Transport). Auf diese Weise erspart man sich die lange Wartezeit, die eine Fahrt im Tica-/Nicabus kostet. Denn der fährt erst dann weiter, wenn jeder Passagier die Pass- und Gepäckkontrolle durchlaufen hat (und der Busfahrer sein mehrgängiges Menü verspeist hat).

Gleiches gilt aber **nicht** für die Route **Nicaragua–San José**. In diese Richtung fahren weniger Busse. Lange Warteschlangen sind nicht ungewöhnlich, oft muss man ein bis zwei Busse abwarten, um einen Sitzplatz zu ergattern. Häufig sind dies keine Direktbusse, das heißt es werden sämtliche guanacatekischen Kuhdörfer abgeklappert, bevor der Bus in der Hauptstadt eintrifft. Die Tica-/Nicabusse sind daher auf dieser Strecke trotz langwieriger Pass- und Gepäckkontrollen schneller. Wer sich dennoch für die erste Variante entscheidet, sollte früh aufbrechen, nach der allgemein in den Tropen gültigen Faustregel: Je jünger der Tag, desto besser die Busverbindung!

ricanische Polizei Passkontrollen durch, um den starken Zustrom an illegal eingereisten Nicaraguanern einzudämmen. Busse werden regelmäßig angehalten, den Pass sollte man stets griffbereit haben. Zur Weihnachts- und Osterzeit herrscht in Peñas Blancas Hochbetrieb, dann kehren die Nicaraguaner, die im Besitz von Pass und Visum sind, hier für die Zeit der Feiertage in ihre Heimat zurück; der Rest umgeht die Grenze und überquert heimlich in einer Lancha den Grenzfluss Río San Juan (S. 437).

Peñas Blancas gibt dem Reisenden einen Vorgeschmack auf das wesentlich ärmere und chaotischere, dafür oft lebendigere und authentischere Nicaragua, das hinter dem Gitterzaun liegt. Der lang gezogene Grenzbereich ist lukrativer Arbeitsplatz für filzige Schuhputzerjungen, die mit vom Leimschnüffeln gezeichneten Gesichtern täglich in klapprigen Bussen anrollen und ihr Bänkchen zwischen ausgelutschten Orangenschalen aufstellen.

„Freeesco, Freeesco", rufen beleibte, weiß beschürzte Frauen und jonglieren dabei geschickt das in Plastiktüten abgefüllte Getränk zwischen ihren Fingern. Mumienhaft, in farbenfrohe Hängematten eingewickelt, torkeln Händler durch die Duftschwaden frittierter Plátanos, die aus den improvisierten Küchen am Straßenrand herüberziehen. Bienvenido en Nicaragua!

TRANSPORT

Busse nach RIVAS alle 30 Min. Rivas ist ein wichtiger Verkehrsknotenpunkt im Süden von Nicaragua. Von hier fahren Busse nach Granada, Managua und San Juan del Sur. Colectivos und Taxis fahren zum Fähranleger zur Isla de Ometepe (s. a. Regionalkapitel Süd-Nicaragua, S. 413).

SONSTIGES

Autovermietung
Budget, ℰ (505) 8645-4050,
🖳 www.budget.com.ni.

Geld

Die Bank an der Grenze tauscht ausschließlich Dollars und Euro.
Bei den Geldwechslern können Colones und Córdoba zu einem schlechten Kurs umgewechselt werden. Der Geldautomat akzeptiert nur Visa und Master Card und gibt nur Córdoba aus.

Nach Nicaragua

Grenzübergang Nicaragua, ⏲ 6–22 Uhr, $6 Grenzgebühren.

Süd-Guanacaste und die Nicoya-Halbinsel

Stefan Loose Traveltipps

Refugio de Fauna Silvestre Ostional
Tausende Schildkröten steigen zur Eiablage
bei Mondschein aus den Fluten. S. 256

Santa Cruz Unblutige Stierkämpfe und
staubige Dorf-Rodeos mit Sabaneros. S. 258

Parque Nacional Barra Honda Unterirdische
Grotten und bizarre Skulpturen aus Kalkstein.
S. 264

6 **Sámara und Montezuma** Strandpartys,
Badebuchten und Küstenstraßen mit
Panoramablick. S. 271 und 285

Playa Pelada / Reserva Biológica Nosara
Die schnellste Bewegung in der Pflanzenwelt, dickbäuchige Bäume als Wasser-
speicher und eine Termite als Kostprobe.
S. 266

Golfo de Nicoya Robinson Crusoe-Feeling
bei einer Kajaktour von Insel zu Insel.
S. 280

Isla Cabuya Wanderung bei Ebbe zu den
Grabhügeln aus Muscheln und Palmwedeln.
S. 289

SÜD-GUANACASTE UND DIE NICOYA-HALBINSEL

Nacascolo
Pto. Culebra
Hda. La Culebra
B. Prieta
Bahía Culebra
Playa Hermosa
Playa Panamá
Playa del Coco
Panamá
Comunidad
Playa Ocotal
El Coco
Artola
Sardinal
Palmira
ISLA BRUMEL
Zapotal
Nuevo Colón
San Blas
ISLA SANTA CATALINA
Playa Pan de Azucar
ISLA CHOCOYAS
Playa Penca
Potrero
ISLA PLATA
Playa Flamingo
Co. Guachipelín
Filadelfia
Playa Brasilito
Tempate
Los Planes
Belén
Guinea
Playa Conchal
Brasilito
Pto. Viejo
Catagena
Corallilo
Playa Real
Huacas
Velas
Finca Rosita
Coyolito
Río Cañas
Ortega
Cabo Velas
Matapalo
Salinas
Lomas
PARQUE NACIONAL MARINO LAS BAULAS DE GUANACASTE
Bahía Tamarindo
VillaReal
Hatillo
Talolinga
Santa Bárbara
Hda. Palo Verde
Playa Grande
Playa Tamarindo
Calmitó
San Pedro
San Vicente
San Lázaro
Hda. Taboga
PARQUE NACIONAL PALO VERDE
Tamarindo
Canafistula
Lagunilla
Pto. Humo
Playa Langosta
Hernández
Soncoyo
Buenos Aires
Cabalito
S. José Pinilla
Icacal
27 de Abril
Santa Cruz
Chira
Puente de la Amistad
Playa Avellana
Río Seco
San Juan
Nambi
Tamarindo
Corralillo
Pargos
Paraíso
Co. Esperanza
Juan Díaz
San Antonio
PARQUE NACIONAL BARRA HONDA
Queb. Honda
Copal
Playa Junquillal
Junquillal
Venado
Florida
Vista Mar
Esperanza
Nicoya
Pueblo Viejo
Nacaome
Playa Lagarto
Lagarto
Sonzapotal
Curime
La Mansión
Boca Letras
Montero
Playa Manzanillo
Marbella
Co. Vista al Mar
Lajas
Hojancha
Guastomal
Limonar
Playa Coco
ISLA BERRUGATE
Veracruz
Cuajiniquil
Guastomal
Virginia
Caimital
Las Huacas
Santa Rita
San Pablo
Playa Azul
San Juanillo
Limonal
Pilas Blancas
Huacas
Zapotal
Pavones
REFUGIO NACIONAL DE VIDA SILVESTRE OSTIONAL
Rayo
Ostional
Cuesta Grande
Río de Oro
Carmona
Playa Ostional
Playa Nosara
Nosara
San Miguel
Cerro Azul
Canjel
Playa Pelada
Esperanza Sur
San Ramón
Altos del Socorro
Playa Guiones
Délicias
Tercopelo
Garza
Panamá
Buenavista
San Pedro
Queb Grande
Jabilla
Pta. Guiones
Boca Garza
Barco Quebrado
Sámara
Refugio Werner Sauter
Estrada
Hda. Camaronal
Islita
Bejuco
Millal
Zapote
Mango
Pto. Carillo
Q. Seca
Pueblo Nuevo
Jabilla
Playa Sámara
Playa Carillo
Playa Camaronal
San Francisco de Coyote
Pto. Coyote
Playa Bejuco
Playa San Miguel
Playa Coyote
Caletas
Playa Caletas
Playa Bongo
Bajos de Ario
Playa Manzanillo
Playa Ario
Playa Santa Teresa

Liberia
Salto
Bagaces
Tomo
San Bernardo
Montano
Reserva Biológica Lomas Barbudal
GUANACASTE
Hda. Tamarindo
Bebedero
Cañas
Hda. Palo Verde
L. Mata Redonda
Buenos Aires

Pazifischer Ozean

Península de

Am Pazifik nach Süden

Playa del Coco

In Playa de Coco tobt Costa Ricas Ballermann. Das rege Nachtleben des einst kleinen Fischerorts zieht vor allem amerikanische Sportfischer und Einheimische an. Playa de Coco ist nur ein Beispiel für die unkontrollierte Tourismusentwicklung an Costa Ricas Pazifikküste. Aus Profitgier wurden auf den umliegenden Hügeln, mitunter illegal, große Eigentumswohnungskomplexe, Hotelanlagen und Golfplätze gebaut, der tropische Trockenwald musste weichen. Einige Bauherrn sitzen nun buchstäblich auf dem Trockenen. Denn sechs Monate lang fällt in dieser ariden Zone oft kein einziger Tropfen Regen. Ein Aquädukt soll nun das kostbare Nass aus der kleinen Tico-Ortschaft Sardenal nach Playa de Coco leiten. Sardenals Einwohner aber weigern sich. Viele von ihnen mussten bereits wegen der rapide ansteigenden Mietpreise vom Strand ins Landesinnere ziehen, das Wasser lassen sie sich nicht auch noch nehmen. Manch einem Bauherrn bleibt daher nichts anderes übrig, als das Wasser kostenaufwendig per Lastwagen heranzutransportieren.

ÜBERNACHTUNG

Bed and Breakfast Laura's House, 250 m östl. der Bar Lizard Lounge, ☎ 2670-0751, 8819-3552, 🖥 www.laurashousecr.com. 6 moderne Zimmer, teils mit AC und TV, Pool, Café, freundliche Tica-Leitung. **4**

Cabinas Catarino, an der Hauptstraße, 200 m vom Strand, ☎ 2670-0156. Die freundliche Ana-Isabel hat ihre Cabinas mit/ohne AC komplett neu renoviert. Große Zimmer mit Privatbad für 1–3 Pers., an Wochenenden Discolärm. $25 p. P.

Cabinas Sol y Mar, 200 m südl. der Banco Nacional, ☎ 2670-1111, 🖥 www.cabinas olymar.com. 6 saubere, nüchterne Cabinas für 2–8 Pers. mit Pool, AC, TV, Kochgelegenheit. **5**

Don Carlos, neben der Kirche, ☎ 8887-3192. 10 attraktive, rustikale Cabinas, teilweise mit Gemeinschaftsbad. Gemeinschaftsküche und -terrasse mit Korbstühlen und Sofa. Beim freundlichen Juan Carlos. **3**

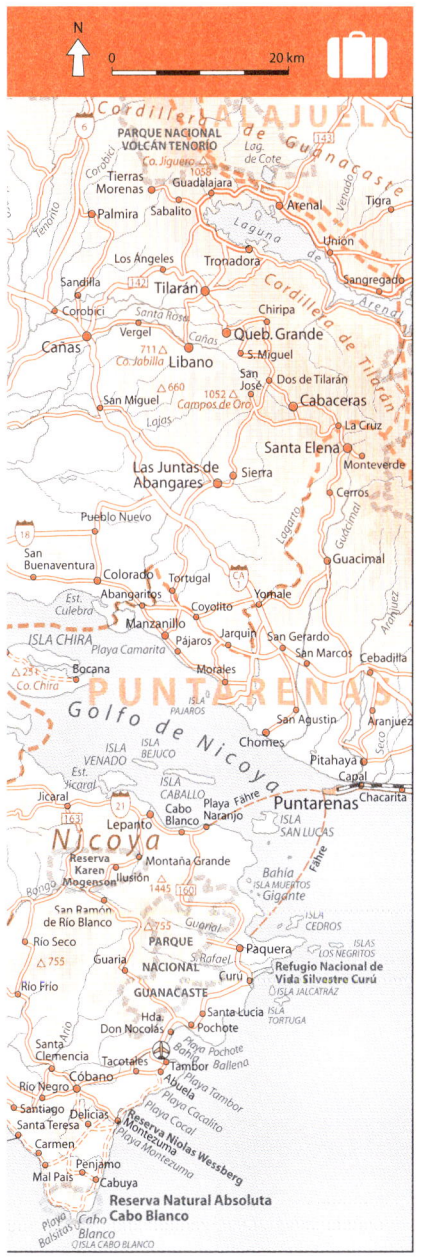

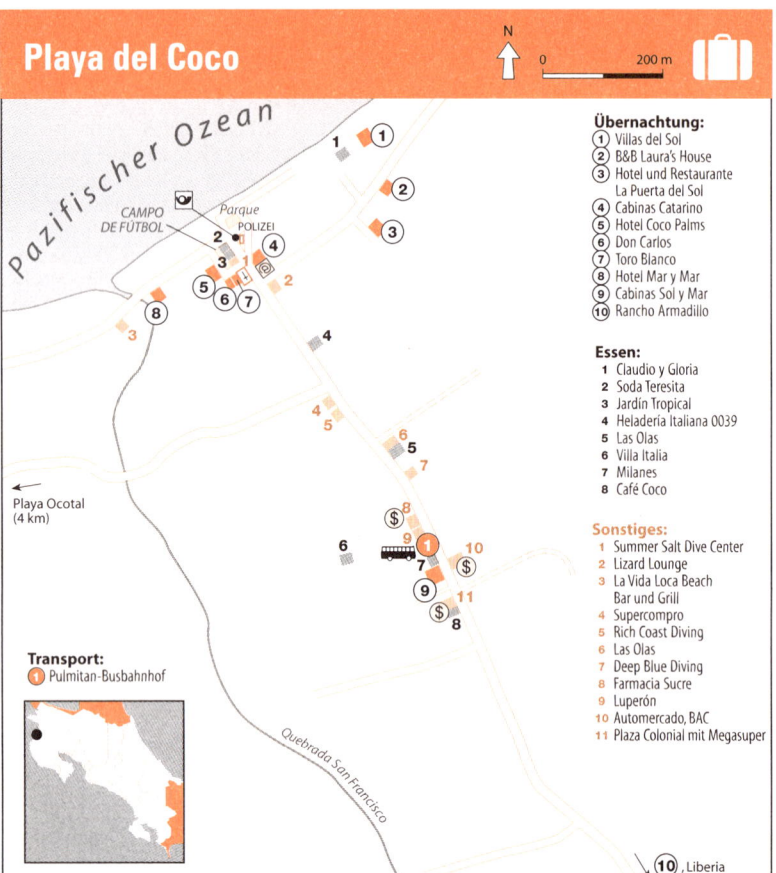

Playa del Coco

N
0   200 m

Übernachtung:
1. Villas del Sol
2. B&B Laura's House
3. Hotel und Restaurante La Puerta del Sol
4. Cabinas Catarino
5. Hotel Coco Palms
6. Don Carlos
7. Toro Blanco
8. Hotel Mar y Mar
9. Cabinas Sol y Mar
10. Rancho Armadillo

Essen:
1. Claudio y Gloria
2. Soda Teresita
3. Jardín Tropical
4. Heladería Italiana 0039
5. Las Olas
6. Villa Italia
7. Milanes
8. Café Coco

Sonstiges:
1. Summer Salt Dive Center
2. Lizard Lounge
3. La Vida Loca Beach Bar und Grill
4. Supercompro
5. Rich Coast Diving
6. Las Olas
7. Deep Blue Diving
8. Farmacia Sucre
9. Luperón
10. Automercado, BAC
11. Plaza Colonial mit Megasuper

Transport:
1. Pulmitan-Busbahnhof

Pazifischer Ozean

CAMPO DE FÚTBOL
Parque
POLIZEI

Playa Ocotal (4 km)

Quebrada San Francisco

10, Liberia

Hotel Coco Palms, am Fußballplatz, 100 m vom Strand, ℰ 2670-0367, ⌨ www.hotelcoco palms.com. 28 saubere, unterschiedlich eingerichtete Zimmer, die neueren, kleineren Zimmer und Apartments befinden sich im Annex. Wenig Ambiente. Teils winzige Bäder. Dafür schöner Pool. Preis-Leistungs-Verhältnis stimmt nicht. 4 – 5

Hotel Mar y Mar, 75 m westl. vom Park, Strandnähe, ℰ 2670-1212. 14 einfache, schöne, helle und geräumige Zimmer in 2-stöckigem Holzhaus mit TV und Mikrowelle, ohne AC. Hübscher Innengarten, Kochmöglichkeit,

Parkplatz. Eine der wenigen Unterkünfte im Ort mit Meeresblick. 3

La Puerta del Sol, an der Lizard Lounge rechts abbiegen, zweite Straße noch mal rechts,

Nachtruhe

Wer ruhig schlafen will, sollte sich seine Unterkunft in Playa del Coco sorgfältig aussuchen, denn drei Bar-Diskotheken sorgen für schlaflose Nächte! Faustregel: Je weiter weg vom Zentrum, desto ruhiger die Bleibe.

📞 2670-0195, 🖥 www.lapuertadelsolcostarica. com. Ruhige, farbenfrohe Anlage im italienischen Design, kreativ aus Zement gebaut, schöner Pool. Gutes Restaurant, Frühstücksbuffet inkl., riesiger Parkplatz. **5**–**6**

Toro Blanco, 25 m südl. der Kirche, 📞 2670-1707, 🖥 www.toroblancoresort.com. Das knallgelbe, 2-stöckige Hotel mit 20 sehr verschiedenen Zimmern steht farblich im Kontrast zum tiefblauen Pool mit Bar und Hockern im Wasser. Mit den Repliken römischer Statuen hat der italienische Besitzer ein Stück Heimat nach Costa Rica gebracht. Die Cabinas haben Kitchenette, getönte Schiebefenster und eine kleine Terrasse mit Laternen. **4**–**5**

Villas del Sol, am Nordende vom Strand, 1 km vom Zentrum, 📞 2670-0085, 🖥 www.villadelsol.com. Freundliche Posada mit hellen, klimatisierten Zimmern und großem, schön angelegtem Garten, AC, Pool, Touren, sehr hilfsbereit. **4**

ESSEN

Café Coco, Plaza Colonial. Riesige Auswahl u. a. an günstigen Bagels, Muffins, Croissants, Wraps und Sandwiches. ⏱ Mo–Fr 7–16 Uhr.

Claudio y Gloria, am Strand, 📞 2670-0256, 🖥 www.dondeclaudioygloria.com. Fine Dining-Restaurant, hauptsächlich Fisch und Meeresfrüchte, auch Pizza. Guter Service. Reservierung empfohlen. ⏱ 8–21 Uhr.

Heladería Italiana 0039, an der Hauptstraße zum Strand. Original italienisches Gelato. 24 verschiedene Eissorten, darunter Tiramisu, Guanabana, Mango oder Chocochip. Weitere Filialen in Liberia und Playa Potrero. ⏱ 10–21 Uhr.

Jardín Tropical, am westl. Rand des Fußballplatzes. Günstige Casados und Fischgerichte, auch Frühstück. ⏱ 7–20.30 Uhr.

Las Olas, an der Hauptstraße. Mariscos und landestypische Gerichte, große Auswahl an Pasta mit Meeresfrüchten. Auch Bar. ⏱ 11–23.30 Uhr.

Milanes, an der Hauptstraße Richtung Strand, nach der Banco de Costa Rica links abbiegen. Meeresfrüchte und Fisch, auch frische Langusten. Der Ceviche Arrecife ist hier der Renner. ⏱ 7–23 Uhr.

Rancho Armadillo, 🖥 www.ranchoarmadillo. com, 📞 2670-0108. Fernab des Trubels liegen diese 7 geräumigen, rustikalen Zimmer mit großen Bädern. Lounge mit Hängematten und Blick auf die Isla de Tortuga, große Gemeinschaftsküche, Pool. Der hilfsbereite amerikanische Besitzer Rick ist professioneller Koch und begeisterter Hobbyastrologe und zeigt seinen Gästen die Himmelskonstellationen mit einem Laserstrahl. Gute Tipps. **6**

Soda Teresita, am westl. Rand des Fußballplatzes. Landestypische Gerichte, größere Auswahl als im Jardín Tropical. ⏱ Mo–Sa 7–20, So 7–17.30 Uhr.

Villa Italia, von der Hauptstraße Richtung Strand am Supermarkt Luperón links einbiegen und den Schildern folgen, 🖥 www.villaitalia costarica.com. Original italienische Küche in familiär-elegantem Ambiente. Hausgemachte Pasta, 2x wöchentl. Fischgerichte. Auch Cabinas. ⏱ Mo–Sa 18–22 Uhr.

UNTERHALTUNG

La Vida Loca Beach Bar und Grill, am Strand, auf der anderen Seite der Brücke. Livemusik an Wochenenden. Sonntags treffen sich die Expats hier zum BBQ. ⏱ 11.30–2 Uhr, Happy Hour 15–18 Uhr.

Las Olas, an der Hauptstraße, gegenüber der Abzweigung nach Ocotal. Hier wird es richtig lebendig, wenn das Restaurant schließt, dann gibt es nur noch Bocas und Cocktails.

Lizard Lounge, an der Hauptstraße. Beliebtester Ort zum Tanzen, jüngeres Publikum. Reggae, Hip-Hop, Rap.

AKTIVITÄTEN

Schnorcheln

Gutes Schnorcheln an der Playa Ocotal, 2 km von Playa del Coco. Schnorchelausrüstung gibt es z. B. bei **Deep Blue Diving** (S. 242).

Segeln

Drums of Bora, 📞 2670-1033, veranstalten Segeltörns.

Kunavela, 📞 2670-1293, 🖥 www.kunavela. com. Schnorcheltouren und Segeltörns, auch bei Vollmond und Sonnenuntergang.

SÜD-GUANACASTE UND DIE NICOYA-HALBINSEL

Surfen

Playa del Coco ist kein Surfstrand, von hier fahren aber die Boote zu den legendären Surfspots **Roca Bruja** und **Ollie's Point** ab. Anbieter dieser Surftouren müssen eine Lizenz vom Umweltministerium MINAET besitzen.

Tauchen

Eins gleich vorweg: Kristallklares Wasser und Korallen gibt es hier nicht. Dafür eine Vielzahl an Bullenhaien, Mantarochen und tropischen Fischen. Die zwei Haupttauchreviere sind die **Isla Catalina** und die **Isla Murcielago**. Die besten Sichtverhältnisse herrschen im Juli und Aug.

Deep Blue Diving, an der Hauptstr., ℰ 2670-1004, 8349-0498, ⌨ www.deepblue-diving.com. Auch Schnorchelausrüstung und Surftouren nach Ollie's Point und Witch's Rock. Deutsche Leitung. ⏲ 7–18 Uhr.

Rich Coast Diving, an der Hauptstr., ℰ 2670-0176, 8702-4574, ⌨ www.richcoastdiving.com, holländische Leitung. ⏲ 7.30–18 Uhr.

Summer Salt Dive Center, 50 m südl. vom Park, ℰ 2670-0308, ⌨ www.summer-salt.com. ⏲ Mo–So 8–18 Uhr.

SONSTIGES

Apotheke

Farmacia Sucre, an der Hauptstraße, 500 m südl. vom Strand, ℰ 2670-1990. ⏲ Mo–Sa 8–19 Uhr.

Feste

Ende Jan: **Fiestas Civicas** mit Rodeos, Tanz und lauter Musik.

Mitte Juli: **Fiesta de la Virgen del Mar**, geschmückte Fischerboote zu Ehren der Virgen del Mar, der Schutzpatronin der Fischer.

Geld

Banco Nacional, an der Hauptstraße, 500 m südl. vom Strand. ⏲ Mo–Fr 8.30–15.45 Uhr. **BAC**, im Automercado-Zentrum, 700 m vor dem Strand. Nur Geldautomat, für alle Karten.

Post

Gegenüber der Bushaltestelle. ⏲ 8–12, 13.15–17.30 Uhr.

Supermarkt

Megasuper, **Supercompro** und **Automercado**, alle an der Hauptstraße.

TRANSPORT

Zwischen Playa del Coco und den benachbarten Stränden Playa Hermosa, Playa Panamá und Playa Ocotal gibt es keine direkte Busverbindung.
Pulmitan Schalter, ⏲ 6–17.30 Uhr. Eine weitere Haltestelle befindet sich direkt am Strand.

Busse fahren nach:
LIBERIA, stdl.;
SAN JOSÉ, 3x tgl. 4–14.30 Uhr;
PLAYA CONCHAL / BRASILITO / FLAMINGO, Bus in Richtung LIBERIA nehmen, am **Cruz de la Comunidad** aussteigen; an dieser staubigen Straßenkreuzung halten die Busse zu den nördl. Stränden sowie nach BELÉN, SANTA CRUZ und NICOYA. Geduld mitbringen.

Playa Hermosa

Ohne lärmende Diskotheken ist Playa Hermosa das ruhige Gegenstück zur partysüchtigen Playa del Coco. Das Meer vor dem 2 km langen, schönen Sandstrand hat keine Unterströmungen und eignet sich gut zum Schwimmen.

ÜBERNACHTUNG

Die aufgeführten Unterkünfte sind über die zweite Strandzufahrt zu erreichen.

Beach Resort Villa Acacia, ℰ 2672-1000, ⌨ www.villacacia.com. Sehr gepflegte Anlage mit 8 achteckigen Häusern mit Küche. 8 helle, geschmackvoll schlicht eingerichtete Zimmer mit Kühlschrank und Balkon. Pool, Internet, Frühstück inkl., 100 m zum Strand. ❻

Hotel El Velero, direkt am Strand, ℰ 2672-0036, ⌨ www.costaricahotel.net. 22 klimatisierte, saubere Zimmer (davon leider nur 2 mit Strandblick) in schöner Strandlage, Pool, Strandrestaurant und Bar. ❺

Playa Hermosa Inn, am Strand, ℰ 2672-0063, ⌨ www.bandbonbeach.com. 8 Zimmer verschiedener Größe und Qualität mit Kühl-

SÜD-GUANACASTE UND DIE NICOYA-HALBINSEL

schrank, teils mit Meeresblick und AC. Die gleichen Besitzer wie Restaurant Aguasports. Frühstück inkl. ❹

Villa Belmar, 100 m nördl. vom Hotel El Velero, 📞 2672-0276, ✉ beltour@racsa.co.cr. Hotel in ruhiger Lage mit 8 geschmackvoll-schlichten, weiß gekalkten Zimmern mit AC und TV, Pool und Privatzugang zum Strand, teils Meeresblick, Frühstück inkl. ❺

Camping & Hostal Congos, 📞 2672-1168, direkt am Strand. Campingplatz in guter Lage. Sehr einfaches Hostel mit Etagenbetten, Hänge-matten, sehr freundlich. Ohne ❶, mit Bad ❷

ESSEN

Die genannten Restaurants sind über die zweite Strandzufahrt zu erreichen.

Bar und Restaurant **Pescado Loco**, kleine Spelunke mit sehr leckeren Fisch- und Sea-foodgerichten sowie landestypischer Küche. Große Portionen. Beliebter Ausgeh-Ort in Playa Hermosa. ☉ 8–22 Uhr.

Restaurant Aguasports, am Strand. Meeres-spezialitäten und Fisch, große Auswahl an Frühstücksgerichten. Große Portionen; Bar.

SONSTIGES

Tauchen und Wassersport

Diving Safaris, zweite Strandzufahrt, 📞 2670-0603, 🖥 www.costaricadiving.net. Veranstaltet Tauch- und Schnorcheltouren und verleiht Boogieboards und Schnorchel-ausrüstung. ☉ 7–17 Uhr.

Unterhaltung

Bar Pescado Loco, s. Essen.

TRANSPORT

Busse fahren nach:
LIBERIA, 7x tgl.; SAN JOSÉ, 1x tgl.

Playa Panamá

Playa Panamá mit seiner ruhigen Badebucht war einst ein beliebter Campingstrand bei Ticos. Inzwischen ist wildes Zelten hier verboten, dafür gibt es den neu errichteten, exquisiten Zeltplatz El Guanacaste.

Nördlich von Playa Panamá schließt sich die **Bahía Culebra** an. Anfang der 1990er-Jahre soll-te diese Region zum Cancún Costa Ricas wer-den, mit rund 20 000 Hotel- und Ferienzimmern. Die mexikanische Firmengruppe Situr investierte rund $2,5 Mrd. in das Projekt; den **Umweltschutz** stellte die costa-ricanische Regierung bei dieser Devisensumme hinten an. Unter anderem soll-ten die letzten Flecken tropischen Trockenwal-des gerodet werden und in der trockensten Re-gion Costa Ricas mehrere Golfplätze entstehen.

Umweltgruppen liefen Sturm. Nach heftigen Korruptionsskandalen, in die auch das costa-ricanische Tourismusministerium verwickelt war, und nach dem Konkurs der Situr-Gruppe über-nahmen Mitte der 1990er-Jahre US-amerikani-sche Investoren das Projekt. Der Wolf im Schafs-pelz ging geschickt mit der Mode und legte sich einen Öko-Namen zu: Ecodesarrollo Papayo nannte er sich. 2004 konnte so an der Bahía Cu-lebra der Hotelriese Four Seasons seine Pforten öffnen mit 145 Zimmern und hoteleigenem Golf-platz. Weitere Luxusresorts, darunter die Occi-dental- und die Hiltongruppe, ziehen nach.

Zum **Übernachten** steht ein sehr gepflegter Deluxe-Campingplaz zwischen alten Bäumen mit sehr guten sanitären Anlagen und Soda be-reit. Infos zum **Transport** s. Playa Hermosa.

Playa Brasilito

Mit günstigen Unterkünften, einer guten Busan-bindung und paradiesischen Schnorchel- und Badeständen in unmittelbarer Umgebung, eig-net sich Playa Brasilito gut als Ausgangsbasis, um die Pazifikküste zu erkunden. Leider wird der graue Sandstrand zunehmend als Zufahrt zum benachbarten, strahlend weißen Muschel-strand **Playa Conchal** missbraucht. Denn seit-dem dort ein großes Luxushotel eröffnet hat, ist der direkte Einfahrtsweg zur Playa Conchal nur noch Hotelgästen gewährt. Busse nach Santa Cruz s. Playa Potrero.

ÜBERNACHTUNG

Cabinas Diversión Tropical, 300 m südl. der Plaza, 📞 2654-5519, 8854-4847, 🖥 www.diversiontropical.com. Praktische,

SÜD-GUANACASTE UND DIE NICOYA-HALBINSEL

saubere Cabinas auf zwei Ebenen, auch mit Kitchenette. ❸

Conchal Hotel, am Ortseingang von Brasilito, Richtung Playa Conchal, ✆ 2654-9125, 🖥 www.conchalhotel.com. Schöne Anlage mit viel Grün, Pool, Bungalows mit AC, TV, Frühstück inkl., Restaurant im Ranchostil. ❻

Hotel Brasilito, am Fußballplatz, Richtung Strand, ✆ 2654-5463, 🖥 www.hotelbrasilito.com. Strandnähe, saubere Zimmer, teils mit AC und Meeresblick. ❹

Las Cabinas Gloria, hinter Pizzeria Il Forno, ✆ 2654-4878. Etwas abseits der Hauptstraße gelegen. Geräumige Zimmer um einen hübsch angelegten Innengarten. AC und TV. ❸

🧳 **Quinta Esencia**, am Ortsrand Richtung Flamingo, ✆ 2654-5455, 📧 gambalonga. walter@libero.it. 4 einfache, aber hübsche Zimmer und 1 großes Apartment ❹, aus Holz statt aus Zement. AC oder Ventilator, Jacuzzi. ❸

Agua y Sal, an der Straße Richtung Flamingo, ✆ 8310-7110. Bäckerei und Cafeteria, leckere Sandwiches, Kaffee und Säfte. ⏱ 7–18 Uhr.

Camarón Dorado, schönes Ambiente am Meer. Die Qualität hat in der letzten Zeit aber nachgelassen. Rechnung kontrollieren! ⏱ 11–22 Uhr.

Happy Snapper, Ortsausgang Richtung Flamingo, Seafood-Teller, auch Pasta- und Fleischgerichte, stark auf amerikanischen Geschmack ausgerichtet, Frühstück 8–11 Uhr.

🧳 **Pizzeria Il Forno**, am Ortseingang Richtung Playa Conchal. Ein schönes Ambiente in Rundhäusern, große Auswahl an Pizzen, außerdem Fisch und Meeresfrüchte, Pasta, Weine aus Italien, Spanien und Chile. Der Service könnte etwas besser sein. ⏱ 12–21.30 Uhr.

Supermärkte

Super Lopez, am Ortseingang, weitere Supermärkte am Fußballplatz.

Busse fahren nach:
SAN JOSÉ, 3x tgl. Direktverbindungen.
LIBERIA, 3x tgl.

TAMARINDO, 3x tgl.
SANTA CRUZ, fast stdl.
FLAMINGO UND POTRERO, 2x tgl. Interbus-Shuttles organisiert das Hotel Brasilito.

Playa Flamingo

Die weiße Playa Flamingo ist eine weitere nordamerikanische Strandkolonie an der Pazifikküste, in der sich überwiegend betuchte Sportfischer niedergelassen haben. Costa-ricanische Urlauber lassen sich von den blitzenden Sportjachten im kleinen Hafen jedoch nicht einschüchtern. Nach dem Motto *las playas para todos* rücken sie mit aufgeblasenen Schwimmtieren auf dem rostenden Autodach an und machen Picknick am Strand, direkt vor dem Luxushotel. Tauch- und Segeltouren in die Umgebung starten von hier.

El Sabanero, auf dem Hügel über dem Strand, ✆ 2654-4322, 🖥 www.elsabanerobeachhotel.com. 47 saubere Zimmer, der Pool fängt direkt am Zimmer an (Vorsicht mit Kleinkindern), riesige Sonnenterrasse mit Grill und Blick auf die gesamte Bucht, kleiner Privatstrand mit vielen Krebsen über 100 steile Stufen zu erreichen, Restaurant, Bar; günstige Sonderangebote. ❺–❻

Flamingo Beach Resort, ✆ 2654-4444, 🖥 www.resortflamingobeach.com. Große Anlage auf mehreren Ebenen mit großzügig geschnittenen, hellen Räumen mit AC, Meerblick und überdachtem Balkon. Viel Zement, dafür gibt's einen Pool mit Bar und Liegestühlen im Wasser! ❻

Marie's Restaurant, zwischen Flamingo und Brasilito. Dieses Lokal ist vollkommen auf amerikanischen Geschmack ausgerichtet. ⏱ 6–21.30 Uhr.

Autovermietung

Adobe, 50 m vor der der Shopping Mall La Plaza, ✆ 2258-4242, 🖥 www.adobecar.com. ⏱ 8–17 Uhr.

Geld

Banco de Costa Rica, im großen gelben Condominium-Komplex. ⊕ Mo–Fr 9–16 Uhr. Geldautomaten gibt es auch an der Playa Potrero an der Gelateria Italiana und, von Tamarindo kommend, 1 km vor Brasilito.

Kajaks

Im **Aquacenter Diving**, s. u.

Supermarkt

Automart, im Centro Comercial Milenium am Playa Flamingo. Auch leckere Sandwiches und Pizzas. ⊕ 8–21 Uhr.

Tauchen und Schnorcheln

Aquacenter Diving, im Resort Flamingo Beach, ✆ 2654-4141, 8877-7420, 🖳 www.aquacenter diving.com. Tauchexkursionen und Schnorchelausrüstung.

TRANSPORT

Busse fahren nach:
SANTA CRUZ, 9x tgl., So weniger;
SAN JOSÉ, 3x tgl.

Playa Potrero

In Playa Potrero, einer kleinen Ortschaft, die ihren Tico-Charakter bewahrt hat, endet die Busstrecke. Weiter geht es nur mit Geländewagen über den 16 km langen „Affenpfad" oder zu Fuß: Bei Ebbe kann man von Playa Potrero kilometerweite Strandspaziergänge zu den paradiesisch weißen Schwimm- und Schnorchelstranden **Playa Prieta**, **Playa Penca** (kein Schatten, nichts unbeaufsichtigt im Auto oder am Strand liegen lassen) und **Pan de Azúcar** unternehmen.

Die **Islas Catalinas** sieht man in der Ferne. Noch ziehen hier Pelikanschwärme ihre Runden auf der Suche nach Sardinen. Touristen kommen nach wie vor nur wenige her.

ÜBERNACHTUNG UND ESSEN

Playa Potrero

Cabinas Cristina, ✆ 2654-4006, 🖳 www. cabinascristina.com. Teils mit Küche beim freundlichen Italiener. Mit AC, Zimmer und Miniapartments. ➌ – ➍

Hotel Bahía Esmeralda, 100 m östl. vom Fußballplatz, ✆ 2654-4480, 🖳 www.hotelbahia esmeralda.com. Gepflegte Anlage mit Kokospalmen, die bunten Ferienhäuser stehen im Kreis um den Pool. Saubere Zimmer mit einfacher Einrichtung und TV, auch schlichte Apartments mit Küche. Das Hotel stand zur Zeit der Recherche zum Verkauf. ➌

Playa Penca

Casa del Sol, ✆ 2296-0375, 🖳 www.resort casadelsol.com. 20 große, komplett ausgestattete Appartements rund um einen Designerpool, mit 1 oder 2 Schlafzimmern und großer Terrasse. ➏

Bar-Restaurant la Penca, 250 m vom Strand. Düstere Kneipe mit landestypischen Tapas und eisgekühltem Bier.

Playa Prieta

Villas Estival, am Strand, ✆ 2670-1878, 🖳 www.villasestivalcostarica.com. 12 schöne Ferienhäuser unterschiedlicher Größe mit voll ausgestatteter Küche. Ruhige Lage. Ideal für Volleyballer und Familien. Volleyballspielen ist auf der riesigen Grünanlage am Hotel oder, 20 m weiter, am Strand möglich. Außerdem Pool, Kinderbecken und Grill. Kajak- und Reittouren werden angeboten. Eine der wenigen Hotelanlagen gehobener Klasse, die Costa Ricanern gehört. Empfehlenswert. $220 kostet die Übernachtung in einer 4-Pers.-Villa, $300 in einer 6-Pers.-Villa. Beliebt bei costaricanischen Familien, Hochzeiten und Jugendcamps. ➏

Playa Pan de Azúcar

Hotel Sugar Beach, 3 km von Playa Potrero, ✆ 2654-4242, 🖳 www.sugar-beach.com. Luxushotel in ruhiger, abgeschiedener Lage mit fantastischem Blick auf die Pan Azúcar-Bucht. 28 schlichte, stilvolle Zimmer und Suiten mit Rattan-Einrichtung, Kühlschrank, AC, TV und Balkon, großes Open-Air-Restaurant mit Meeresblick, Touren, Kinder unter 12 Jahren gratis. ➏

Playa Potrero

Bar Costa Azul, im Ortszentrum an der Ecke des Fußballplatzes. Typische Tico-Bar. Auch günstige landestypische Gerichte.

Bar und Restaurant Las Brisas, am Strand. Landestypische Küche. Die Attraktion für Touristen wie Einheimische ist die Ladies Night am Mittwoch mit Musica Latina. Von 22 bis 23 Uhr gibt es dann Rum und Wodka für die Damen gratis. Im Sommer auch Strandlagerfeuer.

Sol y Mar, neben dem Supermarkt Catalina, 50 m nördl. vom Fußballplatz. Kleines Lokal, gute landestypische Küche, große Auswahl an Frühstück. Mariscos. ☉ Mo–Sa 9–20.30 Uhr.

Busse fahren nach:

SANTA CRUZ (über FLAMINGO, PLAYA BRASILITO, PLAYA CONCHAL, BELÉN), 7x tgl.; SAN JOSÉ (über FLAMINGO), 3x tgl.

Playa Tamarindo

Lange galt Tamarindo als das Mekka für partyhungrige Sonnen- und Wellenanbeter aus aller Welt. Ein traumhaft weißer Sandstrand, Unterkünfte für jeden Geldbeutel, Sushi oder Mahi-Mahi statt Bohnen und Reis zum Essen und jede Nacht ein anderer Tanzrhythmus. Ausgelassene Partystimmung und coole Surfer gibt es in Tamarindo nach wie vor. Doch die rapide Verwandlung des einst kleinen Fischerdorfs in das Cancún Costa Ricas fordert ihren Tribut. Bereits 2007 entzog das Instituto Costarricense de Acueductos y Alcantarillados (AyA) dem Strand seine blaue Flagge (s. Kasten S. 283) – in Wasserproben waren Fäkalbakterien festgestellt worden. Seitdem arbeitet die Strandgemeinde an Umweltschutzmaßnahmen und hofft so, sich bald wieder mit einer *bandera azul* schmücken zu können. Zur Zeit der Recherche war dies noch nicht der Fall.

Am nordöstlichen Strandufer mündet der Río Matapalo in den Pazifik und bildet die Grenze zwischen Tamarindo und dem Naturschutzgebiet und Schildkrötennistplatz **Playa Grande** (s. a. Kasten S. 253). Fischerboote bringen von hier Touristen ans gegenüberliegende Ufer ($1,50), einige Mutige durchkreuzen den Fluss auch zu Fuß, doch Vorsicht es gibt Krokodile!

Tamarindo überrascht mit ausgesprochen guten, sauberen Hostels. Das Gros der Hotels höherer Preiskategorie liegt außerhalb Tamarindos, Richtung Playa Langosta. Wenn nicht anders angegeben, sind die Unterkünfte auf der Karte eingezeichnet.

Am Strandboulevard

Hotel Villa Amarilla, direkt am Strand, nördl. vom Hotel Diria, neben dem Supermarkt Las Palmeras, ✆ 2653-0038, 🖥 www.hotelvillaamarilla.com. Hübsche, gepflegte Anlage, geleitet von den freundlichen Kaliforniern Cindy und TJ. 8 helle, gut ausgestattete Zimmer mit guten Betten, AC, Kühlschrank und TV. Gemeinschaftsküche, gepflegte Liegewiese mit Hängematten, Liegestühlen und direktem Strandzugang. Kein Parkplatz. Frühstück bis zum Nachmittag inkl. Manchmal werden am Abend kostenlose Snacks gereicht, der Grill steht allen Gästen zur Verfügung, Massagen, Tour-Angebot. Empfehlenswert. ❺

La Laguna El Cocodrilo, am nördl. Ortseingang, ✆ 2653-0255, 🖥 www.lalagunadelcocodrilo.com. Beliebtes Hotel. Helle, schlichte Zimmer mit AC, TV und Terrasse, teils mit Meeresblick, umgeben von schöner Gartenanlage, Strandzugang, Touren. In der HS oft ausgebucht, Reservierung ratsam. ❺–❻

Marielos, ✆ 2653-0141, 🖥 www.cabinas marieloscr.com. Eine der wenigen Tico-Unterkünfte im Ort. Blumenumrankte, lange Auffahrt, saubere, schlichte Cabinas unterschiedlicher Ausstattung mit/ohne AC und Warmwasser. Das Bad ist durch eine Schiebewand vom Zimmer abgetrennt. ❸

Witch's Rock Surf Camp, ✆ 2653-1238, 🖥 www.witchsrocksurfcamp.com. Für Surfer mit dem nötigen Kleingeld. Zimmer teils mit Meeresblick. Unten Restaurant mit Surfvideos. Einwöchiges Surfpaket inkl. Unterbringung, Shuttleservice, Frühstück, tgl. Surfunterricht und Boardverleih. DZ ab $868 p. P. pro Woche.

Straße von der Playa Tamarindo landeinwärts

Cabinas Arco Iris, ☎ 2653-0330, 🖥 www.hotel arcoiris.com. Nach einem Besitzerwechsel wurden diese früher alternativ angehauchten Cabinas umgemodelt; der europäische Charme der ehemaligen italienischen Besitzer ist geblieben und trifft nun auf amerikanische Modernität und einen gewaltigen Preissprung. 13 geschmackvolle, geräumige, minimalistisch eingerichtete De-Luxe-Zimmer mit Zuckerrohr-stangen an Tür und Betten und modernen, großen Bädern. Kleinere Zimmer mit Privat-terrasse im Bali-Stil. Alle Zimmer haben Kühl-schrank und AC. Sehr gutes Restaurant „Seasons" (S. 249) am Pool. Amerikanischer Besitzer. Inkl. Frühstück. ❻

Domus Kahuna, gegenüber vom Supercompro, ein wenig nach hinten versetzt, ☎ 2653-0648, 🖥 www.domuskahuna.com. Freundliche, geräumige und praktische Zimmer mit großen Schiebetüren. Die Apartments haben Küche und Balkon und sind wegen des Zementbodens weniger schön. Hübsch angelegter Innengarten mit Pool, Palmen und blühenden Hecken. Beliebt bei Italienern und Schweizern. Italienische Leitung. DZ ❺, Apartment und Häuser ❻

Hostal La Botella de Leche, 300 m bergauf von der Plaza Conchal, ☎ 2653-0189, 🖥 www.labotelladeleche.com. Dieses originelle Hostel steht ganz im Zeichen der Kuh: Von der Eingangsmauer bis zum Telefon – alles ist schwarz-weiß gefleckt. Dorms verschiedener Größe für 3–5 Pers. mit AC und Schaumstoff-matratzen. Auch DZ mit AC. Jedes Zimmer hat einen kleinen Patio plus Hängematte. Schließ-fächer. Gemeinschaftsküche und großer Gemeinschaftsraum mit Sandsäcken, Schling-pflanzen, Internet und TV. Argentinische Leitung. Um 23 Uhr offiziell Bettruhe. Schlaf-saal $13–16 p. P., DZ ❸

Hostel La Oveja Negra, ☎ 2653-0005, 🖥 www.laovejanegrahostel.com. Dorms für 4–5 Pers., alle mit AC, modern und großzügig geschnitten, sauber und farbenfroh. Billard, großer TV im Gemeinschaftsbereich mit Küche; Shuttle-, Surf- und Schnorcheltrips. Offizielle Nachtruhe um 24 Uhr. Supermodels dürfen gratis über-nachten; kein Parkplatz. Argentinische Leitung. Dorm $15 p. P., DZ ❸

Hotel Mamiri, ☎ 2653-0079, 🖥 www.hotel mamiritamarindo.com. Große, helle Zimmer mit indisch-balinesischem Dekor und kleinem Bad, Apartments mit Küche und AC, kleiner Innen-garten, auch Apartments bis 4 Pers. ❸

Luna Ilena, ☎ 2653-0082, 🖥 www.hotel lunallena.com. Schöne Anlage mit gelben, runden tipiähnlichen Ferienhäusern. Die Standardzimmer enttäuschen, die Apart-ments aber sind kreativ-fröhlich-originell und auf 2 Ebenen verteilt. Eine Holzleiter führt in den holzausgekleideten 2. Stock mit weiteren Betten. Kleine Kochgelegenheit. Frühstück inkl. ❻

Tamarindo Backpackers, ☎ 2653-1720, 🖥 www.tamabackpackers.com. Kleiner, ruhiger, versteckter Backpacker, besonders der geräumige Dorm mit AC ist empfehlenswert. Sehr kleiner Pool. Eine Küche wie daheim. Britische Leitung, Dorm $15 p. P., 4–6er-Zimmer $20 p. P. ❸

🏨 **Villas Macondo**, neben dem Super-compro, ☎ 2653-0812, 🖥 www.villas macondo.com. Hübsche, gepflegte Anlage, geleitet von einem freundlichen deutsch-costa-ricanischen Paar. Farbenfrohe Zimmer mit Liebe zum Detail, Terrasse und hier und da einem Kaktus auf dem Dach. Zimmer sind teils mit AC, Kühlschrank, TV ausgestattet. Außerdem 2-stöckige Apartments (bis 5 Pers.) mit Küche, AC und je 1 Schlafraum pro Etage. Pool mit Liegerasen und Liegestühlen. Hänge-matten und gut ausgestattete Gemeinschafts-küche. Der Supermarkt ist gleich nebenan, ideal, um sich kleine Snacks zuzubereiten. Sicherer Privatparkplatz. Internet. Ein freund-lich-bunter Mix aus aller Welt und allen Alters trifft sich hier. Viele Informationen, sehr zu empfehlen. Kein Frühstück, DZ ❹, Apartment ❻

Richtung Playa Langosta

Capitán Suizo, ☎ 2653-0075, 🖥 www.hotel capitansuizo.com. Stilvoller Luxus am Meer für Gäste, die Ruhe suchen. Anlage schmiegt sich in die Natur ein, 22 große, geschmackvoll eingerichtete Zimmer mit großem Balkon. 8 schlichte Bungalows, teils mit Meeresblick, umgeben von großen Bäumen, Pool und

Tamarindo

Übernachtung:
1. La Laguna El Cocodrilo
2. Witch's Rock Surf Camp
3. Villa Amarilla
4. Marielos
5. Capitán Suizo
6. Villa Alegre
7. Luna llena
8. Hostel La Oveja Negra
9. Tamarindo Backpackers
10. Hotel Mamiri
11. Cabinas Arco Iris
12. Hostal La Botella de Leche
13. Domus Kahuna
14. Villas Macondo

Essen:
1. Panadería de París
2. FTS
3. Langosta Beach Club
4. El Pescador
5. Kahiki
6. La Baula
7. Sushi Club
8. Seasons
9. Nibbana
10. Noqui's
11. Mandarina Safbar
12. Patagonia
13. Wok'n Roll

Sonstiges:
1. Automercado
2. Best Western
3. Witch's Rock Surf Camp
4. Bike Shop
5. Iguana Surf
6. Disco Agua
7. Instituto de Wayra
8. Oveja Negra Surf Camp
9. Planetarium Sport Gym
10. Plaza Esmeralda
11. Farmacia Pacífico
12. Nibbana
13. Le Beach Club
14. Agua
15. Paddle Surf
16. Plaza Conchal
17. Farmacia Conchal
18. Fisch
19. Emergencia de la Costa
20. Supercompro
21. Wäscherei Backwash
22. Plaza Tamarindo mit Yoga und Pilates, Garrito, Bar 1
23. Jaime Peligro
24. Supermercado 2001

Transport:
1. Economy
2. Alfaro-Fahrkartenschalter und Bushaltestelle Nr. 1
3. Álamo
4. Bushaltestelle Nr. 2
5. Hertz

Parque Nacional Marino Las Baulas de Guanacaste

1. Landebahn, Playa Avellanas, Playa Brasilita, Playa Negra, Villareal, Filadelfia, Liberia, Santa Cruz

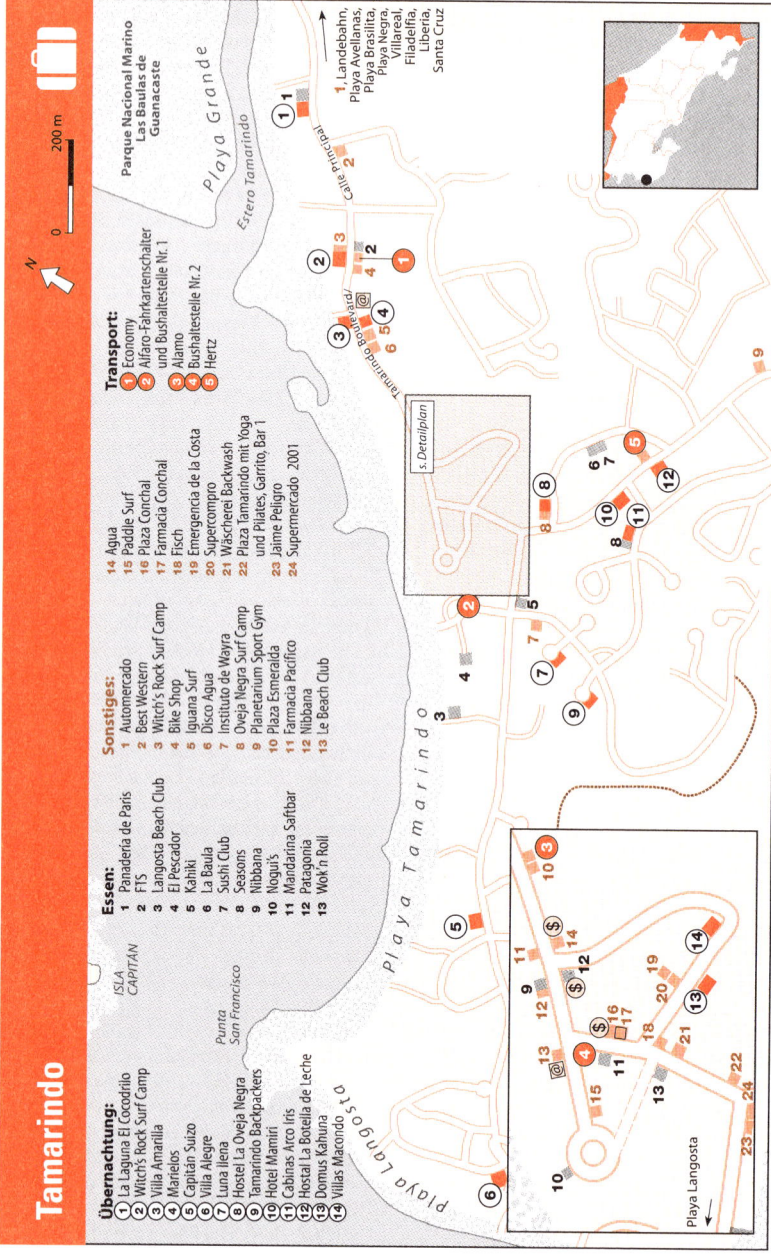

Playa Grande

Estero Tamarindo

ISLA CAPITAN

Punta San Francisco

Playa Tamarindo

Playa Langosta

Playa Langosta

s. Detailplan

Calle Principal

Tamarindo Boulevard

0   200 m

Kinderbecken, Volleyballplatz, sehr freundliches Personal, schweizerische Leitung. ➏

An der Playa Langosta

Villa Alegre, 300 m südl. vom Hotel Capitan
Suizo, ☏ 2653-0270, ▭ www.villaalegre
costarica.com. 5 Zimmer und 2 luxuriöse Ferienbungalows mit Küche, kreativ jeweils im Stil
eines anderen Landes eingerichtet, familiär,
4-Gänge-Frühstück. ➏

ESSEN

El Pescador, in der Nähe des Alfero-Fahr-
kartenschalters. Fisch und Meeresspezialitäten, aber auch Sandwiches und landestypische Gerichte bei Latinomusik.

FTS, an der Strandmeile, gegenüber von
Witch's Rock Surf Camp. Landestypische
Küche: Casado, Steak, Huhn. ◷ Di–So
11.30–21.30 Uhr.

Kahiki, neben dem Supermercado 2001.
Gerichte mit polynesisch-asiatischem Einfluss,
morgens und mittags kann man sich seine
Bagels und Omeletts selbst zusammenstellen,
abends Fusionküche. Auf amerikanischen
Geschmack ausgerichtet. ◷ 7–14 und ab
15 Uhr.

La Baula, den Berg hinauf, kurz vor der
Hertz-Autovermietung. Italienische Pizzeria.
Ausschließlich Pizza und Salate in rustikalem,
schönem Ambiente. Als Nachtisch Gelato
oder Tiramisu. ◷ ab 18 Uhr.

Langosta Beach Club, 200 m nördl. vom Hotel
Capitan Suizo, ▭ www.langostabeachclub.
com. Nicht billig, aber ein guter Tipp für ein
Dinner bei Sonnenuntergang. ◷ 11.30–24 Uhr.

Mandarina, gegenüber der Plaza Conchal.
Einfache kleine Saftbar mit Sitzhockern.
Erfrischend-leckere Frucht-, Gemüsesäfte
und Milchshakes. Die Kombination Ananas-
Erdbeer ist besonders gut! Leider werden hier
Unmengen an Plastik für die Behälter verwen-
det! Eine weitere Filiale befindet sich an der
Hauptstraße neben Subway. ◷ 8–20 Uhr.

Nibbana, direkt am Strand, 250 m westl. vom
Hotel Diria. Nordamerikanische Küche. Meeresfrüchte und Fisch, Pizza und Fleischgerichte.
Romantisches Ambiente mit Palmen, Meeresblick und roten Hibiskushecken. Schneller,

guter Service. Happy Hour von 17–19 Uhr,
ca. $12–25. ◷ 7.30–23 Uhr.

Nogui's, direkt am Strand, an der Rotonda
(Wendekreis). Eines der ältesten Restaurants
in Tamarindo, besonders beliebt zum Frühstücken: Die Auswahl reicht von Granola,
herzhaft gefüllten Croissants, Waffeln mit
tropischen Früchten bis zu Omeletts und ein-
fachem Toast! Mittags und abends große
Auswahl an Gegrilltem. ◷ unten 6–21.30, oben
ab 17 Uhr für den Sonnenuntergang.

Panadería de Paris, neben dem Hotel La
Laguna El Cocodrilo. Französische Leckereien
für den Strand: Pain de Chocolat, Baguettes,
Croissants, Tartes aux Pommes, Quiches,
Kaffee. ◷ Mo–Sa 6–15, So 6–13 Uhr.

Patagonia, gegenüber vom Nibbana. Wer
gerne große Portionen mit gutem Fleisch
isst, der ist hier an der richtigen Adresse.
Hervorragendes argentinisches Steakhaus.
◷ 11.30–22 Uhr.

▯ **Seasons**, im Hotel Arco Iris, ▭ www.
seasonstamarindo.com, ☏ 8368-6983.
Beliebtes Restaurant mit mediterraner
Fusionküche. Serviert werden u. a. sautierter
Thunfisch, Pasta mit Meeresfrüchten, Mahi-
Mahi und sautierte Garnelen in Curry-Koriander.
Man isst auf einem Holzdeck am Pool. Israe-
lischer Koch, der in Frankreich gelernt hat.
◷ nur abends, Mo–Sa 18–22 Uhr.

Sushi Club, neben dem la Baula. Sehr gutes
Sushi, frische Cocktails. ◷ 17–22 Uhr.

Wok'n Roll, im Zentrum, ☏ 2653-0156. Leckere
Sushi- und Wokgerichte mit verschiedenen
Reissorten zur Auswahl; vegetarisches und
veganes Angebot. Man sitzt draußen auf
Stühlen oder drinnen auf Sofas. Spiele zum
Zeitvertreib, denn der Service ist langsam.
Auch Gerichte außer Haus. ◷ 12–23 Uhr.

UNTERHALTUNG

Im schnell wachsenden Tamarindo wechseln
die trendigen Clubs ständig, am besten hört
man sich vor Ort um.

Bars und Clubs

Agua, gegenüber vom Restaurant Patagonia.
Moderne Diskothek mit AC. Rauchen bitte nur
auf dem Balkon!

Bar 1, Plaza Tamarindo, 2. Stock. Beliebte, moderne Bar mit Billardtischen. Im Hintergrund Surfvideos.

Best Western, am Ortseingang. Der Klassiker ist die legendäre Ladies' Night am Fr.

Fisch, vom Plaza Conchal 50 m den Berg hoch. Bar-Restaurant, im Hintergarten mit Bühne. Di Latinomusik live; auch Rock-Karaoke-Nächte und Ladies' Night. ⊕ 12–24, Bar bis 3 Uhr.

Garrito, im Erdgeschoss der Plaza Tamarindo. Kleine Tapas-Bar, je nach Tag Punk, Rock oder House-Musik. Di ist Ladies' Night, Do Jäger(meister)-Night.

Le Beach Club, Bar-Restaurant, schön zum Sonnenuntergang direkt am Strand. Immer voll. Auch Veranstaltungen, z. B. Vollmondpartys. Bocas gratis von 17–18 Uhr. Sa Livemusik.

Nibbana, s. Restaurants.

AKTIVITÄTEN UND TOUREN

Fitnessstudio
Planetarium Sport Gym, an der Straße zum Strand.

Mangroventouren
Iguana Tours, 🖥 www.iguanasurf.net. Surf-, Kajak-, Schnorchel- und Bootstouren. Außerdem Surfschule und Surfbrettverleih. Interessierte können auch mit den Fischern am Nordende des Strandes direkt verhandeln. Dann wird es zwar nicht günstiger, aber man kann sich Zeiten und Kapitän selbst aussuchen.

Schwimmen
Die Bahía Tamarindo hat ihre Tücken: Schwimmen ist zwar möglich, gute Schwimmer legen sogar die Strecke von Punta San Francisco zur Isla Capitán zurück, doch muss man an den felsigen Abschnitten im Wasser mit Unterströmungen rechnen.

Schnorcheln und Tauchen
Der beste Schnorchelstrand der Umgebung ist die **Playa Conchal** (S. 243), Schnorchel-ausrüstung ist auch dort erhältlich.

Agua Rica, neben dem Supermarkt 2001, ☎ 2653-0094, 🖥 www.aguarica.net, bietet u. a. Schnorcheltouren für $55 p. P. an,

Tauchgänge an den Islas Catalinas $100 p. P. ⊕ Mo–Sa 9.30–19, So 15–19 Uhr.

Pacific Coast Dive, ☎ 2654-9061, 🖥 www.pacificcoastdivecenter.com. Filialen in Playa Flamingo, Playa Brasilito und Playa Tamarindo.

Surfen
Tamarindo lockt vor allem Surfanfänger an, sie reiten die Wellen um die Flussmündung. Fortgeschrittene Surfer nehmen Tamarindos Nachtleben wahr, tagsüber aber reiten sie die Wellen an der benachbarten **Playa Avellena** und **Playa Negra**. Surfschulen bieten Transport dorthin an. Die meisten Surfshops und -schulen befinden sich im Sunrise Plaza, C. Principal. Folgende Surfschulen bieten Surfklassen und Touren zu den benachbarten Stränden an:

Oveja Negra, im gleichnamigen Hostel (S. 247), 🖥 www.laovejanegrahostel.com.

Iguana Surf, 🖥 www.iguanasurf.net. Surf-schule, Surfbrett- und Boogieboard-Verleih, Surfutensilien. ⊕ 8–18 Uhr.

Witch's Rock Surf Camp, 🖥 www.witchsrocksurfcamp.com. Surf-Touren.

Paddle Surf, an der Rotonda. Beim sogenannten Stand-up-Paddle-Boarding steht man auf dem Surfbrett und bewegt sich mit zwei Paddeln fort. Dabei fühlt man sich, als wenn man über Wasser geht. Auch Sonnenuntergangs- und Vollmondtouren mit Lampe am Kopf. Kein billiger Spaß: 2 Std. Unterricht $85. Verleih 2 Std. $20, halber Tag $30.

Yoga und Pilates
Im Plaza Tamarindo, 1. Stock bei Mariel. Auch Danza Latina.

SONSTIGES

Apotheken
Farmacia Pacífico, neben dem Hotel Diria, ☎ 2653-0711. ⊕ Mo–Sa 9–20 Uhr.

Farmacia Conchal, im Plaza Conchal. ⊕ Mo–Sa 9–20 Uhr.

Autovermietung
Alamo, gegenüber vom Hotel Diria, 🖥 www.alamocostarica.com.

Economy, gegenüber von Witch's Rock Surf Camp am Strandboulevard, 🖵 www.economy rentacar.com.

Hertz, schräg gegenüber vom Hostal La Botella de Leche, 🖵 www.hertz.com.

Bücher und CDs

Jaime Peligro, neben dem Supermarkt Super 2001. Neue und gebrauchte Bücher, relativ große Auswahl an deutschen Büchern. Auch DVDs und Musik-CDs mit Musik aus Mittelamerika. Man kann reinhören, bevor man kauft.

Fahrradverleih / -reparatur

Bike Shop, C. Principal, gegenüber von Witch's Rock. $15 pro Tag. ⊙ 9–17.30 Uhr.

Geld

Banco BAC (nur Automat, alle Karten), Plaza Conchal.
Banco Nacional, neben dem Hotel Pasa-tiempos. ⊙ Mo–Fr 8.30–15.45 Uhr.
Banco Davivienda, im Plaza Esmeralda, gegenüber vom Hotel Diria.
⊙ Mo–Fr 9–17 und Sa 9–12.30 Uhr.

Medizinische Hilfe

Emergencia de la Costa, Seatower Building (gleiches Gebäude wie Supercompro), 2. Stock, ✆ 2653-0611, 2653-1974. In Tamarindo nur tagsüber, im benachbarten Villa Real 24-Std.-Dienst. Verschiedene Fachärzte.
Dental Solutions, im 2. Stock, über der „Agua Diskothek" an der Hauptstraße, ✆ Praxis 2653-1111, Notfälle 8397 7160, ✉ dentista@ tamarindo.info. Dr. Alicia Serrano Hidalgo, allgemeine Zahnärztin, moderne Praxis.

Polizei

Am Ortsrand, Richtung Estero.

Post

Im Nachbardorf Villa Real,
⊙ 8–12, 13–17.30 Uhr.

Sprachschule

Instituto de Wayra, C. Real, beim Restaurant Kahiki die Straße links hoch. ✆ 2653-0359,

🖵 www.spanish-wayra.co.cr. Klassen-zimmer unter Palmendächern, Programme mit 20–30 Wochenstunden in kleinen Gruppen unterschiedlicher Schwierigkeitsstufen. Unterkunft privat, bei Gastfamilie oder im Hotel, inkl. täglichem Transfer zur Schule, tico-schweizerische Leitung.

Supermärkte

Supermarkt 2001, an der Abzweigung nach Playa Langosta. ⊙ Mo–Sa 7–21.30, So 8–21 Uhr. Größere Auswahl haben der **Automercado**, am Ortsausgang, ⊙ So–Do 8–21 und Fr, Sa 8–22 Uhr, und der **Supercompro** im Zentrum, ⊙ 8–21 Uhr.

Wäscherei

Backwash, neben dem Restaurant Fisch. Berechnet wird nach Kilo. Nach 4 Std. erhält man die Wäsche sauber gewaschen, getrocknet und zusammengelegt zurück.
⊙ Mo–Sa 8–18 Uhr.

TRANSPORT

Busse

SAN JOSÉ, 4x tgl., Fahrkarten mind. 2 Tage im Voraus kaufen. Die Busse nach San José fahren in den frühen Morgenstunden ab, wer ausschlafen will, kann stattdessen einen späteren Bus Richtung Santa Cruz oder Liberia nehmen und dort nach San José umsteigen. LIBERIA (teils über PLAYA BRASILITO), 11x tgl. SANTA CRUZ, 8x tgl.

Shuttle-Busse

Viele Hotels bieten oder organisieren Shuttles **Interbus**, 🖵 www.interbusonline.com. Nach LA FORTUNA, JACÓ, LIBERIA, MANUEL ANTONIO, MONTEVERDE, SAN JOSÉ.

Flüge

Der Flugplatz, Eigentum des Hotels Diria, liegt 3 km nördl. des Zentrums.
Sansa, 🖵 www.flysansa.com, fliegt nach GOLFITO, LIBERIA, PUERTO JIMÉNEZ, QUEPOS und SAN JOSÉ.
Nature Air, 🖵 www.natureair.com, fliegt nach LIBERIA, QUEPOS, DRAKE BAY, TAMBOR und SAN JOSÉ.

Parque Nacional Marino Las Baulas de Guanacaste

- **MINAET-Büro:** ℡ 2653-0470, 🖥 www.minaet.go.cr
- **Öffnungszeiten:** 8–17 Uhr
- **Eintritt:** Tagsüber kostenlos. Anfang Okt– Mitte März (Eiablagezeit) darf der Strand ab 18 Uhr nur noch mit Guide betreten werden. Besucher zahlen in dieser Zeit $10 Parkeintritt und $15 Tourgebühren. Für die Schildkrötentouren ist eine Anmeldung einige Tage im Voraus beim MINAET-Büro erforderlich.
- **Gründungsjahr:** 1991
- **Größe:** 374 ha an Land und 21 600 ha im Meer
- **Transport:** 2x tgl. Busverbindung von Santa Cruz an den Strand. Von hier kann man per Fischerboot zur Playa Grande übersetzen (rund 650C$) oder sich einer organisierten Tour anschließen. Autofahrer müssen über Huacas nach Matapalo fahren, von dort geht es auf einer Schotterpiste zum Nationalpark.
- **Parkregeln während der Schildkröten-Tour:** Kameras, Videogeräte und Taschenlampen sind verboten; möglichst absolute Stille und nur den feuchten Strandabschnitt betreten.

Weitaus weniger touristisch als an der Playa Tamarindo geht es an der benachbarten **Playa Grande** zu. Der kilometerlange weiße Sandstrand zählt zu den wichtigsten Nistplätzen der vom Aussterben bedrohten **Lederschildkröte** (s. Kasten) und wurde daher zusammen mit den umliegenden Stränden **Playa Carbon**, **Playa Ventanas** und **Playa Langosta** zum Meeresnationalpark deklariert. Das Schutzgebiet reicht rund 20 km von der Küste aufs Meer hinaus. In der Nistsaison von Oktober bis März ist die Playa Grande zwischen 18 und 5 Uhr nur im Rahmen einer Tour zugänglich, tagsüber ist der Strand für alle geöffnet, auch Schwimmen und Surfen sind dann erlaubt.

Aufgrund der zunehmenden Strandbebauung, kommerziellen Fischerei und Meeresverschmutzung ist die Zahl der großen Reptilien auch an der Playa Grande in den letzten Jahren drastisch zurückgegangen. Bei Schildkrötentouren ist deshalb Geduld angesagt, eine Garantie, eine

Schildkröte zu sehen, gibt es nicht. Für Surfer bietet die Playa Grande einige hervorragende Breaks. Weiter nördlich schließt sich die kleine Bucht Playa Ventanas mit Tidepools an, bei Ebbe kann man sogar bis zum schwarzen Sandstrand Playa Carbon wandern, hier gibt es Höhlen. Am südlichen Rand der Playa Grande mündet der Río Matapalo ins Meer. In den Mangrovenwäldern am Fluss leben Zugvögel, im Fluss selbst Krokodile. In der Trockenzeit, wenn das Flussbett ausgetrocknet ist, tritt ausschließlich Salzwasser mit der Flut ein, das herauskristallisierte Salz setzt sich dann auf den Mangrovenblättern ab und bildet kunstvolle Salzfiguren.

ÜBERNACHTUNG

Hotel Cantarana, ℡ 2653-0486, 🖥 www.hotel-cantarana.de. 5 saubere und helle Zimmer in einem wilden tropischen Garten, Pool, 3 Min. zum nahen Playa Grande, mit Restaurant im 1. Stock, Sa–Do Frühstück und Abendessen, deutsche Leitung. **❻**

Playa Grande Surfcamp, ℡ 2653-1074, 🖥 www.playagrandesurfcamp.com. 3 hölzerne A-Frame-Häuser mit AC und 2 Stelzenhäuser aus Holz und Zuckerrohr ohne AC. Der witzige amerikanische Surfer Gerry leitet die Unterkunft. (Er wollte allerdings zur Zeit der Recherche sein Anwesen verkaufen.) Gäste sollten Hunde mögen. Es gibt eine Kochgelegenheit und einen Pool. $15 p. P. ohne AC. **❸**

Playa Avellanas, Playa Negra / Los Pargos

Wellen, Sand und Sonne, wohin das Auge blickt, erwarten den Besucher an den südlich von Tamarindo gelegenen, wenig touristischen und kaum bebauten Stränden Playa Avellanas und Playa Negra. Beide Strände sind aufgrund ihrer vielen und zuverlässigen Breaks exzellente Surfreviere für fortgeschrittene Wellenreiter. Playa Avellanas, unter Kennern auch Little Hawaii genannt, lockt dazu mit nahezu perfekten Tunnelwellen. Für Nicht-Surfer laden die kilometerlangen, fast menschenleeren Strände zu langen Strandspaziergängen ein.

Die Lederschildkröte, die Greisin des Ozeans

Die Lederschildkröte gehört zu den ältesten Tieren auf Erden und ist mit einer Länge von bis zu 2,5 m und einem Gewicht von rund 500 kg die längste und schwerste unter ihren Artgenossen. Ihr Körper jedoch ist so stromlinienförmig geschnitten, dass die enormen Körpermaße sie nicht in der Fortbewegung hindern. Im Gegenteil, mit ihren langen, zu Paddeln umgebildeten Vorderbeinen mit einer Spannweite von bis zu 3 m – die Hinterbeine lenken nur – dringt sie in Tiefen von rund 800 m vor und legt am Tag Strecken bis zu 70 km zurück. Mit Sendern markierte Tiere zeigten, dass die *Baula* von ihrem Nistplatz in den tropischen Gewässern Zentralamerikas zur Futtersuche bis in die subpolaren Regionen Chiles hinunterwandert. Dort findet sie ihre Hauptnahrungsquelle: Quallen. Die Fähigkeit, ihre Körpertemperatur auf 18 °C konstant zu halten, lässt sie auch in kalten Gewässern überleben. Ihren Namen gibt ihr der Panzer, der nicht aus dem für Meeresschildkröten typischen festen, knöchernen Rückenschild besteht, sondern aus Hunderten lose zusammenhängenden Knorpelplatten, die mit einer öligen, weiß gescheckten, lederartigen Hautschicht überzogen sind.

Eine Baula ist mit zehn Jahren geschlechtsreif. Alle zwei bis drei Jahre verlassen die Weibchen das Wasser und legen im Zeitraum zwischen September und März bis zu sechs Mal ihre Eier ab. Dabei wählt sich das Reptil stets Strände mit einer leichten Kurvung und ohne Steine aus. Die Beschaffenheit des Sandes ist entscheidend, da die Grube sonst beim Ausgraben wieder zufällt.

Ist die passende Stelle gefunden, gräbt die Baula mit den Hinterbeinen eine fast 1 m tiefe Grube, in die sie sich hineinlegt. Während der Eiablage nimmt die Baula ihre Umgebung kaum wahr, ein Kettenreflex läuft ab. Ein Weibchen legt ca. 70 große und 30 kleinere, unfruchtbare Eier ab, deren Bedeutung bis heute noch unklar ist. Anschließend schüttet sie die Grube mit Sand zu. Rund zwei Stunden bleibt ein Weibchen zur Eiablage am Strand, dann ist für die Lederschildkröte die Arbeit getan, sie steigt zurück ins Meer, Eier und Schlüpflinge sind von nun an sich selbst überlassen.

Die Eier bleiben rund 50–70 Tage im Sand, die Temperatur der Umgebung entscheidet über das Geschlecht der Embryos. An der **Playa Grande** entstehen bei einer Temperatur von über 29,5 °C Weibchen, zeigt das Thermometer weniger an, entwickeln sich Männchen. Die ca. 5 cm großen Lederschildkrötenjungen verlassen ihre Eierschale unter der Sanddecke und schaufeln sich nachts ihren Weg zur Sandoberfläche hinauf. Der Weg ins Meer ist der gefährlichste Abschnitt, denn Waschbären, Vögel, Krebse und Hunde lauern auf die Jungtiere. Große Lebensabschnitte der Lederschildkröte sind nach wie vor unerforscht. Besonders von den Männchen und heranwachsenden Schildkröten weiß man wenig, da sie das Meer nicht verlassen.

Die Lederschildkröte ist **vom Aussterben bedroht**. Man schätzt ihren Bestand auf weltweit 30 000 Tiere, dabei ist die Lage der pazifischen Baula am kritischsten, ihre Zahl wird auf rund 3000 Weibchen geschätzt. Hauptgründe für den drastischen Rückgang sind u. a. das illegale Eiersammeln, die zunehmende Strandbebauung – das Licht schreckt die Weibchen ab und desorientiert die frisch geschlüpften Tiere – sowie die Fischereinetze, in denen sich viele Baulas verfangen und verenden.

ÜBERNACHTUNG

Playa Avellanas

Avellanas Surf Camp, vom Parkplatz bei Lola's ca. 150 m Richtung Tamarindo, ℡ 2653-4059. Sehr viel bessere sanitäre Einrichtungen als auf dem Campingplatz am Strand, Duschen mit Blätterdach, Licht im Rancho. Beim freundlichen Jorge. Leider recht happiger Preis. $10 p. P. **Cabinas Las Olas**, 300 m östl., 200 m nördl. vom Restaurant Lola's, ℡ 2652-9315,

🖵 www.cabinaslasolas.co.cr. 10 geräumige, rustikale, weit auseinanderstehende, praktische Holzbungalows mit Terrasse, Kinderspielplatz. Eine lange Holzbrücke führt über Mangroven direkt zum Strand. Surfbrettverleih, Kajak-, Schnorchelausrüstung, Mountainbike-Touren und Restaurant; Frühstück inkl. ❻

Casa Surf Avellanas, an der Hauptstraße Richtung Tamarindo, gegenüber vom Hotel

Las Olas, ☎ 2652-9075, 🖥 www.casa-surf.com. Einfache Backpackerunterkunft für $15 p. P., kein WLAN.

Las Avellanas Villas, ☎ 2652-9212, 🖥 www. lasavellanasvillas.com. 5 moderne, neue, kleine Ferienhäuser mit Platz bis zu 4 Pers. (Doppelbett und Stockbett), kleiner Kochnische und kleiner Terrasse mit Hängematten. Asiatischer Touch. Hübsch angelegter Garten. ❺

Straße nach Playa Negra

Cabinas Uhaina, ☎ 2653-2567, 🖥 www.surf hotelcostarica.com. Nur 10 Min. vom Strand entfernt liegen diese 3 schönen, rustikalen und sauberen Cabinas, eine davon mit AC, mit Kühlschrank, Privatbad und Stockbetten. Der freundliche Emmanuel aus Biarritz gibt auch Surfunterricht. ❸

Mono Congo Lodge, ☎ 2652-9261, 🖥 www. monocongolodge.com. Wunderschönes mehrstöckiges, auf Steinpfosten gebautes Holzhaus. 5 rustikale Zimmer mit holzgeschnitzten Möbeln, AC und TV, teils mit Privatbad, großer Gemeinschaftsbereich, Dachterrasse mit toller Aussicht, ruhig, Kaffee und Früchte inkl. ❺–❻

Playa Negra / Los Pargos

Hotel Playa Negra, ☎ 2652-9134, 🖥 www. playanegra.com. Wie ein Dorf der Schlümpfe liegen die 10 runden, mit Palmstroh gedeckten Zementbungalows am Meer. 7 recht neue Bungalows mit AC und Hängematten sowie Blick zum Strand, Pool. Restaurant im großen Rancho-Gebäude. ❻

Pike Negro, am Fußballplatz, ☎ 2652-9369. Einfache Cabinas mit/ohne AC, Kühlschrank. Beim freundlichen Surfer Joel. Mit Ventilator ❸, mit AC ❹

ESSEN

Café Playa Negra, im Ortszentrum. Peruanische und internationale Küche. Kein besonders schönes Ambiente, aber Ventilatoren. ⏱ Mi–Mo 7–21.30 Uhr.

El Punto, am Fußballplatz. Internet, Frühstück, Snacks und Essen. ⏱ 9–21 Uhr.

Los Tucas, in Pataconis, am Weg nach Santa Cruz. Leckere Plátanos-Gerichte.

🧳 **Die fesche Lola**

Bei **Lola's** direkt am Strand genießen die Gäste sautierten Thunfisch, Ceviche, mediterrane Pita, hawaiianischen Fischsalat, Fruchtsäfte und kühles Bier. Dabei sitzt man auf originellen Holzliegestühlen und blickt aufs Meer. Bekannt wurde die Bar durch das große und gesellige Hausschwein Lola, das am Strand badete und Touristen aus aller Welt anzog. Lola ist inzwischen verstorben, die Nachfolgerin Lolita bekommt man leider nur wenig zu sehen. Keine Imbisspreise! ⏱ Di–So 11–15 Uhr Mittagessen, bis 18 Uhr Snacks.

Villa Deevena, von Los Pargos Richtung Paraiso, 🖥 www.villadeevena.com. Sehr feines Open-Air-Restaurant mit internationaler Fusionküche. Serviert werden Fisch-, Enten- und Lammgerichte, der Ziegenkäse stammt aus eigener Herstellung! Patrick Jamon ist ein bekannter Sterne-Koch, er und seine Frau Tasia aus Frankreich leben schon seit vielen Jahren an der Playa Negra. Empfehlenswert, Reservierung empfohlen. Auch schöne Ferienbungalows mit Freiluft-Duschen. ⏱ Di–So 11.30–14, 18–22 Uhr. ❻

SONSTIGES

Fahrräder
Bei Pargos Aventures, s. Touren

Internet
Café Playa Negra und bei **El Punto** am Fußballplatz.

Surfen
Surfing School Playa Negra, ☎ 2653-2567.

Touren
Pargos Adventures, Los Pargos, ☎ 2652-9136. Inhaber Javier Quiros bietet Stand-up-Paddeln (2–3 Std. $60 p. P.), Surfklassen (2–3 Std. $60 p. P.) und Mountainbike- und Trekkingtouren in die noch wenig touristische Umgebung an. Außerdem Verleih von Fahrrädern ($18/Tag), Schnorchelausrüstung ($15/Tag) und Surfboards ($18/Tag). ⏱ 8–18 Uhr.

Die Surfschulen in Tamarindo bieten tgl. Touren zur Playa Avellanas und Playa Negra an. Busse von Playa Avellanas:
SANTA CRUZ (über Playa Negra) Mo–Sa 2x tgl.

Playa Junquillal

Playa Junquillal gilt noch immer als Geheimtipp unter den Pazifikstränden. Der 2 km lange, geschützte Strand besticht durch seine raue, wilde Schönheit, seine Mangrovengebiete und Tidepools. Schwimmen ist aufgrund der starken Strömungen und hohen Wellen gefährlich. Der Strand ist ein weiterer Nistplatz der **Lederschildkröte**. Das illegale Eiersammeln betraf fast 75 % der Nester, sodass der World Wildlife Fund 2004 ein Projekt startete, das die Gemeinde mit in die Schutzmaßnahmen einbinden sollte und zu einem großen Erfolg wurde. Heute kommen wieder mehr Schildkröten zur Eiablage als in den Jahren zuvor. Der Argentinier Gabriel Francia koordiniert die Aktivitäten, und es ist ihm gelungen, Anwohner und Geschäftsleute für das Projekt zu gewinnen. Freiwillige Helfer, die Gabriels Arbeit unterstützen wollen, sind willkommen, und können sich bei ihm melden (✉ larusdos@yahoo.com.ar).

Die hinter dem Playa Junquillal liegende, ausgedehnte Ortschaft Junquillal zieht sich entlang einer staubigen Straße und ist bisher vom großen Bauboom verschont geblieben, nur einige Europäer haben sich hier an den Hügeln niedergelassen.

Hotel El Castillo Divertido, ✆ 2658-8428, 🖥 www.costarica-adventureholidays.com. Selbst gebaute Zementburg auf einem Hügel. 6 Zimmer mit Privatbad. Auf dem Burgdeck finden Grillabende mit Meerblick statt. Kajaktouren $20 p. P. ❸

Hotel Guacamaya, ✆ 2658-8431, 🖥 www.guacamayalodge.com. Schlicht eingerichtete Bungalows in großer, gepflegter Anlage auf einem Hügel mit herrlicher Sicht aufs Meer. Pool, Tennisplatz, Touren und gutes, beliebtes Restaurant. Auch neue Apartments mit Küche

und Meerblick. Besitzer sind die Geschwister Alice und Bernie aus der Schweiz. ❹–❻
Hotel Tatanka, ✆ 2658-8426, 🖥 www.hotel tatanka.com. Saubere Zimmer, Pool, Restaurant. Wenig Ambiente. Frühstück inkl. ❹
Mundo Milo, ✆ 2658-7010, 🖥 www.mundo milo.com. 5 schöne, unterschiedlich gestaltete Rundbungalows, großzügig im tropischen Wald verteilt, teils mit Zuckerrohrdächern, mexikanisch moderner Einrichtung, großen Fenstern und AC. Alle mit Dusche, Kühlschrank und Terrasse. Pool; die freundlichen, holländischen Besitzer Lieke und Michel sprechen auch Deutsch und Englisch, Frühstück inkl. ❹

Amigos Bar & Grill, im Plaza Tierra Pacifica, 800 m vor dem Ort an der Landstraße. Cocktails und viele abwechslungsreiche Fischgerichte vom Grill. ⊕ 16–22 Uhr.
Mundo Milo, in der Mundo Milo Lodge. Immer dienstags große Auswahl an Sushi; tgl. Fisch,

Urlaub zum Überkochen

Zwei traumhaft schöne Ferienhäuser, edel und geschmackvoll eingerichtet, mit Terrasse, in paradiesischer Lage und mit Direktzugang zum Meer, bietet die **Casas Pelícano**, 30 m vom Strand entfernt, ausgeschilderte Zufahrt, ✆ 2658-9010, 2658-8228, 🖥 www.casas-pelicano.com. Die ruhige Anlage ist umgeben von einem großen Garten mit Pool, Kakteen und Affenhorden. Doch nicht nur das! Besitzerin Sibylle ist Profiköchin und bietet auch Kochkurse für ihre Gäste an. Ob Fisch, Suppen oder typisch costa-ricanische Gerichte, gekocht wird, was der Gast lernen will; ein dreistündiger Kochkurs (auch für Nicht-Gäste!) inkl. Zutaten kostet $75 p. P., für jede weitere Pers. $25. Zubereitet wird dabei ein ganzes Menü. Für Gäste gibt es zum Frühstück selbst gemachtes Brot, hausgemachte Marmelade, mitunter sogar selbst geräucherte Salami! Im Restaurant werden auf Vorbestellung 3-Gänge-Menüs serviert; wer selbst grillen möchte, bekommt dafür alles nötige bereitgestellt; deutsche Leitung. ❹–❺

SÜD-GUANACASTE UND DIE NICOYA-HALBINSEL

Mariscos und Comida internacional in einem riesigen Rancho. ⊕ 17.30–21 Uhr.

Pizzería Tatanka, im Hotel Tatanka. Große Auswahl an original italienischer Holzofenpizza. ⊕ 18–21 Uhr.

Restaurant Guacamaya, im Hotel Guacamana. Beliebtes Restaurant mit guter, internationaler und schweizerischer Küche in großem Open-Air-Rancho mit Meerblick. ⊕ 12–21 Uhr.

SONSTIGES

Kochkurse
S. Casas Pelícano, Kasten, S. 255.

Polizei
Playa Junquillal und Playa Negra haben keine Polizeidienststelle, die nächstgelegene befindet sich in Paraíso.

Supermärkte
Super Junquillal, im Tierra Pacífica. Infos und Landkarten, gut sortiert. ⊕ 8–19 Uhr.

Telefon
Bei der Pulpería Rojelia.

Yoga
Yogakurse im **Tierra Pacífica** ($10 pro Std.). Weitere Infos unter ℡ 8356-2038.

TRANSPORT

Es besteht keine direkte Busverbindung zwischen Playa Junquiall und den südlichen Stränden. Die **Busse** fahren über Santa Cruz nach OSTIONAL.
SANTA CRUZ 5x tgl.

Von Playa Junquillal nach Ostional

Wer mit dem Auto oder Fahrrad unterwegs ist, kann direkt von der Playa Junquillal an der Küste entlang zu den südlich gelegenen, relativ wenig besuchten Schwimm- (Playa Manzanillo und Playa Azul), Surf- (Playa Marbella, San Juanillo) und Schnorchelstränden (Playa San Juanillo) weiterfahren. Zwei kleine Flüsse

müssen durchquert werden. Vor Abfahrt sollten sich Selbstfahrer vor Ort über die aktuelle Lage informieren.

ÜBERNACHTUNG UND ESSEN

Restaurant und Hotel Luna Azul, 1 km von Ostional Richtung Marbella, ℡ 2682-1400, ⌨ www.hotellunaazul.com. Friedliche, schöne Anlage mitten im Grünen. 7 helle kleine Ferienhäuser mit großem Balkon. Pool, Jacuzzi, Frühstück inkl. Das Restaurant mit internationaler Küche ist auch für Nicht-Gäste geöffnet (⊕ Mi–Mo 17.30–21 Uhr). Die schweizerische Leitung könnte aufmerksamer und freundlicher sein. **❻**

Restaurant und Lodge Tree Tops Inn, in San Juanillo, ℡ 2682-1335, ⌨ www.costarica treetopsinn.com. 1 rustikales Zimmer ohne AC in traumhafter Strandlage beim reizenden ehemaligen Rennfahrer Jack und seiner Frau Karen. Schon einige illustre Gäste zog es in diese ruhige Lodge mit Meerblick. Ideal für Flitterwöchler, die wert auf Privatsphäre legen. Lange im Voraus reservieren! Karen bereitet ein Gourmet-Dinner auch für Nicht-Gäste zu. Nur mit Voranmeldung. **❻**

Refugio Nacional de Fauna Silvestre Ostional

- **Informationen:** ℡ 2682-0400
- **Schildkrötentouren:** ℡ 2682-0428, $10 p. P., möglichst vorher anmelden
- **Gründungsjahr:** 1992
- **Größe:** 284 ha
- **Transport:** s. Ostional, S. 258
- **Hinweis:** Keine Fotos bei Nachtführungen, keine Taschenlampen. Rauchen verboten. Als Gruppe zusammenbleiben.

Das Tierschutzgebiet Ostional ist einer der wichtigsten Nistplätze der **Oliv-Bastardschildkröte** in Costa Rica. Die *Lara*, wie sie auf Spanisch aufgrund ihres schnabelförmigen Mauls nach einer Papageienart genannt wird, ist mit einer Gesamtlänge von bis zu 80 cm und mit einem Gewicht zwischen 35 und 45 kg die kleinste

Legale Eier – das Projekt Ostional

Man hatte mir das kleine Fischrestaurant in Guanacaste wärmstens empfohlen. Doch als ich das große „Se vende Huevos de Tortugas"-Schild (Verkaufe Schildkröteneier) am Eingang sehe, mache ich auf der Stelle kehrt und frage die Besitzerin, wie sie denn Schildkröteneier anbieten könne, wo doch jeder wisse, dass die Tiere vom Aussterben bedroht sind und das Sammeln der Eier illegal ist. „Ich boykottiere Ihr Geschäft", sage ich und wende mich dem Ausgang zu. Ein kräftiger Arm zieht mich zurück und zeigt mir eine Quittung: „Lea!", lesen Sie, fordert mich die Wirtin auf. Associación de Desarollo Integral de Ostional-ADIO steht da. „Haben Sie etwa noch nichts von dem Projekt gehört?" Vor 20 Jahren gründeten die Einwohner des Dorfes Ostional diese Organisation, um dem illegalen Eierdiebstahl an der Playa Ostional ein Ende zu machen, gleichzeitig aber der Gemeinde nicht eine wichtige Einkommensquelle zu rauben. Man einigte sich auf einen Kompromiss. An den ersten zwei Tagen einer **Arribada** (Massenankunft von Schildkröten) sammeln die Mitglieder von ADIO auf rund 900 m des insgesamt 7 km langen Strandes Schildkröteneier. Es sind die erstgelegten Eier, die meist von den Hunderttausenden von Schildkröten, die in den Folgetagen ihre Nester bauen, beschädigt und zertrampelt werden. ADIOs Beute beträgt dabei ungefähr ein Prozent einer Arribada. Außerhalb der Sammelzeiten gehen die Mitglieder am Strand Patrouille, um zu verhindern, dass Eier gestohlen werden. Die 260 Mitglieder starke Organisation hat strikte Aufnahmebedingungen. Es dürfen nur Kinder der Mitglieder, die in Ostional geboren und über 15 Jahre alt sind, dem Verein beitreten. Das Projekt trägt sich selbst, ist aber gesetzlich von der costa-ricanischen Regierung abgesegnet. Die biologische Fakultät der Universität von Costa Rica überwacht zudem die Entwicklung der Schildkrötenpopulation.

Die kleinen runden, Pingpongbällen ähnelnden Eier werden in Plastiktüten verpackt – aufgrund ihrer elastischen Schale zerbrechen sie nicht – und für 30C$ pro Ei verkauft. Der Käufer erhält eine gestempelte Quittung, die die Eier als legal gesammelt ausweist. Auf dem Markt steigt der Preis bis zu 100C$ pro Ei. Nach wie vor besteht der Glaube, dass die Schildkröteneier eine aphrodisierende Wirkung haben. Sie sind außerdem begehrt wegen ihres hohen Protein- und niedrigen Cholesterinwertes und werden gekocht, das Eigelb mit Milch und Likör verrührt oder in Suppen und herzhaften Torten verzehrt.

unter den Meeresschildkröten. Sie kommt ganzjährig mindestens einmal pro Monat zur Eiablage an Land, die Hauptnistzeit liegt aber in der Regenzeit, während der abnehmenden Mondphase, zwischen Juli und Dezember. Dann füllt sich die Playa Ostional für drei bis acht Nächte in Folge mit Hunderttausenden von Schildkrötenweibchen, die wie kleine programmgesteuerte Roboter über- und untereinander krabbelnd ihr Nistprogramm abwickeln. Die bisher größte dieser Massenankünfte fand im November 1995 statt, als 500 000 Weibchen an der Playa Ostional zur Eiablage erschienen.

Aber auch die Lara ist vom Aussterben bedroht. Als Verzehrerin von Mollusken, Fisch und Krustazeen werden ihr vor allem die Netze der Krabbenfangflotten zum Verhängnis. Höchstens 30 Minuten kann sie unter der Wasserober-

fläche überleben, dann verendet sie. Seit 1987 läuft in Ostional ein Projekt, das den Einwohnern erlaubt, eine begrenzte Anzahl an Eiern zum Verzehr und Verkauf zu sammeln (s. Kasten).

In wesentlich geringerem Umfang kommen auch die Echte Karettschildkröte (Tortuga Carey), die Grüne Meeresschildkröte und die Lederschildkröte zur Eiablage an die Playa Ostional, jedoch einzeln, nicht in Gruppen.

Ostional

Direkt an das Schutzgebiet schließt sich die kleine Ortschaft Ostional an. Außerhalb der Nistzeit kommen vor allem Surfer an den schwarzen Strand und reiten die hohen Wellen. Zum Schwimmen sind die Strömungen zu stark.

In der Schildkrötenhauptsaison füllen sich die Zimmer im Ort schnell, eine Reservierung ist empfehlenswert. Im Ort gibt es einfache Sodas.

Cabinas Ostional, ✆ 2682-0428. 6 kleine Cabinas, 2 davon mit Kochgelegenheit. Auch Schildkrötentouren. $10 p. P.

Ostional Turtle Lodge, ✆ 2682-0131, 💻 www.surfingostional.com. 4 sehr saubere Cabinas mit guten Matratzen und modernen Bädern für 1–4 Pers. ❸

Am Strandeingang befindet sich ein namenloser **Campingplatz**, ✆ 2682-0947, mit Blick aufs Meer, aber sehr primitiven sanitären Anlagen. 2000C$ p. P.

Auto

Von der Hauptstraße nach Nosara biegt links vor dem Supermarkt Paloma die Straße nach Ostional ab. Vom Río Ostional sind es weitere 4 km zum Ort. Achtung, diese Strecke ist nur mit Vierradantrieb ratsam und führt durch mehrere Flüsse. In der Regenzeit ist sie mitunter gar nicht befahrbar, da die Flüsse stark ansteigen. Vor der Abfahrt über die aktuelle Lage erkundigen!

Busse

SANTA CRUZ, 3x tgl., in der Regenzeit wird bei starken Überschwemmungen durch die Flüsse die Busverbindung zeitweise eingestellt. Oder Taxi nach NOSARA, dort in den Bus nach SAN JOSÉ oder NICOYA umsteigen.

Santa Cruz

Santa Cruz trägt stolz den Titel *Ciudad Nacional Folclórica* – Stadt der Folklore, doch außer einer Marimba-Werkstatt, einigen Tortillaständen und der hellblauen Folklórica-Buslinie spürt man im Alltag kaum etwas von Folklorestimmung. Die kommt erst auf bei den Fiestas Cívicas (s. S. 42, Feste und Feiertage) auf, wenn weite Röcke im Hüpfschritt fliegen, wagemutige Kerle ihre rippenbrecherische Rodeo-Akrobatik auf dem Rücken wilder Stiere vorführen und der *Yiepia-*

Seufzer des Sabanero von den Häuserwänden widerhallt.

Santa Cruz ist ein wichtiger Verkehrsknotenpunkt, um an die Strände Playa Tamarindo, Playa Brasilito und Playa Sámara zu gelangen, und bietet eine gute Gelegenheit, den Proviant für die Weiterreise an die teure Pazifikküste aufzustocken.

Sehenswertes

Die rosafarbene Kirche, von der lediglich der Turm die Erdbeben des vergangenen Jahrhunderts überstanden hat, ist mit dem gegenüberliegenden **Ciosco** das Auffälligste, was Santa Cruz an Architektur zu bieten hat.

In der Kirche befindet sich eine dunkelhäutige Christusstatue, der **Cristo Negro**, in ganz Lateinamerika auch nach seiner guatemaltekischen Heimatstadt unter dem Namen „Jesus de Esquipulas" bekannt. Der Legende nach bereiste die Heiligenfigur, der heilende Kräfte nachgesagt werden, ganz Zentralamerika und traf 1804 mit einem Missionar in Santa Cruz ein. Als der Missionar angeklagt wurde, sich an Spendengeldern zu bereichern, verließ er schnellstens die Stadt und hinterließ dabei – versteckt in einem hohlen Baum – die Heiligenfigur. Statt des Baumes steht dort heute die Kirche von Santa Cruz.

Gegenüber der Kirche erhebt sich der auffällige, mit präkolumbischen Motiven dekorierte Zement-Ciosco des aus Santa Cruz stammenden Künstlers Mario Garitos, dessen Werke auch in anderen Orten Guanacastes zu bewundern sind. Wer mehr von seiner Zementkunst sehen will, kann den Künstler besuchen. Sein Holz(!)haus mit fantasievollem Zementinterieur liegt 600 m westlich und 75 m nördlich der Municipalidad. Es ist Geschmacksache, aber auf jeden Fall ungewöhnlich anders!

Ein Besuch der **Fábrica de Tortillas** (s. Kasten, S. 260) ist Kochunterricht und Gaumenschmaus in einem. Vom Esstisch kann man die Metamorphose der zähen weißen Teigmasse in einen fliegenden Frisbee bis zum essfertigen, knusprig-braunen Maisfladen verfolgen. Die 16 Köchinnen – und der eine Hahn im Korb – haben sich als Kooperative zusammengeschlossen und stopfen seit 1975 hungrige Mäuler. Ein absolutes Muss!

SÜD-GUANACASTE UND DIE NICOYA-HALBINSEL

Töpfernde Füße – Keramik aus Guaitil

© JULIA REICHARDT

12 km östlich von Santa Cruz, im kleinen Dorf **Guaitil**, wo sich igluförmige Lehmöfen aus Pferde-mist, Erde und Ziegeln wie Bienenstöcke aus der Landschaft erheben, ist die jahrtausendealte **Chorotega-Kultur** lebendig. Die Mehrzahl der rund 100 Familien hier verdient sich ihren Lebensun-terhalt mit der Herstellung von Tonvasen, -töpfen und -figuren und greift dabei auf das Material, die Formen, Muster und Farben ihrer Vorfahren zurück. Bis 1985 wurde das Töpferhandwerk von einer Frauenkooperative betrieben, die wenigen männlichen Töpfer waren Machismen ausgesetzt. Heute sind Mann und Frau gleichermaßen am Kunsthandwerk beteiligt, jedes Tongefäß durchläuft ver-schiedene Hände einer Familie; die eine Hand formt, die andere malt, poliert, graviert …

Der Ton und die Naturfarben stammen aus der Umgebung Guaitils. Der Ton wird zum Trocknen unter der Sonne ausgebreitet, dann mit Mörser und Hammer zerkleinert und schließlich gesiebt, um stö-rende Steine zu entfernen. Dem trockenen, feinen Tonpulver werden feiner Sand und Wasser bei-gemengt, um anschließend mit den Füßen zu einer homogenen Masse gestampft und getreten zu werden. Als Töpferwerkzeuge dienen Löffel zum Formen, Maiskolbenblätter und Leder zum Glätten, Federkiele und Blechstücke zum Gravieren und der unentbehrliche Sukio-Stein zum Polieren. Das fertig geformte Tongefäß erhält eine Grundierung aus weißer Curialfarbe und wird nach dem ersten Trocknen und Polieren mit präkolumbischen Motiven in roter und schwarzer Naturfarbe dekoriert. Es folgt eine zweite, mehrtägige Trockenzeit und weiteres Polieren, bevor das Gefäß 35 bis 45 Minu-ten bei einer Temperatur zwischen 900 und 1000 °C im Lehmofen gebrannt wird.

ÜBERNACHTUNG

Die Unterkünfte sind in Santa Cruz allesamt nicht überwältigend, viele hätten ein Face-lifting nötig.

Hospedaje Isabel, 125 m östl. der Kirche, ☎ 2680-0173. Gefängnisartige 1-Pers.-Cabinas mit Bretterwänden, harten Liegen und Gemein-schaftsbad im chaotischen Hintergarten eines Chiropraktikers. Nur für abgehärtete Back-packer! $12 p. P.

Hotel La Estancia, an der Plaza de Los Mangos, neben der Schule „Josefina Lopez", ☎ 2680-0476. ✉ angiechacha70@yahoo.es. In Form eines Hufeisens angeordnete Cabinas mit AC. Ähnliche Qualität wie das Hotel La Pampa. **⑤**

Santa Cruz: *El Ciosco* vom costa-ricanischen Künstler Mario Garitos

Hotel La Pampa, südöstl. der Plaza de los Mangos, ☎ 2680-0586. Saubere, große, karg eingerichtete Zementräume mit Privatbad, teils mit AC, Parkplatz. ❸
La Calle de Alcala, 100 m östlich vom Busbahnhof Tralapa, ☎ 2680-0000, ✉ hotel alcala@hotmail.com. Eine grüne Oase mit Pool, Liegewiese und sogar Friseursalon. Die Zimmer sind jedoch eher enttäuschend. Mit AC, Billardtisch, Restaurant-Bar mit gigantischen Lautsprechern, Parkplatz. Frühstück inkl. ❹

Vom Frisbee zum Maisfladen

Fábrica de Tortillas / Coopetortillas, 200 m südl. von der Kirche. In dieser großen Scheune werden die besten Tortillas im Ort gemacht. Beim Essen kann man den Köchinnen zusehen, wie sie kneten und Teigfrisbees in die Luft werfen. Die leckeren Maisfladen gibt es mit verschiedenen Füllungen, auch vegetarisch. Gegessen wird auf kleinen Holzhockern oder langen Bänken. Beliebt bei Ticos. Günstig und empfehlenswert. ⏲ 5–16 Uhr.

ESSEN

Casafonda, an der Plaza de los Mangos. Meeresspezialitäten, Fleisch und Pasta, nettes Ambiente, sehr sauber, beliebt bei Touristen. ⏲ 6–22 Uhr.
Marisquería Mimoi, von der Hauptstraße nach Nicoya/Liberia 200 m in Richtung Stadtzentrum. Günstige Meeresfrüchte. ⏲ Mo–Sa 11–22 Uhr.

SONSTIGES

Feste
Mitte Januar, **Semana Cultural** mit Marimba-Musik und Tanz aus der Region. Die **Fiestas Cívicas** mit Rodeos und Corridas schließen sich unmittelbar daran an.
25. Juli, **Día de Guanacaste**, Musik, typische guanatekische Spezialitäten.

Geld
Banco Popular, an der Kirche. ⏲ Mo–Fr 8.45–16.30, Sa 8.15–11.30 Uhr.
Banco de Costa Rica, 200 m nördl. der Plaza de los Mangos. ⏲ Mo–Fr 9–16 Uhr.
Banco Nacional, an der Straße nach Liberia/Nicoya, schräg gegenüber von der Tankstelle. ⏲ Mo–Fr 8.30–17.30 Uhr.

Weitere Geldautomaten befinden sich am Parque Central.

Internet

Cellulares y Computadores, an der Plaza de los Mangos.

Polizei

Am Mercado Central.

Supermärkte

Kleinere Supermärkte im Zentrum. Große Supermärkte **Megasuper** und **Palí** an der Banco Nacional, an der Straße nach Liberia/Nicoya.
Mercado Central, ⏰ Mo–Sa 7–18 Uhr.

Tankstelle

Gegenüber vom Hotel Diria an der Straße nach Nicoya.

Taxis

An der Plaza de los Mangos. Tarife: Nicoya 15 000C$, Playa Tamarindo 25 000C$, Liberia 28 000C$.

Wochenmarkt

Feria de la Agricultura, an der Plaza de los Mangos, gegenüber der Escuela Josephina. Obst-, Gemüse-, Fischstände. ⏰ Sa 5–14 Uhr.

TRANSPORT

Die Busse nach San José füllen sich schnell, Fahrkarten mind. 1 Tag im Voraus kaufen! Besonders die Abfahrtzeiten an die Strände ändern sich häufig; unbedingt vor Ort über die aktuellen Fahrpläne informieren.

Busbahnhof am **Mercado Central**, von hier fahren die Busunternehmen Folklorika und Alfaro ab.
PINILLA (Richtung Playa Avellana), 2x tgl.;
PLAYA GRANDE, 2x tgl.;
PLAYA JUNQUILLAL, 3x tgl.;
PLAYA OSTIONAL, PLAYA MARBELLA, 3x tgl.;
PLAYA POTRERO (über PLAYA BRASILITO und PLAYA FLAMINGO), 8x tgl.;
PLAYA FLAMINGO (über PLAYA BRASILITO), 13x tgl.;

PLAYA TAMARINDO, 6x tgl. 5.30–17 Uhr;
SAN JOSÉ, 7x tgl. 3.30–16.30 Uhr.

Busbahnhof an der **Plaza de los Mangos**; von hier fahren die Busunternehmen La Pampa und Tralapa ab.
PLAYA JUNQUILLAL, 1x tgl.;
SAN JOSÉ, 8x tgl.;
NICOYA, alle 30 Min. 5.20–22 Uhr;
LIBERIA (über FILADELFIA, CRUZ DE LA COMMUNIDAD), alle 30 Min. 4–22.30 Uhr, am Wochenende weniger Verbindungen;
PLAYA DEL COCO, Bus Richtung Liberia nehmen, am Cruz de la Comunidad in den Bus nach Playa del Coco umsteigen;
TAMARINDO, 2x tgl.

Nicoya

Nicoya ist für Touristen weniger interessant als das 23 km nördlich gelegene Santa Cruz. Die Stadt war zwar bereits im 8. Jh. v. Chr. ein wichtiges Handelszentrum der Chorotega, eines aus Mexiko nach Zentralamerika eingewanderten Indianerstammes (S. 88, Geschichte), Spuren aus dieser Zeit findet man heute jedoch kaum noch. Ein Relikt ist die Fiesta de Maíz, eine Art Erntedankfest zu Ehren des Sonnengottes, das im Laufe der Kolonisation und Christianisierung in einen christlichen Kontext gestellt wurde. Der Sonnengott musste dabei einer dunkelhäutigen Jungfrau weichen, und der erdverbundene Name Fiesta de Maíz wurde durch den frommeren Namen Fiesta de la Virgen Guadalupe ersetzt. Die leckeren Maisspezialitäten aber, die am 12. Dezember aufgefahren werden, die Rosquillas, Cajetas, Pozole und der sämige Chicha-Trank, sind über die Jahrhunderte unverändert geblieben.

Nicoyas einzige Sehenswürdigkeit ist die kleine, im schlichten Franziskanerstil erbaute und innen frisch renovierte **Iglesia de San Blas** aus dem 16. Jh., eine der ältesten Kirchen Costa Ricas. Als die Spanier zu ihrer Einweihung den Erzbischof und Märtyrer San Blas statt der von den Indios innig verehrten Virgen de Guadalupe zum Stadtpatron ernannten, rebellierten die Indianer. Die Spanier handelten daraufhin rasch: Sie gaben der Stadt zwei Schutzpatrone, der Kirche

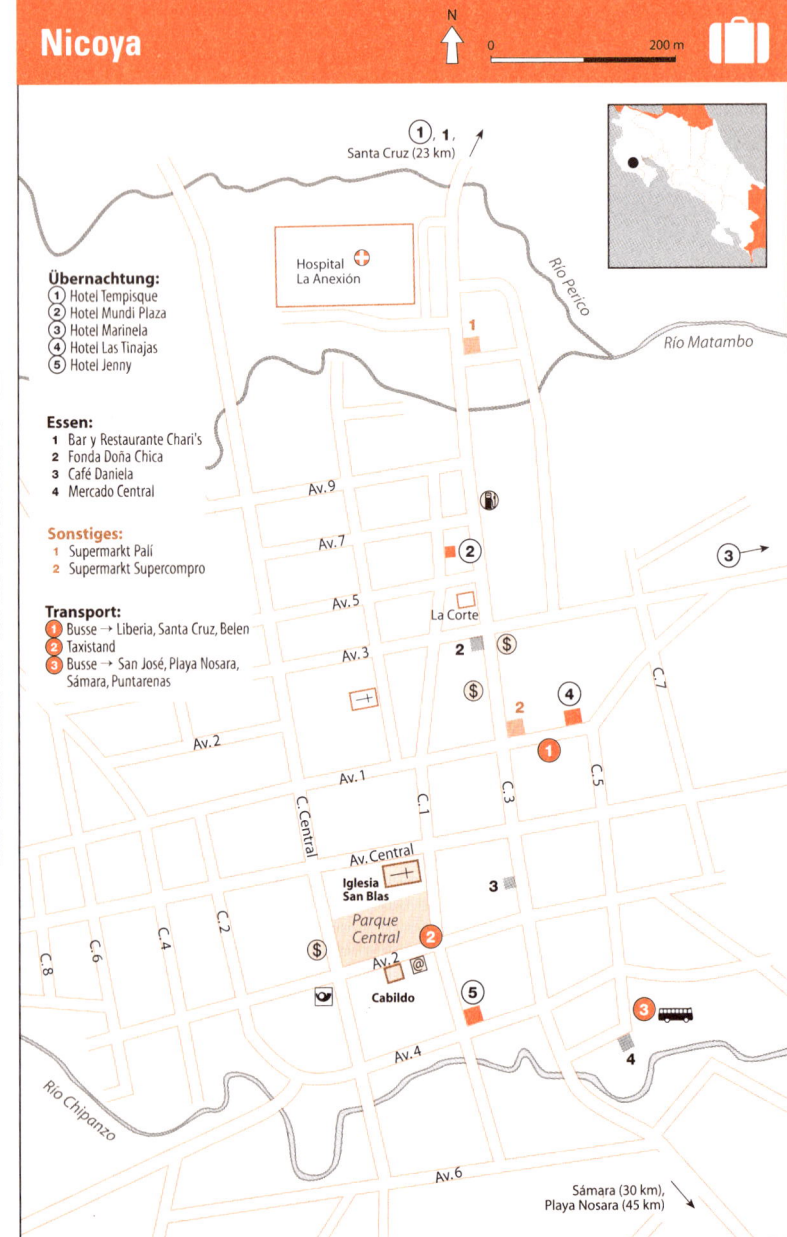

Nicoya

N
0   200 m

Santa Cruz (23 km)

Hospital La Anexión

Río Perico

Río Matambo

Übernachtung:
1. Hotel Tempisque
2. Hotel Mundi Plaza
3. Hotel Marinela
4. Hotel Las Tinajas
5. Hotel Jenny

Essen:
1. Bar y Restaurante Chari's
2. Fonda Doña Chica
3. Café Daniela
4. Mercado Central

Sonstiges:
1. Supermarkt Palí
2. Supermarkt Supercompro

Transport:
1. Busse → Liberia, Santa Cruz, Belen
2. Taxistand
3. Busse → San José, Playa Nosara, Sámara, Puntarenas

Av. 9

Av. 7

Av. 5

La Corte

Av. 3

Av. 2

Av. 1

C. Central

Av. Central

Iglesia San Blas

Parque Central

Av. 2

Cabildo

Río Chipanzo

Av. 4

Av. 6

C. 7

C. 5

C. 3

C. 1

C. 2

C. 4

C. 6

C. 8

Sámara (30 km), Playa Nosara (45 km)

zwei Glocken und den Nicoyanern schenkten sie auf diese Weise zwei freie Tage zum Feiern. Der Marienkult um die Virgen de Guadalupe stammt ursprünglich aus Mexiko, wo im Jahr 1531 einem Indigenen die Jungfrau erschienen war und er darauf zum Christentum konvertierte. Seitdem wird sie in ganz Zentralamerika von den Indianern als Schutzpatronin verehrt. Beide Patrone stehen am Altar. Zu sehen gibt es außerdem eine Standuhr aus Deutschland mit mechanischem Uhrwerk vom Anfang des 20. Jhs. ⊙ Mo–Fr 8–16, Sa 8–11, So 8–17 Uhr.

Im **Cabildo** (Gemeinderat), gegenüber der Kirche, wurde der Anschluss Nicoyas an Costa Rica besiegelt, eine Wandtafel erinnert an das historische Datum, den 25. Juli 1824.

Nicoya bietet sich als Ausgangspunkt für einen Abstecher zu den 15 km entfernten Kalksteinhöhlen des **Parque Nacional Barra Honda** (S. 264) an und ist ein wichtiger Verkehrsanknüpfungspunkt für Busse an die Strände Sámara und Nosara, in die nördlich gelegenen Städte Santa Cruz und Liberia sowie – über die neue Brücke Puente de la Amistad – aufs Festland, nach Puntarenas und San José.

Hotel Jenny, 100 m südl. vom Park, Eingang nicht beim Hotelschild, sondern an darauffolgender Ecke, ☎ 2685-5050. Typisch chinesisch geführtes Hotel: sehr saubere, kahle, unpersönliche Zimmer mit älterem Mobiliar, lange Gänge mit großen AC-Kästen, Privatbad, TV. ❷

Hotel Las Tinajas, gegenüber vom Busbahnhof (Busse Richtung Santa Cruz), ☎ 2685-5081. Relativ sauber, mit türkisblauen Wänden, teils mit AC. Einige Zimmer mit knarrenden Holzdielen, einige gefliest. Zimmer im oberen Stock nehmen! ❷

Hotel Marinela, 500 m östl., 50 m nördlich der Banco Nacional, ☎ 2686-7272. Ruhige, etwas abseits des Zentrums gelegene, sehr saubere Cabinas mit AC, TV, Privatbad, gute Wahl. ❷

Hotel Mundi Plaza, 350 m nördl. vom Parque Central, C.1, Av. 5–7, ☎ 2685-3535. Saubere, große Zimmer mit Balkon, dicken Matratzen und AC. ❸

Hotel Rio Tempisque, 1 km nördlich von Nicoya, an der Straße nach Santa Cruz, ☎ 2686-6650, 🖵 www.hotelriotempisque.com. Weitläufige Anlage mit 106 sauberen Zimmern auf einem 7 ha großen Grundstück mit Schwimmbad, parkähnlichem Garten; beliebt bei Familien und Gästen, die zum Arbeiten nach Nicoya kommen. Restaurant, Bar. ❸

Bar y Restaurant Chari's, gegenüber der Tankstelle Barrantes an der Ortseinfahrt, ☎ 2685-6248. Günstige und landestypische Kost. Frühstück, Mittag- und Abendessen; kein schneller, aber freundlicher Service. ⊙ 6–24 Uhr.

Café Daniela, C. 3, Av. 0–2, ein Block östl. vom Parque Central. Serviert neben Casados und Salaten auch hausgemachte Kuchen, Gebäck, Frescos und Kaffee, Frühstück. Auch Mittagessen. ⊙ Mo–Sa 7–21 Uhr.

Fonda Doña Chica (bei Einheimischen bekannt als „La Corte"), am Gerichtsgebäude *(la corte)* gegenüber der Banco Nacional. Landestypische, günstige Gerichte wie Tortillas, Caseras oder Holla de Carne. ⊙ 6–16 Uhr.

Mercado Central, neben dem Busbahnhof der Busse Richtung San José. Hier gibt's landestypische Küche.

Feste

Ende Jan/Anfang Feb: **Días Patronales de San Blas**. Musik und Folkloretänze auf der Plaza Central

25. Juli: **Día de Guanacaste**. Ganz Guanacaste feiert die Annexion Guanacastes durch Costa Rica.

12. Nov: **Pica de Leña**. Das farbenfroheste Fest der Stadt, an dem Hunderte von traditionellen Ochsenkarren, vollgeladen mit Brennholz, durch die Stadt zur Jungfrau von Guadalupe gezogen werden, wo die Ochsenwagenfahrer Speis und Trank erhalten.

12. Dez: **Día Patronal de la Virgen de Guadalupe**. Die Jungfrauenstatue wird zeremoniell durch Nicoyas Straßen getragen und schließlich zur Messe zurück in die Kirche gebracht. Traditionelle Maisspezialitäten und Feuerwerk.

Wer den Süden Guanacastes im Januar oder Februar bereist, sollte eines der Recorridos de Toros nicht verpassen: **Stier-Rodeos**, die in vielen Dörfern stattfinden und auf denen heitere, trunkene Volksfeststimmung herrscht. Im Redondel, der hölzernen Stierarena, führen die Sabeneros ihre Reitkünste vor und fangen mit dem Lasso im Galopp die Stiere an den Hörnern ein. Spannender wird es beim Stier-Rodeo, bei dem mutige Kerle sich auf dem wild ausschlagenden Stier zu halten versuchen. In den Pausen füllen selbst ernannte, junge Toreros die Arena und provozieren die Stiere mit wedelnden Tüchern.

Zum blutigen, spanischen Dolchstich kommt es dabei nicht, schwere Unfälle aber gibt es auch hier jedes Jahr. Eine der ersten Frauen, die sich bei diesem reinen Männerspektakel mit der Kamera in Nicoyas Stierarena wagte, war die Autorin selbst. An ihr fand der Stier Santo Blanco einen solchen Gefallen, dass er sie mit seinen Hörnern mehrmals heftig gegen die Absperrung presste und anschließend in die Lüfte schleuderte. So unvergesslich dieses Erlebnis auch war, vom Nachmachen wird strengstens abgeraten! Bleibt auf den Zuschauerrängen!

Geld

Banco Popular, schräg gegenüber vom Supercompro. ☉ Mo–Fr 8.45–16.30, Sa 8.15–11.30 Uhr. **Banco de Costa Rica**, am Park. ☉ Mo–Fr 9–16 Uhr.

Medizinische Hilfe

Hospital La Anexión, am nördl. Stadtrand, ☏ 2685-5066. Die wichtigste Klinik auf der Península de Nicoya.

Supermärkte

Palí, am nördl. Stadtrand Richtung Klinik. **Supercompro**, Av. 1, C. 3.

Taxis

Taxis Unidos, die Blechunterstände am Park sind Taxistände, keine Bushaltestellen! Taxis stehen auch am Krankenhaus und beim Mercado Central.

Telefon

Telefonzellen am Park, Telefonkarten gibt es in der Soda **El Parque**.

TRANSPORT

Der Hauptbusbahnhof mit Bussen nach Nosara, Sámara, San José und Puntarenas liegt 200 m östl., 200 m südl. vom Parque Central.

Busse fahren nach:
PLAYA NOSARA, 7x tgl. 4.45–17.30 Uhr;
PLAYA CARILLO (über PLAYA SÁMARA), 18x tgl. 5–21.45 Uhr;
SAN JOSÉ (über LIBERIA), 10x tgl. 3–17 Uhr, So weniger Verbindungen;
PUNTARENAS (Richtung NATIONALPARK BARRA HONDAS), 2x tgl., 3–3 1/2 Std.;
PLAYA NARANJO (mit Anschluss an die Fähre nach PUNTARENAS), 4x tgl.;
PLAYA DEL COCO, Bus Richtung Liberia nehmen, am **Cruz de la Comunidad** in einen Bus nach Playa del Coco umsteigen;
SANTA ANA (NATIONALPARK BARRA HONDA) 3x tgl.
Busse nach Santa Cruz, Belén und Filadelfia fahren vom **Busbahnhof** schräg gegenüber dem Hotel Las Tinajas ab.
LIBERIA (über SANTA CRUZ, BELÉN, FILADELFIA), ca. stdl. Mo–Sa 3.30–20 Uhr, So und feiertags weniger Verbindungen.

Parque Nacional Barra Honda

- **MINAET-Büro:** ☏ 2659-1551, ✉ minor.diaz@yahoo.com
- **Öffnungszeiten:** 8–16 Uhr, Besuch der Höhle 7.30–13 Uhr
- **Eintritt:** $10 p. P.
- **Höhlenbesuch:** inkl. Ausrüstung, Nationalparkeintritt und Führer $36 p. P.
- **Gründungsjahr:** 1974
- **Größe:** 22 955 ha
- **Unterkunft / Verpflegung:** Camping, $2 p. P., Essmöglichkeiten liegen in der näheren Umgebung des Parks.

■ Transport

Tourveranstalter in Sámara organisieren Touren in den Nationalpark.

Auto: Rund 15 km nach der Tempisque-Brücke biegt rechts ein Weg zur Ortschaft Barra Honda ab (ausgeschildert, von hier sind es weitere 4 km zum Nationalparkeingang.

Busse: Von Nicoya fährt tgl. morgens ein Bus nach Santa Ana, ca. 1 km vom Nationalpark entfernt, und ein Bus am späten Nachmittag zurück. Den Weg zum Park zu Fuß zurücklegen. 3x tgl. fahren Busse von Santa Ana zurück nach Nicoya, der letzte um 17 Uhr.

■ Ausrüstung: Bequeme Schuhe und lange Hosen für Höhlentour, Fernglas, Sonnenschutz.

Die Hauptattraktion des Nationalparks Barra Honda liegt unter der Erde: 42 Kalksteingrotten unterhöhlen den tropischen Trockenwald bis zu einer Tiefe von 220 m. Erst in den 60er-Jahren, als das Gebiet des heutigen Nationalparks noch im Besitz einer Finca war, entdeckte man die Höhlen, 19 von ihnen hat man bisher erforscht, und in der **Nicoya-Höhle** stieß man dabei auf menschliche Skelette sowie auf Tongefäße und Speerspitzen aus präkolumbischer Zeit. Die einzige der Öffentlichkeit zugängliche Höhle ist die **Cueva Terciopelo** mit einer Tiefe von 41 Metern.

Oberirdisch erheben sich die Hügel, aus denen die Grotten einst entstanden, der höchste von ihnen ist der **Cerro Coralillo** mit einer Höhe von 550 Metern. Wie die Höhlen bestehen auch die Hügel aus Kalkgestein, genauer, aus den Skeletten abgestorbener Korallenriffe, die vor mehr als 60 Mio. Jahren durch tektonische Plattenbewegung aus dem Meer an die Oberfläche gedrückt wurden. Das Regenwasser, das durch die verschiedenen Erdschichten sickerte, vermischte sich mit dem von Pflanzenwurzeln und Bodenorganismen ausgestoßenen Kohlendioxid und bildete eine leichte Säure, die Kohlensäure, die den Kalk im Laufe der Jahrtausende zerfraß und Höhlen formte.

Wanderungen

Der Abstieg zur Terciopelo-Höhle ist ausschließlich in Begleitung von zwei Parkwächtern und mit Kletterausrüstung erlaubt, Kindern unter

Parque Nacional Barra Honda: Höhlenexpedition

© JULIA REICHARDT

acht Jahren ist der Besuch dieser Höhle aus Sicherheitsgründen untersagt, sie können stattdessen die leichter zugängliche Cuevita-Grotte besuchen.

Die Höhlentour beginnt mit einem steilen, vertikalen Abstieg über eine Leiter in eine Tiefe von zunächst 17 m und führt dann durch vier der insgesamt fünf Säle mit bizarren Stalagmiten und Stalaktiten in eine Tiefe von 41 m hinab. Für die gesamte Tour inkl. Hin- und Rückwanderung zum Parkeingang muss man vier Stunden einplanen. Mit etwas Glück lassen sich auf dem Weg Brüll- und Kapuzineraffen, Rote Aras, Gürteltiere und Zwerghörnchen erspähen.

Empfehlenswert ist ein Abstecher zum 500 m von der Höhle entfernten **Mirador**, von dem sich eine Panoramasicht über den tropischen Trockenwald bis zum Golf von Nicoya und von der anderen Seite bis auf den Pazifik bietet.

Playas de Nosara

Die drei paradiesischen Strände von Nosara, Playa Guiones, Playa Pelada und Playa Nosara, liegen rund 5 km von der Ortschaft Nosara entfernt und bieten Yogis, Surfern, Schnorchlern, Schwimmern und Vogelkundlern die jeweils passende Nische für ihr Hobby.

Der 5 km lange, weiße Sandstrand **Playa Guiones** ist das Surfrevier unter dem Dreigespann und bildet mit den meisten Unterkünften und Restaurants auch sein Zentrum. Obwohl auch hier der *American lifestyle* dominiert, hebt sich Playa Guiones von den übrigen nordamerikanischen Strandkolonien ab. Die über 1000 ha Küstenland, die bereits Ende der 1960er-Jahre von einem Amerikaner aufgekauft wurden, stehen heute unter dem Schutz der engagierten Nosara Civic Association (NCA). Es ist der Verdienst dieser Organisation, dass die drei Strände nicht mit Hotelriesen bebaut wurden, sondern unter Naturschutz stehen. An der kilometerlangen weißen Playa Guiones machen Surfanfänger Trockenübungen und rudern bäuchlings wie nistende Lederschildkröten kräftig mit den Armen im Sand. Im Ort selbst lassen sich müde Wellenreiter ihre verspannten Rücken mit Meersalz massieren

und das Surfwax aus den Ohren blasen. 300 m außerhalb des Ortes, in Richtung Nicoya, liegt das renommierte **Nosara Yoga Institute**, an dem Yogalehrer aus- bzw. weitergebildet und täglich Kurse für Touristen angeboten werden. Wer costa-ricanisches Leben kennenlernen will, ist in Playa Guiones jedoch falsch.

An der kleineren **Playa Pelada** haben sich überwiegend europäische Expats niedergelassen, die Unterkünfte sind hier generell günstiger. Playa Pelada ist mit seinem vorgelagerten Riff, den vielen Tidepools und Felshöhlen der Schwimm- und Schnorchelstrand. Bei Ebbe kann man, an den Felsklippen vorbei, zur mangrovenumsäumten, dunklen **Playa Nosara** laufen, an deren Flussmündung die Einheimischen noch mit Hand und Schnur ihren Fisch fangen und vorübergehend in den Felsspalten frisch halten. Playa Nosaras hohe Wellen machen den Strand zu einem beliebten Ziel für fortgeschrittene Surfer. Etwas oberhalb gelegen, erstreckt sich das 50 ha große **Privatreservat Nosara**, in dem u. a. Affen, Wasch-, Nasen- und Ameisenbären, Gürteltiere, Krokodile sowie mehr als 270 Vogelarten ein Zuhause haben (s. a. Kasten).

Landeinwärts liegt die Ortschaft **Nosara**. Bis auf einige typische Tico-Bars, Supermärkte und die Landebahn ist der Ort für Touristen eher uninteressant.

Orientierung

Im Gegensatz zum benachbarten Sámara gibt es weder in Playa Guiones noch in Playa Pelada einen klaren Ortskern. Unterkünfte und Restaurants liegen weit auseinander. Man folgt den Wegweisern, die zu Dutzenden übereinander an jeder wichtigen Kreuzung aufgestellt sind.

ÜBERNACHTUNG

Playa Guiones ist ein teures Pflaster, bei vielen Unterkünften stimmt das Preis-Leistungs-Verhältnis nicht. In den letzten Jahren haben zunehmend Unterkünfte für den schmaleren Geldbeutel eröffnet, man findet sie vor allem an der Playa Guiones. Cabinas gibt es auch in der Ortschaft Nosara, zum Strand ist es von dort für einen Fußmarsch aber zu weit und Busverbindungen gibt es nur wenige.

Playa Guiones

4 You Hostal, an der 2. Einfahrt zum Playa Guiones, nach 100 m auf der linken Seite, ☎ 2682-1316, 🖥 www.4youhostal.com. Liebevoll von Carole und Marco geführtes und sauberes Hostel mit 1 Dorm, 3 Zimmern, 2 kleinen Apartments und großer, moderner Gemeinschaftsküche. Kaffee gibt es morgens in der Crêperie nebenan umsonst, $18 p. P., Zimmer ❷–❸

Casa Romantica, ☎ 2682-0272, 🖥 www.casa-romantica.net. 8 ruhige Zimmer mit TV. Eindrucksvolles Rancho mit Pool. Die Zimmer sind für die stolzen Preise enttäuschend normal. Frühstück inkl. ❻

Hotel Harmony, am Café de Paris in Richtung Strand, 400 m auf der rechten Seite, ☎ 2682-4114, 🖥 www.harmonynosara.com. 10 gefliete, schlichte Zimmer mit eingezäunter Terrasse; 14 schöne Bungalows, minimalitisch-karg eingerichtet, umgeben von Palmen. Direkter Zugang zum Strand. Pool mit eindrucksvoller Fächerpalme. Buchverkauf und -tausch. Tgl. Umweltschutzaktivitäten. Im Healing Center werden Yogakurse, Massagen und Ganzkörpermasken angeboten. Das Hotel bereitet das anfallende Abwasser auf und nutzt es anschließend für die Gartenanlagen. Solaranlage. ❻

Nosara Suites, an der 1. Zufahrtsstraße nach Nosara, am Café de Paris, ☎ 2682-1036, 🖥 www.nosarasuites.com, www.cafe deparis.net. Luxussuiten in kühl-modernem Ambiente, die Glasduschen befinden sich im Zimmer. Großer Pool, Gartenanlage, Restaurant. Französisch-schweizerische Leitung. ❻

Rancho Congo, 2. Einfahrt nach Guiones, an der Straße nach Pelada, ☎ 2682-0078, ✉ ranchocongo@ice.co.cr. 2 saubere Cabinas mit großem Bad. Frühstück inkl. Deutsche Besitzerin. ❸

The Gilded Iguana, 2. Einfahrt nach Guiones, 800 m, ☎ 2682-0259, 🖥 www.thegildediguana.com. 12 freundliche, schlichte Zimmer, die neueren liegen weiter ab von der Bar; Pool. Hier ist immer was los, kein ruhiger Ort. Überwiegend amerikanische Gäste. ❺

Playa Pelada

Nosara Retreat, 2. Einfahrt nach der Playa Pelada, ausgeschildert, früher B&B Nosara, ☎ 2123-0209, 🖥 www.nosarabandb.com. Auf einem großen Naturgrundstück, abgeschieden und ruhig liegen diese einfachen, einladenden Zimmer, teils mit Gemeinschaftsküche. Die Nachtruhe wird hier nur durch Grillen und Meeresrauschen gestört. 5 Min. Fußmarsch zum Badestrand. Die freundliche, weit gereiste Amerikanerin Deborah leitet mit Partner Michael die Unterkunft. Deborahs Familie lebt bereits seit 20 Jahren in Pelada und arbeitet eng mit der Gemeinde zusammen. Jedes Jahr finden Schreib-Workshops für Gäste statt. Kein AC! Beliebt bei Europäern. ❸

Posada Refugio del Sol, gegenüber vom Minisuper, ✆ 2682-0287, José direkt: 8825-9365, 🖵 www.refugiodelsol.com. 5 saubere Zimmer mit Privatbad und Gemeinschaftsterrasse, Hängematten und kleiner Innengarten beim freundlichen, weltgereisten Galicier José. Teils mit kleiner Kochgelegenheit. Gäste können auch Josés Küche mitbenutzen. ❸

Seekret Spot, 2. Einfahrt nach der Playa Pelada, ✆ 2682-1325, ✉ seekretspot@hotmail.com. Kleine, funktionale Zimmer mit wenig Ambiente, teils mit Privatbad, bei italienischer Familie. ❷

Villa Mango Bed and Breakfast, 2. Einfahrt nach der Playa Pelada, ✆ 2682-1168, 🖵 www.villamangocr.com. Heimeliges Hotel: 7 helle, stilvoll-schlichte Zimmer, einige mit AC (kostet extra) und schön gekacheltem Bad, Sitzdusche. Terrasse in originellem Design. Salzwasserpool, Garten, Gemeinschaftsterrasse mit bezauberndem Meeresblick, Gemeinschaftswohnzimmer mit Büchern und CDs. Charmante französisch-portugiesische Leitung. Yoga, Frühstück inkl. ❻

ESSEN

Playa Guiones

Il Basilico, an der Ortsausfahrt Richtung Nicoya, hinter der Chapman Bar. Einfaches italienisches Restaurant mit Blechdach. Pizza und Fisch.

La Crêperie, neben dem 4 You Hostal. Leckere, hauchdünne Crêpes, wie sie sein sollen. Sehr freundliche Bedienung, wenig Schatten. ⏲ 7–20.30 Uhr.

Panadería und Restaurant Café de Paris, direkt an der 2. Einfahrt nach Guiones. Beliebte Bäckerei mit frischen Croissants, Kuchen, Baguettes. Zum Frühstück im Rancho-Restaurant nebenan werden frisches Brot und Croissants direkt aus der Bäckerei serviert. Die Küche ist französisch inspiriert: Garnelen, gegrilltes Rind in Sauce béarnaise, Mousse au Chocolat und französische Weine. Auch vegetarische Gerichte. ⏲ Mo–Sa 7–21, So 7–16 Uhr.

Restaurant Giardino Tropicale, 400 m vor der Playa Guiones. Pizza, Pasta, Meeresfrüchte in schönem, rustikalem Ambiente. Nicht billig. ⏲ 9–21 Uhr.

Robin Café and Icecream, 50 m westl. vom Café de Paris, 🖵 www.robinsicecream.com. Hausgemachtes Eis aus costa-ricanischen Früchten – Mango, Sternfrucht, Ananas. Herzhafte Crêpes z. B. mit Avocado, Spinat oder süße mit Nutella! Wraps mit Tofu-Salat und Avocado, vegane Burger. Frühstück gibt's den ganzen Tag über. Zutaten vorwiegend aus ökologischer Landwirtschaft. ⏲ 7–19.30 Uhr.

Soda Tica, 1. Ortseinfahrt nach Guiones, an der Straße Richtung Pelada. Gute, saubere Soda mit leckeren, günstigen Casados, Fischsuppe; zum Frühstück werden Pfannkuchen, Omelett oder Gallo Pinto serviert. ⏲ Mo–Sa 8–15 Uhr.

Playa Pelada

Cafetería y Heladería Italia, aus ihrer Heimat Italien haben Federica und Stefano ihre Gelato-Maschine einschiffen lassen. Auch Cappuccino und Espresso; Internetcafé.

Lagarta Lodge, schlemmen oder einfach nur einen Cocktail schlürfen bei atemberaubender Aussicht? Hier werden Fisch-, Fleischgerichte und Pasta aufgetischt. Und bei einem Wirt aus der Schweiz darf natürlich ein Fondue nicht fehlen, hier mit Meeresfrüchten! In der dazugehörigen Sunset-Bar genießen Gäste die unvergesslichen Sonnenuntergänge. ⏲ Restaurant Mi–Mo 12–13.30 und 17.30–20 Uhr, Sunset Bar ⏲ Mi–Mo 16.30–19.30 Uhr.

Luna Bar, am Strand, ✆ 2682-0122. Restaurant-Bar mit tollem Ambiente. Berauschende Sonnenuntergänge, sanfte Musik, Kerzenschein und der legendäre Cocktail Lunitica mit costa-ricanischem Rum und Tropenfrüchten. Sehr gute mediterrane Küche, auch hauchdünne Pizza. Zum Sonnenuntergang besser reservieren. ⏲ 12–22 Uhr.

Olga, am Strand. Frischer Fisch und Meeresfrüchte direkt von den Fischern. Auch Frühstück. ⏲ 8–21.30 Uhr.

Soda Marielos, direkt am Strand. Lokal mit vertrockneten Hängepflanzen als Deko und günstigen landestypischen Gerichten und Fisch, ideal um ein Bier in rustikalem Ambiente zu genießen. ⏲ 11–21 Uhr.

Richtung Nosara

Restaurante Típico La Casona, kurz vor dem Flughafen von Nosara. Üppige Portionen landestypischer Küche im großen Open-Air-Rancho, auch Pizza. ◷ Mo–Fr 11–22, Sa 9–23, So 9–22 Uhr.

UNTERHALTUNG

Playa Guiones

Bar Chapman, am Ortsausgang, an der Straße Richtung Nicoya. Do Reggaenacht, Sa Ladies' Night, Fr Noche Latina. Mitunter Livemusik. ◷ Di–Sa 19–2 Uhr.
In der **Casa Tucán**, im **The Rising Sun** und in der Hotelbar des **Gilded Iguana** finden gelegentlich Livekonzerte statt.

In Nosara

Disco Tropicana, einzige Disco in der Region. Touristen und Ticos. ◷ Fr und Sa ab 22 Uhr.

AKTIVITÄTEN UND TOUREN

Fitnessstudio

Nosara Workout Beach Gym, Playa Guiones, im 2. Stock der Banco Popular, ✆ 2682-1404. Veranstaltet tgl. Strand- und Dschungelläufe. Fitnessstudio. ◷ 6–20 Uhr.

Kajaktouren und -vermietung

Drifters, an der Boca de Nosara (Flussmündung des Río Nosara und Río Montana), ✆ 2682-1380. 2–3-stündige Kajaktouren mit erfahrenem Guide.

Reittouren

Boca Nosara Tours, ✆ 2682-0280.

Schnorcheln

The Frog Pad, Playa Guiones, 🖳 www.the frogpad.com. Vermietet Schnorchelausrüstung, auch Surfbretter. ◷ 9–21 Uhr.
Das beste Schnorchelrevier ist die Playa San Juanillo, ca. 45 Min. von Guiones entfernt.

Surfen

Die Playas von Nosara bieten eine der beständigsten Breaks im Land.
An der Playa Guiones und den benachbarten Stränden finden von Sep–Nov nationale und internationale Surf-Wettbewerbe statt.

Einmal durchkneten, bitte!

Ob verspannter Surfernacken, schmerzender Backpackerrücken oder überdehnter Yogafuß, fast jedes Wehwehchen wird bei **Tica Massage**, gegenüber der Casa Tukan, ✆ 2682-0096, 🖳 www.ticamassage.com, mit ätherischen Ölen wegmassiert. Umgeben von tropischem Garten; 1 Std. Ganzkörpermassage kostet $55. Auch spezielle Fuß-, Nacken- oder Gesichtsmassagen. ◷ 9–18 Uhr.

Rund ein Dutzend Surfschulen und Surfshops gibt es im Ort. Zu den renommiertesten zählen: **Coconut Harry's**, 2 Filialen, eine an der 1. Ortseinfahrt nach Playa Guiones, die andere weiter im Zentrum, in Strandnähe, ✆ 2682-0574, 🖳 www.coconutharrys.com. Surfunterricht und Surfbrett-Verleih $15–20 pro Tag, $90–120 pro Woche, Boogieboard $10 pro Tag, Surfunterricht 90 Min. $45. Gruppen bis 3 Pers. Kinder bis 15 J. $35. ◷ 7–17.30 Uhr.
Nosara Surfshop, Playa Guiones, ✆ 2682 0186. Alles rund ums Surfen inkl. Kleidung, Surfboard-Verleih ($15–20 pro Tag) und -reparatur. Unterricht $40 p. P. pro Std. ◷ 7–18 Uhr.
Nosara Tico Surfschool, Plaza Guiones, ✆ 2682-4078, 🖳 www.nosaratico.com. Surfboardverleih $10/20 pro 1/2 Tag/Tag, Schnorchelausrüstung $10 pro Tag, Boogieboard $5/10 pro halber Tag/Tag. Einzelsurfunterricht $60 für 90 Min. inkl. Board, Gruppenunterricht bis 4 Pers. $45 p. P. für 90 Min. Von Costa Ricanern geleitet. ◷ 7–17 Uhr.

SONSTIGES

Autovermietung

National, von Nicoya kommend, kurz hinter der ersten Einfahrt nach Playa Guiones, ✆ 2682-1146. ◷ 7–17 Uhr.
Toyota, 150 m westl. vom Café de Paris, ✆ 2682-0941. ◷ 8–17 Uhr.

Fahrradverleih

Frog Pad, Playa Guiones. $10 pro Tag. ◷ 9–21 Uhr.
Nosara Surfshop, $10 pro Tag.
Coconut Harrys, $20 pro Tag.

Geld

Banco Popular, Playa Guiones, neben Café de Paris. ⊕ Mo–Fr 8.45–16.30, Sa 8.15–11.30 Uhr.
Banco de Costa Rica, neben der Tankstelle Richtung Nosara. ⊕ Mo–Fr 9–16 Uhr.

Informationen

Die **Website** 🖵 www.nosara.com listet Informationen zu Transport, Unterkunft, Restaurants und Aktivitäten an den Playas de Nosara auf.
Die Lokalzeitung **Voice of Nosara**, 🖵 www.voiceofnosara.com, erscheint jeden Monatsanfang mit Berichten über die Region und enthält auch einen Veranstaltungskalender. Sie liegt in den Hotels aus.

Internet

Teures Internet im **Café de Paris**, bei **Nosara Net** neben Frog Pad und im **Café Italia** an der Playa Pelada.

Medizinische Hilfe

Centro Médico, an der Playa Guiones, rund 100 m südl. der Banco Nacional auf der gegenüberliegenden Straßenseite, ✆ 2682-1212.

Polizei

neben der Playa Guiones, an der Hauptstraße zum Strand, ✆ 2682-0075.

Sprachenschule

Spanish Institute, an der Straße Richtung Nicoya, hinter dem Yoga Institute, ✆ 2682-1460, 🖵 www.nosaraspanishinstitute.com. Sehr modernes Gebäude, gute Tico-Lehrer.

Supermärkte

Orgánico Minimarket, an der 1. Einfahrt nach Guiones. Kleine Auswahl an Öko-Produkten. ⊕ 7.30–20 Uhr.
Teure **Minisupers** gibt es an den Stränden. Selbstversorger sollten sich in Nicoyas Supermärkten eindecken, dort ist die Auswahl größer und die Preise sind deutlich niedriger.

Tankstelle

Kurz hinter Playa Pelada, an der Straße Richtung Nosara.

Namaste!

Yoga-Begeisterte kommen an den Playas de Nosara voll auf ihre Kosten. Gut betreute Kurse bieten z. B. die folgenden renommierten Anbieter:
Nosara Yoga Institute, an der Straße nach Nicoya, 3 Blocks vom Café de Paris. Von Playa Guiones führt auch ein schöner Dschungelpfad dorthin, ✆ 2682-0071, 🖵 www.nosarayoga.com. Aus- und Weiterbildungskurse für Yogalehrer und tgl. 4–5x Yogaunterricht für Touristen (90 Min. $15). Yogamatten werden gestellt. Großes Areal mit 3 beeindruckenden Yogaplattformen aus Holz, umgeben von hohen alten Baumriesen.
The Yoga House, im Zentrum von Playa Guiones, ✆ 2682-0289. Von Hecken umgeben, kleiner und zentraler als das Nosara Yoga Institute. Angeboten werden Pilates, Kundalini-, Ahahata-, Vibrant Yoga, Body Sculpting, Sa Chanting, Mo Meditation. Spezielle Yogakurse für Surfer, Sportler und Anfänger. Die Leiterinnen Jodie und Joy sind Absolventinnen des Yoga Instituts. Draußen und drinnen Plattform. Massagen.

Taxi

Taxi Abel, ✆ 8812-8470.

Wäscherei

In Nosara, gegenüber der Kirche, in der Tienda und Zapatería **Cinderella**.

TRANSPORT

Die Weiterfahrt im **Auto** an die Strände Ostional und Junquillal ist nur in der Trockenzeit mit 4WD möglich. Die Route führt durch mehrere Flüsse. Immer vor Ort über die Lage erkundigen.

Busse

Busse fahren von der Soda Vanessa in Nosara ab, die unten angegebenen Abfahrtzeiten beziehen sich alle auf Nosara. Weitere Bushaltestellen befinden sich am Café de Paris an der Playa Guiones und am Five Points (der Ort, an dem fünf Straßen abgehen) an der Playa Pelada. NICOYA, 5x tgl. 4.30–15 Uhr;

SAN JOSÉ, Direktbus 1x tgl. um 12 Uhr. Tickets sind im Alfaro-Büro in Nosara neben der Soda Vanessa erhältlich. In der Hauptsaison mehrere Tage im Voraus kaufen!

Shuttle-Busse
VINO Transportation, ☎ 2682-0879, Minibus-Shuttle mit AC nach SAN JOSÉ, LIBERIA, ARENAL, SÁMARA, TAMARINDO, MONTEVERDE.

Flüge
Die Flugpiste liegt kurz vor der Ortschaft Nosara. **Nature Air**, 🖥 www.natureair.com, fliegt 2x tgl. nach SAN JOSÉ.

Sámara

Der palmenumsäumte Korallenstrand **Playa Sámara** ist ein Klassiker unter Costa Ricas Urlaubsstränden und besitzt eine der ruhigsten Schwimmbuchten der Península. Vorgelagert liegt die **Isla Chora**, Habitat von Seevögeln und beliebtes Ausflugsziel für eine Tour im Seekajak. Die lebendige kleine Gemeinde Sámara, eine gesunde Mischung aus Ticos und überwiegend europäischen Expats, engagiert sich auch abseits des Strandlebens: Das Comité Ambiental Playa Sámara setzt sich für die Erhaltung der bedrohten Mangrovenwälder in der Umgebung ein und initiiert Unterschriftensammlungen gegen lärmende Jetskis. Für Kultur macht sich die Sprachenschule Intercultura stark. Neben Sprachkursen mit Meereskulisse bietet sie Tanz- und Kochkurse, Filmabende und Lesungen an. Seit Eröffnung der Puente de la Amistad erfährt Sámara zum Leidwesen seiner Einwohner eine rege Bautätigkeit und einen steigenden Touristenzustrom.

ÜBERNACHTUNG
Im Budget-Bereich kann Sámara leider nicht überzeugen. Den günstigen Unterkünften im Ort mangelt es oft an Sauberkeit und guten Matratzen. Die mittlere Preiskategorie bietet dagegen eine sehr viel breitere Auswahl und gute Qualität.

Cabinas Entre Dos Aguas, 200 m vom Strand, ☎ 2656-0998, 🖥 www.hotel dosaguas.com. Ruhig gelegene, sehr beliebte, 3-stöckige rustikale Unterkunft mit 7 hübschen Zimmern verschiedener Größe und schönen Steinduschen. Kein AC. Die Zimmer im 2. Stock sind schöner als im Erdgeschoss. Auch ein Apartment für Familien. Großer gepflegter Garten mit Pool, Hänge- und Liegestühlen zum Faulenzen sowie Grill. Kaffee und Tee gibt es den ganzen Tag gratis. Gemeinschaftskühlschrank und Mikrowelle. Boogieboardverleih ($4). Geleitet wird die Unterkunft von dem freundlichen, sehr hilfsbereiten Paar Brandon und Lilah aus NYC. Kein Frühstück. ❸

Camping Aloha, direkt am westlichen Strandabschnitt, ☎ 2656-1313. Tolle Lage, aber man darf keinen großen Komfort erwarten, $6 p. P.

Casa Paraíso, am östl. Ortsende, 🖥 www. isamara.co/ahorasi.htm, ☎ 2656-0741. Farbenfrohe, saubere Cabinas mit guten Matratzen bei der netten Italienerin Sabina. ❹

Casa Valeria, am Strand, ☎ 2656-0511, ✉ casavaleria_af@hotmail.com. Einfache Unterkunft am Strand mit Zimmern verschiedener Ausstattung und Größe mit AC, am schönsten sind die Ferienhäuschen ohne AC. Hängematten zwischen Palmen am Strand. Kein Frühstück, dafür große Gemeinschaftsküche und Kaffee den ganzen Tag. Bei Doña Angelica. ❹

Hotel Belvedere, an der Ortseinfahrt gleich links und dann nochmals links den Berg hoch, gut ausgeschildert, ☎ 2656-0213, 🖥 www. belvederesamara.net. Schöne, ruhig gelegene, gepflegte Anlage, umgeben von Grün, etwas abseits vom Zentrum. 22 große gefliese Zimmer mit Kühlschrank oder 2 praktische Apartments mit Küche. 2 Pools und Whirlpool, Sonnenterrasse. Beliebt bei Familien, deutsche Leitung. Frühstück inkl. ❹–❺

Hotel Casa del Mar, 50 m östl. der Schule, ☎ 2656-0264, 🖥 www.casadelmarsamara.net. Beliebtes Hotel in Strandnähe. 6 saubere Zimmer mit Balkon und Gemeinschaftsbad zur

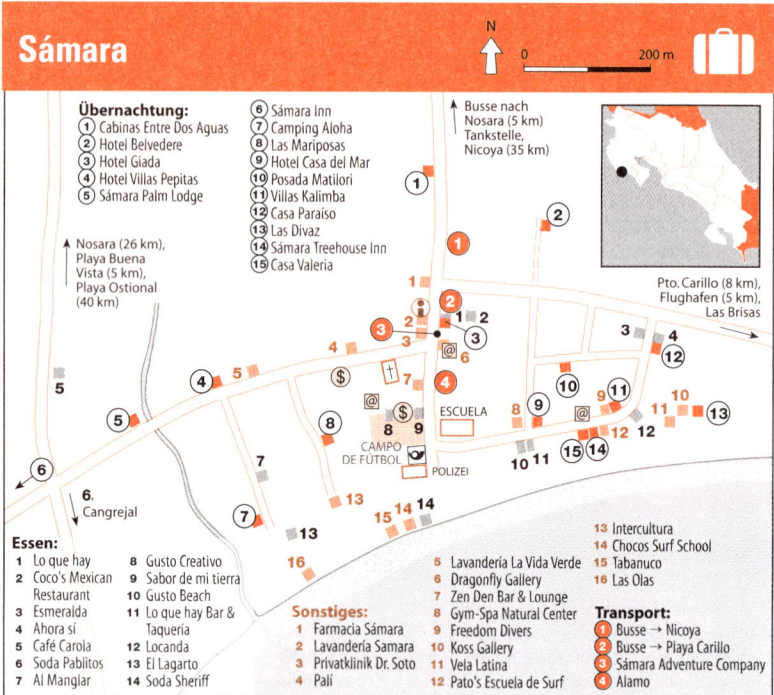

Sámara

N
0   200 m

Übernachtung:
1. Cabinas Entre Dos Aguas
2. Hotel Belvedere
3. Hotel Giada
4. Hotel Villas Pepitas
5. Sámara Palm Lodge
6. Sámara Inn
7. Camping Aloha
8. Las Mariposas
9. Hotel Casa del Mar
10. Posada Matilori
11. Villas Kalimba
12. Casa Paraíso
13. Las Divaz
14. Sámara Treehouse Inn
15. Casa Valeria

Busse nach
Nosara (5 km),
Tankstelle,
Nicoya (35 km)

Nosara (26 km),
Playa Buena
Vista (5 km),
Playa Ostional
(40 km)

Pto. Carillo (8 km),
Flughafen (5 km),
Las Brisas

ESCUELA

CAMPO
DE FÚTBOL

POLIZEI

6.
Cangrejal

Essen:
1. Lo que hay
2. Coco's Mexican Restaurant
3. Esmeralda
4. Ahora sí
5. Café Carola
6. Soda Pablitos
7. Al Manglar
8. Gusto Creativo
9. Sabor de mi tierra
10. Gusto Beach
11. Lo que hay Bar & Taquería
12. Locanda
13. El Lagarto
14. Soda Sheriff

Sonstiges:
1. Farmacia Sámara
2. Lavandería Samara
3. Privatklinik Dr. Soto
4. Palí
5. Lavandería La Vida Verde
6. Dragonfly Gallery
7. Zen Den Bar & Lounge
8. Gym-Spa Natural Center
9. Freedom Divers
10. Koss Gallery
11. Vela Latina
12. Pato's Escuela de Surf
13. Intercultura
14. Chocos Surf School
15. Tabanuco
16. Las Olas

Transport:
1. Busse → Nicoya
2. Busse → Playa Carillo
3. Sámara Adventure Company
4. Alamo

Straße, 10 geräumige Zimmer mit Privatbad und Balkon im ruhigeren Hintergarten; Kühlschrank und AC optional, Jacuzzi, Liegestühle. Ausgesprochen freundlicher und hilfsbereiter Service. Frühstück inkl. für Gäste in den Zimmern mit Privatbad. Kinder unter 5 Jahren gratis. Reservierung ratsam. ❸–❺

Hotel Giada, an der Hauptstraße zum Strand, ☎ 2656-0132, 🖥 www.hotelgiada.net. Auf den ersten Blick sieht man nicht, wie weit das Hotel nach hinten reicht. 2-stöckige Unterkunft mit 24 freundlichen, kleinen Zimmern mit Rattanmöbeln, TV, AC, direkt am Pool, obere Zimmer mit mehr Privatsphäre. Liegewiese. Italienische Leitung. ❺

Hotel Villas Pepitas, 250 m westl. der Kirche, ☎ 2656-0747, 🖥 www.villaspepitas.com. 8 freundliche, geräumige Apartments mit Veranda, AC, Esstisch, Hängematten und Pool. Gut geeignet für Familien. Sehr gutes Leserfeedback. Beim freundlichen Luca aus Mailand, ohne Frühstück. ❻

Laz Divaz, am Strand, ☎ 2656-0295, 🖥 www.lazdivaz.com. Schlichte, luftige Bungalows, umgeben von Grün, benannt nach den großen Divas der Welt, teils mit Küche, Frühstück extra; amerikanische Leitung, die sich für den Umweltschutz in der Region starkmacht. Hier weht die Regenbogenfahne. ❻

Las Mariposas, an der Straße Richtung Intercultura Sprachenschule, ☎ 2656-0314. Leonie aus Holland wurde während der Weltreise ihrer Eltern in Costa Rica geboren und hat somit die costa-ricanische Aufenthaltsgenehmigung; nun ist sie in ihr Geburtsland zurückgekehrt und hat ein winziges Hostel eröffnet mit einem 3-Bett-Dorm und 2 DZ. Alle Gäste müssen sich mit einer Dusche begnügen. Wenig Platz. Fahrradverleih. $15 p. P. sind für diese sehr einfache Unterkunft recht teuer.

Posada Matilori, von der Schule 50 m nach Osten, 100 m nach Norden und 25 m nach Osten, ☎ 2656-9291, 🖳 www.samarainfocenter.com. 7 tipptop saubere Zimmer verschiedener Größe bei sehr motiviertem tico-französischem Paar in hellblauem Haus. Teils mit Ventilator, teils mit AC. Es gibt 2 Küchen und Internet. Familiäre Atmosphäre. ❷ – ❹

Samara Palm Lodge, ☎ 2656-1169, 🖳 www.samarapalmlodge.com. 2-stöckige Lodge mit 8 freundlich hellen, schlicht-rustikalen, geräumigen Zimmern mit AC; große Bambusbetten. Auch 1 Familienzimmer. Hübsche Lounge mit Korbstühlen, Pool, Frühstück auf Wunsch ($8), WLAN, Fahrradverleih $8 p. P. und Schnorchelausrüstung $10 p. P. Brigitte und Lothar, ein schweizerisch-deutsches Paar, kümmern sich liebevoll um ihre Gäste. ❻

Villas Kalimba, 250 m von der Post, ☎ 2656-0929, 🖳 www.villaskalimba.com. 7 schöne, geschmackvoll eingerichtete Ferienhäuser von Roberto für 3–4 Pers. um einen Pool. Rustikale Möbel, Küche, Stereoanlage, TV, Palmengarten. ❻

An der Straße nach Cangrejal

Sámara Inn, 600 m westl. der Banco Nacional, ☎ 2656-0482, 🖳 www.hotelsamarainn.com. Recht neues 2-stöckiges, modernes Hotel mit geräumigen, hellen, freundlichen Zimmern in verschiedenen Größen mit großer Schiebefensterwand; Pool. Noch fehlt es ein wenig an Atmosphäre, aber das wird sich sicher noch ändern. Inkl. Frühstück. ❺

Sámara Treehouse Inn, ☎ 2656 0733, 🖳 www.samarabeach.com. 6 geschmackvoll eingerichtete, rustikale Stelzenhäuser, 4 davon mit großartigem Meerblick. Große Fensterfront, winzige Küche, die aber mit Herd! Pfannen hängen von einer Baumwurzel herab. Jedes Haus mit eigenem Grill und Terrasse. Etwas eng aneinander gebaut. Teuer, amerikanische Leitung. ❻

ESSEN

Ahora Sí, im Casa Paraíso, s. S. 271. Das erste vegetarische Restaurant in Sámara. Gemüsegratins, Bruschetta, hausgemachte Gnocchi-Sojaburger, Salate, auch laktose- oder glutenfreie Speisen. Inhaberin ist die Italienerin Sabina. ⏰ 12–20.30 Uhr.

Al Manglar, am Weg vom Hotel Villas Pepitas zum Strand. Große Auswahl an hausgemachter Pizza. ⏰ 17.30–22 Uhr.

Café Carola, nach der Brücke an der Abfahrt nach Cangrejal rechts abbiegen, neben dem Minimarket Delfin. Die gebürtige Hamburgerin Carola backt Brot und Gebäck ohne Konservierungsstoffe. Brezeln, Torten, Brötchen, Brote Empanadas und exotische Marmeladen, hergestellt nach deutschen Rezepten und gekocht aus costa-ricanischen Früchten. Wenn genügend Zeit ist, spielt Carola auch ein Seemannslied auf dem Akkordeon! Lebkuchen zur Weihnachtszeit. ⏰ Mo–Sa 6–18, So 6–14 Uhr, Mi Jam-Sessions, dann auch abends geöffnet.

Coco's Mexican Restaurant, Hauptstraße, gegenüber vom Infocenter. Mehr Mex als Tex: Fisch, Burritos, Quesadillas, Sopa Azteca, dazu eine umfangreiche Wein- und Cocktailkarte. ⏰ 12–22 Uhr.

Gusto Beach, direkt am Strand, gegenüber vom Hotel Casa del Mar. Fusion-Gerichte aus italienischer und asiatisch-orientalischer Küche in Lounge-Atmosphäre. Weine aus Italien, Chile und Argentinien. Vom Thunfisch mit Sesam schwärmen viele Gäste. Höhere Preisklasse. ⏰ 12–22 Uhr.

Locanda, direkt am östl. Strand. Gutes italienisches Strandrestaurant, leckere Pasta, große Portionen. Bestens geeignet, um den Tag dort zu verbringen. ⏰ 11–22 Uhr.

Lo Quo Hay, im Hotel Giada. Pizza und Pasta zu fairen Preisen, auch leichtere Gerichte und Salate. ⏰ 7–10 und 12–22 Uhr.

Lo Que Hay Bar & Taquería, direkt am Strand. Leckere Tacos und verschiedene Appetizer, Open-Air-Bar, Frühstück. ⏰ 7–24 Uhr.

Restaurante El Lagarto, am Strand. Sehr gute Fisch- und Fleischgerichte vom Holzgrill, auch vegetarische Teller. Schönes, rustikales Ambiente. ⏰ 15–22 Uhr.

Restaurante Esmeralda, Ortsausgang Richtung Playa Carillo. Die Gäste sind jedes Mal aufs Neue begeistert! Sehr schmackhafte Küche nach italienischen

Rezepten, gekocht von Costa Ricanern in einem qualitätsbewussten Familienbetrieb. Vor allem Fisch- und Pastagerichte. Leider fehlt es an Ambiente.

Restaurante Sabor de mi tierra, am Fußballplatz. Tico Küche, oft mit Meeresfrüchten, z. B. Parrillado Mariscos (gegrilltes Seafood) für 2 Pers. Tipp: Auch Wein und Cocktails. ⊕ Sa–Do 16–21 Uhr.

Soda Pablitos, in Cangrejal. Beliebter Treffpunkt und günstige landestypische Küche, beliebt für ein Bier und Bocas. ⊕ 9–18.30 Uhr.

Soda Sheriff, am Strand. Hier gibt's frischen Fisch und günstige Casados. ⊕ 7–15 Uhr.

UNTERHALTUNG

Las Olas, westl. Strandabschnitt. Hier wird bis morgens durchgetanzt, unter den Gästen sind viele Schüler aus der Sprachenschule. Auch Billard.

Tabanuco, westl. Strandabschnitt. Do Ladys Night, Fr Reggae Night. Richtig los geht es erst ab 23 Uhr. Getanzt wird, wo Großvater Tabanuco, der Gründer von Sámara, einst lebte, die Enkelin hat in seinem ehemaligen Wohnzimmer die Bar eröffnet. Auch Restaurant und Cocktailbar. ⊕ ab 11 Uhr.

Vela Latina, am östl. Strandabschnitt. Die kleine Strandbar ist *der* Tipp, um den Abend ausklingen zu lassen – ideal für ein romantisches Rendezvous am Strand im Schaukelstuhl bei Sonnenuntergang. Große Auswahl an leckeren Sushi (erst ab 17 Uhr) und Cocktails. Während der Happy Hour lieber meiden. ⊕ 10–24 Uhr.

Zen Den Lounge & Bar, früher „El Vino", an der Hauptstraße, 50 m oberhalb vom Fußballplatz. Erfrischende Cocktailbar: gute Tapas, gute Stimmung, Billard. ⊕ Mo–Sa 18–2 Uhr.

AKTIVITÄTEN UND TOUREN

Fitness und Yoga

Gym-Spa Natural Center, zwischen Schule und Casa del Mar, ⌨ www.naturalcenter samara.com. Fitnesscenter und Kosmetiksalon mit Café, Sauna, Massage, Spa. Großer zementierter Platz für Tanzklassen. ⊕ Mo–Sa 7–21, So 8–14 Uhr.

Surfen und Schnorcheln

Sámara ist ein Surfrevier für Anfänger, Fortgeschrittene reiten die Wellen an der 12 km entfernten Playa Camaronal.

C+C, ⌨ www.cncsurfsamara.webs.com. Surfunterricht für $30 pro Std., außerdem Schnorchelverleih für $10 pro Tag und **Kajaks** für $6 pro Std.

Chocos Surf School, direkt am Strand vor der Soda El Sheriff, ✆ 8937-5246, ⌨ www.chocos surfschool.com. Unterricht $30 pro Std. plus 5 Std. Brettverleih. Intercultura-Schüler erhalten Rabatt.

Patos Escuela de Surf, am Strand, neben dem Samara Tree House. Das costa-ricanische Team genießt einen sehr guten Ruf. Wer einen Surfkurs bei Patos bucht, hat anschließend eine Woche lang ein Brett zur Verfügung; Kajaks und Stehpaddel-Touren.

Tauchen

Freedom Divers, 50 m westl. vom Hotel Casa del Mar, ✆ 2656-0479. Nur in der Trockenzeit von Nov–April, wenn auch gute Sicht herrscht, werden hier tgl. um 8.30 Tauchtouren angeboten, gute Ausrüstung, Vermietung, Kurse (Padi), Schnorchelausflüge.

Tourveranstalter

Samara Adventure Company, an der Hauptstraße, ✆ 2656-0920, ⌨ www.samara-tours. com. Delphin-, Tauch-, Schnorchel-, Kajak-, Vogel-, Canopy- und Reittouren.

Canopy Wingnuts, 150 m östl. vom Hotel Las Brisas del Pacífico, ⌨ www.samarabeach.com, ✆ 2656-0153.

SONSTIGES

Apotheke

Farmacia Sámara, an der Hauptstraße nach Samara, nach der ersten Bremsschwelle auf der Straße, auf der rechten Seite, ✆ 2656-3400. Das Personal spricht englisch. ⊕ Mo–Sa 8–19 Uhr.

Autovermietung

Alamo, an der Hauptstraße zum Strand, ⌨ www.alamocostarica.com, ✆ 2242-7733. ⊕ 8–17 Uhr.

Fahrräder und Scooter

Samara Adventure Company, s. Touren. Fahrrad $10 pro Tag, Scooter $30 pro Tag (Kreditkarte und Führerschein erforderlich), auch internationale Telefonate.

Feste

Ende Sep: **Vuelta de la Soledad**, Mountainbike-Ausdauerrennen über 83 km, nationale und internationale Teilnehmer, Profis und Amateure, am Abend Siegerehrung und Konzerte.

Galerien

Dragonfly Galery, neben **Samara Adventure Company**. Schmuck und Mobiles aus Muscheln, außerdem Masken und Lampen aus Holzwurzeln. Abends beeindruckt die leuchtende Open-Air-Galerie aus skurrilen Stofflampen. ⊕ 10–21 Uhr.

Koss Galery, am Strand, neben Laz Divaz. Vorwiegend Kalligrafien des weltgereisten Künstlers Jaime.

Geld

Banco Nacional, an der Straße Richtung Nosara. ⊕ Mo–Sa 8.30–15.45 Uhr.
Banco de Costa Rica, am Sportplatz. ⊕ Mo–Fr 9–16 Uhr.

Informationen

Informationen zu Hotels, Restaurants, Veranstaltungen und Aktivitäten in Sámara und Umgebung findet man auf der Website des **Samara-Carillo Info Center**, 🖥 www.samarainfocenter.com, ✆ 2656 2424. Die Macher des Info-Zentrums, Brenda und Christopher, helfen auch bei der Buchung von Transport, Touren und Unterkunft. Das Büro befindet sich im Zentrum an der Hauptstraße.
Weitere Informationen über die Region stehen im Magazin **Del Sol**, 🖥 www.revistadelsol.com, das alle 3 Monate erscheint und gratis in den Hotels erhältlich ist.

Internet

Internetcafé im **Super Sámara**. ⊕ Mo–Fr 8–22, Sa und So 8–20 Uhr.

Medizinische Hilfe

Privatklinik Dr. Soto, im Plaza Samara an der Hauptstraße, ✆ 2656-0992. Arzt spricht Englisch. ⊕ Mo–Fr 8–12 und 14–17, Sa 8–12 Uhr.

Post

Am Strand neben der Polizei, ⊕ Mo–Fr 8–12 und 13.15–17.30 Uhr.

Sprachschule

Intercultura, vom Restaurant El Dorado 150 m südl. Richtung Strand, ✆ 2656-3000, 🖥 www.interculturacostarica.com. 10 Lehrer und Lehrerinnen unterrichten hier, die Unterrichtsräume haben Blick auf Meer und Garten. Auch Ausflüge, Kulturveranstaltungen und Tanzstunden werden organisiert. Unterbringung in Familien möglich. Max. 6 Pers. pro Kurs. Minimum 1 Woche. Sep–Nov und Mai–Juni werden auch Einzelklassen für $27 pro Std. angeboten.

Supermärkte

Im Zentrum von Sámara befinden sich etliche **Minisuper** und ein **Palí**. ⊕ Mo–Do 8.30–19, Fr und Sa 8.30–19.30, So 8.30–18 Uhr.

Wäscherei

Lavandería Sámara, gegenüber vom Hotel Giada, ist die Wäsche ist am gleichen Tag um 17 Uhr fertig ($2,50 pro Kilo). Eilservice 3 Std. für $3,50 pro Kilo. ⊕ Mo–So 8–19 Uhr.
Lavandería La Vida Verde, 75 m westl. der Banco Nacional, ✆ 2656-1051, $2,50 pro Kilo inkl. Abhol- und Bringservice. Expressdienst 2 Std. für $4. Gewaschen wird mit ökologisch abbaubaren Waschmitteln. ⊕ Mo–Sa 9–17 Uhr.

TRANSPORT

Busse

Aktuelle Busfahrpläne findet man unter 🖥 www.samarainfocenter.com (im Menü auf „Bulletin Board" und dann auf „Local Bus Schedule" klicken).
CARRILLO (Bus kommt aus Nicoya und hält an der Hauptstraße), 13x tgl. alle 1–2 Std. 6.10–22.55 Uhr;
MONTEZUMA oder MAL PAÍS / SANTA TERESA, s. Shuttle-Busse;

NICOYA (Bus kommt aus Carillo), 12x tgl.
4.10–17.45 Uhr, 1 Std.;
NOSARA, direkte Busse von Sámara Zentrum
nach Nosara gibt es nicht, man muss den aus
Nicoya kommenden Richtung Samara an der
Tankstelle, 5 km außerhalb Sámaras, abfangen.
Eine Mitfahrgelegenheit zur Tankstelle bekommt
man leicht;
SAN JOSÉ, 2x tgl., am Morgen, 5 Std.

Shuttle-Busse

Aktuelle Abfahrtszeiten und Fahrkarten für
die Shuttle-Busse sind bei **Samara Adventure
Company** (s. Tourveranstalter) erhältlich.
Shuttles fahren tgl. nach LIBERIA ($45),
FORTUNA ($45), MONTEVERDE ($50),
MONTEZUMA ($50) und in die anderen Haupt-
touristenorte des Landes.

Playa Buena Vista

Playa Buena Vista, rund 3 km von Sámara entfernt, ist ein wichtiger Nistplatz von Meeresschildkröten. Vier Schildkrötenarten legen hier
ihre Eier ab, die Lederschildkröte, die Grüne
Meeresschildkröte, die Echte Karettschildkröte und die Oliv-Bastardschildkröte. Die Nicht-
regierungsorganisation **ASVO**, 🖳 www.asvocr.
org, führt am Strand Schutzmaßnahmen durch,
u. a. werden die Eier gezählt, Nester geschützt,
Nachtpatrouillen durchgeführt und der Strand
gesäubert. Voluntarios sind immer willkommen,
Unterbringung erfolgt in einem rustikalen, einfachen Holzhaus am Strand ohne Elektrizität und
Warmwasser. Weitere Infos unter First Hand,
🖳 www.firsthand-costarica.com, oder direkt
bei ASVO.

The Flying Crocodile, 6 km nördl. von Sámara,
✆ 2656-8048, 🖳 www.flying-crocodile.com.
Fantasievoll gestaltete Zimmer und Häuser,
inspiriert von Gaudí, alle in unterschiedlichem
Design, teils mit Küche. Pool, Fahrrad- und
Surfboard-Verleih. 10 Min. vom Strand.
Frühstück inkl. Das Hotel bietet Ultralightflüge
an. ❺–❻

Playa Carrillo

8 km südlich von Sámara, gut mit dem Fahrrad
oder per Kanu zu erreichen, liegt parallel zur
Straße die palmenumsäumte, halbmondförmige
Playa Carrillo. Die Bucht hat keine gefährlichen
Strömungen und ist daher ideal zum Schwimmen und Schnorcheln. Am Strand selbst gibt es
keine Hotels oder Restaurants; die Unterkünfte befinden sich auf den angrenzenden Hügeln.

Carrillo ist bekannt als Urlaubsort der berüch-
tigten Michigan Boys, einer Sportfischer-Clique
aus den Vereinigten Staaten, die sich jedes Jahr
im Guanamar Beach Resort einmietet und regelmäßig mit skandalträchtigen Orgien für Schlagzeilen sorgt.

Einige Hotels vorwiegend mittlerer Preisklasse befinden sich an den umliegenden Felshän-
gen. Einkaufen kann man im Supermarkt Minisuper Carrillo, ◷ 7–19 Uhr. **Carrillo Tours**, gleich
daneben, ✆ 2656-0543, 🖳 www.carrillotours.
com, veranstaltet Kajak- und Reittouren.

La Posada B & B, 150 m den Berg
hoch von der „Puente Estuary" am
Ortseingang von Puerto Carillo, auf der linken
Seite, ✆ 2656-3131, 🖳 www.icarrillo.co/
laposada.htm. Kürzlich errichtetes Bed and
Breakfast vom freundlichen Argentinier
Lautaro mit 5 gemütlichen, klimatisierten
Zimmern und fantastischem Blick auf die Playa
Carillo und die gesamte Bucht von Samara bis
zur Playa Buenavista. Unbedingt die etwas
teureren „Habitaciones con vista al mar"
nehmen. Strandnähe, ohne ❷, mit Blick ❸

Busse nach NICOYA (über SÁMARA) 12x tgl.

Von Carrillo nach Playa Caletas

Die malerische Küstenstrecke von Carrillo nach
San Miguel führt durch eine der abgelegensten,
vom Tourismus noch wenig berührten Regionen der Península und bietet herrliche Panoramaaussichten über den Pazifik. In Serpentinen

führt die Schotterpiste vorbei am Naturschutz- und Schildkröten-Nistgebiet **Playa Camaronal** sowie an der paradiesischen Schwimm- und Schnorchelbucht **Playa Islita**. Die Abgeschiedenheit, die Meeresnähe und eine Landebahn ohne Flugterminal machen diese Region zum idealen Schlupfloch für Drogenschmuggler.

Wer in **Playa San Miguel** und dem benachbarten **Playa Coyote** verweilt, ist entweder Surfer oder will sich für einige Tage an den einsamen Stränden vom Rest der Welt ausklinken. Immerhin versorgen zwei Bars die drei Hotels vor Ort. Landeinwärts gelangt man zum kleinen Ort **San Francisco de Coyote**. Von hier führt eine Piste (nur in der Trockenzeit befahrbar) zur **Playa Caletas** und zur eindrucksvollen, breiten Flussmündung des Río Jabillo. Die Organisation PRETOMA, 🖳 www.pretoma.org, leitet an der Playa Caletas ein erfolgreiches Projekt zum Schutz der hier nistenden Grünen Meeres-, Bastard- und Lederschildkröte.

ÜBERNACHTUNG

Islita
Hotel Punta Islita, Punta Islita, ✆ 2656-2020, 🖳 www.hotelpuntaislita.com. Luxushotel mit Spa in atemberaubend schöner Lage. ❻

San Miguel
Eco Hotel Arca de Noe, 1 km vor Playa San Miguel, ✆ 2655-8065. Einfache Zimmer im Haupthaus, Steinbungalows mit AC und TV im Hintergarten. Pool, Parkplatz, Frühstück inkl., Fahrradvermietung, Kajak- und Reittouren, sehr hilfsbereites Management, italienische Loitung. ❹
Escorpion volador, Playa San Miguel, ✆ 2655-8080, 🖳 www.escorpionvolador.com. 5 kleine, wohlduftende Zimmer mit modernem Bad, 1 Apartment und Restaurant. Vor allem Surfer kommen hierher. Restaurant mit umfangreicher Karte, u. a. Sushi und Pizza. Amerikanische Leitung. ❸

San Francisco de Coyote
Cabinas San Francisco, ✆ 2655-1334, 🖳 www.cabsanfrancisco.webpin.com. Geräumige, ruhige Cabinas mit modernem

Bad und AC, umgeben von Garten. Unzählige bunte Muschelketten hängen von den Bäumen herab. Für 2–6 Pers. ❹

Punta Coyote
Casa Caletas, ✆ 2655-1271, 🖳 www.casacaletas.com. Edles Hotel auf einem Hügel, fantastische Sicht auf Flussmündung und Meer. Kleine helle Zimmer mit riesigen Bambusmöbeln und kleiner Terrasse. Pferdestall. Beliebt bei älteren, wohlsituierten Gästen. Leider bietet das Hotel auch lärmende Jetski-Touren an. Österreichisch-deutsche Leitung. ❻

SONSTIGES
Supermarkt
Pulperia Rey, an der Durchgangsstraße.

Surfen
An der Punta Coyote beim Restaurante Tanga. Surfboardverleih $10 für 2 Std., auch Surfunterricht bei einem Österreicher.

TRANSPORT
Auto
S. Kasten „Mit dem Auto von Playa Manzanillo Richtung Sámara", S. 295.

Busse
SAN JOSÉ, von Playa San Miguel über SAN FRANCISCO DE COYOTE, JICARAL, PLAYA NARANJO (Fähranleger), mit Umsteigen in Jicaral, 2x tgl. In der Regenzeit ist diese Busverbindung unzuverlässig.
Zur Zeit der Recherche bestand keine regelmäßige Busverbindung zwischen Playa

Carillo und Playa San Miguel sowie zwischen San Francisco de Coyote und Mal País/ Santa Teresa.

Flüge

Nach SAN JOSÉ über Nosara:
Nature Air, 🖥 www.natureair.com, in der Hauptsaison tgl. von Punta Islita.

Der Golf von Nicoya

Der Golf von Nicoya trennt die Nicoya-Halbinsel vom Festland. Fähren setzen mehrmals täglich von Puntarenas nach Paqueras und Playa Naranjo über, schneller erfolgt die Überfahrt über die weiter nördlich gelegene Puente de la Amistad.

Noch ist die sehr ländliche Golfküstenregion wenig vom Tourismus berührt, die Menschen hier leben hauptsächlich von Landwirtschaft, Vieh- und Krabbenzucht. **Mangrovengebiete**, **Strände** und rund **ein Dutzend Inseln** erwarten den neugierigen Entdeckergeist. Die Eilande sind zum Teil Vogelschutzgebiete, teils Fischerdörfer, teils sind sie unbewohnt, wie auch die ehemalige Gefängnisinsel **San Lucas**, auf der sich einst das Land seiner Kriminellen entledigte (s. Kasten). Aufgrund des geringen Tourismus werden die Strände leider nicht täglich gesäubert und sind bisweilen durch angeschwemmten Müll und Strandgut verschmutzt.

Playa Naranjo

Playa Naranjo besteht hauptsächlich aus dem Fähranleger und ist kein Ort zum Bleiben. Die Busabfahrtszeiten richten sich nach dem Fährfahrplan. Busse verbinden mit Nicoya und Jicaral, von wo man Anschluss nach San Francisco de Coyote und die benachbarten herrlichen, wenig besuchten Strände hat (S. 277, „Von Carrillo nach Playa Caletas"). 4x tgl. zwischen 8 und 21 Uhr bestehen Fährverbindungen nach Puntarenas; aktuelle Fahrpläne und Tarife können unter ✆ 2661-1069 erfragt werden.

ÜBERNACHTUNG

Hotel el Paso, 600 m vom Fähranleger Richtung Nicoya, ✆ 2641-8133. 15 saubere Zimmer für bis zu 4 Pers. mit AC, Restaurant und Schwimmbad, freundliche Leitung. ❸
Hotel Oasis Costa Rica, nach dem Fähranleger links abbiegen, 350 m vom Anleger entfernt, ✆ 2641-8467, 🖥 www.hoteloasiscostarica.com. Ältere, große, etwas monotone Anlage am Golf. 36 saubere Bungalows mit Hängematte vor der Tür. Pool, große Rasenfläche. Ruhig gelegen, gut für Familien. ❸

Reserva Karen Mogenson

Die 730 ha große Reserva Karen Mogenson befindet sich abseits des Touristenpfads in der bergigen Region der Península de Nicoya und wird von der Non-Profit-Organisation Asepaleco (Asociación Ecológica Paquera Lepanto Cóbano) geleitet. Das Schutzgebiet liegt auf einer Höhe zwischen 100 bis 700 m. **Wanderwege** führen durch den Primärwald. Im Reservat leben Wildkatzen, Otter und eine Vielzahl an Vögeln. Besucher können am 84 m hohen **Wasserfall** Velo de Novia und in den umliegenden Bächen baden. Asepelaco bietet außerdem Touren zu den Inseln des Golfes an, u. a. zur Isla Chira und Isla Venado. Voluntarios sind willkommen, der Mindestaufenthalt für Freiwillige beträgt 22 Tage, Unterkunft in costa-ricanischen Familien.

ÜBERNACHTUNG

In der rustikalen **Cerro Escondido Lodge** gibt es Zimmer mit großer Veranda und Privatbad, umgeben von Primärwald. Voranmeldung und Reservierung erforderlich, ✆ 2650-0607, 🖥 www.asepaleco.com; inkl. VP. ❺

TRANSPORT

Auto
Von Playa Naranjo Richtung Jicaral fahren (in Jicaral befindet sich das Asepaleco-Büro), von hier sind es weitere 16 km zur Ortschaft **San Ramón de Río Blanco**, danach geht es nur zu Fuß weiter; ein einstündiger Trek führt durch Dschungel, Flüsse und auf einen steilen Berg zum Reservat. Wer den Fußmarsch meiden

möchte, kann alternativ von Playa Naranjo via Lepanto nach **Montaña Grande** anreisen und von dort auf einem Pferd 1 1/2 Std. zum Reservat reiten. In beiden Fällen ist eine Voranmeldung erforderlich.

de Río Blanco und anschließend zu Fuß (1 Std.) ins Reservat.

Die Inseln des Golfes

Die Mehrzahl der Golfinseln ist nicht oder kaum vom Tourismus erschlossen, es gibt daher, wenn überhaupt, nur wenige, einfache Unterkünfte.

Busse

Direktbusse fahren von SAN JOSÉ nach JICARAL. Von dort per Taxi nach San Ramón

Ein Wille stärker als Mauern

Die bröckelnden, dicken Gefängnismauern der **Isla San Lucas** waren vor wenigen Jahrzehnten Schauplatz einer Tragödie, die einen Waisenknaben aus San José 40 kostbare Lebensjahre kostete. Auf diesem Eiland im malerischen Golf von Nicoya, 20 km von Puntarenas entfernt, vollzog sich die erstaunliche Verwandlung eines Analphabeten in den bekanntesten und meistgelesenen **Schriftsteller** Costa Ricas: ein Mann, auf dessen Recht und Menschenwürde man trampelte und der im Schreiben ein Ventil fand, um sich das Unrecht von der Seele zu schreiben. 45 Jahre zum Bau verdonnert, im härtesten Gefängnis des Landes, von dem man sagte, wer dort länger als vier Jahre absitzen müsse, verlasse die Insel nicht mehr lebendig. Eingelocht für eine Tat, die er nicht begangen hatte: den Raub der Juwelen aus der Basilika in Cartago und die Ermordung des Wächters.

Die Unschuldsbeteuerungen des Angeklagten stießen auf taube Ohren, Anwälte weigerten sich, seine Verteidigung zu übernehmen, die katholische Kirche exkommunizierte ihn. Auf seine Brust wurde die Häftlingsnummer 1713 eintätowiert, die den damals 19-jährigen **José León Sánchez**, Kind einer Prostituierten und eines Salzverkäufers, am 13. Mai 1950 für den Rest der Welt zum Nummer degradierte. Es folgten Jahrzehnte der Isolation, seelischer und körperlicher Folter und vergeblicher Fluchtversuche. Vier Jahre davon vegetierte Sánchez in einem Kellerverlies, lediglich eine Viertelstunde Tageslicht gewährte man ihm täglich. Die Gefängnisleitung schlug aus seinem Schicksal Gewinn und ließ Touristen auf die Insel, um das „Monstruo de la Catedral", wie die Zeitungswelt ihn landesweit brandmarkte, mit eigenen Augen zu sehen. Sánchez brachte sich das Lesen und Schreiben bei, er schrieb die täglichen Demütigungen nieder, mit Bleistiftstummeln auf Zementsäcken, die die Gefangenen als Schlafunterlage benutzten. Immer wieder verlor er wichtige Kapitel, da ihm Mitinsassen die behelfsmäßigen Manuskripte wegnahmen, um sich damit ihr Schlaflager zu richten. In der Gefängniswerkstatt baute er eine Druckerpresse aus Holz. Mit gestiftetem Papier und Tinte druckte er 100 Exemplare seines Romans, die aufgrund vaterlandsbeleidigenden Inhalts von der Gefängnisverwaltung konfisziert und vor seinen Augen verbrannt wurden. Zehn Drucke rettete ein Gefängniswärter vor den Flammen und verscherbelte sie auf dem Festland. Wie durch ein Wunder gelangte ein Exemplar davon an den Bibliotheksdirektor der Universität von Costa Rica und so an die Öffentlichkeit. Der Roman *La Isla de Los Hombres Solos* ging um die Welt, wurde in mehr als fünf Sprachen übersetzt und verkaufte sich über zwei Millionen Mal.

Sánchez schrieb weitere 27 Bücher, für fünf seiner Werke wurde er – teils noch zu Haftzeiten – mit dem nationalen Buchpreis geehrt. 1980, nach 30 Jahren Haft, durfte er die Gefängnisinsel verlassen. Das Gesetz sei falsch ausgeführt worden, hieß es. Weitere 18 Jahre später, im Juni 1998, fast ein halbes Jahrhundert nach seiner Einkerkerung, sprach der oberste Gerichtshof ihn von aller Schuld frei und gestand ein, im Fall José León Sánchez gegen die Menschenrechte verstoßen zu haben. Sánchez spendete einen Teil seines Entschädigungsgeldes der costa-ricanischen Polizei zur Errichtung eines DNA-Labors sowie der Universität von Costa Rica zur Gründung eines Lehrstuhls für Gefangenenrecht. Heute lebt er bei Heredia und lehrt an einer costa-ricanischen Universität.

Von Insel zu Insel paddeln. Zelten, schnorcheln, Fische grillen. Vigdis und Thomas von **Bahía Rica**, ✆ 2641-0811, 8858-5314, 🖳 www.bahiarica.com, machen's möglich. Das norwegische Paar, sie Sportmanagerin, er Meeresbiologe, bieten mehrstündige bis mehrtägige Kajaktouren aller Schwierigkeitsstufen im Golf von Nicoya an. Ihre rustikale **Bahía Rica Kayak Lodge** mit 3 Zimmern mit Gemeinschaftsbad und Affen in den Bäumen befindet sich 1,5 km östlich vom Fähranleger in Paquera. Die Abfahrt ist auf der linken Seite, direkt nachdem man von der Fähre hinunterfährt (manchmal durch wartende Autos versperrt). Eine Schotterpiste führt von hier am Ufer der Punta Cuchilla entlang zur Lodge. Das rustikale Ferienhaus mit Küche steht in Hanglage, umgeben von Dschungel mit atemberaubendem Blick. Frühstück inkl. Spanischkurse möglich. Reservieren! ❸

Die **Isla Tortuga** ist die bei Weitem am meisten besuchte Insel und vor allem bei Tauchern und Schnorchlern beliebt. Tagestouren zur Isla Tortuga beginnen in Montezuma, Boote fahren auch von Jacó und Puntarenas ab. Tauchtouren kann man in Paquera oder dem Naturreservat Curú buchen. An Wochenenden und Feiertagen füllt sich die Insel, und es herrscht reger Bootsverkehr.

Die **Isla Chira** ist nach der Isla del Coco die zweitgrößte Insel des Landes. Hier leben rund 3500 Menschen vom Fischfang, von der Landwirtschaft und vom Salzabbau aus dem Golf. Früher mussten die Schüler zum Festland pendeln, seit Mitte der 1990er-Jahre gibt es auf der Insel eine Schule. Eine Frauenkooperative – die Mitglieder sind überwiegend Fischerfrauen – bietet Touren und rustikale Unterkunft an: **Cabinas de la Amistad**, ✆ 2661-3261. Ein Boot zur Insel legt täglich vom Fischmarkt in Puntarenas ab. Außerdem fahren täglich Colectivos von der Costa de Pájaros (bei Chomes) zum Eiland. Der Ökotourismusveranstalter Actuar, 🖳 www.actuarcostarica.com, organisiert mehrtägige vogelkundliche Touren auf die Insel.

Die **Isla San Lucas**, auch bekannt als **Isla de Los Hombres Solos** – die Insel der einsamen Männer – galt von 1873 bis 1991 als das Alcatraz Costa Ricas, s. Kasten S. 279. Von der Fähre nach Playa Naranjo aus erahnt man den Anlegesteg und die bröckelnden Gefängnismauern. 1991 verteilte man die Insassen auf Gefängnisse auf dem Festland. Die Fährgesellschaft Coonatramar, ✆ 2661-1069, 🖳 www.coonatramar.com, bietet von Puntarenas aus Touren inkl. Mittagessen auf die Insel an. Abenteuerlicher ist ein Besuch im Kajak.

Die **Isla Venado** mit rund 1000 Einwohnern erreicht man per Boot von La Penca, 3 km östlich von Jicaral. Es gibt sehr einfache Unterkünfte auf der Insel. Die Organisation ASEPALECO, ✆ 2650-0607, 🖳 www.asepaleco.com, bietet Touren zur Isla Venado an.

Isla Caballo hat keine Unterkünfte. Hier leben rund 200 Fischer, umgeben von tropischem Trockenwald und Strand. Die Nachbarinsel Bejuca ist unbewohnt.

Die südliche Halbinsel

Von Playa Naranjo nach Paquera

Eine 26 km lange, sehr holprige Schotterpiste führt von Playa Naranjo nach Paquera und bietet einige schöne Ausblicke auf den Golf. Am Weg liegt **Playa Blanca**, ein bei Einheimischen und Fischern beliebter Korallenstrand, von dem man eine gute Sicht auf die ehemalige Gefängnisinsel Isla San Lucas hat und Kajaks mieten kann. Der Bus von Paquera nach Playa Naranjo fährt 2x tgl., um 5 und 13 Uhr, zurück geht es um 9 und 16 Uhr.

Paquera

In Paquera befindet sich (nach Playa Naranjo) der zweite Fähranleger auf der Península de Nicoya mit Fährverbindungen nach Puntarenas. Von der Fähre führt eine rund 7 km lange asphaltierte Straße, vorbei an der malerischen **Bahía Gigante**, nach Paquera. Der kleine Ort ist umgeben von großen Mangoplantagen, Laster laden hier die Obstvorräte für die Großstädter in San José ein. Es gibt einige günstige Unterkünfte, Supermärkte und eine Tankstelle. Für die meisten Reisenden ist Paquera jedoch nur eine Durchgangsstation auf dem Weg nach Montezuma oder Mal País/Santa Teresa.

ÜBERNACHTUNG

Cabinas Ginana II, am Ortsrand Richtung Montezuma, gegenüber der Polizeiwache, ✆ 2641-0333. 15 saubere, große und ruhige Zimmer mit AC und Privatbad. ❸
Cabinas La Ribera, hinter dem Sportplatz, gegenüber vom Roten Kreuz, ✆ 2683-0028. Makellose Zimmer mit Kühlschrank und TV. ❸
Hotel Ginana I, im Zentrum, Straße Richtung Playa Naranjo, ✆ 2641-0119. Saubere Zimmer mit AC im Motelstil. Großer Pool mit Palmen, Restaurant. ❸

SONSTIGES

Geld
Banco Popular, ☉ Mo–Fr 9–16, Sa 8.30–11.30 Uhr. Außerdem gibt es einen Geldautomaten der BCR, neben den Cabinas Ginana II.

Internet
Bei **Turismo Curú**, gegenüber der Tankstelle. ☉ Mo–Sa 8–20 Uhr.

Medizinische Hilfe
Clínica Paquera, im Zentrum, Straße Richtung Playa Naranjo, ✆ 2641-0107.
Cruz Roja, im Zentrum, am Fußballplatz.

Supermarkt
Megasuper, im Zentrum, an der Straße Richtung Manzanillo. ☉ Mo–Sa 7–21, So 7–20 Uhr.
Palí, im Zentrum, an der Straße Richtung Manzanillo. ☉ Mo–Sa 9–21, So 9–16 Uhr.

Taxis
An der Hauptstraße und am Fähranleger. Tarife: zur Fähre $6, Curú $10, Playa Naranjo $40, Montezuma $50.

Tarife von der Fähre: Montezuma $50, Santa Teresa $70, Tambor $40.

Telefon
Schräg gegenüber vom Supermarkt Megasuper.

Touren
Turismo Curú, gegenüber der Tankstelle, ✆ 2641-0004, www.curutourism.com. Schnorchel- und Tauchtouren zur Isla Tortuga. $35 p. P. kostet eine Bootstour auf die Insel inkl. Eintritt ins Reservat.

TRANSPORT

Auto
Die Straße von Paquera nach Tambor ist gut asphaltiert, hinter Tambor wird die Strecke kurvig und ist mit Schlaglöchern übersät.

Busse
MONTEZUMA (über Tambor und Cóbano); die Busabfahrtszeiten richten sich nach den Ankunfts- und Abfahrtszeiten der Fähre.
SANTA TERESA / MAL PAÍS, den Bus Richtung Montezuma nehmen, in Cóbano in den Bus Richtung Mal País umsteigen (s. Transport Cóbano, S. 285).

Fähren
PUNTARENAS, 6x tgl. 5.30–20 Uhr. Infos zu Tarifen und Abfahrtzeiten unter ✆ 2661-2084, 🖥 www.navieratambor.com.

Reserva de Vida Silvestre Curú

- ■ **Parkbüro**: ✆ 2641-0100, 2641-0590, 🖥 www.curuwildliferefuge.com
- ■ **Öffnungszeiten**: 7–15 Uhr
- ■ **Eintritt**: $10
- ■ **Gründungsjahr**: 1983
- ■ **Größe**: 84 ha
- ■ **Unterkunft / Verpflegung**: $30 p. P. inkl. Parkeintritt. Die einfachen Holzcabinas mit Meeresblick sind oft von Wissenschaftlern und Studenten belegt. Früh reservieren. Solarstrom über Akku, Licht ist vorhanden, Steckdosen nicht. Auch keine Ventilatoren, es

kann sehr heiß werden! Frühstück, Mittag-, Abendessen, je $10.

■ **Transport**
Auto: Curú liegt 6 km von Paquera in Richtung Montezuma. Von der Eingangspforte zweigt ein Sandweg links ab, es sind von hier weitere 2 km bis Strand und Parkbüro. **Busse:** Der Bus nach Montezuma lässt Besucher am Haupteingang des Naturparks aussteigen, von hier aus sind es weitere 2 km Fußmarsch durch Weideland zum Reservat. Bei vorheriger Anmeldung können Gäste von der Pforte abgeholt werden.
■ **Ausrüstung:** Mückenspray, Schwimmsachen

Ein Besuch im Tierschutzgebiet Curú ist kein Ausflug in unberührte Natur. Die Reserva ist Teil einer privaten Finca und reicht lediglich 200 m von der Küste ins Landesinnere. Ringsherum erstrecken sich die Viehkoppeln, Mango- und Edelholzplantagen der Finca, die nachhaltige Landwirtschaft betreibt. Entgegen der üblichen Nationalparkpraxis, auch bei großen Schäden nicht in den Naturkreislauf einzugreifen, schaltet sich der Mensch in Curú handfest ein. So wurden der bereits in den 60er-Jahren auf der Halbinsel ausgestorbene Klammeraffe und der Rote Ara neu ausgesetzt. Beide Arten konnten sich vermehren. Für Forschungszwecke konstruierte man in der Bucht ein künstliches Riff aus 7500 alten Autoreifen. Außerdem legen täglich von der **Playa Curú**, dem Herzen des Schutzgebietes, Tauchboote zur **Isla Tortuga** ab.

Die Artenvielfalt in dem kleinen Curú ist erstaunlich: Über 230 Vogelarten, Pumas, Langschwanzkatzen, Kojoten, Aras und Kolonien von Strandkrabben bevölkern die unterschiedlichen Ökosysteme vom Feucht- und Trocken- bis zum Mangrovenwald, die man auf elf Wanderwegen erkunden kann. **Playa Curú**, **Playa Quesara**, **Poza Colorada** und die außerhalb der Reserva gelegene **Punta Blanca** sind zudem paradiesische, sichere Badestrände.

Im Reservat kann man Reitpferde mieten: $10 für die erste Stunde, drei Stunden kosten $20. Tauch- und Schnorcheltouren bietet Turismo Curú in Paquera, ⌨ www.curutourism.com.

Tambor

Friedlich liegt Tambors Bucht, eingekesselt von den kahlen, von der Sonne versengten Hügeln der Península de Nicoya. Nördlich grenzt die Reserva Curú an, vom südlichen Rand der Bucht kann man bei Ebbe bis nach Montezuma wandern, immer am Meer entlang. Tambors ruhige, flache Bucht bietet **ideale Badevoraussetzungen** für Familien mit Kindern. Die meisten Touristen fahren jedoch auf ihrem Weg nach Montezuma am Ort vorbei oder kommen weiter nördlich im Hotelriesen Barcelo unter, dem ersten All-inclusive-Hotel Costa Ricas. Für seine rund 400 Zimmer, 69 Villen, Supermärkte, Straßen und Geschäfte, den hoteleigenen Flugplatz, Zoo, Tennis- und Golfplätze wurden wichtige Ökosysteme der Umgebung zerstört, die umliegenden Mangroven entwässert und entgegen costa-ricanischem Gesetz zu nahe am Meer gebaut. Die Regierung beschied deshalb die Schließung des Hotels – auf Papier –, geschlossen wurde das Barcelo nie. Statt Fünf-Sterne-Touristen aus aller Welt lockt der Hotelriese heute einheimische Urlauber mit Billigangeboten an. Verflüchtigt haben sich allein die Wale. An sie erinnert nur noch der wohlklingende Name, Bahía Ballena, Bucht der Wale.

ÜBERNACHTUNG

Cabinas Cristina, Richtung Strand, ✆ 2683-0028. Einfache, saubere Zimmer bei der freundlichen Doña Cristina, teils mit Privatbad, teils mit AC. Hübsche Gemeinschaftsterrasse, umgeben von Garten, untere Zimmer sehr düster. Verschiedene Zimmer zeigen lassen. ❷–❸
Cabinas El Bosque, an der Hauptstraße, ✆ 2683-0039. 15 einfache, saubere, Cabinas mit Privatbad; die weiter von der Straße entfernten Cabinas sind besser. Gästehäuser für 6 Pers.: $100, kleiner, betonierter Pool, Grillplatz für Gäste, großer Hintergarten, keine Frühstücksmöglichkeit, Straßenlärm. ❷
Hotel Alkamar, 800 m Richtung Paquera, ✆ 2683-1117, ⌨ www.alkamar.com. Praktische, saubere, schöne Zimmer, teils mit Küche und AC. Hübsche kleine Anlage mit Restaurant und Pool. ❸
Hotel Costa Coral, von Paquera kommend am Ortseingang links, ✆ 2683-0106, ⌨ www.

Die Bandera Azul

Stolz weht die blaue Fahne an 67 Stränden Costa Ricas. Für Touristen bedeutet sie die **Garantie für einen sauberen Strand**, für die Strandgemeinden die Gewissheit, dass die Touristen kommen. Doch nicht jeder Strand darf sich mit der begehrten Fahne schmücken.

Seit 1996 besteht in Costa Rica das Programm Bandera Azul Ecológica, dessen Ziel es ist, das Umweltbewusstsein in der Bevölkerung zu fördern. Drei Mal pro Jahr inspiziert eine Arbeitsgruppe vom **Ministerium für Tourismus** gemeinsam mit Experten für Ab- und Trinkwasser die am Wettbewerb teilnehmenden Strände bezüglich Wasserqualität (35 %), Trinkwasserqualität (15 %), Sicherheit (10 %), Müll und Abwasser (10 %) sowie Umweltaufklärung und -management (10 %). Dabei werden nur die Strände mit der blauen Flagge ausgezeichnet, die 90 % der Anforderungen erfüllen. Deluxe-Strände wie Punta del Madero (Guanacaste) und Punta Leona (Puntarenas) erhalten eine Flagge mit vier weißen Sternen; sie haben die 100-%-Marke erreicht und stechen hervor durch Installationen wie Behindertenrampen, Duschen, Erste-Hilfe- und Informationsstände. Verschlechtert sich eine Strandgemeinde in ihren Umweltbemühungen, riskiert sie, die Flagge wieder zu verlieren. So wurde Tamarindo 2007 aufgrund unzureichender Abwasserentsorgung die Flagge entzogen, seitdem kämpft die Strandgemeinde dafür, seine Abwasserprobleme zu lösen und die begehrte Auszeichnung zurückzugewinnen.

Das Konzept, das Costa Rica zum Vorreiter in Mittelamerika machte, übernahm man aus Spanien, wo die EU ein ähnliches Programm fördert. Im Gegensatz zum europäischen Vorbild gibt es für die Gewinner in Costa Rica kein Geld. Eine blaue Flagge aber lockt die Touristen an und bringt so indirekt die Kassen zum Klingeln. Der Wettbewerb wurde auf Gemeinden im Landesinneren sowie Schulen und Universitäten ausgeweitet. Neben Trinkwasserqualität, Sanitäranlagen, Sicherheit und Sauberkeit sind auch Umweltschutzprojekte ein Bewertungskriterium.

hotelcostacoral.com. Feine, neuere Unterkunft mit 9 komfortablen Zimmern, die um einen schönen Pool angeordnet sind, Terrassenrestaurant mit Ausblick. ❻

Hotel Tambor Tropical, ☏ 2683-0011, 🖳 www.tambortropical.com. 10 luxuriösgeschmackvolle, geräumige 8-eckige Holzhäuser mit handgeschnitzten Türen,

Veranda, Meerblick und Küche. Großer Pool, Restaurant, Bar. Keine Kinder unter 16 Jahren. ❻

Camping, hinter der Soda Mariana. Nebenan häufig Karaokenächte, schlechte sanitäre Anlagen. 3000C$ p. P.

ESSEN UND UNTERHALTUNG

Restaurant Bahía Ballena, am Jachtclub. Üppige Portionen leckerer Meeresfrüchte.

Restaurant Cristina, bei Cabinas Cristina. Gute günstige Casados und Fisch.

Restaurant Mariana, am Strand. Sehr günstig und überaus freundlicher Service. ⊕ Di–So 12–22 Uhr.

Los Gitanos, am Strand. Hallenartige Tico-Bar mit Karaoke und Tanz. ⊕ ab 18 Uhr.

SONSTIGES

Internet
An der Hauptstraße Richtung Paquera. ⊕ 8–17 Uhr.

Kajakverleih
Im Hotel Tambor Tropical.

Supermarkt
Lapa Minisuper, ⊕ Mo–Sa 8–20, So 9–12 Uhr.

Taxi
✆ 2683-0017.

Telefon
Am Lapa Minisuper und am Strand.

TRANSPORT

Busse
Tambor wird vom PAQUERA–MONTEZUMA-Bus bedient.

Flüge
Sansa, Büro in der Hauptstraße, ✆ 2683-0137, 🖥 www.flysansa.com. ⊕ Mo–Sa 8–16 Uhr. In der Hochsaison 5x tgl. nach SAN JOSÉ.
Nature Air, ✆ 2220-3054, in der Hochsaison 1x tgl. nach NOSARA, BAHÍA DRAKE und SAN JOSÉ.

Cóbano

Cóbano ist das Versorgungszentrum der umliegenden Strände. Hier gibt es eine Bank, Supermärkte und Kliniken. Ansonsten ist der Ort für Touristen wenig attraktiv. In Cobano gabelt sich der Weg: Nach Montezuma sind es weitere 7 km geradeaus, nach Mal País/Santa Teresa (11 km) geht es rechts ab. Wer mit dem Bus von Paquera nach Mal País/Santa Teresa unterwegs ist, muss hier umsteigen.

ÜBERNACHTUNG

Cabinas Villa Grace, 250 m östl. von der Banco Nacional, an der Straße Richtung Montezuma, ✆ 2642-0225. 12 Zimmer mit Ventilator oder AC, nicht sehr freundliches Personal. Fragen, ob eine Karaoke-Nacht bevorsteht! ❷–❸

SONSTIGES

Apotheke
Farmacia Amiga, neben Lifeguard, ✆ 2642-0685. ⊕ Mo–Fr 8–19, Sa 8–18 Uhr.

Geld
Banco Nacional, mit Kreditkartenautomat. ⊕ Mo–Fr 8.30–15.45 Uhr.

Medizinische Hilfe
Clínica Pública, hinter dem Fußballfeld, ✆ 2642-0208.
Lifeguard, 150 m vom Zentrum Richtung Montezuma, ✆ 2220-0911. Privatklinik mit 24-Std.-Service.

Supermarkt
Megasuper, 150 m südl. der Banco Nacional. ⊕ Mo–Do 7–21, Fr und Sa 7–21, So 7–22 Uhr.

Tankstelle
An der Ortseinfahrt von Paquera kommend.

Taxis
Gegenüber der Banco Nacional. Tarife: Montezuma $12, Santa Teresa (El Cruz) $25, Paquera/Fähre $50, Reserva Curú $40.

Telefon
An der Bank.

Busse nach PAQUERA alle 2 Std. 7–17 Uhr. Der Direktbus aus SAN JOSÉ fährt über Cóbano nach SANTA TERESA. Wer nach MONTEZUMA will, steigt hier in einen Minibus um. Weitere Infos unter ℘ 2221-7479.

 **HIGHLIGHT**

Montezuma

Montezuma, zweieinhalb holprige Busstunden vom Fähranleger in Paquera entfernt, ist das Sammelbecken der Kreativ-Alternativen oder solcher, die es gerne sein wollen. Kleine Boutiquen bieten selbst entworfene, originelle Strandbekleidung an, auf großen Decken präsentieren Althippies und Weltenbummler ihren Silber- und Muschelschmuck, und wer der eigenen Gestaltungskraft Ausdruck verleihen will, für den gibt es im Zeitungsladen Zeichen-und Malutensilien.

Der lockere und ungezwungene Geist „Montefumas" (*fumar* bedeutet „rauchen"), wie die dem Haschisch nicht abgeneigte Multikultigemeinde auch genannt wird, lässt am Strand so manche Hüllen fallen, zum Ärgernis der Einheimischen. In der Hauptsaison platzt das einstige Fischerdorf, das früher nur per Boot vom Festland zu erreichen war, aus allen Nähten, dann parken große Blechkarossen den schmalen Ortseingang zu und Quad-Gangs rasen die staubigen Pisten entlang. Abseits vom Trubel lockt eine paradiesische Umgebung mit Wasserfällen, Tidepools aus Lavagestein, Sandstränden und dem Naturreservat Cabo Blanco.

Nördlich des Zentrums

Finca de los Caballos, 4 km südl. von Cóbano, Richtung Montezuma, ℘ 2642-0124, ⌨ www.naturelodge.net. Paradiesische Lage, Zimmer verschiedener Preiskategorie, schlichte Standardzimmer mit Natursteinboden, Ventilator, Bambusbetten. Außerdem 2-stöckige Ferienhäuser mit eigener Terrasse, Open-Air-Dusche und Meerblick, umgeben von Natur. Beliebt bei älteren Urlaubern oder Pferdenarren. Sehr geschmackvoll angelegt mit Pool und Spa. ❻

Luz en el Cielo, vor der Ortseinfahrt nach Montezuma am Hügel an der Hauptstraße, ℘ 2642-0030, ⌨ www.luzenelcielo.com. Der Backpacker unter amerikanischer Leitung will sich abheben von den übrigen Hostels am Strand durch warmes Wasser, Frühstück und größere Sicherheit. Kleine Dorms mit Stockbetten für 4–8 Pers. Gute Matratzen, Moskitonetze, kleine Kochnische. $15 p. P.

Ylang Ylang Beach Resort, ℘ 2642-0636, ⌨ www.ylangylangbeachresort.com. Leider führt die einzige Hotelzufahrt über den Strand. Die luxuriösen, originellen Ferienhäuser mit Dreieckstüren und großer Open-Air-Dusche ähneln Tribalhäusern, einige haben Meerblick. Es gibt auch Suiten. Abgeschiedene, ruhige Lage, sehr zuvorkommender Service, Pool mit kleinen Wasserfällen, viele Tiere. Meeresrauschen, fantastische Massage in Spa-Zelten. Restaurant. Große Yogaplattform direkt am Strand. 7–10 Min. Fußweg am Strand nach Montezuma. Freundliche holländisch-amerikanische Leitung, im September und Oktober geschlossen. Beliebt bei Flitterwöchlern. ❻ Gäste parken im Hof vom Partnerhotel

El Sano Banano, einer weiteren guten Option im Zentrum von Montezuma, mit gutem Restaurant in einem tropischen Garten, Frühstück inkl. ❹

Campingplatz, am nördl. Strand, rund 10 Min. zu Fuß ins Zentrum, 2000C$ p. P.

Im Zentrum

Hotel El Tajalin, hinter der Kirche, ℘ 2642-0061, ⌨ www.tajalin.com. Mehrstöckiges Hotel, große helle, saubere Zimmer mit Holzdielen, schöne Gemeinschafts-Sitzecke mit Hängematten, große Duschen, Kühlschrank, AC. Ruhig und doch zentral, teils Blick auf die Straße. Untere Zimmer düster! Kein Frühstück. ❺

Hotel Luz de Mono, ℘ 2642-0090, ⌨ www.luzdemono.com. Eine ruhige, erholsame Unterkunft, umgeben von großem Dschungel mit Tieren. Die Zimmer im oberen Stockwerk sind schöner. Pool, familienfreundlich. Frühstück inkl. In der Nebensaison deutlich günstiger. ❺

SÜD-GUANACASTE UND DIE NICOYA-HALBINSEL

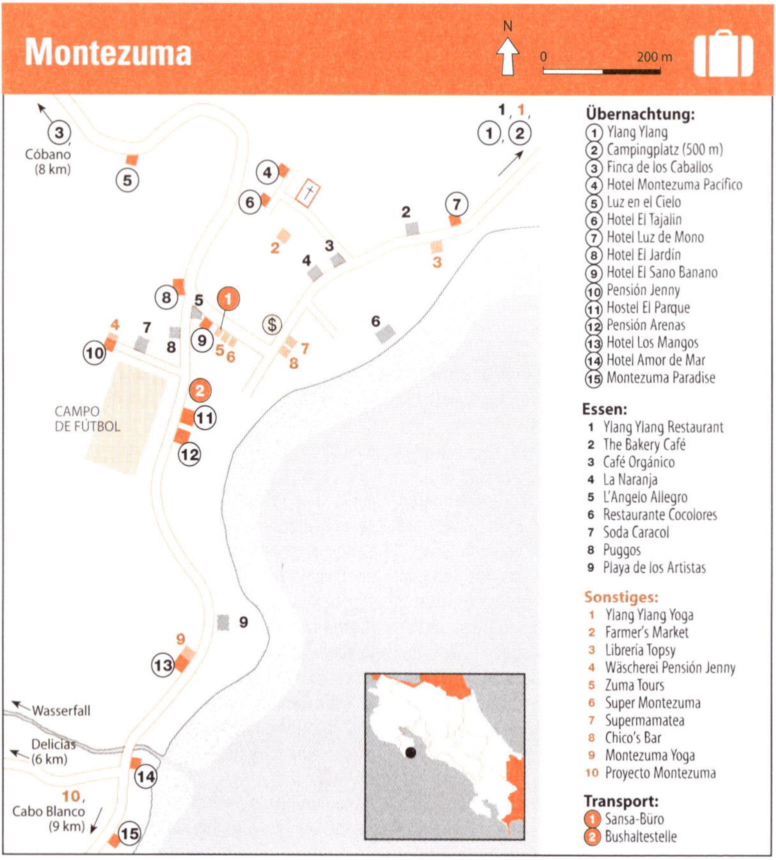

Übernachtung:
1. Ylang Ylang
2. Campingplatz (500 m)
3. Finca de los Caballos
4. Hotel Montezuma Pacífico
5. Luz en el Cielo
6. Hotel El Tajalin
7. Hotel Luz de Mono
8. Hotel El Jardín
9. Hotel El Sano Banano
10. Pensión Jenny
11. Hostel El Parque
12. Pensión Arenas
13. Hotel Los Mangos
14. Hotel Amor de Mar
15. Montezuma Paradise

Essen:
1. Ylang Ylang Restaurant
2. The Bakery Café
3. Café Orgánico
4. La Naranja
5. L'Angelo Allegro
6. Restaurante Cocolores
7. Soda Caracol
8. Puggos
9. Playa de los Artistas

Sonstiges:
1. Ylang Ylang Yoga
2. Farmer's Market
3. Librería Topsy
4. Wäscherei Pensión Jenny
5. Zuma Tours
6. Super Montezuma
7. Supermamatea
8. Chico's Bar
9. Montezuma Yoga
10. Proyecto Montezuma

Transport:
1. Sansa-Büro
2. Bushaltestelle

Cóbano (8 km)

CAMPO DE FÚTBOL

Wasserfall

Delicias (6 km)

Cabo Blanco (9 km)

Montezuma Pacífico, hinter der Kirche, ✆ 2642-0204. Zentral gelegen und trotzdem ruhig. Hübsche Zimmer unterschiedlicher Größe mit AC und Kühlschrank. Der sehr freundliche Besitzer Carlos leitet das Hotel seit fast 30 Jahren und lässt bei den Preisen mit sich handeln. Ab ❸

An der Straße Richtung Wasserfall / Playa Las Manchas

Hostel El Parque, ✆ 2642-0164. Sehr einfache Zimmer am Strand, Dorms mit 3-stöckigen (!) Betten, alle Zimmer haben Gemeinschaftsbad, Schließfächer (Schloss mitbringen!).

Hotel Amor de Mar, gegenüber vom Eingang zum Wasserfall, ✆ 2642-0262, 🖥 www.amordemar.com. Geschmackvollrustikale Zimmer am Meer. Meerblick, wunderschöner Garten, mit Liegewiese und Hängematten. Tidepools vor der Tür, selbst gebackenes Brot, kein Abendessen, sehr freundliches Personal. ❻

Hotel El Jardín, ✆ 2642-0074, 🖥 www.hotel eljardin.com. Große, gepflegte Anlage am Hang mit 15 makellosen Zimmern mit Terrasse, AC, einige mit Meerblick. 1 Haus für 4 Pers. mit Küche, umgeben von tropischem Garten, Pool, Jacuzzi, 100 m vom Strand. ❺, Ferienhaus ❻

SÜD-GUANACASTE UND DIE NICOYA-HALBINSEL

Hotel Los Mangos, an der Straße Richtung Wasserfall, ☎ 2642-0384, 🖥 www.hotellos mangos.com. Gepflegte Anlage mit 10 hübschen schlichten Zimmern in blau-weiß mit Kühlschrank, teils mit Privatbad, 10 Ferienhäuser im Tribaldesign auf einem Hügel mit Terrasse und Meerblick. Pool, Jacuzzi, Wellness-Bereich, Yogaunterricht im Yoga-Pavillion mit Aussicht aufs Meer, auch für Nicht-Gäste. Zimmer ➍ – ➎, Ferienhaus ➏

Montezuma Paradise, an der Straße Richtung Playa Manchas, ☎ 2642-0271. Paradiesische, ruhige Strandlage, leider in den letzten Jahren etwas heruntergekommen. Verschiedene Auswahl an Zimmern, teils mit Gemeinschaftsbad, teils mit Meerblick (teurer). Die Zimmer im oberen Stockwerk sind attraktiver. Große Gemeinschaftsküche und großer Tidepool vor der Tür. Ab ➋

Pensión Jenny, am Ende des Fußballplatzes. Familienhaus in Tico-Wohngegend. Von außen schöner als von innen. Saubere Zimmer, teilweise mit durchgelegenen Matratzen, Gemeinschaftsbalkon uns Gemeinschaftsbad. 6000C$ p. P.

ESSEN UND UNTERHALTUNG

Café Organico, im Zentrum. Vegane und vegetarische Kuchen und Eis. Nicht billig, aber lecker. Kaffee aus ökologischem Anbau. Türkische Besitzerin. Jeden Tag werden in dem kleinen Vorhof zum Café Aktivitäten geboten, von Aerobic- bis zu Kochkursen, in der Hauptsaison tgl. Livemusik. ⊕ Mo–Sa 10–20 Uhr.

La Naranja, im Zentrum. Costa-ricanische Küche. Im Gegensatz zu vielen anderen Sodas kann man hier in die saubere (!) Küche schauen und zusehen, was gebrutzelt wird. Einfache Plastikstühle, freundlicher und schneller Service. Teurer als normale Sodas. Kaffee wird gratis nachgefüllt. ⊕ 7–21 Uhr.

L'Angelo Allegro, an der Ortseinfahrt. Große Auswahl an guter, frisch zubereiteter Pizza und Pasta mit knusprigem Brot und Salat. Außerdem Lieferservice von argentinischen Empanadas und Pizza. ⊕ 12–22 Uhr.

Playa de los Artistas, idyllisch am Strand gelegen, abends romantisch mit Kerzen. Mediterrane Küche in alternativem

Ambiente. Jeden Abend ein anderes, handgeschriebenes Menü, Schwerpunkt Fisch und Meeresfrüchte, sehr gut und kreativ. Keine Kreditkarten. ⊕ 12–21.30 Uhr.

Puggos, an der Ortseinfahrt. Israelische Köchin, Fusion-Küche aus mediterranen und asiatischen Speisen, beliebt sind vor allem Hummusgerichte und Falafel. Einige kommen nur wegen der Focaccia her. Neuerdings auch mit Sushi Bar. ⊕ 12–12.30 Uhr.

Restaurante Cocolores, im Zentrum am Strand, ☎ 2642-0348. So sollte ein Restaurant sein: im Grünen, mit Blick auf die Brandung, leichte Brise, saftig gegrilltes, zartes Fleisch, leckere, knackige Salate, gekühltes Bier und eine flinke, freundliche Bedienung. Nicht protzig, akzeptable Preise, auch vegetarische Gerichte; für den Abend sollte man reservieren. ⊕ Di–So 12–21.30 Uhr.

Soda Caracol, am Fußballplatz. Kein Ort für Hygieneapostel. Üppige Portionen, viele Einheimische. Leckere Fischgerichte und Sopa de Mariscos. Die Fischsuppe soll jeden Kater besiegen.

The Bakery Café, im Ort, Richtung Strand. Birchermüsli, selbst gebackenes Brot, Kuchen, Pfannkuchen, Sandwiches zum Mitnehmen, den Belag kann man wählen, und Vegetarisches aus aller Welt: Falafel, Hummus, indische Currys, Thai- und Tofugerichte. Rundherum toben die Affen! Beliebt zum Frühstücken. ⊕ 7–20 Uhr.

Ylang Ylang Restaurant, am Strand, beim Hotel Ylang Ylang. Vegan, Rohkost und Sushi.

Chicos Bar, neben dem Super Mamatoa, der einzige Ausgeh-Ort in Montezuma mit Billardtischen und Bar. Do Reggae Night, Fr und Sa: Salsa und Merengue.

Ansonsten: Lagerfeuer am Strand oder Party und Musik auf der Straße.

AKTIVITÄTEN UND TOUREN
Touren

Proyecto Montezuma, an der Straße nach Cabuya, 🖥 www.proyecto montezuma.org. Eine amerikanische Sprachenlehrerin und ein costa-ricanischer Tourguide haben sich bei diesem gemeinnützigen Projekt zusammengetan und bieten nachhaltige Touren in die Umgebung mit lokalen Guides an. Die Tourguides haben in der projekteigenen Sprachschule Englisch gelernt. Im Angebot sind Kajak-, Schnorchel-, Tauch-, Reit- und Mountainbiketouren sowie Surfsafaris nach Playa Zedros und Playa Reyes. Außerdem Verleih von Angel-, Schnorchelausrüstung, Surfbrettern und Fahrrädern. Auch Shuttles. Proyecto Montezuma hat auch eine eigene Unterkunft. ⏲ 8–16 Uhr. **Zuma Tours**, im Zentrum, unterhalb vom Hotel/Restaurant Sano Banano, ✆ 2642-0024, 8873-4692 (24 Std.), 🖥 www.zumatours.net. Shuttle-Boot nach Jacó, Touren zum Wasserfall, außerdem Kajak-, Schnorchel-, Tauch-, Reit- und Mountainbikeausflüge, günstige Touren zur Isla Tortuga.

Yoga
Montezuma Yoga, im Hotel Los Mangos, ✆ 2642-1311, 🖥 www.montezumayoga.com. $15 pro Klasse.
Ylang Ylang Beach Resort, S. 285. $15 pro Klasse.
Beide Hotels verfügen über herrliche, große Yogaplattformen.

Bücher
Librería Topsy, ✆ 2642-0576. Kleines Buchgeschäft mit internationalen Büchern, neu und gebraucht, auch deutsche Literatur, Landkarten, Büchertausch und -verleih, Stifte, Spielzeug, Zeitungen, Briefmarken und Postservice. ⏲ Mo–Fr 8–13 und 15–17.30, Sa 8–12 Uhr.

Festivals
Chunches de Mar und **International Film Festival**, s. Kasten S. 108.

Geld
In Montezuma gibt es zwar keine Bankfiliale, dafür einen Geldautomaten der BCR im Zentrum.

Informationen
Das Magazin **Zoom**, 🖥 www.nicoyazoom.com, mit Artikeln, Veranstaltungskalender und

Informationen zu Hotels und Transport auf der Península liegt gratis in Hotels und bei Tourveranstaltern aus.

Internet
Verschiedene Touranbieter im Zentrum bieten Internetservice an.

Markt
Farmer's Market, jeden Sa am Spielplatz neben der Kirche, mit Selbstgebackenem, Handwerk und Produkten aus ökologischem Anbau.

Medizinische Hilfe
S. Cóbano, S. 284.

Sansa-Büro
Im Hotel/ Restaurant Sano Banano.

Sprachenschule
Proyecto Montezuma, an der Straße nach Cabuya, 🖥 www.proyectomontezuma.org. Survival-Spanischkurse von 1 Woche bis mehrere Monate, auch Unterkunft möglich.

Supermärkte
Super Montezuma, im Zentrum. ⏲ 7–22 Uhr.
Supermamatea, im Zentrum. Freundlich, Besitzer spricht etwas Deutsch. ⏲ 7–23 Uhr, am So manchmal auch etwas früher.

Taxi
Tarife: Flugplatz Tambor $40, Paquera $60, San José $200, Mal País $40, Cobano $12, Cabuya $12.

Wäscherei
Pensión Jenny und Laundry Flory am Fußballplatz.

Busse
Busse fahren gegenüber vom Fußballplatz ab.
PAQUERA (über CÓBANO), 6x tgl. 5.20–16 Uhr; CABUYA / RESERVA CABO BLANCO, 4x tgl.;

SAN JOSÉ (über COBANO und Flughafen / ALAJUELA), 2x tgl. um 6.20 und 14.20 Uhr, ☎ 2642-1112.

Shuttle-Busse
Alle Tourveranstalter im Zentrum bieten Shuttles an.

Taxiboote
Der Transfer im Wassertaxi nach JACÓ kostet $40 p. P. und kann im Hotel oder einer der Agenturen gebucht werden.

Cabuya

An Cabuya ziehen die meisten vorüber: die Wale und Delphine zu Wasser, die Touristen zu Lande auf dem Weg zum Naturreservat Cabo Blanco. Dabei ist der friedliche, idyllisch von Wildnis und Meer umgebene 300-Seelen-Ort eine ruhigere, weitaus weniger touristische Alternative zum oft überlaufenen Montezuma und zudem nur 2 km vom **Naturpark Cabo Blanco** entfernt.

Auf der kleinen vorgelagerten **Isla Cabuya**, die nur bei Ebbe zu Fuß zu erreichen ist, bestattet das Dorf seine Toten. Vom Inselrand strahlt dem Besucher der weiße Friedhofsbogen entgegen. Wind und Salz haben den Gräbern zugesetzt, verwittert und schief ragen die Holz- und Eisenkreuze zwischen Kokosnüssen und Palmwedeln hervor. Statt Blumengestecken schmücken schwere Meeresmuscheln die Grabhügel. Wer den kleinen Ausflug macht, sollte sich vorher genau über die Gezeiten informieren oder seine Sachen im Dorf deponieren, denn bei Flut bleibt nichts anderes übrig, als zum Festland zurückzuschwimmen oder – Robinson Crusoe nacheifernd – sieben Stunden bis zur nächsten Ebbe auf der Insel auszuharren.

Cabuya machte vor einigen Jahren heroisch Schlagzeilen, als die Einwohner 40 missgeleitete, gestrandete Delphine auf Anhänger luden und zurück ins Wasser brachten. Immerhin überlebten 32 Tiere diese Rettungsaktion.

ÜBERNACHTUNG UND ESSEN

Hotel Celaje, am Strand, 1 km vor Cabuya, ☎ 2642-0374, 🖥 www.celaje.com. Schlicht-edle, 2-stöckige palmstrohgedeckte A-Frame-Holzbungalows am Meer. Schöner Pool, Jacuzzi. Reit- und Kajaktouren. Restaurant mit belgischer Küche, belgischem Bier und belgischer Schokolade. Frühstück inkl. Auch HP möglich. Belgische Leitung. ❺

Howler Monkey, ☎ 2642-0303, 🖥 www.howlermonkeyhotel.com. 4 einfache Cabinas, unten Zement und Bad, oben Holz und Schlafraum für 2–5 Pers. Ruhig. Amerikanische Leitung. Pool. ❹

La Floresta, in Cabuya, ☎ 2642-1211 oder 📧 schoggola@hotmail.com. 3 Ferienhäuser mit je 2 Zimmern und 1 Bad. Strandnähe, Garten und Grill. ❺

La Panadería Cabuya, an der Kreuzung zum Friedhof. Frühstück, Mittag- und Abendessen. Comida Típica, hausgemachte Kuchen und Gebäck, gut als Proviant für eine Wanderung im Reservat. Nette Sitzgelegenheit draußen. ⏰ 7–20 Uhr.

AKTIVITÄTEN UND TOUREN

Schnorcheln
Auf der **Isla Cabuya**.
Schnorchelausrüstung vermietet das Hotel **Howler Monkey** für $10 pro Tag. Zur Insel kann man bei Ebbe vom kleinen Fischerhafen aus zu Fuß gehen.

Surfen
An der **Playa Ceclos** und **Playa Rejes**.
Surfboards vermietet das Hotel Howler Monkey für $10 pro Tag.

SONSTIGES

Internet
Im **Restaurant Cayote**, sehr langsam und teuer.

Supermarkt
Minisuper, 800 m vor dem Eingang zum Naturreservat. ⏰ 6.30–20 Uhr.

TRANSPORT

MONTEZUMA, 4x tgl. 7–15.30 Uhr.
Der Bus fährt vom Eingang der Reserva ab und hält im Zentrum von Cabuya. Taxis nehmen für die Fahrt $12.

Reserva Natural Absoluta Cabo Blanco

- ■ **MINAET-Büro:** ✆ 2642-0093
- ■ **Öffnungszeiten:** Mi–So 8–16 Uhr, Wanderer sollten möglichst vor 12 Uhr für den großen Wanderweg aufbrechen, für den kürzeren Pfad nicht später als 14 Uhr.
- ■ **Eintritt:** $10
- ■ **Gründungsjahr:** 1963
- ■ **Größe:** 1256 ha zu Land, 4420 ha im Meer
- ■ **Transport:** 4x tgl. nach Montezuma über Cabuya, letzter Bus um 15.30 Uhr. Der Bus von Cabuya fährt direkt zur Parkeinfahrt, dort ist auch ein Parkplatz. 20 Min. Fußweg vom Dorf.
- ■ **Ausrüstung:** Sonnenschutz, Trinkwasser, Badesachen. Am Eingang ist eine kostenlose Broschüre erhältlich.

Die Eröffnung des Naturreservats Cabo Blanco am südlichsten Zipfel der Península de Nicoya war der bahnbrechende Schritt auf dem Weg zu Costa Ricas weitverzweigtem Netzwerk von Nationalparks und Naturreservaten. Zu einer Zeit, als Costa Ricas Regierung noch Prämien an seine Bevölkerung zahlte, um abgelegene Waldgebiete in Ackerland umzuwandeln, drehte ein skandinavisches Ehepaar, das nach Costa Rica ausgewandert war, den Spieß um. Statt weitere Flächen abzuholzen, kauften Olof Wessberg und Karen Morgenson entwaldete Fincagrundstücke auf, ließen den Wald sich regenerieren und überzeugten die Regierung, diese Fläche als Naturschutzgebiet auszuweisen. Welche Interessenkonflikte hinter diesen Bemühungen standen, zeigt, dass Wessberg bei ähnlichen Bemühungen bei der Errichtung des Nationalparks Corcovado 1975 von Holzfällern ermordet wurde.

Das Naturreservat Cabo Blanco besteht nur zu 15 % aus Primärwald, der Rest ist Sekundärwald, der in den mehr als 40 Jahren seit Bestehen der Reserva heranwachsen konnte und mit einer Artenvielfalt von 150 Bäumen bestickt, darunter Zedern, Weißgummi- und Pochotebäume. Ursprünglich war der Zutritt zum Reservat nur Wissenschaftlern und Parkwächtern gestattet, heute ist Cabo Blanco der Öffentlich-

keit zugänglich. Der Zustrom an Touristen nimmt zum Leidwesen der Tiere zu. Ein 1 1/2-stündiger Rundwanderweg führt durch das Reservat, in dem eine Vielzahl von Tierarten, darunter Brüll-, Kapuziner- und Klammeraffen, Rehe, Ocelote, Pakas, Faul- und Gürteltiere leben. Vom Ameisenbär oder Jaguar sind höchstens die Spuren anzutreffen. Ein weiterer Weg erreicht nach 4 bis 4 1/2 Stunden die **Playa Cabo Blanco**.

Gegenüber liegt die **Isla Cabo Blanco**, ein wichtiges Nistgebiet für Meeresvögel, vor allem von Braunen Pelikanen, Fregattvögeln, Lachmöwen und Costa Ricas größter Kolonie an Brauntölpeln. Im Laufe der Jahre überdeckten sie die Inselfelsen mit ihrem Kot und gaben so der Insel und dem Naturpark ihren Namen, Cabo Blanco – weißes Kap.

Mal País und Santa Teresa

Santa Teresa und Mal País zählen zu den besten **Surfrevieren** Costa Ricas. Jeden Monat finden hier nationale Surf-Meisterschaften statt, täglich können Urlauber die kühnen Kunststücke der Wellenakrobaten von Land aus bewundern oder sich selbst aufs Brett stellen. Surfboardverleihe und Surfkurse gibt es im Ort wie Sand am Meer.

Von der Hauptkreuzung **El Cruz**, dem schlagenden Herz der beiden Ortschaften, zweigen zwei Straßen wie große Adern in entgegengesetzte Richtungen ab: links nach Mal País, drei ruhige, wenig bebaute, felsige Strandkilometer, die an einem kleinen pittoresken Fischerhafen enden, direkt neben dem Naturschutzgebiet Cabo Blanco (einen Zugang zum Naturreservat gibt es von hier leider noch nicht); rechts nach Santa Teresa, fünf Kilometer paradiesischer Sandstrand für die junge, feiernde Surfgemeinde aus aller Welt.

Parallel zum Strand von Santa Teresa reihen sich zu beiden Seiten der staubigen Piste Hotels, Surfshops, Restaurants und Supermärkte schier endlos aneinander. Vor rund 15 Jahren gab es im Ort noch keine Elektrizität, heute hat Santa Teresa Tamarindo den Rang als Surf- und Partymekka abgelaufen, das Land ist zerstückelt, jeder Quadratmeter Gold wert, und die Preise in den Supermärkten sind in die Höhe geschossen. Mit den Touristenströmen ist leider auch der Diebstahl angestiegen, deshalb grundsätzlich keine Sachen unbeaufsichtigt am Strand liegen lassen und Wertsachen im Hotel in den Safe einschließen!

ÜBERNACHTUNG

Neue Unterkünfte schießen wie Pilze aus dem Boden. Wer die Nacht zum Tag machen möchte, ist in Santa Teresa gut aufgehoben, für ruhigere Gemüter, die früh hinaus aufs Meer wollen, sind Mal País oder Playa Hermosa besser geeignet.

Mal Pais

Mal Pais Surf Camp & Resort, ℡ 2640-0031, 🖳 www.malpaissurfcamp.com. Riesige Anlage mit großer, golfplatzähnlicher Rasenfläche. Unterkünfte verschiedener Preisklassen. Zelten mit eigenem Zelt $10 p. P., Schlafsaal mit Betten auf Kieselsteinen unter einem Blechdach und von Holzgitter eingezäunt, getrennt nach Frau und Mann $15 p. P. Kleine DZ mit Gemeinschaftsbad und teure Ferienhäuser mit Küche. Billardtisch, Tischtennisplatte, Babysitting- und Wäscheservice, Pool, Safe, Surfbrett-Verleih. Überwiegend Surfer. ❸–❻

Moana Lodge, ℡ 2640-0230, 🖳 www.moana lodge.com. Kleine, originelle Hotelanlage auf verschiedenen Ebenen am Hang gelegen, unterschiedlich ausgestattete Zimmer mit Holzdielen und -wänden, exotische Masken, Möbel mit Zebramuster, überdachte Sitzecken, kleiner Patio, AC, Jacuzzi, Gemeinschaftsküche. Ungefähr 100 m vom Strand. ❻

Oasis Bunqalows, 200 m von El Cruz, ℡ 2640-0259, www.oasismalpais.com. Schlichte, helle, schöne Zimmer mit Privatbad, Veranda, teils mit AC und Open Air Küche. Pool, belgisch-israelische Leitung. ❻

🏨 **Pacha Mama**, 1,2 km von El Cruz, ℡ 2640-0195, 🖳 www.pacha-malpais. com. Rechtzeitig das schöne Blockhaus mit dem großen BBQ reservieren! Die Cabinas sind nicht ganz so attraktiv. Den frischen Fisch zum Grillen verkaufen die Fischer am Ende der Straße. Vom Aussichtspunkt Blick übers Meer auf die grandiosen Sonnenuntergänge. Zum Strand muss man nur die Straße überqueren.

Tico Rock

Malpaís nennt sich auch eine der beliebtesten und erfolgreichsten Bands Costa Ricas. Das Sextett gründete sich im Jahr 2003 und füllt seitdem mit seiner Musik, einer Mischung aus Folk, Latin, Jazz und Rock, die Stadien des Landes. Gemeinsam mit der costa-ricanischen Plattenfirma Papaya Music schrieb es im Land Musikgeschichte: Die erste CD *UNO* verkaufte sich über 10 000 Mal und brachte der Band im Jahr 2006 die **goldene Schallplatte**. Seitdem wurden noch weitere CDs der Band mit einer Disco de oro ausgezeichnet. Malpaís tritt inzwischen weltweit auf, Stammplatz der Band ist das Jazzcafé in Escazú. Infos und Konzerttermine unter 🖳 www.grupomalpais.com.

Gastgeber Franz kennt die Gegend wie seine Westentasche und weiß, wo und wann die Brandung zum Surfen am besten ist. Entspanntalternative Atmosphäre mit Waschbären und Affen. Ausgesprochen hilfsbereites, freundliches österreichisch-argentinisches Paar. Backpacker kommen im Matratzenlager im Tipizelt unter. Abseits vom Trubel, aber nah genug dran, um auch mal auszugehen. ❹–❺

Ritmo Tropical, 100 m südl. von El Cruz, ℡ 2640-0174, 🖳 www.hotelritmotropical.com. 7 hübsche, am Hang gelegene helle Bungalows mit Safetybox, Terrasse und Pool; gutes italienisches Restaurant. Tico-italienische Leitung. ❹

Star Mountain Eco Resort, 2 km von Mal País an der Straße Richtung Cabuya, an einem steilen Hügel gelegen, ℡ 2640-0101, 🖳 www. starmountaineco.com. Schlichte, geräumige Zimmer mit Minikühlschrank, begehbarer Garderobe, riesiger Dusche und Terrasse mit Schaukelstühlen. Pool, ruhig im Grünen gelegen; Yoga-Rancho. Frühstück inkl. ❻

Vista de Olas, bei der großen Antenne steil den Hang hinauf, ℡ 2640-0183, 🖳 www. vistadeolas.com. Gelbe, geschmackvoll eingerichtete 8-eckige Bungalows mit Open-Air-Mosaikdusche, ruhig und friedlich, atemberaubender Ausblick auf traumhafte Sonnenuntergänge, großer Infinity-Pool, Jacuzzi,

SÜD-GUANACASTE UND DIE NICOYA-HALBINSEL

Spa, Frühstück inkl. Ideal für Flitterwöchler. Anfahrt mit geländegängigem Fahrzeug. Sept und Okt geschl. **❻**

Santa Teresa

Beachbreak Hotel, ☎ 2640-0612, 🖥 www. beachbreakhotel.com. Freundliche, gelbe Unterkunft mit 12 Zimmern mit AC, verteilt auf 2 Stockwerke. Mit Kühlschrank. Auch 2 Cabinas mit Küche. **❹**

Buenos Aires, 🖥 www.buenosairesmalpais. com, ☎ 2640-0254. Steil über Santa Teresa gelegen mit spektakulärer Aussicht aufs Meer. Schlichte, freundliche Cabinas mit AC und kleiner Terrasse bzw. Balkon, umgeben von Grün; Pool. Auf Wunsch holt Javier Gäste vom Bus ab. Freundliche argentinische Leitung, beliebt bei Pärchen. Man zahlt für die Sicht, gutes Restaurant. **❹**

Casas de Soleil, 300 m nördl. von El Cruz, 150 m den Berg hinauf, ☎ 2640-0740, 🖥 www.casas desoleil.com. Nur 5 Min. vom Strand entfernt liegen diese 4 gut ausgestatteten Ferienhäuser; komplett eingerichtet mit Küche, schön geschreinerten Möbeln, großer Terrasse und Pool. Die freundliche Soraya kennt sich sehr gut aus, vermittelt günstige Guides und hat viele Tipps rund um Santa Teresa und Mal Pais. Das Ferienhaus für 8 Pers. hat einen eigenen Pool. **❻**

Casa Zen, 1,5 km nördl. von El Cruz, auf der Strandseite, ☎ 2640-0523, 🖥 www.zencosta rica.com. Günstiges Guest House und Yogazentrum, kein AC, Dorms für $15 p. P. Yoga tgl. um 9 und 16 Uhr für $9, Surfboards und Fahrräder zu vermieten. **❷**

📖 **Cuesta Arriba B&B Hostel**, am Ortsende, 100 m nördl. der Lola Bar, ☎ 2640-0607, 🖥 www.cuestaarriba.com. Großes weißes, bumerangförmiges Gebäude mit sehr sauberen Loftzimmern und Stockbetten. Familiäre Atmosphäre. Großer Gemeinschaftsbereich mit TV und DVD. Große, gut ausgestattete Gemeinschaftsküche. Argentinische Leitung. Yoga- und Surfklassen. Dorms für 4–6 Pers. $18 p. P. und DZ inkl. Frühstück. **❸–❹**

Funky Monkey, 200 nördl. vom Fußballplatz, abseits der Hauptstraße, ☎ 2640-0272, 🖥 www.funky-monkey-lodge.com. Rustikale

Bambusbungalows mit Gemeinschaftsküche oder weiter oben am Hang moderne Apartments mit AC und rustikalen Holzmöbeln für 2–4 Pers. **❻**

Hotel Raratonga, an der Straße in Richtung Hermosa, ☎ 2640-0475, 🖥 www.santateresa beachotel.com. 4 schöne, rustikale, holzausgekleidete Zimmer mit AC. Aber das Hotel stand zur Zeit der Recherche zum Verkauf. **❸**

Hotel Rustico, an der Hauptstraße in Santa Teresa, ☎ 2640-0895. 🖥 www.hotel rusticosantateresa.com. Saubere, riesige Zimmer mit rustikalen, massiven Holzmöbeln und Ventilator. Exzellentes Preis-Leistungs-Verhältnis in den Dorms: $10 p. P.! Costaricanische Leitung. **❸**.

Hotel Tropico Latino, in Santa Teresa, ☎ 2640-0062, 🖥 www.hoteltropicolatino.com. Große, beliebte Anlage mit vielen alten Bäumen und direktem Strandzugang. Kleine Parzellen mit rustikalen Ferienhäusern für 3–5 Pers. Restaurant und Yogadeck am Strand. Spa. **❻**

€ **Tranquilo Backpackers**, 400 m nördl. von Frank's Place, hinter dem Supermarkt Super Ronny's, ☎ 2640-0589, 🖥 www.tran quilobackpackers.com. Beliebter hellgelber, 2-stöckiger Backpacker, großzügig geschnitten und etwas oberhalb der Hauptstraße. Verschiedene Unterkunftsmöglichkeiten: Schlafsaal $13 p. P., Dorm mit Privatbad $15 p. P., DZ mit Gemeinschaftsbad **❷**, mit Privatbad **❸**. Große Gemeinschaftsveranda mit Hängematten, Gemeinschaftsküche. Büchertausch. Internet. Kaffee und Tee gibt's den ganzen Tag. Die Pfannkuchen zum Frühstück sind inkl. Sehr gut in Schuss. Schweizerische Leitung. Um einiges schöner als die Schwester-Backpacker in San José. **❸–❹**

Playa Hermosa

El Rey Patricio, ☎ 2640-0248, 🖥 www.elrey patricio.com. Etwas abseits des Trubels liegen diese einfachen Zimmer und kleinen Ferienhäuser mit Kühlschrank und Meeresblick. Surfschule. **❹–❻**

Zopilote Surfcamp, ☎ 2640-0541, 🖥 www. zopilote-surfcamp.com. Surfpakete inkl. Unterkunft, HP und Transfer von Mal País. 1 Woche $550, 2 Wochen $970.

Selbstversorger können sich tgl. köstlich frischen Fisch am kleinen Fischerhafen in Mal País kaufen, der erste Fang läuft um 8 ein, der zweite nachmittags um 16 Uhr. Darunter Pargo, Thunfisch und Corvina. Hier kaufen auch die Restaurants und Lokale der Umgebung ein. Viele Restaurants und Sodas werden von Jahr zu Jahr neu vermietet und Köche untereinander ausgetauscht. Hier eine Auswahl an beständigeren Lokalen, die gute Qualität über einen längeren Zeitraum halten konnten.

Mal País

Ritmo Tropical, 100 m südl. von El Cruz. Große Auswahl an guter Pizza und Pasta, auch Fischgerichte. ⏱ ab 17.30 Uhr.

Santa Teresa

Artemis, direkt am Cruz, Playa Carmen. Lust auf einen richtig guten Kaffee? Dann hier bestellen, nirgends ist er besser! Das Café stand zur Zeit der Recherche zum Verkauf. **Brisas**, steil auf einem Hügel gelegen. Wer hier hingeht, bekommt einen fantastischen Ausblick aufs Meer und unvergessliche Sonnenuntergänge! Empfehlenswert ist der Seafood-Mix. Üppige Portionen und gute frische Zutaten. Die Desserts sind legendär, z. B. Cheese Cake oder Eis! Auch Cocktails. ⏱ 7–11 und 16–22 Uhr.

Relaxen nach dem Gaumenschmaus

Mayras und Sylvias **Restaurante Las Caracolas**, 1,4 km südl. von El Cruz, Mal País, bietet für jeden etwas: hervorragende internationale und landestypische Küche, freundlichen und unkomplizierten Service – und nach dem ausgiebigen Mittagessen können Gäste in einer der Hängematten entspannen. Auch die dazugehörigen **Casitas** laden zum Verweilen ein: 4 hübsche Ferienhäuser unterschiedlicher Größe und Ausstattung, malerisch am Wasser gelegen; alle mit Küche, 3 mit AC. Unbedingt vorher reservieren: ☎ 2640-0525, 8836-5452, ✉ lascaracolitasmalpais@gmail.com. ❹–❻

Kika, nördl. vom Fußballplatz. Drei argentinische Brüder, die gemeinsam Musik machen und ein Restaurant leiten. Bekannt für Schweinefleischgerichte. Oft Livemusik. ⏱ ab 17 Uhr.

Las Piedras, 200 m nördl. von El Cruz, argentinisches BBQ, Schwein, Rind, Huhn und Fisch vom Feuer. Die Paradilla für 4 Pers. bietet von allem etwas. ⏱ Di–So 18–21 Uhr, in der Hauptsaison auch mittags.

Piedra Mar, leider musste diese beliebte Soda ihren Standort am Meer aufgeben und auf den Hügel ziehen. Der Fisch ist aber immer noch frisch, die Portionen groß und der Ruf auch. Eine der besten Sodas im Ort. ⏱ Mo–Sa 8–21 Uhr.

The Bakery, 250 m nördl. von El Cruz. Brot, Sandwiches, Empanadas, Waffeln und Pizza verlassen hier jeden Tag frisch den Ofen. Fürs Sandwich kann man sich die Brotsorte und den Belag selbst auswählen. Besonders beliebt sind der Cheese Cake und das Pain de Chocolat. Frühstück von 7–18 Uhr. Nicht billig, aber frisch. ⏱ 7–21.30 Uhr.

Umi Sushi, im Centro Comercial Playa Carmen, hinter der Banco Nacional. Sushi unter Sonnenschirmen auf Kieselsteinen im Innenhof des Centro Comercial. ⏱ 12–22 Uhr.

Santa Teresa wächst unaufhörlich, Bars und Restaurants schließen und öffnen über Nacht, am besten erkundigt man sich vor Ort, was gerade angesagt ist. Hier einige Vorschläge: **Artemis**, 🖥 www.artemiscafe.com. Bar Café Lounge. Electronic Music, House, Reggae, Latin Rock. Fr und Sa Livemusik und DJ. ⏱ 9–2.30 Uhr.

La Lora Amarilla, Disco-Bar. Getanzt wird zu Reggae, Salsa, Merengue, auch Livemusik. **Tabu Bar**, am Meer. Mo, Fr und So ist Fiesta!

Surfen

Playa Carmen ist ideal für Surfanfänger, die Strömungen hier sind nicht sehr stark. Weiter nördl. Richtung Santa Teresa werden die Wellen größer und schneller und bieten ideale Voraussetzungen für diejenigen, die die Kunst

Die **Playa los Suecos**, 250 m südl. von Mal País, mit Felsen und viel Sand ist ein ideales Revier zum Schnorcheln und gefahrlosen Baden in der geschützten Bucht. Doch auch dieser Strandabschnitt, der bereits zum Nationalpark Cabo Blanco gehört, ist schon lange kein Geheimtipp mehr. Man erreicht ihn über die enge, holprige Piste am Südende vom Fischerhafen von Mal País. Touren hierher von Santa Teresa oder Mal Pais kosten ab $15 p. P. inkl. Schnorchel und Maske. Schwimmen ist nur bei Ebbe ratsam!

des Wellenreitens bereits beherrschen. Viele Unterkünfte verleihen Surfbretter und bieten Surfunterricht an.

Nalu, neben Super Ronny. Surfboardvermietung $10–16 für 24 Std., Surfunterricht ($40 pro Tag), auch Surfkleidung und -artikel. Verkauf von Brettern alt und neu. Von Australiern geleitet. ⊕ Mo–Sa 8–19, So 9–18 Uhr.

Alex Surfshop, von Nalu ca. 50 m weiter Richtung Mal País, nach der Brücke.

Touren

Tropical Tours, 200 m nördl. von El Cruz, ⌨ www.tropicaltourshuttles.com. Transfers, Canopy- und Reittouren. ⊕ Mo–Sa 8–20, So 8–16 Uhr.

Yoga

Horizon Yoga Center, ⌨ www.horizonyogahotel.com. Tgl. Yoga- und Pilateskurse. Auch Massagen. Kurse ab $10. Sept und Okt geschl.
Yoga Spa Natural, im Casa Zen (S. 292). Massage und Spa.

SONSTIGES

Apotheke

Farmacia Amiga, gleich neben der Banco Nacional, ✆ 2640-0539. ⊕ Mo–Sa 8–20 Uhr.

Autovermietung

Alamo, El Cruz, ✆ 2640-0526, ⌨ www. alamocostarica.com. ⊕ 8–17 Uhr.

Budget, El Cruz in Santa Teresa, neben der Banco Nacional, ✆ 2640-0522. ⊕ Mo–Sa 8–18, So 8–16 Uhr.

Büchertausch

Bei Tropical Tours, s. u.

Fahrradverleih

Am Eingang zum Hotel Rustico, $10 pro Tag, oder im **Casa Zen** (S. 292).

Geld

Banco Nacional und **Banco de Costa Rica**, am Ortseingang von Santa Teresa. Geldautomaten.

Informationen

Das Magazin **Zoom**, ⌨ www.nicoyazoom.com, mit Artikeln, Veranstaltungskalender, Informationen zu Hotels und Transport auf der Península de Nicoya liegt gratis in Hotels und bei Tourveranstaltern aus. Unter ⌨ www.nicoya peninsula.com findet man viel aktuelle Infos, Karten, Wegbeschreibungen und Hoteltipps.

Internet

Zum Beispiel bei Tropical Tours (s. Touren), ⊕ 8–20 Uhr.

Medizinische Hilfe

Lifeguard, El Cruz, ✆ 2220-0911, auch Hotelbesuche.

Supermärkte

Alle 2 km ein Supermarkt.

TRANSPORT

Busse

CÓBANO, 3x tgl.;
SAN JOSÉ (über CÓBANO), Direktbus, 2x tgl. um 6.30 und 14 Uhr, So 1x. Der Bus fährt mit auf die Fähre, Passagiere müssen weder umsteigen noch ihr Gepäck umfrachten. $12 p. P. inkl. Fährticket. Weitere Informationen ✆ 2221-7479.

Shuttle-Busse

Tropical Tours, ✆ 2640-1900, **The Blue Zone Shuttle**, ⌨ www.thebluezoneshuttle.com, und **Interbus**, ✆ 2640-1036, ⌨ www.interbusonline. com. Mindestens 1 Tag im Voraus reservieren.

Playa Manzanillo

Jedes Jahr an einem Sonntag im März – das genaue Datum bestimmen die Gezeiten – erwacht Playa Manzanillo aus seinem Dornröschenschlaf. Dann strömen Hunderte von Besuchern mit Schaufel und Eimer bewaffnet an den Strand, um am **Strandburgenwettbewerb** teilzunehmen oder die kurzlebigen, fantasievollen Nixen, Drachen und Sandburgen, Kunstwerke, die von der nächsten Flut schmatzend verschlungen werden, zu bewundern und auf Fotos zu verewigen. Das Gewinnergeld bleibt in der Gemeinde und kommt Schul-, Sport- und Umweltprogrammen zugute.

Zu Fuß kann man bei Ebbe (!) von Manzanillo bis zur **Playa Coyote** wandern, vorbei an einsamen, wilden Stränden und Flussmündungen. Der Río Bongo zählt zu den größten Flüssen der gesamten Península und bildet die Grenze zwischen den Provinzen Guanacaste und Puntarenas. (Achtung: Im Fluss leben Krokodile). Hotels und Restaurants gibt es erst wieder in Playa Caletas. Für die Strecke sind mindestens vier Stunden einzuplanen. Abenteuerlustige, die im Auto von Playa Manzanillo Richtung Playa Caletas und Sámara weiterreisen wollen, s. Kasten u.

ÜBERNACHTUNG UND ESSEN

Cabinas und Restaurante Atardecer Dorado, am Strand, ☎ 8827-1113, 8394-1185 . Saubere Zimmer unterschiedlicher Größe, teils mit Küche und AC. Im Restaurant werden Fisch und Meeresfrüchte serviert. ❸–❹

Lodge Ylang Ylang, ☎ 8359-2616, 🖥 www.lodgeylangylang.com. Das einzige Hotel in Manzanillo. Ruhig und abseits auf einem Hügel gelegen. Fünf 2-stöckige, schlicht-edle, palmstrohgedeckte Häuser mit geschmackvollem Dekor im Tribal-Design. Minibar, TV, Eco-Pool ohne Chlor, Yoga, grandiose Sicht auf Bergketten und Meer. Französische Leitung. Frühstück inkl. ❻

SONSTIGES

Feste
Im März Strandburgenwettbewerb.
Der Wettbewerb findet an einem Sonntag

Pistensafari: Mit dem Auto von Playa Manzanillo Richtung Sámara

Die Weiterfahrt von der kleinen Ortschaft Manzanillo Richtung Sámara über Playa Coyote und Playa Carrillo ist tückisch. Autofahrer müssen auf der Strecke mehrere Flüsse durchqueren, für Einheimische ist dies Routine, für Touristen aber birgt die Fahrt einige Gefahren. Denn viele Urlauber haben nie zuvor einen Fluss im Auto durchquert, die Strecke ist nicht ausgeschildert und für eventuelle Schäden am Mietwagen kommt der Fahrer bei nicht ausreichender Versicherung selbst auf. Wer dennoch das Abenteuer sucht und sich nach rotem Präriestaub, schlappohrigen Zeburindern, ausgewaschenen Holperpisten und Rallyefeeling sehnt, sollte folgende Hinweise unbedingt beachten:

- Die Route ist ausschließlich in der Trockenzeit bei Ebbe mit Vierradantrieb und ausreichender Reifenhöhe befahrbar. Der Río Bongo muss an seiner Mündung durchfahren werden, das geht nur bei absoluter Ebbe, sonst drückt das Meerwasser in den Fluss und eine Durchfahrt ist nicht mehr möglich.
- Ausreichend Proviant und einen Ersatzkanister Benzin mitnehmen! Es gibt auf der Strecke keine Tankstelle.
- Früh am Tag aufbrechen, niemals bei Dunkelheit fahren!
- Vor Abfahrt Einheimische nach der aktuellen Lage und den Gezeiten fragen.
- Vor dem Durchqueren des Flusses warten, bis ein anderes Fahrzeug kommt oder vorab zu Fuß den Fluss durchqueren. Achtung: Im Río Bongo leben Krokodile!
- Vorab über die Versicherung informieren, es sind schon einige Autos im Schlamm stecken geblieben oder gegen versteckte Felsen im Fluss gerammt.

Eine genaue Karte, Streckenbeschreibung und Alternativrouten gibt es auf der Website 🖥 www.nicoyapeninsula.com.

statt, die Fiesta mit Musik, Künstlern, Rodeo beginnt bereits am Donnerstag zuvor.

Supermarkt
Pulpería und Restaurant, 50 m neben Cabinas Atardecer.

TRANSPORT
Es gibt keine Busverbindung zwischen Santa Teresa und Manzanillo.
Die Küstenstraße von Santa Teresa endet in Manzanillo. Um nördl. Richtung Sámara zu fahren, müssen **Autofahrer** die Ortschaft durchqueren und nach 5 km an der Kreuzung links Richtung Betel/Bajos de Ario abbiegen (s. auch Kasten S. 295).

Auf der Interamericana nach Süden

Reserva Biológica Lomas de Barbudal

- **MINAET-Büro:** ☎ 2671-1029
- **Öffnungszeiten:** Mo–Fr 8–16, am Wochenende 8–15 Uhr
- **Eintritt:** auf Spendenbasis
- **Gründungsjahr:** 1986
- **Größe:** 2614 ha
- **Unterkunft:** Campingplatz, $2 p. P.
- **Transport**
  Auto: 13 km südlich von Liberia an der Ortschaft Pijije nach rechts abbiegen. Von dort sind es weitere 6 km bis zum Parkeingang.
  Busse: Bus nach Bagaces, von dort per Taxi zum Nationalparkeingang.

Die Reserva Loma Barbudal ist der **Insektenpark** unter Costa Ricas Naturschutzgebieten. Hier leben über 60 Schmetterlingsarten, Motten, Wespen und mehr als 250 Bienenarten, darunter auch die afrikanisierte Biene, eine aggressive Bienenzüchtung, die einem brasilianischen Forschungslabor entflog und sich seitdem auf dem süd- und nordamerikanischen Kontinent

verbreitet. In der Trockenzeit bestäuben sie die Blüten der bedrohten Mahagoni-, Rotholz- und Jabillobäume, die die letzten Flecken von Costa Ricas Trockenwald bilden (s. Kasten).

Von den Früchten der Bäume ernähren sich in der Dürrezeit die seltenen Roten Aras, Brüll- und Klammeraffen sowie Nasenbären. Kurze Wanderwege führen zu den Baumriesen und zu einem Wasserfall, an dem Baden erlaubt ist. Anfang der 90er-Jahre fielen 90 % der Reserva einem Brand zu Opfer, der Wald konnte sich seitdem jedoch weitgehend natürlich regenerieren. Im März, zur Blütezeit des Goldtrompetenbaums (span. *corteza amarilla*), ist ein Parkbesuch besonders lohnenswert, dann verwandelt sich der Wald von einem Tag zum anderen in ein goldgelbes Blütenmeer.

Parque Nacional Palo Verde

- **MINAET-Büro:** ☎ 2200-0125
  OTS (Organization for Tropical Studies): ☎ 2661-4717, 🖥 www.ots.ac.cr.
  Die Forschungsstation befindet sich einige Kilometer vor der Rangerstation und dem Nationalparkeingang.
- **Öffnungszeiten:** 8–16 Uhr (MINAET-Büro), Eingangstor 6–18 Uhr geöffnet.
- **Eintritt:** $10
- **Gründungsjahr:** 1978
- **Größe:** 182 00 ha
- **Unterkunft / Verpflegung:** Sehr einfache Cabinas mit 3 Stockbetten pro Zimmer; Wände reichen nicht bis zur Decke, Außentoilette, keine Kochgelegenheit, dafür Soda. $60 p. P. inkl. VP. Rechtzeitig reservieren über ✉ reservaciones.threepaths@ots.ac.cr.
- **Führungen:** Die OTS-Forschungsstation bietet vogelkundliche Touren (halber Tag $30 p. P.) und Führungen durch den Park ($35 für 2 Pers.) an.
- **Transport**
  Auto: An der Einfahrt nach Bagaces führt gegenüber der Tankstelle eine sehr steinige Piste an Rinderkoppeln vorbei zum Park (32 km); die letzten 10 km sind bereits Nationalparkgebiet, bitte Fuß vom Pedal. Geländewagen sehr empfehlenswert.

Ein halbes Jahr sengende Hitze, anschließend sechs Monate sturzbachartige Regenfälle – das sind **extremste Klimabedingungen**, auf die sich Guanacastes Vegetation eingestellt hat: Der hier ansässige Trockenwald besitzt im Gegensatz zum Regenwald lediglich zwei Stockwerke. Um Wasser zu sparen, werfen die bis zu zwölf Meter hohen Bäume des oberen Stockwerks in der Trockenzeit ihr Laub ab. Licht gelangt dann auf das untere Stockwerk; die kleineren Bäume, Sträucher und Hartgräser können heranwachsen.

Der mittelamerikanische Trockenwald erstreckte sich einst von Südmexiko bis Panama. In Costa Rica haben klägliche 5420 ha überlebt, überwiegend in Guanacaste (Nationalpark Santa Rosa, Nationalpark Palo Verde, Reserva Biológica Lomas Barbudal). Der Rest wurde bereits zu Kolonialzeiten für Weideland abgeholzt. Weitere Flächen fallen jedes Jahr Waldbränden zum Opfer, wenn die Brände, die Farmer zum Abbrennen alten Weidelandes legen, auf die angrenzenden Waldgebiete übergreifen.

Ein Besuch der Region zwischen Januar und April lohnt sehr, dann stehen der Poro-, Poui-, Malinche- und Corteza-Amarilla-Baum in Blüte und malen, oft jeweils nur für einen Tag, ein Meer orange- und pinkfarbener, roter und gelber Pastelltupfer in die trostlos versengte Savannenlandschaft.

Busse: Mit dem Bus bis zur Einfahrt nach Bagaces, von hier sind es 32 km zum Nationalparkeingang; am besten kreuzt man früh auf und hofft auf eine Mitfahrgelegenheit oder ein Taxi.

Taxis: Taxis warten an der Tankstelle an der Einfahrt nach Bagaces; wenn kein Geländewagen zur Verfügung steht, organisieren die Fahrer Taxis mit Vierradantrieb; rund 22 000C$ zum Park.

Der Nationalpark Palo Verde zählt mit 14 Vegetationszonen zu den biologisch vielfältigsten Naturschutzgebieten Costa Ricas, und das obwohl der Park in einer der trockensten Regionen des Landes liegt. Der Besucher trifft hier auf die letzten Reste tropischen Trockenwaldes, der einst Mittelamerika von Südmexiko bis Panama bedeckte. Über die Hälfte des Parkes aber nehmen **Feuchtgebiete** ein, Salz- und Süßwassermarschen, die vom Río Tempisque sowie der vom Golf de Nicoya eintretenden Flut gespeist werden und Palo Verde zu einem **Eldorado für Vogelkundler** machen. 300 Arten einheimischer Wasservögel bevölkern den Park. In der Trockenzeit gesellen sich zu den Fisch- und Silberreihern, Ibissen, Tukanen und dem weltweit größten Storch, dem Jabiru-Storch, Tausende von Zugvögeln aus Nordamerika. Sie versammeln sich von Januar bis März um die **Lagunen** **Palo Verde**, **Varillal** und **Piedra Blanca**, wo sie im tiefen Wasser leicht Futter finden.

Landschaftlich reizvoller aber ist ein Besuch zur Regenzeit (Mai–November), wenn die ausgetrockneten Marschgebiete sich in ein Mosaik von Grüntönen verwandeln. 55 Reptilien- und Amphibienarten, darunter die größte Krokodilpopulation in Costa Rica, leben an den Flussufern. Oft begegnet man schwarzen und grünen Leguanen, Brüll- und Kapuzineraffen und – Kühen. Letztere bilden Teil der Maßnahmen, die die Parkverwaltung gegen ein dichtes Gestrüpp aus Rohrkolben ergriffen hat. Das Unkraut wird über die Flussläufe verbreitet und verdrängt die Feuchtgebiete, sodass die Vögel zur Futtersuche auf die angrenzenden Reisanbaugebiete ausweichen und dort von Bauern erschossen werden. Die *Typha* wird daher mit Traktoren ausgerissen, und anschließend von den Kühen gefressen.

Palo Verde Boat Tours, in der Ortschaft Ortega, 75 m südlich der Kirche, ☏ 2651-8001, 🖥 www.paloverdeboattours.com, bietet mehrmals tgl. 2-stündige Bootstouren auf dem Río Tempisque an; $49 p. P. inkl. Guide und Eintritt zum Nationalpark.

Wanderwege

Die Wanderwege gehen zu beiden Seiten der Hauptzufahrtstraße ab und führen wieder auf sie zurück. Der kurze **Sendero La Roca** (540 m) führt zu einem Mirador mit Blick über die Marschgebiete, den Río Tempisque und bis zum Golf von Nicoya.

Der **Sendero Cerros Calizos** oder **Guayacan** (1460 m) ist ein felsiger, steiler Weg, der streckenweise durch Dickicht mit beeindruckend dicken, spiralförmigen Lianen und Luftwurzeln führt. Von den **Aussichtspunkten Guayacán** und **El Cactus** hat man eine atemberaubende Sicht auf die flachen, weiten Marschgebiete und auf den sich durch die Ebene schlängelnden, breiten Río Tempisque.

Der **Sendero El Mapache** (710 m) ist ein kurzer Wanderweg durch Laub- und immergrünen Wald, der **Sendero La Venada** (2100 m) dagegen führt durch die Palo Verde-Marsch. Für Vogelkundler gibt es einen Hochstand in der Marsch.

Krokodile sind am besten vom Boot aus zu beobachten. Bootstouren beginnen in Puerto Humo oder am Anlegesteg des Nationalparks. Die Boote fahren zur **Isla de los Pájaros**, sie müssen dort einen Abstand von 50 m zum Vogelschutzgebiet einhalten.

Catarata Llanos de Cortés

Rund 3 km nördlich von Bagaces biegt links hinter der Brücke über den Río Piedras eine Piste zu diesem bildschönen **Wasserfall** ab. Ein kurzer steiler Weg führt vom Parkplatz zur 12 m hohen und 15 m breiten Kaskade – unbedingt Schwimmsachen mitnehmen! Zur Zeit der Recherche wurde noch kein Eintritt verlangt, touristische Infrastruktur war kaum vorhanden. Möglichst während der Woche anreisen und keine Sachen im Auto zurücklassen!

Cañas

Eine große, blecherne Stierarena und eine hübsche Kirchenfassade aus Mosaiksteinen sind die einzigen nennenswerten Hingucker im brütendheißen Guanacaste-Nest Cañas. Der freundliche Ort bietet sich aber als Ausgangsbasis für Abstecher zum Nationalpark Palo Verde (S. 296) oder Raftingtouren auf den nahe gelegenen Flüssen Río Corobicí und Río Tenorio an (S. 299). Selbst-

versorger können in den großen Supermarktketten im Ort ihren Proviant aufstocken.

Regelmäßige Busse verbinden Cañas mit dem Norden des Landes (Upala) und dem Lago Arenal (Tilarán).

€ **Cabinas Coribicí**, C. 5, Ecke Av. 2, am Ortsrand, 200 m östl., rund 100 m südlich der Kirche, ☎ 2669-0241. Saubere Zimmer und Cabinas mit Privatbad und TV. Parkplatz. ❷
Hotel Cañas, C. 0–2, Av. 5, ☎ 2669-0039, ⌨ www.hotelcanascr.com. 47 saubere und renovierte Zimmer, zum Teil mit TV und AC. Restaurant, freundliche Leitung. ❸–❹
Nuevo Caña Brava Inn, an der Interamericana, ☎ 2669-1294. Wer hätte das gedacht? 33 moderne, saubere Zimmer mit guten Matratzen, TV und AC in dieser eher unattraktiven Lage. Die Zimmer gehen nach hinten raus (und sind dadurch weit weg vom Straßenlärm). Restaurant. ❺–❻

Restaurante Lei Thu, Av. 1, C. 2–4. Günstige chinesische Gerichte; Restaurant hat AC. ◷ 10–23 Uhr.
Soda Mimi, Av. 7, C. 1–3. Günstiges landestypisches Essen in rustikaler Soda, beliebt bei Einheimischen. Es gibt Ceviche. ◷ 6–22.30 Uhr.

Apotheken

Farmacia Farmatodo, 50 m hinter der Kirche an der Av. 1, ◷ Mo–Sa 8–20 Uhr.
Farmacia Siglo XXI, an der Nordseite des Parque Central. ◷ Mo–Sa 8–21, So 8–13 und 15–20 Uhr.

Geld

Banco Nacional, am Kirchplatz, Av. 1, C. Central. Mit Kreditkartenautomat. ◷ Mo–Fr 8.30–15.45 Uhr.

Post

Neben Supercompro. ◷ Mo–Fr 8–12 und 13–17.30 Uhr.

Supermärkte

Palí, Av. 5, C. 2–4, hinter der Stierkampfarena. ⊕ Mo–Do 8–19, Fr und Sa 8–19.30, So 8.30–18 Uhr. Größere Auswahl bei **Supercompro** und **Maxibodega** an der Interamericana.

TRANSPORT

Der Busbahnhof liegt am Mercado Municipal nördl. des Zentrums, Av. 11–13, Ecke C. 0. Busse Richtung Liberia und Puntarenas halten auch an den Haltestellen an der Interamericana; wer dort einsteigt, findet jedoch meist keinen Sitzplatz mehr. Fahrkarten nach San José einen Tag vorher am Busbahnhof kaufen; ⊕ 3.30–18 Uhr.

Busse fahren nach:
PUNTARENAS, 7x tgl. 6–17 Uhr;
LIBERIA, ca. stdl., 1 Std.;
TILARÁN (ARENAL-SEE), 8x tgl. 6–17.45 Uhr, 40 Min.;
SAN JOSÉ, 9x tgl., davon nur 1 Direktbus um 4 Uhr;
UPALA (über BIJAGUA/VULKAN TENORIO), 7x tgl., 1 1/2 Std.
Für alle Busse gilt: sonntags weniger Verbindungen!

Die Umgebung von Cañas

5 km nördlich von Cañas bieten zwei Tourveranstalter Rafting- und Floatingtouren auf den Flüssen **Río Corobicí** und **Río Tenorio** an. Eine Floatingtour ist ideal zum Fotografieren und Tierebeobachten. Das Schlauchboot treibt langsam den Fluss hinab, der Führer rudert. Anstrengender und abenteuerlicher sind die Raftingtouren ab Schwierigkeitsstufe 3 in den oberen Flussläufen.

Safaris Corobicí, 4,5 km hinter Cañas an der Interamericana Richtung Liberia auf der rechten Seite (wer mit dem Bus reist, den Fahrer bitten bei „Las Pumas" zu halten), ☏ 2669-6191, ⌨ www.nicoya.com, bietet ausschließlich Floatingtouren auf dem 300 m entfernten Río Corobicí und 5 km entfernten Río Tenorio an. Schwimmsachen, Sonnenschutz, Hut und Fernglas mitnehmen. Eine 2-stündige Floatingtour kostet $37 p. P., eine 3-stündige Vogelbeobachtungstour $45 p. P.,

Kinder unter 14 J. zahlen die Hälfte, 1 Tag vorher anmelden. ⊕ 7–15 Uhr.

Rincón Corobicí Rafting, 5 km hinter Cañas an der Interamericana Richtung Liberia auf der rechten Seite im Restaurant Rincón Corobicí, ☏ 2669-6262, ⌨ www.rinconcorobici.com, bietet Raftingtouren der Schwierigkeitsstufe 3 und 4 auf dem Río Tenorio und der Stufe 4 auf dem Río Zapote. Die Floatingtouren auf dem Río Tenorio und Río Corobicí eignen sich gut für Familien. Mindestens 1 Tag vorher reservieren. Mitnehmen: Schuhe, Badezeug und bequeme Kleidung, die nass werden darf, Sonnenschutz, Kleidung zum Wechseln, Fernglas. Rafting $90 p. P., Floating $52, beide inkl. Mittagessen. **Soda Rincón Corobicí**, am Río Corobicí, serviert landestypische Gerichte. Erschöpfte Rafting-Teilnehmer stillen hier ihren Hunger. ⊕ Mo–So 8–17 Uhr.

Centro de Rescate Las Pumas, 4 km nördlich von Cañas, hinter Safaris Corobicí, ☏ 2669-6044, ⌨ www.centrorescatelaspumas.org. Das Tiergehege Las Pumas wurde Mitte der 60er-Jahre von der schweizerischen Tierschützerin Lilly Bodmer gegründet. Hier leben rund 80 Tiere, die illegal als Haustiere gehalten und von der Polizei konfisziert wurden. Die meisten Arten sind vom Aussterben bedroht, z. B. Wildkatzen wie Pumas, Jaguare und Ozelotkatzen, außerdem Affen und Vögel. Je extravaganter und farbiger das Federkleid oder der Pelz, desto begehrter sind sie als Hausdekoration. Die konfiszierten Tiere kommen zunächst in Quarantäne, dann entscheidet der Tierarzt, ob sie noch in der Lage sind, in freier Wildbahn zu überleben. Viele Tiere sind bereits zu sehr an den Menschen gewöhnt oder haben Verletzungen und bleiben deshalb im Gehege. ⊕ 8–16 Uhr, Eintritt $10, Studenten $5, Kinder unter 3 Jahren gratis.

Puente de la Amistad

780 m lang und 13,30 m breit ist die Puente de la Amistad, die den Río Tempisque überquert und die Nicoya-Halbinsel mit dem Festland verbindet. 27 Mio. Dollar kostete der moderne Stahlträgerbau, der von Taiwan finanziert und gebaut wurde. Im April 2003 wurde das „Symbol für Solidarität und Freundschaft" zwischen den

beiden Ländern eingeweiht. Naturschutzorganisationen werfen Taiwan und der costa-ricanischen Regierung allerdings vor, dass Taiwan mit dieser „Schenkung" Bedingungen verbindet und costa-ricanische Fischfanggesetze umgehen will. Denn mehrere hundert Tonnen Haifischflossen werden jährlich für teure Suppen nach Asien exportiert. Den Haien werden – entgegen costa-ricanischem Recht – zuvor die Flossen abgehackt. Die verstümmelten Körper werden meist lebendig zurück ins Wasser geworfen.

Leckere, günstige landestypische Küche serviert die Soda **Mi Finca** an der Straßenkreuzung Puente de la Amistad, Liberia und Puntarenas; das Restaurant ist allerdings sehr touristisch, ⏲ 6–21 Uhr. Ein weiteres Lokal an der Kreuzung ist das große Grill-Restaurant **Las 3 Hermanas**. Hier werden saftige Fleisch-(Rippchen), aber auch frische Fischgerichte aufgetischt. Das Markenzeichen des Restaurants, ein großer Stier, ist weithin sichtbar. Beliebt bei Ticos, saubere Toiletten. ⏲ 11–22 Uhr.

Zentrale Pazifikküste

Stefan Loose Traveltipps

Puntarenas Mit der Fähre über den Golfo de Nicoya, vorbei an Scherenschnittbergen und der Insel der einsamen Männer. S. 302

Playa Hermosa Entspannte Surfer und Monsterwellen – das Mekka für Wellenreiter mit Mumm. S. 314

Parque Nacional Manuel Antonio Wer frühmorgens kommt, umgeht die Touristenhorden und kann den Totenkopfäffchen beim Spielen zusehen. S. 320

Parque Nacional Marino Ballena Traumhafte Strandspaziergänge, Schnorcheltouren und die einmalige Chance, einen Buckelwal zu erspähen. S. 327

Ojochal Pazifikküste wie vor 20 Jahren: Baden, Relaxen und Schlemmen fernab der Touristenburgen. S. 327

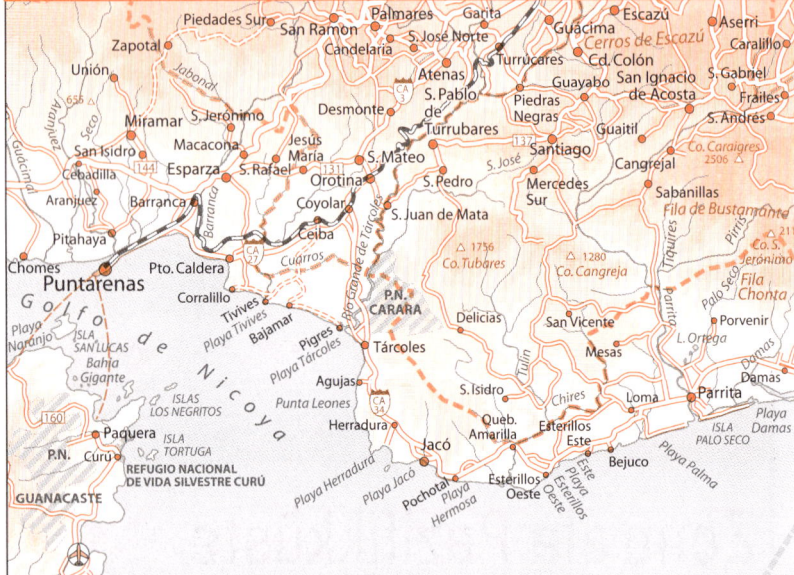

Mit ihren feinen weißen Sandstränden, hohen Wellen zum Surfen, versteckten Badebuchten und ihrer günstigen Lage in Hauptstadtnähe war Costa Ricas Pazifikküste seit jeher ein Touristenmagnet. Wie kein anderer Teil des Landes wurde die Region von einem gewaltigen Bauboom erfasst, Fischerdörfer wichen Expat-Kolonien und Preise schnellten explosionsartig in die Höhe. Die beliebten Nationalparks **Manuel Antonio** und **Carara** sind nach wie vor sehenswert, ähneln aber an Wochenenden mehr Freizeitparks als Schutzgebieten.

Am südlichen Küstenabschnitt, südlich von Dominical, ebbt der Touristenstrom ab und das alte Costa Rica kommt zum Vorschein. **Playa Matapalo**, **Uvita** und **Ojochal** sind immer noch Strandparadiese abseits des Haupttouristenstroms. Seit der Asphaltierung der Küstenstraße Costanera im Jahr 2009 zieht es jedoch auch in diese entlegeneren Gebiete immer mehr Touristen.

Von Puntarenas nach Jacó

Puntarenas

Costa Ricas einst wichtigste Hafenstadt Puntarenas liegt auf einer schmalen Landzunge im **Golfo de Nicoya** und ist heute eine der letzten „Tico"-Städte an der touristischen Pazifikküste. Am **Paseo de los Turistas**, einer langen Strandpromenade im Westen der Stadt, stehen die Relikte aus der Zeit des Kaffeebooms: die ehemalige Capitanía, der alte Anlegesteg, das einstige Zollgebäude sowie Lagerhallen und Silos.

Am **Estero** im Osten mischt sich der penetrante Fischgestank mit dem Geruch von Verwesung und Müll. Fischer säubern hier abends ihre Netze und werfen die Reste vom Fang in die großen Schnäbel der Pelikane. Die untergehende

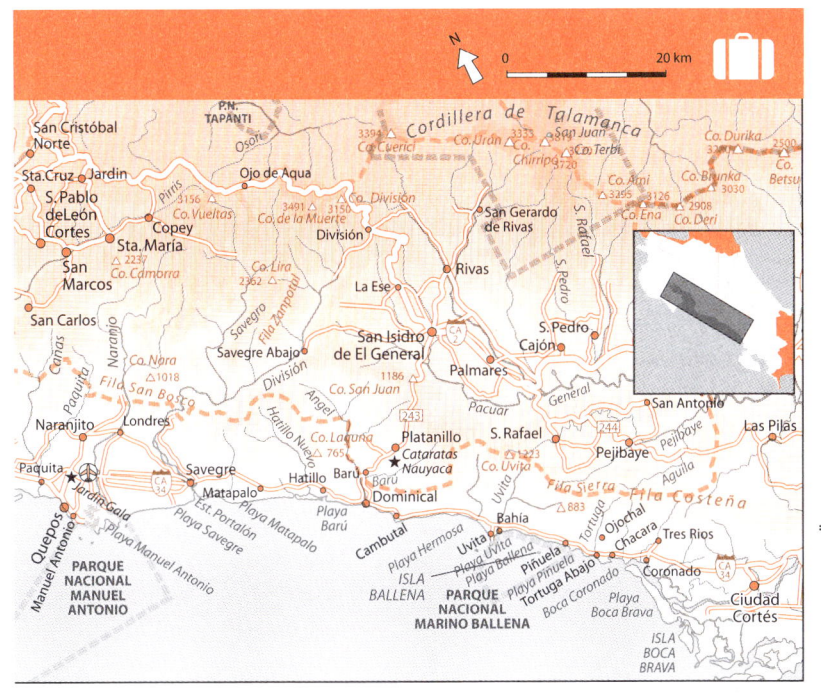

Sonne taucht die rostenden Bootsriesen in ein sattes Buddha-Orange, das selbst dem ältesten Kahn noch Würde verleiht. In Puntarenas machen vorwiegend Einheimische Urlaub. Die übrigen Touristen setzen meist direkt mit der Fähre auf die Península de Nicoya über – dort sind die Strände schöner.

Geschichte

Die Geschichte von Puntarenas war stets eng mit dem Meer verbunden. Bereits um 1500 v. Chr. gab es in der Golfregion rund 150 **Indianersiedlungen**. Ausgrabungen fanden in den Orten Los Sueños, Orucu, La Malla de Tirines und Chomes statt. Die verschiedenen Indianerstämme – Nicoyas, Corobicís, Abangares, Orotinas, Chomes und Zapandís – lebten vom Molluskenfang und Salzabbau. Aus den Mollusken gewannen sie Perlen und Tinte. Die Flüsse Río Tarcoles und Río Barranca dienten ihnen als wichtige Handelswege ins Landesinnere.

Puntarenas war eine der ersten Regionen Costa Ricas, die die Spanier kolonisierten. Anfang des 16. Jhs. wurden die Ureinwohner zunächst als Minenarbeiter nach Peru und Panama verschifft, später unter dem Encomienda-System versklavt. Zu Beginn des 19. Jhs. avancierte Puntarenas zum wichtigsten Exporthafen des Landes. Kaffee wurde von hier nach Europa verschifft. Die Kaffeehändler aus San José bauten sich in der Hafenstadt Sommerhäuser, in denen sie die Exportsaison verbrachten. Unter ihnen auch Juan Rafael Mora Porras, Präsident von 1849 bis 1859, der mit der historischen Schlacht gegen William Walker (s. Kasten S. 234) als Held in die Landesgeschichte einging und nach einem Regierungsputsch ins Exil nach Guatemala floh. Als Mora 1860 nach Costa Rica zurückkehrte und die Regierungstruppen herausforderte, wurde er ohne Urteilsspruch auf der heutigen Plaza Mora y Cañas in Puntarenas exekutiert.

Mit der Eröffnung neuer Exportrouten, dem Ausbau des Straßennetzes und zuletzt mit der Errichtung des Containerhafens im 18 km südöstlich gelegenen Caldera nahm Puntarenas' Bedeutung als Hafenstadt ab. Heute legen hier nur noch Kreuzfahrtschiffe an.

Sehenswertes

Das kleine **Museo Histórico Marítimo** im ehemaligen Stadtgefängnis in der Av. Central macht einen etwas verwahrlosten Eindruck, aber es gibt hier durchaus ein paar interessante Exponate zur Geschichte, Kultur und Natur der Region zu entdecken. ⊕ Di–So 8–13, 14–17 Uhr. Im gleichen Gebäude befindet sich die **Casa de la Cultura**, ✆ 2661-1394, mit Theater-, Tanz-, Musikveranstaltungen und Ausstellungen costaricanischer Künstler. ⊕ Mo–Fr 10–16 Uhr. Daneben steht die kleine, steinerne **Catedral** von 1902, die aus der sonst üblichen Turnhallenkirchenarchitektur der 1960er-Jahre heraussticht. ⊕ 6–12 und 15–19 Uhr.

Der breite **Paseo de los Turistas** führt am Hafen entlang, wo sich die Hotels und Fischrestaurants der Stadt befinden, und endet am alten Bahnhofsgebäude, in dem sich heute der **Parque Marino del Pacífico**, 🖵 www.parquemarino.com, befindet. In diesem Meerespark sind u. a. Krokodile untergebracht, die man etwas weiter südlich am Río Tárcoles besser in freier Wildbahn erleben kann. ⊕ Di–So 9–17 Uhr, letzter Einlass 16.30 Uhr, Eintritt $10, Kinder von 4–11 J. $5.

Den Strand an der Promenade von Puntarenas besuchen hauptsächlich einheimische Urlauber. Südlich von Puntarenas, nach 2 km auf der Hauptstraße 23 Richtung San José, lädt die **Playa Doña Ana** zum Verweilen ein. Hier gibt es einen gut besuchten Strandabschnitt, der als Badeanstalt ausgewiesen ist, mit bewachtem Parkplatz und Einrichtungen wie Picknicktischen und Toiletten. Eintritt Erwachsene/Kind 1500/750C$. Parkplatz 1000C$. ⊕ 8–16 Uhr.

ÜBERNACHTUNG

Alamar, Paseo de los Turistas, Ecke C. 31, ✆ 2661-4343, 🖵 www.alamarcr.com. 26 helle, farbenfrohe Zimmer und Apartments mit Küche. Pool und Jaccuzzi, AC, WLAN, auch behindertengerechte Zimmer. Frühstück inkl. ❻

Puntarenas

Übernachtung:
1. Hotel Chorotega
2. Hotel Cabezas
3. Hotel La Punta
4. Hotel Yadran
5. Las Brisas
6. Alamar
7. Cabinas Midey
8. Hotel Imperial

Essen:
1. El Shrimp Shack
2. Restaurant Los Delfines
3. La Casa de los Mariscos
4. Soda Macaren
5. Kioscos

Sonstiges:
1. Supermarkt Palí
2. Supermarkt Megasuper
3. Farmacia Puntarenas

Cabinas Midey, Av. 2, C.13–15, ✆ 2661-1553, 🖵 www.cabinasmidey.com. Saubere Zimmer mit AC, teilweise mit Küche. Gutes Preis-Leistungs-Verhältnis. Geleitet von einem freundlichen Kanadier. Kleiner Pool. Parkplatz. ❸–❹
Hotel Cabezas, C. 2–4, Av. 1a, ✆ 2661-1045. 23 saubere, kleine Zimmer mit dünnen Holzwänden und Gemeinschaftsbad (8000C$ p. P.). Die DZ mit Privatbad gehen zur Hauptstraße hinaus. Beliebt bei Rucksackreisenden. 15000C$ p. P. mit Bad. ❸
Hotel Chorotega, Av. 3, Ecke C. 1, ✆ 2661-0998, ✉ granhotelchorotega@hotmail.com. Betonbau mit 34 sehr einfachen, aber sauberen Zimmern, teils mit AC, auch Familienzimmer. Sehr zentral gelegen, deshalb nicht die ruhigste Unterkunft. ❸
Hotel Imperial, Paseo de los Turistas, C. 0–2, ✆ 2661-0579. Gelbes, altes Haus mit kleinem Garten im Innenhof. Sehr einfache Zimmer mit dünnen Holzwänden, Ventilatoren und Kaltwasser-Duschen. Parkplatz. 12 000C$ p. P. ❸
Hotel La Punta, am westl. Ortsende, Av. 1, Ecke C. 35, ✆ 2661-0696, 🖵 www.hotellapunta.com. Hübsche, ältere, große Zimmer mit Balkon und Kühlschrank, AC; Pool. Nah zum Fähranleger. Gleicher Besitzer wie Cabinas Midey. ❹

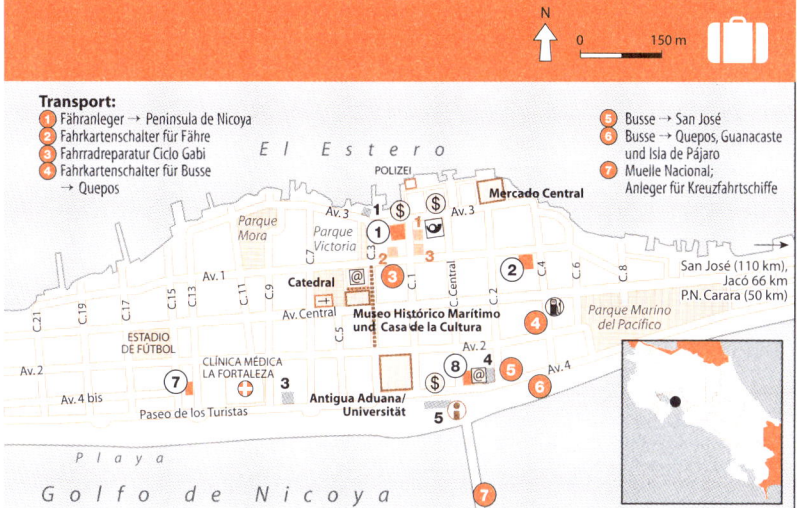

Hotel Las Brisas, am westl. Ortsrand, Paseo de los Turistas, Ecke C. 33, ☏ 2661-4040, 🖥 www.lasbrisashotelcr.com. Ältere Hotelanlage mit 26 Zimmern und Pool. Die Zimmer sind aber immer noch komfortabel, mit AC, WLAN, teilweise mit Balkon; für bis zu 6 Pers. Kanadischer Besitzer. Frühstück inkl. ❻

Hotel Yadran, am westl. Ortsrand, Paseo de los Turistas, Ecke C. 37, ☏ 2661-2662, 🖥 www.hotelyadran.com. Ein 60er-Jahre-Flachbau mit 36 sauberen, geräumigen Zimmern unterschiedlichen Standards. Die Superior-Zimmer haben AC, Balkon, Kühlschrank und Meeressicht. Zum Hotel gehören Konferenzsäle, Pool, Diskothek. Etwas unpersönlich, dafür in praktischer Nähe zum Fähranleger. Frühstück inkl. ❻

ESSEN

Verschiedene Fischrestaurants befinden sich am Paseo de los Turistas. Besonders günstige Fischgerichte erhält man an den Kioscos am Muelle Nacional.

El Shrimp Shack, Av. 3, C. 3, ☏ 2661-0585. Gute Adresse für Fisch- und Meeresfrüchtespezialitäten, besonders Garnelen. Gepflegte Atmosphäre. ⊕ 11.30–23 Uhr.

La Casa de los Mariscos, Paseo de los Turistas, C. 7–9. Zwischen dekorativen Bojen und Rettungsreifen werden Ceviche, Fisch und Meeresfrüchte serviert. ⊕ Mi–Mo 11–22 Uhr.

Restaurant Los Delfines, im Hotel Yadran, ☏ 2661-2662. Gemischte Küche mit Fisch- und Fleischgerichten sowie Pasta um 7000–10 000C$. ⊕ 7–21 Uhr.

Soda Macaren, Paseo de los Turistas, Av. 4, zwischen C. 2 und 4. Frühstück und landestypische Gerichte. ⊕ 8–22 Uhr.

SONSTIGES

Apotheke
Farmacia Puntarenas, Av. 1, Ecke C. 1, ☏ 2661-3075, ⊕ Mo–Sa 8–20, So 8–16.30 Uhr.

Fahrradreparatur
Ciclo Gabi, Av. 1, C. 3–5, ☏ 2661-0348, ⊕ Mo–Fr 8–18, Sa 8–17 Uhr.

Geld
Banco de Costa Rica, Av. 3, Ecke C. Central, ⊕ Mo–Fr 9–16 Uhr.

Banco Nacional, C. 1, Ecke Av. 3; ⊕ Mo–Fr 8.30–15.45, Sa 9–13 Uhr.

Fiesta de La Virgen del Mar

Jedes Jahr im Juli gedenkt Puntarenas seiner **Schutzpatronin** La Virgen de Carmen – auch La Virgen del Mar genannt –, die vor beinahe hundert Jahren schiffbrüchige Perlentaucher aus Puntarenas im Sturm vor dem Ertrinken gerettet haben soll. Feierlich wird die Heilige vom Barrio Carmen zur Kathedrale getragen. Fischer schmücken an diesem Tag die Masten und Vorderdecks ihrer Boote mit Schwänen, Seepferdchen und Engeln aus Pappmaché und fahren Regatten. Que viva la Virgen del Mar!

Informationen

Oficina de Turismo, im Gebäude des Plaza del Café am Paseo de los Turistas, ◷ Mo–Fr 9–16 Uhr.

Internet

Plaza del Café, im gleichen Gebäude wie die Touristeninformation, am Paseo de los Turistas, Muelle Nacional. Computer und WLAN, ◷ 8–20 Uhr.

Medizinische Hilfe

Hospital Monseñor Sanabria, außerhalb von Puntarenas, 100 m von der Playa de Puntarenas, ✆ 2663-0033.

Post

C. Central–1, Av. 3, ◷ Mo–Fr 8–17, Sa 8–12 Uhr.

Supermarkt

Palí, C. 1, Av. 1–3, ◷ Mo–Do 8–19, Fr und Sa 8–20, So 8–18 Uhr.

Taxi

Ein Taxi vom San-José-Busbahnhof zum Fähranleger kostet rund 1500C$.

TRANSPORT

Busse

Die Busse nach San José fahren vom **Busbahnhof** am Paseo de los Turistas, Ecke C. Central, ab. Die Busse nach Quepos, Guanacaste und zur Isla de Pájaro starten ebenfalls am Paseo, gegenüber vom Busbahnhof.

COSTA DE PÁJAROS, 5.45, 10.30, 13, 16 Uhr, 1 Std.;
LIBERIA, 5, 5.30, 7, 8.30, 9.40, 11, 12.30, 15, 17 Uhr, 3 Std.;
MONTEVERDE, 7.50, 13.50 und 14.15 Uhr, 3 Std.;
MIRAMAR, jede volle Stunde 7–13 Uhr;
QUEPOS (über JACÓ), um 5, 7, 9, 11, 13, 14.30, 16.30, 17.30 Uhr, 3 1/2 Std.;
SAN JOSÉ, stdl. 4–21 Uhr, 2 1/2 Std.;
TILARÁN (über CAÑAS), 11.45, 16.30 Uhr, 2 Std.

Shuttlebusse

Interbus, ✆ 4100-0888, 🖥 www.interbusonline.com, fährt nach FORTUNA, MANUEL ANTONIO, MONTEVERDE, an die GUANACASTE-STRÄNDE und nach SAN JOSÉ.

Fähren

Der **Anleger und Fahrkartenschalter** für die Fähren zur Península de Nicoya befindet sich am nordwestl. Ende von Puntarenas an der Av. 3, zwischen C. 31 und C. 33; Anfahrt per Taxi vom Busbahnhof ca. 1500C$. Der Fahrkartenverkauf beginnt rund 30 Min. vor Abfahrt. Autos sollten rechtzeitig eintreffen, denn die

Die Schatzinsel Isla del Coco

600 km südlich oder anderthalb Tage mit dem Boot vom costa-ricanischen Festland entfernt, liegt die Isla del Coco, umgeben nur von Himmel und Wasser. Der Legende nach versteckten Piraten und Walfänger hier ihre Schätze und inspirierten den schottischen Schriftsteller Robert Louis Stevenson zu seinem berühmten Roman *Treasure Island* (Die Schatzinsel). Auf der Insel leben heute lediglich Nationalparkwächter, die illegales Fischen um das Eiland herum verhindern sollen, sowie Wissenschaftler, die mit einem elektrisch betriebenen U-Boot die **Unterwasserwelt** erforschen. Freizeittaucher müssen an Bord ihres Schiffes schlafen, denn es gibt keine Unterkunft auf der Insel. Um Touristen möglichst vom Eiland fernzuhalten, sind die Preise für Tauchtouren hoch. Eine 10-tägige Tauchreise von Puntarenas aus kostet p. P. rund $3500!

Fähren füllen sich schnell. Am Anleger gibt's Pulperías und Sodas.
PAQUERA, 5, 9, 11, 13, 14, 17, 20.30 Uhr, mit **Naviera Tambor**, ⌨ www.navieratambor.com. 810C$, Kinder 485C$, Auto 11400C$;
PLAYA NARANJO, 6.30, 10, 14.30, 19.30 Uhr, 1 1/2 Std., mit **Coonatramar**, ✆ 2661-9011, ⌨ www.coonatramar.com. 1500C$, Kinder 600C$, Auto 9000C$.

Parque Nacional Carara

- **MINAET-Büro**: ✆ 2637-1054
- **Öffnungszeiten**: Mai–Nov 8–16, Dez–April 7–16 Uhr
- **Eintritt**: $10
- **Gründungsjahr**: 1998
- **Größe**: 5180 ha
- **Transport**: Die Parkstation Quebrada Bonita befindet sich (wenn man aus dem Norden kommt) auf der linken Seite der Costanera, 3 km hinter der Brücke über den Río Tárcoles. Busse auf der Strecke Puntarenas–Jacó halten auf Wunsch vor dem Park.

Im Nationalpark Carara (*Carara* bedeutet in der Sprache der Huetar-Indianer „Krokodil") trifft tropischer Trockenwald auf tropischen Regenwald. Besuchern bietet der Park eine gute Gelegenheit, den seltenen **Roten Ara** zu entdecken, denn im Schutzgebiet lebt Costa Ricas zweitgrößte Population des farbenprächtigen Papageien (s. Kasten S. 357, „Der Nussknacker von Osa"). Mehrere Rundwanderwege sind von der Parkstation an der Costanera zu Fuß zu erreichen. Der erste **Rundweg**, der dem Parkplatz und der Station am nächsten liegt, ist betoniert und auch **für Rollstuhlfahrer** geeignet. Hier wird das Naturerlebnis jedoch vom Verkehrslärm der Costanera beeinträchtigt. Von diesem ersten Weg zweigt ein mehr oder weniger befestigter Trail ab, der tiefer in den Wald hineinführt.

Hinter einer Metallbrücke über das Flüsschen Quebreda Bonita beginnen zwei weitere Rundwege, der **Sendero Quebrada Bonita** (1,5 km) und der **Sendero Las Aráceas** (1,2 km). Hier weicht der Straßenlärm der ungestörten Geräuschkulisse des Waldes, und mit etwas

Glück lassen sich Rote Aras und andere Waldbewohner beobachten. Insgesamt 400 Vogelarten teilen sich den Park mit Kapuzineraffen, Nasenbären, Agutis, Pfeilgiftfröschen und Tukanen.

Ein weiterer Wanderweg, der 4 km lange **Sendero Laguna Meandrica**, führt in den nördlichen Parkabschnitt. Dieser Trail verläuft durch Galeriewald am **Río Grande de Tárcoles** entlang. Ein Pfad zweigt zur **Laguna Meandrica** ab, an deren Ufer man Krokodile und Wasservögel beobachten kann. Der Zugang zu diesem Teil des Parks befindet sich ebenfalls an der Costanera, etwa 2 km vom Besucherzentrum in Richtung Río Tárcoles. Besucher sollten hier keine Taschen oder Wertgegenstände im Auto zurücklassen. Die Parkwächter berichten von Diebstählen und raten zur Benutzung des bewachten Parkplatzes am Haupteingang.

Im Park befinden sich außerdem einige **Gräber der Huetar-Indianer**. Der Zugang war zur Zeit der Recherche jedoch nicht möglich. Der Nationalpark Carara ist aufgrund seiner Nähe zu San José ein beliebtes Ausflugsziel von Tagestourveranstaltern und deshalb in der Hauptsaison oft überfüllt. Weniger Betrieb herrscht in der Regenzeit von April bis November.

Von Tárcoles nach Jacó

Die Hauptattraktion von **Tárcoles** sind seine Krokodile. An der Playa Tárcoles bieten Tourveranstalter (Jungle Crocodile Safari, ✆ 2236-6473, ⌨ www.junglecrocodilesafari.com, und Crocodile Man, ✆ 2637-0771, ⌨ www.crocodile mantour.com, $30 p. P.) 2-stündige Krokodiltouren im Motorboot an. Gratis können Besucher die zähnefletschenden Reptilien von der Costanera aus auf der Sandbank unterhalb der Brücke bestaunen: Parkplatz mit Souvenirständen und Restaurant vor der Brücke links, wenn man von San José kommt. Vorsicht beim Überqueren der dicht befahrenen Brücke – der „Gehweg" ist sehr schmal!

2 km südlich vom Ort zweigt eine Straße zum **Catarata Manatial** ab (dem Wegweiser zum Hotel Villa Lapas folgen, dann ca. 4 km). Die Wanderung zum Wasserfall, der mit 290 m angeblich der höchste Wasserfall des Landes ist,

dauert 40 Minuten. Schwimmen ist möglich. ⏱ 7–18 Uhr, Eintritt $20.

Noch ein Stück weiter die Schotterpiste hinauf folgt der botanische Garten **Pura Vida**, mit tollen Ausblicken auf den Wasserfall. 🖥 www.puravidagarden.com, ✆ 2645-1001. ⏱ ganzjährig Mo–Sa 7.30–17, So 7.30–12 Uhr, Eintritt $20.

5 km vor den Fällen bietet das Hotel Villas Lapas, 🖥 www.villalapas.com, täglich sowohl **Canopy**- ($40) als auch **Skyway-Touren** über fünf 50 m hohe Hängebrücken ($30) im Regenwald an. Im kristallklaren Wasser der schönen, aber steinigen **Playa Agujas** baden vorwiegend Einheimische.

Die feinen weißen Sandstrände **Playa Blanca** und **Playa Manta** an der benachbarten **Punta Leona** zählen zu den schönsten Stränden Costa Ricas und werden regelmäßig mit der Bandera Azul (s. Kasten S. 283) ausgezeichnet. Ein Gericht hat verfügt, dass die Strände der Öffentlichkeit gehören und jedem Besucher kostenlos zugänglich sein müssen. Trotzdem gelangen Interessierte, die keine Gäste des Hotels Punta Leona sind, nicht leicht an den Strand. Wer es dennoch versuchen möchte, kann etwa 300 m südlich der Hoteleinfahrt

(mit Schlagbaum) von der Küstenstraße abbiegen. Hier führt eine Schotterpiste zu einem bewachten Parkplatz, von dem aus der Strand zu Fuß erreichbar ist.

Playa Herradura ist das ruhige Gegenstück zum benachbarten, umtriebigen Jacó. Zweieinhalb Monate lang drehte hier 1992 der englische Regisseur Ridley Scott den Kolumbus-Film *Die Eroberung des Paradieses*. Heute ist die Zufahrt zur halbmondförmigen Bucht von großen Hotelanlagen umsäumt, und Eigentumswohnungen, Luxusresorts und ein Jachthafen trüben den Blick auf die schöne Umgebung. Wen das nicht stört: Zum Schwimmen ist der Strand ideal. Busse verbinden stdl. Playa Herradura mit Jacó.

ÜBERNACHTUNG

Hotel Carara, in Tárcoles schräg gegenüber der Polizeistation, ✆ 2637-0178, 🖥 www.hotelcarara.com. Professionell geführte, saubere Hotelanlage mit 25 Zimmern und Pool in Tárcolos. Auch Apartments für bis zu 8 Pers. Restaurant. ❹

Hotel Punta Leona, in Punta Leona, ✆ 2231-3131, 🖥 www.hotelpuntaleona.com.

Krokodile dösen in der Sonne am Ufer des Río Tarcoles.

Vorbei sind die Zeiten, als das **Surfen** ein Männersport war und Frauen nur (knapp bekleidet) in Surfmagazinen abgebildet wurden. Längst greift „frau" selbst zum Brett, sogar in den klassischen Macho-Ländern Lateinamerikas.

Die Ex-Surfweltmeisterin Sofía Mulánovich kommt aus Peru, auch Costa Ricas Lisbeth Vindez hat mehrfach nationale und internationale Wettbewerbe gewonnen. Jung, attraktiv, mit muskulösen Oberarmen, langer Mähne und breitem Rücken, auf den bereits so mancher Brecher gewaltvoll niederschmetterte, schneiden sie die Wellen riskanter als einige männliche Kollegen und rücken so das Frauenbild der Surfmagazine zurecht.

Eines der größten Surf-Talente Costa Ricas ist die 21-jährige **Natalie Bernold** aus Tamarindo. Mit sechs Jahren stand sie in Puerto Viejo (Karibik) zum ersten Mal auf dem Brett, der Vater brachte ihr das Surfen bei. „Früh aufstehen, eine gewaltige Welle sehen, mich von ihr tragen lassen – das ist ein Glücksgefühl, das musst du selbst erlebt haben", erzählt Natalie. Zwar surfen heute viele Mädchen und Frauen in ihrer Freizeit, „was uns aber fehlt, sind Sponsoren. Sonst würden sicherlich mehr Frauen die professionelle Laufbahn einschlagen", sagt Natalie.

Dass Frauen nicht erst heute das Surfen für sich entdecken, bezeugen jahrhundertealte hawaiianische Gesänge. Sie berichten unter anderem von der 100 kg schweren Schönheit Ke-ai-o-Mamala, die so bezirzend auf ihrem Surfbrett die polynesische Inselwelt umkreiste, dass ein Häuptling sie von der Welle weg heiratete. Weitere Pionierarbeit leistete in den 1960er- und 1970er-Jahren die große Garde kalifornischer Surferinnen, darunter Joyce Hoffmann und Margo Oberg, die jahrelang die Weltrangliste anführten. Damals mussten sich Surferinnen oft noch in Neoprenanzüge für Männer quälen. Heute gibt es spezielle Surfkleidung, Surfschulen und Surfmagazine für Frauen.

Zum Schluss – welche Strände können die Surfamazonen zum Wellenreiten empfehlen? „Jacó und Tamarindo für Anfänger – dort sind die Wellen nicht so hoch – und für Fortgeschrittene Playa Hermosa bei Jacó oder die berühmte Salsa Brava in Puerto Viejo." Buen Surf!

Anmerkung der Autorin zur dritten Auflage: Die Hawaiianerin Kelia Moniz löste inzwischen die Australierin Stephanie Gilmore, Nachfolgerin der Peruanerin Sofía Mulánovich, als Surfweltmeisterin ab.

ZENTRALE PAZIFIKKÜSTE

Apartments und kleine, einfache Ferienbungalows mit Klimaanlage auf einem riesigen, abgeschirmten Gelände. Swimmingpool, Tennis- und Minigolfplatz. Elektrische Shuttlebusse bringen die Gäste zum Strand. Ziel deutscher Reiseveranstalter. Frühstück ist im Preis inbegriffen. ❻

Las Almendras, etwa 100 m vor der Playa Herradura, ☎ 2637-8156. Sehr einfache, saubere Cabinas mit kaltem Wasser und Ventilator bei einheimischer Familie. ❸

ESSEN

Juanita, an der Playa Herradura, ☎ 2637-8073. Fischspezialitäten zu fairen Preisen mit traumhaftem Meerblick. 🕐 10–22 Uhr.
Steve and Lisa's, an der Costanera 2 km hinter Tárcoles. Comida Típica, beliebt bei Touristen, 🕐 6–22 Uhr.

SONSTIGES

Angelbedarf
Fishing Tackle, in Playa Heradura am Ocean Plaza, an der Straße zum Strand, ☎ 2637-6111. Ein riesiges Sortiment an Angelausrüstung. 🕐 5–10 Uhr.

Autovermietung
Europcar, am Ortseingang von Playa Herradura vor dem großen Einkaufszentrum, ☎ 2637-8292.

Geld
Banco de Costa Rica, in Playa Herradura am Ocean Plaza, an der Straße zum Strand, 🕐 11–18 Uhr.

Tauchschule
Herradura Divers, an der Playa Herradura, ☎ 2637-7123, 🖥 www.herraduradivers.com.

Tauchgänge u. a. zur Isla Tortuga ($185 p. P.) und in die Herradura Bay ($155 p. P.), Open-Water-Tauchschein ($485 inkl. Lehrbuch). Juni–Nov geschl., sonst ☉ tgl. 8–16 Uhr.

Jacó

„Es una porquería, una porquería" („… eine Schweinerei, eine Schweinerei") – hört man Costa Ricaner oft über die rapide Verwandlung des einst kleinen Fischerdorfs in das Sünden-babel Costa Ricas klagen. Jacó ist heute das Zentrum für Prostitution, Drogen und Party im Land und fester Bestandteil *Gringolandias*. An der wenig attraktiven, kilometerlangen Avenida Pastor Díaz reihen sich Einkaufszentren, Restau-rants, Internetcafés, Tourveranstalter und mehr-stöckige Hotels aneinander. Am Wochenende füllt sich der traditionelle Hausstrand der Jo-sefinos jedoch nach wie vor mit Einheimischen, und bei all dem Andrang ist Jacós Strand über-raschend schön geblieben. Er gilt als einer der besten Plätze im Land, um Surfen zu lernen.

Jacó hatte schwer unter den Folgen der Fi-nanzkrise zu leiden: Die US-amerikanischen Touristen blieben lange Zeit fern, Hotels muss-ten schließen und bereits begonnene Baupro-jekte wurden auf Eis gelegt. Zurzeit erholt sich die Tourismusbranche, und die Strände um Jacó erfreuen sich wieder großer Beliebtheit sowohl bei Einheimischen wie auch bei Euro-päern und Amerikanern. Einige Bauruinen zeu-gen noch von der Krisenstimmung vor wenigen Jahren.

ÜBERNACHTUNG

Jacó hat eine Fülle an Hotels jeder Preisklasse. In der Nebensaison purzeln die Preise. Die ruhigen Unterkünfte befinden sich am südl. und nördl. Ortsende von Jacó. An den Wochen-enden, vor allem wenn die Ticos Ferien haben, sollten Unterkünfte im Voraus reserviert werden. **Apartotel Catalina**, südl. Ortsende, zu erreichen über die C. Hidalgo, ✆ 2643-1237, 🖳 www.hotelcatalinacr.com. Gepflegte Anlage direkt am Strand mit hellen, geschmackvollen Zimmern, teils AC. Küche, kleine Terrasse, kleiner Pool. ❺–❻

Apartotel Maumar, C. Las Olas, ✆ 2643-1951. 5 gut ausgestattete, geräumige Apartments mit Mini-Kühlschrank, AC und Pool, 100 m zum Strand. Etwas in die Jahre gekommene Anlage. DZ ab $60, mit eigener Küche $95. Am Wochen-ende teurer. ❺–❻

Buddha House, im Zentrum an der Av Pastor Diaz, ✆ 2643-3615, 🖳 www.hostelbuddha house.com. Gepflegte kleine Hotelanlage mit 11 Zimmern unterschiedlicher Größe, teilweise private Bäder. Kleiner Pool. ❸–❹

Cabinas Antonio, 400 m nördl. des Busterminals, ✆ 2643-3043. 15 sehr kleine und einfache, aber saubere Cabinas am Ortsrand mit Ventilator und Privatbad. $20 p. P. ❸

Camping El Hicaco, C. Hicaco, ✆ 2643-3004, in Zentrums- und Strandnähe, mit Schließ-fächern. 3500C$ p. P., 5000C$ mit Zeltmiete, Dusche 1000C$. ❶

El Paraíso Escondido, am südl. Ortsrand, 150 m östl. der Iglesia Católica, ✆ 2643-2883, 🖳 www.hoteljaco.com. Schöne, gepflegte und ruhige Anlage im Hazienda-Stil. Schlichte, etwas dunkle Zimmer, einige mit Küche, alle mit AC, teilweise rollstuhlgerecht. Familienzimmer für 6–8 Pers. Pool, 500 m vom Strand. Gutes Preis-Leistungs-Verhältnis; schweizerische Leitung. ❸

Hostel Calu, C. Bohío, neben Hotel De Haan, ✆ 2643-1107. Dunkle, aber saubere Cabinas mit guten Matratzen. Küchenmitbenutzung, Park-platz. Sauberer als das benachbarte De Haan. $20 p. P. ❷

Hotel De Haan, C. Bohío, ✆ 2643-1795, 🖳 www.hoteldehaan.com. Kleine Dorms (max. 5 Pers.) für $12 p. P., auch DZ. Pool, Internet, Kochgelegenheit. ❷–❸

Hotel Los Ranchos, C. Las Olas, ✆ 2643-3070. Sehr schöne Anlage mit 16 praktischen, schlichten Zimmern, im 2. Stock schöner, teils mit Kochgelegenheit, auch Ferienbungalows (bis zu 9 Pers.); Pool. 4-Pers.-Bungalow mit Küche ab $90. ❺

Hotel Mar de Luz, nördl. des Zentrums, ✆ 2643-3000, 🖳 www.mardeluz.com. Schöne Anlage mit gemütlichen Zimmern, z. T. mit Küche, Frühstück inkl. Ideal für Wassernixen: 2 Pools, 1 Kinderbecken, 1 Jacuzzi. Freundliche, holländische Leitung. Das Hotel spricht sich

Century 21 – Land For Sale – Condominiums for sale – Se vende Finca – Real Estate – überall an Costa Ricas Pazifikküste wimmelt es von Immobilien- und Verkaufsschildern. Wie Pilze schießen Betonskelette aus dem Boden; das Land steckt in einem Bauboom wie es ihn nie zuvor erlebt hat. Dabei sind die Bauherren im seltensten Fall Costa Ricaner. Tausende Hektar Land werden jährlich von Europäern und – noch häufiger – von Nordamerikanern aufgekauft. Für Letztere ist Costa Rica, was Mallorca für die Deutschen ist: Weniger als zwei Stunden dauert ein Direktflug von Miami nach San José, Hin- und Rückflug sind bereits für weniger als $300 zu haben. Mehrere Zehntausend Amerikaner strömen jährlich in das kleine Tropenland. Viele treibt der Wunsch, außer einem braunen Teint auch ein günstiges Grundstück zu erwerben, möglichst in Strandnähe. Die Käuferschicht ist breit: Rentner, die sich einen Altersruhesitz suchen, Umweltschützer, die Regenwald aufkaufen, Grundstücks- und Immobilienspekulanten. Mit den Immobilien wird u. a. Schwarzgeld gewaschen oder Geld angelegt, oft ohne Rücksicht auf die ökologischen Folgen. Aus Geldgier entstehen selbst in den wasserarmen Zonen tropischen Trockenwaldes (s. Playas de Coco, S. 239) mehrstöckige Condominium-Komplexe mit Golfplätzen.

Für die Campesinos ist die Summe, die ihnen die „Fincahunters" zahlen, ein kleines Vermögen. Viele verprassen das Geld jedoch in kurzer Zeit. Da sie zumeist keine Ausbildung besitzen, enden sie schnell in den Slums von San José, als Tagelöhner oder bei den zahlreichen Filialen der Alcohólicos Anónimos im Land. Ihre Finca wird derweil oft um ein Vielfaches des Verkaufspreises wieder verschachert. Costa Ricas Grundstückspreise schnellen dramatisch in die Höhe.

Die kleine Bananenrepublik mit der stabilen Demokratie war seit jeher ein beliebtes Einwandererland: Tausende von Chinesen, Europäern, Jamaikanern, Nicaraguanern, Kolumbianern und Nordamerikanern fanden in Costa Rica eine neue Heimat. Viele von ihnen trugen dabei entscheidend zu Costa Ricas relativ hohem Lebensstandard und Fortschritt bei. Das Nationalparksystem und zahlreiche Umweltprojekte wären ohne die Initiative nordamerikanischer und europäischer Expats undenkbar gewesen. Zahnärzte haben Hochkonjunktur (weil Ausländer sich günstig die Zähne sanieren lassen), die Schwulen- und Frauenbewegung profitiert von den neuen Vorbildern, und endlich kann das Land der *olas largas* – der großen Wellen – auch eigene Surfer zu Wettbewerben schicken. Costa Ricaner werden nämlich häufig von Expats gesponsert.

Auf der anderen Seite wachsen die Expat- und Touristengettos an, in denen costa-ricanische Kultur, Lebensstil und Sprache oft gänzlich ignoriert werden. Der deutsche Ballermann ist hier der amerikanische Sportfischer, der sich mit meterlangem Marlin-Fisch ablichten lässt und den Sextourismus im Land ankurbelt. Einheimische arbeiten als Gärtner, Zementmischer, an der Rezeption oder als Prostituierte; gegen die reichen Einwanderer können sie selten konkurrieren. Vielerorts fühlen Ticos sich bereits wie Fremde im eigenen Land. „Wir haben unsere Seele an den Teufel verkauft", sagt ein junger Guanateke. Äußerungen wie diese hört man selten im anpassungsfreudigen Costa Rica. Doch versteckt unter der Baseballkappen und USA-T-Shirts brodelt er, der alte Rebellionsgeist aus William Walkers Zeiten.

Durch die globale Wirtschaftskrise haben Bauboom und Immobilienspekulanten in Costa Rica jedoch einen gewaltigen Dämpfer erhalten. In vielen Küstenorten stehen Betonskelette verlassen in der Landschaft. Bauvorhaben wurden unvollendet abgebrochen oder gar nicht erst begonnen.

ZENTRALE PAZIFIKKÜSTE

ausdrücklich gegen Prostitution und Drogenmissbrauch aus. ❹

Hotel Pochote Grande, am nördl. Ortsende, ☎ 2643-3236, 🖥 www.hotelpochotegrande.net. Hübsche, ruhige Anlage mit 24 großen, hellen und praktischen Zimmern mit Minikühlschrank und großem Balkon. Pool, direkter Strandzugang. Beliebtes Ziel deutscher Reiseveranstalter; deutsche Leitung. ❻

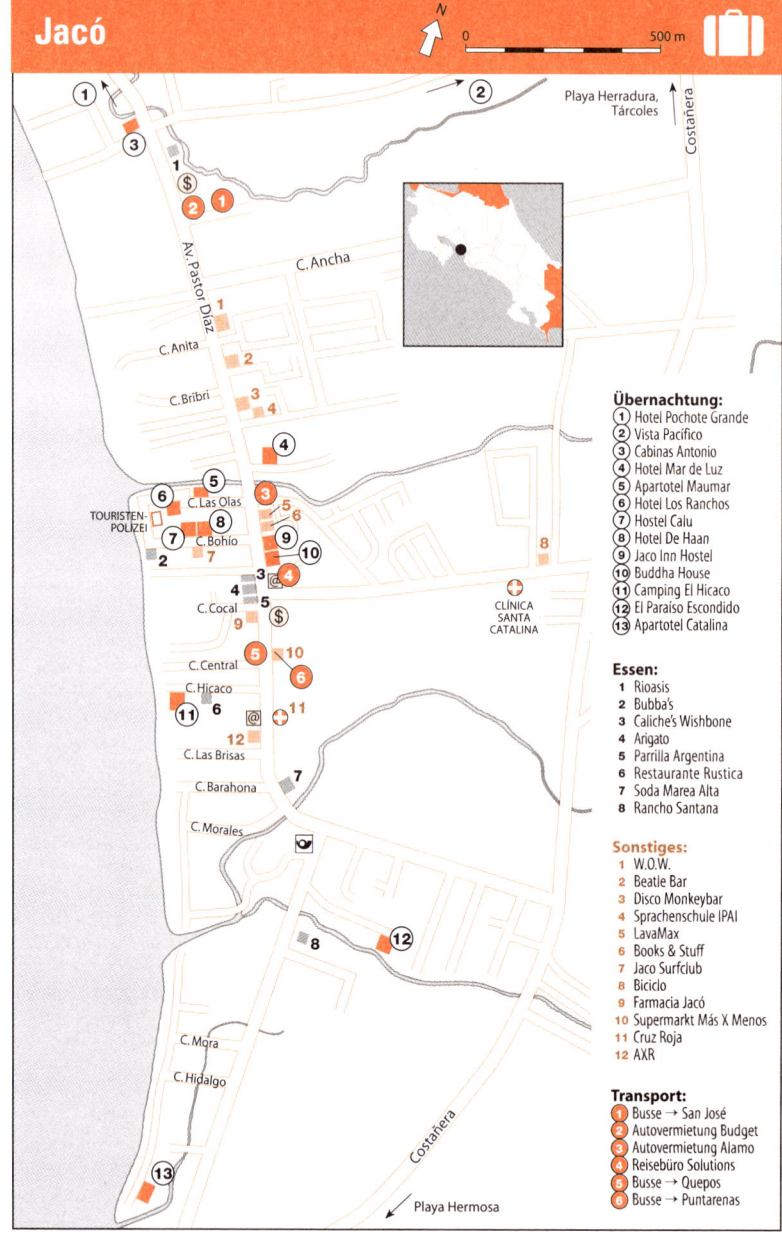

Jacó

0   500 m

Playa Herradura,
Tárcoles

C. Ancha

Av. Pastor Diaz

C. Anita

C. Bribrí

C. Las Olas

TOURISTEN-
POLIZEI

C. Bohío

C. Cocal

C. Central

C. Hicaco

C. Las Brisas

C. Barahona

C. Morales

C. Mora

C. Hidalgo

Costañera

Costañera

Playa Hermosa

CLÍNICA
SANTA
CATALINA

Übernachtung:
1. Hotel Pochote Grande
2. Vista Pacífico
3. Cabinas Antonio
4. Hotel Mar de Luz
5. Apartotel Maumar
6. Hotel Los Ranchos
7. Hostel Calu
8. Hotel De Haan
9. Jaco Inn Hostel
10. Buddha House
11. Camping El Hicaco
12. El Paraíso Escondido
13. Apartotel Catalina

Essen:
1. Rioasis
2. Bubba's
3. Caliche's Wishbone
4. Arigato
5. Parrilla Argentina
6. Restaurante Rustica
7. Soda Marea Alta
8. Rancho Santana

Sonstiges:
1. W.O.W.
2. Beatle Bar
3. Disco Monkeybar
4. Sprachenschule IPAI
5. LavaMax
6. Books & Stuff
7. Jaco Surfclub
8. Biciclo
9. Farmacia Jacó
10. Supermarkt Más X Menos
11. Cruz Roja
12. AXR

Transport:
1. Busse → San José
2. Autovermietung Budget
3. Autovermietung Alamo
4. Reisebüro Solutions
5. Busse → Quepos
6. Busse → Puntarenas

ZENTRALE PAZIFIKKÜSTE

Jaco Inn Hostel, neben dem Buddha House, ✆ 2643-1935, 🖥 www.jacoinn.com. Zentral gelegener, sympathischer Backpacker mit unterschiedlichen Zimmern, alle mit Ventilator, auch Dorm ($12 p. P.). Gemeinschaftsküche mit Außenbereich. ❷

🏨 **Vista Pacífico**, an der nördl. Ortseinfahrt, ✆ 2643-3261, 🖥 www.vistapacifico. com. Schöne Hotelanlage in den Bergen über Jacó mit herrlichem Blick auf den Pazifik. Geschmackvoll eingerichtete, luftige Apartments für bis zu 5 Pers. Unterschiedliche Ausstattung, meist mit eigenem Balkon. Pool. Freundliche kanadische Leitung. ❹–❻

ESSEN

Arigato, Av. Pastor Díaz, gegenüber von Solutions. Japanische Steaks und Sushi. ⊕ Mi–Mo 17–22 Uhr.

Bubba's, Calle Bohio am Strand, ✆ 2643-3112. Die besten Fisch-Tacos (4000C$) weit und breit. ⊕ unterschiedlich.

Caliche's Wishbone, Av. Pastor Díaz, gegenüber der Banco Nacional, ✆ 2634-3406. Pizzen, Ofenkartoffeln, Sandwiches, Salate. ⊕ Do–Di 12–22 Uhr.

Parrilla Argentina, Av. Pastor Díaz, Ecke C. Cocal, ✆ 2643-3153. Steak und Fisch vom Holzofengrill in rustikalem Ambiente. ⊕ ab 15 Uhr.

Rancho Santana, ✆ 2643-4234. Gute gemischte Küche, vom leckeren Hamburger über Fischspezialitäten bis zu schmackhaften Reisgerichten. ⊕ 11–22 Uhr.

€ **Restaurante Rustica**, C. Hicaco, neben dem Campingplatz. Lebendiger Treffpunkt für Ticos und Touristen zum Mittag- und Abendessen (Tagesgericht 2500C$). Gute einheimische Kost, günstige und große Portionen. ⊕ Mo–Sa Frühstück 7–10.30, Hauptgerichte 11–19.30, So 7–16 Uhr.

Rioasis, an der Kreuzung von El Boulevar und Av. Pastor Diaz. Pizza in allen Variationen in zwei Größen. ⊕ unterschiedlich.

Soda Marea Alta, Av. Pastor Díaz, gegenüber C. Barahona. Günstiger, leckerer Fisch, Meeresfrüchte, Sandwiches und Comida Típica, großzügige Portionen. Hay Ceviche! ⊕ 6–22 Uhr.

UNTERHALTUNG

Jacós Nachtleben ist landesweit berüchtigt und ein beliebter Tummelplatz für US-amerikanische Sportfischer und Surfer. Am Wochenende füllen sich die Bars und Discos außerdem mit Costa Ricanern aus San José.

Beatle Bar, am nördl. Ortsrand; hierher zieht es vorwiegend „Gringos" fortgeschrittenen Alters, die sich mit Prostituierten vergnügen.

Disco Monkeybar, Av. Pastor Díaz, gegenüber der C. Las Palmeras; hier wird vorwiegend Hip Hop und Reggae bis in die frühen Morgenstunden aufgelegt.

SONSTIGES

Autovermietung

Alamo, Av. Pastor Díaz, gegenüber C. Las Olas, ✆ 2242-7733, ⊕ 8–20 Uhr.

Budget, nördl. Av. Pastor Díaz, ✆ 2643-2665, ⊕ Mo–Sa 7–18, So 8–16 Uhr.

Apotheke

Farmacia Jacó, Av. Pastor Díaz, ⊕ 8–18 Uhr.

Bücher

Books & Stuff, ✆ 2643-2508. Große Auswahl an englischen Büchern und Karten, auch ein paar deutsche Secondhand-Bücher. ⊕ 9–21 Uhr.

Fahrradverleih

AXR, Av. Pastor Díaz, neben dem Cruz Roja, ✆ 2643-3130. $10 pro Tag; auch Vermietung von Scootern, $25 pro 1/2 Tag. ⊕ 8–20 Uhr.

Biciclo, 800 m östlich von Pops, ✆ 2043-4124. Reparatur und Verleih. ⊕ Mo–Sa 7–17.30 Uhr.

Geld

Banco de Costa Rica, Av. Pastor Díaz, beim Centro Comercial an der Plaza Jacó. ⊕ Mo–Fr 9–16 Uhr.

Banco Nacional, Av. Pastor Díaz, nördl. von Más X Menos. ⊕ Mo–Fr 8.30–15.45 Uhr.

Internet

3D Internet, Av. Pastor Díaz, gegenüber von Morpho Souvenir, am Ende der Passage. Auch internationale Telefonate. ⊕ 9–19 Uhr.

Medizinische Hilfe

Clínica Santa Catalina, 400 m östl. von Pops, ☎ 2643-5059.
Cruz Roja, 500 m südl. von Pops, ☎ 2643-3090.
Lifeguard Costa Rica, ☎ 2220-0911, 24-Std.-Notdienst, auch mit Krankentransport im Hubschrauber.

Post

Am südl. Ortsrand. ⊕ Mo–Fr 8–12 und 13–16.30, Sa 7.30–12 Uhr.

Reisebüro

Solutions, Av. Pastor Díaz, gegenüber von Morpho Souvenir, am Ende der Passage, ☎ 2643-3485. Interbus- und Tica-Busfahrkarten, Flugtickets. ⊕ Mo–Fr 9–18 Uhr.

Sprachenschule

IPAI, hinter KFC, ☎ 2643-2244. Sprachschule mit gutem Ruf und mehreren Filialen in Costa Rica.

Supermarkt

Más X Menos, neben der Banco Nacional. Große Auswahl. ⊕ So–Do 8–21, Fr und Sa 8–22 Uhr.

Surfen

Jaco Surfclub, Calle Bohio, ☎ 2643-2181, 🖥 www.jacosurfclub.com. Surfkurse (2 Std. inkl. Board $50, 7-Tage-Paket mit tgl. 2-Std.-Kurs $280) und Surfboard-Verleih (Tag $10), auch Angebote mit Übernachtung.
W.O.W., Av. Pastor Díaz, ☎ 2643-3844, 🖥 www.wowsurf.net. Surfkurse ab $65 p. P. (inkl. 1/2 Std. Theorie und 2 Std. Praxis), außerdem Equipment und Verleih.

Taxi

Asotaxi Jacó, ☎ 2643-2020 und -3030. Preise: Playa Hermosa 4000C$, San José $100, Manuel Antonio $80.

Wäscherei

LavaMax, Av. Pastor Díaz, südl. der Brücke auf der linken Seite. Wäscheservice. Stolze $10 für einen Packen Wäsche bis 5 kg. ⊕ Mo–Fr 8–19, Sa–So 8–17 Uhr.

Busse

Die Busse nach San José fahren vom nördl. Ortsrand am Centro Comercial Plaza Jacó neben der Banco de Costa Rica, ab.
Die Busse nach Puntarenas und Quepos fahren von der Av. Pastor Díaz vor dem Supermarkt Mas X Menos ab.
PUNTARENAS, mit **Transportes Quepos**, ☎ 2777-0743, um 6, 9, 12, 14, 16.30, 17 und 19 Uhr, 1 1/2 Std. Bus kommt aus Quepos; QUEPOS, mit dem gleichen Anbieter um 6.30, 9.30, 12.30, 14, 16, 18 Uhr; 1 1/2 Std. Bus kommt aus Puntarenas; SAN JOSÉ, 5, 7, 9, 11, 13, 15, 17 Uhr, 2 1/2 Std., mit **Transporte Jacó**, ☎ 2643-3135.

Shuttlebusse

Interbus, 🖥 www.interbusonline.com, ☎ 2777-7866, fährt nach SAN JOSÉ, QUEPOS, LA FORTUNA, MONTEVERDE und zu den **Stränden** auf der Península de Nicoya und in Guanacaste.

Boote

Ein Boot fährt tgl. um 11 Uhr von Herradura nach MONTEZUMA (Halbinsel Nicoya), $40 p. P. Auch Abholung per Shuttlebus vom Hotel in Jacó möglich (im jeweiligen Hotel oder im Reisebüro Solutions nachfragen).

Playa Hermosa

Playa Hermosa, nur 5 km südlich von Jacó, ist das Surfrevier fortgeschrittener Wellenreiter. Schwimmen ist jedoch aufgrund der starken Strömungen gefährlich. In Playa Hermosa leben überwiegend US-amerikanische Surfer. Als Brian, der Besitzer von Cabinas Rancho Grande, sich hier vor 20 Jahren im Wohnwagen niederließ, gab es nur ein Hotel im Ort und freie Sicht aufs Meer. Inzwischen ist die Auswahl an Unterkünften größer. Die entspannte Surferatmosphäre konnte sich der Ort bewahren.

Das Preis-Leistungs-Verhältnis an der Playa Hermosa stimmt bei vielen der hochpreisigen Unterkünfte nicht. Günstigere Alternativen sind:

€ **Cabinas Rancho Grande**, ☎ 2643-7023. Die Unterkunft mit dem besten Preis-Leistungs-Verhältnis im Ort. 14 große Zimmer mit Bad beim freundlichen Surfer Brian. Gemeinschaftsküche, AC, WLAN. $15 p. P. im Dorm. EZ $25. **❸**

Cabinas Las Arenas, ☎ 8729-4532, 🖥 www.cabinaslasarenas.com. 10 große, hübsche, holzvertäfelte Cabinas in Strandnähe; Surfbrettverleih. $39 p. P. **❸**

Cabinas Brisa del Mar, ☎ 2643-7076, 🖥 www.cabinasbrisadelmar.com. 10 einfache Zimmer mit AC, Warmwasser und Mini-Kühlschrank. Gemeinschaftsküche. Alteingesessene Surferinstitution, könnte mal renoviert werden. $15 für jede weitere Pers. **❸**

Dos Gringos, neben Cabinas Las Arenas. Gutes Frühstücksangebot 2000–3000C$. Außerdem Sandwiches und Fischgerichte.

Pizza Bocha, am Ortseingang, ☎ 2643-5431. Prima Pizza. Jeden Tag spezielle Angebote. Auch Lieferservice. ⊙ 12–21.30 Uhr.

TRANSPORT

Ein **Taxi** von Playa Hermosa nach JACÓ kostet 4000C$.

Man kann Playa Hermosa aber auch mit den meisten **Bussen** ansteuern, die von Jacó Richtung Süden fahren. Einfach den Fahrer bitten, rechtzeitig anzuhalten!

Weiter nach Quepos

Playa Esterillos

22 km südlich von Jacó liegt das Surfrevier Playa Esterillos mit einem feinen, grauen Sandstrand. Zwischen den Ortsteilen Esterillos Este, Central und Oeste liegen rund 2 km Abstand. Mit Supermarkt, Disco und Restaurants bildet der westliche Ortsteil (Oeste) das Zentrum im Dreiergespann; hier lebt der höchste Anteil an Costa Ricanern.

Esterillo Central und **Esterillo Oeste** sind kleine, ruhige Urlaubsorte, in denen sich überwiegend auswärtige Gäste verwöhnen lassen und sich ab und zu aufs Surfbrett schwingen. Schwimmen ist in ganz Esterillos gefährlich, denn es herrschen starke Unterströmungen.

ÜBERNACHTUNG UND ESSEN

Cabinas Maliye, Esterillos Oeste, ☎ 2778-7085. Geräumige, saubere Apartments mit Küche von einheimischen Besitzern. Besser als das große Hotel Sirena ggü.. Am Wochenende kann es laut werden. AC, kleiner Pool. **❸** – **❹**

Encatada, Esterillos Este, ☎ 2778-7048, 🖥 www.encantadacostarica.com. Schön gestaltete und familiäre, gepflegte Anlage mit Pool und Restaurant; sieben Zimmer teils mit Küche. 2013 renoviert, seither neue amerikanische Leitung. Frühstück inkl. **❺** – **❻**

Hotel Dolce Vita, Esterillos Oeste, am Strand, ☎ 2778-7015, 🖥 www.hotel-ladolcevita.biz. 7 hübsche, saubere Apartments mit AC und gut ausgestatteter Küche. Kleine Bar und Pool. Frühstück inkl. Günstiges Angebot. **❹** – **❺**

Hotel Pelicano, Esterillos Este, ☎ 2778-8105, 🖥 www.pelicanbeachcostarica.com. Ältere Anlage am Meer. 15 große Zimmer auf 2 Etagen. Die Zimmer bieten ein gutes Preis-Leistungs-Verhältnis, das Restaurant ist jedoch überteuert. Pool. Einfaches Frühstück inkl. **❹**

Hotel Rancho Coral, Esterillos Oeste, ☎ 2778-8647, 🖥 www.ranchocoral.com. Schöne, gepflegte Anlage direkt am Strand mit geräumigen Apartments, teilweise mit Küche und großen Terrassen. Reit- Kajak-, Surf- und Raftingtouren. Beliebt bei Surfern. Restaurant, hauptsächlich Pizza. ⊙ 16–21 Uhr. **❹**

Los Alemandros, Esterillos Oeste, ☎ 2778-7322. Karibische Küche. ⊙ Mo–Sa 4 Uhr bis spät.

Parrita / Playa Palo Seco

So weit das Auge reicht: Palmenplantagen, Meer und Strand. Zum Surfen aber fehlt den Wellen der Schwanz und zum Schwimmen ist die Strömung zu stark. Dafür lädt die menschenleere Playa Palo Seco zu kilometerlangen Spaziergängen ein. Palo Seco erreicht man, indem man (aus dem Norden kommend) am Ortsende von Parrita hinter der Brücke rechts abbiegt. Von dort sind es rund 4 km zum Strand.

Rainmaker Reserve

Rund 17 km südlich von Parrita zweigt eine Straße links nach San Rafael de Norte (7 km) und zum **Rainmaker Reserve**, ✆ 2777-3565 (Büro in Quepos), 🖥 www.rainmakercostarica.org, ab (ausgeschildert). Das rund 1500 ha große Privatreservat liegt in der Gebirgskette Fila Chonta und besteht zu 90 % aus Primärwald, durch den sechs Hängebrücken mit einer Gesamtlänge von 250 m führen. Der Eintritt p. P. beträgt $15. Es werden Nacht-, Canopy- und Vogeltouren angeboten. Sie dauern 2–3 1/2 Stunden und kosten $60–90 p. P. inkl. Abholung in Quepos.

Beso del Viento, rund 4 km von Parrita, ✆ 2779-9674, 🖥 www.besodelviento. com. 12 helle, geschmackvoll eingerichtete Zimmer mit persönlicher Note; 3 davon sind Apartments mit Platz für 4 Pers., teils mit AC. Exzellentes Restaurant mit französischem Koch (Menü $25 p. P.). Kinder unter 15 J. nicht gestattet. Frühstück inkl. ❺

Hotel La Tranquilidad, am Ende der langen Küstenstraße, ✆ 2779-3176, 🖥 www.hotel latranquilidad.com. Schöne, ruhige Anlage mit Pool und 3 geräumigen Apartments (bis zu 6 Pers.). Mindestaufenthalt 2 Nächte; auch Wochenpreise. Sehr abgelegen. ❺–❻

Die **Busse** halten am Busbahnhof im Zentrum von Parrita an der Costanera. Reisende nach San Isidro de El General oder Uvita müssen zunächst Quepos ansteuern. Von hier fahren Busse in alle Richtungen (S. 319).
QUEPOS, 7.30–19 Uhr, fast stdl., mit Weiterfahrt nach Uvita oder Manuel Antonio;
SAN JOSÉ, 5.30, 6, 8.30, 9, 14,15, 16.30, 17 Uhr, mit **Transportes Morales**, ✆ 2223-5567.

Quepos

Mit einer Vielzahl an günstigen Unterkünften und häufigen Busverbindungen ist Quepos – nur der Name erinnert noch an die Quepos-Indianer, die bis Ende des 19. Jhs. in der Region lebten – die ideale Ausgangsbasis für einen Besuch des beliebten **Parque Nacional Manuel Antonio**. Bis Mitte des 20. Jhs. baute die United Fruit Company in Quepos Bananen an. Wie vielerorts zerstörten auch hier Pilze die Plantagen, aber der Konzern stellte rechtzeitig auf Ölpalmen um, sodass der Ort einer Krise entging.

Heute zählt Quepos zu den Haupttouristenzielen des Landes. Im kleinen Zentrum gibt es Tourveranstalter, Supermärkte, Souvenirgeschäfte und internationale Restaurants. Die Hotels höherer Preisklasse befinden sich an der 7 km langen Straße Richtung Nationalpark. Die malerische Aussicht und Nähe zu den exklusiven, weißen Sandstränden zog bereits Mitte der 1960er-Jahre Expats aus aller Welt hierher. Die schmale Serpentinenstrecke ist heute mit ihrer Fülle an Bars, Clubs und Casinos der Toplocations der vornehmen Partyszene Costa Ricas.

Für alle, die Touristenhorden meiden wollen: Eine Lancha setzt vom Fischerort Boca Vieja an der Flussmündung, nordwestlich von Quepos, zur Halbinsel **Cocal** über. Von dort erstreckt sich der kilometerweite Strand bis ins nördlich gelegene Parrita.

Quepos

Cabinas Doña Alicia, 25 m nördl. der Escuela República de Corea, ✆ 2777-3279. Helle, blitzsaubere Zimmer mit Kühlschrank und einfachen Möbeln, mit AC. Sehr hilfsbereite Tica-Besitzerin. Sicherer Parkplatz. ❷

Hotel Malinche, 75 m westl. des Busbahnhofs, ✆ 2777-3723. 23 Einfache, aber saubere Zimmer mit Bad und Safe, teils mit AC. Parkplatz. ❷–❸

Hotel Papa's Papalotes, 75 m westl. des Fußballplatzes, ✆ 2777-3774, 🖥 www.papas papalotes.com. Einfache, etwas dunkle Zimmer; teilweise mit Bad. Schöne Gemeinschaftsbereiche. ❸

Hotel Sánchez, schräg gegenüber der Banco Costa Rica, ✆ 2777-0491, ✉ hotelsanchezcr@gmail.com. Kleine Zimmer, teils mit Bad, teils mit AC (die besseren Zimmer liegen im 2. Stock). Kleine Veranda zum Leutebeobachten. Eine Soda gehört zum Hotel. $20 p. P. (mit Gemeinschaftsbad). ❷–❸

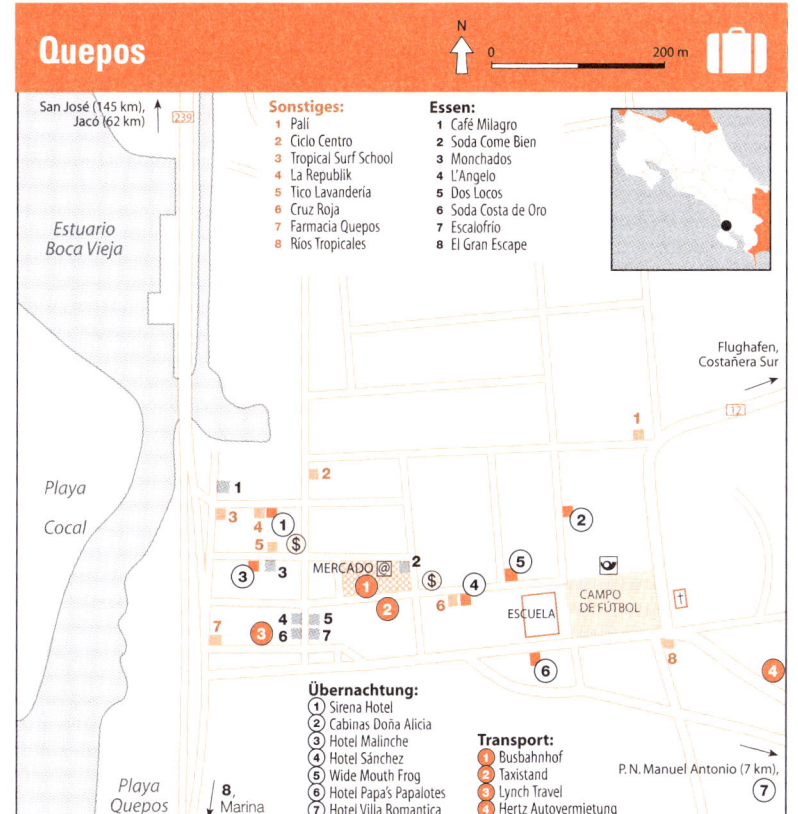

Quepos

N
0 — 200 m

San José (145 km),
Jacó (62 km) — 239

Estuario
Boca Vieja

Playa
Cocal

Playa
Quepos

Sonstiges:
1 Palí
2 Ciclo Centro
3 Tropical Surf School
4 La Republik
5 Tico Lavandería
6 Cruz Roja
7 Farmacia Quepos
8 Ríos Tropicales

Essen:
1 Café Milagro
2 Soda Come Bien
3 Monchados
4 L'Angelo
5 Dos Locos
6 Soda Costa de Oro
7 Escalofrío
8 El Gran Escape

Flughafen,
Costañera Sur

MERCADO @

CAMPO
DE FÚTBOL

ESCUELA

Übernachtung:
1 Sirena Hotel
2 Cabinas Doña Alicia
3 Hotel Malinche
4 Hotel Sánchez
5 Wide Mouth Frog
6 Hotel Papa's Papalotes
7 Hotel Villa Romantica

Transport:
1 Busbahnhof
2 Taxistand
3 Lynch Travel
4 Hertz Autovermietung

P. N. Manuel Antonio (7 km),

8,
Marina

ZENTRALE PAZIFIKKÜSTE

Hotel Villa Romantica, an der Ausfahrt Richtung Manuel Antonio, ☎ 2777-0037, 🖥 www.villa romantica.com. 14 geschmackvolle Zimmer mit AC und Blick auf den Pool. Oben mit Balkon, unten mit Terrasse. Viel Grün, Deutsche Leitung, Gruppenpreise. Frühstücksbuffet inkl. ➏

Sirena Hotel, hinter der Brücke am Ortseingang die erste Straße links abbiegen, ☎ 2777-0572, 🖥 www.lasirenahotel.com. Schönes Stadthotel mit 14 Zimmern und Pool. Helle, saubere Zimmer mit Bad, AC und Safe. Auch Organisation von Touren. ➎

Wide Mouth Frog, 125 m östl. der Bushaltestelle, ☎ 2777-2798, 🖥 www.widemouthfrog. org. Sauberer Backpacker. Unterschiedliche

Zimmer um einen Garten, großer Dorm mit Stockbetten für $13, schöne, große DZ, Gemeinschaftsküche, Pool, TV- Bereich, viel Infomaterial, freundlicher Service; auch Betten für Kleinkinder vorhanden. ➌

An der Strecke zum Nationalpark

Die Hotelpreise in der Manuel-Antonio-Region sind in der Hauptsaison oft unverschämt hoch, das Preis-Leistungs-Verhältnis stimmt bei vielen Unterkünften nicht. Dennoch gibt es vereinzelt Backpacker-Unterkünfte und Hotels zu vernünftigen Preisen.

Backpackers Manuel Antonio, am Fußballplatz Manuel Antonio, ☎ 2777-2507,

www.backpackersmanuelantonio.com.
Großer, sauberer Backpacker mit recht
engen Dorms ($12 p. P.) und Privatzimmern
mit Gemeinschaftsbad ($35 pro 2 Pers.). Pool,
warme Duschen, Frühstück inkl. ❶–❷

Costa Linda, 100 m vor dem Nationalpark,
☎ 2777-0304, ⌨ www.costalinda-backpackers.
com. Einfacher, recht beengter Backpacker in
unmittelbarer Nationalparknähe. Kleine Anlage,
sauber. WLAN. Dorms und Mehrbettzimmer
$12 p. P. ❷

Hotel Casitas Eclipse, rund 4,5 km von Quepos
auf der linken Straßenseite, ☎ 2777-0408,
⌨ www.hotelcasitaseclipse.com. Weiß
gekalkte, luxuriöse Ferienbungalowanlage im
Stil eines mediterranen Dorfes, z. T. behindertengerecht, große Terrassen, 3 Pools, 2 Bars, Spa.
Weitläufige Grünanlage. Frühstück inkl. ❻

Hotel La Mariposa, rund 4 km von Quepos auf
der rechten Straßenseite an der Einfahrt zum
Hotel Paradol, ☎ 2777-0355, ⌨ www.hotel
mariposa.com. Hotel für gehobene Ansprüche
mit Meeresblick und schmiedeeisernen Balkonen. Französische Eleganz und französische
Leitung. Die günstigeren Standard- und Deluxe-
Zimmer befinden sich im weniger attraktiven
neuen Anbau. Beliebt bei Flitterwöchlern. ❻

Hostel Pura Vida, gleich hinter dem Ortsausgang von Quepos, ☎ 2777-7775, ⌨ www.
hostelpuravidamanuelantonio.com. Familiäres
Backpacker-Hostel am Hang, an der Straße.
Dorms für 4 und 6 Pers. ($12 p. P.) und 6 Privat-
zimmern ($35 für 2 Pers.). Frühstück inkl. ❶–❷

🧳 **Hostel Vista Serena**, 2 km von Quepos
auf der rechten Straßenseite, ☎ 2777-
5162, ⌨ www.vistaserena.com. Entspannter
Backpacker mit herrlichem Blick aufs Meer und
Restaurant. Schlafsaal für 13 Pers. ($11 p. P.)
und einfache Privatzimmer für bis zu 4 Pers.,
Gemeinschaftsküche. Freundliche, hilfsbereite
Leitung. Privatzimmer ❷

Villas de la Selva, 5,5 km von Quepos auf der
rechten Straßenseite, ☎ 2777-0434, ⌨ www.
villasdelaselva.com. 9 angenehm kühle, helle
Ferienwohnungen in verschiedenen Größen
mit riesigen Wohnterrassen, teils mit Küche.
Fantastischer Meerblick; beliebt bei Familien.
In der Hauptsaison reservieren. 4 Min. Fußweg
zum Strand. Pool. ❺

Café Agua Azul, an der Straße zum Nationalpark. Riesige Burger und Tex-Mex-Küche,
gutes Preis-Leistungs-Verhältnis. ⊕ 11–22 Uhr.

Café Milagro, an der Küstenstraße in Quepos,
⌨ www.cafemilagro.com. Hervorragende
Kaffeesorten; auch Onlineverkauf und zum
Mitnehmen. ⊕ 7–11.30 Uhr.

Dos Locos, im Zentrum. Mexikanische Küche.
Auch Livemusik. ⊕ Mo–Sa 7–23, So 11–22 Uhr.

El Gran Escape, in der neuen Marina. Fisch
und Meeresfrüchte, zubereitet nach Gusto des
Gastes, auch mexikanische Gerichte. Mittlere
Preisklasse. ⊕ Mi–Mo 8–23 Uhr.

🧳 **Emilio's Café**, an der Straße zum
Nationalpark, beim Hotel Parador am
Schild zur Falafel Bar abbiegen, ☎ 2777-6807.
Üppige Sandwiches, Bagels, Kuchen, guter
Kaffee. Sympathisches Café mit herrlicher
Panorama-Terrasse. Auch Abendessen.
⊕ Mi–Mo 7–21 Uhr.

Escalofrío, im Zentrum, riesige Auswahl an
Pizza, klassisch italienisch oder fruchtig-süß,
mit Pfirsich-, Apfel-, Ananasbelag. Auch Salate
und Pasta. ⊕ Di–So ab 14.30 Uhr.

Monchados, im Zentrum. Mexikanische und
karibische Küche. Gute Burritos. ⊕ 16.30–22,
Wochenende bis 22.30 Uhr.

Ronny's Place, an der Straße nach Manuel
Antonio kurz hinter dem Hotel Mono Azul, nach
800 m Schotterpiste, ☎ 2777-5120. Fischgerichte, Hamburger und mehr in romantischem
Ambiente mit tollem Ausblick. ⊕ 12–22 Uhr.

Soda Come Bien, in der Nordostecke des
Mercado Central in Quepos, ☎ 2777-2550.
Comida Tipica und üppiges Frühstück. Bestens
geeignet für eine Stärkung vor dem
Nationalparkbesuch. ⊕ Mo–Sa 7–17 Uhr.

Soda Costa de Oro, im Zentrum neben der
Banco Popular. Günstige Comida Tipica, beliebt
bei Rucksackreisenden. ⊕ Mo–Sa 6–20.30 Uhr.

La Republik, an der Küstenmeile. Gut besuchte
Disco, vorwiegend Techno, viele Touristen.
⊕ Di–Sa 23 Uhr bis spät.

Surfen

Tropical Surf School, am Strand von Manuel
Antonio und in Quepos, 75 m westl. der Banco

Nacional, 🖥 www.tropicalsurfschool.com.
Verleih von Surfboards ($10/30 pro Std./Tag)
und Boggieboards ($3/10 pro Std./Tag).
Auch Surfkurse, aber überteuert.

Tauchen

Oceans Unlimited, an der Straße Richtung
Manuel Antonio, 🖥 www.scubadivingcosta
rica.com, ✆ 2777-3171. Tauchgänge rund um
den Nationalpark Manuel Antonio und zur
Isla del Caño. Tauchschule mit eigenem Pool
(Open-Water-Kurs $506).

Touren

Iguana Tours, ✆ 2777-2052, 🖥 www.iguana
tours.com. Kajak- und Schnorcheltouren sowie
geführte Touren durch die Nationalparks
Manuel Antonio und Carara.
Ríos Tropicales, am Ortsausgang Richtung
Manuel Antonio, ✆ 2777-4092, 🖥 www.h2ocr.
com. Rafting- (Schwierigkeitsstufe IV und V)
und Kajaktouren auf dem Río Savegre.

SONSTIGES

Apotheke

Farmacia Quepos, an der Strandmeile,
neben dem Hotel El Parque, ✆ 2777-0038.
⊕ Mo–Sa 7–20, So 7–12 Uhr.

Autovermietung

Hertz, am Ortsausgang, Richtung Manuel
Antonio auf der linken Seite, ✆ 2777-3365.
⊕ 7.30–18 Uhr.

Fahrradreparatur

Ciclo Centro, 100 m nördl. der Banco de
Costa Rica, ✆ 2777-0606. ⊕ Mo–Sa
8–17.30 Uhr.

Geld

Banco de Costa Rica, moderner Betonklotz
im Zentrum. ⊕ Mo–Fr 9–16 Uhr.
Banco Nacional, gegenüber den Bomberos
(Feuerwehr). ⊕ Mo–Fr 8.30–15.45 Uhr.

Internet

Internet Coopesilencio, neben der Soda
Come Bien im Mercado. ⊕ Mo–Sa 8–21,
So 10–20 Uhr.

Medizinische Hilfe

Cruz Roja, gegenüber der Banco Costa Rica,
✆ 2777-0116, ⊕ 24 Std.
Hospital, 4 km von Quepos an der Straße
Richtung Flughafen, ✆ 2777-6868.
Linea Vital de Costa Rica, ✆ 2777-6868
(24 Std.), private Ambulanz.

Post

Am Fußballplatz. ⊕ Mo–Fr 8–12 und 13–17,
Sa 8–12 Uhr.

Reisebüro

Lynch Travel, neben dem Technikmarkt Gollo,
✆ 2777-6161, 🖥 www.lynchtravel.com,
Interbus- und Tica-Busfahrkarten;
Autovermietung; Nature Air- und Sansa-
Tickets.

Supermarkt

Palí, kurz vor der Ortsausfahrt, Richtung
Flughafen. ⊕ Mo–Do 9–19, Fr und Sa 8–20,
So 9–13 Uhr.
Super Yoseth, an der Straße zum Natio-
nalpark, auf der linken Seite.
⊕ 7.30–21.30 Uhr.

Wäscherei

Tico Lavandería, neben dem Hotel Mar y Luna.
⊕ Mo–Sa 8.30–12, 13.30–17 Uhr.

TRANSPORT

Busse

Der **Busbahnhof** befindet sich im Ortszentrum,
neben dem Mercado Central (Markthalle).
Fahrkarten nach San José sollte man sich
mind. 2 Tage im Voraus besorgen. ⊕ Mo–Sa
7–11 und 13–17, So 7–13 Uhr.
MANUEL ANTONIO, alle 30 Min. 5.40–21.30 Uhr;
PARRITA, 14x tgl. 4.30–17.30 Uhr, 30 Min.;
PUNTARENAS (über JACÓ), 4.30, 7.30,
10.30, 12.30 15, 17.30 Uhr, 3 Std.;
SAN JOSÉ, Mo–Sa stdl., 3 1/2 Std. (z. T. Direkt-
bus), mit Transporte Morales;
SAN ISIDRO (über MATAPALO, DOMINICAL),
5.30, 11.30, 13.30, 15.30 Uhr, 1 1/2 Std. mit
Transporte Blanco;
UVITA (über DOMINICAL), 5.30, 11.30,
17.20 Uhr.

Flüge

Flugtickets sind im Reisebüro Lynch erhältlich, s. „Sonstiges". Ein Taxi zum Flughafen (ca. 5 km von Quepos) kostet etwa $10. SAN JOSÉ, mind. 4x tgl. mit **Sansa** und 3x tgl. mit **Nature Air**, ab $85.
Außerdem Flüge u. a. nach PALMAR, ARENAL, TAMARINDO, PUERTO JIMÉNEZ und BOCAS DEL TORO (Panama).

Parque Nacional Manuel Antonio

- **MINAET-Büro**: ☎ 2777-0644
- **Öffnungszeiten**: Di–So 7–16 Uhr
- **Eintritt**: $10, 2-stündige Führungen kosten $20 p. P.
  Zur Zeit der Recherche wurden nur 600 Besucher pro Tag in den Park gelassen. In der Hauptsaison muss mitunter mit Wartezeiten bis zu 2 Stunden gerechnet werden. Besucher können ihr Auto auf dem bewachten Parkplatz am Eingang abstellen, $3.
- **Gründungsjahr**: 1972
- **Größe**: 1983 ha Land- und 55 210 ha Meeresfläche
- **Transport**:
  Busse nach Quepos fahren alle 30 Minuten. Mo–Sa fahren 5x tgl. Direktbusse von Manuel Antonio über Quepos nach San José. Der Shuttlebus **Interbus**, ☎ 2777-7866, ⌨ www.interbusonline.com, pendelt außerdem zwischen vielen Hotels in Manuel Antonio und Fortuna, Jacó, Monteverde, Guanacaste, der Península de Nicoya, San José und Sierpe.

Der Parque Nacional Manuel Antonio steht nach dem Parque Nacional Volcán Poás an zweiter Stelle der meistbesuchten Nationalparks in Costa Rica. Ende der 1960er-Jahre kauften Expats das Gelände auf (eines der wenigen Gebiete, das nicht zum Imperium der United Fruit Company zählte), um es vor drohender Abholzung und Bebauung zu schützen; 1972 wurde der Nationalpark gegründet.

Hauptattraktion des Schutzgebietes sind zweifellos die paradiesisch weißen Sandstrände mit kristallklarem Wasser. Ideal zum Schwimmen ist die ruhige, leider oft überfüllte, 400 m lange **Playa Manuel Antonio** (Playa 3). Bei Ebbe kann man am westlichen Ufer, zur Isla Punta Catedral hin, eine steinerne, präkolumbische Unterwasserfalle entdecken, mit der die Indianer Schildkröten und Fische fingen. Stärkerer Wellengang herrscht an der **Playa Espadilla**; die **Playa Puerto Escondido** ist nur bei Ebbe zu erreichen.

Verschiedene Wanderwege führen durch den Park. Vom **Mirador** eröffnet sich ein Panoramablick über die paradiesische Bucht. Weitere drei Aussichtspunkte befinden sich auf dem Wanderweg um die **Isla Punta Catedral**, die heute aufgrund von Sedimentanlagerung mit dem Festland verbunden ist. Die 12 vorgelagerten Inseln sind wichtige Nistplätze für Meeresvögel. Im Park leben außerdem die vom Aussterben bedrohten Totenkopfäffchen (Mono Tití), Kapuzineraffen, Faultiere, Wasch- und Nasenbären. Große Teile des Primärwaldes wurden Mitte der 1990er-Jahre bei Wirbelstürmen zerstört.

Die malerische Lage und die Traumstrände locken täglich Hunderte von Touristen nach Manuel Antonio. Ungestörtes Wandern und Tierebeobachten ist daher oft nur in den frühen Morgenstunden möglich. Die Parkregeln hören schlagartig mit der Parkgrenze auf. An der Playa 1, kurz vor dem Eingang zum Schutzgebiet, herrscht bereits buntes Strandtreiben mit Wasserski, Strandmusik, Imbissbuden und Blechlawinen.

Von Quepos nach Süden

Playa Matapalo

Der kleine, ruhige Ort Playa Matapalo ist vom Trubel der Touristenhochburgen Quepos und Jacó weitgehend verschont geblieben. Vorwiegend europäische Urlauber besuchen den wenig besiedelten, kilometerlangen, feinen grau-

Immer noch ein menschenleeres Strandparadies: Playa Matapalo

en Sandstrand und unternehmen von hier Ausflüge zum Nationalpark Manuel Antonio, zum Bergdorf San Andres oder machen Reittouren am Strand (s. Kasten). Zum Schwimmen ist der Strand bedingt geeignet; man sollte auf jeden Fall Vorsicht walten lassen. Die Strömungen können für Badende gefährlich werden. Als Surfrevier eignet sich Matapalo besonders für Anfänger. Von September bis November nisten Meeresschildkröten in Matapalo. Eine Forschungsstation, 🖥 www.asvocr.org, mit freiwilligen Helfern ist vor Ort tätig.

ÜBERNACHTUNG

Alle genannten Hotels liegen in Strandnähe.
Albergue Suiza, 📞 2787-5068. Etwas in die Jahre gekommene einfache Unterkunft mit 3 geräumigen, z. T. muffigen Zimmern, teilweise AC. Hilfsbereiter Besitzer aus der Schweiz. ❷
Cabinas Alroma, 📞 2787-5220, 8910-2452. 7 sehr einfache, aber saubere Cabinas bei einheimischer Familie, teils mit AC. ❷
Dreamy Contentment, 📞 2787-5223, 🖥 www.dreamycontentment.com. Edle weiße, geschmackvoll eingerichtete Ferienhäuser mit Küche, Meeresblick und AC. Backpacker-Unterkunft ab $50 pro 2 Pers. ❺

Rafiki Beach Camp, 📞 2787-5014, 🖥 www.rafikibeach.com. 4 luxuriöse Safarizelte mit eigenem Bad direkt am Strand, günstigere Cabinas teils mit AC im Hauptgebäude. Liegewiese mit Pool und Jacuzzi, Grillstelle, Frühstück inkl. Die südafrikanischen Besitzer betreiben auch das Rafiki Safari (s. u.). ❺–❻

Nördlich von Matapalo

Rafiki Safari, in Savegre von der Hauptstraße Richtung El Silencio abbiegen, dann weitere 10 km (etwa 1 Std. Fahrt, ausgeschildert), 4WD empfehlenswert, 📞 2777-2250, 🖥 www.rafikisafari.com. 9 luxuriöse Wohnzelte mitten in der Natur, mit großen Terrassen und warmen Duschen. Blick auf den Río Savegre,

Ein fantastischer Ausritt

Ausritte durch Mangrovenwälder und am Strand bietet die Schweizerin Claudia von der Finca Arco Iris hinter der Pulpería in Matapalo an, 📞 2187-5133. „Sie hat die besten Pferde, die wir je geritten sind. Sie wirken richtig glücklich. Der Ausritt war fantastisch!" schrieben uns begeisterte Leser.

Lebensretter Kokosnuss

© JULIA REICHARDT

Durstlöscher, Energie- und Blutspender: Agua de Coco, der Saft der Kokosnuss, ist ein wahres Wundermittel. Rund einen Liter Wasser enthält eine grüne, unreife Frucht. Im Reifeprozess verwandelt sich die klare, leicht süßliche Flüssigkeit in festes, weißes Kokosmark. Sportler schwören auf das natürliche, kalorien- und fettarme Getränk, das mehr Mineralien enthält als Energiegetränke aus dem Supermarktregal. Als Medizin hilft Agua de Coco bei Nieren- und Leberleiden, äußerlich angewandt, lindert es Allergien und Hautausschläge. Während des Zweiten Weltkriegs wurde das sterile Kokoswasser sogar schwer verwundeten Soldaten als Ersatz für Blutplasma injiziert.

afrikanische Deko. Restaurant mit Spitzenküche, zubereitet vom Chefkoch aus Peru. Exzellent zum Vögelbeobachten. Raftingtouren und Reitausflüge. VP ❻

ESSEN

La Langosta Feliz, an der Costanera, ✆ 2784-5214. Exzellente Fisch- und Seafood-Gerichte, üppige Portionen. Familienbetrieb, sehr beliebt. ⏱ 12–22 Uhr. Die **Soda Eva**, an der Costanera, serviert landestypische Speisen. In Strandnähe gibt es einen kleinen **Supermarkt**.

TRANSPORT

Die **Busse** fahren vom Pueblo Matapalo ab, rund 1,5 km von der Playa Matapalo entfernt. SAN ISIDRO (über DOMINICAL), 7, 13, 17 Uhr, Bus kommt aus Quepos;

SAN JOSÉ (über QUEPOS), 5.50, 14.15 Uhr, 4 Std., Bus kommt aus Uvita; UVITA (über DOMINICAL), 11, 20 Uhr, Bus kommt aus San José oder Quepos.

Dominical und Umgebung

Mit konstanten *breaks* und hohen Wellen ist Dominical ein beliebtes Ziel für Surfer. Überall im Ort werden Surfboards und -kurse angeboten. Zum Schwimmen eignet sich die benachbarte, ruhige, 4 km südlich gelegene **Playa Dominicalito** besser. Umspült von der Pazifikbrandung, tischt das Restaurant La Parcela an der **Punta Dominical** Meeresspezialitäten auf – bei Sonnenuntergang *der* Ort für ein romantisches Abendessen zu zweit (🖥 www.laparcela. net/restaurante.html).

10 km östlich von Dominical, an der Strecke nach San Isidro, befinden sich die **Cataratas Nauyaca**. Zu den beiden Wasserfällen von 20 und 50 m Höhe werden halbtägige Reittouren veranstaltet. Kaum jemand legt die Strecke zu Fuß zurück (der Fußmarsch hin und zurück dauert rund 4 Std.), denn durch die Pferdehufe ist der Weg meist aufgeweicht. Die Reittour kostet $70 p. P. inkl. Frühstück und Mittagessen. Beginn Mo–Sa um 8 Uhr (bis ca. 14 Uhr). Reservierung erforderlich, ✆ 2787-0541, 💻 www.cataratas nauyaca.com.

Auf derselben Route nach San Isidro, knapp 20 km von Dominical entfernt, präsentiert der **Parque Reptilandia**, 💻 www.crreptiles.com, ✆ 2787-0343, Reptilien und Amphibien – Krokodile, Frösche, Schildkröten und natürlich jede Menge Schlangen. Eintritt $12. ⏰ 9–16.30 Uhr.

Wandermöglichkeiten bietet das **Privatreservat Hacienda Barú**, ✆ 2787-0003, 💻 www. haciendabaru.com. Ein insgesamt 7 km langes Wegenetz führt durch 330 ha Regenwald, Mangroven, Feuchtgebiete und zum 3 km langen Strand. Eine 4-stündige Tour mit einem Guide kostet $30 p. P., Minimum 2 Pers. Touristen stehen hübsche Holz-Ferienhäuser mit unterschiedlicher Ausstattung und ein Pool zur Verfügung ❹. Barú ist ein beliebtes Ziel von Tourgruppen. ⏰ 7–19 Uhr, Eintritt $7.

ÜBERNACHTUNG

Mit dem Bauboom haben einige neue Hotels eröffnet, oft stimmt das Preis-Leistungs-Verhältnis aber nicht. Falls nicht anders angegeben, befinden sich die Unterkünfte in Dominical.

Cabinas San Clemente, ✆ 2787-0026. Sehr einfache Cabinas direkt am Strand bei Einheimischen. Frühstück inkl. ❸

Cool Vibes, am südl. Ortsende, 💻 8353-6428, 💻 www.hosteldominical.com. Entspannter, rustikaler Backpacker in offen gestaltetem Holzhaus mit großem Gemeinschaftsbereich. Es gibt hier nur 5 sehr einfache Gemeinschafts-Schlafsäle mit 5–11 Betten, jedes Bett ($10, auch Doppelbetten $16) mit eigenem Moskitonetz. Beliebt bei Surfern. ❶

Hotel Domilocos, am Strand am südl. Ortsende, ✆ 2787-0244, 💻 www.domilocos.com.

Schickeres Hotel mit großem Gemeinschafts-Jacuzzi. Frühstück inkl. Tapas-Restaurant. ❺–❻

Montañas de Agua, am südl. Ortsende, ✆ 2787-0200, 💻 www.montanasdeagua.com. Einfache, aber saubere und helle Cabinas mit Fliesenboden in einer ansprechenden Gartenanlage, z. T. AC. Unterkunft für 2 Pers. mit Ventilator $30. 4-Pers.-Cabina ab $75. Beliebt bei Schülern der Sprachschule A.E.C. Freundliche Leitung aus Kalifornien. ❷–❹

Natuga, an der Straße Richtung San Isidro, am Wasserfall Nauyaca, ✆ 8706-3895, 💻 www.natuga.cr. Schöne freistehende Cabinas mit AC, z. T. Küche, für max. 5 Pers. Pool. Frühstück inkl. Auch eigene Touren zum Wasserfall. ❻

Posada del Sol, 30 m südl. der Schule, ✆ 2787-0085. 5 saubere, schlichte Cabinas im Ortszentrum. Keine Reservierung möglich. Sichere Parkmöglichkeit. EZ $30. ❷–❸

Tortilla Flats, am Strand, ✆ 2787-0033, 📧 tortillaflatsinfo@gmail.com. Einfache Cabinas für 3–4 Pers., teils mit AC, teils muffig, vorwiegend Amerikaner. Beliebter Surfertreff. Die Mitarbeiter könnten freundlicher sein. ❶–❸

Villas Río Mar, rund 800 m nördl. des Zentrums entlang der Schotterpiste am Fluss, ✆ 2787-0052, 💻 www.costaballenahotel.com. Ferienanlage mit 52 hübschen kleinen Häusern mit Palmstrohdach, teils mit AC und Kochnische. Schöne, große Gartenanlage mit Pool-Restaurant, holländische Leitung. Frühstück inkl. ❺–❻

ESSEN UND UNTERHALTUNG

Bar-Restaurant Maracatu, an der Hauptstraße. Vegetarische und vegane Gerichte, Sandwiches, Salate. Nicht gerade günstig, aber lohnenswert. ⏰ 12–22 Uhr.

Moca, an der Ortseinfahrt. Bekannt für leckeres Frühstück und Kaffee, auch Kuchen. ⏰ 6–16 Uhr.

Soda Nanyoa, im Zentrum, gegenüber der Posada del Sol. Gute und günstige Comida Típica. ⏰ 6–20 Uhr.

Tortilla Flat, am Strand. Surfer stärken sich hier mit einem deftigen Frühstück, auch hausgemachtes Bananenbrot oder Müsli. ⏰ 8–24 Uhr.

Surfen

Dominical Surf Adventures, an der Hauptstraße im Zentrum, ☎ 2787-0431, 🖥 www.dominical surfadventures.com. Surfschule, Surfboard-Verleih und Rafting-Touren. 2 Std. Unterricht mit anschließendem Board-Verleih ab $40 p. P. Privatunterricht (2 Std.) $60.
Sunset Surf, am südl. Ortsende beim Hotel Domilocos, ☎ 8917-3143, 🖥 www.sunsetsurf dominical.com. Verschiedene Übernachtungs-angebote mit Surfunterricht.

Tauchen

Costa Rica Dive and Surf, an der Hauptstraße im Zentrum, ☎ 2787-0362, 🖥 www.costarica diveandsurf.com. Tauchtouren zur Isla del Caño und in den Parque Nacional Marino Ballena. Auch Tauchkurse sowie Ausrüstungsverleih.

Touren

Southern Expeditions, an der Hauptstraße am Ortseingang, ☎ 2787-0100, 🖥 www.southern expeditionscr.com. Anbieter für Exkursionen rund um Dominical, außerdem Tagestrips zum Nationalpark Corcovado ($105 p. P.) und Infos über Dominical.

Geld

Banco de Costa Rica, an der Costanera, Plaza Pacífico, kurz vor der Einfahrt nach Dominical, ⏲ Mo–Fr 8–16 Uhr.

Informationen

Dominical Tour & Info Center, im Zentrum. Bietet außer Infos auch Fahrradverleih, Autovermietung, Touren und einen Shuttle-service. ⏲ 8–17 Uhr.

Internet

Arena y Sol, im Zentrum.

Sprachschule

Aventure Education Centre, im Zentrum, ☎ 2787-0023, 🖥 www.adventurespanish school.com. Schule mit Dependenzen in Turrialba und Arenal. Der Unterricht kann auf die insgesamt 3 Schulen aufgeteilt

werden. Wochenangebot (16 Std.) $260, Intensivkurs (20 Std. pro Woche) $325, Privatstunde $25.

Supermarkt

An der Costanera im Centro Comercial. ⏲ Mo–Sa 8–20, So 9–17 Uhr.

Die **Busse** fahren an der Costanera ab.
QUEPOS (über MATAPALO), 5.20, 8.30, 13, 15 Uhr, Bus kommt aus Uvita oder San Isidro.
SAN JOSÉ, 6, 14 Uhr, 6 Std., Bus kommt aus Uvita.
SAN ISIDRO, 7.20, 13.20, 14.20, 16.50 Uhr, Bus kommt aus Uvita.
UVITA, 4.45, 8.30, 10.30, 12.40, 13, 15, 17, 21.40 Uhr, Bus kommt aus San Isidro.

Uvita

Uvita, 17 km südlich von Dominical, liegt am nördlichen Rand des **Parque Nacional Mari-no Ballena**. Der Ort bietet gute Schwimm- und Schnorchelmöglichkeiten. Im Sommer (Juni bis Oktober) und im Winter (Dezember bis März) ziehen Buckelwale an der Küste vorbei, und mehrere Anbieter im Ort bieten Beobachtungs-touren an. Uvita ist in zwei Teile geteilt: das un-scheinbare Zentrum an der Costanera und der attraktive Bahía-Abschnitt an der Küste und in Nationalparknähe. Bis heute ist der Ort von Bauboom und Touristenhorden verschont ge-blieben und konnte weitgehend seinen Tico-Charakter bewahren. Achtung: Urlauber und Hotelbesitzer berichten, dass es an der Playa Uvita in den letzten Jahren vermehrt zu Dieb-stählen gekommen ist. Keine Wertsachen mit an den Strand mitnehmen! In Uvita muss bei je-dem Strandbesuch der Parkeintritt von $6 ent-richtet werden.

Uvita

Cabinas Esmo, Bahía, ☎ 2743-8322. 9 einfache, aber saubere Zimmer mit Bad. Geräumig, teilweise mit AC, Küche und Kühlschrank. Gut geeignet für Familien. Restaurant. ❸

ZENTRALE PAZIFIKKÜSTE

Jedes Jahr im Winter wandern die **Buckelwale** aus den Nordpolarmeeren in die tropischen und subtropischen Gewässer Mittelamerikas, um sich zu paaren oder zu kalben. Auf dieser mehrere Tausend Kilometer langen Reise nehmen die großen Meeressäuger keine Nahrung auf, sie leben ausschließlich von den Fettreserven, die sie sich im Laufe des Sommers angefressen haben.

Buckelwale sind polygam, sie paaren sich mit verschiedenen Partnern. In der Balzzeit werben mehrere Bullen gleichzeitig um ein Weibchen. Dabei singen sie oft stundenlang das gleiche Lied, jeder auf seine individuelle Art. Nur zum Luftholen unterbrechen sie den Minnesang, der mit über 600 Lauten und einer Lautstärke von 190 Dezibel zu einem der facettenreichsten und lautesten Klänge im Tierreich zählt. Nach 12 Monaten gebären die Muttertiere bis zu 4 m große Waljunge, die durch die fettreiche Muttermilch schnell auf eine Größe von 7 bis 9 m heranwachsen.

Wer Glück hat, kann an der **Bahía Ballena** oder an der **Península de Osa** die akrobatischen Sprünge der Buckelwale beobachten – ihren Namen erhielten sie aufgrund des charakteristischen Buckels, den sie beim Abtauchen machen. Die Farbmusterung und Form der Fluke (Hinterflosse) unterscheidet sich bei jedem Buckelwal. Wie beim Menschen der Fingerabdruck, ist sie das unveränderliche Erkennungsmerkmal des Buckelwals, an dem Wissenschaftler ein Einzeltier identifizieren.

Da sich Buckelwale bevorzugt in Küstengewässern und Buchten aufhalten, waren sie lange eine leichte Beute für Walfänger. Der Walfang ist heute in Costa Rica verboten, stattdessen bieten rund 45 Tourveranstalter Waltouren in der Bahía Ballena und auf der Península de Osa an. Eine Tour kostet zwischen $65 und $80 p. P. (S. 326, Uvita Touren) Bei rund 40000 Touristen im Jahr ist der Verdienst so lukrativ, dass viele Fischer das Netz an den Nagel hängen. Die Coalición Costarricense por las Ballenas, ein Zusammenschluss aus zwölf nationalen und internationalen Tierschutzorganisationen, setzt sich für den Schutz von Walen und Delphinen in Costa Rica ein und bildet die Tourveranstalter aus. Dennoch zeigen Forschungsstudien, dass die Meeresriesen immer öfter abtauchen und ausweichen, da der Motorenlärm der Boote möglicherweise ihren Gesang stört. Walfreundlicher sind Kajaktouren.

Cabinas la Rana Roja, Bahía, ☎ 2743-8047. Von außen sieht es nicht so aus, doch im Innern verbergen sich einfache, aber saubere Cabinas mit kaltem Wasser, teils mit eigener Küche ab $30 p. P. Besitzer bietet auch Touren an. ❷

Cabinas Los Laureles, Uvita Zentrum, ☎ 2743-8235, 🖥 www.cabinasloslaureles.com. 7 einfache Cabinas in verschiedenen Größen mit AC und Kühlschrank bei Tico-Familie (Sohn Victor Hugo ist eine reiche Informationsquelle und bietet Touren an). Grundstück mit altem Baumbestand. Ab $20 p. P., Cabina für 4 Pers. ab $60. ❷

Canto de Ballenas, Bahía, ☎ 2743-8085, ✉ hotelcantodeballenas@gmail.com. 12 rustikale, geräumige Ferienhäuser, geleitet von einer Gruppe von Campesinos. Pool, Restaurant. die Anlage ist nicht mehr taufrisch, dafür ruhig. Inkl. Frühstück $48 p. P. ❹

🧳 **Flutterbyhouse**, Bahía, ☎ 2743-8221, 🖥 www.flutterbyhouse.com. Günstige Unterkunft in Nationalparknähe. Wunderschönes Baumhaus für Backpacker im Mangobaum $ 14 p. P., tropisch-luftige Cabinas für 2 Pers. (ab $30) und ein Holzhaus. Von freundlichen Amerikanern geleitet. Surfbrett- und Schnorchelverleih. Unsere Leser waren begeistert!

Tucan Hotel, Uvita Zentrum, ☎ 2743-8140, 🖥 www.tucanhotel.com. Einladender Backpacker mit großem Gemeinschaftsbereich mit Küche, Bar, WLAN. Frühstück rund 2000C$, Camping $6, Dorm $10. Kleine DZ. Auch Restaurant. ❷

Südlich von Uvita

🧳 **Finca Bavaria**, 5 km südl. von Uvita bei KM 167, 1 km abseits der Straße, ☎ 8355-4465, 🖥 www.finca-bavaria.de.

Auf einem steilen Hügel mit fantastischer Sicht auf den Nationalpark liegen diese hübschen und rustikalen Steinbungalows mit Terrasse. Pool, gutes Frühstücksbuffet für $8. Hier lebt ein waschechter Bayer. Familiäre Atmosphäre, schöne Gartenanlage mit Wanderwegen. Kinder unter 12 J. $11.
⑤ – ⑥

La Cusinga Lodge, 5 km südl. der Uvita-Brücke, zwischen KM 166 und 167, ✆ 2770-2549, 🖳 www.lacusingalodge.com. Ein weiteres Hotel mit spektakulärem Meerblick. 7 schlichte und luftige Holzhäuser, das Holz stammt aus Wiederaufforstungsprojekten. Solarenergie, teils rollstuhlgerecht eingerichtet. Wanderwege führen zum Nationalpark. Frühstück inkl. ⑥

ESSEN
La Canalla, im Zentrum. Gute Comida-Típica und leckere Früchte-Shakes. ⊕ 6–22 Uhr.
La Casona Doña Maria, gegenüber dem Banco de Costa Rica. Preiswerte Comida Típica und Frühstück. ⊕ Mo–Sa 6–21, So 6–19 Uhr.
La Fogata, 200 m westl. der Puente Río Uvita. Beliebte Grillhähnchen und Holzofen-Pizza. ⊕ Mo–Fr 17–21, Sa und So 12–21 Uhr.

AKTIVITÄTEN UND TOUREN
Surfen
Uvita 360°, 100 m südl. vom Restaurante Los Delfines, ✆ 2743-8745, 🖳 www.uvita surfcamp.com. Surfunterricht (2 Std. ab $40 p. P.) bei einheimischen Surfern sowie Verleih von Surfbrettern ($15 pro Tag), Standup-Paddle-Boards ($50 pro Tag) und Kajaks ($50 pro Tag).

Tauchschule
Mad about Diving, Bahia, ✆ 2743-8019, 🖳 www.madaboutdivingcr.com. Tauchkurse (Open Water $360), Lehrbücher inkl. Außerdem unterschiedliche Touren im Angebot. ⊕ 7–17 Uhr.

Touren
Ballena Aventura, Bahia, ✆ 2743-8473, 🖳 www.pelicantourcr.com. Vierstündige Wal- und Delfinbeobachtungstour inkl.

Snacks und Schnorchel für $70 p. P. Auch andere Touren im Angebot.
Dolphin Tour, ✆ 2743-8013, 🖳 www.dolphin tourcostarica.com. Ein weiterer Anbieter für Walbeobachtungstouren in der Nähe des Nationalparkeingangs, eine 4-stündige Waltour kostet $70.
Pelican Tour, Bahia, ✆ 2743-8047, 🖳 www. pelicantourcr.com. Touren zum Nationalpark Corcovado und zur Isla del Caño, beide $100 p. P.

SONSTIGES
Fahrräder
Vermietung bei **Cabinas Los Laureles**, S. 325.

Geld
Banco Costa Rica, mit Geldautomat. ⊕ Mo–Fr 9–16 Uhr.
Banco Nacional, gegenüber vom Supermercado BM. ⊕ Mo–Fr 8.30–15.45 Uhr.

Informationen
Uvita Information Center, an der Costanera, gegenüber dem Supermarkt, ✆ 2743-8072. Umfangreiche Infos zu Touren, Guides und Unterkünften in der Umgebung. ⊕ 9–13 und 14–18.30 Uhr.

Supermarkt
BM del Pacífico, an der Costanera. ⊕ Mo–Sa 8–20, So 8–17 Uhr.

TRANSPORT
Busse
Die lokalen Busse fahren im Zentrum vor der Soda El Viajero ab. Nur einige Busse fahren bis ins Bahía-Viertel.
SAN JOSÉ, 6, 7, 11, 15, 19 Uhr, 4 Std., mit Tracopa, ✆ 2221-4214, sowie um 5 und 13 Uhr (über JACÓ) mit Transportes Delio Morales, ✆ 2777-0318;
SAN ISIDRO (über DOMINICAL), 5.45, 13.45 Uhr, 2 1/4 Std., mit Transportes Blanco, ✆ 2771-4744;
QUEPOS, 5, 11, 13, 16 Uhr mit Transportes Delio Morales;
PALMAR NORTE, 5, 11, 15.30 Uhr mit Transportes Térraba, ✆ 2783-4293.

Parque Nacional Marino Ballena

- **MINAET-Büro**: ✆ 2786-5392
- **Öffnungszeiten**: 7–16 Uhr
- **Eintritt**: $6
- **Gründungsjahr**: 1989
- **Größe**: 5375 ha Meeres- und 115 ha Landesfläche

Wale (spanisch: *Ballenas*) gaben diesem Nationalpark seinen Namen. Denn in den Sommermonaten ziehen vorwiegend Buckelwale an der Bucht vorüber. Sie kommen aus den Polarmeeren, um sich in Costa Ricas warmen Gewässern zu paaren oder zu kalben. Bei Ebbe ist der Küstenstreifen des Parks über eine Sandbank mit der Isla Ballena verbunden und formt – aus der Luft betrachtet – den Umriss einer Walflosse.

Der Nationalpark erstreckt sich über 15 Küstenkilometer und umfasst die vier Strände **Playa Uvita**, **Playa La Colonia**, **Playa Ballena** und **Playa Piñuela**, von denen lediglich Playa Uvita und Playa La Colonia bei Ebbe miteinander verbunden sind. Fünf verschiedene **Mangrovenarten** wachsen im Park; das **Korallenriff** hat durch den Ausbau der Costanera schwere Schäden erlitten. Die vorgelagerten Inseln sind beliebte Nistplätze von Meeresvögeln. Auch der Rote Ara kehrt allmählich wieder in den Nationalpark zurück.

Besucher haben die Möglichkeit, an der schönen Playa Punta Uvita zu schnorcheln. Die ruhige Playa La Colonia ist eine beliebte Anlaufstelle bei Sonnenuntergang; Camping ist erlaubt (Achtung: Diebe). Von der Playa Ballena aus, in der Nähe von Ojochal, kann man im Sommer gelegentlich Wale erspähen; verborgen daneben – und nur bei Ebbe zugänglich – befindet sich die kleine **Playa Arco**, ein beliebtes Versteck für Verliebte. Die südlichste, fast 1,5 km lange, ruhige **Playa Piñuela** ist ein guter Bade- und Kajakstrand.

Ojochal

Ojochal ist eine freundliche, ruhige und internationale Expat-Gemeinde, umgeben von paradiesischen Stränden. Vom Hausstrand **Playa Tortuga** blickt man auf die Península de Osa und erlebt herrliche Sonnenuntergänge. Gut zum Schwimmen eignet sich die wilde, schöne **Playa Ventana**. Die „Ventanas" (Fenster) sind zwei Höhlen, in die man bei Ebbe hineinklettern kann.

ÜBERNACHTUNG

Diquis del Sur, nach dem Ortseingang die kleine Brücke überqueren und an der zweiten Straße links dem Wegweiser des Hotels folgen, ✆ 2786-5012, 🖥 www.diquiscostarica.com. 10 stilvoll eingerichtete Cabinas für max. 4 Pers. auf einem großen parkähnlichen Grundstück mit 2 Pools und Spielplatz. Alle Unterkünfte mit Bad, teilweise mit AC und Küche. Bestens geeignet für Familien mit Kindern. Frühstück inkl. ❹–❻

El Mono Feliz, am Supermarkt vorbei, an der Schule links abbiegen und direkt nach der Brücke rechts abzweigen, ✆ 2786-5146, 🖥 www.elmonofeliz.com. Schöne kühle Ferienhäuser aus Holz mit kleiner Küche, außerdem 5 einfache Hotelzimmer. Großes gepflegtes Gartengrundstück, hilfsbereiter holländischer Besitzer, Frühstück inkl. Pool. 4 Pers. ab $75. ❹–❺

Hotel El Perezoso, nach der Ortseinfahrt hinter der ersten Brücke in die erste Straße rechts abbiegen (ausgeschildert), ✆ 2786-5117, 🖥 www.elperezoso.com. 6 schlichte, geschmackvoll eingerichtete Zimmer mit herrlichem Blick. Die Turmzimmer sind die beste Wahl, teils mit Gemeinschaftsbad, geleitet von einer englischen Familie, Frühstück inkl. ❹–❺

Hotel Villas Gaia, an der Costanera, ✆ 2786-5044, 🖥 www.villasgaia.com. Geschmackvoll einladende und helle Ferienhäuser im Landhausstil, teils mit AC. Auch Haus mit Küche für bis zu 7 Pers. ($152). Holländische Leitung. Restaurant. ❹–❻

ESSEN

In Ojochal haben sich in den letzten Jahren einige ausgezeichnete Restaurants angesiedelt. Freunde des guten Essens werden hier ihre Freude haben. Mehr Infos unter 🖥 www.elsabordeojochal.com.

ZENTRALE PAZIFIKKÜSTE

Citrus, gleich nach dem Ortseingang die erste Straße links abbiegen, ℘ 2785-5157. Kreative Küche in stilvollem Ambiente. Vorwiegend Fisch-, Fleisch- und Pastagerichte, um $12–25. ⊕ Mo–Sa 17–21 Uhr.

El Jardín Tortuga, am Supermarkt vorbei, an der Schule links abbiegen und direkt nach der Brücke rechts abzweigen. Restaurant mit guter Steinofenpizza (ca. 5000C$). Gastgeber ist der weitgereiste Stefan aus Deutschland. Sein künstlerisches Talent macht das Restaurant zu einem Ort, den man gesehen haben muss. ⊕ unterschiedlich.

Exotica, in Ojochal an der Hauptstraße, ℘ 2786-5050. Fusion-Küche. Nicht ganz billige, aber gute Steaks (etwa $20). ⊕ Mo–Sa 12–22 Uhr, Sep–Okt geschl.

Goathouse, zwischen Finca Bavaria und Ojochal, KM 169, ℘ 2786-5407. Rancho-Restaurant mit deftigen Fleisch- und Fischgerichten. ⊕ Di–So 11–16 Uhr und Do abends (Livemusik).

Restaurant Mama e Papa, in Ojochal über die Brücke, dann an der T-Kreuzung links abbiegen, erste Straße wieder rechts, gut ausgeschildert, ℘ 2786-5336. Italienische Küche

von einem Italiener, mittlere Preiskategorie, sehr engagierter Besitzer. ⊕ Di–So 15.30–21 Uhr.

Ylang Ylang, nach dem Ortseingang den ersten Abzweig links nehmen und der Straße etwa 800 m folgen, ℘ 2786-5054. Exklusive, authentische indonesische Küche in familiärem Umfeld. Pro Abend wird nur eine begrenzte Anzahl von Gästen bekocht. Sonntags Brunch. Hochpreisig, nur mit Reservierung! ⊕ Do–Sa 17–22, So 10.30–21 Uhr.

SONSTIGES

Medizinische Versorgung
Hospital, in Cortés, 15 km südl. von Ojochal.

Supermarkt
Juancaloa, neben dem Fußballfeld. ⊕ Mo–Sa 7.30–20, So 8–17 Uhr.

TRANSPORT

Busse nach DOMINICAL (40 Min.) halten um 8.20, 13.20 und 16.50 Uhr an der Costanera. In die entgegengesetzte Richtung fahren Busse nach CIUDAD NEILY (2 Std. 20 Min.) um 5.25, 11.10 und 15.40 Uhr.

ZENTRALE PAZIFIKKÜSTE

© JULIA REICHARDT

San José
San Isidro de
El General

Der Süden

Stefan Loose Traveltipps

Dem Ruf des Quetzals folgen Wie ein grüner Blitz stürzt sich der Göttervogel am Cerro de la Muerte vom Himmel. S. 332

7 **Cerro Chirripó** Vom höchsten Gipfel Costa Ricas ist der Sonnenaufgang über den Gletscherseen ein ganz besonderes Erlebnis. S. 338

8 **Boruca** Bei der Fiesta de los Diablitos wird das Rad der Geschichte umgedreht: Hier werden die Spanier von den Indianern besiegt. S. 343

Parque Internacional La Amistad Eine Wanderung zwischen jahrhundertealten Giganten und an Riesenfarnen vorbei ins „Tal der Stille." S. 344

Bahía Drake Per Kajak den Río Claro entdecken und in türkisblauen Buchten schnorcheln. S. 348

9 **Parque Nacional Corcovado** Rote Aras, Affen und Tapire in freier Wildbahn. S. 356

10 **Eine Oase der Ruhe** Die Yoga-Farm bietet Entspannung im Regenwald und bei Meeresrauschen. S. 365

DER SÜDEN

Playa Hermosa
Uvita
Playa Uvita
Queb. Grande
Playa Ballena
Piñuela
Playa Piñuela
Tortuga Abajo
Chacara
Boca
Coronado
San Buenaventura
Playa
Boca Brava
ISLA
BOCA BRAVA
ISLA
BOCA CHINA
ISLA
EL COCO
HUMEDAL
NACIONAL
TÉRRABA-SIERPE
Boca
Guarumal
ISLA
VIOLÍN
Playa Violín
Guerra
Playa Ganado
Bahía
Drake
Pta. Agujitas
Playa San Josecito
San Pedrillo
San Pedrillo
Ranger Station
Playa Llorona
Lago
Corcovado
PARQUE
NACIONAL
CORCOVADO
Playa Corcovado
Playa Sirena
Sirena
Playa
Madrigal
Madrigal
Carate
Playa
Carate

San Rafael
Mesas
Pejibaye
San Gabriel
San
Antonio
Zapote
Aguila Abajo
Tres Ríos
Coronado
Ojo de Agua
Ciudad Cortés
Delicias
Palmar
Sur
Sierpe
Sierpe
Lago
Tigre
Potrero
Sábalo
Salto
Co. Chocuaco
L. Chocuaco
Rincón
Drake
Aguilita
Co. Brujo
617
Charcos
Rivito
Los Patos
Los Patos
Ranger Station
Dos Brazos
Pavo
Pavo
Cloto
Co. Rincón
745
Carate
326
Co. Osa
Agua Buena

Volcán
Cartago
Peje
Las Pilas
Colinas
San Luís
Palmar Norte
Pto.
Nuevo
Palma
Río Grande de Térraba
Villa Colón
Venecia
Lago
Porvenir
Lago
Sierpe
La
Navidad
Boca
Rincón
Pto. Escondido
RESERVA
INDÍGENA
GUAYMI DE OSA
La Palma
Barrigones
Agujas
Sandalo
Tigre
Nuevo
Platanares

Buenos Aires
Cabagra
Piedra
1464
Co. Chibeta
Florida
Térraba
General
708
Co. Tigre
Boruca
RESERVA
INDÍGENA
BORUCA
Paso Real
RESERVA
INDÍGENA
CURRÉ
Potrero
Grande
Naranjal
Paraíso
Olla
Chacarita Co. Anguciana
1707
Piedras Blancas
Briceño
PARQUE NACIONAL
PIEDRAS BLANCAS
579
Casa Orquídeas
Jardín Biológica
San Josecito
Playa Cativo
Playa
Gallardo
Golfito
Playa Cacao
14
Lajitas
Puerto Jiménez
Zancudo
Playa
Zancudo
Playa Platanares
Sábalos
Playa Zapote
Boca de Pavón
Playa Tamales
Finca Ojo de Agua
Playa Sombrero
Pto.
Pilcón
Pavones
Nicaragua
Punta Banco

PUNTARENA
Fila Costeña
Valle
Coto
Golfo
Dulce
PENÍNSULA
DE OSA
Changuena
Limón
Coto Brus

Pta. Matapalo
Cabo
Matapalo

ISLA DEL
CAÑO

Pazifischer Ozean

Wie keine andere Region in Costa Rica lädt der weite, paradiesische Süden zu tagelangen Treks durch nahezu unberührte Natur ein: Kraxelnd bei Minusgraden durch die Moränenlandschaft des landeshöchsten Berges **Chirripó**. Grenz-überschreitend durch das schroffe, unwegsame **Talamanca-Gebirge** nach Panama. Oder Tapiren und Roten Aras auf der Spur durch den **Nationalpark Corcovado**, eine der artenreichsten Regionen der Welt. Die Möglichkeiten, die eigenen körperlichen Grenzen auszutesten und die *last frontier* zu spüren, sind vielfältig. Durch die lange Isolation vom Rest des Landes konnten im Süden seltene Pflanzen- und Tierarten überleben, die in anderen Teilen des Landes und der Welt bereits ausgestorben sind. Engagierte Naturschützer kämpfen mit Initiativen von Waldfreikauf und Tierpatenschaften bis hin zu Rund-um-die-Uhr-Nestbewachungen um das von Holzfällern und Wilddieben bedrohte Paradies.

Geschichte

Eines der eindrucksvollsten Zeugnisse präko-lumbischer Zivilisation sind die rätselhaften Granitkugeln in der Palmar-Sierpe-Region (s. Kasten S. 346). Der erste Kontakt zwischen Ureinwohnern des Südwestens von Costa Rica und den spanischen Konquistadoren fand im Jahr 1522 statt, als der spanische Eroberer Gil González an der heutigen Grenze zu Panama Schiffbruch erlitt und darauf die Gastfreundschaft der Térraba-Indianer genoss. Franziskanermönche ließen sich später in den Indianersiedlungen Boruca und Térraba nieder und führten – selbst nach heftigen Indianerrevolten Ende des 18. Jhs. – ihre Missionierungsversuche hartnäckig fort.

Im Süden Costa Ricas lebt heute die Mehrheit der indigenen Bevölkerung. Während des Ausbaus der **Panamericana** (s. Kasten S. 335, „Mut zur Lücke") Mitte der 1960er-Jahre verloren viele Indianer ihr Land. Seit Ende der 1970er fristen die Boruca-, Térraba-Indianer in Reservaten in den Gebirgsregionen der Cordillera Talamanca, der Fila Costeña sowie in den Wäldern der Península de Osa ihr Dasein und kämpfen damit, jahrhundertealte Tradition mit modernem Leben zu vereinbaren.

Costa Ricas Südwesten ist heute weitgehend von Viehwirtschaft und großen Palmölplanta-

Straße zu adoptieren

Ob in Guanacaste, auf der Península de Osa oder in Monteverde: Laut ächzende Brücken und tückische **Schlaglöcher** machen das Autofahren in Costa Rica zum Abenteuer. Heftige tropische Regenfälle und erbarmungslose Hitze haben die Asphaltdecke vielerorts aufgebrochen. Das Straßennetz wurde zwar in den letzten Jahren erweitert, die alten Straßenbeläge jedoch selten erneuert. Costa Ricas Straßenbelag ist heute vielerorts in einem schlechteren Zustand als im wesentlich ärmeren Nachbarland Nicaragua. Und das, obwohl sich der Straßenverkehr seit Stilllegung der Eisenbahn um ein Vielfaches verstärkt hat.

Was einigen im Segen ist, bereitet anderen Sorgen. So greift die Strandgemeinde Tamarindo bereits zur Selbsthilfe und ruft in großen Zeitungsannoncen zu Spenden auf, um eine neue Asphaltdecke zu finanzieren. Man will schließlich die Touristen nicht verlieren. Andere Regionen wie die Península de Osa oder Monteverde halten an ihren Lehmpisten fest, in der Hoffnung, so den Touristenstrom einzudämmen und die Tier- und Pflanzenwelt zu schützen. Immerhin, ganz untätig war Costa Ricas Regierung nicht. Gemeinsam mit der Asociación de Seguridad y Embellecimiento de Carreteras Nacionales (ASECAN) rief das Transportministerium die Initiative **„Adopta Una Carretera"** („Straße zu adoptieren") ins Leben, in der Privatfirmen und Organisationen sich der vernachlässigten „Straßenkinder" annehmen können. Die Asphaltdecke wird dabei jedoch nicht angerührt. Stattdessen werden die Höllenpisten mit Grünflächen und Blumen umpflanzt, damit wenigstens das Auge was zu lachen hat, wenn der Hintern schon schmerzt.

gen geprägt. Über 50 Jahre lang baute die United Fruit Company um Golfito Bananen an und bildete den Hauptarbeitgeber der Region. Als der Konzern Mitte der 1980er-Jahre abzog, machten sich viele ehemalige Plantagenarbeiter auf die Suche nach Gold. Noch heute treffen Wanderer auf der **Península de Osa** auf Goldgräber, die mit Lupen und Spaten Corcovados Flussläufe absuchen.

Von San José zum Cerro Chirripó

Die landschaftlich reizvolle Route führt von San José über Cartago und dann auf der Interamericana steil hoch auf den **Cerro de la Muerte** (3419 m) – den Berg des Todes. Der Furcht einflößende Name stammt noch aus Zeiten, als es hier keine Straße gab. Fünfzehn Tage lang dauerte der Fußmarsch von San José auf den Berg. Viele Menschen kamen bei den heftigen Wetterumschwüngen ums Leben – damals wie heute. Denn scharfe Kurven, dichter Nebel, starker Lastwagenverkehr sowie riskante Überholmanöver machen die Interamericana auf diesem Abschnitt zu einer der gefährlichsten Straßen im Land. Der umliegende kühle Nebelwald bietet eine gute Gelegenheit den **Quetzal** zu sehen. Am **Mirador de Quetzales** (KM 70) und im **Nationalpark Los Quetzales** (KM 76,5) werden Vogeltouren angeboten.

Östlich der Straße liegt der **Nationalpark Tapantí**, am besten vom Valle de Orosi zugänglich (S. 166), und westlich die **Ruta de Los Santos**, eine Ansammlung kleiner Ortschaften, von denen jede nach einem anderen Heiligen benannt ist. Ein lohnenswerter Abstecher führt nach **San Gerardo de Dota**, das von der Interamericana (KM 80) über eine unbefestigte Schotterpiste zu erreichen ist. Costa Rica macht hier seinem Namen als Schweiz Mittelamerikas alle Ehre: grüne bewaldete Bergrücken, kleine Holzhäuschen mit Forellenteichen im Garten sowie der **Río Savegre** beherrschen die Landschaft.

Die Gegend um den Río Sevegre wurde 2005 zum **Parque Nacional de Los Quetzales** deklariert, dem jüngsten Nationalpark in Costa Rica. Der Parkeingang mit einer kleinen Rangerhütte, ✆ 2514-0403, befindet sich an der Interamericana, KM 76,5, gegenüber vom Restaurant Los Chesperitos in Ojo de Agua de Dota. Den Park durchziehen zwei Wanderwege, 10 km und 3 km lang. Der Park umfasst 4800 ha und erstreckt sich über unterschiedliche Höhenlagen (bis zu 3000 m) und Ökosysteme. In der Trockenzeit zwischen Dezember und Mai hat man hier die besten Chancen, den Quetzal zu sehen. ⏰ 8–16 Uhr, Eintritt $10.

Die Route endet in der untouristischen Stadt San Isidro (KM 138), der größten Stadt südlich von San José und nur 20 km vom **Cerro Chirripó**, Costa Ricas höchstem Berg, entfernt.

ÜBERNACHTUNG

An der Interamericana

🛏 **Albergue Mirador de Quetzales / Finca Eddie Serrano**, KM 70, 10 km vor San Gerardo, ☎ 8381-8456. 15 rustikale Holzhütten (max. 5 Pers.) auf 2650 m Höhe mit herrlicher Sicht auf Nebelwald. Warmwasser, gemütliches Restaurant. Eddies Sohn bietet Mountainbike- und Quetzaltouren ($10 p. P.) an (auch für Tagesausflügler). Die beste Zeit zur Quetzal-Beobachtung ist Nov–Mai, $60 p. P., doch die Vögel sind das ganze Jahr über zu beobachten. Inkl. Frühstück, Abendessen und Tour. Auch Touren zum Cerro de la Muerte und in den Tapantí-Nationalpark. ➏

Bosque del Tolomuco, ☎ 8847-7207, 🖥 www.bosquedeltolomuco.com. 5 rustikale Holzhäuser, steil an einem Hügel gelegen, bei einem freundlichen deutsch-kanadischen Paar. Ideal für Vogelfreunde. Der umgebende Wald mit Wanderwegen beherbergt zahlreiche Tier- und Pflanzenarten. ➍

San Gerardo de Dota

In und um San Gerardo de Dota befinden sich Übernachtungsmöglichkeiten in allen Preisklassen, vom idyllischen Campingplatz am Río Savegre bis zu luxuriösen Apartments mit Küche und Jacuzzi.

Cabinas El Quetzal, San Gerardo, ☎ 2740-1036, 🖥 www.cabinaselquetzal.com. 4 saubere Cabinas für max. 6 Pers. mit sehr unterschiedlicher Ausstattung, teilweise mit Kamin, malerisch am Río Savegre gelegen. Liegewiese. Gutes Preis-Leistungs-Verhältnis. Inkl. VP. ➏

Cabinas Miriam, 3 km von der Interamericana, ☎ 2740-1049, 🖥 www.miriamquetzals.com. 3 einfache, saubere, liebevoll eingerichtete Cabinas, umgeben von Grün. Warmwasser, teilweise mit Küche. Max. 6 Pers. ($100, 2 Pers. ab $40). Restaurant, ⏰ 7–20 Uhr. Auch Quetzal-Touren ($10 p. P.). ➋

Camping Ranchos La Isla, San Gerardo, ☎ 2740-1017. Hübsch am Río Savegre gelegen, mit guten Sanitäranlagen. Restaurant. 4000 C$ p. P. ➊

Dantica Lodge, 4 km von der Interamericana Richtung San Gerardo, ☎ 2740-1067, 🖥 www.dantica.com. Exquisite, kreativ-stilvoll eingerichtete Häuser mit großer Fensterfront, Badewanne und Jacuzzi, teils mit Küche. Terrasse mit Blick auf Nebelwald. Frühstück inkl., Kinder bis 12 J. gratis. Quetzal-Touren $22. ➏

Trogón Lodge, ☎ 2740-1051, 🖥 www.grupomawamba.com. Schöne Anlage am Río Savegre, umgeben von 87 ha Wald mit Wanderwegen. Die Zimmer sind relativ dunkel. Reit-, Mountainbike- und Vogeltouren. ➏

ESSEN

Café Kahawa, 300 m westl. der Escuela La Lidia. Frische Forelle und guter Kaffee in idyllischer Atmosphäre mit Blick auf den plätschernden Bach.

Doña Miriam, bei Cabinas Miriam. Miriam zaubert gutes Frühstück und große Portionen frischer Forelle zu einem günstigen Preis. ⏰ 6–20 Uhr.

Restaurante Las Cataratas, 3 km von der Interamericana Richtung San Gerardo. Hat gute, frische Forellen.

TRANSPORT

Die teilweise unbefestigte Straße nach San Gerardo de Dota zweigt bei KM 80 von der Interamericana ab. **Busse**, die zwischen San José und San Isdro de El General verkehren, lassen Fahrgäste am Abzweig aussteigen (vorher dem Fahrer Bescheid geben). Die meisten Unterkünfte holen ihre Gäste von dort ab.

San Isidro de El General

San Isidro de El General (700 m), von den Einheimischen auch **Pérez Zeledón** genannt, ist die politisch und wirtschaftlich bedeutendste

DER SÜDEN

San Isidro de El General

N

0   200 m

Übernachtung:
1. Hotel Thunderbird
2. Hotel Amaneli
3. Hotel Chirripó
4. Hotel Los Crestones

Essen:
1. Kafé de la Casa
2. La Reina del Valle
3. El Balcon
4. La Terraza
5. Panadería Superpan

Sonstiges:
1. Lavanderia P. Z.
2. Farmacia Miravalles
3. Ciclo El Valle
4. Supermarkt Coopeagri
5. Megasuper
6. Palí

Transport:
1. Terminal Musoc
2. Taxistand
3. Terminal Tracopa
4. Reisebüro Selva Mar
5. Lokaler Busbahnhof
6. Terminal Transportes Blancos
7. Rioja Renta Car

DER SÜDEN

Cartago, San José

Interamericana

C.10
Av. 7
Av. 5
C. 4
Av. 3
Av. 1
C. 2
C. 8
C. 6
Av. Central
Av. 2
Parque Central
Catedral
MERCADO CENTRAL
C. Central
Av. 4
Av. 6
C. 4
C. 2
Av. 8
Av. 10
Av. 12
C. 3
Río San Isidro
ESTADIO
Av. 14
C. Central
C. 1
CLÍNICA
Dominical

San Gerardo de Rivas,
P.N. Chirripó,
Palmar Norte,
Neily

Stadt im Süden Costa Ricas. Der Ort wuchs mit dem Bau der Interamericana in den 1930er-Jahren und lebt zum großen Teil von der Landwirtschaft. Obgleich touristisch wenig attraktiv, ist San Isidro für Busreisende ein wichtiger Verkehrsknotenpunkt. Mehrmals täglich fahren Busse in den Süden, an die Zentrale Pazifikküste, nach San José und Panama. Als Basis für den Aufstieg zum Cerro Chirripó ist jedoch der 17 km weiter nordöstlich gelegene kleine Ort **San Gerardo de Rivas** (S. 337) besser geeignet.

ÜBERNACHTUNG

Hotel Amaneli, Interamericana, Ecke C. 2, ☎ 2771-0352. Sehr einfache, aber saubere Zimmer mit Bad. Direkt an der Hauptstraße, daher etwas laut. ❷

Hotel Chirripó, an der Südseite des Parque Central, ☎ 2771-0529, 🖥 www.hotelchirripo.net. Unterschiedliche, einfache, helle Zimmer, teils mit (älteren) Gemeinschaftsbädern. Parkplatz, WLAN. EZ 9000C$ (mit Bad 17 000C$). Gutes Frühstück im Restaurant La Terraza inkl. ❷–❸

Hotel Los Crestones, an der Südostseite des Stadions, ☎ 2770-1500, 🖥 www.hotelloscrestones.com. 3-stöckiges Hotel im Motelstil rund um einen Hof. Ältere, aber akzeptable Zimmer mit AC, TV und guten Matratzen, die Zimmer in den oberen Etagen sind besser. Parkplatz , WLAN, Frühstück $5 extra. ❹

Hotel Thunderbird, 100 m westl. der Musoc-Bushaltestelle, ☎ 2770-6230, 🖥 www.tbrcr.com. Hotel mit unterschiedlichen Zimmern auf 3 Etagen, alle mit Bad, AC, TV und dunklen Holzmöbeln. WLAN, Parkplatz. EZ ab $35. ❸

ESSEN

El Balcon, 100 m westl. vom Parque Central, ☎ 2771-6479. Landestypische Gerichte in Bar-Atmosphäre, beliebt bei jungen Ticos, laute Musik. ◷ 11–24 Uhr.

Kafé de la Casa, nettes Café mit riesiger Auswahl an Tees und Kaffee. Kuchen, Frühstück. ◷ 7–20 Uhr.

La Reina del Valle, am Parque Central. Günstige landestypische Küche, beliebt bei Einheimischen. Gutes *pollo frito*. ◷ Mo–Sa 7–21 Uhr, So hat nur die 2. Etage geöffnet.

Panadería Superpan, C. 1, Av. 4–6. U. a. kleine Auswahl an Vollkornbrot und -gebäck.

Restaurante La Terraza, an der Südseite des Parque Central neben der Geschäftsarkade.

Mut zur Lücke: die Panamericana

„So vast, so incomplete, so incomprehensible, it is not so much a road as it is the idea of Pan-Americanism itself", beschreibt der nordamerikanische Reisejournalist Jake Silverman die längste mit dem Auto befahrbare Straße der Welt. Vom Polarkreis in Alaska bis nach Feuerland in Argentinien zieht sich die Panamericana durch dichten Urwald, Küstenstreifen und Schwindel erregende Gebirgspässe. Gut gepflasterte Abschnitte wechseln sich ab mit schlaglochzerfressenen Pisten, die in der Regenzeit unpassierbar sind. Die Idee einer Straße, die Nord- mit Südamerika verbinden sollte, entstand auf der panamerikanischen Konferenz von 1923. Mexiko machte den Anfang und beendete sein Stück Panamericana bereits 1950. Seitdem entstanden fast **48 000 Straßenkilometer**, die insgesamt 16 Ländergrenzen überqueren, darunter die berühmten Streckenabschnitte des Alaska Highway und der Interamericana. Damit ist die Traumstraße fast komplett – bis auf die sogenannte **Darién-Lücke** zwischen dem Panama-Kanal und der kolumbianischen Grenze. Dieses 87 km lange Stück Regenwald umfasst eines der artenreichsten Ökosysteme der Welt. Zwar würde die Fertigstellung der Interamericana Kolumbien und Panama touristisch weiter erschließen und beiden Ländern neue, wichtige Handelsrouten eröffnen – für den Wald aber und die in ihm lebenden Indianer wäre es das Aus. Bleibt zu hoffen, dass die Regierungen weiterhin Mut zur Lücke zeigen und Autofahrer auch in Zukunft einen Schlenker machen oder auf Drahtesel und Wanderschuh den Dschungel durchqueren müssen – gewiss nicht weniger abenteuerlich.

Gemischte Küche mit Standard-Fleisch-
gerichten und Pasta. Reichhaltiges Frühstücksbuffet. ⏰ 6–22 Uhr.

SONSTIGES

Apotheke

Farmacia Miravalles, am Parque Central,
⏰ Mo–Sa 7–20, So 7–12 Uhr.

Autovermietung

Rioja Renta Car, C. 3, Av. 4–5, ☎ 2772-3929,
🖥 www.riojarentacar.com.

Fahrradreparatur

Ciclo El Valle, 25 m westl. vom Parque Central,
☎ 2771-1636. ⏰ Mo–Sa 8–18 Uhr.

Geld

Banco Nacional, am Parque Central,
⏰ Mo–Fr 8.30–15.45 Uhr.
Banco de Costa Rica, Av. 4 Calle Central,
⏰ Mo–Fr 9–16 Uhr.

🎒 Urlaub für einen guten Zweck

Finca Longo Mai, KM 164 der Interamericana, zwischen San Isidro und Buenos
Aires, ☎ 2771-4239, 🖥 www.sonador.info.
Die 900 ha große Finca wurde 1978 gegründet, um nicaraguanischen und salvadorianischen Flüchtlingen eine Alternative zum
Leben im Flüchtlingslager zu bieten. Heute
leben rund 400 Menschen in Longo Mai. Der
Schwerpunkt der Finca liegt heute auf ökologischer Landwirtschaft und Ökotourismus.
Besucher kommen bei Campesino-Familien
unter und können sich mit eigenen Projekten
in die Kooperative einbringen. Die Unterbringung ist sehr einfach, teils mit Badezimmer
im Freien. Großes Gemeinschaftsrancho für
kulturelle Veranstaltungen; Pferdeausflüge.
Drei Spanischlehrerinnen bieten Sprachunterricht an (ca. $10 pro Std.). Busse halten
an der Interamericana, 2 km vom Dorf entfernt. VP inkl., 9000$ p. P. und Tag, 2 Wochen
7000C$ pro Tag.

Internet

Internet Uranus, Av. 2 zwischen C. 1 und 3,
⏰ 8–20 Uhr.

Medizinische Hilfe

Hospital Clínica Labrador, 75 m nördl.
vom Stadion, ☎ 2771-7115. Privatklinik.

Reisebüro

Selva Mar, ☎ 2771-4582,
🖥 www.exploringcostarica.com.
Flugbuchung und Touren (Wildwasser-
Rafting, Kanu usw.).

Supermärkte

Coopeagri, am Busbahnhof für lokale Busse,
⏰ Mo–Sa 7–21, So 8–16 Uhr.
Megasuper, C. 1, Av. 6–8,
⏰ Mo–Sa 7–22, So 8–21 Uhr.
Palí, Av. 9, Ecke C. Central,
⏰ Mo–Sa 7.30–20.30, So 8.30–18 Uhr.

Tankstelle

Servicentro, an der Interamericana.

Taxis

Am Parque Central; $25 nach San Gerardo
de Rivas (Nationalpark).

Wäscherei

Lavandería P.Z., Av. 1, C. 4, ⏰ Mo–Sa 8–18 Uhr.

TRANSPORT

Busse

Vier verschiedene Busbahnhöfe der kleinen
Stadt liegen verwirrend verstreut. Die Mehrzahl
der Busse kommt aus San José. Fahrkarten
rechtzeitig kaufen.

Terminal Tracopa

Östl. der Kirche, ☎ 2771-0468, bedient die
Golfito-Region, Panama, San Vito und
San José. ⏰ 4.30–19, So 4.30–15 Uhr.
CIUDAD NEILY, 4.45, 6.30, 8, 12.30, 13, 14,
15, 16, 19.30 Uhr, 4 Std.;
GOLFITO, 10, 18.30 Uhr, 4 1/2 Std.;
PALMAR, 6.30, 8, 10, 11, 11.30, 13, 15, 16,
17.30 18.30, 19.30 Uhr, 3 Std.;

PASO CANOAS (Grenzübergang Panama),
8, 14, 16.30, 19.30 Uhr, 4 1/2 Std.;
SAN JOSÉ, 7.30, 8, 8.30, 9, 10.30, 11.30,
12, 12.30, 15.30, 17.30, 18 Uhr, 3 Std.;
SAN VITO, 5.30, 9, 11.15, 14, 19 Uhr, 3 Std.

Terminal Musoc

An der Interamericana, ☏ 2771-0414.
SAN JOSÉ, ca. stdl. 4.30–17.30 Uhr, 3 Std.

Terminal Transportes Blancos

Am östl. Ende der Av. 4, ☏ 2771-4744. Busse
nach Puerto Jiménez (NP Corcovado) und
in die Zentral-Pazifikregion.
DOMINICAL, 11.30 Uhr;
PUERTO JIMÉNEZ (via PALMAR), 6.30, 11,
15 Uhr;
QUEPOS, 7, 15.30 Uhr;
UVITA, 9, 16 Uhr.

Lokaler Busbahnhof

Am Mercado Central, Av. 6, C. 0–2, Busse
zum Nationalpark Chirripó und in die nähere
Umgebung San Isidros.
SAN GERARDO DE RIVAS (NP Chirripó),
6.30, 9.30, 15 Uhr, 1 3/4 Std.

San Gerardo de Rivas

Der kleine Ort San Gerardo de Rivas (1350 m),
rund 3 km vom **Nationalpark Chirripó** entfernt,
ist die Ausgangsbasis für einen Aufstieg zum
Cerro Chirripó. Obwohl jährlich mehrere Tausend Gipfelstürmer San Gerardo besuchen, hat
der kleine Ort mit dem frischen Klima weitgehend seinen ländlichen Charakter bewahrt. Auf
den umgebenden Hügeln werden Reis, Mais,
Bohnen, Zuckerrohr, Kaffee und Gemüse angebaut. In Privathäusern wird selbst gemachter
Käse und Joghurt zum Verkauf angeboten. Es
gibt keine großen Hotels; die Unterkunft erfolgt
überwiegend in einfachen, familiären Cabinas.

Sehenswertes

Viele Besucher berichten, dass die acht Wanderwege der 280 ha großen **Cloudbridge Reserve**, ⌨ www.cloudbridge.org, schöner sind als
der viel besuchte Nebelwaldabschnitt des benachbarten Nationalparks. Ein Wegenetz von
insgesamt 15 km führt durch das private Nebelwaldreservat, das u. a. Kapuziner- und Klammeraffen, Nasenbären und Gürteltiere sowie
eine große Vielfalt an Vögeln und Schmetterlin-
gen beherbergt. Das Reservat befindet sich 3 km
östlich von San Gerardo, Richtung Nationalpark
(statt rechts in die Abzweigung zum Nationalpark einzubiegen, geradeaus der Schotterstraße
folgen). Infos und Karte zum Naturreservat sind
am Eingang erhältlich. Eintritt auf Spendenbasis.
Voluntarios (freiwillige Helfer) sind willkommen.

Sich aufwärmen und die müden Muskeln
entspannen können müde Wandersleut in den
Balnearios (Thermalquellen) 2 km nördlich
von San Gerardo de Rivas Richtung Herradura,
🕐 7–17 Uhr. Eintritt $5 p. P.

ÜBERNACHTUNG

Casa Mariposa, 50 m vor dem National-
parkeingang, ☏ 2742-5037, ⌨ www.
hotelcasamariposa.net. Gemütlich-rustikales
Holzhaus bei freundlichem amerikanischem
Paar. Saubere Zimmer, Kaffee und Tee gratis,
Internet-PC. Vermietung von Trekking-
Equipment (Schlafsack, Gaskocher usw.) Dorm-
Schlafplatz $15 p. P., romantische „Jungle
Room". Wegen der Nähe zum Park der beste
Startpunkt für Wanderer. 500 m bis zum Cloud-
bridge Reserve. ❷ – ❸

Hotel de Montaña Pelícano, am Ortseingang,
500 m nördl. vom Liceo, ☏ 2742-5126,
⌨ www.hotelpelicano.net. Schönes, rustikales,
2-stöckiges Hotel-Restaurant, auf einem Hügel.
Die günstigeren Zimmer im Haupthaus wurden
zur Zeit der Recherche renoviert. Separate
Holzbungalows mit Bad für max. 4 Pers. Garten
mit Pool. Transport zum Nationalparkeingang
inkl. ❹

Hotel El Descanso, in San Gerardo,
☏ 2742-5061, ⌨ www.hoteleldescansocr.com.
Einfache und saubere Cabinas, teils mit Bad,
beim Langstreckenläufer Francisco (mehr-
maliger Gewinner des Wettrennens auf den
Chirripó). Die oberen Zimmer sind größer und
heller. Restaurant. Transport zum Park, WLAN
(nur im Restaurant), inkl. Vermietung von

DER SÜDEN

Trekking-Zubehör. Mit Gemeinschaftsbad $30 p. P., mit Bad $50 p. P. ❹

Hotel Urán, 75 m vor dem Nationalpark-eingang, ✆ 2472-5003, 🖥 www.hoteluran.com. 21 einfache Zimmer. Bei den Zimmern mit Gemeinschaftsbad reichen die Wände nicht bis zur Decke, größere Zimmer mit Privatbad im Haupthaus für max. 4 Pers. Frühstück ab 5 Uhr möglich. Guter Ausgangspunkt für Wanderer. Restaurant mit schönem Ausblick. Parkplatz, Internet. EZ $20. ❸

Talamanca Reserve, 1 km vor dem National-parkeingang, ✆ 2742-5080, 🖥 www.talamanca reserve.com. Komfortable Cabinas mit Holz-einrichtung. Am schönsten sind die etwas abseits gelegenen „River Cabinas". Zur Anlage gehört ein 16 km² großes Areal mit tropischem Regenwald und Wanderwegen. Restaurant. ❺

ESSEN

Bar-Restaurant Roca Pura. Wer befürchtet, den letzten Bus nach San Isidro zu verpassen, kann hier seinen Hunger mit Comida Típica stillen. Die Haltestelle liegt gegenüber. ⏰ 7–19.30 Uhr.

Café Bambú, gegenüber der Kirche. Kleines gemütliches Café des „Proyecto San Gerardo", einer gemeinnützigen Initiative, die Englischkurse und andere Angebote für Einheimische organisiert. Leckerer Kaffee, Frühstück mit selbst gebackenem Brot; Konzerte. ⏰ Fr und Sa 11–18, So 9–18 Uhr.

Restaurant El Descanso. Günstiges und frisch zubereitetes Essen. Spezialität des Hauses sind vegetarische Gerichte. ⏰ 6–20 Uhr.

Restaurant Talamanca Reserve, Hotelrestau-rant, s. o. Schön und warm. Die Speisekarte reicht von Steak, Pasta, Casado und Gallo Pinto bis zu Waffeln und einer großen Auswahl an Omeletts zum Frühstück. ⏰ 8–22 Uhr.

Soda Urán, im Hotel Urán, serviert landes-typische Küche und ist das erste Gasthaus, auf das der hungrige Wanderer nach einem langen Abstieg trifft.

SONSTIGES

Einkaufen

Abastecedor Las Nubes, am Sportplatz, hat fast alles, was man für den Berg braucht. ⏰ 18.30–20 Uhr.

Am Sonntagmorgen ab 9 Uhr findet vor dem Café Bambú ein kleiner **Markt** statt, u. a. mit frischem Käse und Joghurt von einheimischen Produzenten.

Internet

Im Restaurant **Talamanca Reserva**: stattliche $4 pro Std., inkl. Getränk.

TRANSPORT

Bus nach SAN ISIDRO, um 5, 11, 16 Uhr, ca. 1 1/2 Std.

---

7 HIGHLIGHT

Parque Nacional Chirripó

- **MINAET-Büro**: ✆ 2742-5083
- **Öffnungszeiten**: MINAET-Büro 6.30–12 und 13–16 Uhr
- **Eintritt**: $15
- **Gründungsjahr**: 1975
- **Größe**: 52 200 ha
- **Unterkunft**: S. 340 und Kasten „Der Berg ruft" auf S. 340
- **Transport**
- **Autofahrer** nehmen, von San Isidro kom-mend, die Interamericana Richtung Süden und überqueren die Flüsse San Isidro und Jilguero. Rund 500 m nach dem Río Jilguero zweigt links die Straße nach Rivas (11 km) ab. Die Asphaltierung hört in Rivas auf, von hier führt eine Piste rechts, über Canaan, nach San Gerardo de Rivas. Vierradantrieb ist empfehlenswert, besonders für den letz-ten Abschnitt, der zum Nationalparkeingang führt. Die Strecke ist ausgeschildert.

Ein eisiger Wind peitscht die grün-gelb-braun gefleckte morastige **Páramo-Landschaft**. Schroffes Felsgestein und Gletscherseen re-flektieren die Sonnenstrahlen. In den frühen Morgenstunden, bibbernd auf dem höchsten Gipfel des Landes, glaubt man sich in Urzeiten zurückversetzt, als sei die Zeit stehen geblie-ben. Costa Ricas zweitgrößter Nationalpark um-

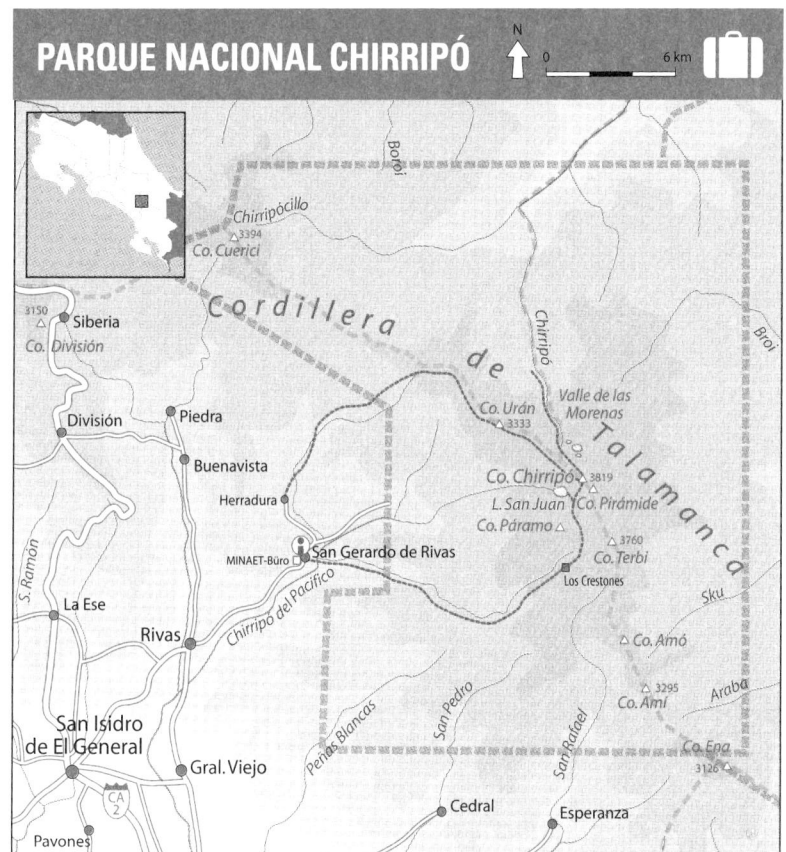

N 0 ____ 6 km

Chirripócillo △3394
Co. Cuerici

Cordillera

Borói

de

Talamanca

Broi

3150 △ Siberia
Co. División

División ● Piedra

Buenavista

Herradura ●

MINAET-Büro ● San Gerardo de Rivas

Chirripó del Pacífico

S. Ramón

La Ese

Rivas ●

San Isidro de El General

Gral. Viejo

Pavones

CA 2

Peñas Blancas

San Pedro

San Rafael

Cedral ●

Esperanza ●

Chirripó

Co. Urán △3333

Valle de las Morenas

Co. Chirripó △3819
L. San Juan △ Co. Pirámide
Co. Páramo △

△3760
Co. Terbi

Los Crestones

Sku

△ Co. Amó

△3295
Co. Amí

Araba

Co. Eng
3126 △

gibt den mittleren Teil der **Cordillera Talamanca** mit dem höchsten Berg des Landes, **Cerro Chirripó** (3819 m). Die Gebirgskette entstand vor ungefähr 40 Millionen Jahren und bildet die Grenzlinie zwischen dem feuchten atlantischen und dem trockenen pazifischen Klima. Zwei Vegetationszonen dominieren im Park: Im unteren Abschnitt wächst **Nebelwald** (Kasten S. 189, „Was ist Nebelwald"), ab 3000 m Höhe beginnt Costa Ricas größte Páramo-Landschaft mit Gräsern, Flechten, Moosen und Zwergsträuchern, nicht höher als 2 m.

Ein Großteil des Eichenwalds, der einst den Übergang zwischen Páramo-Vegetation und Nebelwald bildete, brannte beim verheerenden Feuer von 1992 ab. Tausende von Baumskeletten ragen nach wie vor dramatisch in den Himmel. Auf dem verkohlten Boden gedeiht heute eine blühende Páramo-Landschaft, Wald jedoch wird hier wahrscheinlich nicht mehr entstehen. Aufgrund von starken Winden und längeren Trockenperioden zwischen Januar und Mai kommt es im Nationalpark immer wieder zu schweren Waldbränden. Im Park leben unter anderem Jaguare, Pumas, Wildschweine, Schlangen, Tapire und Affen, die der Wanderer jedoch nur selten zu Gesicht bekommt.

© JULIA REICHARDT

Anmeldung: Für einen Aufstieg zum Chirripó ist eine vorherige Anmeldung im MINAET-Büro in San Gerardo de Rivas unter ☎ 2742-5083 oder ✉ reservacioneschirripo@gmail.com erforderlich. Reservierungen werden Mo–Fr 6.30–12 und 13–16 Uhr entgegengenommen. Nur eine begrenzte Anzahl von Besuchern darf täglich in den Park, die Parkverwaltung empfiehlt daher, mindestens einen Monat im Voraus zu reservieren. Dem Besucher wird am Telefon die Bankverbindung des Nationalparks mitgeteilt. Die Parkgebühr beträgt $15 p. P., die Übernachtung in der Herberge $10 p. P. und Nacht. Besucher werden gebeten, den Betrag von Costa Rica aus zu überweisen. Auch Bezahlung in bar vor Ort ist möglich. Vor dem Aufstieg müssen sich Wanderer im MINAET-Büro, ca. 1 km vor dem Ortseingang von San Gerardo de Rivas, registrieren. Ein Führer kostet $85 pro Tag (bis max. 9 Pers.), ist für die Wanderung jedoch nicht erforderlich. Für 1700C$ pro Kilo transportieren Pferde das Gepäck (max. 14 kg) zur Herberge. **Führer und Gepäcktransport** können im Oficina de Informacion y Servicios Turisticos gebucht werden, ☎ 2742-5225, ✉ arrierosdechirripo@gmail.com. Das Büro befindet sich an der Straße zum Nationalparkeingang, 500 m nordöstlich der Schule.

PRAKTISCHE TIPPS

Mitnehmen: Sonnenhut, Sonnencreme, warme Kleidung (Handschuhe, Mütze), Socken zum Wechseln, Schuhe mit gutem Profil, Toilettenpapier, Proviant, Taschenlampe, Regenschutz.

Unterkunft: Die Herberge befindet sich auf 3400 m Höhe und bietet Platz für insgesamt 60 Personen. Ein Park-Ranger ist immer vor Ort. Die Unterbringung erfolgt in Schlafsälen zu je 4 Pers. Schlafsack, Gaskocher und Decken müssen Besucher mitbringen.

Es gibt keine Kochgelegenheit. Viele Unterkünfte in San Gerardo vermieten Trekking-Zubehör. Die Herberge ist sehr zugig, es gibt weder Heizung noch Feuerstelle, auch die Duschen sind kalt. Besucher werden gebeten, ihren Müll möglichst zu reduzieren und wieder mitzunehmen.

Wetter / Besuchszeit: Die Temperaturschwankungen im Park sind enorm. In den Sommermonaten fällt das Thermometer von über 20 °C am Tag auf bis zu minus 9 °C in der Nacht. Durch die wechselnden Frost- und Schmelzperioden entstehen im oberen Parkabschnitt bezaubernde Eiskristalle. Die **Trockenzeit** (Dez–April) ist die beste Zeit zum Wandern. Die Wanderwege sind nicht aufgeweicht und die Chance Tiere zu sehen, ist höher. Nachteile sind die Hitze und die vielen Besucher – man wandert nicht allein. Zur Semana Santa (Osterwoche) herrscht Hochbetrieb. Ab Mai beginnt die **Regenzeit**. Wanderer sollten den Regenrhythmus mitmachen, d. h. früh aufbrechen, denn gegen 13 Uhr setzt der Regen ein. Die Wege können vor allem im unteren Parkabschnitt zur Rutschpartie werden. Großer Vorteil der Regenzeit sind die relativ wenigen Besucher und die von September bis November blühende Páramo-Vegetation.

Waldbrandgefahr: Feuer und Rauchen sind außerhalb der ausgeschilderten Bereiche in der Herberge im gesamten Park ausdrücklich verboten! Die letzten großen Waldbrände wurden durch Menschen verursacht.

Der Aufstieg: Der 7- bis 8-stündige Aufstieg zum Chirripó bedarf keines besonderen technischen Könnens, doch gute Kondition und Ausdauer sind unbedingt erforderlich, denn die insgesamt 21 km lange Strecke steigt fast kontinuierlich von 1219 m auf eine Höhe von 3819 m an. Ein Führer ist nicht nötig, der Weg ist gut ausgeschildert, Höhen- und Kilometerangaben sind regelmäßig angegeben. Die übliche Tour umfasst 2 Tage und 1 Nacht.

Die Route

1. Tag: Möglichst früh (5 oder 6 Uhr) aufbrechen. Der Weg führt zunächst an Weidelandschaft und abgeholzten Hängen vorbei, anschließend durch Nebelwald. Nach 7 km erreicht man die **Station Llano Bonito**, wo Trinkwasser vorhanden ist. Die sanitären Anlagen sind nicht zu empfehlen, im Notfall ist hier eine Übernachtung möglich. Von hier sind es weitere 7 km zur Herberge und 13 km zum Gipfel. Es folgt der steilste Streckenabschnitt, KM 8–11. Der **Monte Sin Fé** (Berg ohne Hoffnung) auf 3200 m Höhe ist umgeben von verkohlten Baumstümpfen – Eichenwald, der 1992 einem Brand zum Opfer fiel. Die nachwachsende Páramo-

Vegetation blüht von September bis November. Nach einem kurzen, ebenen Abschnitt zieht der Berg die letzten 1,5 km noch einmal steil an, bevor die **Albergue Los Crestones** (auch: Albergue Centro Ambientalista El Paramo) erreicht ist. Wenn Wanderer nicht vor Dunkelheit in der Herberge eintreffen, werden Suchtrupps losgeschickt.

2. Tag: Wer den Gipfel ausspart, verpasst den besten Teil der Wanderung. Bisher war der Aufstieg ein gutes Konditionstraining, landschaftlich aber eher enttäuschend. Noch einmal heißt es früh aufstehen (3.30–4 Uhr), denn gegen 9 Uhr verdecken bereits Wolken die Sicht. Handschuhe und Mütze mitnehmen, es herrschen ein eisiger Wind und Minustemperaturen am Gipfel. Die 4,8 km lange Schlussetappe führt durch das **Valle de Conejos** (Tal der Hasen), der letzte Abschnitt erfordert Kraxeln. Vom Gipfel hat man bei gutem Wetter eine spektakuläre Sicht über die Gletscherseen der Cordillera Talamanca bis zum Pazifik, ein unvergessliches Erlebnis in der Morgendämmerung.

Weitere mehrstündige Wanderungen führen von der Herberge zur **Sabana de los Leones** und ins **Valle de las Morenas**. Die meisten Besucher machen sich jedoch nach der Gipfelwanderung auf den Rückweg (4–5 Std.), um rechtzeitig den 16-Uhr-Bus nach San Isidro zu erwischen.

Statt der Hauptroute von San Gerardo werden auch 4-Tages-Touren vom **Pueblo Herradura** angeboten. Diese Tour ist nur mit Führer möglich; die Wanderer verbringen zwei Nächte im Zelt und eine in der Herberge.

Vom Cerro Chirripó nach Palmar

Weiter geht es auf der gut asphaltierten Interamericana, vorbei an dem südlichen Abschnitt der **Cordillera Talamanca**, wo ein halbes Dutzend **Indianerreservate** liegen. Der schwer zugängliche **Parque de la Amistad** und das

Privatreservat Dúrika geben dem Besucher Gelegenheit, abseits des Touristenstroms weitere Gipfel der insgesamt 160 km langen Gebirgskette zu erklimmen. Südlich von Buenos Aires führt die Straße malerisch am breiten, schlammigen Río Grande de Térraba entlang ins Herz des Südens, nach Palmar, wo jahrtausendealte Granitsphären Archäologen Rätsel aufgeben (Kasten S. 346).

Buenos Aires

Bereits in Buenos Aires, 64 km südöstlich von San Isidro, herrscht nicht mehr die kühle Frische der Chirripó-Gegend. Der Süden ist bedeutend näher gerückt. Der kleine, authentische Ort, in den sich nur wenige Touristen verirren, wird umgeben von der Cordillera Talamanca und sechs verschiedenen Indianerreservaten. Buenos Aires ist die Ausgangsbasis für Ausflüge in das Privatreservat Dúrika und die Reserva Indígena Boruca. Zwei Busse fahren täglich von Buenos Aires ins Boruca-Indianerreservat.

ÜBERNACHTUNG

Nur wenige Touristen übernachten im Ort selbst. Die Unterkünfte werden hauptsächlich von Fernfahrern genutzt.
Cabinas Violeta, bei den Bomberos (Feuerwache), ℡ 2730-5252, ✉ violetasol42@yahoo.es. Saubere, einfache Cabinas mit TV, sehr zentral gelegen. 9000C$ p. P. mit Ventilator, 11 000C$ p. P. mit AC. ❷
Cabinas Fabi, 50 m nördl. vom Terminal de Bus Gafeso, ℡ 2730-1110. Auffällige grüne, saubere Cabinas mit TV, WLAN und teilweise AC. EZ mit Ventilator ab 10 000C$. ❷
Cabinas La Piladoro, an der Straße Richtung Panamericana, nahe dem Dúrika-Büro, ℡ 2730-0112. 30 einfache, saubere Cabinas mit Bad. 10 000C$ p. P. ❷

SONSTIGES
Dúrika-Büro
50 m südl. vom ICE-Gebäude, 🖥 www.durika.org, ℡ 2730-0657, ⏲ 6–20 Uhr. Infos auch auf Englisch.

Geld
Banco Nacional, am Parque Central, ⏲ Mo–Fr 8.30–15.45 Uhr.

Supermarkt
Megasuper, im Zentrum. ⏲ Mo–Sa 7–10, So 8–18 Uhr.

Taxis
Am Mercado Central. Preise: Boruca 20 000C$, Parque Amistad 30 000C$, Dúrika 25 000C$.

TRANSPORT

Die lokalen Busse fahren am Mercado Central ab und bedienen Ziele in der Umgebung.

Busse fahren nach:
BORUCA, 6.40, 11.30, 15.30, 18.30 Uhr;
PUERTO JIMÉNEZ, 2x tgl.
Häufigere Busverbindungen von der Raststätte an der Panamericana nach:
SAN ISIDRO, fast stdl., 1 Std.;
CIUDAD NEILY, 6, 8.15, 13.45, 16.15 Uhr, 2 1/2 Std.;
SAN JOSÉ, 4.30, 7.30, 14 Uhr, 4 1/2 Std.

Privatreservat Dúrika

Das 8500 ha große Privatreservat Dúrika liegt auf 1600 m Höhe, 17 km südöstlich von Buenos Aires in der Cordillera Talamanca. Das Reservat wurde 1989 von einer Gruppe von 50 costaricanischen Naturschützern gegründet, um den Wald vor Abholzung zu schützen. Heute hat sich die Zahl der Mitglieder verdoppelt und umfasst Naturfreunde aus aller Welt. 30 von ihnen leben in der Reserva; sie führen dort organische Landwirtschaft, Wiederaufforstungsprojekte und Umwelterziehung in den Nachbargemeinden durch. Es stehen neun rustikale Ferienhütten mit einer atemberaubenden Sicht auf die Talamanca-Berge zur Verfügung. Jede der einfachen Hütten verfügt über ein Bad mit Dusche.

Dúrika bietet sich für Wanderungen durch die Cordillera Talamanca und Besuche der umliegenden Indianerreservate an. Außerdem stehen Yoga-, Meditations-, vegetarische Koch- und Heilpflanzenkurse auf dem Programm. In einem

La Fiesta de los Diablitos

© JULIA REICHARDT

Am 30. Dezember um Mitternacht erwachen Borucas grimmige **Teufelsmasken** zum Leben. Sobald der Laut der Concha (Muschel) vom Cerro Boruca ertönt, stürzen Dutzende von maskierten Männern den Berg hinab: Die Fiesta de los Diablitos hat begonnen. Der zweite Hauptdarsteller, der Stier, erscheint erst am Morgen darauf: Ein Drahtgerüst, mit Zweigen und Jutesäcken ausstaffiert – das Symbol für Spanien. Die fünf stärksten jungen Männer (Borucas) steigen abwechselnd in das Stiergestell, keinesfalls eine Ehrenaufgabe, um die sie sich reißen, denn in den folgenden drei Tagen wird der Stier von den Teufeln gerammt, mit Stöcken geschlagen, durch wilde Schreie provoziert und muss sich mit aller Kraft unter dem stickigen Jutematerial wehren – Schwerstarbeit. Im Dorf werden Tamales zur Stärkung gereicht und Chicha in Kokosnussschalen ausgeschenkt. Je mehr Chicha fließt, desto aggressiver wird der Kampf. Mitunter attackiert der Stier auch weibliche Zuschauer oder wirft Fernsehkameras zu Boden. Der dritte Tag ist der Höhepunkt der Fiesta, der Stier wird von den Teufeln (Indios) besiegt, symbolisch verbrannt, und während die Jute noch in Flammen steht, ertönen bereits die Schlagzeugbässe zur anschließenden Disco.

Die Fiesta de los Diablitos – **der symbolische Kampf und Sieg über die Spanier** – ist unter Indianern in ganz Lateinamerika verbreitet.

Weniger touristisch und weniger geordnet als in Boruca findet das gleiche Spektakel in kleinerem Umfang einen Monat später (5.–8. Februar) im rund 14 km entfernten Curré statt. Besucher sind willkommen.

In Boruca wird eine Foto- und Videogebühr verlangt. Die Holzmasken werden nach der Fiesta verkauft. Für das Reservat stellt der Verkauf eine wichtige Einnahmequelle dar, für die Besucher sind die Masken ein wertvolles Souvenir, denn die hölzernen Teufelsgesichter tragen den Staub, die Kratzer, den Schweiß- und Chicha-Geruch des dreitägigen Kampfes in sich.

Naturheilkundezentrum werden Akkupunktur, Massagen und Zahnbehandlungen angeboten. Freiwillige Helfer sind willkommen. Anfahrt (ca. 1 1/2 Std.) nur mit Vierradantrieb. Genaue Wegbeschreibungen erteilt das **Dúrika-Büro**

in Buenos Aires. Für Busreisende wird Transport von Buenos Aires (17 km) organisiert (etwa $25). Übernachtung $65 p. P., VP (mit vegetarischen Zutaten aus der Region und Fisch) und Führer inkl.

Indianerreservat Boruca

Weit oben, versteckt in den Gebirgszügen der Fila Costeña mit malerischem Blick auf den breiten, schlammigen **Río Grande de Térraba**, liegt Boruca, die Heimat von rund 2000 Boruca-Indianern. Selbst hier thront auf dem Dorfhügel das große weiße Kreuz der katholischen Kirche. Bunte, kunstvoll geschnitzte Teufelsmasken (Kasten S. 343, „La Fiesta de los Diablitos") hängen zum Verkauf in Kunsthandwerksgeschäften. Der Fortschritt hat auch vor Boruca nicht Halt gemacht: Die traditionellen, palmstrohgedeckten Lehmbauten sind heute durch Zementhäuser ersetzt, es gibt eine Rundfunkstation und Telefon.

Gleichzeitig aber lebt die alte Boruca-Kultur fort: Heute wird in der Schule wieder die Stammessprache gelehrt, die die Elterngeneration nie erlernte. Das Kunsthandwerk, ein fundamentaler Bestandteil der Boruca-Kultur, hat durch den Tourismus einen neuen Aufschwung erfahren. Dabei zählen die Masken von Ismael Gonzalez zu den Meisterwerken im Ort. Weitere Schnitz- und Webkunst sowie Instrumente sind im kleinen Museum von Boruca ausgestellt und erklärt. **La Flor de Boruca**, ✆ 2730-1089, organisiert Touren und betreibt das kleine Museum.

Typische Boruca-Kost können Besucher im **Restaurant Yadé**, 500 m nordöstl. des Museums, probieren. Hier gibt es leckere Tamales, die in *bijagua*-Blättern zubereitet und serviert werden, sowie hervorragenden Kaffee. ◷ Mo–Sa 11–20 Uhr.

TRANSPORT

Auto

Zwei holprige Pisten führen ins Reservat. Die erste Strecke zweigt direkt hinter Buenos Aires nach Überqueren der Brücke, rechts von der Interamericana ab. Dies ist die Busroute, sie ist auch in der Regenzeit befahrbar. Der zweite, landschaftlich reizvollere Weg, ist nur in der Trockenzeit zu empfehlen. Er zweigt einige Kilometer weiter südlich ebenfalls rechts von der Interamericana ab (ausgeschildert).

Busse

BUENOS AIRES, 6, 7, 13 Uhr, 2 Std.

Parque Internacional La Amistad

- ■ **MINAET-Büro**: ✆ 2200-5355
- ■ **Öffnungszeiten**: Das MINAET-Büro in Altamira ist rund um die Uhr besetzt, die Parkwächter leben hier. Für die meisten Wanderungen ist eine Anmeldung und ein Führer erforderlich (s. Wanderungen).
- ■ **Eintritt**: $10
- ■ **Gründungsjahr**: 1982
- ■ **Größe**: 194 129 ha
- ■ **Unterkunft**: Camping am Parkeingang Altamira $6 p. P. Einfache, rustikale Herberge ohne Elektrizität im Valle de Silencio ab $6 p. P. (s. Wanderungen). Rustikale Cabinas am Parkeingang Santa María Pittier.
- ■ **Transport**
  Die Haupt-Parkstation liegt in Altamira, weitere Parkeingänge befinden sich in Tres Colinas und Santa María de Pittier.
  Auto: Zur Station Altamira von Buenos Aires kommend Richtung San Vito fahren. In Las Tablas (auch Guácimo genannt) hinter der Soda La Griega links abbiegen. Von hier sind es weitere 20 km zum Park. Vierradantrieb ist erforderlich.
  Busse: Es gibt zwei Möglichkeiten, den Altamira-Sektor per Bus zu erreichen. Entweder direkt mit dem Bus um 11.30 Uhr von Buenos Aires nach Altamira (1 km vom Parkeingang entfernt) oder mit dem Bus von Buenos Aires in Richtung San Vito (oder umgekehrt), mit Umsteigen in Las Tablas. Von Las Tablas fahren Busse um 13.30 und 17 Uhr nach Altamira, zurück um 17.30 Uhr (Bus fährt weiter bis Buenos Aires).

Der Parque Internacional La Amistad (PILA) bildet den Kern der 700 000 ha großen **Reserva de la Biosfera**, Costa Ricas größtem zusammenhängendem Naturschutzgebiet, das sich aus drei Nationalparks sowie diversen Indianer- und Privatreservaten zusammensetzt. Der PILA umgibt den südlichen Abschnitt der insgesamt 160 km langen **Cordillera Talamanca** und zieht sich über die Landesgrenze hinweg bis nach Panama, wo weitere rund 20 0000 ha Parkfläche liegen. Der Park umfasst sowohl die größte Fläche an Primärwald als auch die größte Artenvielfalt in ganz Costa Rica.

Die Höhenunterschiede im Schutzgebiet reichen von rund 135 m in den karibischen Tiefebenen bis zu über 3000 m auf den Berggipfeln des Talamanca-Gebirges. Im Nebel-, Regenwald und den Páramo-Gebieten leben u. a. Tapire, Falken, Pumas, Jaguare, Nasenbären und Adler, darunter auch endemische Arten und Tiere, die in anderen Landesteilen bereits ausgestorben sind.

Zu Kolonisationszeiten bildete die schwer zugängliche Talamanca-Region das Rückzugsgebiet vieler Indianerstämme. Bribrí- und Cabécar-Indianer leben bis heute im Park und konnten weitgehend ihre Kultur und Sprache bewahren, (s. Kasten S. 162). Der PILA wurde 1985 von der UNESCO zum Welterbe ernannt.

Wanderungen

PILA widmet sich in erster Linie wissenschaftlicher Forschungsarbeit und wird von Touristen nur wenig besucht. Dennoch gibt es für ehrgeizige Wanderer einige anstrengende, aber landschaftlich sehr reizvolle Wanderwege durch weitgehend unberührte Natur. Die meisten Wanderungen sind mehrtägige Touren, die eine Voranmeldung im o. g. MINAET-Büro und einen Führer (rund $20 pro Tag) erfordern. Außerdem bietet die Reserva Dúrika (S. 342) Wandertouren durch den Nationalpark an. Die beste Wanderzeit ist während der Trockenzeit von Dezember bis April. September und Oktober sind die regenreichsten Monate.

Der **Sendero Los Gigantes de Bosque** ist der einzige Wanderweg, den Besucher ohne Begleitung eines Führers bewandern können. Der 3 km lange Pfad beginnt an der Parkstation Altamira und steigt von 1300 m auf 1500 m an. Der Weg führt an bis zu 50 m hohen Baumriesen vorbei, darunter auch am Barbasco-Baum, in dessen giftigen Saft die Indios ihre Fischharpunen tauchen.

Bedeutend länger ist die Wanderung von Altamira zum **Valle de Silencio** (15 km hin und zurück), eine anstrengende, steil ansteigende zweitägige Tour mit Übernachtung in der Herberge. Die Route steigt von 1370 m auf 2500 m Höhe an und überquert die kontinentale Wasserscheide. Nebelwald, Riesenfarne und Panoramaausblicke säumen den Weg. Wanderer müssen Verpflegung und Gaskocher mitbringen, Trinkwasser ist in der Herberge vorhanden. Der Anbieter Asomobi, 🖥 www.actuarcos tarica.com, bietet in dem Örtchen Cerro Biolley in der Nähe des Parkeingangs 4 Zimmer mit Gemeinschaftsbad (ab $45 p. P.) und Touren durch den Park.

Im Parkabschnitt **Tres Colinas** beginnt der Aufstieg zum **Cerro Kamuk** (insgesamt 5 Tage), dem zweithöchsten Berg des Landes. Grenzüberschreitend ist die zweitägige Wanderung (hin und zurück) vom **Parkabschnitt Pittier** zum **Cerro Fabriga** in Panama, auf dem die Reste eines Mitte der 1980er-Jahre mysteriös verunglückten nicaraguanischen Flugzeuges liegen.

Palmar

Feuchtheiße Luft schlägt Besuchern in Palmar entgegen: Keine Brise, lautes Grillengezirpe – das Herz des Südens. Der Ort liegt im **Valle de Diquís,** zu beiden Seiten des **Río Grande de Térraba**. Früher fuhren von hier große, mit Kakao und Fleisch beladene Frachter nach Puntarenas. Heute ist der Schiffsverkehr eingestellt, der Térraba ist zu stark versandet.

In **Palmar Norte** befinden sich einige Unterkünfte und die Bushaltestellen, in **Palmar Sur** der Flugplatz und die Bananenplantagen. Beide Ortsteile sind durch eine Stahlbrücke miteinander verbunden. Die meisten Touristen steigen hier direkt in den Bus nach Sierpe oder fahren am Ort vorbei auf dem Weg nach Puerto Jiménez und in die Golfito-Region, doch Augen auf bei der Durchfahrt, denn das Valle de Diquís ist der Fundort jahrtausendealter, großer **Granitkugeln** (s. Kasten S. 346).

ÜBERNACHTUNG UND ESSEN

Brunka Lodge, 100 m östl. des Roten Kreuzes, neben dem ICE-Büro. ☎ 2786-7489. Originelle, wenn auch etwas kitschige und beengte Anlage mitten in Palmar Norte mit kleinem Pool und separaten Cabinas. ❹

Cabinas El Teca, an der Interamericana, gegenüber den Cabinas Tico Alemán,

© JULIA REICHARDT

DER SÜDEN

Am Fußballplatz in Palmar Norte, im Parque de las Esferas in Palmar Sur, zerbrochen am Straßenrand Richtung Sierpe und im Dickicht versteckt vor der Finca 12, stehen die imposanten **Granitsphären** des Valle de Diquís. Sie haben eine nahezu perfekte kugelrunde Form, reichen von wenigen Zentimetern bis zu zwei Metern im Durchmesser, ihre Oberfläche ist glatt geschliffen. Jahrhundertelang waren sie von dichtem Regenwald bedeckt. Erst Ende der 1930er-Jahre kamen die Kugeln bei Waldrodungen für die Bananenplantagen der United Fruit Company zum Vorschein.

Wer sie wann herstellte, was sie bedeuten, woher das Granit stammt – und wie die runden Kolosse, deren größte Exemplare bis zu 16 Tonnen wiegen, transportiert wurden – sind Fragen, auf die es bis heute nur vage Antworten gibt. Archäologen schätzen das Entstehungsdatum der mysteriösen Kugeln auf den Zeitraum zwischen 200 v. Chr. bis kurz vor Ankunft der Spanier. Die Sphären müssen große symbolische Bedeutung gehabt haben, auf Friedhöfen oder, in geometrischen Formen angeordnet, als astronomische Kalender. Die Spanier glaubten, in ihnen sei Gold versteckt, brachen sie auf und stießen auf puren Granit.

Die ursprüngliche Bedeutung der Sphären ist heute nicht mehr zu ergründen, zu viele wurden von ihrem Platz entfernt und zieren heute die Eingänge von Regierungsgebäuden oder Villen im Valle Central. Das Museo Nacional, das sich am Eingang selbst mit den runden Schönheiten schmückt, bemüht sich, mit dem Projekt **Parque Temático de Las Esferas** die Sphären an ihren ursprünglichen Ort zurückzubringen.

✆ 2786-8010, 🖥 www.hotelelteca.com.
10 einfache, z. T. recht neue Cabinas mit Bad, Kühlschrank, teils mit AC. Ab 12 000C$ p. P. Frühstück 5$. ❸
Cabinas Tico Alemán, an der Interamericana, ✆ 2786-6232. Einfache, kleine, saubere Cabinas teils mit AC und Bad, alle mit TV. Parkplatz. Cabinas für 2 Pers. ab ❷

Casa Amarilla, am Sportplatz, ✆ 2786-6251. Unterkunft im Hotel oder in privaten Cabinas hinter dem Haupthaus, teils mit AC. Die reundliche Wirtin Dallia sorgt für Atmosphäre. Restaurant. ❷
Restaurant DiQuis, der Brunka Lodge angeschlossen, bietet eine umfangreiche Speisekarte, vom Burger über Pizza bis zur

Comida Típica. Ein idealer Zwischenstopp für Durchreisende. Saubere Toiletten.

SONSTIGES

Apotheke

Farmacia Ibarra, Av. 9, C. 143.
🕐 Mo–Sa 8–20, So 8–12 Uhr.

Geld

Banco Nacional, an der Interamericana, gegenüber dem Restaurant DiQuis.
🕐 Mo–Fr 8.30–15.45 Uhr.
BCR, an der Interamericana, neben dem China-Restaurant. 🕐 Mo–Sa 9–16 Uhr.

Internet

Internet B+F, neben Supermercado El Sol.
🕐 Mo–Fr 8–19, Sa 9–18 Uhr.

Supermarkt

Megasuper, in Richtung Palmar Sur, vor der Brücke links. 🕐 Mo–Sa 7–20, So 8–18 Uhr.

TRANSPORT

Busse

Transporte-Blanco-Busse nach Ciudad Neily, Dominical, Uvita und Paso Canoa fahren von der Calle El Comercio vor der Panedería Palenquito ab.
Die Bushaltestelle für Sierpe befindet sich neben dem Gollo-Laden, C.144, Av. 11.
Tracopa-Busse nach San Isidro und San José fahren am Ortseingang an der Interamericana neben der Ferretería Valerio ab.
Der Bus nach Puerto Jiménez kommt aus San Isidro und hält an der Interamericana.
CIUDAD NEILY, fast stdl. von 5.15–18 Uhr, 1 1/2 Std.;
DOMINICAL, 7.30, 12.30, 16 Uhr, 1 1/2 Std.;
PASO CANOA (Grenzübergang Panama), 10.30, 19 Uhr, 2 Std.;
SAN ISIDRO, 4.40, 6.40, 7.40, 9.30, 10, 11.40, 13, 15.10, 16, 18.30 Uhr, 2 1/2–3 Std.;
SAN JOSÉ, 7x tgl., 5 Std.;
SIERPE, 5, 6.30, 8.30, 9.30, 11.30, 14.30, 17.30 Uhr, 40 Min.;
UVITA, 6.30 und 9.30 Uhr, 1 Std.;
PUERTO JIMÉNEZ, 8.30, 13.20, 17.20 Uhr, 2 1/2–3 Std.

Flüge

Taxi von Palma Norte zum **Flughafen** in Palma Sur: ca. $5.
SAN JOSÉ, tgl. 10.20 Uhr von Palmar Sur mit **Sansa**, 🖳 www.flysansa.com.

Sierpe und der Westen der Península de Osa

Südlich von Palmar Norte erstreckt sich jenseits des **Valle de Diquis** eine der abgelegensten Regionen des Landes, die **Península de Osa**, Costa Ricas *last frontier*. Lange Zeit bildete eine knochenbrecherische Piste die einzige Zufahrt ins grüne Paradies. Heute bietet die asphaltierte Carretera 245, die die ehemalige Goldgräbersiedlung **Puerto Jimenez** mit **Chacarita** an der Panamericana verbindet, einen vergleichsweise komfortablen Zugang zur Halbinsel. Zusätzlich werden Touristen mehrmals täglich auf die Halbinsel eingeflogen.

Auf der Strecke von der Panamericana nach Puerto Jiménez erreicht man nach 40 km Rincón, die erste größere Ortschaft, wo rechts rechts eine Holperpiste zur paradiesischen **Bahía Drake** (ca. 90 Min.) abzweigt. Geradeaus geht es weiter – mit malerischen Ausblicken auf den **Golfo Dulce** – am Indianerreservat **Alto Laguna** vorbei bis nach Puerto Jiménez, der wichtigsten Ausgangsbasis für Touren im **Parque Nacional Corcovado**.

Die Península de Osa gehört zweifellos zu den Höhepunkten eines Costa-Rica-Urlaubs. Mit rund 700 Baum-, 140 Säugetier-, 370 Vogel- und 8000 Insektenarten zählt die Halbinsel zu den artenreichsten Regionen der Welt. 50 % der Tier- und Pflanzenwelt trifft man in ganz Mittelamerika nur hier an, 3 % der Flora wächst sogar nur auf Osa. Dank ihrer Abgeschiedenheit blieb die Halbinsel, und damit ihre Tiere und Wälder, lange Zeit vor dem Eindringen der „Zivilisation" verschont. Heute bedrohen illegales Fischen, Jagen, Wilddiebrei und der wachsende Zivilisationsdruck das Naturparadies.

DER SÜDEN

Sierpe

Der kleine, verschlafene Ort Sierpe an der Fluss-mündung des **Río Sierpe** bildet das Eingangstor zur **Bahía Drake**, dem westlichen Abschnitt der Península de Osa. Von hier legen die Wasser-taxis zu der malerischen Bucht ab. Sierpe wird umgeben vom größten Mangrovenwald an der Pazifikküste Mittelamerikas, dem **Humedal Nacional Térraba Sierpe**. Mangrovenwälder spielen eine bedeutende Rolle im Erosionsschutz von Fluss- und Küstenlandschaften. Die Rinde der Roten Mangrove enthält wichtige Gerbstoffe für die Lederherstellung, sie wurde aus diesem Grund stark abgeholzt. Heute steht das 33 000 ha große Feuchtgebiet, das unzähligen Tieren eine Heimat bietet, unter Schutz. **Kajaktouren** durch das Mangrovengebiet veranstalten das Restaurant Kokopelli Kokomana, die Marisquería Las Vegas und verschiedene Unterkünfte im Ort.

Seit kurzem lässt sich die Bahía Drake von Sierpe aus auch ohne den Umweg über Palmar Norte und Chacarita mit dem Auto erreichen. In der Regenzeit und ohne Allrad-Antrieb sollte man die Strecke jedoch nicht in Angriff nehmen! Eine abenteuerliche **Mini-Autofähre** (nordwest-lich vom zentralen Park in Sierpe, $12 pro Fahr-zeug) sorgt für die Überquerung des Río Sierpe. Danach folgt eine etwa 20 km lange Schotterpis-te, die in Rincon auf die Carretera 245 trifft. Von hier sind es weitere 30 km Holperpiste bis Dra-ke Bay. Während des letzten Streckenabschnitts müssen einige Flussläufe durchfahren werden, die in der Regenzeit zum unüberwindbaren Hin-dernis werden können.

Cabinas Cocodrilo, am Ortseingang auf der rechten Seite, ✆ 2788-1065, ✉ gcorellaso7@hotmail.com. 5 einfache Cabinas an einem Pool, teilweise behindertengerecht. ❸
Hotel Margerita, am Fußballplatz, ✆ 2788-1474. 7 makellose kleine Cabinas mit Holzwänden, teils mit Privatbad und AC. Freundliche Besitzerin Daisy. Ruhig. DZ (mit Ventilator) ab 12 000C$. ❷
Hotel Oleaje Sereno, ✆ 2788-1111, ✉ hotel oleajesereno@hotmail.com. Schönes Hotel mit Restaurant direkt am Bootsanleger.

11 ordentliche Zimmer mit AC, Bad und Internet. Organisiert Transfer nach Agujitas und Touren. ❸
Marisquería Las Vegas, schön am Fluss gelegen. Gute Auswahl an Salaten, frischem Fisch und Meeresfrüchten beim freundlichen Kolumbianer Jorge. Langsame Bedienung, aber leckeres Essen. ⊕ 6–22 Uhr.
Restaurant Kokopelli Kokomana, gegenüber vom Park am Fluss, ✆ 2788-1259. Pasta, Fisch-und Reisgerichte. Offene Terrasse direkt am Wasser. ⊕ 7–21 Uhr.

Internet
Am Busbahnhof, neben dem Tourenveranstalter „Costa Rica Adventures". ⊕ 8–18 Uhr.

Supermarkt
Mi Viejo Sierpe, ⊕ 6–18 Uhr.

Touren
Kokopelli Tours, im Restaurant Kokopelli Kokomana, ✆ 2788-1259, ▭ www.kokopelli-sierpe.com. Mangroventouren und Boots-fahrten auf dem Río Sierpe ab 2 Pers., Nacht-touren. Tourleitung auch auf Deutsch.

Busse
PALMAR, 7x tgl. 5.30–18 Uhr, 30–40 Min.

Boote
BAHÍA DRAKE, vom Anlegesteg der Marisquería Las Vegas oder vor dem Restaurant des Hotel Oleaje Sereno, $15 p. P. Die Colectivos fahren um 9.30, 11.30 und 15.30 Uhr. 1 1/2 Std.

Bahía Drake

Versteckte Badebuchten, türkisblaues Wasser, Papageiengekreisch und nächtliche Frosch-konzerte lockten bereits vor fast 500 Jahren den englischen Vizeadmiral, Sklavenhändler und Weltumsegler Francis Drake in die malerische Bucht, die heute seinen Namen trägt. Lange war die Bahía Drake das Ziel reicher Pauschaltou-risten, die Tauchexkursionen zur vorgelagerten

Isla del Caño unternahmen. Mit der Straßen-öffnung von Rincón nach **Agujitas** (Achtung: In der Regenzeit ist die Strecke oft nicht befahrbar) öffnet sich das Paradies heute zunehmend auch Reisenden mit schmalerem Geldbeutel. Selbstversorger finden hier einfache Cabinas, eine Pulpería, Sodas, Internet, Tauchveranstalter sowie einen fast menschenleeren, breiten Sandstrand. Der Ort ist eine ideale Ausgangsbasis für Treks in den **Nationalpark Corcovado**.

Aktivitäten

Ein malerischer **Küstenwanderweg** führt von Agujitas an der Bucht Las Caletas und der breiten Flussmündung des Río Claro vorbei zum beliebten Schnorchelstrand **San Josecito** (während des ersten Teils der Strecke muss man einige Hotelanlagen durchqueren). Festes Schuhwerk ist empfehlenswert, der Pfad ist selbst in der Trockenzeit oft aufgeweicht. Die Route führt weiter bis nach San Pedrillo, der südwestlichen Eingangspforte zum **Nationalpark Corcovado** (18 km). Abenteuerlustige Wanderer müssen unbedingt beachten, dass der Corcovado-Nationalpark seit Anfang 2014 nur noch mit einem zertifizierten Führer betreten werden darf!

Ein weiterer Nationalparkeingang befindet sich in **Los Planes**, 4 km östlich von Agujitas; entweder zu Fuß (rund 1 Std.) oder mit Vierradantrieb von Agujitas zu erreichen. Der Sektor Los Planes ist der touristisch am wenigsten erschlossene Parkabschnitt. Einige Einheimische im Ort bieten Führungen an.

Aktivurlauber können die Küstenwanderung mit einer **Kajaktour** verbinden und die Gegend auf eigene Faust erkunden. An der Flussmündung des Río Claro werden Kajaks vermietet (nach Clavito fragen; $8 p. P./1–2 Std.). Von hier kann man zu einem versteckten Wasserfall paddeln. Tauchen und Schnorcheln s. Isla del Caño, S. 351.

ÜBERNACHTUNG

Einfache, günstige Cabinas befinden sich in Agujitas. Die Hotels höherer Preisklasse ziehen sich an der Küste entlang und bieten vorwiegend mehrtägige Pakete inkl. VP und Transport nach Agujitas, Sierpe oder Palmar an.

Weitere Unterkunftsmöglichkeiten abseits des Touristenstroms befinden sich in Los Planes, 4 km östl. von Agujitas. In der Hochsaison ist eine Reservierung anzuraten.

In / um Agujitas

Cabinas Jade Mar, in Agujitas neben der Soda Mar y Sol, ☎ 8384-6681, ⌨ www.jademarcr.com. 15 einfache, aber sehr saubere Cabinas unterschiedlicher Ausstattung mit Gemeinschaftsterrasse, z. T. mit AC und herrlichem Blick über die Bahía Drake. EZ ohne/mit Bad $25/$30. ❸

Cabinas Las Caletas, westl. von Agujitas, an der Playa Las Caletas, ☎ 8826-1460, ⌨ www.caletas.cr. 5 komfortabel eingerichtete Cabinas und 3 Wohnzelte auf einem Hügel inmitten einer gepflegten Gartenlandschaft. Sehr gute Verpflegung in gemütlichem Restaurant mit fantastischem Blick auf die Bucht. Die schweizerisch-costa-ricanischen Besitzer sorgen für eine familiäre Atmosphäre. Cabina ab $80 p. P. Zelt ab $70 p. p. Inkl. VP. ❻

Cabinas Murillo, in Agujitas an der Straße zum Strand, ☎ 2256-2748, ⌨ www.drakecorcovadocabins.com. Günstige Cabinas mit einfacher Ausstattung. Die Zimmer in der oberen Etage sind besser. Der Tourguide der Unterkunft hat einen sehr guten Ruf. Ab $15 p. P. ❷–❸

Drake Bay Resort, Punta Agujitas am Río Agujitas, ☎ 2775-1715, 8843-5531, ⌨ www.drakebay.com. Weitläufige, ruhige Anlage mit Pool und 20 einfachen Holz-Cabinas, teils mit Bad und direkt am Wasser. VP, Kajaks inkl. Ab $75 für 2 Pers. ❺

🏠 **Hotel Guaría de Osa**, südl. der Playa San Josecito, ☎ 510-235-4313 (Kalifornien), ⌨ www.guariadeosa.com. Schöne, schlichte Holzbungalows, weit abgelegen am Strand, in Nationalparknähe. Imposante, 3-stöckige Yogapagode; Yogastunden und Massagen. Ein Ort, zum Auftanken. 3 % der Einnahmen kommen Umweltschutzprojekten zugute. Ungezwungene Atmosphäre. 4-Tage /3-Nächte-Angebote inkl. Touren. ❻

Jinetes de Osa Inn, zwischen Punta Agujitas und Agujitas, ☎ 2231-5806, ⌨ www.costaricadiving.com. Direkt am Meer, erste Unter-

DER SÜDEN

kunft auf dem Küstenwanderweg, umgeben von Mandelbäumen und Palmen. 11 hübsche und sehr gepflegte Zimmer, teils mit Gemeinschaftsbad, teils mit Meeresblick. Tauchschule und Tauchtouren, s. u. VP inkl.

  **Mirador Lodge**, kurz vor der Ortseinfahrt von Agujitas auf der linken Seite, ℰ 2775-2727, 🖥 www.mirador drakebay.com. Auf einem steilen Hügel mit herrlicher Sicht liegen diese 8 einfachen, aber sehr sauberen Holz-Cabinas mit Bad für max. 6 Pers. Übernachtung inkl. VP (mit liebevoll zubereiteter Tico-Küche) $50 p. P.! Gastgeber Michael hat viele Tipps und organisiert gute Touren in den Nationalpark. ❺

Pirate Cove, etwa 20 Min. Fußmarsch nordöstlich von Agujitas, am Strand, ℰ 2234-6154, 🖥 www.piratecovecostarica.com. Stelzenhäuser mit Wänden aus robustem Zeltmaterial lassen die Froschkonzerte auch drinnen nicht verstummen. Österreichische Besitzerin. Meeresblick, Tauchschule, WLAN. VP inkl. ❻

Los Planes

In Agujitas arbeiten die Einheimischen, in Los Planes leben sie. Der Ort besitzt einen weiteren Zugang zum Nationalpark Corcovado.

Finca Maresia, auf halber Strecke zwischen Agujitas und los Planes, ℰ 8332-6730, 8888-1625, 🖥 www.fincamaresia.com. 2007 eröffnete Unterkunft mit 8 gepflegten Cabinas auf weitläufigem Areal, hilfsbereite spanische Besitzer. Frühstück inkl. Cabina mit Gemeinschaftsbad ab $30 p. P. ❸–❺

ESSEN UND UNTERHALTUNG

Die Hotels höherer Preisklasse bieten meist Pakete mit VP an; für Individualtouristen gibt es einige günstige Sodas und Pulperías im Ortszentrum von Agujitas.

Bar El Gorro, an der Bucht, am südl. Ortsrand von Agujitas. Vorwiegend einheimisches Publikum. Sa und So wird Merengue und Salsa getanzt.

Grinko Curt's, neben der Pulpería, serviert Fisch direkt vom Holzkohlengrill. Besitzer ist der ehemalige Voluntario Curt aus den USA.

Restaurant-Bar Jade Mar, in Agujitas. Beliebter Treffpunkt für Tourführer und Touristen.

Soda Mar y Bosque, gegenüber der Pulpería. Günstiges und gutes landestypisches Essen. Frühstück ab 6 Uhr. ⏰ 6–21 Uhr.

TOUREN

Touren in den Nationalpark Corvocado mit Start in La Sirena und/oder San Pedrillo bieten die Hotels und verschiedene Veranstalter im Ort: z. B. **Jacamar Drake Tours**, neben der Pulperia in Agujitas, ℰ 2775-1473, 🖥 www. facebook.com/Drakebaytours. Neben den Wandertouren von den Ranger-Stationen San Pedrillo ($70) und Sirena ($80) hat Jacamar Schnorcheltouren zur Isla del Caño ($70), Walbeobachtungstouren ($100) und Nachtwanderungen ($35) im Programm.

Ein weiterer erfahrener Touranbieter mit Sitz in Agujitas ist **Corcovado Expeditions**, ℰ 8846-4734, 🖥 www.corcovadoexpeditions.net. Ähnliches Tourangebot wie Jacamar, zusätzlich Kajaktouren ($50 p. P.).

Tauchtouren zur Isla del Caño (ab $110 p. P.) bietet **Costa Rica Adventure Diving**, 🖥 www. costaricadiving.com; auch Pakete mit Unterkunft im Jinetes de Osa Inn (S. 349).

SONSTIGES

Geld

Es gibt keine Bank in der Bahía Drake – ausreichend Bargeld mitnehmen!

Informationen

Jacamar Drake Tours, s. Touren, erteilt allgemeine Auskünfte.

Internet

Bei **Nativos Corcovado**, ⏰ 10–20 Uhr.

TRANSPORT

Busse

Zur Zeit der Recherche gab es **keine regelmäßige Busverbindung** von und nach Agujitas.

Boote

Der Bootstransfer nach SIERPE wird von den Hotels in und um Agujitas organisiert. Zusätzlich bietet der Tourveranstalter **La Picolina**, ℰ 8720-0925, 🖥 www.transportes maritimoslapicolina.com, einen regelmäßigen

Shuttleservice nach Sierpe um 7.15 Uhr (zurück 11.30 Uhr) für $15 p. P.

Flüge
SAN JOSÉ, 2x tgl. mit **Sansa**, ⌨ www.flysansa. com, 2x tgl. **Nature Air**, ⌨ www.natureair.com.

Reserva Biológica Isla del Caño

- **MINAET-Büro**: kein Telefonanschluss
- **Öffnungszeiten**: 8–16 Uhr; die Parkwächter leben auf der Insel
- **Eintritt**: $10 (ohne Transport)
- **Gründungsjahr**: 1976
- **Größe**: 326 ha Landes-, 2700 ha Meeresfläche
- **Transport**: Ausschließlich über Touranbieter, z. B. in Agujitas (s. 350). Außerdem bieten viele Hotels in der Bahía Drake sowie Veranstalter in Quepos (S. 319) Insel- und Schnorcheltouren an.

Wie ein großer Wal liegt die Isla del Caño rund 20 km westlich von der Bahía Drake entfernt. Archäologen vermuten, dass Indianer die Insel zu präkolumbischen Zeiten als Friedhof nutzten. Die Grabbeilagen wurden längst geplündert, ein Wanderweg führt zu einigen Granitkugeln (S. 346, Kasten) und zu einem Aussichtspunkt.

Die Insel entstand durch tektonische Plattenbewegung. Die Unterwasser-Felsformationen **Bajo de Diablo, Cueva de los Tiburones** und **El Arco** zählen heute zu den beliebtesten Tauch- und Schnorchelrevieren Costa Ricas. Beste Zeit für Froschmänner sind die Monate November bis April. Zur Osterzeit wird die gesetzlich zugelassene Grenze von 60 Tauchern pro Tag zum Leidwesen der Tiere oft überschritten. Zu sehen gibt es u. a. Papageienfische, Manta-Rochen, Schildkröten, Riffhaie, Kraken und Seegurken. Wale ziehen auf ihrem Weg von Kanada nach Südamerika an der Insel vorbei. Das Korallenriff, das aus sechs Korallenarten aufgebaut ist, erlitt schwere Schäden durch die warmen El-Niño-Strömungen.

Der Osten der Península de Osa

La Palma und Playa Blanca

Hinter Rincón führt die Carretera 245 am Indianerreservat **Alto Laguna** vorbei und ins 11 km entfernte **La Palma**. La Palma ist die zweitgrößte Ortschaft der Península de Osa und Ausgangs- oder Endpunkt mehrtägiger Treks durch den Nationalpark Corcovado (S. 356). Die Parkstation **Los Patos** liegt 13 km südwestlich vom Ort und ist zu Fuß, per Pferd oder Taxi zu erreichen.

Schöner gelegen als im staubigen Ortszentrum sind die Unterkünfte am 2 km südlich gelegenen Kieselstrand **Playa Blanca**, der von einer klobigen Meerjungfrau aus Zement bewacht wird. Dieser Strand eignet sich gut zum Schwimmen, auch wenn das Wasser hier nicht so sauber ist wie im offenen Pazifik.

🏠 7 km südlich von La Palma, an der Strecke Richtung Puerto Jiménez bietet die **Finca Köbö**, ☏ 8398-7604, ⌨ www.fincakobo.com, Einblicke in die traditionelle Schokoladenherstellung. Naschkatzen können hier an einer zweistündigen Tour auf einer Kakaoplantage teilnehmen und anschließend ein Schoko-Fondue mit Früchten probieren ($32 p. P., tgl. 9 und 14 Uhr, mit Voranmeldung). Das große Areal der Finca lädt zu Streifzügen durch Sekundärwald ein. Die österreichisch-costa-ricanischen Besitzer widmen sich mit Leidenschaft dem biologischen Anbau von Kakao und bieten auch schöne Unterkünfte an: 7 individuell gestaltete Cabinas, 3 mit Privatbad. ❹

ÜBERNACHTUNG

Nördlich von La Palma
Suital Lodge, 28 km von Chacarita, zwischen Los Mogos und Rincón, ☏ 2200-4662, 8826-0342, ⌨ www.suital.com. 5 schöne, rustikale, saubere Cabinas aus Holz für max. 5 Pers. mit Veranda, umgeben von Wald. Familiäre Atmosphäre, HP möglich, Kinder bis 12 J. gratis. Der Besitzer Carlos hat 5 Jahre in der Schweiz gelebt. Mangroven-, Kakao-Tour, Bootsvermietung und Tagesausflüge in den NP Corcovado. EZ $50. ❹

La Palma / Playa Blanca

Cabinas Playa Blanca, an der Playa Blanca, ✆ 2735-1131, ✉ playablancaosa@hotmail.com. Helle Cabinas mit TV und Bad. Garten, ruhig, 5 Min. zu Fuß zum Strand. $40 p. P. Rabatte bei längerem Aufenthalt. ❺

Danta Corcovado Lodge, auf halber Strecke zwischen La Palma (5 km) und Los Patos (8 km), ✆ 2735-1111, ⌨ www.dantalodge.com. Hübsche, rustikale Zimmer mit guten Matratzen und selbst geschnitzten Betten im Haupthaus; abgeschieden im Wald liegen originelle Cabinas für 2 Pers. Gute Ausgangsbasis für Wanderungen durch den NP, Transport von/nach Los Patos möglich. Restaurant, Frühstück inkl. ❻

Lapamar Lodge, an der Playa Blanca, ✆ 2735-1347, 8780-1025, ⌨ www.lapamarecolodge.com. 3 rustikale und saubere Holz-Cabinas, 150 m vom Strand entfernt. Schöner gepflegter Garten, Rancho-Restaurant. Frühstück inkl. Auch VP möglich. ❹

Südlich von La Palma

🧳 **Tamandu-Lodge**, ✆ 8821-4525, ⌨ www.tamandu-lodge.com. Sehr einfache Unterkunft bei der Familie Carreras im Indianerreservat Alto Laguna. Separates Gästehaus mit Dusch- und Toilettenhaus nebenan. Auf Touren werden Gäste u. a. in die Heilpflanzen und Teekräuter der Guaymí-Indianer und traditionelle Fischfangmethoden eingewiesen. Besucher werden von La Palma per Pferd abgeholt ($25). Alternativ kann man die Tamandu-Lodge auch auf einem 90-minütigen Fußmarsch erreichen. VP und Tour inkl., $65 p. P. Genügend Bargeld mitbringen! ❻

NAHVERKEHR

Taxipreise: $40 von La Palma zur Parkstation Los Patos, $80 zur Bahía Drake.

TRANSPORT

Busse fahren von Rincón 2x tgl. nach SAN JOSÉ und SAN ISIDRO sowie 3x tgl. nach PUERTO JIMÉNEZ.
Von La Palma 2x tgl. nach SAN JOSÉ und SAN ISIDRO sowie stdl. nach PUERTO JIMÉNEZ.

Puerto Jiménez

Puerto Jiménez, 29 km südlich von La Palma, ist das Zentrum der Osa-Halbinsel. Hier befinden sich das Nationalparkbüro, eine breite Auswahl an günstigen Unterkünften sowie gut bestückte Supermärkte. Ein raues Wildwest-Flair durchweht das heiße, staubige Nest. Vor wenigen Jahrzehnten noch lebte der Ort von der Goldsuche. Arbeitslose Plantagenarbeiter aus Golfito kamen auf die Halbinsel, holzten ab, gruben Flussbetten um und trugen so erheblich zur Umweltzerstörung der Region bei. Seit der Gründung des Nationalparks ist das Goldschürfen im Schutzgebiet verboten.

Mehr als Gold sind heute die Touristen wert. Per Colectivo werden sie täglich ins 44 km entfernte Carate transportiert, dem Ausgangspunkt für Treks durch den **Nationalpark Corcovado**. Wenige der Reisenden besuchen die unmittelbare Umgebung von Puerto Jiménez, die zu Kajakausflügen in den **Golfo Dulce**, Radtouren zum Badestrand **Playa Preciosa** oder Wanderungen am **Río Tigre** (S. 355) einlädt.

Eine schöne 6 km lange Radtour führt hinter der Landepiste in Puerto Jiménez an Weiden und blühenden Bäumen vorbei zu den wenig touristischen Badestränden **Playa Platanares** und **Playa Preciosa**.

ÜBERNACHTUNG

Unterkünfte der höheren Preisklasse liegen an der Playa Preciosa, 6 km östl. von Puerto Jiménez, oder im 17 km südöstl. gelegenen Cabo Matapalo.

Agua Dulce, an der Playa Presciosa, ✆ 8399-0112, ⌨ www.aguadulceresort.com. Große, gepflegte Hotelanlage in unmittelbarer Strandnähe mit 35 komfortablen Zimmern, alle mit AC, z. T. mit Jacuzzi. Frühstück inkl. Ab $94 für 2 Pers. Restaurant, ⏱ bis 24 Uhr. ❺–❻

Cabinas Back Packers, 50 m nordwestl. vom Super 96, ✆ 2735-5181. Günstige und sehr saubere Unterkunft in Zentrumsnähe. Zum Teil mit AC, Küchen-Mitbenutzung. Gutes Preis-Leistungs-Verhältnis. Vorsicht: Bei Überbelegung werden Gäste an umliegende Unterkünfte verwiesen, die dem Standard des Back Packers nicht gerecht werden! ❷

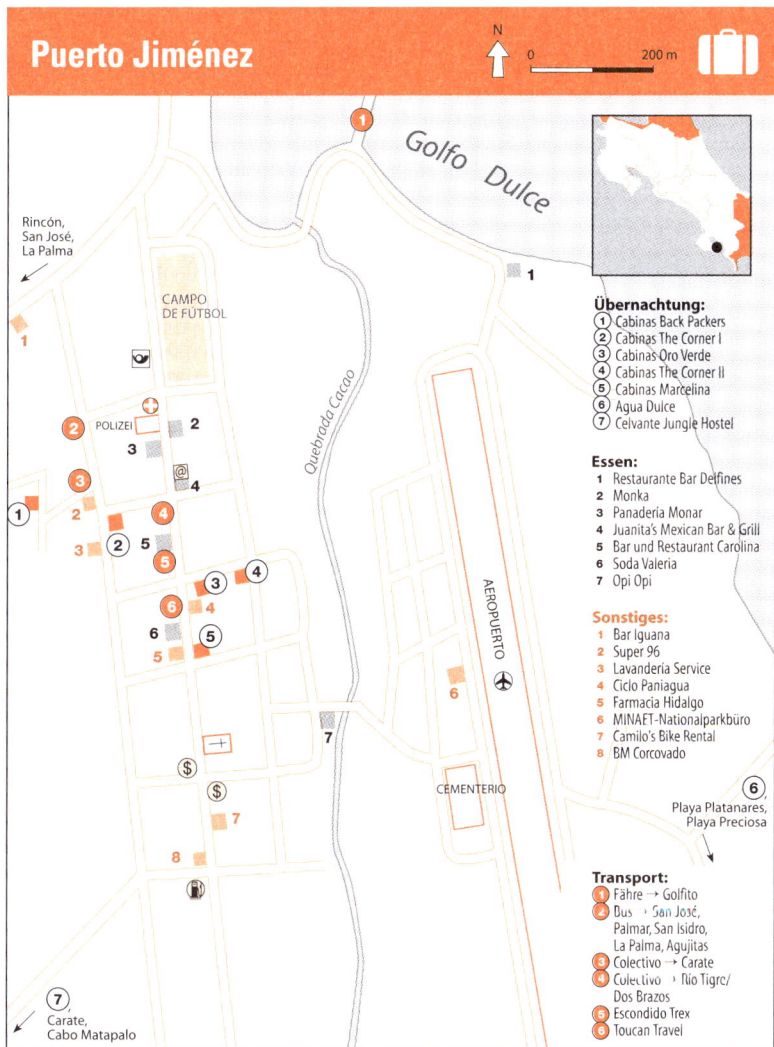

Puerto Jiménez

N
0   200 m

Golfo Dulce

Rincón,
San José,
La Palma

CAMPO
DE FÚTBOL

Quebrada Cacao

POLIZEI

AEROPUERTO

CEMENTERIO

Playa Platanares,
Playa Preciosa

Carate,
Cabo Matapalo

DER SÜDEN

Übernachtung:
1 Cabinas Back Packers
2 Cabinas The Corner I
3 Cabinas Oro Verde
4 Cabinas The Corner II
5 Cabinas Marcelina
6 Agua Dulce
7 Cervante Jungle Hostel

Essen:
1 Restaurante Bar Delfines
2 Monka
3 Panadería Monar
4 Juanita's Mexican Bar & Grill
5 Bar und Restaurant Carolina
6 Soda Valeria
7 Opi Opi

Sonstiges:
1 Bar Iguana
2 Super 96
3 Lavandería Service
4 Ciclo Paniagua
5 Farmacia Hidalgo
6 MINAET-Nationalparkbüro
7 Camilo's Bike Rental
8 BM Corcovado

Transport:
1 Fähre → Golfito
2 Bus → San José,
   Palmar, San Isidro,
   La Palma, Agujitas
3 Colectivo → Carate
4 Colectivo → Río Tigre/
   Dos Brazos
5 Escondido Trex
6 Toucan Travel

Cabinas Marcelina, nördl. der Iglesia Católica, ☎ 2735-5007, ✉ cabmarce@hotmail.com. 8 saubere Zimmer mit guten Matratzen, teilweise mit AC. Gepflegter Garten mit Sitzmöglichkeit, freundliche Tica-Besitzerin. Zwei EZ, ab $25, Frühstück $7. Sicherer Parkplatz. ❸

Cabinas Oro Verde, im Zentrum, gegenüber vom Restaurant Delfin Blanco, ☎ 2735-5241. Preisgünstige Unterkunft im 1. Stock. Gefliesste, geräumige Zimmer mit Ventilator und Bad. Die Zimmer am großen Balkon zur Straße sind besonders großzügig, aber lauter. ❷

Cabinas The Corner, 100 m westl. vom Super 96, ✆ 2735-5328 (The Corner I), 2735-5075 (The Corner II). Dorm 5000C$ p. P. und sehr einfache, saubere Zimmer ab 6000C$ p. P., auch mit Privatbad. In der Nähe der Bushaltestelle für den Nationalpark. ❶–❷

Celvante Jungle Hostel, am Ortsausgang Richtung Carate, ausgeschildert, ✆ 8607-0377, 🖥 www.celvantejunglehostel.com. Kreativ gestaltetes Hostel auf mehreren Ebenen. Offene Bauweise, Gemeinschaftshütte mit Küche, Essbereich und Hängematten. Schlafsaalbett $14. Camping möglich ($8). ❶–❸

Günstige Restaurants mit frischem Fisch befinden sich am Hafen.

Bar Iguana, im Hotel Iguana, ist mehr auf Touristen ausgerichtet als die Spelunken an der staubigen Hauptstraße. ⊕ 16–24 Uhr.

🛍 **Bar und Restaurant Carolina**, direkt an der Hauptstraße. Leckere Fischgerichte, große Auswahl an Frühstück: Müsli mit Obst und Joghurt, Omelettes, Pfannkuchen. Beliebt bei Touristen und Tourguides. ⊕ 7–22 Uhr.

Juanita's Mexican Bar and Grill, im Zentrum, gegenüber dem Früchte-Supermarkt. Tortillas, Fajitas, Nachos und Tacos in üppigen Portionen; auch Frühstück. Am Abend treffen sich hier Touristen und Expats zum abendlichen Umtrunk (gute Cocktails). ⊕ Mo–Sa 7–22 Uhr.

Monka, an der Hauptstraße, gegenüber der Polizei. Kaffee, Frühstück und Snacks. Im Stil eines Schnellrestaurants. ⊕ 6–19 Uhr.

Opi Opi, 50 m östl. der Kirche. Hier gibt's leckere frittierte Hühnchenteile – und sonst nichts! Ganz frisch und auch zum Mitnehmen. ⊕ 17–22 Uhr.

Panadería Monar, an der Hauptstraße neben der Polizeistation, verkauft bereits ab 5 Uhr frisches Brot, gut geeignet als Wanderproviant. ⊕ Mo–Fr 5–18, Sa 5–17, So 5–9 Uhr.

Restaurante Bar Delfines, 250 m östlich des Fähranlegers, am Wasser. Entspannte Strandbar mit lokalen Speisen. Perfekt für einen frischen Fruchtsaft oder ein Bier am Abend; manchmal DJs. ⊕ 10–23 Uhr.

Soda Valeria, an der Hauptstraße neben Toucan Travel. Deftige landestypische Küche, Frühstück. Günstig. ⊕ 6–20 Uhr.

Bosque del Río Tigre Tours, ✆ 8705-3729, 🖥 www.osaadventures.com. Bereits in der Morgendämmerung pirschen Vogelfreunde mit einem Guide dieses Anbieters durch die Wälder von Dos Brazos (s. u.).

Escondido Trex, an der Hauptstraße, neben dem Restaurant Carolina, ✆ 8637-3701. Große Auswahl an unterschiedlichen Touren durch den Nationalpark, auch Kajaktouren im Golfo Dulce.

Toucan Travel, an der Hauptstraße, ✆ 2735-5826, 🖥 www.toucan-travel.com. Touren zum Nationalpark, Flugbuchungen, Autovermietung und Hotelbuchungen.

Apotheke

Farmacia Hidalgo, an der Hauptstraße. ⊕ Mo–Fr 8–20, So 8–12 Uhr.

Autovermietung

Toucan Travel, s. Touren.

Fahrradreparatur

Ciclo Paniagua, gegenüber von Toucan Travel. ⊕ Mo–Fr 7.30–16, Sa 7.30–15 Uhr.

Fahrradverleih

Camilo's Bike Rental, schräg gegenüber vom Supermarkt BM Corcovado.

Geld

Banco Nacional, gegenüber der Kirche. ⊕ Mo–Fr 8.30–15.45 Uhr.

Post

Am Fußballplatz. ⊕ Mo–Fr 8–12 und 13–17.30 Uhr.

Supermärkte

Super 96, an der Hauptstraße. ⊕ Mo–Sa 6–20, So 7–19 Uhr.

BM Corcovado, am westlichen Ortsausgang, gegenüber der Tankstelle. ⊕ Mo–Sa 7–21, So 8–20 Uhr.

Taxis

Ein zuverlässiger Taxifahrer ist der Deutsche **Andreas Stark**, ✆ 8710-0607.

DER SÜDEN

Preise: Carate $80, La Palma $35, Los Patos $80, Bahía Drake $120, Dos Brazos $30.

Wäscherei

Lavanderia Service, hinter der Bäckerei Sabores, 100 m westl. vom Super 96.

TRANSPORT

Busse

SAN ISIDRO, 5, 9, 13 Uhr, 6 Std.; SAN JOSÉ, 5, 11 Uhr, 9 Std.

Colectivos

PARQUE NACIONAL CORCOVADO, Abfahrt um 6 und 13.30 Uhr neben dem Super 96, rechtzeitig vorher da sein! 2 Std., $8, mit **Luis Arias**, ✆ 2832-8680. RIO TIGRE (DOS BRAZOS), 11 und 16 Uhr.

Fähren

GOLFITO, 8.45, 11.30, 16 Uhr, 1 Std., 3000C$, mit **Empresa Don Isidro**, ✆ 2364-3249. Expressboote fahren nach individueller Vereinbarung.

Flüge

SAN JOSÉ, 4x tgl. mit Nature Air, mind. 3x tgl. mit Sansa. Charterflugzeuge fliegen von Puerto Jiménez die PARKSTATION LA SIRENA an (ca. $130).

Dos Brazos

Das einstige Goldgräberzentrum Dos Brazos am Ufer des **Río Tigre** ist eine gute Alternative für Besucher, die aus Zeit- oder Konditionsgründen einen mehrtägigen Trek von Carate durch den Nationalpark Corcovado scheuen; hinsichtlich der Fauna und Flora unterscheiden sie sich nicht. Lokale Führer bieten günstig **Touren** durch die Umgebung an (s. Bolita Backbacker). Bekannt für fachkundige Vogeltouren (Beginn bei Sonnenaufgang, $100, mind. 2 Pers.) ist die Bosque del Río Lodge.

ÜBERNACHTUNG UND ESSEN

Bolita Backpacker, Info-Büro in Dos Brazos (an der Hauptkreuzung rechts abbiegen),

⌨ www.bolita.org. Ein 40-minütiger Wanderweg führt von Dos Brazos über den Río Tigre bergaufwärts (ausgeschildert). Saubere, einfache Unterkunft im Zelt mit Matratze oder im Dorm ($12 p. P.). Küche, Solarduschen, Hängematten, Trinkwasser. Das ideale Versteck für Naturfreunde mit wenig Anspruch. Der Besitzer kann ortskundige Führer vermitteln. 15 km Wanderwege auf dem 61 ha großen Grundstück. ❶

Bosque del Río Lodge, in Dos Brazos, ✆ 8705-3729, ⌨ www.bosquedelriotigre.com. Kleine, rustikale Lodge am Ufer des Río Tigre, 4 Zimmer im Haupthaus mit Gemeinschaftsbad und eine freistehende Cabina mit Privatbad. 12 ha großes Privatreservat. Familiäres Ambiente, Touren, sehr beliebt bei Vogelkundlern. Exzellentes Essen, VP inkl. ❻

Im Ortszentrum befinden sich eine **Pulpería** und eine **Soda**.

TRANSPORT

Taxi nach Puerto Jiménez ca. $30.

Cabo Matapalo

Der malerische Südostzipfel von Osa (17 km südlich von Puerto Jiménez) ist umgeben von Mangroven, Tidepools und Wasserfällen und zählt mit den Stränden **Playa Pan Dulce** und **Playa Matapalo** zu den besten Surfrevieren der Halbinsel. Viele nordamerikanische Expats haben sich in Cabo Matapalo niedergelassen und teure Hotels eröffnet. Vor Martina's Bar findet freitags um 17 Uhr ein Markt statt.

ÜBERNACHTUNG UND ESSEN

Bosque del Cabo, 22 km von Puerto Jiménez, ✆ 2735-5206, 8389-2846, ⌨ www.bosquedel cabo.com. Herrlich gelegene Lodge direkt am Kap von Matapalo. 15 luxuriöse Cabinas und 4 Ferienhäuser auf gepflegter Gartenanlage. Teils atemberaubender Meeresblick von der privaten Veranda. Sehr abgelegen, Pool. VP. ❻

Casa Bambú, an der Playa Pan Dulce, ⌨ www. casabambu.com, ✆ 8702-5906. Attraktive 2-stöckige, luftige Ferienhäuser aus Bambus mit Küche, Garten und Meerblick; ruhig. ❻

Lapa Ríos, 18 km südl. von Puerto Jiménez, ℡ 2735-5130, 🖥 www.laparios.com. Eingebettet in ein 400 ha großes privates Regenwaldreservat liegen 16 mit Palmstroh gedeckte, edel-schlichte Bungalows mit Terrasse. Spektakuläre Aussicht auf den Pazifik, Yogaplattform, Pool. Inkl. VP und verschiedene Wildlife-Touren. ❻

Ojo del Mar, rund 15 km südl. von Puerto Jiménez, ℡ 2735-5531, 🖥 www.ojodelmar.com. Ein deutsches Künstler-/Heilpraktiker-Paar hat sich dieses kleine Paradies am Meer für insgesamt 14 Gäste geschaffen. 4 rustikale Bambushäuser mit Kerzenlicht und Außenbad, Yogadeck am Meer. 15 Min. bis zum Strand. Frühstück inkl. Tiki-Zelt ab $70 für 2 Pers. ❻

Martina's Bar, in Cabo Matapalo, neben Ojo del Mar. Fischgerichte, Casados und kühle Getränke. Ideal für eine Rast während der holprigen Fahrt nach Carate. ⏰ Frühstück ab 9 Uhr, Abendessen ab 18 Uhr.

Carate

Die 45 km lange Schlaglochpiste von Puerto Jiménez nimmt in Carate endlich ein Ende. Trekker springen hier erleichtert von den Holzpritschen der *Colectivos* und beginnen ihre Wanderung durch den benachbarten Nationalpark. Selbstfahrer können ihren Leihwagen für $5 pro Nacht und $2 pro Tag auf dem Parkplatz an der Pulpería stehen lassen – wirklich kaum zu verfehlen, denn mehr Gebäude hat Carate nicht. Reittouren ($25 p. P.) in den umliegenden Primärwald bietet das kleine Tico-Restaurant Bijagual, zwischen Cabo Matapalo und Carate, an.

Carate Jungle Tent Camp, kein Telefon. 3 einfache, aber sehr saubere Zelte mit Matratzen sowie eine rustikale Cabina bei einheimischer Familie in Strandnähe. Ab $35 p. P., Frühstück $8. ❹

Ecolodge La Leona, rund 3,5 km westl. von Carate (von dort nur zu Fuß zu erreichen), ℡ 2735-5705, 🖥 www.laleonaecolodge.com. 16 Wohnzelte mit Betten, einfache Möblierung, Veranda und Meerblick. Beliebt bei Gruppen.

Gepäcktransport zu Pferde ab Carate. Inkl. VP. Ab $95 für 2 Pers. ❺ – ❻

🧳 **Luna Lodge**, 2 km nördl. von Carate an einem steilen Hügel, ℡ 2206-5859, 🖥 www.lunalodge.com. Das Hotel zählt zu den exklusivsten und abgelegensten in ganz Costa Rica. Die Gäste können wählen zwischen geschmackvoll-luxuriösen, palmstrohgedeckten Bungalows, Zimmern im Kolonialstil oder Wohnzelten mit Privatbädern und Elektrizität auf Holzplattformen. Spektakuläres Yogadeck, Spa. VP inkl. ❻

📷 **Finca Exotica**, Eingang am Beginn der Landebahn in Carate, ℡ 8828-0817, 🖥 www.fincaexotica.com. Ein Naturerlebnis der besonderen Art bietet diese weitläufige Lodge auf einem großen privaten Schutzgebiet mit Primärwald und tropischer Gartenanlage. Unterkunft in komfortablen, aber schlichten Holz-Cabinas oder robusten Wohnzelten. Der deutsche Besitzer will mit seinem Projekt zum Erhalt der Flora und Fauna in der Pufferzone rund um den Nationalpark Corcovado beitragen. Direkter Zugang zum Strand. VP und Tour inkl. ❻

Colectivos fahren tgl. um 8.30 und 16.30 Uhr von der Pulpería nach PUERTO JIMÉNEZ.

9 HIGHLIGHT

Parque Nacional Corcovado

■ **MINAET-Büro**: In Puerto Jiménez, an der Landebahn, ℡ 2735-5036, ✉ pncorcovado@gmail.com
■ **Öffnungszeiten**: ⏰ 8–12 und 13–16 Uhr (MINAET-Büro). Es ist nur eine begrenzte Anzahl an Besuchern pro Tag im Park zugelassen, eine telefonische Anmeldung ist daher bereits einen Monat im Voraus möglich und – besonders während der Hauptbesuchszeit von Dez–März sowie während der Semana Santa – ratsam. Bei der Parkverwaltung sind Wanderkarten erhältlich. Auch die

Er gehört zu den Tropen wie die Ananas, die Kokosnuss, die Palmenstrände und die Sonne – der **Lapa Roja** (Rote Ara) mit seinem leuchtend roten, bunt durchsetzten Federkleid, der schönste und größte unter den Papageien. Seine Heimat sind die tropischen Regenwälder von Südmexiko bis nach Brasilien. In Costa Rica leben heute zwei nennenswerte Populationen: im Nationalpark Carara und auf der Osa-Península. Dort können Besucher die geselligen Vögel auf dem Küstenwanderweg von Carate zum Nationalpark Corcovado erleben. Laut krächzend sitzen sie in den Kronen der Mandelbäume und knacken mit ihren harten Schnäbeln Nüsse und Früchte. Lapas legen jedes Jahr 2–4 Eier in Baumhöhlen ab. Nach rund einem Monat schlüpfen die Jungen, nackt und mit geschlossenen Augen. Bis zum ersten Lebensjahr bleiben sie unter elterlicher Obhut.

Die Zahl der Roten Aras hat weltweit dramatisch abgenommen. In Costa Rica steht der Papagei auf der Liste der vom Aussterben bedrohten Tiere. In El Savador ist der Lapa Roja bereits ausgestorben. Neben der Abholzung der Regenwälder stellt die Hauptbedrohung der Aras die Nestdieberei dar. 200 bis 400 Dollar verdient ein Nestdieb pro Jungtier – ein schnell verdientes Monatsgehalt. Wenige der jungen Vögel überleben den Tierschmuggel. Im Nationalpark Carara geht die Organisation Lapa erfolgreich gegen Nestdieberei vor. Solange jedoch die Nachfrage nach exotischen, sprechbegabten Vögeln als Haustiere im Ausland anhält, wird der lukrative Handel mit den Jungpapageien kein Ende nehmen.

Unterkunft in Sirena und die Campingplätze im Park können hier reserviert werden.

- **Eintritt**: $10
- **Gründungsjahr**: 1975
- **Größe**: 45 914 ha
- **Unterkunft**: An den Parkstationen Sirena und San Pedrillo ist Camping ($4 p. P.) möglich und Trinkwasser vorhanden. In **Sirena** befindet sich außerdem eine Forschungsstation mit einfachen Schlafsälen ($8 p. P.).
- **Transport**:
  Der Park verfügt über insgesamt **fünf Parkeingänge**: An der Pazifikküste liegen die Stationen **La Leona** und **San Pedrillo**. Im Binnenland befinden sich die Stationen **Los Patos, El Tigre (Dos Brazos)** sowie der touristisch weniger erschlossene Parkeingang **Los Planes**. Colectivos oder Busse verbinden Puerto Jiménez mit den Carate (rund 3 km von der Station Leona entfernt) und der Station bei Dos Brazos. Die Forschungsstation und Herberge La Sirena wird zudem von Charterflugzeugen aus Puerto Jiménez angeflogen. Zur Station Los Patos gelangt man zu Fuß, per Taxi oder Pferd von der Ortschaft La Palma (13 km, ca. 5 Std. Fußmarsch). Los Planes ist zu Fuß oder per Auto von Agujitas (Bahía Drake) zu erreichen

(4 km). Zur Station San Pedrillo gelangt der Besucher nur zu Fuß oder per Boot von der Bahía Drake. Die drei Parkeingänge La Leona und Los Patos sind außerdem durch Wanderwege miteinander verbunden (s. Wanderungen, S. 359).

- **Ausrüstung**: Sonnen- und Moskitoschutz, viel Trinkwasser, Taschenlampe, Zeltausrüstung, Proviant, Kompass

Die Sonne brennt, die Moskitos stechen, der Sand unter den Füßen gibt ständig nach. Die Zeltstangen hauen gegen den Hinterschädel, schmerzhaft schneiden die Rucksackgurte ins Fleisch. Dennoch es ist ein **mehrtägiger Trek** durch den Nationalpark Corcovado, der für viele Urlauber den Höhepunkt ihres Costa-Rica-Urlaubs darstellt. Zu Recht: Der Anblick eines Tapirjungen, kreischender Roter Aras oder eines farbenprächtigen Sonnenuntergangs über dem schwarzblauen Pazifik lässt alle Anstrengungen und Wehwehchen mit einem Mal vergessen.

Corcovado ist das **grüne Juwel** in der Krone von Costa Ricas Nationalparks. Der Park umfasst, was Biologen als eine der artenreichsten Zonen der Welt bezeichnen: Acht verschiedene Ökosysteme, darunter Nebel-, Regen-, Mangrovenwälder und endlos lange

PARQUE NACIONAL CORCOVADO

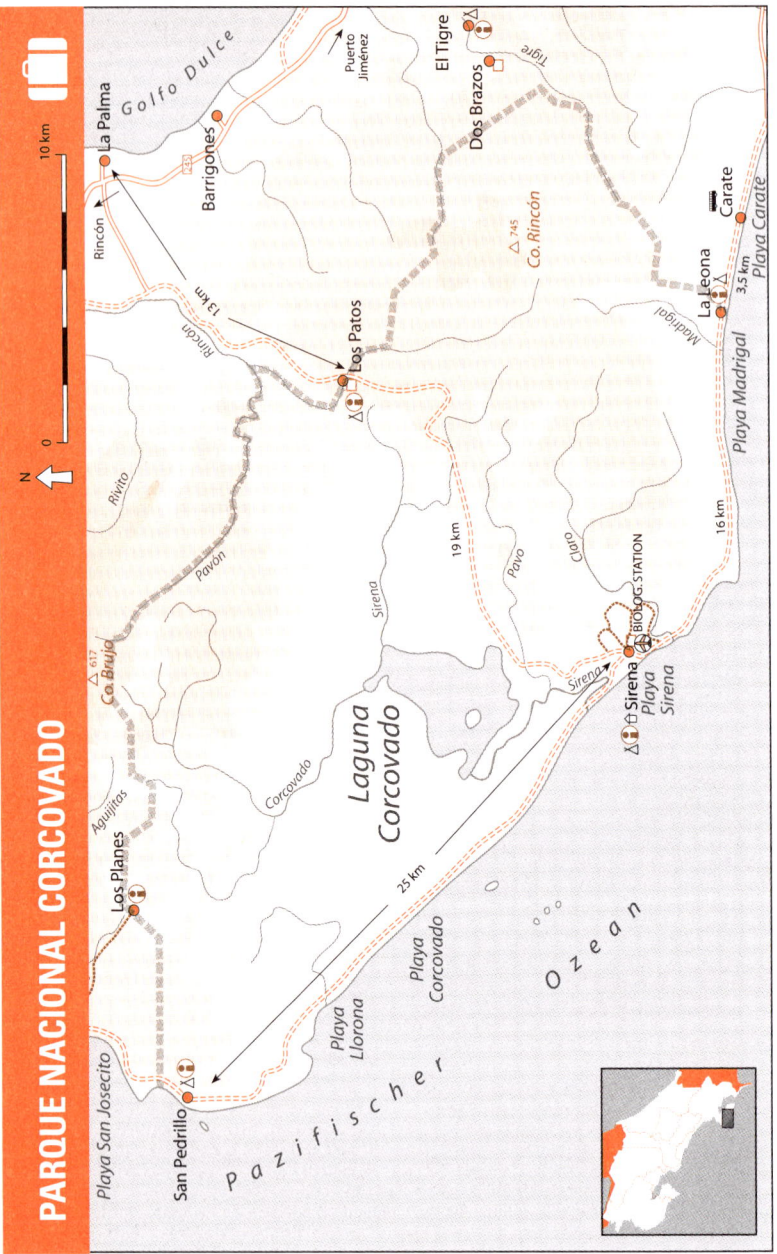

Golfo Dulce

La Palma

Barrigones

Rincón

Puerto Jiménez

El Tigre

Dos Brazos

Tigre

△ 745
Co. Rincón

Carate

Playa Carate

La Leona

La Leona

3,5 km

Madrigal

Playa Madrigal

Los Patos

13 km

Rivito

Pavón

△ 617
Co. Brujo

Aguijitas

Sirena

19 km

Pavo

Claro

16 km

BIOLOG. STATION

Sirena
Playa
Sirena

Laguna
Corcovado

Corcovado

Los Planes

Sirena

25 km

Playa San Josecito

Playa Llorona

Playa
Corcovado

Ozean

San Pedrillo

Pazifischer

N

0   10 km

www.stefan-loose.de/costa-rica

Sandstrände. Auch heute noch werden bisher unbekannte Tier- und Pflanzenarten entdeckt. Bis 1978 führte keine Straße auf die Península de Osa; durch die Abgeschiedenheit konnten seltene Tiere, die in anderen Landes- und Weltteilen bereits ausgestorben sind, wie Jaguar, Totenkopfäffchen und Harpyie – einer der größten Greifvögel der Welt – überleben.

Um eine bessere Kontrolle über das Schutzgebiet zu haben, das die größte Fläche an tropischem Regenwald an der mittelamerikanischen Pazifikküste umfasst, wurden sechs Parkstationen errichtet. Doch die Zahl der Parkwächter ist begrenzt, und es ist unmöglich, das gesamte Areal rund um die Uhr zu schützen. Illegales Goldschürfen und Wilddieberei stellen für den Parque Nacional Corcovado nach wie vor akute Bedrohungen dar. So hat die Zahl der Nabelschweine (die Hauptnahrungsquelle für Corcovados Jaguare) in den letzten Jahren alarmierend abgenommen. Zur Nahrungssuche weichen die Jaguare deshalb immer wieder auf Farmland aus, wo sie häufig von Viehzüchtern erschossen werden.

Seit Anfang 2014 dürfen Besucher den Nationalpark aus Sicherheitsgründen nur noch in **Begleitung eines zertifizierten Führers** betreten – eine Entscheidung, die sicher nicht bei allen Wanderern für Begeisterung sorgt, aber für den Park und seine Bewohner wohl eine gute Nachricht bedeutet.

Wanderungen

Für Tageswanderungen im Corcovado bietet sich Dos Brazos (S. 355) als gute Ausgangsbasis an. Einen mehrtägigen Trek können sich Wanderer aus den Wegabschnitten zwischen La Leona, Sirena und Los Patos zusammenstellen. Seit Anfang 2014 besteht im gesamten Nationalpark Guide-Pflicht, da es zuvor immer wieder zu Unglücksfällen mit Wanderern gekommen ist, die im Park allein unterwegs waren. Ein ortskundiger Führer ist jedoch nicht nur aus Sicherheitsgründen sinnvoll. Mit einem guten einheimischen Guide bekommt der Laie viel mehr von der Flora und Fauna zu sehen. Alle Führer müssen im Besitz einer offiziellen Lizenz sein. Fast jede Unterkunft auf der Halbinsel Osa kooperiert mit einem Touranbieter

und zertifizierten Guides. Wer sich lieber auf eigene Faust um einen Führer kümmern möchte, kann die Anbieter in Puerto Jiménez und Agujitas kontaktieren (s. „Touren" S. 350 und 354).

Beste Wanderzeit ist die Trockenzeit, d. h. von Mitte Dezember bis Mitte April. Der 25 km lange Streckenabschnitt **zwischen San Pedrillo und Sirena** (8–10 Std.) war zur Zeit unserer Recherchen gesperrt und soll auf längere Sicht für die Öffentlichkeit geschlossen bleiben. Der einzige Teil dieses längsten und anstrengendsten Trails in Corcovado, der weiterhin begehbar ist, ist der etwa 7 km lange Teilabschnitt zwischen San Pedrillo und der Playa Llorona, einem der wichtigsten Nistplätze für Meeresschildkröten in Costa Rica.

Von Carate nach Sirena
■ 19,5 km, 6–8 Std.

Der Wanderweg von Carate zur Station La Sirena ist ausgeschildert und bei frühem Aufbruch gut in einem Tag zu schaffen (Achtung: Gezeiten einplanen!).

Rund 3 km westlich von Carate befindet sich die Station **La Leona**, wo Wanderer den Parkeintritt zahlen. Rote Aras halten sich gerne in den Baumkronen am Ufer auf. Der Pfad überquert dann den **Río Madrigal** und kurz vor der Sirena-Station den breiten **Río Claro**. Wanderer haben die Wahl, am Strand in der Sonne oder

Trekking im Corcovado

Der Corcovado Nationalpark ist nicht zu vergleichen mit dem „zahmen" Manuel Antonio-Park (S. 320). Corcovado ist Dschungel. Wanderer sind mitunter extremer Hitze und Feuchtigkeit ausgesetzt. Es gibt Moskitos und Schlangen, und es müssen Flüsse durchquert werden, in denen sich Krokodile oder Haie aufhalten können. Besucher sollten leicht packen, stets ausreichend Trinkwasser bei sich tragen (der Wasserverlust ist nicht zu unterschätzen; an allen Parkstationen ist jedoch Trinkwasser vorhanden) und sich vor Aufbruch bei den Parkwächtern über die Gezeiten informieren. Das Baden an der gesamten Küste gefährlich, es sind schon einige Besucher ertrunken.

durch den angrenzenden Wald im Schatten zu wandern. Viele Besucher bleiben zwei Nächte in La Sirena, um die 1–2-stündigen Wanderungen in die Umgebung wahrzunehmen. Die Chancen, hier einem Tapir zu begegnen, sind gut. Die Wege rund um Sirena sind die touristischsten im Park. Man begegnet vielen Gruppen, die mit Feldstechern an Waldführungen teilnehmen.

Von Sirena nach Los Patos

■ 20 km, rund 8 Std.

Der Wanderweg von Sirena nach Los Patos führt weg von der Küste (und der frischen Meeresbrise) durch Primär- und Sekundärwald ins heiße Parkinnere. Die letzten 6 km sind steil, einige Wanderer bevorzugen daher den Trek in umgekehrter Richtung. Von Los Patos sind es weitere 13 km durch Goldgräbergebiet zur Ortschaft La Palma; der Pfad kreuzt dabei mehrmals Wasserläufe. In Los Patos gibt es weder Telefon noch Busverbindung. Taxis vorher bestellen!

Von Palmar Richtung Panama

Von **Palmar** führt die Interamericana an großen Ölpalmenplantagen vorbei in den Süden, nach **Paso Canoas**, der Grenze nach Panama. Lohnenswert auf dieser Strecke sind die weiter unten beschriebenen kurzen Abstecher ans westliche Ufer des Golfo Dulce, z. B. zum **Regenwald der Österreicher** oder an die Strände von **Zancudo**, **Pavones** und **Punta Banco**.

Golfito

Trotz ihrer idyllischen Lage am **Golfo Dulce** ist die weit auseinandergezogene Hafenstadt Golfito kein Touristenort. Abends hallen die Karaokeschluchzer aus den filzigen Hafenkneipen von der Fassade der alten Sardinenfabrik wider. Am Muelle Bananero, dem einstigen Bananendock, schwimmen Manta-Rochen im schmutzigen Hafenbecken. Die rostenden Eisenbahnwaggons, Kräne und Lagerhallen sind Relikte aus der Zeit

des *Oro Verde* (grünes Gold), als die United Fruit Company hier Bananen anbaute. Im nördlichen Stadtteil, der **Zona Americana**, stehen noch die schmucken Häuser der ehemaligen *Gerentes* (Betriebsleiter). Im südlichen **Pueblo Civil**, wo heute die Fähre nach Puerto Jiménez ablegt, lebten die Arbeiter.

Als sich United 1985 nach beinahe 50 Jahren aufgrund von Arbeiterstreiks, Preissturz und Pilzbefall der Bananen aus der Region zurückzog, fiel Golfito ins Chaos. Um die Wirtschaft anzukurbeln, eröffnete die costa-ricanische Regierung Anfang der 1990er-Jahre den **Depósito Libre**, ein hässlich ummauertes Einkaufszentrum am nördlichen Stadtrand, wo vorwiegend Elektrogeräte aus Panama zollfrei verkauft werden. Einkäufer müssen ihr Eintrittsticket 24 Stunden im Voraus kaufen und somit die Nacht in Golfito verbringen. Die meisten Touristen jedoch setzen direkt mit der Fähre nach Puerto Jiménez über oder ziehen weiter, Richtung Süden, an die **Playas Zancudo, Pavones** und **Punta Banco**.

Sehenswertes

Das 28 m² große **Refugio Nacional de Fauna Silvestre Golfito** im nördlichen Ortsteil hinter der Landebahn ist touristisch nur wenig erschlossen. Doch die Artenvielfalt der Flora und Fauna hier ist beträchtlich. In dem relativ kleinen Schutzgebiet, das 1988 zur Sicherung der Wasserversorgung Golfitos gegründet wurde, wächst ein Viertel der in Costa Rica heimischen Baumarten. Insgesamt wurden bisher knapp 150 Vogelarten auf dem Areal identifiziert. Das **SINAC-Büro**, ☎ 2775 2110, am Parkzugang informiert über Wanderwege, ⊙ 8–16 Uhr, Eintritt $10.

Von hier führt eine Straße an der Polizeistation vorbei zur **Playa Cacao** (6 km), dem besten Badestrand in der Nähe von Golfito. Die paradiesischen, weiter nördlich gelegenen, wenig touristischen Strände **Playa Josecito** (s. Kasten S. 362), **Playa Nicuesa** und **Playa Cativo** sind von Golfito nur per Boot zu erreichen. Einige Hotels höherer Preisklasse bieten an den Stränden Unterkunft an.

ÜBERNACHTUNG UND ESSEN

Cabinas Princesa del Golfo, schräg gegenüber der Banco Nacional, ☎ 2775-0442. Sehr

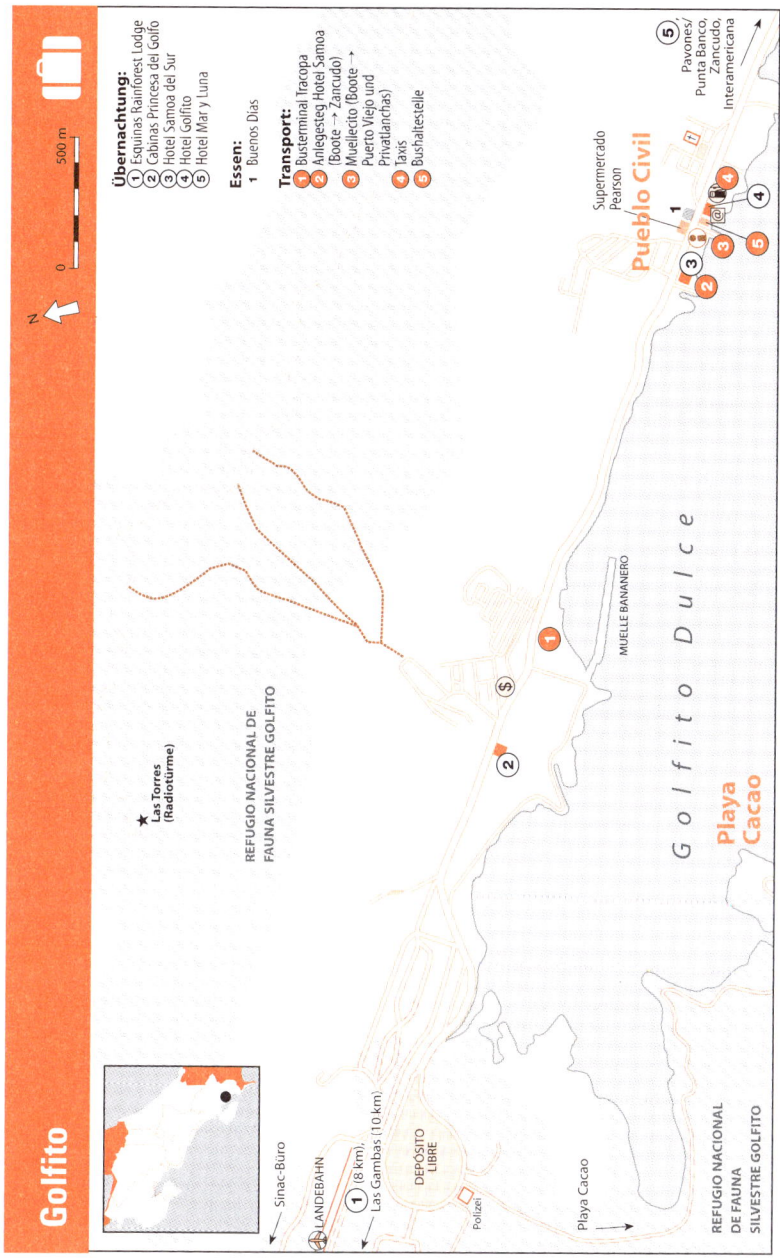

Golfito

N 0 — 500 m

Sinac-Büro

Übernachtung:
① Esquinas Rainforest Lodge
② Cabinas Princesa del Golfo
③ Hotel Samoa del Sur
④ Hotel Golfito
⑤ Hotel Mar y Luna

Essen:
① Buenos Días

Transport:
① Busterminal Tracopa
② Anlegesteg Hotel Samoa
 (Boote → Zancudo)
③ Muellecito (Boote →
 Puerto Viejo und
 Privatlanchas)
④ Taxis
⑤ Bushaltestelle

★ Las Torres
 (Radiotürme)

REFUGIO NACIONAL DE
FAUNA SILVESTRE GOLFITO

LANDEBAHN
① (8 km)
Las Gambas (10 km)

DEPÓSITO
LIBRE

Polizei

Playa Cacao

MUELLE BANANERO

Golfito Dulce

Playa Cacao

REFUGIO NACIONAL
DE FAUNA
SILVESTRE GOLFITO

Supermercado
Pearson

Pueblo Civil

Pavones/
Punta Banco,
Zancudo,
Interamericana

einfache, aber saubere und sichere Cabinas bei netter Tico-Wirtin Roxana. ❷

Esquinas Rainforest Lodge, 10 km nördl. von Golfito, Richtung La Gambas (ausgeschildert), ✆ 2775-0901, 🖥 www.esquinaslodge.com. Rustikale Bungalows, eingebettet in den Dschungel, am Rande des Nationalparks Piedras Blancas. Einige Unterkünfte sind rollstuhlgerecht. Im großen palmstrohgedeckten Gemeinschaftsbereich werden die Mahlzeiten eingenommen, Pool. Viele deutschsprachige Gäste. VP inkl. ❻

Hotel Golfito, am Muellecito, ✆ 2775-0047. 16 saubere, recht karge Zimmer, teils mit AC.

In der Nähe der Bushaltestelle und des Fähranlegers. ❷ – ❸

Hotel Mar y Luna, kurz hinter dem Ortseingang, am Golfo Dulce, ✆ 2775-0192, 🖥 www.marylunagolfito.com. 15 helle, ordentliche Zimmer, 5 davon geräumige „Suites" mit Kitchenette. Gutes Restaurant, 🕑 7–22.30 Uhr. Frühstück inkl. ❸

Hotel Samoa del Sur, ✆ 2775-0233, 🖥 www.samoadelsur.com. Große Zimmer mit Doppelbetten. Etwas überteuert, aber mit Pool. Französische Leitung, Frühstück inkl. ❹

🧳 **Buenos Días**, gegenüber der Bushaltestelle. Das Frühstück in diesem Schnellrestaurant ist hervorragend. Es gibt außerdem Sandwiches, Casado und leckere Frescos. Die Klimaanlage ist Gold wert. Ein idealer Ort, um auf den Bus zu warten. 🕑 6–22 Uhr.

SONSTIGES

Fahrrad- / Kajakverleih

Hotel Samoa del Sur, verleiht Räder für $10 pro Tag und Kajaks für $5 pro Std.

Informationen

Touristenbüro, am Muellecito, ✆ 2775-1820, 🕑 Mo–Fr 8–13 Uhr.

Internet

Unter dem Hotel Golfito, 🕑 Mo–Fr 8–20, Sa 8–20, So 12–18 Uhr.

Supermarkt

Supermercado Pearson, gegenüber vom Anlegesteg, führt u. a. frische Backwaren. 🕑 7–18 Uhr.

TRANSPORT

Busse

Tracopa-Busse nach San José fahren in der Nähe des Muelle Bananero ab. Alle anderen Busse verkehren von der überdachten Haltestelle am Muellecito.

CIUDAD NEILY (RÍO CLARO), stdl. 6–19 Uhr, 1 Std.;

PASO CANOAS (über CIUDAD NEILY), ca. alle 90 Min. 5.30–15 Uhr, 1 1/2 Std.;

PUNTA BANCO (über PAVONES), 10, 15 Uhr, ca. 2 1/2 Std.;

SAN JOSÉ (über PALMAR), 5 und 13.30 Uhr, 7 Std. mit Tracopa, ☎ 2221-4214.

Boote

PUERTO JIMÉNEZ, am Muellecito, um 11.30, 13 Uhr;
Außerdem Privat-Boote Richtung PLAYA CACAO (6000C$) und ZANCUDO (3000C$), Di und Fr um 12.30 Uhr vom Anlegesteg des Hotels Samoa del Sur.

Zancudo

Im Westen der Pazifik, im Osten die Mangroven – dazwischen eine endlos lange Staubpiste, an der sich Hotels und Restaurants aneinanderreihen: Das ist Zancudo, ein langer Strandstreifen, an dem sich vorwiegend ältere Expats niedergelassen haben. Früher waren in Zancudo auch Schweinefarmen angesiedelt, deren Tiere mit den angeschwemmten Überschussbananen der United Fruit Company aus Golfito gemästet wurden. Schweine mitsamt Bananen sind längst verzehrt, heute haben Touristen den relativ wenig besuchten, schönen Badestrand für sich; gutes Surfen ist am südlichen Strandabschnitt möglich. Zur Semana Santa reisen Costa Ricaner mit Kind und Kegel an und verwandeln den sonst ruhigen Ort in ein Volksfest.

ÜBERNACHTUNG

Au Coeur du Soleil, ☎ 2776-0112, 🖳 www.au coeurdusoleil.com. 3 offen gestaltete Cabinas mit Küche für max. 4 Pers. ab $46 pro Tag/2 Pers. Rabatte bei längerem Aufenthalt. ❷–❸
Cabinas Los Cocos, 200 m nördl. von Cabinas Sol y Mar, ☎ 2776-0012, 🖳 www.loscocos.com. Rustikale, originelle Ferienhäuser mit Küche und großer Wohnveranda in Strandlage, gut für Familien. Fahrrad-, Kajak-, und Boogieboard-Verleih. Rabatte bei Wochen- und Monatsmiete. Cabina ❺
Cabinas Sol y Mar, 1,5 km südl. vom Supermercado Tres Amigos, ☎ 2776-0014, 🖳 www. zancudo.com. Sehr große Cabinas mit Meerblick und ein Haus für Selbstversorger. Das dazugehörige Restaurant (🕑 7–21 Uhr) hat gute Burger und andere Snacks. ❷–❹

Coloso del Mar, 4 km südl. vom Bootsanleger (Taxi $6), ☎ 2776-0050, 🖳 www.colosodelmar.com. 5 rustikale Cabinas im Blockhaus-Stil bei amerikanischem Aussteiger. Sehr gepflegte Anlage direkt am Strand; Restaurant, WLAN. Surfbrettverleih ($20 pro 24 Std.) und Unterricht. Gutes Preis-Leistungs-Verhältnis. Cabina für 2 Pers. ab $45. ❸
Hotel Macondo, 300 m nördl. der Bar Sussy, ☎ 2776-0157, 🖳 www.macondo-hotel.com. 2-stöckiges Haus mit 6 geräumigen Zimmern und hübschem, großem Garten mit Pool, Restaurant. Nur in der Hauptsaison geöffnet! Ab $30 pro Zimmer. Fahrrad- und Kajakverleih. ❸
Latitude 8 Lodge, 100 m südl. vom ICE- Gebäude, ☎ 2776-0168. Schlichte, sehr schöne Holzhäuser mit AC, Kühlschrank und großer Veranda. Rancho mit Kochmöglichkeit. ❹

ESSEN UND UNTERHALTUNG

El Coquito, hier treffen sich vor allem Einheimische, samstags wird getanzt.

La Puerta Negra. Kleines Restaurant mit hausgemachten italienischen Gerichten, darunter „zornige Pasta" mit schwarzen Oliven und scharfen Chilis. 🕑 Di–So 18–21 Uhr.
Restaurant-Bar Sol y Mar. Eher ein Touristentreffpunkt.
Restaurante Tranquilo und **Bar Sussy** bieten günstige Fisch- und landestypische Gerichte.
Soda Katherine, in der Nähe des Fußballplatzes.

SONSTIGES

Fahrradverleih
Cabinas Sol y Mar, $10 pro Tag.

Kajakverleih
Cabinas Los Cocos, verlangt $5 pro Std.; auch Stand-up-Paddle-Boards.

Reittouren
Restaurant Sol y Mar, vermittelt Reitausflüge.

TRANSPORT

Busse
Die Busse fahren von der Pulpería Bella Vista ab. CIUDAD NEILY, um 6 Uhr, 3 Std.; Passagiere nach PAVONES oder GOLFITO müssen in Conte umsteigen.

Boote

Der Bootsanleger befindet sich am nördlichen Ende des Ortes, auf der Mangrovenseite. GOLFITO, Di und Fr um 7.30 Uhr, 3000C$. Private Wassertaxis fahren von Cabinas Locos ab. Preise: GOLFITO $40 p. P. (mind. 2 Pers.), PUERTO JIMÉNEZ $80 p. P., mind. 1 Tag vorher anmelden.

Pavones und Punta Banco

Pavones ist ein kleines, abgelegenes Surfrevier, in dem sich zur Regenzeit die internationale Surfgemeinde trifft und sich Wellenreiter einen Platz auf der **längsten Linkswelle** der Welt erkämpfen (nicht für Anfänger geeignet). Zur Trockenzeit (Dez–März) senken viele Unterkünfte im Ort ihre Preise. Im 6 km weiter nördlich gelegenen **Punta Banco** endet die Straße.

In Sonnenanbeterstellung liegen Frühaufsteher auf dem Yogadeck der friedlichen Yoga-Farm (s. Kasten) und begrüßen die ersten Morgenstrahlen über dem Pazifik. Außerdem bieten sich hier herrliche Wanderungen und Ausritte an der wenig touristischen **Playa Punta Banco** oder ein Besuch des benachbarten Indianerreservats **Guaymí de Conte Burica** an.

Pavones

Zwischen Dezember und März bieten viele Unterkünfte verbilligte Preise an.
Cabinas Carol, ☎ 2776-2239, 8481-8569, 🖳 www.cabinascarol.com. 8 einfache Zimmer. Die Anlage wirkt etwas in die Jahre gekommen, versprüht aber einen unwiderstehlichen Surfer-Charme. Familiäre Atmosphäre. Surfboard-Verleih, WLAN. Ab $15 p. P. ❷–❸
Cabinas de la Suerte, im Ortszentrum, 50 m vom Strand, ☎ 2776-2388, 🖳 www.cafedelasuerte.com. 2 gemütliche Zimmer mit Balkon und AC über dem vegetarischen Café de la Suerte. ❹
Caza Olas, ☎ 2776-2271. 1 Dorm und 5 schlichte, aber saubere Holz-Cabinas. Italienische Leitung. Teilweise mit Bad und AC. Ab $10 p. P. (Dorm mit Gemeinschaftsbad). ❶–❸
Eberneezer Cabinas, ☎ 2776-2052. 3 einfache, kleine, sehr saubere Zimmer bei Tico-Familie. ❸

Mira Olas, 200 m südl. vom Supermarkt dem Wegweiser folgen, ☎ 2776-2006, 🖳 www.miraolas.com. Großes Finca-Gelände am Río Claro mit blitzsauberen gefliesten Cabinas mit Privatbad und Kühlschrank. Außerdem eine Jungle Deluxe Cabin für 4 Pers. mit gut ausgestatteter Küche. Ab $35 für 2 Pers. ❸

Punta Banco

📖 **Rancho Burica**, am Ortsende von Punta Banco, ☎ 2776-2223, 🖳 www.ranchoburica.com. Charmante Surfunterkunft mit einfachen Zimmern direkt am Strand (20 Betten), Frühstücksrancho, Hochsitz (zum Betrachten der Sonnenuntergänge), Palmen. Geleitet von freundlichen holländischen Wellenreitern. Ab $15 p. P. im Schlafsaal. Das leckere Frühstück ($6), und Abendessen ($8) wird von zwei Tica-Köchinnen zubereitet. ❶–❸

🏠 **Tiskita Lodge**, 400 m vor dem Ortseingang von Punta Banco, ☎ 2296-8125 (nur wochentags), 🖳 www.tiskita.com. 17 schöne, rustikale Zimmer in individuell gestalteten, auf einem großen Areal verteilten Wohneinheiten, Garten mit tropischen Früchten. Tiskita führt Umwelt- und Tierschutzprojekte (z. B. Ara-Auswilderungen) in der Region durch und arbeitet mit Freiwilligen. 3 Nächte ab $570 p. P., inkl. VP und 2 geführten Touren. Auch Einblicke in das Ara-Schutzprojekt möglich. ❻

Pavones

Café de la Suerte, im Zentrum. Vegetarisches Restaurant mit leichten Gerichten: Pita, Sandwiches, Salate. Lecker, aber teuer. ⊕ Mo–Sa 8–17 Uhr.
La Piña, an der Straße Richtung Punta Banco. Hochgepriesenes italienisches Restaurant mit Fisch- und vegetarischen Gerichten sowie hausgemachter Pasta. ⊕ 13–21 Uhr.
Jolly Rogers, 400 m südl. vom Supermarkt, an der Schotterstraße zum Mira Olas. Sehr gute Fischgerichte, leckere Tapas zum Probieren, Sandwiches und mehr. 19–21 Uhr Happy Hour (Cocktails $2). ⊕ 12–22 Uhr.
Soda La Plaza, im Zentrum. Günstiger, frischer Fisch und Meeresfrüchte.

 Die Yoga-Farm

Ein Höhepunkt für Yoga- und Naturfreunde ist die **Yoga-Farm** in Punta Banco, geleitet vom Kanadier Gabriel, seiner kleinen Familie und Freiwilligen. Auch Gäste, die nicht Yoga praktizieren und die Farm der Abgeschiedenheit und Ruhe wegen aufsuchen, sind willkommen.

Unterbringung erfolgt in einfachen, sauberen Dorms mit Gemeinschaftsbad und modernen Komposttoiletten oder in Privatzimmern. Die vegetarischen Gerichte werden aus dem ökologisch angebauten Gemüse und Obst der Farm zubereitet. Außerdem steht den Gästen eine Küche zur Verfügung. Zentrum und Blickfang der Yoga-Farm ist das große, hölzerne Yogadeck mit Blick über den Regenwald auf den Pazifik. Sechsmal pro Woche finden Yogastunden statt, die Unterrichtszeiten richten sich nach den Gästen. Außerdem Wanderungen und Reitausflüge in den umliegenden Regenwald und Touren in das benachbarte Indianerreservat, mit dem die Farm eng zusammenarbeitet. Bewerbungen von Freiwilligen, besonders aus den Bereichen Yoga, Tanz, Massage und Permakultur, sind willkommen. $43 p. P. pro Tag Übernachtung im Dorm, inkl. VP und Yogastunde ($260 pro Woche). Privat-Cabinas ab $65 p. P. Näheres auf 🖥 www.yogafarmcostarica.org. Wegbeschreibung: In Punta Banco führt am Ende der Straße ein steiler Wanderweg (10–15 Min.) links den Hügel hoch; durch das erste Gatter links gehen. Die Farm ist das erste Gebäude auf der linken Seite. Der Bus kommt kurz vor Dunkelheit in Punta Banco an. Taschenlampe mitnehmen!

Punta Banco
Brisas del Mar, Ceviche und Pizza.
Soda Titiguana, günstige Comida Tipica.

SONSTIGES

Supermarkt
Super Río Claro, an der Bushaltestelle. Größter Supermarkt im Ort. ⊙ 7–12 und 13–16 Uhr.

Surfen
Seaking's Surfshop, im Zentrum, ✆ 2776-2015. Surfunterricht und Surfbrettverleih ($15 pro Tag). Auch Surfkurse (ca. $40 pro 2 Std.) können vermittelt werden.

TRANSPORT
Busse
Der frühe Bus zur Weiterfahrt kommt aus Punta Banco und hält vor dem Supermarkt Río Claro; der Bus am Mittag hält vor den Fischerbooten. GOLFITO (über CONTE), 5.30, 12.30 Uhr, 1 3/4 Std.
Wer zur Grenze nach PANAMA will, muss in CONTE umsteigen.

Eine direkte Verbindung von Pavones nach ZANCUDO bestand zur Zeit der Recherche nicht. Von Conte fährt tgl. um 17 Uhr ein Bus nach Zancudo.

Boote
Die örtlichen Fischer fahren Touristen nach MATAPALO oder PUERTO JIMÉNEZ. Sehr teuer!

Ciudad Neily

Ein längerer Aufenthalt in „Nelly" lohnt nicht. Busreisenden bietet der Ort jedoch gute Transportverbindungen.

ÜBERNACHTUNG UND ESSEN
Hotel Andrea, schräg gegenüber vom Busbahnhof, ✆ 2783-3784. Saubere, kleine Zimmer, teils mit AC, hintere Zimmer schöner und leiser, mit kleiner Terrasse. Beste Unterkunft in Neily. Internet, Restaurant. ❸
Hotel El Diamante, am Busbahnhof, ✆ 2783-1003. Einfache Zimmer mit Holzwänden und Bad. Sehr sauber, freundliche Leitung. Sicherer Parkplatz. 2 Pers. ab $35. ❷–❸

DER SÜDEN

Hotel Palmeral Dorima, 17 km nördl. von Ciudad Neily in Río Claro, ✆ 2789-5050, 🖥 www.palmeraldorima.com. Ein paar Kilometer hinter Ciudad Neily, in den Bergen über dem Örtchen Río Claro bietet dieses Hotel mit Pool unter deutscher Leitung 16 geschmackvoll eingerichtete Zimmer auf einem parkähnlichen Gartengrundstück, alle mit AC. Das Frühstück mit Blick über das Tal ist hervorragend. Ein Taxi vom Zentrum in Río Claro kostet $5. ❺

La Moderna, in Neilly 100 m östlich vom Park. Pizza, Pasta, Fischgerichte. Üppige Portionen. ⊙ 7–23 Uhr.

Rund um den Busterminal, insbesondere im kleinen Mercado Municipal, servieren viele Sodas günstige und reichhaltige landestypische Gerichte.

SONSTIGES

Apotheke
Farmacia Villa Neily, gegenüber der Banco Nacional.

Geld
Banco de Costa Rica, 200 m westl., 400 m südl. vom Busterminal, tauscht Reiseschecks. ⊙ Mo–Fr 9–16 Uhr.
Banco Nacional, 100 m westl. und 100 m südl. vom Busterminal. ⊙ Mo–Fr 8.30–15.45 Uhr.

Internet
Café Internet, gegenüber vom Loaiza Supermarkt. ⊙ Mo–Sa 8–22 Uhr.

Post
Correos de Costa Rica, 100 m nördl. vom Busterminal, ✆ 2783-3500. ⊙ Mo–Fr 8–12 und 13–17 Uhr.

Supermarkt
Palí, gegenüber vom Busbahnhof. ⊙ Mo–Do 8–19, Fr–Sa 8–19.30, So 8–18 Uhr.

Taxis
Am Busbahnhof. Preise: Paso Canoas $15, San Vito $30, Flughafen $10, Golfito $35.

TRANSPORT

Busse
DOMINICAL, 6, 11, 14.30 Uhr, 4 1/2 Std.;
FLUGHAFEN (Finca 40s), 4x tgl.;
GOLFITO, 12x tgl. alle 30–60 Min.;
PALMAR, 4.45, 8, 9.15, 12.30, 14.30, 16.30, 17.45 Uhr, 2 Std.;
PASO CANOAS, alle 30–60 Min. von 6–18 Uhr, 30 Min.;
PUERTO JIMÉNEZ, 7, 14 Uhr, 4 1/2 Std.;
SAN ISIDRO, 7, 10.30, 13.15, 15.30 Uhr;
SAN VITO, 6, 9, 11, 12.30, 13.30, 15, 16, 17.30 Uhr, 2 Std.;
SAN JOSÉ, 4.20, 5, 8.30, 11.30, 17 Uhr, ca. 6 Std. mit Tracopa über die Costanera (Inlandsstrecke über den Cerro de la Muerte dauert länger);
ZANCUDO, 9.30, 14.15 Uhr.

Abstecher nach San Vito

Steil schlängelt sich der Bus die malerische Serpentinenstrecke hinauf in das erfrischend kühle San Vito (950 m). San Vito wurde Anfang der 1950er-Jahre von italienischen Kaffeebauern gegründet. Cafés säumen die lebendigen Straßen im Ort. Außerdem hinterließen die europäischen Einwanderer ein Denkmal zur italienisch-costa-ricanischen Freundschaft und knusprig-dünne Pizzaböden. Italienisch parliert man dagegen nur noch selten. Busse fahren von San Vito zum 6 km südlich gelegenen Jardín Botánico Wilson.

ÜBERNACHTUNG

Cabinas Rino, ✆ 2773-3071. Einfache Cabinas in zentraler Lage, in praktischer Nähe zum Busbahnhof. ❷
Casa Botania, 300 m vom Jardín Botánico Wilson in Richtung San Vito, ✆ 2773-4217, 🖥 www.casabotania.com. Hübsche zweistöckige Cabinas mit herrlichem Panoramablick. Frühstück inkl. Costaricanisch-belgische Leitung. Restaurant. ❹
Cascata del Bosco, 200 m vom Jardín Botánico Wilson in Richtung San Vito, ✆ 2773-3208, 🖥 www.cascatadelbosco.com. 4 geschmackvoll eingerichtete, geräumige Rancho-Cabinas mit Mini-Küche (Mikrowelle und Kühlschrank)

DER SÜDEN

und Balkon. Großes bewaldetes Areal mit Wanderwegen. Frühstück inkl. Außerdem Grillrestaurant. US-amerikanische Leitung. **4**

Hotel El Ceibo, 100 m östl. vom Park, ✆ 2773-3025, ✉ hotelelceibo@gmail.com. Saubere und gut ausgestattete, relativ kleine Zimmer, z. T. mit Balkon und Blick auf Wald. Restaurant, WLAN. **3**

ESSEN

Panificadora del Sur, neben dem Automercado. Cappuccino, Espresso, Tiramisu, auch „Tico"-Schlemmereien. ⏲ 6.30–20 Uhr.

Panadería Flor, an der Hauptstraße neben dem American Store. Leckerer Kuchen und Brot. ⏲ 6–20 Uhr.

Pizzería Restaurant Lilliana, westl. vom Park. Große Auswahl an Pizzas nach traditionellen italienischen Rezepten. ⏲ 10.30–22 Uhr.

SONSTIGES

Apotheke
Farmacia Coto Brus, im Zentrum, ✆ 2773-3076. ⏲ Mo–Sa 7.30–18.30 Uhr.

Geld
Banco Nacional, am südl. Stadteingang. ⏲ Mo–Fr 8.30–15.45 Uhr.

Internet
Internet El Kiosko, neben der Banco Nacional. ⏲ Mo–Sa 8.30–18 Uhr.

Medizinische Hilfe
Cruz Roja, neben dem Busbahnhof Cepul, ✆ 2773-3191.

Post
Neben der Polizeiwache am nördl. Ortsausgang. ⏲ Mo–Fr 8–16.30 Uhr.

Supermarkt
Automercado, im Zentrum. ⏲ Mo–Sa 7–20, So 7–19 Uhr.
Super Barato, im Zentrum. ⏲ Mo–Sa 8–20, So 8–17 Uhr.

Taxis
Zum Jardín Botánico Wilson 5000C$.

TRANSPORT

Vom **Tracopa-Busterminal** an der Hauptstraße, am nördl. Ende der Stadt:
SAN ISIDRO, 6, 12.15 Uhr, 3 1/2 Std.;
SAN JOSÉ, 4, 6, 8.30, 15 Uhr, 6–7 Std.

Vom **Cepul-Busterminal** im Nordwesten der Stadt (vom Hauptplatz Richtung Westen):
LOS PLANES, 11, 16 Uhr;
CIUDAD NEILY, 7, 10, 13, 16 Uhr.

Jardín Botánico Wilson

Aus dem ehemaligen Zierpflanzen- und Teegarten des nordamerikanischen Ehepaars Robert und Catherine Wilson entstand nach deren Tod 1973 der Botanical Garden Wilson, heute im Besitz der nicht staatlichen Organization of Tropical Studies (OTS), 🖥 www.ots.ac.cr. Das Gelände besteht aus 250 ha prämontanem Wald sowie mehr als 1000 Pflanzengattungen aus 212 Pflanzenfamilien. Im Schutzgebiet leben u. a. mehr als 400 Vogel-, 43 Fledermaus- und 800 Schmetterlingsarten.

Vier **Wege** mit unterschiedlichen Themenschwerpunkten führen durch Garten und Wald. Eine Broschüre für die Erkundung ($5) ist am Eingang erhältlich. Beste Besuchszeit des Gartens sind die frühen Morgenstunden, nachmittags setzt bereits Nebel ein. Touristen stehen zwölf attraktive, helle **Ferienhäuser** mit guten Matratzen und herrlichen Balkons (VP **6**) zur Verfügung; ideal zum Vogelbeobachten. Voranmeldung erforderlich.

Der Garten liegt 6 km südlich von San Vito auf der **Busstrecke** San Vito–Ciudad Neily. Nur Busse, die über Agua Buena fahren, halten am Garten. Ein Taxi von San Vito kostet rund 5000C$. ⏲ 7–17 Uhr, Eintritt $8, Kinder bis 12 J. frei.

Paso Canoas (Grenzübergang Panama)

Ein buntes Chaos aus Autos, Bussen, fliegenden Händlern, Dreck, Obst- und Gemüseständen herrscht an Costa Ricas wichtigstem Grenzübergang nach Panama. Supermärkte, Internet,

Beim Grenzübertritt in Paso Canoas müssen Reisende bei den **Migración-Büros** beider Länder, ☉ 6–23 Uhr, ihren Pass vorzeigen, um den Stempel für die Ausreise und für die Einreise zu erhalten. Die Ein- und Ausreiseformalitäten beim costa-ricanischen Grenzposten, ✆ 2732-2150, verlaufen relativ unkompliziert und zügig. Bei der panamaischen Migración, ✆ +507-727-6502, muss man jedoch mit **Wartezeiten von mehreren Stunden** rechnen, da von jedem Reisenden ein Foto angefertigt wird. Schlange stehen bei der Ein- und Ausreise von/ nach Panama vermeidet man am besten unter der Woche und in den Nachmittagsstunden von 12–16 Uhr. Reisende in beide Richtungen müssen ein Weiterflug- oder Busrückreiseticket vorweisen und neuerdings auch einen Nachweis über $500, häufig reicht dafür aber auch das Vorzeigen einer gültigen Kreditkarte. Achtung: Auch die Passagiere der internationalen Busse (von Ticabus oder Tracopa) müssen an der Grenze aussteigen und sich selbstständig um ihre Ein- und Ausreisestempel kümmern.

Bank, Post und das **Instituto Panameño de Turismo** (✆ 2727-6524, ☉ 6–23 Uhr) mit spärlicher Information über Panama befinden sich direkt am Grenzübergang.

ÜBERNACHTUNG

Paso Canoas hat eine breite Auswahl billiger, schmuddeliger Cabinas.

Cabinas Milenium, auf der panamaischen Seite der Grenze, ✆ +507-2732-1440, in der Nähe der Migración. Saubere Zimmer mit AC, Warmwasser und TV. ❸

Cabinas Romy, ca. 175 m südl. der Bushaltestelle nach Neily, ✆ 2732-1930. 26 helle, sehr saubere Zimmer mit AC und TV, freundlicher Besitzer, Parkplatz. ❸

SONSTIGES
Geld

Bancrédito, an der Migración. Umtausch von Reiseschecks und von Colones in Dollar; generell schlechter Wechselkurs. ☉ 8–16.30 Uhr.

Banco de Costa Rica, im alten Gebäude der Banco Anglo, neben der Grenzpolizei. ☉ Mo–Sa 9–16, So 9–13 Uhr.

Taxis

Taxis nach Ciudad Neily $15.

TRANSPORT

Das Büro von **Tracopa**, ✆ 2732-2119, befindet sich auf der costa-ricanischen Seite an der Hauptstraße, 150 m vom Grenzposten entfernt. Von Paso Canoas fahren **Busse** nach:

CIUDAD NEILY, alle 30 Min. 6–18 Uhr, 30 Min.;

SAN JOSÉ (über PALMAR), 8, 11.30, 16.30 Uhr, 6 Std.;

DAVID (PANAMA), ca. alle 2 Std., 1 1/2 Std.;

PANAMA CITY (über DAVID und CONCEPCIÓN), 9x tgl. 5.45–19 Uhr, ca. 7 1/2 Std.

© JULIA REICHARDT

Puerto
Limón

San José

Karibikküste

Stefan Loose Traveltipps

11 **Karneval an der Karibik** Afrikanische Trommeln, leuchtender Federschmuck und süßer Rum aus Zuckerrohr in Puerto Limón. S. 377

12 **Der Weg ist das Ziel** Per Lancha durch das Labyrinth aus Seen, Flüssen und Lagunen ins Schildkrötenland Tortuguero. S. 378

Die Karibik auf der Zunge Wer die Karibik nicht geschmeckt hat, hat sie nicht erlebt. In Cahuita gibt es karibische Kochkunst vom Feinsten. S. 387

Playa Chiquita Ska, Reggae, Latin Jazz; während des Caribbean Music Festivals wird der Strand zur Bühne, und wer will, kann selbst mitmachen. S. 393

13 **Schutzgebiet Gandoca-Manzanillo** Einsame Strandparadiese zum Schwimmen und Schnorcheln. S. 397

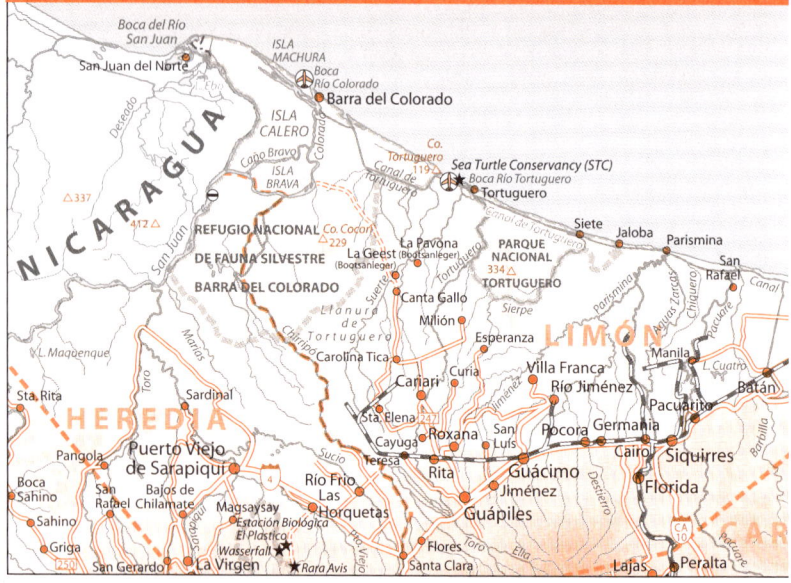

Costa Ricas Karibikküste erstreckt sich von den unzähligen Lagunen, Flüssen und Kanälen des Nordostens über die raue Hafenstadt Puerto Limón bis zu den traumhaft weißen Palmenstränden und der schroffen Cordillera Talamanca im Südosten des Landes. Die Latinokultur weicht hier einer afro-karibischen Kultur: Liebesschnulzen wechseln zu Reggae und Hip-Hop, katholische Kirchen werden durch hölzerne Methodisten- und Baptistenkirchen ersetzt und statt Spanisch *you speak Patois*, eine Mischung aus Pidgin-Englisch und Spanisch. Es riecht und schmeckt überall nach frischer Kokosnuss, sie wird dem Brot (Pan de Coco), dem Fisch (Rondón) und Gallo Pinto, der hier Rice and Beans genannt wird, beigemengt.

Regen- und Trockenzeit gibt es am Atlantik nicht, jederzeit können sich die Schleusen des pastellfarbenen Karibik-Himmels öffnen, und wenn sie es tun, dann oft tagelang. Die Karibik ist eine Welt für sich. Immerhin war dieser Landesteil bis zum Ende des 19. Jhs. vom übrigen Land isoliert und ist bis heute das vernachlässigte Stiefkind und die ärmste Region Costa Ricas. Nach wie vor ist die Nordkaribik nur per Boot oder Flugzeug zu erreichen. Der Süden wurde dagegen mit der Eröffnung der Eisenbahnstrecke bereits 1890 aus seiner Isolierung entlassen.

Geschichte

Jedes Jahr im Oktober steht die karibische Hafenstadt Puerto Limón Kopf und feiert die Ankunft von Cristoph Kolumbus, der 1592 an der Isla Uvita, rund 1 km von Puerto Limón entfernt, vor Anker ging. Kolumbus vermutete große Goldvorkommen an der Küste und nannte das Land deshalb „Costa Rica" – reiche Küste. Heftige Indianerwiderstände verhinderten jedoch mehrfach spanische Versuche, die Region zu kolonisieren. Mitte des 18. Jhs. ließen sich Schildkrötenjäger afro-jamaikanischer Herkunft aus Nicaragua und Panama an der Nord- und Südkaribikküste nieder. Sie wurden von den Ureinwohnern toleriert und vermischten sich untereinander. Der afrika-

nische Bevölkerungsanteil verstärkte sich, als Anfang des 20. Jhs. eine Eisenbahntrasse von San José quer durch die Cordillera Central nach Puerto Limón gebaut wurde.

Damals boomte die Kaffeeindustrie. Die alte Exportroute, von Puntarenas um den südamerikanischen Kontinent herum nach Europa, war zu lang. Der New Yorker Minor Keith übernahm 1871 die Leitung des Mammutprojekts. Die Einheimischen gaben schnell unter den harten Arbeitsbedingungen auf. Chinesen, Italiener und Gefangene aus den USA wurden engagiert. Doch die Arbeiter starben in der erbarmungslosen Hitze an Malaria und Gelbfieber; über 4000 Arbeiter kostete der Bau der Eisenbahnstrecke das Leben. Keith begann verstärkt auf jamaikanische Arbeiter zurückzugreifen, in der Hoffnung, dass sie immun gegen die tropischen Krankheiten wären.

19 Jahre dauerte das Projekt. Costa Ricas Regierung ging das Geld aus. Sie zahlte Keith mit Land aus und gewährte ihm die steuerfreie Nutzung des Hafens in Puerto Limón und der Eisen-bahn. Keith begann an den Gleisen Bananen anzubauen und mit Erfolg zu exportieren. Damit waren die Voraussetzungen für die United Fruit Company, die Keith nur wenige Jahre später zu einem der einflussreichsten Männer in Zentralamerika machten sollte, geschaffen.

1890 dampfte die erste Eisenbahn von San José nach Puerto Limón. Viele der Arbeiter blieben im Land und ließen sich an der spärlich besiedelten Talamanca-Küste nieder. Ihr Geld verdienten sie unter dem gleichen Vorgesetzten – auf den Bananenplantagen der United Fruit Company. Die südliche Karibikküste war aus ihrer Isolierung befreit, die rassistische Diskriminierung aber setzte sich noch über Jahrzehnte fort: Bis 1949 war es Afro-Costa-Ricanern gesetzlich verboten, aus der Karibik ins Valle Central zu reisen! Die Eisenbahnära fand mit dem Erdbeben von 1991 ein abruptes Ende. Die Erdstöße hoben die Gleise um 1,5 m an und zerstörten damit eine der landschaftlich reizvollsten Zugstrecken in ganz Mittelamerika.

Von San José nach Puerto Limón

Vorbei sind die Zeiten, in der die Atlantische Eisenbahn sich schnaubend ihren Weg durch die grüne Hügellandschaft bahnte und – mit Halt in Siquirres und Turrialba – Bananen, Schulkinder, Pendler und Touristen von der tropisch heißen Karibikküste ins kühle San José und zurück beförderte. Zwei Straßen ersetzen heute das Schienennetz: Die landschaftlich reizvolle **Carretera 10** folgt der ehemaligen Eisenbahnroute. Schneller ist die **Carretera 32** (und Route der Expressbusse von San José nach Limón), die mitten durch den **Parque Nacional Braulio Carillo** verläuft. Häufige Wetterumschwünge, Nebel, viele Kurven und starker Lastwagenverkehr machen diese Strecke jedoch zu einer der unfallträchtigsten im Land.

Der Nationalpark beeindruckt mit Höhenunterschieden, die von 30 m in den Tiefebenen bis zu 2906 m im **Sektor Volcán Barva** (S. 155) reichen, und einer Artenvielfalt von 70 Schlangen-, 500 Vogel-, 135 Säugetier- und rund 6000 Pflanzenarten. Mehrere kurze Wanderwege führen durch den **Sektor Quebrado**. Bei 3 m Niederschlag pro Jahr sind die Pfade meist sehr aufgeweicht, das Naturerlebnis wird zudem vom Lärm der röhrenden Lastwagen beeinträchtigt. Für wandernde Tiere ist die Autobahn verhängnisvoll. Bedenkt man aber, dass dem Regenwald vor einigen Jahren noch Abholzung und Zersiedlung bevorstand, war die Schaffung des 45 899 ha großen Schutzgebietes ein (bedingter) Erfolg. Die Parkzufahrt befindet sich, von San José kommend, rund 2 km hinter der Mautstelle. Busse Richtung Guápiles halten hier auf Wunsch. Nebenan kann der Naturfreund den Regenwald aus der Vogelperspektive erleben. Für stattliche $60 p. P. (Kinder und Studenten $30) werden Touristen per Seilbahn in leisen Gondeln in die oberen Stockwerke des Waldes gefahren: **Areal Tram**, ⌨ www.rainforesttram.com. Auch kombinierte Vogel-Seilbahntouren sind im Angebot ($128 p. P.).

Hat man den Nationalpark hinter sich gelassen, beherrschen Bananen- und Ananasplantagen die Landschaft. Der erste größere Ort an der Carretera 32 hinter dem Nationalpark ist **Guápiles**, ein lebendiges Tico-Städtchen, das für Touristen v. a. als Durchgangsstation auf dem Weg nach **Cariari** und zum **Parque Nacional Tortuguero** von Interesse ist. In Guácimo werden an der **Escuela de Agricultura de la Región Tropical Húmeda** (EARTH), ⌨ www.earth.ac.cr, Methoden nachhaltiger Landwirtschaft gelehrt und Touren durch das Forschungsgelände angeboten. **Siquirres** ist die letzte größere Ortschaft vor Puerto Limón und ein weiterer wichtiger Verkehrsknotenpunkt für Touren in den Nationalpark Tortuguero und den wenig bekannten Parque Nacional Barbilla.

Parallel zu den alten Eisenbahnschienen führt die Carretera 32 schließlich über die großen Flüsse **Río Pacuare** und **Río Reventazón** (s. Raftingtouren Turrialba und Puerto Viejo) zur karibischen Hafenstadt **Puerto Limón**.

Guápiles und Cariari

Das an der Carretera 32 gelegene Guápiles, ein wichtiges Versorgungszentrum für die Bananenplantagen am Río Frío, und die Arbeiterstadt Cariari sind für die meisten Reisenden nur als Umsteigestation auf dem Weg in den Parque Nacional Tortuguero (S. 382) von Bedeutung. Die Strecke zum Dorf Tortuguero über Cariari und den kleinen Hafen **La Pavona** ist heute die wichtigste Hauptanfahrtsroute in den Nationalpark. Die Lancha-Fahrt von La Pavona nach Tortuguero ist landschaftlich sehr reizvoll, im Gegensatz zur Kanaltour von Moín (S. 378) handelt es sich jedoch um einen öffentlichen Verkehrsweg und keine speziell auf Touristen ausgerichtete Bootstour. Entsprechend günstiger ist der Preis. Von Cariari besteht außerdem eine Bus-/Bootsverbindung nach **Barra del Colorado**, einem Sportfischerparadies an der Grenze zu Nicaragua.

ÜBERNACHTUNG

Cariari oder Guápiles lohnen keinen längeren Aufenthalt. Wer jedoch den letzten Bus verpasst hat, findet in beiden Städten eine akzeptable Bleibe.
Hotel Vista al Tortuguero, in Cariari, ✆ 2767-4141, ⌨ www.hotelvistatortuguero.com.

Einfache, saubere Motel-Zimmer mit AC, sicherer Parkplatz. ❸

Hotel Wilson, in Zentrum von Guápiles, ✆ 2710-2217. Großes Stadthotel. Die Zimmer sind etwas dunkel, aber ausreichend sauber. ❶ – ❷

SONSTIGES

Geld

Im Dorf Tortuguero gibt es keine Bank. Reisende sollten zuvor Bargeld abheben.
Banco Nacional, in Cariari am Busbahnhof Coopetraca, ⏰ Mo–Fr 8.30–15.45 Uhr.
Banco de Costa Rica, in Guápiles am Terminal de Caribe, ⏰ Di–Fr 11–18, Sa 8.30–15.30 Uhr.

TRANSPORT

Busse

Zwischen Guápiles und Cariari verkehren alle 15 Min. von 6–22 Uhr (Fahrtzeit ca. 20 Min.).
Busse starten in **Guápiles** vom Terminal de Caribe am südl. Ortsausgang:
LIMON, stdl. 5.20–19.10 Uhr;
PUERTO VIEJO DE SARAPIQUÍ, ca. alle 2 Std. 5.30–18.30 Uhr, 1 1/2 Std.;
SAN JOSÉ, ca. halbstdl., 5–20.30 Uhr, 1 1/2 Std.;
SIQUIRRES, ca. alle 2 Std. 6.10–22.20 Uhr, 40 Min.

In **Cariari** gibt es zwei Busbahnhöfe: Schräg gegenüber der Banco de Costa Rica fahren die Busse nach San José ab. Am Busbahnhof Coopetraca neben der Banco Nacional starten Busse nach Guápiles und in die Tortuguero-Region. Hier sind Kombitickets (2700C$) für den gesamten Boots-/Bustransfer nach Tortuguero erhältlich.
LA PAVONA (Bootsanleger), 6, 9, 11.30, 15 Uhr.
PUERTO LINDO (Bootsanleger), 4, 14 Uhr.
SAN JOSÉ, 5.30, 6, 6.30, 7.30, 9, 11.30, 13, 15, 17, 17.30 Uhr, 2 1/2 Std.

Boote

Am **Bootsanleger in La Pavona** bieten die Unternehmen Clic Clic, ✆ 2709-8155, und Coopetraca, ✆ 2767-7590, Transport per Lancha nach TORTUGUERO. Abfahrt 7.30, 11.30, 13.30, 16.30 Uhr (1600C$ p. P., 1 1/2 Std.). Es gibt einen bewachten Parkplatz (10 000C$ für 2 Tage).

Lanchas nach BARRA DEL COLORADO verkehren tgl. vom **Anlegesteg in Puerto Lindo** um 6.30 und 16.30 Uhr (rund 1 1/2 Std.). Zurück um 5 und 14 Uhr.

Siquirres

Siquirres ist die letzte größere Ortschaft vor Puerto Limón. Hier bog einst die Atlantische Eisenbahn nach Turrialba ab. Schwarze Costa Ricaner mussten in Siquirres aussteigen, denn ihnen war bis 1949 die Fahrt ins Valle Central ohne Genehmigung verboten. Siquirres ist heute ein wichtiger Verkehrsknotenpunkt. Von hier bestehen Busverbindungen nach Puerto Limón, Guápiles und San José. Außerdem enden hier die meisten Raftingtouren auf dem Río Paquare (S. 167) sowie viele organisierte Touren von und nach Tortuguero.

3 km östlich von Siquirres zweigt eine 17 km lange Holperpiste (ca. 45 Min., nur mit Vierradantrieb) zum touristisch wenig erschlossenen **Parque Nacional Barbilla** ab, der den karibischen Abschnitt der **Cordillera Talamanca** schützt. Nach wie vor leben Cabécar-Indianer in den Gebirgszügen des 1998 gegründeten Parks. Der Park beherbergt eine vielfältige Flora und Fauna; u. a. streifen Raubkatzen wie Jaguar, Puma und Ozelot durch den feuchten Tropenwald. Eine biologische Station, ✆ 2200-5224, am Parkeingang vermittelt Führer ($20–30, mind. 2 Tage vorher anmelden), z. B. für eine 3- bis 4-stündige Tour zu einem Wasserfall. Die Parkleitung empfiehlt, nur mit Führer im Park zu wandern.

Reisende, die **Parismina**, ein 400-Seelen-Dorf im Parque Nacional Tortuguero (S. 382), ansteuern wollen, machen meist ebenfalls in Siquirres Station. Von hier geht es dann per Bus oder Taxi ($40) 36 km weiter durch endlose Palmenplantagen zum Hafen von Caño Blanco. Dort starten die Wassertaxis nach Parismina.

ÜBERNACHTUNG

Hotel Pacuare, 600 m östl. des Ortseingangs, ✆ 2768-8111, 🖵 www.centroturisticopacuare.com. Schlichte Hotelanlage an der Hauptstraße mit einfachen, aber geräumigen Zimmern. Die Superior-Zimmer mit AC sind die bessere

Wahl. Großes Restaurant mit vielfältiger Speisekarte. EZ ab $32. ❸

Tropical Garden, an der Straße nach Caño Blanco, 6 km vor Caño Blanco, ✆ 2200-5567. 5 einfache Cabinas mit unterschiedlicher Ausstattung in einem tropischen Garten inkl. hauseigenem Tukan und einem Zelt voller Frösche. $40 ❸

SONSTIGES

Geld
Banco Nacional, 50 m südl. des zentralen Platzes. ⏱ Mo–Fr 8.30–15.45 Uhr.

Supermarkt
Megasuper, 100 m östl. und 100 m westl. vom zentralen Fußballplatz.

TRANSPORT

Busse
Der **Busbahnhof** befindet sich südöstl. vom zentralen Platz.
PUERTO LIMÓN, ca. stdl. 4.50–20.10 Uhr;
GUÁPILES, ca. stdl. 4.45–19.50 Uhr;
CAÑO BLANCO, 4.30, 6, 12, 15.15 Uhr,
Bus fährt am alten Busbahnhof am Park ab.

Schiffe
Boote von **Caño Blanco** nach PARISMINA fahren um 5.30, 13.30 und 16.30 Uhr.

Nördliche Karibikküste

Puerto Limón

Hart schlägt der Atlantik gegen die Hafenmauer von Puerto Limón. Die Feuchtigkeit frisst an den bunten **Murales** und den schönen hölzernen Häuserfassaden. Puerto Limón versteckt seine Probleme nicht. Die Armut, Arbeitslosigkeit, Drogen, jahrhundertelange Vernachlässigung und Isolation vom Rest des Landes sieht man der Stadt an. Das grüne **Black Star Line Restaurant** ist eines der wenigen restaurierten Gebäude Limóns. Hier saß einst das Büro der United Uni-versal Negro Improvement Association (UNIA) (s. Kasten), heute versammelt sich im Erdgeschoss die schwarze Bevölkerung zu Rice and Beans, der karibischen Version vom Gallo Pinto.

Im verwitterten **Parque Vargas** bedecken grüne Moosperücken weiße Politikerbüsten. Jungen spielen Fußball zwischen von Lianen umschlungenen Pavillons, Engeln und Zementschildkröten. Puerto Limón war einst der wichtigste Hafen an der costa-ricanischen Karibikküste. Bereits zu Kolonialzeiten wurden von hier Kakao und Edelhölzer verschifft, später Bananen exportiert. Seit dem schweren Erdbeben von 1991 docken die Containerschiffe im benachbarten Hafen Moín an, in Puerto Limón machen hauptsächlich Kreuzfahrtschiffe Halt. Für sie versucht sich die Stadt herauszuputzen, denn palmenumsäumte Traumschiffstrände gibt es hier nicht. Die erdbebensichere **Catedral** aus Beton, die schmucke Municipalidad, einige Restaurants und Einkaufspassagen sollen von Hafenspelunken und lichtscheuen Hafengestalten ablenken.

Puerto Limóns raue Realität tut gut nach den sterilen Strandkolonien der Pazifikküste. Touristen aber finden außerhalb des **Karnevals** (s. Kasten S. 377) meist nur zum Umsteigen her und fahren direkt von Moín über die Kanäle nach Tortuguero – oder gen Süden, an die traumhaften Strände Talamancas.

Sehenswertes
Von Puerto Limóns **Hafenmauer** am Parque Vargas blickt man auf die **Isla Uvita**, an der Christoph Kolumbus 1502 vor Anker ging. Vor der Municipalidad steht, die Faust zum Kampf erhoben, Presbere, der Anführer des letzten Indianeraufstandes in Talamanca (s. Kasten S. 162, „Auf den Spuren …"), eines der wenigen Denkmäler, das den Ureinwohnern Costa Ricas gewidmet ist.

Der quirlige **Mercado Central** ist der beste Ort, um Puerto Limóns Atmosphäre einzusaugen. Hier werden karibische Spezialitäten wie Bananenessig, geraspelte Kokosnuss, Kokosöl, Kakao und *Pan Bon* verkauft. Draußen verkaufen Händler Kunsthandwerk.

ÜBERNACHTUNG
Hotel Acón, Av. 3, C. 2–3, ✆ 2758-1010. 38 saubere Zimmer mit Gitterfenstern und alten

Puerto Limón, 1919. Der Wind zerrt an den rot-grün-schwarzen Flaggen des alten, vom Meerwasser zerfressenen Frachters *Yarmouth.* Am Ufer drängen sich die Schaulustigen. Vor ihnen liegt das erste Schiff der **Flota Negra**, mit afrikanischem Kapitän und afrikanischer Besatzung. Waren und Rohstoffe soll der Frachter zwischen Afrika und der afrikanischen Diaspora in Nordamerika und der Karibik hin- und hertransportieren und Afrikaner aus aller Welt zurück in ihre ursprüngliche Heimat bringen. Aufbruchsstimmung liegt in der Luft – Alarmstimmung herrscht in Limóns Bananenkonzern. Der Vorstand befürchtet Streiks und Arbeiteraufstände und schaltet die costa-ricanische Regierung ein – der *Yarmouth* wird es verboten, vor Anker zu gehen.

Die Black Star Line-Flotte ist das Aushängeschild der **United Universal Negro Improvement Association (UNIA)**, die der Jamaikaner Marcus Garvey 1914 mit dem Ziel gründet, Afrikaner weltweit zu vereinen, um sie aus der Unterdrückung zu befreien. Wie Tausende Jamaikaner hat Garvey selbst auf den Bananenplantagen Limóns geschuftet. Er ruft die Arbeiter zum Streik auf, berichtet über die Missstände in der Zeitung *La Nación* und wird des Landes verwiesen.

1921 besucht Garvey noch einmal Costa Rica, die Black Star Line wirft diesmal Anker. Enthusiastisch wird er in Puerto Limón gefeiert, eine UNIA-Filiale wird eröffnet: das Black Star Office. Weitere folgen in Cahuita und Puerto Viejo. Insgesamt 110 Filialen, sogenannte Liberty Halls, entstehen in über 40 Ländern, mit der Zentrale in Harlem. Die größte afrikanische Massenbewegung aller Zeiten ist geboren, Verlage, Fabriken, Theater von Afrikanern für Afrikaner entstehen. Die Black Star Line-Flotte wird weltweit zum Symbol der Bewegung und zum Hoffnungsträger für das unterdrückte afrikanische Volk. In Limón blüht das kulturelle Leben auf, Rede-, Literaturwettbewerbe und Theateraufführungen finden im „Blacks" statt, es wird geswingt in einem dem *Negro* feindlich gesinnten Costa Rica. Englische Schulen werden gegründet. Die Arbeiter schließen sich zusammen und zahlen in eine Gemeinschaftskasse: Wer erkrankt, wird aus ihr unterstützt.

Drei Jahre durchquert die *Yarmouth* die Ozeane. Die Flota Negra wirft jedoch keinen Gewinn ab, ihre drei alten Frachter sind marode, sinken oder schlagen leck. Misswirtschaft und Korruption im eigenen Unternehmen und Sabotage und Spionage von Seiten der amerikanischen Regierung richten die Black Star Line zu Grunde. Garvey wird des Betrugs mit Black Star-Aktien angeklagt und zu fünf Jahren Gefängnisstrafe in den USA verurteilt. 1927 wird er nach Jamaika ausgewiesen. Bis zu seinem Lebensende bleibt er politisch aktiv und setzt sich für die Rechte der afrikanischen Bevölkerung ein. An Costa Ricas Karibikküste lebt Garveys Geist fort. Das grüne Black Star-Gebäude in Limón steht nach wie vor. Unter Garveys Konterfei raspeln im Erdgeschoss kräftige Köchinnen Kokosnuss und braten knusprig gelbe Plantains (Kochbananen).

Möbeln auf 4 Stockwerken. Gute Matratzen, AC funktioniert nicht immer, nebenan Disco. Sehr zentral gelegen, laut. EZ $45. ❹

Hotel Costa del Sol, C. 5, Av. 5, gegenüber vom Black Star Line, ☏ 2789-7272, ✉ hotelcosta delsol@gmail.com. 14 Saubere Zimmer, teils mit AC, oben leiser, Parkplatz, WLAN. Es lohnt sich, ein Zimmer mit Bad zu nehmen. ❷

Hotel Miami, Av. 2, C. 4–5, in der Nähe der Busbahnhöfe, ☏ 2758-0490. 35 sehr saubere Zimmer verschiedener Größe mit Warmwasser, teils mit AC und TV. Parkplatz, 24-Std.-Rezeption, WLAN. ❸

Park Hotel, Av. 3, C.1–2, ☏ 2798-0555, ▭ www. parkhotellimon.com. Das beste Hotel im Ort. 32 große, helle Zimmer mit AC, Badewanne, z. T. Balkon mit Meeresblick. Restaurant, Parkplatz. Frühstück inkl. ❹–❺

ESSEN

Bionatura, C. 6, Av. 3–4, für Vegetarier und Gesundheitsbewusste: Obstsäfte, Sojaburger, Salate, auch Frühstück. ⊕ Mo–Sa 8–18 Uhr.

Black Star Line, C. 5, Av. 5. Günstige karibische Küche im alten Gebäude der United Universal Negro Improvement Association (UNIA), z. B.

KARIBIKKÜSTE

Puerto Limón

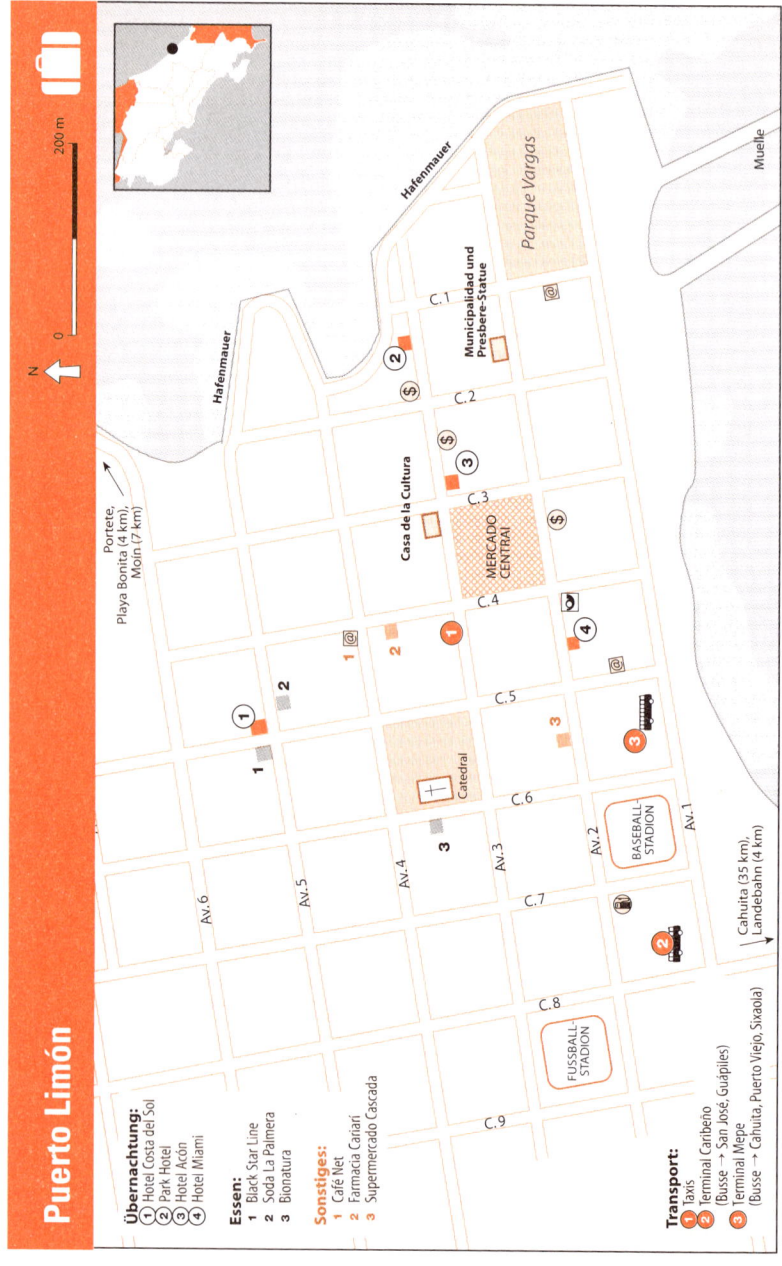

Übernachtung:
1 Hotel Costa del Sol
2 Park Hotel
3 Hotel Acón
4 Hotel Miami

Essen:
1 Black Star Line
2 Soda La Palmera
3 Bionatura

Sonstiges:
1 Café Net
2 Farmacia Cariari
3 Supermercado Cascada

Transport:
1 Taxis
2 Terminal Caribeño
(Busse → San José, Guápiles)
3 Terminal Mepe
(Busse → Cahuita, Puerto Viejo, Sixaola)

Portete,
Playa Bonita (4 km),
Moín (7 km)

Hafenmauer

Hafenmauer

Parque Vargas

Municipalidad und
Presbere-Statue

Casa de la Cultura

MERCADO CENTRAL

Catedral

BASEBALL STADION

FUSSBALL STADION

Cahuita (35 km),
Landebahn (4 km)

Muelle

C.1
C.2
C.3
C.4
C.5
C.6
C.7
C.8
C.9

Av.1
Av.2
Av.3
Av.4
Av.5
Av.6

N
0   200 m

Ein Karneval für Colón

Jedes Jahr Mitte Oktober feiern die Limoner bacchantisch die Ankunft von Cristobal Colón (Christoph Kolumbus), der 1502 auf der Isla Uvita, nur einen knappen Kilometer von der Limoner Hafenmauer entfernt, vor Anker ging. Fast eine Woche lang finden Konzerte, Schönheitswettbewerbe und Paraden statt. Große Kochtöpfe mit heißem Rondón (Fischeintopf) säumen die Straßen, leuchtend farbiger Federschmuck weht kokett in der Karibikbrise. Zum Rhythmus der Karnevalstrommeln reiben sich von Guaro-Rum und Bier enthemmte, schwitzende Leiber aneinander. Dabei sorgt ein mit jedem Jahr wachsendes Aufgebot an berittener Polizei für Ordnung. Den Karnevalshöhepunkt stellt das **Gran Desfile** dar, bei dem verschiedene Tanzgruppen ihre Choreografien und Akrobatikkünste auf den Straßen darbieten und von einer Karnevalsjury bewertet werden.

Der Karneval ist zweifellos ein afro-karibisches Spektakel, dennoch treten mitunter Indio-Gruppen auf und warnen Kolumbus mit Kampftänzen. Vorsicht vor Taschendieben!

Sopa de Mondongo, Ackee, Rice and Beans mit viel Kokos. Sehr beliebt bei Einheimischen. ⊕ Mo–Sa 7.30–21, So 11.30–17 Uhr.

El Faro, Barrio Santa Eduviges. Meeresfrüchte, Steak und Pasta nach karibischer Art mit Kokos- und Paprikasoße, herrlicher Blick über Limón, gepflegtes Ambiente. Vom Zentrum besser ein Taxi nehmen! ⊕ 11–23 Uhr.

Soda La Palmera, Av. 5, C. 4–5, schräg gegenüber vom Black Star Line. Einfache kleine Soda mit gutem, frischem Frühstück. ⊕ 18–21 Uhr.

SONSTIGES

Apotheke
Farmacia Cariarí, C. 4, Av. 4–3. ⊕ 8–19.15 Uhr.

Feste
Limón Carnaval, s. Kasten.

Geld
Banco Nacional, Av. 2, C. 3, am Mercado. ⊕ Mo–Fr 8.30–15.45 Uhr.
Scotiabank, Av. 3, C. 2. ⊕ Mo–Fr 9–18, Sa 9–13 Uhr.

Internet
Café Net, Av. 4, C. 4. ⊕ Mo–Sa 8–21, So 8–20 Uhr.

Post
Av. 2, C. 4. ⊕ Mo–Fr 8–17, Sa 8–12 Uhr.

Supermarkt
Pali, Av. 1, C. 7. ⊕ Mo–Do 8–19, Fr–Sa 8–19.30, So 8.30–18 Uhr.
Supermercado Cascada, Av. 2, C. 5–6. ⊕ 8–21 Uhr.

Taxi
Limón Taxi, am Mercado und den Busbahnhöfen.

TRANSPORT

Busse
Busse nach San José und Guápiles fahren vom **Terminal Caribeño**, Av. 2, C. 7–8, ab, Busse nach Manzanillo und Sixaola (via Cahuita und Puerto Viejo) vom **Terminal Mepe** neben dem Baseballstadion, C. 6, Av. 1–2.
GUÁPILES (via MOÍN und SIQUIRRES), stdl. 5–20 Uhr, 2 Std.;
MANZANILLO (via CAHUITA, PUERTO VIEJO), 5.30, 6.30, 8.30, 10.30, 12.30, 15.30, 17.30, 18.30 Uhr, 2 1/2 Std.;

Die dunkle Seite von Puerto Limón

Puerto Limón kämpft mit den Problemen vieler Hafenstädte: Drogen, Prostitution, Diebstahl. Sehenswürdigkeiten, die bei Tageslicht lohnenswert sind, wie die Hafenmauer, der Parque Vargas und der Mercado, sollten nach Anbruch der Dunkelheit möglichst gemieden werden.

KARIBIKKÜSTE

PUERTO VIEJO, 7.30, 9.30, 11.30, 13.30, 14.30, 16.30 Uhr;
SIXAOLA/Grenze nach Panama (via BRIBRÍ, CAHUITA, PUERTO VIEJO), stdl. 5–19 Uhr, 3 Std.;
SAN JOSÉ, stdl. 6.15–19 Uhr, 2 1/2 Std.

Flüge

Die Flugpiste befindet sich 2 km südl. von Limón an der Straße Richtung Sixaola. SAN JOSÉ, 3x wöchentl. mit Sansa, 1x tgl. mit Nature Air.

Moín

Moín, der Hafen von Puerto Limón ist ein wichtiges Eingangstor zur Nordkaribik, die nur per Boot oder Flugzeug zu erreichen ist. Der 113 km lange **Canal de Tortuguero** verläuft von hier parallel zur Karibikküste, lediglich die letzten 34 km gehen durch Festland.

Eine malerische, 3 1/2-stündige Bootstour führt von Moín aus am Sportfischerparadies **Parisma** vorbei zum **Parque Nacional Tortuguero**. Günstiger und beliebter ist die Anfahrt nach Tortuguero per Bus und Boot von **Cariari** (rund 21 km nördlich von **Guápiles**, S. 372) über La Pavona.

Playa Bonita und **Playa Portete**, zwischen Moín und Puerto Limón, werden hauptsächlich von Einheimischen und Surfern besucht; mit den Stränden der Südkaribik können sie es nicht aufnehmen.

ÜBERNACHTUNG

Oasys del Caribe, Richtung Playa Bonita, ✆ 2795-0024, ✉ oasysdelcaribe@ice.co.cr. Verwinkelt angelegte rosafarbene Holz-Cabinas um einen kleinen Pool (auch für Tagesgäste, $4). Ältere Anlage. Sicherer Parkplatz. ❸

TRANSPORT

Busse

Moín liegt auf der Busstrecke GUÁPILES–PUERTO LIMÓN; Busse fahren in beide Richtungen von 5–23 Uhr etwa alle 30 Min.

Boote

Unterschiedliche Anbieter befahren die Strecke zwischen Moín und TORTUGUERO. Wer früh

am Morgen den Hafen erreicht, kann versuchen eines der tgl. verkehrenden Touristenboote zu erwischen. Besser ist es jedoch, im Voraus zu reservieren. Die Fahrt sollte nicht viel mehr als $35 kosten und dauert etwa 3 1/2 Std. Bei Tiersichtungen lassen sich die Kapitäne gern etwas Zeit. Nachstehend einige Anbieter.
Viajes Bananero, ✆ 2709-8005, 8833-1076 (Handy). 2x tgl.
Tropical Wind, ✆ 2798-6059, 8313-716 (Handy). Verkehrt unregelmäßig.
Doña Maria Tours, ✆ 2795-4274, 8312-1477 (Handy). Verkehrt unregelmäßig.

Tortuguero

„Mis huevos no son la solución, el problema son los tuyos. Los huevos de tortugas no son afrodisíacos" (Meine Eier sind nicht die Lösung, das Problem sind deine. Schildkröteneier sind keine Aphrodisiaka), heißt es auf einem der Poster am

12 HIGHLIGHT

Der Weg ist das Ziel

Auf der Bootsfahrt nach Tortuguero, die über den schlammigen Río Tortuguero und seine Flussarme führt, sieht der Besucher oft mehr Tiere als auf einer Tour durch die viel befahrenen Kanäle im Nationalpark Tortuguero. Krokodile sonnen sich reglos auf morderen Baumstümpfen, Vögel surfen auf Treibholz stromabwärts. Vom Ufer beugt sich meterhohes Schilfrohr herüber und fächert den Passagieren – wie Pharaonen in einer Sänfte – Luft zu. Häufig schwenkt das Wetter um. Dann verhüllt sich die Sonne und der Nebel und feine Nieselregen verwandeln die Flussgegend in eine reizvolle, mystische Landschaft, in der rote Blüten dem Kahnführer wie Glühlämpchen den Weg weisen und die Nester des Oropendolas, gehängten Kreaturen gleich, von Bäumen hängen.

Eingang der **Sea Turtle Conservancy** (STC), einer Non-Profit-Organisation aus Florida, die weltweit führend in der Erforschung von Meeresschildkröten ist und in den letzten Jahrzehnten mehr oder weniger erfolgreich Tortuguero von einem Jagdrevier für Schildkröten in ein Schildkrötenschutzgebiet verwandelte.

Tortuguero bedeutet auf Deutsch „Schildkrötenjäger", denn Jahrhunderte hindurch lebte der Ort vom Handel mit Panzern, Eiern und Fleisch der Reptilien. Folge war, dass Mitte der 1950er-Jahre die Grüne Meeresschildkröte kurz vor dem Aussterben stand. Durch Einsatz der STC wurde der **Parque Nacional Tortuguero** gegründet, der die rund 30 km lange Küste, das wichtigste Nistgebiet der Grünen Meeresschildkröte in der gesamten Karibik, umfasst. Die Zahl der Schildkröten hat seitdem jedoch nur gering zugenommen. Die schlimmsten Bedrohungen gehen nach wie vor vom Menschen aus: Zunehmende Strandbebauung, Fischerei, Umweltverschmutzung, illegale Jagd und Eierdiebstahl.

Tortuguero, vom Atlantik und vom **Canal Tortuguero** umgeben, ist trotz ansteigendem Tourismus ein kleiner Ort geblieben. Cabinas und Restaurants sind vorwiegend in der Hand der schwarzen und nicaraguanischen Bevölkerung. Pro Jahr fallen rund 6000 mm Regen auf den Ort herab. Hitze und Feuchtigkeit machen dies zum idealen Biotop für unzählige Moskitos. Es sind aber die Schildkröten, die Leder-, Carey- und vor allem die Grüne Meeresschildkröte (auch Suppenschildkröte genannt; grün ist nur ihr Fett, das für die Zubereitung von Suppen verwendet wurde), die zur Nistzeit Tausende Besucher in den kleinen Urt locken.

Sehenswertes

Im Besucherzentrum der **Sea Turtle Conservancy** (STC, ehemals Caribbean Conservation Corporation), 🖥 www.conserveturtles.org, wird anhand von Schautafeln die Fauna und Flora der Umgebung erklärt. Ein Video stellt die Geschichte und Arbeit der Organisation vor. Dazu zählt u. a. auch die Ausstattung der Tiere mit Sendern, von der sich die Wissenschaftler mehr Aufschluss über die Wanderrouten, Futterstellen und das Leben der Reptilien im Meer erhoffen. Immerhin spielt sich mehr als 90 % des Lebens der Mee-

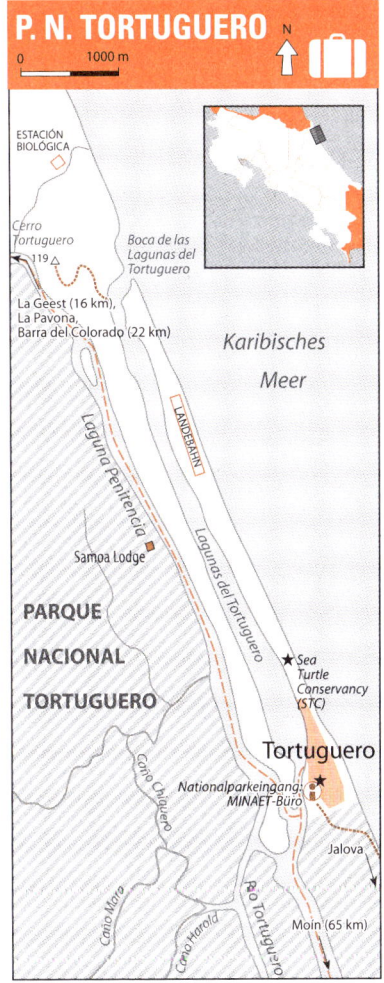

resschildkröten im Wasser ab. Besucher können für $35 pro Jahr eine Schildkröte adoptieren und ihre Wanderroute im Internet verfolgen. Kostspielige Projekte wie dieses ergeben jedoch erst dann einen Sinn, wenn zunächst das nackte Überleben der Reptilien gesichert ist, z. B. durch konstante Strandpatrouillen, die in Tortuguero aus Geldmangel nicht stattfinden. ⏰ 10–12 und 14–17 Uhr, Eintritt $1.

Verantwortungsbewusste Schildkrötentouren

© JULIA REICHARDT

Zu den Hauptattraktionen in Tortuguero zählen zweifellos eine Kanutour durch die Kanäle des Nationalparks und Schildkrötentouren. Leider haben beide durch den starken Touristenandrang an Reiz verloren, die einstige Stille wird heute vom Motorengeräusch der Wassertaxis und amerikanischer Reisegruppen erfüllt. Die Nistsaison der Grünen Meeresschildkröte reicht von Juli bis Oktober, die Lederschildkröte landet von März bis Juni in Tortuguero. Ein Strandbesuch ist in der Nistzeit ab 18 Uhr ohne Führer nicht erlaubt.

Die Touren werden in zwei Folgen durchgeführt, von 20–22 und von 22–24 Uhr. Die Führer informieren einander über Funkgerät, wenn eine Schildkröte landet. Je mehr Schildkröten zur Eiablage eintreffen, desto besser verteilt sich die Menschenmenge. Von der eigentlichen Eiablage erleben die Besucher meist nur wenige Minuten. Einige Touristen verlassen Tortuguero enttäuscht und mit dem Eindruck, dass der Tourismus dort in einer neuen Schildkrötenjagd ausartet. Die beste Besuchszeit für Tortuguero, in der man Schildkröten sieht, aber Touristenhorden meidet, sind die Monate September und Oktober.

Die Qualität einer Tour hängt stets vom Führer ab, dies gilt besonders für Tortuguero, wo mehr als hundert Führer von MINAET zertifiziert sind, von denen einige jedoch durch unlautere Methoden und unsensibles Verhalten mehr Schaden als Gutes anrichten. Einheimische Führer sind in der **Asiciación de Guías**, ✆ 2767-836, organisiert. Ihr Büro befindet sich am Bootsanleger. Führer mit langjähriger Erfahrung und Fachwissen sind:

Barbara Hartung, ✆ 2709-8004, 8842-6561, 🖥 www.tinamontours.de, Schildkröten- und Regenwaldtouren in kleinen Gruppen. Barbara ist eine Biologin, die seit 1995 in Tortuguero lebt und arbeitet. Empfehlenswert. Buchung und Reservierung möglichst per Internet und lange im Voraus. Kanutour $25 p. P.

Ernesto Tours, ✆ 2709-8070. Der in Tortuguero geborene Ernesto hat über 25 Jahre Erfahrung als Führer.

Rafa's Enchu Tours, ✆ 2709-8280, 8837-5226, ✉ enchutortuguero@gmail.com. Rafael kommt aus Tortuguero. Beliebt bei europäischen Gästen. Büro an der Hauptstraße im Dorf.

In der Hauptsaison unbedingt vorher reservieren. Besucher werden gebeten, bei den Schildkrötentouren dunkle Kleidung zu tragen und auf Taschenlampen und Kameras zu verzichten.

Cerro Tortuguero 119 m, ein alter Vulkankegel im Wildreservat Barro Colorado und die höchste Erhebung weit und breit, war zur Zeit der Recherche für Besucher gesperrt.

ÜBERNACHTUNG

Das Dorf Tortuguero hat eine erstaunlich gute Auswahl an günstigen, sauberen Cabinas; die Sehenswürdigkeiten, Supermärkte und Restaurants sind alle vom Ort zu Fuß zu erreichen. Die Hotels und Lodges mittlerer und höherer Preisklasse liegen entlang des Río Tortuguero und bieten meist nur Pakete inkl. Transport von San José an. Nachteil dabei ist, dass der Gast vom hoteleigenen Wassertaxi abhängig ist. Die hier angegebenen Preiskategorien beziehen sich auf die Zeit von Dez–April. Hochsaison in Tortuguero ist zur Eiablage der Grünen Meeresschildkröte von Juli–Okt. Dann steigen die Zimmerpreise um bis zu 20 %.

Cabinas Meriscar, ☏ 2709-8202. Günstigste Unterkunft im Ort. Einfache Zimmer, größtenteils mit Gemeinschaftsbad; Küchenmitbenutzung. Das Haus ist etwas in die Jahre gekommen, aber die Zimmer sind sauber und gut in Schuss. EZ ab $7. ❶–❷

Cabinas Miss Miriam 1 & 2, am Fußballplatz, ☏ 2709-8002, 2709-8107. Schön gelegene Unterkunft in 2 Häusern links und rechts vom Sportplatz. Miss Miriam 2 bietet etwas mehr Atmosphäre und einen unschlagbaren Blick aufs Meer. Saubere Zimmer, teilweise mit Balkon und hübschem, kleinen Garten, Meeresnähe, Soda. ❷

Cabinas Tortuguero, 100 m vom Nationalparkeingang, ☏ 2709-8114.11 einfache und saubere Zimmer für max. 3 Pers. bei der freundlichen Italienerin Borghi, teils mit Gemeinschaftsbad. Küchenmitbenutzung, ruhig gelegen, schöner Garten mit Hängematten. Frühstück $5. EZ ab $15. ❷

🧳 **Casa Marbella**, gegenüber der Kirche, ☏ 2709-8011, 🖥 www.casa marbella.tripod.com. Schön gelegenes, freundliches gelbes Holzhaus mit schlichten, sauberen, hellen Zimmern für 2–5 Pers. Terrasse am Kanal, Küchenmitbenutzung.

Eine der besten Unterkünfte im Ort. Frühstück inkl. Ab ❸–❹

Hotel El Icaco, am südöstl. Ortsende am Strand, ☏ 2709-8044, 🖥 www.hotelelicaco. com. Ruhig gelegene Unterkunft mit einfachen, aber sauberen Cabinas für 1–4 Pers. WLAN, gutes Frühstück gegen Aufpreis. Der freundliche Besitzer Calixto hat viele Infos. Auch Paketpreise inkl. Touren. ❶

Hotel Miss Junie's, am nördl. Ortsende hinter dem Anlegesteg, ☏ 2709-8102, ✉ turtle@ racsa.co.cr. 22 geschmackvoll eingerichtete, saubere Zimmer mit Deckenventilator. Die im obersten Stock teilen sich eine schöne Holzveranda. Frühstück inkl. Junie Martinez gehört zu den Gründungsfamilien Tortugueros; WLAN. ❹

La Casona, am Fußballplatz, ☏ 2709-8092. 7 komfortable Cabinas in einer schönen Gartenanlage, alle mit Privatbad, z. T. mit Küche und AC. Außerdem im Haupthaus Apartment für bis zu 8 Pers. EZ ab $22. Restaurant. Frühstück inkl. ❷

Mawamba Lodge, 1 km nördl. von Tortuguero, ☏ 2293-8181, 🖥 www.mawamba.com. Weitläufige Anlage mit schönem Pool, einfachen, sauberen Unterkünften mit Bad und privater Veranda. Bei einem 2-Tages-Pauschal-Angebot sind eine Bootstour, VP und Anreise im Preis enthalten. ❻

ESSEN

🧳 **Buddacafé**, an der Hauptstraße neben dem ICE-Gebäude. Bietet internationale Gerichte: sehr gute Pizza, Pasta, Crêpes und knackig-frische Salate mit selbst gebackenem Vollkornbrot; mitunter lange Wartezeiten. Drinnen und draußen Sitzmöglichkeit, idyllisch am Fluss gelegen. ◷ 12–21 Uhr.

Daling's Bakery, gegenüber der Kirche. Banana bread, Lemon cake, Guayaba pie, auch Obstsalate und Frühstück. Gut für den schnellen Kaffee vor dem 6-Uhr-Boot. ◷ 5–18 Uhr.

La Casona, am Fußballplatz, ☏ 2709-8092. Gute karibische Küche. Die Spezialität des Hauses ist Lasagna de Palmito (Palmherzen-Lasagne). ◷ 7–21 Uhr.

Miss Miriam, neben den Cabinas Miss Miriam 2, ✎ 2709-8002. Gute karibische Küche. Besonders empfehlenswert sind das Jerk Chicken (jamaikanisch zubereitetes, mariniertes Hähnchen) und die Langusten-Platte. ⊕ 7.30–21 Uhr.

Restaurant Miss Junie, am nördl. Ortsende, ✎ 2709-8102. Typisch karibische Küche mit viel Kokos. Beliebt bei Tourgruppen, Ambiente könnte gemütlicher sein. ⊕ 7–9, 12–14, 18–21 Uhr.

UNTERHALTUNG

Es gibt zwei kleine Bar-Discos in Tortuguero. Die **Discotek y Bar Laculebra** an der Hauptstraße, 500 m vor dem Nationalparkeingang, ist beliebt bei Einheimischen und Touristen. Die zweite befindet sich am Bootsanleger.

SONSTIGES

Geld
Es gibt **keine Bank** in Tortuguero. Im Notfall zahlen die Supermärkte Bargeld auf Kreditkartenbasis aus, d. h. die Karte wird belastet, im Gegenzug bekommt man den gewünschten Geldbetrag. Achtung, die Provision ist gesalzen!

Internet
Café Internet, am Hauptanleger. $4 für 1 Std. ⊕ 10–21 Uhr.

Medizinische Hilfe
Krankenstation, neben La Casona am Fußballplatz, ⊕ Mo–Fr 7–16 Uhr.

Supermärkte
Die Preise sind höher als anderswo, weil die Lebensmittel per Boot hergebracht werden müssen.
Super Nicarao, ⊕ 6–23 Uhr.

TRANSPORT

Boote
BARRA DEL COLORADO, es gibt keinen regelmäßigen Bootsverkehr. **Taxi Guzman**, ✎ 8344-3885, bietet Wassertaxis an, eine Fahrt kostet $140 (ca. 1 1/2 Std.).

CARIARI/LA PAVONA, 5.30, 9, 10.45, 14.45 Uhr, 1600C$ p. P., mit Coopetraca, ✎ 2767-7590, oder Clic Clic, ✎ 2709-8155;

MOÍN (über den Canal Tortuguero), 6, 10 Uhr, 3 1/2 Std., $35 p. P., mit Viajes Bananero, ✎ 2709-8005;

SAN JUAN DEL NORTE (NICARAGUA), zur Zeit der Recherche gab es aufgrund des Grenzkonflikts (Kasten S. 448) am Río San Juan keine Fahrten nach San Juan del Norte.

Flüge
Im **Tortuguero Info Center**, ✎ 2709-8055, gibt es Flugtickets. Wassertaxi zur Flugpiste frühzeitig reservieren!
SAN JOSÉ, 1x tgl. mit Nature Air.

Parque Nacional Tortuguero

- **MINAET-Büro**: ✎ 2709-8086
- **Öffnungszeiten**: 6–16 Uhr
- **Eintritt**: $10
- **Gründungsjahr**: 1975
- **Größe**: 26 604 ha und 45 455 ha Meeresschutzgebiet
- **Transport / Anfahrt**
  Der Parkeingang befindet sich am südlichen Ortsende von Tortuguero, hinter dem Anlegesteg der Bootsgesellschaft Viajes Bananero.

Der Nationalpark Tortuguero ist einer der meistbesuchten Nationalparks in Costa Rica. Er umfasst die letzten Überreste immerfeuchten Regenwaldes, der einst die gesamte Karibikküste bedeckte. Große Flächen wurden durch nordamerikanische Holzfirmen in den 1940er-Jahren abgeholzt. Der Park besteht aus insgesamt elf verschiedenen Habitaten, darunter Mangroven, Lagunen und der 23 km lange Strandstreifen, das Hauptnistgebiet der Grünen Meeresschildkröte. Besucher können den Park zu Fuß – auf dem Jaguar Trail parallel zum Strand (ca. 2 Std.) – oder per Boot auf den Kanälen, am besten mit einem erfahrenen Führer (s. Kasten S. 378), erkunden.

Der eigentliche Hauptwanderweg, Sendero Gavilán, war zur Zeit der Recherche aufgrund von Ausbesserungsarbeiten gesperrt. Die Wege im Park dürfen in der Regenzeit nur mit Gummistiefeln und in der Trockenzeit nur mit festen Wanderstiefeln betreten werden. Gummistiefel können am Parkeingang für $1 ausgeliehen werden. Im Schutzgebiet leben seltene, oft vom Aussterben bedrohte Tiere wie der Grüne Ara, die Seekuh, der Pfeilgiftfrosch, der Tapir, sechs Wildkatzen- sowie rund 350 Vogelarten.

Barra del Colorado

Barra del Colorado befindet sich am äußersten Nordostende Costa Ricas, an der Flussmündung des **Río Colorado**, einem Seitenfluss des großen Grenzflusses **Río San Juan**. Wie Tortuguero ist der Ort nur per Boot oder Flugzeug zu erreichen. Barra war einst ein Zentrum der Holzfällerindustrie, die mit Beginn des nicaraguanischen Bürgerkrieges die Region verließ.

Heute wird der Ort in erster Linie von Sportfischern besucht, die nach Tarpón und Róbalo fischen. Die Hotelpreise sind entsprechend hoch, Budget-Unterkünfte gibt es gar nicht. Die Mehrzahl der Lodges sind Hotels der oberen Preisklasse, die Pakete für Sportfischer anbieten. Eine Ausnahme bilden die **Tarponland Cabinas**, ☎ 8607-4484, mit einfachen Zimmer für $30 p. P. Die Chancen im benachbarten **Refugio de Fauna Silvestre Barra de Colorado** Tiere wie den Flussotter, Krokodile, den Jaburi-Storch (den größten Storch der Welt), den seltenen Grünen Ara oder die noch seltenere Seekuh zu sehen, liegen dafür hier um einiges höher als im touristischen Tortuguero.

TRANSPORT

Es gibt keinen offiziellen Grenzübergang nach Nicaragua.
Lanchas fahren tgl. zwischen Barra und PUERTO LINDO (S. 373, Cariari), in Barra starten sie um 5 und 14 Uhr.
Außerdem verkehren private Lanchas zwischen Barra und TORTUGUERO (ca. $140).

Südliche Karibikküste / Talamanca

Der Kanton Talamanca beginnt südlich von Puerto Limón und erstreckt sich bis an die Grenze zu Panama. Touristisch ist Talamanca die attraktivste Region an der Karibikküste – und ethnisch gesehen die vielfältigste und faszinierendste in ganz Costa Rica. Rund 70 % Talamancas bestehen aus Schutzgebieten – Naturparks oder Indianerreservate. Die Küstenregion, **Baja Talamanca** („niedriges Talamanca") umfasst den **Parque Nacional Cahuita** mit einem der wichtigsten Korallenriffe des Landes sowie das **Refugio Gandoca-Manzanillo** mit traumhaften Sandstränden, Delfinen, Walen und – äußerst selten – Seekühen in den Flussmündungen. Die touristischen Zentren **Cahuita** und **Puerto Viejo** sind trotz steigender Touristenzahlen noch kleine Orte mit Cabinas und einer lebendigen Rastafari-Kultur. Große Hotelprojekte oder Condominium-Bauten wie an der Pazifikküste gibt es in Talamanca noch nicht.

Durch die jahrhundertelange Isolation vom übrigen Land konnten sich in Talamanca eine eigene Kultur und ein eigener Menschenschlag herausbilden. Im gebirgigen **Alta Talamanca** („hohes Talamanca") leben nach wie vor die **Bribrí**- und **Cabécar-Indianer**. Die unzugänglichen Bergketten stellten für die Indios über Jahrhunderte einen wichtigen Zufluchtsort und Hort des Widerstandes gegen die Spanier dar (s. Kasten S. 162). Alta Talamanca wurde nie kolonialisiert, sodass die Bribrís und Cabécares bis heute ihre Sprache, Kultur und Lebensweise bewahren konnten.

Geschichte

Piraten verhinderten lange die Besiedlung der Küstenregion (Baja Talamanca). Sie nutzten die vielen Buchten als Versteck, um Schiffen auf dem Weg von Panama nach Nicaragua aufzulauern. Schenkt man den Einheimischen Glauben, ist die Küste nach wie vor mit Piratenschätzen übersät, die manch einen Schatzsucher beim Versuch, sie zu heben, ins Verderben rissen. Mitte des 18. Jhs. ließen sich Schildkrötenjäger afro-jamaikanischer Herkunft aus Nicaragua und Panama an der Küste nieder. Der indianische Name Talamanca (blutiges Schwert) stammt aus jener Zeit, als Schildkröten noch mit Harpunen gejagt wurden.

Die Schildkrötenjäger brachten Englisch, Cricket und die protestantische Religion ihrer Vorfahren aus den ehemals britischen Kolonien mit. Später bauten sie Kakao und Kokosnüsse an, trieben Handel mit den Indios und vermischten sich mit ihnen. Der afrikanische Bevölkerungsanteil verstärkte sich Anfang des 20. Jhs., als Tausende Jamaikaner nach Costa Rica kamen, um auf den großen Bananenplantagen zu arbeiten. Erst Ende der 1970er-Jahre wurde die Region durch eine Straße mit der Hafenstadt Puerto Limón verbunden. Seitdem haben sich verstärkt Expats aus Europa und Nordamerika in der Küstenregion angesiedelt und Talamancas Völkergemisch um mehr als 40 Nationalitäten erweitert.

Reserva Biológica Hitoy Cerere

- **MINAET-Büro**: ✆ 2206-5516
- **Öffnungszeiten**: 8–16 Uhr
- **Eintritt**: $10
- **Gründungsjahr**: 1978
- **Größe**: 9950 ha
- **Transport**
  Auto: Von Puerto Limón kommend rechts, Richtung Penhurst, abbiegen und der Ausschilderung zum Reservat folgen. Vierradantrieb erforderlich.
  Busse: Bus von Puerto Limón in Richtung Valle de Estrella nehmen, an der Endstation Finca 6 aussteigen. Von hier sind es weitere 15 km zum Park. Taxis nehmen für die Strecke rund $35 pro Fahrt.

Umgeben von Indianerreservaten und der Talamanca-Gebirgskette liegt dieses abgeschiedene, wenig besuchte Schutzgebiet, dem die Indios den Namen Hitoy-Cerere gaben: *Hitoy* bedeutet Wolle – wegen der vielen Algen und Moose –, *Cerere* heißt klares Wasser – wegen der zahlreichen Flüsse und Wasserfälle im Park. Mit bis zu 4 m Niederschlag pro Jahr ist

dies einer der niederschlagsreichsten Naturparks im Land, das ideale Biotop für wasserliebende Orchideen, Bromelien und Epiphyten. Ein anspruchsvoller, rund 9 km langer Wanderweg führt vorwiegend durch Primärwald, in dem Tapire, Otter, Faultiere, Brüll- und Kapuzineraffen sowie mehr als 100 Vogelarten leben.

ÜBERNACHTUNG

🏠 **Reserva Selva Bananito**, von der Straße Richtung Cahuita 1 km nach der Brücke über den Río Viscaya nach rechts, Richtung Bananito, abbiegen; von hier sind es rund 13 km zur Lodge, ✆ 2253-8118, 🖥 www.selvabananito.com. Ideal für Naturliebhaber: 850 ha großes Privatreservat, weit abgelegen am Rande der Reserva de la Biosfera Amistad. 11 geräumige Stelzenhäuser mit Veranda, Solar-Lampen, Gemeinschaftsrancho. Ein Teil der Einkünfte kommt Umweltschutzprojekten in Talamanca zugute. Reit-, Wander-, Vogeltouren. Vierradantrieb empfehlenswert. VP inkl. ❻

Cahuita

Cahuitas wilde Zeiten sind vorbei. Die Partygäste sind weitergezogen, ins 16 km entfernte Puerto Viejo. Zurückgeblieben sind gealterte Expats, Cabinas, und relativ ruhige Rastabars mit einem

Gras rauchenden Bob Marley an der Wandgang und gäbe im reggae-swingenden Cahuita. Eine überraschend gute Restaurantszene lädt zu den Genüssen einer kreativen karibischen Küche ein. Hauptattraktion des Ortes und Ziel vieler Tagesausflügler aber ist der angrenzende **Parque Nacional Cahuita** – mit einem der faszinierendsten Korallenriffe in Costa Rica.

ÜBERNACHTUNG

Alby Lodge, ✆ 2755-0031, 🖳 www.alby lodge.com. 4 Stelzenhäuser mit Veranda und Hängematten für max. 4 Pers. umgeben von einem riesigen tropischen Garten. Rancho mit gut ausgestatteter Gemeinschaftsküche; WLAN, deutsche Leitung. $5 pro zusätzlicher Pers. ❸

Bungalows Aché, 150 m östl. vom Restaurant Sol y Mar, ✆ 2755-0119, 🖳 www.bungalowsache.com. 3 sehr geschmackvolle, runde Holz-Bungalows mit Kühlschrank, Geschirr und Warmwasser in ruhiger Lage direkt am Nationalpark; ein Haus ist behindertengerecht eingerichtet. WLAN, deutsche Leitung. EZ $45, 4-Pers.-Bungalow $65. ❸

Cabinas Arrecife, ✆ 2755-0081, 🖳 www. cabinasarrecife.com. Freundliches Hotel mit einfachen Zimmern und Restaurant mit Meerblick, kleiner Pool. Frühstück $5. Mit angeschlossener Sprachschule. ❷

Cabinas Palmer, ✆ 2755-0435. 15 sehr einfache Zimmer um einen hübschen Innenhof. Sehr zentral. WLAN, Kaffee gratis. ❶

Cabinas Smith 1, 100 m südl. der Polizeistation, ✆ 2755-0068. 6 saubere, sehr einfache Cabinas mit kleiner Küche, AC und Kühlschrank, WLAN. EZ $25. ❷

Kelly Creek, direkt am Nationalparkeingang, ✆ 2755-0007, 🖳 www.hotelkellycreek.com. Schönes, komfortables Chalet mit 4 sauberen, geräumigen Zimmern und Veranda. Meerblick, WLAN, Restaurant mit frischer Paella, freundliche spanische Leitung. Empfehlenswert. ❸

Spencer's Seaside Lodge, ✆ 2755-0027. Großes Holzhaus direkt am Meer. 16 rustikale, geräumige Zimmer mit herrlich großer Veranda mit Hängematten und Meeresblick. Im 2. Stock etwas teurer. ❷

Villa Delmar, ✆ 2755-0392, 🖳 www.villa delmarcr.com. 9 Zimmer mit Bad in schöner, aber echt beengter Anlage in Nationalparknähe, außerdem 4-Pers.-Häuschen mit Küche. ❷

Playa Negra

An der Schotterstraße an der Playa Negra reihen sich zahlreiche Unterkünfte und Restaurants.

€ Cabinas Algebra, 2,5 km nördl. von Cahuita, ✆ 2755-0057, 🖳 www.cabinas algebra.com. Ruhig gelegene, familienfreundliche Unterkunft mit 3 Cabinas in einem tropischen Garten mit vielen Tieren, 100 m zum Strand. Im dazugehörigen Restaurant Bananas bereitet Hausherr Alfred Köstliches mit Kokossauce zu; üppiges Frühstück. Gäste werden

KARIBIKKÜSTE

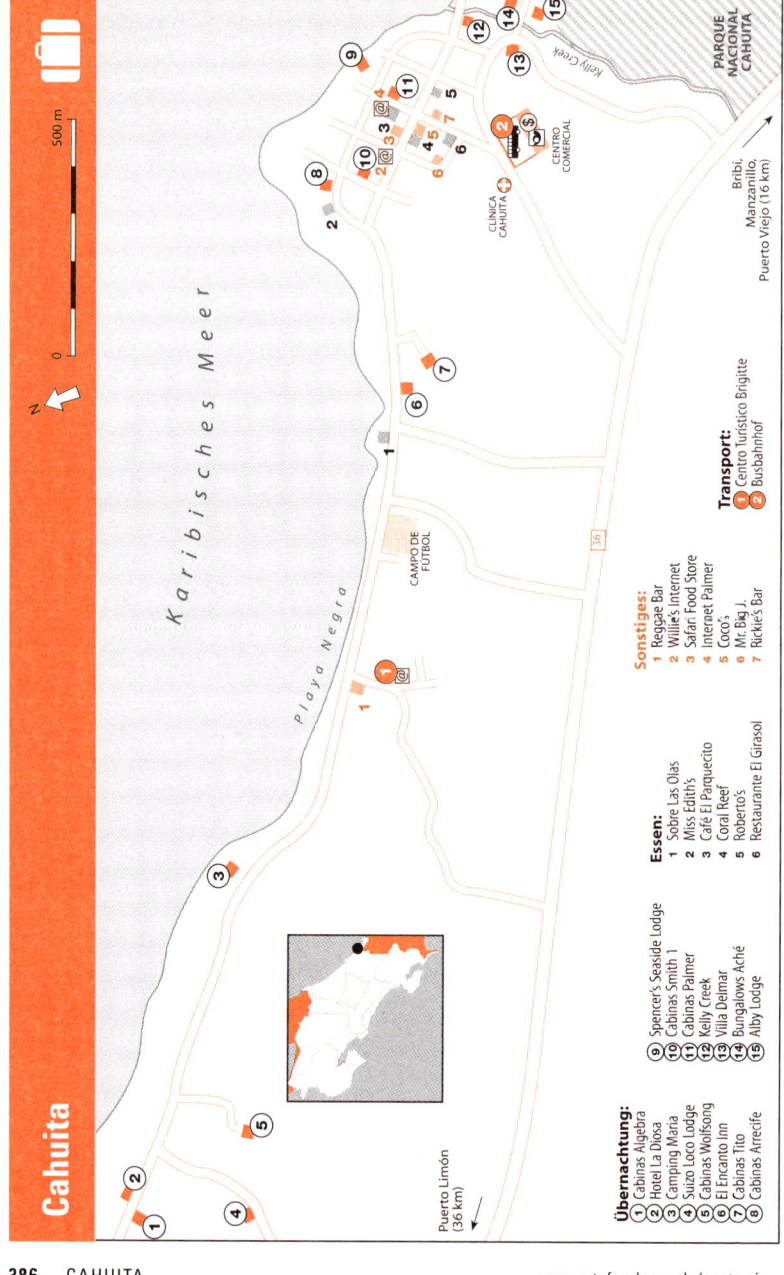

Cahuita

PARQUE NACIONAL CAHUITA

Kelly Creek

CLINICA CAHUITA

CENTRO COMERCIAL

Karibisches Meer

Playa Negra

CAMPO DE FÚTBOL

Puerto Limón (36 km)

Bribrí, Manzanillo, Puerto Viejo (16 km)

500 m

Übernachtung:
1 Cabinas Algebra
2 Hotel La Diosa
3 Camping María
4 Suizo Loro Lodge
5 Cabinas Wolfsong
6 El Encanto Inn
7 Cabinas Tito
8 Cabinas Arrecife
9 Spencer's Seaside Lodge
10 Cabinas Smith 1
11 Cabinas Palmer
12 Kelly Creek
13 Villa Delmar
14 Bungalows Aché
15 Alby Lodge

Essen:
1 Sobre Las Olas
2 Miss Edith's
3 Café El Parquecito
4 Coral Reef
5 Roberto's
6 Restaurante El Girasol

Sonstiges:
1 Reggae Bar
2 Willie's Internet
3 Safari Food Store
4 Internet Palmer
5 Coco's
6 Mr. Big J.
7 Rickie's Bar

Transport:
1 Centro Turístico Brigitte
2 Busbahnhof

vom Busbahnhof in Cahuita abgeholt. Kinder bis 12 J. frei. Gutes Preis-Leistungs-Verhältnis. 2 Pers. ab $20. ❶–❷

Cabinas Tito, ✆ 2755-0286, 🖥 www.cahuita-cabinas-tito.com. Saubere Cabinas mit Gemeinschaftsküche im verwilderten Hintergarten mit Hühnern und Surfbrettern. Freundliche Tico-Leitung. Auch Familien-Cabinas mit Küche. ❷

Cabinas Wolfsong, ✆ 2755-0548, 🖥 www.wolfsongcr.com. 3 geräumige, rustikale Cabinas für max. 5 Pers., 2 mit Küche. Schweizerische Leitung. Schöner Garten. ❸

Camping Maria, ✆ 2755-0091. Schöner Campingplatz direkt am Meer mit Gemeinschaftsküche auf weitläufigem Gartengrundstück, $10 p. P. Auch 1 einfache große Cabina mit Küche für $30. ❶–❷

El Encanto Inn, ✆ 2755 0113, 🖥 www.elencantocahuita.com. Komfortable Hotelanlage mit Pool und gepflegtem Garten, 50 m zum Strand. Die Zimmer haben große Doppelbetten und große Badezimmer. WLAN, freundliche französische Leitung. Auch Haus mit Küche für bis zu 8 Pers. ❻

Hotel La Diosa, ✆ 2755-0055, 🖥 www.hotelladiosa.net. 10 Zimmer in Bungalows unterschiedlicher Qualität, einige etwas muffig, z. T. mit AC und Küche. Auch kleine Häuser mit 2 oder 3 Schlafzimmern. Schweizerische Leitung; Pool. ❹–❻

Suizo Loco Lodge, ✆ 2755-0349, 🖥 www.suizolocolodge.com. Komfortable Bungalows mit privaten Terrassen, schönen Bädern für max. 8 Pers. auf einem gepflegten Areal mit Pool, Restaurant. Gehobene Ausstattung. Nette schweizerische Leitung. ❻

ESSEN

Cahuita überrascht den Besucher mit einem großen Angebot an kreativer karibischer Küche, beeinflusst aus aller Welt.

Café El Parquecito. Köstliche Fruchtsäfte und Crêpes, auch Omeletts, Bananacake und Obstsalate; beliebt zum Frühstücken. ◷ 6–15 Uhr.

Coral Reef, an der Hauptstraße, ◷ 11.30–22 Uhr, und **Roberto's** servieren frischen Fisch und Meeresfrüchte. Bei Roberto's wird die

Kokosnuss noch mit der Hand geraspelt und der Fisch selbst gefangen. ◷ 7–22 Uhr.

🏨 **Miss Edith's**, 125 m nördl. der Polizeistation. Das Warten lohnt sich: Miss Edith und ihre Töchter zaubern schmackhafte karibische Gerichte, beispielsweise Rondón (Fisch in Kokossauce) und als Nachtisch Maniokpudding oder Bananenkuchen. ◷ 11–22 Uhr.

Restaurante El Girasol, gegenüber vom Hotel Vaz, ✆ 2755-1164. Leckere Italienische Küche mit Fischgerichten und guter Pizza in Busbahnhofnähe. ◷ 18–22 Uhr.

Sobre las Olas, Richtung Playa Negra. Vegetarisches und selbstgemachte Pasta, in toller Atmosphäre direkt am Strand. ◷ 12–22 Uhr.

UNTERHALTUNG

Reggae, Calypso und Roots-Musik – mitunter auch live – sind bis in die frühen Morgenstunden in **Rickie's Bar** und in der Disco-Bar **Coco's** im Ortszentrum zu hören. In der **Reggae Bar** an der Playa Negra gibt es neben guter Musik auch leckere Snacks.

AKTIVITÄTEN UND TOUREN

Surfen

Centro Turístico Brigitte, an der Playa Negra, Boogie- und Surfboards.

Touren

Mr. Big J., im Ortszentrum, ✆ 2755-0060. Bietet Schnorcheltouren für $25 p. P. Auch Touren zum Bribrí-Indianerreservat und einem traditionellen Schokoladenhersteller.

Centro Turístico Brigitte, an der Playa Negra, ✆ 2755-0053, 🖥 www.brigittecahuita.com. Reittouren am Strand (1–2 Std., $50 p. P.) und in die Berge zu einem Wasserfall (5–6 Std., $75 p. P. inkl. Mahlzeit). Brigitte ist eine fantastische Informationsquelle und vermietet auch einfache Cabinas (ca. $30–50), z. T. mit Küche ($40).

SONSTIGES

Fahrradverleih

Mr. Big J. und **Centro Turístico Brigitte** an der Playa Negra verlangen $10 pro Tag.

Geld
Banco de Costa Rica, im Centro Comercial am Busbahnhof. ⏱ 9–16 Uhr.

Internet
Internet Palmer, gegenüber von Cabinas Palmer. ⏱ 9–20 Uhr.

Willie's Tour, an der Straße Richtung Playa Negra. Auch Touren. ⏱ Mo–Sa 8–12 und 15–20, So 16–20 Uhr.

Medizinische Hilfe
Clínica Cahuita, ☎ 2755-0383, ⏱ Mo–Do 7–16, Fr 7–15 Uhr. Einen 24-Std.-Service hat die **Klinik** in Hone Creek.

Supermarkt
Safari Food Store, an der Straße Richtung Playa Negra. ⏱ 6–20 Uhr.

Post
Im Centro Comercial am Busbahnhof, ⏱ Mo–Fr 8–17.30 Uhr.

Wäscherei
Mr. Big J., S. 387.

🛑 Engagiert in Talamanca

Das weltweit tätige **Wider Caribbean Sea Turtle Conservation Network** (Widecast), 🖥 www.widecast.org, setzt sich auch an Costa Ricas Karibikküste für den Schutz von Meeresschildkröten ein. Freiwillige können bei der Arbeit helfen. Zu den Tätigkeiten zählen nächtliche Strandpatrouillen, Arbeit in der Brutstation und Strandsäuberung. Unterbringung erfolgt in den biologischen Feldstationen in Cahuita (Saison 1.3.–31.10. Mehrbettzimmer mit Strom, kein Internet und kein Mobilfunkempfang) und Moín (Saison 1.3.–31.10. Mehrbettzimmer mit Strom, WLAN und Mobilfunkempfang sind vorhanden). In Gandoca (Saison 15.2.–15.8.) werden die Voluntarios bei Familien untergebracht. Freiwillige zahlen $40 pro Tag inkl. VP.

Busse
PUERTO LIMÓN, halbstdl. 6–21 Uhr, 60 Min., Bus kommt aus Sixaola;
MANZANILLO (via PUERTO VIEJO), 6.15, 7.15, 9.15, 11.15, 13.15, 16.15, 18.15, 19.15 Uhr, 45 Min., Bus kommt aus Puerto Limón;
SAN JOSÉ, um 7.30, 8, 9.30, 11.30, 16.30 Uhr, 3 1/2 Std., Bus kommt aus Sixaola;
SIXAOLA (via PUERTO VIEJO und BRIBRÍ), stdl. 6–20 Uhr. Bus kommt aus Puerto Limón.

Parque Nacional Cahuita

- **MINAET-Büro**: ☎ 2755-0461
- **Öffnungszeiten**: 6–17 Uhr
- **Eintritt**: Am Parkeingang Kelly Creek, um Spenden wird gebeten; Parkeingang Puntas Vargas $10. Parkführung $20
- **Gründungsjahr**: 1978
- **Größe**: 600 ha Korallenriff, 22 400 ha Meeresfläche, 1067 ha Landfläche
- **Parkregeln**: Schnorcheln nur mit Führer
- **Transport**
  Der Parkeingang Kelly Creek befindet sich im südlichen Ortsteil Cahuitas. Der zweite Parkzugang Puerto Vargas liegt rund 6,5 km südlich der Einfahrt nach Cahuita an der Straße nach Manzanillo.

Der Nationalpark Cahuita umgibt eines der schönsten **Korallenriffe** in Costa Rica. Das Riff ist aus 35 verschiedenen Korallenarten aufgebaut, wobei die *Coral cuerno de alce* (Elchhornkoralle) und *Coral el cerebro* (Hirnkoralle) dominieren. Im und um das Riff herum leben 140 Mollusken-, 44 Krustazeen-, 128 Algen- und 123 Fischarten. Mit der Schaffung des Nationalparks wurde dieses sensible Ökosystem unter Schutz gestellt. Dutzende von Fincas mussten umgesiedelt werden, darunter auch Familien, deren Eltern und Großeltern zu den Gründungsvätern Cahuitas zählten und seit dem 18. Jh. auf dem heutigen Parkgelände vom Fischfang, Kokosnuss- und Kakaoanbau lebten. Die Kontroversen sind beigelegt, Gemeindevertreter und Parkverwaltung bilden heute ein gemeinsames Parkkomitee.

Ein 3,5 km langer Wanderweg führt vom Parkeingang **Playa Blanca** an feinen Korallenstränden entlang zur **Punta Cahuita**, einer kleinen Landzunge, um die sich das Korallenriff lagert. Von hier sind es weitere 4,8 km zum zweiten Parkeingang, **Punta Vargas**. Statt den gleichen Weg nach Cahuita zurückzuwandern, kann man alternativ von Punta Vargas mit dem Bus nach Cahuita zurückfahren. Jede halbe Stunde fährt an der Hauptstraße der Bus aus Puerto Viejo nach Cahuita vorbei (zum Anhalten einfach winken!)

In den Feucht- und Mangrovengebieten des Parks leben u. a. Kapuzineraffen, Faultiere, Tukane, Schlangen, Ameisenbären und Gürteltiere. Der Nationalpark erfreut sich deshalb so großer Beliebtheit, weil die Tiere sich hier relativ häufig sehen lassen. Die Strände südlich von Punta Vargas sind für Touristen gesperrt. Hier nisten die Echte Karettschildkröte, die Grüne Meeresschildkröte und die Lederschildkröte. Am Parkeingang Punta Vargas gibt es Telefone und Restaurants. Busse in Richtung Puerto Limón oder Puerto Viejo halten an der Parkeinfahrt.

Trotz Parkgründung steht Cahuitas Korallenriff nach wie unter akuter Bedrohung. Ursache dafür sind die umliegenden Bananenkonzerne, die für ihre Monokulturen großflächig Wälder abholzen und Chemikalien sprühen (s. Kasten S. 394/395 „David gegen Goliath"). Diese gelangen durch Erosion über die Flussläufe ins Meer. Die Sedimente lagern sich am Riff an, nur die robusten Korallen überleben. Schwere Schäden erlitt Cahuitas Riff außerdem beim Erdbeben von 1991, das den Meeresgrund um 1,5 m anhob. Große Teile des Riffs starben daraufhin ab.

Puerto Viejo

Puerto Viejo ist ein Sammelbecken für partyhungrige Backpacker, Rastafaris, skurrile Gestalten und Surfer, die kommen, um die legendäre **Salsa Brava** zu reiten. Der kleine Ort boomt. Doch Zeit spielt in der einstigen Fischersiedlung, die heute hauptsächlich vom Tourismus lebt, nach wie vor keine Rolle. Tag und Nacht fließen unmerklich ineinander, Frühstück wird zu jeder Zeit serviert. Denn in der drückend feuchten Tropenhitze kocht der Körper auf Sparflamme. Faultieren gleich liegen Urlauber auf den tief gebogenen Palmenstämmen am Meeresufer und lassen sich vom gleichbleibenden Reggae-Beat in den Schlummer wiegen.

Wenn der Regen einsetzt, fliehen die Touristen und Old Harbour wird zu einer große Pfütze, in der man sich selbst Stelzen – wie die der karibischen Häuser – an die Beine wünscht.

ÜBERNACHTUNG

Puerto Viejo ist das Partyzentrum an der Karibikküste. Ruhigere Unterkünfte liegen an den südlichen Stränden Playa Chiquita, Punta Uva und in Manzanillo.
Bungalows Kiré, an der Straße Richtung Manzanillo, ☎ 2750-0448 ▯ www.cabinaskire. weebly.com. 3 Cabinas für max. 4 Pers. mit voll ausgestatteter Küche, Warmwasser, Kühlschrank und Veranda mit Hängematte. Deutsche Leitung, gutes Preis-Leistungs-Verhältnis. 2 Nächte Minimum. 1 Pers. $25. ❷
Cabinas Lika, ☎ 2750-0209. 13 ältere, aber saubere und große Cabinas für max. 4 Pers. mit Kochgelegenheit beim freundlichen Roberto. WLAN, Parkplatz. Ab $10 p. P. ❶–❷

Puerto Viejo

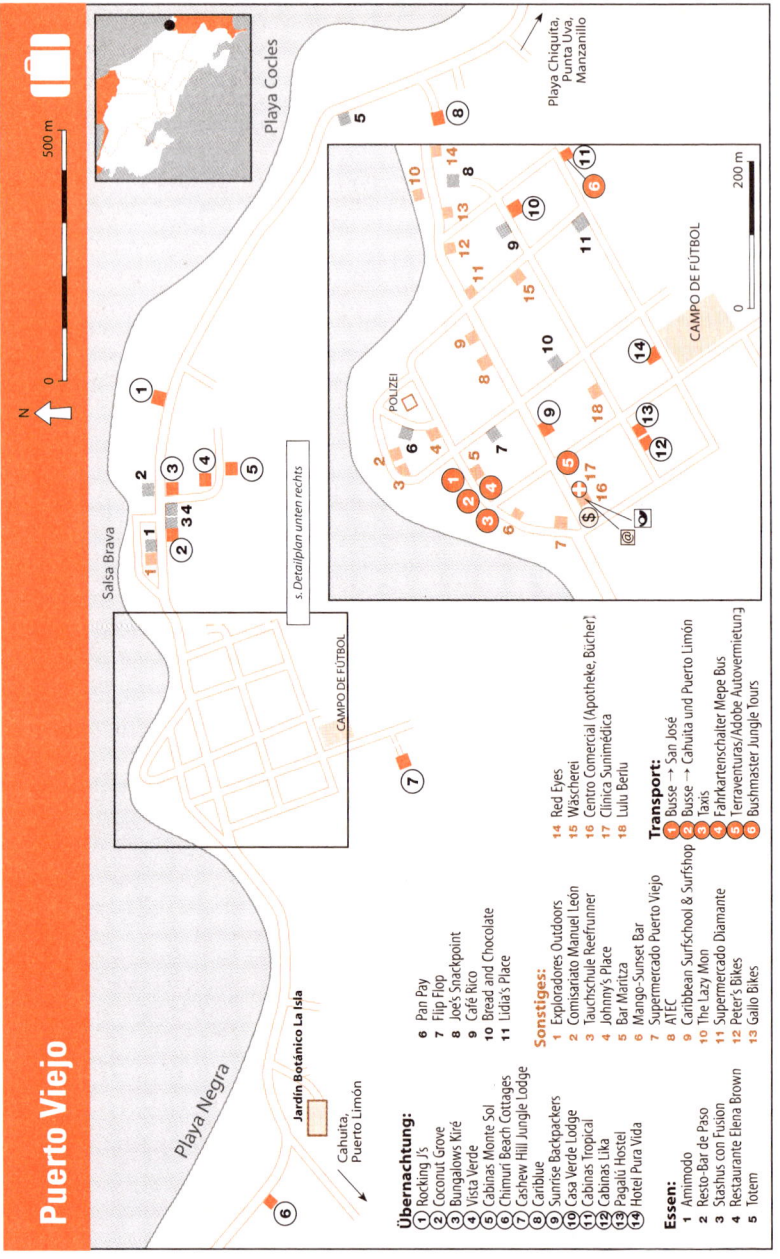

Jardín Botánico La Isla

Cahuita,
Puerto Limón

Playa Negra

Salsa Brava

Playa Cocles

Playa Chiquita,
Punta Uva,
Manzanillo

s. Detailplan unten rechts

POLIZEI

CAMPO DE FÚTBOL

CAMPO DE FÚTBOL

500 m

200 m

Übernachtung:
1. Rocking J's
2. Coconut Grove
3. Bungalows Kiré
4. Vista Verde
5. Cabinas Monte Sol
6. Chimuri Beach Cottages
7. Cashew Hill Jungle Lodge
8. Cariblue
9. Sunrise Backpackers
10. Casa Verde Lodge
11. Cabinas Tropical
12. Cabinas Lika
13. Pagalú Hostel
14. Hotel Pura Vida

Essen:
1. Amimodo
2. Resto-Bar de Paso
3. Stashus con Fusion
4. Restaurante Elena Brown
5. Totem
6. Pan Pay
7. Flip Flop
8. Joe's Snackpoint
10. Café Rico
10. Bread and Chocolate
11. Lidia's Place

Sonstiges:
1. Exploradores Outdoors
2. Comisariato Manuel León
3. Tauchschule Reefrunner
4. Johnny's Place
5. Bar Maritza
6. Mango-Sunset Bar
7. Supermercado Puerto Viejo
8. ATEC
9. Caribbean Surfschool & Surfshop
10. The Lazy Mon
12. Supermercado Diamante
12. Peter's Bikes
13. Gallo Bikes
14. Red Eyes
15. Wäscherei
16. Centro Comercial (Apotheke, Bücher)
17. Clínica Sunimédica
18. Lulu Berlú

Transport:
1. Busse → San José
2. Busse → Cahuita und Puerto Limón
3. Taxis
4. Fahrkartenschalter Mepe Bus
5. Terraventuras/Adobe Autovermietung
6. Bushmaster Jungle Tours

Cabinas Monte Sol, an der Straße Richtung Manzanillo hinter der Soda Elena Brown rechts abbiegen, ☏ 2750-0098, 🖳 www.montesol.net. Gemütliche Cabinas in Holzhäusern, teils mit Bad auf verwinkelter Anlage. Entspannte Atmosphäre, deutsche Leitung, WLAN. Auch Bungalows mit Küche ❸, EZ ab $25. ❷–❸

Cabinas Tropical, ☏ 2750-2064, 🖳 www.cabinastropical.com. Gepflegte, ruhige Anlage mit 9 sehr sauberen Zimmern, teilweise mit AC und Kühlschrank, bei deutsch-costaricanischem Paar. Gute Matratzen, WLAN. Rolf ist Biologe und bietet Touren in die Umgebung an (s. Touren S. 392). EZ $38, 3 Pers. $58. ❸

Casa Verde Lodge, ☏ 2750-0015, 🖳 www.cabinascasaverde.com. 17 schlichte, helle Zimmer mit Karibikcharme und Mosaikfußboden, teils mit Privatbad. Großer, gepflegter, tropischer Garten mit Pool und Whirlpool, kleines Frühstückscafé mit Hängematten, WLAN. ❸–❹

Cashew Hill Jungle Lodge, kurz hinter Terraventuras rechts abbiegen, rund 300 m geradeaus, die Brücke überqueren, dann den Hügel hinauf, ☏ 2750-0256, 🖳 www.cashewhilllodge.co.cr. 7 farbenfrohe Cabinas mit Veranda und Meeresblick, zum Teil mit Küche. Ruhig, Yoga-Deck. Ferienhäuser für 1–8 Pers. ❻

Chimurí Beach Cottages, an der Playa Negra, von Puerto Limón kommend, vor dem Ortsschild in Puerto Viejo, links abbiegen, ☏ 2750-0119, 🖳 www.retreat.chimuribeach.com. 3 hübsche, farbenfrohe Strandhäuser im Karibikstil am Meer mit Küche, auch längerfristig zu mieten. Der Besitzer Mauricio ist in der Reserva Kekoldi aufgewachsen und bietet Touren ins Indianerreservat. Mindestaufenthalt 3 Tage. Gute Wochenangebote. ❸

Coconut Grove, an der Straße Richtung Manzanillo, neben Soda Elena Brown, ☏ 2750-0093, 🖳 www.coconutgrovepuertoviejo.com. 6 gemütliche Zimmer, teils mit Bad, in verwinkeltem Holzhaus. Zur Zimmerausstattung gehören TV, Kühlschrank und Safe. Außerdem 1 Apartment (ab $52 für 2 Pers.). Die deutsche Besitzerin Heidi sorgt für familiäre Atmo-

sphäre. Zum Frühstück gibt's leckere Pfannkuchen. ❷–❸

Hotel Pura Vida, am Sportplatz, ☏ 2750-0002, 🖳 www.hotel-puravida.com. 10 helle Zimmer, teils mit Privatbad. Großer, schön gestalteter Aufenthaltsbereich mit Hängematten, WLAN. Bei weltgereistem, deutsch-chilenischem Paar. EZ ab $28. Auch Spanischkurse für $10 pro Std. ($15 pro Std. Privatunterricht). ❸

Pagalú Hostel, gegenüber vom Megasuper, ☏ 2750-1930, 🖳 www.pagalu.com. Neuer Backpacker mit 3 Schlafsälen ($12 p. P.). WLAN, Kaffee und Tee gratis, Gemeinschaftsküche. Wirkt etwas steril, aber sehr sauber. Deutsche Leitung. Auch DZ ab $26. ❷

Rocking J's, an der Straße Richtung Manzanillo, 600 m vom Ortsausgang, ☏ 2750-0665, 🖳 www.rockingjs.com. Sicherer Backpacker mit Wächter, Überwachungskameras und Schließfächern. Hängemattenschlafsaal ($7 p. P.), Camping auf riesiger Holzplattform mit Überdachung ($8 mit geliehenem Zelt), Schlafsaal (p. P. $11), beliebt bei jungem Partyvolk. Auch DZ. ❷

Vista Verde, an der Straße Richtung Manzanillo hinter der Soda Elena Brown rechts abbiegen, ☏ 8553-0193, 🖳 www.vistaverdeguesthouse.wordpress.com. Alle Zimmer mit Ventilator und Moskitonetz. Große Veranda und Kochgelegenheit. Deutsche Leitung. ❷

KARIBIKKÜSTE

ESSEN

Amimodo, an der Straße Richtung Manzanillo, neben der Salsa Brava, ✆ 2750-0257. Seit 15 Jahren in Puerto Viejo, karibisch-italienische Küche. Ein Klassiker sind die hausgemachten Ravioli Tropical, gefüllt mit Krabben, Ananas, Curry und Avocado oder das Hühnchen in Paprika-Papayasauce; Meeresblick. Mittlere Preisklasse. ⏲ Mo–Do 16–22, Fr–So 12–22 Uhr.

📖 **Bread and Chocolate**, ✆ 2750-0723. Auf einer großen Holzveranda werden hausgemachte Waffeln, Zimt-Pfannkuchen, Bagels, selbst gebackenes Brot, Obstsalate, Müsli und Joghurt serviert; beliebt zum Frühstücken. ⏲ Di–Sa 6.30–18.30, So 6.30–14.30 Uhr.

Café Rico, gegenüber von Cabinas Casa Verde, ✆ 2750-0510. Atmosphäre ist alles in diesem wunderschön gestalteten Frühstückscafé mit Bücherverkauf. Leckere Sandwiches; auch Wäscherei. ⏲ 8–16 Uhr.

📖 **Flip Flop**, im Zentrum, gegenüber dem Multicentro, ✆ 2750-2031. Keine Currywurst, sondern würzige, indische Currys zaubert eine Potsdamerin hier auf den Tisch. Auch karibische Gerichte und leckere Hamburger. Bei Ticos und Touristen gleichermaßen beliebt. ⏲ 12–22 Uhr.

Joe's Snackpoint, gegenüber der Bar The Lazy Mon, etwas abseits der Hauptstraße. Leckere Casados und Pollo, prima für einen schnellen Snack am Mittag.

Lidia's Place, eine der günstigsten Sodas im Ort; neben Rice and Beans wird auch Languste in Knoblauchbutter serviert. Auch Frühstück; beliebt bei Einheimischen. ⏲ 9–21 Uhr.

Pan Pay, am Strand, hinter Johnny's Place. Zeitunglesen bei Kaffee und Croissant mit Meeresblick. Viele spanische Spezialitäten, inkl. Serrano-Schinken. Beliebter Frühstückstreff. ⏲ 7–18 Uhr.

Restaurante Elena Brown, ✆ 2750-0165, gegenüber vom Hotel Talamanca. Miss Elena nahm den guten Ruf von der Playa Chiquita nach Puerto Viejo mit; guter Red Snapper mit Kokossauce. ⏲ 12–22 Uhr.

Resto-Bar de Paso, gegenüber vom Coconut Grove, ✆ 2756-8324. Karibisch-argentinische Küche mit herrlichem Blick aufs Meer.

Gute Daiquiris. Im dazugehörigen Straßenimbiss **Más de Paso** gibt's argentinische Snacks ⏲ Di–So 8.30–18.30 Uhr.

Stashus con Fusion, neben dem Restaurante Elena Brown, ✆ 2750-0530. Kreative Fusions-Küche, von Lesern empfohlen, z. B. Tacos, Salate, Tandoori- und Jerk Chicken. ⏲ Do–Di 17–22 Uhr.

UNTERHALTUNG

Nachts verwandeln sich viele zahme Restaurants in Tanzschuppen. Was „in" und „out" ist, ändert sich in Puerto Viejo schnell. Einige Vorschläge:

Livemusik gibt es mitunter in der **Bar Maritza**, im **The Lazy Mon** direkt am Strand und in der **Mango-Sunset Bar**.

Getanzt wird in der Disco-Bar **Johnny's Place**. Aufgelegt werden u. a. Reggae, Salsa, Calypso und Dancehall.

AKTIVITÄTEN UND TOUREN

Surfen
Caribbean Surfschool and Shop, an der Hauptstraße, ✆ 8357-7703, 🖥 www.puerto viejosurf.com. 1 Std. Privat-Surfunterricht für $50 p. P.

Tauchen
Reefrunner, ✆ 2750-0480, 🖥 www.reefrunner divers.com. Tauchkurse- und touren.

Touren
ATEC, s. Kasten.

Bushmaster Jungle Tours, Infos in den Cabinas Tropical, ✆ 2750-0283, 🖥 www.cabinastropical. com. Touren geleitet vom deutschen Biologen Rolf Blancke. Eine 6–7-stündige Trekkingtour zum Refugio Gandoca-Manzanillo kostet inkl. Frühstück $65 p. P.

Exploradores Outdoors, neben dem Restaurant Amimodo, ✆ 2750-2020, 🖥 www.exploradores outdoors.com. Raftingtouren auf dem Río Pacuare, Touren nach Tortuguero und mehr.

SONSTIGES

Apotheke
Farmacia Caribe, im Centro Comercial, ✆ 2750-0698. ⏲ Mo–Sa 8–20 Uhr.

KARIBIKKÜSTE

Wanderungen in die Indianerreservate (Tagestour ab $70 p. P.), schnorchelnd und zu Fuß Talamancas Naturparks erkunden ($40 p. P.), lernen, wie Schokolade hergestellt wird ($47 p. P.) oder, für die Hartgesottenen, in 6 bis 16 Tagen die Cordillera Talamanca durchqueren ($290 p. P.): Die Asociación Talamanqueña de Ecoturismo y Conservación (ATEC) macht es möglich. Die Gruppen sind klein und die Führer aus der Region. ATEC ist eine Grassroots-Organisation, die 1990 von Einheimischen und Expats gegründet wurde und **Ökotourismusprojekte** in Talamanca leitet. Ausführlichere Infos im ATEC-Büro in Puerto Viejo, ☎ 2750-0398, 🖳 www.ateccr.org.

Autovermietung
Adobe, im Büro von Terraventuras, im Ortszentrum, ☎ 2750-0290.

Galerie
Lulu Berlu, gegenüber von Cabinas Guanarana. Originelle Lampen, Mosaike, Masken und Taschen aus Gummireifen, hergestellt von der Französin Lulu und anderen. ☉ 9–21 Uhr.

Fahrrad- und Mopedverleih
Gallo Bikes & Moto und andere Anbieter an der Straße Richtung Manzanillo vermieten Fahrräder ab $5 pro Tag. Gallo hat auch Mopeds ($50 pro 24 Std.). Scooter zum gleichen Preis vermietet **Red Eyes**, ☎ 8860-8588.

Geld
Banco de Costa Rica, ☉ Mo–Fr 9–16 Uhr. **Banco Nacional**, ☉ Mo–Fr 8.45–15.45 Uhr. Beide Banken liegen am Ortsausgang an der Straße Richtung Cahuita auf der linken Seite.

Internet
Sunrise Backpackers, ☎ 2750-0028, WLAN im Restaurant frei. ☉ 7–21 Uhr.

Medizinische Hilfe
Clínica Sunimédica, am Ortseingang neben der Banco de Costa Rica, ☎ 2750-0079.

24-Std.-Arzt, Dr. Francisco Arguedas, ☎ 8870-8029.
Klinik, in Hone Creek, 5 km nördl. von Puerto Viejo, ☎ 2756-8024.

Post
Im **Centro Comercial**, neben der Banco Nacional. ☉ Mo–Fr 8–12 und 13–17.30 Uhr.

Supermärkte
Supermercado El Diamante, an der Hauptstraße. ☉ Mo–Sa 9–23 Uhr, So 10–22 Uhr. **Supermercado Puerto Viejo**, gegenüber der Banco de Costa Rica. Ökoprodukte, Ziegenmilch und selbst gebackenes Brot. ☉ 6.30–20.30 Uhr.

Taxi
Private Taxiunternehmer sind unter ☎ 2750-2073 und ☎ 2750-0439 erreichbar, deutschsprachig unter ☎ 8340-2338.

Wäscherei
Lavanderia neben dem Café Doña Eli; Wäscheservice auch im Café Rico (S. 392).

TRANSPORT
Busse
MANZANILLO (via PLAYA CHIQUITA, PUNTA UVA), 8x tgl., 6.45–19.45 Uhr, 30 Min., Bus kommt aus Puerto Limón;
PUERTO LIMÓN (via CAHUITA), stdl., 5.30–19.45 Uhr, 90 Min., Bus kommt aus Sixaola;
SAN JOSÉ, 7.30, 9, 11, 16 Uhr, 4 Std., Bus kommt aus Sixaola; Fahrkarten vorher am Mepe-Schalter kaufen;
SIXAOLA (via BRIBRÍ), stdl. 6.30–19.30 Uhr, ca. 90 Min., Bus kommt aus Puerto Limón.

Von Puerto Viejo nach Manzanillo

Südlich von Puerto Viejo befinden sich die palmengesäumten Traumstrände, die man an der Nordkaribik vergeblich suchte. Eine Küstenstraße führt von Puerto Viejo vorbei am Surfstrand **Playa Cocles** (2 km) und der **Playa Chiquita**

KARIBIKKÜSTE

KARIBIKKÜSTE

Der Bus zum Grenzübergang nach Sixaola fährt an den großen Bananenplantagen Talamancas vorbei. Statt Bananen sieht man nur große, blaue Plastiksäcke, die die Stauden wie Kokons umhüllen. Am Straßenrand warnen Schilder vor Agroquímicos (Pestiziden). Abends, wenn es dunkel wird, fliegen kleine gelbe Sportflugzeuge wie Hummeln tief über die Bananenplantagen und sprühen Chemikalien: 44 kg pro Hektar pro Jahr, nur wenige Meter von den Arbeitersiedlungen entfernt.

Bananen sind Talamancas grünes Gold und zugleich sein Verderben. Bereits Ende des 19. Jahrhunderts begann der Eisenbahnmagnat und spätere Gründer der United Fruit Company, Minor Keith, an den Eisenbahnschienen Bananen für seine Arbeiter anzubauen und die Früchte in die USA zu exportieren. Seitdem sind die großen transnationalen Bananenkonzerne der größte Arbeitgeber in Talamanca, das zu den ärmsten Regionen Costa Ricas zählt. Beherrscht wird der Markt von den drei Großunternehmen Dole Food Company, Bandeco und der Chiquita-Tochter Cobal. Viele der kleinen costa-ricanischen Farmen, die noch in den 1980er-Jahren Mischanbau betrieben, wurden von den Monokulturen der Multis verdrängt.

Mit den Monokulturen beginnt der Teufelskreis: Kurzfristig gesehen sind sie zwar die wirtschaftlich rentabelste Form der Bodenbewirtschaftung, langfristig entziehen Monokulturen dem Boden jedoch seine Nährstoffe und sind stark anfällig für Pilze und Schädlinge. So musste Mitte der 1980er-Jahre die United Fruit Company aufgrund von Bodenpilzen und Bananenkrankheiten in Golfito (Pazifikküste Costa Ricas) ihre Plantagen aufgeben; der Konzern hinterließ dort eine wirtschaftlich und ökologisch desolate Region.

Um die Gefahr von Seuchen und Bananenkrankheiten einzudämmen und höhere Ernteerträge zu erzielen, werden verstärkt Kunstdünger, Herbizide und Insektizide eingesetzt. Das Gift wird in die blauen Plastiksäcke, die die Stauden umgeben, gespritzt. Für den Export bestimmte Bananen werden zusätzlich nach der Ernte in eine Chemikalienlauge getaucht, um ihren Reifeprozess zu verlangsamen. Rund 283 verschiedene Chemikalien werden laut Foro Emaús, einer Koalition aus Nichtregierungsorganisationen und Gewerkschaften, die sich gegen den Einsatz der Pestizide einsetzt, auf costa-ricanische Bananen gesprüht, darunter auch solche, die zu den Dirty Dozen zählen, also zu jenen zwölf Pestiziden, die aufgrund ihrer hohen Toxizität von der UN auf dem Markt verboten wurden. Der Boden einer Bananenplantage ist nach rund einem Jahrzehnt vergiftet und unbrauchbar. Wieder wird neues Land gerodet, der Teufelskreis beginnt von vorn.

Die Folgen liegen auf der Hand: Erosion, Vergiftung des Bodens, der Flüsse, der Meere und der gesamten Nahrungskette. Am deutlichsten sichtbar sind die Auswirkungen an den absterbenden Korallenriffen vor Cahuita oder an den Pigmentstörungen der Arbeiter hier im Bus auf dem Weg nach Sixaola. Tausende Arbeitskräfte der älteren Generation, die in den 1970er-Jahren auf den Feldern hochgiftigen Chemikalien ausgesetzt waren, sind seither unfruchtbar und warten vergeblich auf eine Entschädigung. Zwar haben sich die Schutzmaßnahmen für die Arbeiter heute inzwischen verbessert – u. a. sind Schutzanzüge auf den Plantagen Vorschrift, – doch werden die Sicherheitsbestimmungen mitunter sehr lax gehandhabt. Viele Arbeiter werden nicht über die Gefahren aufgeklärt. Sie leben mietfrei auf den konzerneigenen Fincas am Rande der Plantagen, nehmen dafür täglich das Gift über Haut, Atmungswege und Trinkwasser auf. Laut Foro Emaús leiden über 70 % der costa-ricanischen Plantagenarbeiter an Krebs, Hautausschlägen, Seh- und Atembeschwerden. Auch Bananenkonsu-

(5 km), Austragungsort des Playa-Chiquita-Musikfestivals, zur **Punta Uva** (7 km), dem besten Schwimmstrand auf der Route.

Achtung, an der gesamten Karibikküste herrschen starke Strömungen! An der Strecke liegen zahlreiche ruhige Unterkünfte mittlerer und oberer Preisklasse. Die Straße endet im kleinen Ort Manzanillo (13 km), dem Eingangstor zum **Schutzgebiet Gandoca-Manzanillo**, mit guten Schnorchel- und Tauchmöglichkeiten.

© JULIA REICHARDT

menten in Costa Rica und den Exportländern bleiben von den Gesundheitsschäden nicht verschont. Costa Rica zählt zu den Ländern mit der höchsten Zahl an Magenkrebserkrankungen.

Der Zweck aber heiligt die Mittel. Die Bananenkonzerne, die für Diskriminierung, Minimallöhne, blutige Streikniederschlagungen und tödliche Krankheiten auf ihren Plantagen verantwortlich sind, wurden von Anfang an von der costa-ricanischen Regierung hofiert und mit Steuerbegünstigungen oder preiswertem Landerwerb unterstützt. Schließlich sind Bananen für Costa Rica – nach dem Tourismus – einer der größte Devisenbringer im Land.

Auf der anderen Seite machen sich Nichtregierungsorganisationen, Umweltschützer, kirchliche Vereine und Menschenrechtsgruppen wie die Corporación Educativa para el Desarrollo Costarricense (CEDECO), 🖳 www.cedeco.or.cr, das Movimiento de Agrocultura Orgánica Costarricense (MAOCO), 🖳 www.agriculturaorganica.org/maoco.htm, oder das Organisationsnetzwerk Foro Emaús für ökologische Landwirtschaft und bessere Arbeitsbedingungen auf den Plantagen stark und klären die Bevölkerung über die Gefahren auf. Dank ihrer Arbeit findet langsam ein Umdenken in der costa-ricanischen Agrarpolitik statt. So wurde im Juni 2007 das *Ley para el desarrollo, promoción y fomento de la actividad agropecuaria orgánica* (Gesetz zur Entwicklung und Förderung ökologischer Landwirtschaft) verabschiedet, das auch kleinen und mittelständischen Ökobetrieben staatliche Förderung und Schutz zusichert, u. a. durch Ernteversicherungen und vergünstigte Kredite.

Für Talamancas Ökobauern ist dieses Gesetz ein Ansporn weiterzumachen und mit traditionellen Mischanbaumethoden und ohne Chemikalieneinsatz gegen den giftenden Goliath weiter zu bestehen. Ihre Öko-Banane Gros Michel ist kleiner als die konventionelle Gran Cavendish und zeigt den einen oder anderen braunen Fleck, dafür ist sie süßer im Geschmack und giftfrei! Informationen zum Verkauf von Öko-Bananen in Deutschland bietet 🖳 www.banafair.de.

ÜBERNACHTUNG

Playa Cocles

Caribe Town, ✆ 2750-2034, 🖳 www.caribe town.com. Weitläufige Hotelanlage mit individuellen Bungalows für maximal 7 Pers.; Pool. Hilfsbereites Spanisch-kanadisches Paar als Gastgeber. Frühstück inkl. Auch 6 komplett eingerichtete Ferienhäuser. ❺ – ❻

Cariblue, ✆ 2750-0035, 🖳 www.cariblue.com, s. Karte S. 390. Große, gepflegte Anlage mit

23 palmstrohgedeckten Holzbungalows mit Veranda und Hängematten. Tropischer Garten mit Pool, Frühstück inkl. Vorher reservieren. **❻**

Playa Chiquita

Cabinas Yemanya, 3 km südl. von Puerto Viejo, ☎ 2750-0110, 🖥 www.cabinasyemanya.com. Einfache, rustikale Cabinas mit Veranda, ruhig gelegen und von Dschungel umgeben. Je näher am Meer, desto schöner die Cabina. Bei längerem Aufenthalt Rabatte. **❹**

El Tucán, ca. 3 km südl. von Puerto Viejo, kurz hinter der Brücke über den Río Cocles rechts abbiegen, ☎ 2750-0026, 🖥 www. eltucanjunglelodge.com. Nach 800 m Schotterpiste von der Hauptstraße erreicht man diese 4 schlichten Holzbungalows mitten im Dschungel mit Veranda, Warmwasser und Flussblick. Nette deutsche Besitzer Irene und Wolfgang. Ideal für Naturliebhaber; Fahrradvermietung $5. **❸**

Playa Chiquita Lodge, 5 km südl. von Puerto Viejo, ☎ 2750-0408, 🖥 www.playachiquita lodge.com. 8 einfache Zimmer in unmittelbarer Strandnähe in familiärer Atmosphäre. Großer offener Gemeinschaftsbereich. Kleines Frühstück inkl. Junges Surferpublikum. **❺**

🧳 **Shawandha Lodge**, ☎ 2750-0018, 🖥 www.shawandhalodge.com. Stilvoller Luxus, eingebettet in die Natur: 13 palmenbedeckte, schlichte Holzhäuser für max. 4 Pers. mit balinesischem Dekor und exquisiten Mosaikbädern. WLAN, Restaurant, Pool, 3 Min. zum Strand. Frühstück inkl. **❻**

Punta Uva

Cabinas Punta Uva, ☎ 2759-9180, 🖥 www. cabinaspuntauva.com. 3 idyllisch gelegene Holz-Cabinas mit Privatbad und großen Veranden unmittelbar am Strand; von Wald umgeben. **❸**

Cabinas Selvin, 5,5 km südl. von Puerto Viejo, ☎ 2750-0664. Einfache kleine Holz-Cabinas mit Moskitonetzen und Gemeinschaftsküchen (zum Teil Privatküche). Gutes Restaurant (s. Essen). **❷**

Pachamama, 8 km südl. von Puerto Viejo, ☎ 8486-7086, 🖥 www.pachamamapuertoviejo.

com. Private Cabinas, alle mit Kühlschrank, teilweise mit Küche, für max. 6 Pers. Französische Leitung. Zum Strand müssen Gäste die Straße überqueren. 2 Fahrräder pro Cabina und Frühstück inkl. **❺**–**❻**

Manzanillo

Cabinas Bucus, ☎ 2275-9143, 🖥 www.costa-rica-manzanillo.com. 4 Cabinas mit Gemeinschaftsküche, 2 mit Küche für max. 4 Pers. bei deutsch-costa-ricanischem Paar. Besitzer Omar veranstaltet auch Touren (S. 397). 3 Pers. $45. **❷**

Cabinas Manzanillo, am Ortseingang rechts, ☎ 2759-9033, ✉ cabimanzasologood@yahoo. com.mx. Farbenfrohe, saubere Zimmer mit großen Duschen und Terrasse, Gemeinschaftsküche. Zimmer im Erdgeschoss kühler. Fahrradverleih ($10 p. Pers. pro Tag), nette Leitung, Restaurant. EZ $25. **❷**

Cabinas Something Different, ☎ 2759-9014. 6 Cabinas mit Bad für max. 5 Pers., teilweise mit AC. Zudem Haus für 6 Pers. mit Küche und Kühlschrank ($80). Sympathische einheimische Familie. Cabinas im EG etwas muffig. **❸**–**❹**

🧳 **Cabinas Yamann**, Miss Edith Street, ☎ 2759-9121 🖥 www.cabinasyamann. com. 2 blitzsaubere Holz-Cabinas mit Gemeinschaftsküche, Warmwasser, Ventilator und Kühlschrank, WLAN. Deutsch-schweizerische Leitung. Jede weitere Pers. $10. **❹**

ESSEN

Cool & Calm, 50 m nördl. der Bushaltestelle in Manzanillo. Mit Liebe zubereitete und servierte karibische Küche mit Strandblick. ⏰ Di–So 16–21 Uhr.

El Refugio, Punta Uva an der Hauptstraße. Argentinische Küche, natürlich mit viel Rindfleisch, aber auch frische Thunfisch-Gerichte. ⏰ 19–21 Uhr.

La Botanica Organica, an der Straße nach Manzanillo, Playa Chiquita. Vegetarische und vegane Biokost, gutes Frühstück mit leckerem selbst gebackenem Brot. ⏰ Di–So 8–15 Uhr.

Manza Pizza, in Manzanillo. Pizza, Snacks und WLAN. ⏰ 7–20 Uhr.

Maxis Restaurant & Soda, in Manzanillo. Frischer Fisch und Meeresfrüchte, Meerblick, Weinkarte. ⊕ 12–22 Uhr, Soda 7–20 Uhr.

Que Quilombo, Playa Cocles an der Hauptstraße. Sehr gutes Grillrestaurant, von Lesern empfohlen; Grillgerichte und mehr. ⊕ Mo–Sa 17.30–22.30 Uhr.

Rinconcito Alegre, Miss Edith Street, Manzanillo. Günstige landestypische Küche, auch Frühstück. ⊕ 7–21 Uhr.

Selvin's, Punta Uva. Fisch, Meeresfrüchte und karibische Küche. Mittlere Preisklasse. Guter Rondón. ⊕ 8–20 Uhr.

AKTIVITÄTEN UND TOUREN

Touren

Bucus Tours, Manzanillo, ☏ 8932-0030, 🖥 www.costa-rica-manzanillo.com. Der in Manzanillo aufgewachsene Omar bietet Regenwaldtouren im Refugio Nacional de Vida Silvestre Gandoca-Manzanillo an ($35 p. P., 4 Std.), außerdem Angel-, Kajak- und Delfintouren.

Wassersport

Aquamor Tours, Miss Edith Street, Manzanillo, ☏ 2759-9012, 🖥 www.greencoast.com/aquamor.htm. Verleih von Kajaks ($6 p. P. und Std.), Fahrrädern ($10 pro Tag) und Schnorchelausrüstungen ($4 p. P. und Std.). Auch Tauch- und Kajaktouren sowie Touren in den NP. ⊕ 7–19 Uhr.

SONSTIGES

Einkaufen

Tribal Market, Playa Chiquita. ⊕ Di–Sa 10–18 Uhr.

Fahrradverleih

In Manzanillo bei **Aquamor Tours**, $10 pro Tag.

Internet

In Manzanillo in der Pizzeria an der Bushaltestelle, ⊕ 7–20 Uhr.

Supermarkt

Supermercado Carnes Luca, Manzanillo. ⊕ 6–20.30 Uhr.

TRANSPORT

Busse fahren nach:
PUERTO LIMÓN (via PLAYA CHIQUITA, PUNTA UVA, PUERTO VIEJO, CAHUITA), 8x tgl., 5–18 Uhr, 2 Std.;
SAN JOSÉ (via PUERTO VIEJO, CAHUITA, LIMÓN), 7 Uhr, 4 1/2 Std.

13 HIGHLIGHT

Refugio Nacional de Vida Silvestre Gandoca-Manzanillo

- **MINAET-Büro**: 500 m vor Manzanillo, ☏ 2759-9100
- **Öffnungszeiten**: 8–16 Uhr
- **Eintritt**: Gratis
- **Gründungsjahr**: 1985
- **Größe**: 5000 ha Landesfläche, 4380 ha Meeresfläche
- **Unterkunft**: Camping in Manzanillo oder Gandoca
- **Transport**
  Der **Sektor Manzanillo** umgibt die Ortschaft Manzanillo und lässt sich daher zu Fuß erreichen. Der südlicher gelegene **Sektor Gandoca** ist entweder zu Fuß vom Parkeingang in Manzanillo zu erreichen oder per Auto (nur Vierradantrieb) über Punta Uva.

Das Refugio Gandoca-Manzanillo liegt am äußersten Südost-Zipfel Costa Ricas und wird im Norden vom Atlantik, im Osten vom Grenzfluss Río Sixaola und im Süden von den Talamanca-Bergen eingegrenzt. An der Küste wechseln sich schroffe, felsige Abschnitte mit paradiesischen Palmenstränden und kleinen Korallenriffen ab. Die Frischwasserlagune **Laguna Gandoca**, in die bei Flut auch Meereswasser dringt, ist ein Biotop für seltene Flora und Fauna. Hier lebt die einzige Population der Mangrovenauster in Costa Rica. Außerdem halten sich in ihr Tarpune, Delfine und – äußerst selten – die vom Aussterben bedrohte Seekuh auf. An der Flussmündung des Río Gandoca wächst der größte Bestand der Roten

KARIBIKKÜSTE

Grenzübergang **Costa Rica**, ☎ 2754-2044; Grenzübergang **Panama**, ☎ 00507-759-7019, 🕐 7–17 Uhr (Costa-Rica-Zeit), 8–12 und 12.30–18 Uhr (Panama-Zeit – Panama ist Costa Rica um eine Stunde voraus). Der Grenzübergang in **Sixaola** wird hauptsächlich von Urlaubern genutzt, die vorhaben, einige Tage auf dem Inselarchipel Bocas del Toro zu verbringen. Außerdem fährt tgl. ein Nachtbus von Changuinola (s. u.) nach Panama City. Die Ausreiseformalitäten sind in **Sixaola** schnell und unkompliziert erledigt. Ein Weiterreiseticket jedoch wird verlangt. Wer keines hat, kann sich für $13 ein Busticket kaufen. Vom Grenzort Guabito fahren alle 30 Min. Busse ins 16 km entfernte Changuinola (rund 30 Min.). Von Changuinola fahren Busse nach Panama City und nach Almirante (ungefähr 45 Min.), der Anlegestelle für die Wassertaxis nach Bocas del Toro ($4, etwa 30 Min.). Private Sammeltaxis bieten für $10 p. P. direkten Transport vom Grenzübergang in Guabito zum Bootsableger in Almirante an. Ein normales Taxi nimmt für die gleiche Strecke $25 pro Fahrt (egal, wie viele Fahrgäste!). Wer noch am gleichen Tag die Insel erreichen will, sollte früh aufbrechen.

Einige Touranbieter in Puerto Viejo organisieren die komplette Reise nach Bocas del Toro, inkl. Grenzformalitäten und Bootstransfer. Das private Unternehmen **Caribe Shuttle**, ☎ 2750-0626, 🖥 www.caribeshuttle.com, verlangt für die Strecke $32 p. P. (einfache Fahrt), Abholung im Hotel zwischen 6.30 und 7.20 Uhr.

Mangrove im Land. Die benachbarte **Playa Gandoca** ist der Nistplatz von vier verschiedenen Arten von Meeresschildkröten. ANAI führt hier – wie auch im Nationalpark Cahuita – Strandpatrouillen durch (s. Kasten S. 388). Im Park halten sich außerdem Krokodile, Otter, Faultiere, Brüll- und Kapuzineraffen sowie Pakas auf.

Das Schutzgebiet ist von zwei Seiten zugänglich. Über Manzanillo führt ein oft sehr aufgeweichter Weg vorbei am Rundfunkturm, durch eine Lagune und über weiße Traumstrände hinein ins Parkinnere bis zur **Punta Mona** und von hier weiter nach Gandoca. Von hier blickt man ins benachbarte Panama (5,5 km). Schwimmen ist möglich. Ein weiterer Pfad verbindet Manzanillo mit dem weniger besuchten Gandoca-Sektor.

Von Puerto Viejo nach Sixaola / Grenzübergang Panama

10 km südwestlich von Puerto Viejo liegt der kleine Ort **Bribrí**, ein Zentrum der umliegenden Indianerreservate. Touren in die Reservate sind mit ATEC (Kasten S. 393) von Puerto Viejo aus möglich. Vorbei an Bananenplantagen führt die Straße weiter nach **Sixaola**, einem kleinen, trostlosen Grenzort, der nicht zum Bleiben einlädt.

Malerisch aber ist die Grenzüberschreitung über die 100 Jahre alte Stahlbrücke nach Panama. Die Brücke führt über den 146 km langen Río Sixaola, der am Cerro Chirripó (Costa Ricas höchstem Berg) entspringt und in den Atlantik mündet. Große Del Monte-Lastwagen teilen sich die Brücke mit Radfahrern und Fußgängern – meist Costa Ricaner, die mit Reissäcken und großen Benzinkanistern auf dem Rücken aus dem preisgünstigeren Panama zurückkehren.

Während sich der panamaische Grenzort **Guabito** mit einer 6 m hohen Mauer umgibt, ist Sixaola nach wie vor schutzlos den Launen des Flusses ausgesetzt und gerät immer wieder nach heftigen Regenfällen wegen schlimmer Überflutungen in die Schlagzeilen.

TRANSPORT

Busse fahren nach:
PUERTO LIMÓN (via BRIBRÍ, PUERTO VIEJO, CAHUITA), 5–18 Uhr stdl., 3 Std., nicht alle Busse fahren über Puerto Viejo, mit Mepe, ☎ 2758-1572;
SAN JOSÉ (via BRIBRÍ, PUERTO VIEJO, CAHUITA), 4x tgl.; mit Mepe.

Süd-Nicaragua

Stefan Loose Traveltipps

Rivas Im Chicken Bus durch Nicaragua –
bei Latinoschnulzen und geöffneten Türen.
S. 402

14 **Petroglyphen** Geheimnisvolle Felsgravuren auf der Isla de Ometepe. S. 413

Museo El Ceibo/Ometepe Über 1500 präkolumbische Fundstücke rettete Moisés Rivera
vor hungrigen Schweinen. S. 420

Mérida/Ometepe Eine Vogeltour im Kanu –
danach kocht Fernando Paella! S. 427

Lago Cocibolca Ein Liegestuhl als Bett,
das Sternenzelt als Dach: eine Fährfahrt
über das Mar Dulce. S. 438

15 **Islas de Solentiname** Ein revolutio-
närer Priester machte diese einst
vergessenen Inseln weltbekannt. S. 431

16 **Río San Juan** Piraten, Goldsucher
und Revoluzzer schipperten den Fluss
einst bis an die Karibik hinab. S. 437

Sábalos Mit Schokolade kann man Regenwald retten, die Kooperative COSEMUCRIM
zeigt wie. S. 443

El Castillo Garnelen aus der „Teufelsflut"
schmecken einfach höllisch gut! S. 444

Dieser Reiseabschnitt beginnt in der geschichtsträchtigen Kolonialstadt **Rivas** und führt – über verschiedene malerische Seen und Flüsse – die alte Piratenroute entlang, von einem Ozean zum anderen: zur legendenumwobenen **Isla Ometepe**, auf der zwitterköpfige Götterstatuen und jahrtausendealte Petroglyphen auf fruchtbarer Vulkanerde weit in der Landschaft verstreut liegen, und über den **Lago Cocibolca**, Nicaraguas größtem Binnensee, nach **San Carlos**, dem Eingangstor zum Grenzfluss **Río San Juan**.

Von San Carlos bietet sich ein lohnenswerter Abstecher zum Inselarchipel **Solentiname** an, auf dem der Dichter und Priester Ernesto Cardenal jahrelang wirkte (Kasten S. 434/435),

oder eine Bootsfahrt den fast 200 km langen Río San Juan hinab, vorbei an unberührten Regenwaldgebieten und spanischen Festungsruinen, bis zur Karibik (Kasten S. 437). Natur, Kultur und Geschichte sind auf dieser Route eng miteinander verwoben. Mit zwei Grenzübergängen in Peñas Blancas und San Carlos (sowie einem weiteren in Los Chiles, der bald eröffnet werden soll) kann die Reise auch an anderer Stelle begonnen oder beendet werden (Routenvorschläge S. 29). Mit einer zunehmend besseren Infrastruktur und etwas niedrigeren Preisen als in Costa Rica gewinnt das einstige Abenteuerziel Süd-Nicaragua von Jahr zu Jahr mehr an Beliebtheit, auch unter costaricanischen Urlaubern.

Rivas

Rivas, günstig an der Panamericana gelegen, ist die erste Stadt, die man nach dem Grenzübergang von Costa Rica passiert. Direkt in der Mitte zwischen dem Lago Cocibolca und dem Pazifik gelegen, bildet sie einen wichtigen Verkehrsknotenpunkt. Nur wenige Touristen besuchen den alten, kolonialen Stadtkern. Dabei zählt Rivas, das neun nicaraguanische Präsidenten hervorgebracht hat, zu den historisch bedeutendsten Städten des Landes.

Geschichte

In Rivas kreuzten sich die Wege der Indianerstämme aus dem Norden (Maribios, Chorotegas und Nicaraos) und dem Süden (Chibchas und Manques). Es war das erste Gebiet in Nicaragua, das von den Spaniern kolonialisiert wurde. Die Konquistadoren nannten die Region „Valle de Nicaragua", nach dem damaligen Cacique Nicarao.

Im Jahr 1856 kämpften hier Nicaraguaner und Costa Ricaner gemeinsam gegen den eroberungswütigen William Walker (S. 234), der sich mit seinen Truppen in der Hacienda Santa Ursula, dem heutigen Stadtmuseum, versteckt hielt.

Mitte des 19. Jhs. zogen Tausende von abenteuerlustigen Goldgräbern auf ihrer Reise von New York nach San Francisco durch die Stadt. Mit Cornelius Vanderbilts Dampfschiffgesellschaft reisten sie über den Río San Juan quer durch Nicaragua. Lediglich die 18 km lange Landstrecke zwischen dem Pazifik und Rivas legten sie per Pferdekutsche zurück.

Sehenswertes

Rivas koloniales Erbe lässt sich gut zu Fuß oder mit einem der zahlreichen Ciclo-Taxis erkunden. Im Stadtzentrum steht die große Iglesia Parroquial de San Pedro aus dem 18. Jh., auf deren Altargemälde der Kommunismus als sinkendes Schiff dargestellt wird. Nur 400 m westlich von hier befindet sich bereits das nächste Gotteshaus, die aus Holz erbaute Iglesia de San Francisco aus dem Jahr 1778. Aus dem einstigen Franziskanerkonvent führt ein geheimnisvoller, unterirdischer Tunnel zum Stadtpark.

Die **Biblioteca Pública de Rivas**, neben dem Bancentro, zählt zu den ältesten, noch intakten Gebäuden Nicaraguas. Präkolumbische Artefakte, Schmuck und das Skelett eines Mammuts gibt es im **Museo de Historia y Antropología de Rivas** am westlichen Stadtrand zu sehen. In dem ehemaligen Hazienda-Gebäude hielt sich William Walker versteckt. ⊙ Mo–Fr 8–17, Sa 8.30–12 Uhr.

Sehenswert ist auch der große alte **Cementerio** (Friedhof) am südöstlichen Stadtrand, von dessen **Cerro de Carazo** man Rivas bei Sonnenuntergang bewundern kann.

ÜBERNACHTUNG

Rivas hat einige wenige gute Unterkünfte und Restaurants. Schmuddelige, billige Absteigen befinden sich an der Panamericana.

Hospedaje El Español, zentrale Lage 100 m östl. der Südostecke des Parks. 5 ältere Zimmer

---

Hommage an den Chicken Bus

Chicken Bus nennen die Engländer ihn, vielleicht weil mehr Hühner mit ihm fahren als Menschen, oder weil er bei jedem Huhn, das nur leicht mit den Flügeln schlägt, anhält? Eine Fahrt im Chicken Bus, dem **Haupttransportmittel Nicaraguas** – in Costa Rica meist nur noch in ländlichen Regionen zu sehen – ist auf jeden Fall, auch ohne Huhn, ein unvergessliches Erlebnis. Weg von klimatisierten Landrovern, die unnahbar wie Panzerwagen das Land durchkreuzen. Weg von Englisch sprechenden Backpackern und – weg mit der Uhr. Wann der Bus abfährt und wann er sein Ziel erreicht, das weiß man nicht, das weiß niemand.

Hinein in die Hitze, in den Geruchskessel aus Schweiß, Dufttannenbaum und Kinderwindeln. Bei jeder Bremsung knallt das Kruzifix vom Frontspiegel gegen die Windschutzscheibe, an jeder Kirche bekreuzigt sich der Fahrer. Aus dem Radio schallen Latinoschnulzen. Die Hälfte der Fahrgäste summt mit. Frauen packen ihre Einkäufe aus, probieren ihre neuen BHs über den T-Shirts an. Platz für nordeuropäische Beinlängen gibt es nicht. Selbst für costa-ricanische Glieder ist es zu eng – der Hintermann rammt einem bereits zum dritten Mal kräftig die Knie in den Rücken. Die Mittagssonne knallt durch die dreckigen, klappernden Fensterscheiben. Nur eine zerlumpte Gardinenhälfte ist noch übrig. An ihr lernt ein Tourist, was costa-ricanische Konfrontationsangst bedeutet. Jedes Mal, wenn der Vordermann glaubt, man sähe nicht hin, zieht er die Gardine heimlich zu sich, und jedes Mal, wenn er seinen pomadigen Hinterkopf knirschend an die Kopflehne drückt, zieht man sie leise wieder zurück. Kein Wort, kein Umdrehen, kein Augenkontakt. Lediglich das Ziehen fällt ab und an ein wenig heftiger aus. Die Serpentinen-Straßen machen den Kindern zu schaffen, eins nach dem anderen übergibt sich, ausgerechnet auf die Hose des Sitznachbarn. Fenster werden aufgerissen, Taschentücher weitergereicht und den Kindern mit den grünen Gesichtern sanft übers Haar gestrichelt. Jeder gibt einen anderen Ratschlag: *Cierra los ojos* (Schließ die Augen). *Mira afuera* (Schau nach draußen). *Pastillas, pastillas!* (Tabletten, Tabletten). Und zum Fahrer: *Más bolsas, por fa, más bolsas!* (Mehr Spucktüten, bitte). Ist die Tüte einmal vollgespuckt, wird sie – wie der übrige Müll auch – aus dem fahrenden Bus geschmissen. Der üble Geruch weicht endlich dem Duft frischer Tortillas; in jeder Kurve fällt die üppige Maisfladen-Verkäuferin einem anderen Fahrgast auf den Schoß. Der Vordermann zieht wieder die Gardine weg, diesmal soll er gewinnen. Heimvorteil Nicaragua!

---

mit Gemeinschaftsbad um einen kleinen Innengarten. Der hilfsbereite Don Juan González ist ursprünglich aus Spanien. Hauseigene Bar. ❷

Hospedaje Hilmor, ✆ 2563-5030, an der Nordostecke des Parque Central. Zimmer mit Gemeinschaftsbad ($5 p. P. mit Schaumstoffmatratze, $7 mit besserer Matratze), großes Zimmer mit Privatbad $10 p. P.

Hospedaje Lidia, gegenüber von Intur, Richtung Panamericana, ✆ 2563-3477. Die beste Budgetunterkunft im Ort. Lidia ist inzwischen leider verstorben, die Tochter kümmert sich nun um die Hospedaje. Saubere Zimmer, teils mit Gemeinschaftsbad. Gut gelegen für Reisende, die den Überlandbus nach Nicaragua oder Honduras nehmen. Ab $10 p. P.

ESSEN

Stände mit frischem Obst und kleinere Comedores gibt es im großen, chaotischen **Mercado Central** neben dem Busbahnhof. Die meisten Restaurants befinden sich um den Parque Central.

Chopsuey, an der Südseite des Parks, tischt chinesische Gerichte auf.

Restaurante Vilas, ein großes Restaurant mit Kinderspielplatz direkt daneben, bietet von allem etwas: Hühnchen, Fleisch, Pizza, Hamburger, Fisch, Salate. ⏰ 10–22 Uhr.

Pizza Hot, an der Nordseite des Parks. Hat sich – der Name sagt's – auf nicaraguanische Pizza spezialisiert.

El Mariscazgo, an der Interamericana, 2 km in Richtung Costa Rica. Serviert lockere Fischgerichte und Meeresspezialitäten und wird in Rivas überall gelobt, entsprechend hoch sind auch die Preise.

Panadería Ballestro, gegenüber vom Palí. Beliebt zum Frühstücken; Kaffee, Fresco, Repostería. ⏰ Mo–Sa 7–20, So 7–12 Uhr.

Pan de mi Tierra, gegenüber (östl.) der Kirche. Sandwiches, Empanadas, große Auswahl an Gebäck. Auch Comída Rápida. ⏰ 7–20 Uhr.

SONSTIGES

Geld

Bancentro, 100 m östl. der Iglesia San Francisco. ⏰ Mo–Fr 8.30–16.30 Uhr.

BAC, gegenüber von der Polizeistation. Alle Kreditkarten. Wer weiter zur Isla Ometepe reist, hat dort ebenfalls die Möglichkeit bei der BAC Geld abzuheben. ⏰ Mo–Fr 8.30–16.30 und Sa 8.30–12 Uhr.

Internet

Gegenüber von Banpro.

Post

50 m östl. vom Bancentro. ⏰ Mo–Fr 8–17, Sa 8–13 Uhr.

Supermarkt

Palí, 100 m westl. vom Park. ⏰ Mo–Sa 8–19.30, So 7.30–15 Uhr.

TRANSPORT

Busse

Busse zu Zielorten **innerhalb Nicaraguas** fahren vom Busbahnhof neben dem Mercado Central.

GRANADA, 9x tgl. 6.15–16.20 Uhr, ca. 1 1/2–2 Std. Wer es eilig hat, kann auch einen Bus nach Managua nehmen und in Nandaime in einen der häufigen Busse nach Granada umsteigen. MANAGUA, alle 30 Min. 4–18.30 Uhr, 2 1/2 Std.;

OSTIONAL (über SAN JUAN DEL SUR und PLAYA LA FLOR), 2x tgl., 3 Std.;

PEÑAS BLANCAS, alle 30 Min. 5–17.30 Uhr, 45 Min.;

SAN JORGE (Fähranleger zur ISLA OMETEPE), alle 30 Min., ca. 15 Min.;

SAN JUAN DEL SUR, alle 30 Min. 6–18 Uhr, ca. 45 Min.

Internationale Busse

Drei Busgesellschaften bieten Überlandfahrten von Rivas an, alle fahren von der Interamericana ab, auf der Seite der Texaco-Tankstelle – beim Fahrkartenkauf genau nachfragen, wo; es gibt keine ausgewiesene Haltestelle.

Fahrkarten sollte man mindestens 2 Tage im Voraus reservieren. Pass mitbringen! In Rivas halten nur die Überlandbusse nach San José (Costa Rica). Wer nach Honduras oder Guatemala will, muss zuerst nach Managua.

Busse nach SAN JOSÉ (Costa Rica):
Central Line, in der Hospedaje Internacional, 150 m nördl. der Texaco auf der gegenüberliegenden Straßenseite; ⏱ Mo–Fr 6–21 Uhr. Mo–Fr 2x tgl. um 6 und 12, So nur um 6 Uhr. Busse kommen aus Managua.

Ticabus, von der Texaco 150 m nördl., ✆ 8453-2228, 🖥 www.ticabus.com. 4x tgl., Busse kommen aus Managua, der letzte Bus gegen 14 Uhr ist der Luxusbus.

Transnica, von der Texaco 25 m Richtung Norden, ✆ 8645-3657, 2563-5397, 🖥 www.transnica.com, ⏱ 7–17 Uhr. 4x tgl. Busse kommen aus Managua, der letzte kommt am Mittag.

Boote / Colectivos

Fähren auf die Insel OMETEPE setzen von San Jorge über (S. 413). Eine Fahrt im Colectivo (Gemeinschaftstaxi) dorthin kostet ca. 10C und dauert rund 15 Minuten. Colectivos nach San Juan del Sur nehmen etwa $2 p. P.

San Juan del Sur und seine Strände

San Juan del Sur zählt zu Nicaraguas Haupttouristenzentren. Umgeben von rund 40 Stränden, findet jeder Strandurlauber hier seine Nische: Surfer ihren Secret Spot, Taucher versunkene Schiffwracks, Schwimmer ruhige Badebuchten und Schnorchler kristallklare Tidepools. Eine Handvoll Sprachschulen sorgt mit aktionsreichen Spanischkursen für ausreichend Geistesnahrung (s. Kasten „Bildungsurlaub" S. 409).

San Juan del Sur

Kaum zu glauben, dass sich dieser malerische Fischerort abends in eines der beliebtesten Partymekkas des Landes verwandelt. In der geschützten Bucht liegen große Kreuzfahrtschiffe vor Anker. Reiche Nicaraguaner haben sich in den umliegenden Hügeln Feriendomizile gebaut

und lassen sich per Helikopter aus der Hauptstadt Managua einfliegen. An der Strandpromenade reihen sich Fischrestaurants und Strandbars aneinander. Besucher berauschen sich hier an den spektakulären Sonnenuntergängen und Nicaraguas köstlich-goldenem Rum aus Zuckerrohr. Von den Hügeln schaut wie in Rio de Janeiro eine große Jesusstatue herab. Abends, wenn die Dunkelheit die Berge verhüllt, sieht es aus, als schwebe ein beleuchteter Messias über dem Meer. Dann ist es Zeit, das Tanzbein zu schwingen, zum Schwimmen und Surfen sind die Strände der Umgebung besser geeignet.

ÜBERNACHTUNG

San Juan del Sur hat eine große Auswahl an Unterkünften aller Preislagen. Generell gilt je weiter entfernt von der Strandpromenade, desto leiser die Bleibe.

Casa Feliz, 1 Block östl. vom Mercado Central, ✆ 8760-0073. Wer eine familiäre Surferunterkunft sucht, ist beim hilfsbereiten Armando aus Nicaragua richtig. Saubere Zimmer, teils mit Privatbad. Großer Gemeinschaftsbereich mit Bambusmöbeln. Ganz besondere Gäste dürfen sich an der Wohnzimmerwand verewigen; Viel Info und gute Tipps. $10 p. P. DZ mit/ohne Gemeinschaftsbad ➊–➋

Casa Oro Youth Hostel, 20 m südl. vom Hotel Colonial, ✆ 2568-2415, 🖥 www.casaeloro.com. Beliebter Backpacker in einem mehrstöckigen Holzhaus. Dorms mit Schließfächern ($8 p. P. im lauteren Erdgeschoss, $9 p. P. im leiseren 1. Stock), DZ mit Bad, auch mit AC. Gemeinschaftsküche, Büchertausch, Surfboardverleih ($8–10 p. P.) und Surftrips; Reisechecks und Kreditkarten werden akzeptiert. Am Wochenende Frühstück inkl. Shuttle zu den Stränden (s. Transport). Kanadisch-nicaraguanische Leitung. ❷–❸

Casa Romano, 2 Blocks westl. vom Parque Cental, ✆ 2568-2200. Fröhlich violett-gelbes Haus mit 4 DZ, auch Mehrbettzimmer. Sehr sauber, schön und ruhig. Bei freundlicher Nica-Familie. Hängematten im Garten. Oft ausgebucht. $10 p. P.

El Puerto, von der Texaco 1 Block Richtung Meer, ✆ 2568-2661, 🖂 hotel-el-puerto@ gmx.net. Zentral, aber weit genug von den lärmenden Bars am Strand entfernt. Freundliche, saubere Zimmer auf 2 Stockwerken. Deutsch-nicaraguanische Leitung. DZ ohne ❷, mit AC ❸

Hospedaje Rebecca, 25 m westl. vom Parque Central, ✆ 2568-3033, 🖂 martha_urcuyo@ yahoo.es. 5 sehr saubere, helle Zimmer bei der freundlichen Doña Rebecca, teils mit Gemeinschaftsbad oder AC. Gemeinschaftsküche, familiäre Atmosphäre, ruhig. ❸

Hotel Colonial, 100 m westl., 25 m südl. vom Mercado, ✆ 2568-2539, 🖥 www.hotel-nicaragua.com. 12 geschmackvolle, relativ kleine Zimmer mit AC in schönem Backsteinbau. Innenhof mit großem Garten und Rancho mit Schaukelstühlen. Tourangebote, schweizerisch-nicaraguanische Leitung. Empfehlenswert. Frühstück inkl. ❸

Hotel Estrella, am Strand, ✆ 2568-2210. Mit fast 90 Jahren das älteste Hotel in San Juan. Obwohl Unsummen für das Grundstück geboten werden, wird das Haus der Großeltern nicht verkauft – aber vermietet. Hauptsächlich Backpacker übernachten in den hellhörigen, aber sauberen Doppel-, 3er- und 4er-Zimmern am Strand (teils mit hübschem Balkon) mit Gemeinschaftsbad und -küche. Zur Sicherheit müssen Gäste ein Plastik-armband am Handgelenk tragen. $10 p. P. ❶–❷

Hotel Pelican Eyes, 150 m östl. der Kirche, ✆ 2568-2110, 🖥 www.pelicaneyesresort.com. Riesige Luxusanlage mit großen hellen, stilvoll eingerichteten Zimmern. Toller Ausblick, aber leider extrem teuer. ❻

Hotel Royal Chateau, 1 Block östl. vom Mercado, ✆ 2568-2551, 🖥 www.hotelroyal chateau.com. 20 saubere Zimmer auf 3 Etagen mit AC und großen Betten; sehr gepflegte Anlage mit Palmengarten und Parkplatz. Nicaraguanische Leitung. Empfehlenswert. Inkl. minimalistischem Frühstück. ❸

Hotel Villa Isabella, halber Block nördl. der Kirche, ✆ 2568-2568, 🖥 www.villaisabella sjds.com. 9 Zimmer mit AC, 7 mit Privatbad. Pool, Parkplatz, Frühstück inkl. Für den für nicaraguanische Verhältnisse relativ hohen Preis (in der Hochsaison) fehlt leider der letzte Schliff. Nordamerikanische Leitung. ❺

La Posada Azul, 2 Blocks westl. vom Parque Central, ✆ 2568-2524, 🖥 www.laposadaazul. com. Ausgesprochen schöne, ruhige Zimmer im Kolonialstil mit Rattanbetten, Holzdielen und AC. Kleine Bäder, Gemeinschaftsterrasse. Schöner Blumengarten im Innenhof. Inkl. Frühstück. ❻

Pachamama, in der Parallelstraße zur Strandpromenade, östl. vom Mercado de Artesanos, ✆ 2568-2043, 🖥 www.hostel pachamama. com. 5 Schlafsäle, 2 Privatzimmer; Gemeinschaftsküche. Bekannt als ausgesprochenes

Fair reisen

Nicaragua gehört zu den ärmsten Ländern Lateinamerikas, fast die Hälfte der Bevölkerung lebt unter der Armutsgrenze. Was den Komfort betrifft, können die Unterkünfte der Einheimischen oft nicht mit den Hotels der aus Nordamerika oder Europa eingewanderten Expats konkurrieren. Das machen sie jedoch meist durch Herzlichkeit, Ambiente, Authentizität und Gastfreundschaft wieder wett. Urlauber können Nicaraguaner unterstützen, indem sie vorwiegend in Lokalen und Unterkünften von Einheimischen einkehren.

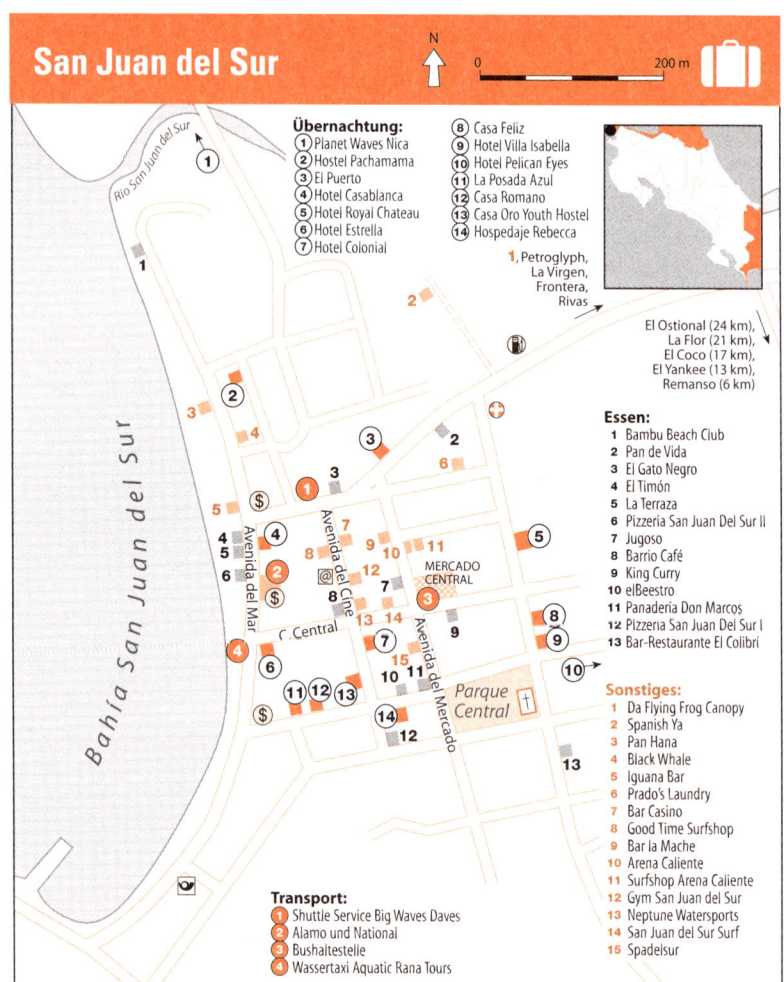

San Juan del Sur

N · 0 — 200 m

SÜD-NICARAGUA

Übernachtung:
1. Planet Waves Nica
2. Hostel Pachamama
3. El Puerto
4. Hotel Casablanca
5. Hotel Royal Chateau
6. Hotel Estrella
7. Hotel Colonial
8. Casa Feliz
9. Hotel Villa Isabella
10. Hotel Pelican Eyes
11. La Posada Azul
12. Casa Romano
13. Casa Oro Youth Hostel
14. Hospedaje Rebecca

1, Petroglyph,
La Virgen,
Frontera,
Rivas

El Ostional (24 km),
La Flor (21 km),
El Coco (17 km),
El Yankee (13 km),
Remanso (6 km)

Essen:
1. Bambu Beach Club
2. Pan de Vida
3. El Gato Negro
4. El Timón
5. La Terraza
6. Pizzeria San Juan Del Sur II
7. Jugoso
8. Barrio Café
9. King Curry
10. elBeestro
11. Panaderia Don Marcos
12. Pizzeria San Juan Del Sur I
13. Bar-Restaurante El Colibri

Sonstiges:
1. Da Flying Frog Canopy
2. Spanish Ya
3. Pan Hana
4. Black Whale
5. Iguana Bar
6. Prado's Laundry
7. Bar Casino
8. Good Time Surfshop
9. Bar la Mache
10. Arena Caliente
11. Surfshop Arena Caliente
12. Gym San Juan del Sur
13. Neptune Watersports
14. San Juan del Sur Surf
15. Spadelsur

MERCADO CENTRAL

Parque Central

Avenida del Cine · C. Central · Avenida del Mercado · Avenida del Mar

Bahia San Juan del Sur

Rio San Juan del Sur

Transport:
1. Shuttle Service Big Waves Daves
2. Alamo und National
3. Bushaltestelle
4. Wassertaxi Aquatic Rana Tours

Surfer- und Partyhostel. Surfboard-, Fahrrad- und Skateboardverleih. Auch Surftouren. US-amerikanische Leitung. Frühstück am Wochenende inkl.! Dorm $8 p. P. DZ ❷

Hotel Casablanca, direkt an der Strandpromenade, gegenüber vom Restaurant „El Timón", ☎ 2568-2135, ⌨ www.elcasablanca.com. Gute Lage zum Strand, Pool, Hängematten, freundliche Leitung; Zimmer mit Safe und

Kühlschrank, schöner Innenhof, nicht luxuriös. ❺

Planet Waves Nica, 200m nach der Fußgängerbrücke am nördl. Ende des Strandboulevards (Barrio Talanguera) oder Taxi nehmen, ☎ 8367-8797, ⌨ www.planetwavesnica.com. Einfache Zimmer in arabisch anmutendem Haus. Mit Warmwasser und Küche. Beim weltgereisten Pepe aus Italien. DZ mit AC ❷

San Juan del Sur bietet seinen Gästen eine ähnlich facettenreiche Küche wie manch costa-ricanische Multi-Kulti-Strandgemeinde. Günstig und gut essen kann man in den ausgesprochen sauberen Comedores im **Mercado Central**. Zum Frühstück werden hier Obstteller mit Joghurt und Granola, Pfannkuchen oder Gallo Pinto serviert! Mittags und abends gibt es frischen Fisch und landestypische Gerichte. ◷ tgl. 6–17 Uhr.

Eine Vielzahl an Fischrestaurants der gehobeneren Preisklasse befindet sich an der Strandmeile; bei vielen ist Zahlung mit Kreditkarte möglich.

Bambu Beach Club, am nördl. Ende des Strandboulevards, www.thebambubeach club.com. Edel-schlichtes Ambiente mit asiatischem Touch. Internationale Küche, Mo und So z. B. Pizza mit Hummer, Fr Sushi. Danach verdauen und entspannen bei einer Havanna. 2x pro Woche Kinoabende und andere Veranstaltungen. Nicht billig. ◷ Mi–Mo 12–23 Uhr.

Bar-Restaurante El Colibrí, hinter der Iglesia Católica, an der Südwestecke vom Park. Restaurant mit mediterraner und internationaler Küche in schönem Ambiente. Renner sind hier das Filet Mignon in Sahnesauce mit Speck und Wodka, das Fischfilet in Mandelsauce oder die spanischen Fleischbällchen. Vegetarier können zwischen Falafel mit griechischem Salat, Auberginen mit Mozzarella oder einem mediterranen Gemüseeintopf mit Minze und Couscous wählen. Dazu gibt es Cocktails, italienische Weine und manchmal Livemusik. Gehobene Preisklasse (für nicaraguanische Verhältnisse). Italienisch-englische Leitung. ◷ Di–So ab 18 Uhr.

Barrio Café, 1 Block westl. vom Mercado Central. Frühstück wird hier den ganzen Tag lang serviert mit dem besten Espresso im Ort! Der Beweis: Viele Italiener tanken hier ihr Koffein! Dem Kaffee mischt man gerne noch einen Cocktail oder Bailey („Cafeiley“) hinzu. Auch Sandwichs, Wraps, leckere Tagesgerichte und Bagels. ◷ 7.30–22.30 Uhr.

elBeestro, halber Block westl. der Kirche. Mediterran-italienische Küche mit hausgemachte Pasta. Höhere Preisklasse. ◷ Mi–So 18–22 Uhr.

El Gato Negro, rund 125 m östl. vom Restaurant El Timón. Typisches Expat-Café im freundlichen, violetten Holzhaus. Zur Auswahl stehen Blaubeerpfannkuchen, Sandwiches, Suppen, Salate, vegetarische und vegane Speisen, Smoothies und vieles mehr. Exzellenter Kaffee aus eigenem Anbau, die Bohnen werden frisch vor Ort gemahlen. Sehr große Auswahl an Tees. Fair Trade, deshalb höhere Preise. Ein schöner Ort zum Sitzen und Lesen. ◷ 7–15 Uhr.

El Timón, am Strandboulevard. Ältestes Restaurant vor Ort. Fisch und Meeresfrüchte, darunter Languste, leckere Auswahl an Ceviche, gegrillte Meeresfrüchte oder Meeresfrüchtesuppe, abwechslungsreiche Beilagen. Dazu ein kühles Bier oder ein Glas Wein. Preis: ca. 350C pro Teller. ◷ 8.30–22 Uhr.

Jugoso, schräg gegenüber vom Eingang des Mercado Central. Leckere und gesunde Speisen bei Laura und Juan Pablo aus Katalonien. Mediterrane Salate, Sandwichs auf hausgemachtem Vollkornbrot. Frisch ausgepresste Fruchtsäfte. Bei Voranmeldung wird auch Paella mit Meeresfrüchten zubereitet (mind. 2 Pers.). Laura hat über ein Jahr in Berlin gelebt und spricht Deutsch. ◷ Di–So 9–21 Uhr.

King Curry, ✆ 83757618, direkt an der Bushaltestelle, gegenüber vom Markt. Der Berliner Koch Markus hat 2 Jahre im Himalaya gelebt und gearbeitet. Anschließend hat er in San Juan del Sur ein kleines indisches Restaurant eröffnet und steht auch selbst in der Küche. Besonders das Masala ist zu empfehlen, aber es gibt auch Gallo Pinto oder Bratkartoffeln. ◷ 17–21 Uhr.

Panadería Don Marcos, am Parque Central. Gute Auswahl an Gebäck und Brot, Empanadas, Kekse, Kuchen. Auch Kaffee und Cappuccino. ◷ 6.30–19 Uhr.

Pan de Vida, 100 m westl. der Texaco. Eric aus Kanada hat sich einen Steinofen gebaut und backt seitdem leckeren Kuchen, Bananen-, Rosinen-, Vollkornbrot und Kekse. 2 nicaraguanische Kneterinnen helfen ihm! ◷ Di–Sa 8–18 Uhr.

Pizzeria San Juan Del Sur, 1 Block westl. vom Parque Central. Original italienische Pasta, Pizza und Fisch. Einfach-rustikales Ambiente mit Holztischen unter einem Bambusdach. Sehr guter Service. Hier wird die Pizza im Holzofen gebacken! ⊕ 17–22 Uhr.

Restaurante la Terraza, am Strand, gegenüber vom Hotel Casablanca. Leckere Holzofenpizza, Pasta und ein fantastischer Sonnenuntergang. ⊕ 11.30–22 Uhr.

UNTERHALTUNG

Black Whale, am Strandboulevard. Zu Bob Marley und Co. gibt es amerikanische Kost, brasilianisches Bier und nicaraguanischen Rum. Italienisches Management; Do, Fr und Sa Livemusik. Auch Billardtische.

Iguana Bar, am Strandboulevard. Ist in den letzten Jahren zum Hauptausgehort avanciert. Bei aller Vergnügungssucht seien Besucher gewarnt: Die Bar gilt als das Zentrum der Kokainszene im Ort. Bis um 2 Uhr am Morgen. Nachteulen finden in den Bars **La Mache** und **Casino** bis um 7 Uhr morgens offene Türen. Achtung, auf Wertsachen und Getränke achten!

Pan Hana, am Strandboulevard. Dienstag ist der Tag für einen Besuch dieser Strandbar, dann ist von 21 bis 3 Uhr Open Mic Night. Wer singen oder ein Instrument spielen kann, hat hier eine Bühne und ein dankbares Publikum. Hawaiianische Speisen und Cocktails sorgen für Urlaubsstimmung. ⊕ 9–24 Uhr.

AKTIVITÄTEN

Canopy

Da Flying Frog Canopy, an der Carretera Richtung Playa Marsella, ✆ 8465-6781. Eine rund 2 km lange Seilbahn mit 17 Platt-formen. $30 p. P. ⊕ Mo–Sa ab 7 Uhr.

Petroglyph

Nicht weit vom Ortszentrum liegt ein rund 1700 Jahre alter Petroglyph, der vermutlich eine Jagdszene darstellt. Wegbeschreibung: ungefähr 500 m hinter der Schule rechts durch das Tor biegen und bis zur Finca gehen. Da dies ein Privatgrundstück ist, muss um Erlaubnis zum Zutritt gebeten werden. Wenn der Wärter da ist, zeigt er den Weg zum Petro-

glyphen, sonst den Wasserrohren und dem Flusslauf folgen. Nach rund 30 Min. erreicht man den Felsen. Der Pfad führt weiter zu einem Wasserfall.

Touren

Schildkrötentouren in die Reserva La Flor bietet das Hostel **Casa Oro** von Juli–Feb für $30 p. P. inkl. Transport an. Die Exkursion dauert 4–6 Std., 2 Std. davon Hin- und Rückfahrt.

Schnorcheln und Surfen

Der Strand von San Juan del Sur selbst eignet sich nicht zum Surfen. Wellenreiter fahren an die Strände der Umgebung, z. B. zur Playa Marsella und Playa Yankee. Viele Breaks sind jedoch nur mit dem Boot zu erreichen.

Arena Caliente, 50 m nördl. vom Mercado, ✆ 8815-3247, 🖥 www.arenacaliente.com. Die Brüder Byron und Sergio López kennen die *secret spots* und bieten Transport zu den Stränden an: u. a. Playa Maderas und Playa Remanso $5 p. P.; Playa Yankee und Playa Hermosa $20 p. P., 1 Tag vorher anmelden. Auch Verleih von Boogieboards ($6), Schnorchel-ausrüstung ($10) und Surfbrettern ($10 p. Tag); Surfunterricht ($20). ⊕ 7–18 Uhr.

Good Time Surfshop, 100 m südl. vom Café El Gato Negro, ✆ 8350-1620, 🖥 www.good timessurfshop.com. Surfboardverleih ($10), 1 1/2 Std. Surfunterricht inkl. Surfbrett für den Rest des Tages $30. Auch Transport zu den Surfstränden Maderas und Remanso ($5 p. P., mind. 3 Pers.), Yankee ($10 p. P., mind. 3 Pers.) und nach Popoyo ($30 p. P.), wo man über Nacht bleibt. ⊕ 7.30–18.30 Uhr.

Casa Oro, 100 m westl. vom Parque Central, ✆ 2568-2415. Verleiht Surfboards ($8–10) und Schnorchelausrüstung ($5) und bietet Surfkurse an ($20 inkl. Surfboard für den Rest des Tages), Transfers an die Strände ($5 hin und zurück).

Segeln

Casa Oro, unternimmt Segeltörns: ganzer Tag $60 p. P., 7 Std., inkl. Mittagessen und Bar, halber Tag $40 p. P., inkl. Snacks und Bar.

San Juan del Sur Surf, 20 m westl. vom Mercado Central, ✆ 8984-2464. Booze-Cruise zum Sonnenuntergang $16 p. P., 2 1/2 Std.

Tauchen

Neptune Watersports, gegenüber vom Barrio Café, 🖥 www.neptunenicadiving.com, 📞 2568-2752. U. a. Tauchgänge zu einem versunkenen russischen Krabbenkutter. 2 Tauchgänge mit mind. 2 Pers. kosten $85 p. P. inkl. Bootstransport.

SONSTIGES

Autovermietung

Alamo und **National**, beide im Hotel Casablanca, 📞 2277-1117.

Bücher

El Gato Negro (s. Essen) hat englische Bücher zu Expat-Preisen. 🕐 7–15 Uhr.

Fitness / Spa

Gym San Juan del Sur, zwischen dem Café Gato Negro und Barrio Café. Fitness-, Yoga- und Martial-Arts-Kurse. Auch Tagesgäste sind willkommen. 🕐 Mo–Fr 6–20, Sa 6–13 Uhr. **Spadelsur**, 50 m südl. vom Markt, 📞 8381-7671. Massage (30 Min. $35, 90 Min. $50), Thai-Fußmassage (1 Std. $40), auch Pediküre, Maniküre. 🕐 10–17 Uhr.

Geld

BAC, 50 m östl. vom Restaurant Timón. Mit Geldautomaten. 🕐 Mo–Fr 8.30–16.30, Sa 8.30–12 Uhr. Außerdem befindet sich ein Geldautomat im **Hotel Casablanca** am Strandboulevard.

Internet

Cyber Leos, 100 m westl., 75 m nördl. vom Markt.

Polizei

Östl. der Texaco, neben der Municipalidad.

Post

Am südlichen Ortsende an der Strandmeile im Enitel-Gebäude. 🕐 Mo–Fr 8–12 und 13–17, Sa 8–12 Uhr.

Taxis

Am Mercado Central. Ungefähre Tarife: El Coco $30, El Yankee $25, La Flor $30, Majagual $15, Ostional $40, Rivas $15, Penas Blancas $20, Remanso $15. Die Preise gelten pro Taxi.

Wäscherei

Prado's Laundry, 2 Blocks nördl. und einen halben Block östl. vom Mercado Central. In rund 4 Std. ist die Schmutzwäsche wieder sauber, getrocknet und zusammengefaltet! 🕐 7–19 Uhr.

TRANSPORT

Busse

MANAGUA (über RIVAS), Expresso 6x tgl., 2 1/2 Std.; RIVAS, 3.30–19 Uhr, alle 25 Min., $0,70, 40 Min. An die STRÄNDE: nördliche Strände, 2x tgl., über Marsella, Maderas, Majagual; südliche Strände, 3x tgl., über Remanso, El Coco, La Flor und Ostional.

Überlandbusse

Tica Bus, 1 Block westl. vom Mercado Central, neben dem Barrio Café. Fahrkarten für Überlandbusse nach PANAMA, COSTA RICA, NICARAGUA, HONDURAS, EL SALVADOR, GUATEMALA, MEXIKO. Busse nach Costa Rica halten in Managua und Rivas, für alle anderen Ziele müssen Reisende zum Busbahnhof nach Managua. 🕐 Mo–Fr 8–17, Sa 10–14 Uhr.

Bildungsurlaub

Spanisch lernen oder alte Spanischkenntnisse aufpolieren? In kleinen Gruppen, mit Muttersprachlern, frischer Meeresbrise und Ausflügen im Programm macht das Lernen Spaß. Gleich mehrere Sprachenschulen bieten in San Juan del Sur Spanischkurse an. Besonders zu empfehlen ist die Sprachenschule **Spanish Ya**, 100 m nördl. der Texaco Tankstelle, 🖥 www.learnspanishya.com, 📞 8898-5036, 2568-3010. 7 Lehrerinnen mit mehrjähriger Unterrichtserfahrung. Der Einzelunterricht erfolgt stunden- oder wochenweise. Exkursionen stehen mit auf dem Programm. Die Schule befindet sich am Ortsrand abseits des Trubels; auch Unterkunft ist möglich. Außerdem bieten exzellente freiberufliche Lehrer Sprachunterricht an.

Colectivos

Das Hostel Casa Oro bietet täglich Transport (hin und zurück) auf der Ladefläche ihres Pick-ups an die umliegenden Strände MADERAS und REMANSO ($5 p. P.) sowie an die PLAYA HERMOSA ($10 p. P.). Transport an die Surfstrände der Umgebung mit den Surfschulen Arena Caliente und Good Time Surfshop (s. Aktivitäten).

Colectivos nach RIVAS ($2 p. P.) fahren gegenüber der Soda Calderón ab.

Shuttles

Big Waves Daves, 1 Block östlich vom Restaurant Timón am Strandboulevard. Di und Fr nach MANAGUA; $25 p. P. hin und zurück.

Wassertaxi

Aquatic Rana Tours, 100 m östl. vom Mercado, gegenüber vom Hotel Estrella, ☎ 8871-6562, 2568-2066. Tgl. um 11 Uhr zur BAHÍA MAHAGUAL (zurück 16 Uhr, $15 p. P. hin und zurück, 40 Min. pro Strecke) und um 10 Uhr zur PLAYA COCO (zurück 16 Uhr, $20 p. P., 1 Std. pro Strecke).

Die südlichen Strände

San Juan besticht durch seine traumhaften Sonnenuntergänge. Zum Surfen und Schwimmen sind allerdings die Strände der Umgebung besser geeignet.

Der Kieselstrand **Playa Remanso**, mit seinen seichten Tidepools und versteckten Fledermaushöhlen, ist ein beliebter Surfstrand für Anfänger. An der Bucht hat ein Luxushotel mit Condominiums eröffnet. Die Zufahrt zur **Playa Yankee**, einem Favoriten bei Wellenreitern, führt leider über Privatbesitz und ist deshalb kostenpflichtig, 100C.

Schwimmen und Schnorcheln kann man an der halbmondförmigen, weißen **Playa Coco**. Zwei Hotels und ein Restaurant bieten dort Unterkunft und Verpflegung an.

Die Oliv-Bastardschildkröte (Olive Ridley) nistet an der **Playa La Flor**, rund 12 km südlich von San Juan (S. 411).

Coco Cabañas, Playa Coco, 17 km südl. von San Juan del Sur, gegenüber vom Restaurant Puesta del Sol, 🖥 www.playacococabanas.com, ☎ 2276-5229. 4 schlichte, bunte Holzferienhäuser verschiedener Größe auf Stelzen mit Küche, AC und Veranda. Die Unterkunft stand zur Zeit der Recherche zum Verkauf. ❹

 Parque Maritimo El Coco, 17 km von San Juan del Sur, ☎ 8999-8069, 🖥 www.playaelcoco.com.ni. Dieses österreichische Projekt verknüpft Tourismus mit sozialem Engagement: Weitläufige, schöne Anlage am Meer mit attraktiven Apartments und Ferienhäusern für 2–10 Pers. mit Küche, teils mit AC und Meeresblick. Jedes Haus hat einen anderen Besitzer. Durch das Projekt konnte die örtliche Grundschule gegründet werden. Mit einem Teil der Hoteleinnahmen wird der Unterricht finanziert. Bungalow ab $146 (4 Pers.) bis zu $330 (10 Pers.). Das Restaurant direkt am Strand mit Pool ist auch für Tagesgäste geöffnet, außerdem Vermietung von Strandstühlen, Surfbrettern und Kajaks.

Restaurant Puesta del Sol, Playa Coco, am Strand. Einheimische Gerichte und internationale Küche, spezielle Kinderkarte, Kaiserschmarrn und Apfelstrudel als Nachtisch! Die Karte kann man unter 🖥 www.playaelcoco.com.ni/menu einsehen, Meeresblick von der Hängematte. ⏱ 8–20 Uhr.

Playa de Coco liegt auf der Busstrecke SAN JUAN DEL SUR–OSTIONAL.

Playa Escameca

Wenige Kilometer nach der Einfahrt zur Playa Yankee führt rechter Hand eine 2 km lange Schotterpiste zur Playa Escameca. Ausgeschildert ist dieser einsame Strandabschnitt als Costa Dulce. Hier befindet sich die neu eröffnete **Casa Ola**, ☎ 7841-5338, 🖥 www.escamecabb.com, (der genaue Name der Unterkunft stand zur Zeit der Recherche noch nicht fest) mit 6 hübschen, komplett eingerichteten Bungalows mit Blick und Zugang zum malerischen Privatstrand. Küchenmitbenutzung. ❻

Reserva Vida Silvestre La Flor

Playa La Flor, rund 25 km südwestl. von San Juan del Sur, ist ein wichtiger Nistplatz der Oliv-Bastardschildkröte. Von Juni bis Januar landen die Reptilien zu Tausenden an dem weißen, sichelförmigen Sandstrand. Diese Massenankünfte werden auf Spanisch *Arribadas* genannt. Seit Oktober 2005 ist die Nestdieberei auch in Nicaragua gesetzlich verboten und wird mit Geld- und Haftstrafen geahndet. Zwischen Theorie und Praxis jedoch klaffen Welten. Zwar läuft das nicaraguanische Militär am Strand Patrouille, der Eierdiebstahl jedoch ist nach wie vor sehr verbreitet. Die Parkwächter sammeln die Eier deshalb direkt nach der Eiablage ein und setzen die geschlüpften Schildkrötenjungen später aus.

Während der Arribadas ist der Zugang zum Strand nur mit Führer gestattet. **Schildkröten-Touren** bietet u. a. das Hostel Casa Oro in San Juan del Sur ($30 P. P., davon $8 Eintrittsgebühr) und Chito Tours in Ostional ($20 plus $8 p. P., Kinder $4 plus $8) an. Taschenlampen und Blitzlichter sind am Strand nicht erlaubt. **Camping** ist im Waldabschnitt des Schutzgebietes möglich (sehr teuer, $20 pro Zelt).

Die Reserva Vida Silvestre La Flor liegt auf der Busstrecke San Juan del Sur–Ostional.

Ostional

Im kleinen Fischerdorf Ostional liegen die Fischer zur Siesta-Zeit selbst wie große Flundern bäuchlings auf der Veranda. Nur fünf Familien leben im Ort. Allesamt sind sie miteinander verwandt oder verschwägert. Viele der Einwohner verdienen ihr Geld im benachbarten Costa Rica.

Eine Ausnahme bildet José de la Cruz von **Chito Tours**, der Unterkunft bei Familien ($15 p. P.) vermittelt und Touren anbietet, u. a. Bootstouren zu einsamen Stränden ($20 p. P. bei mind. 5 Pers.), Reittouren (3 Std., $10 p. P.), Schildkrötentouren in die Reserva La Flor ($20 p. P.) und zu einem indigenen Friedhof ($6 p. P.) sowie anspruchsvolle Meereskajaktouren. Die Büros von Chito Tours befinden sich in Ostional in der Hospedaje Doña Alba, 50 m südlich der Bushaltestelle, und in San Juan del Sur am Parque Central, ✆ 8117-7232, ✉ chitostourdiscover13@hotmail.com. Comida Típica mit frischem Fisch wird in der **Soda Mi Casita** und im **Comedor Blanca Rosa** serviert.

Ein Stück weiter südlich folgt der trostlose Ort **Pochote**. Um hierher zu gelangen, muss aber ein Militärposten passiert werden. Da in Nicaragua die Militärs nach wie vor willkürlich agieren und uneingeschränkte Machtbefugnisse haben, sollten Touristen Begegnungen solcher Art in abgelegenen Gebieten eher meiden.

TRANSPORT

Bus nach SAN JUAN DEL SUR 3x tgl., ca. 1 1/2 Std. Leider erlaubt es der Busfahrplan nicht, einen Tagesausflug nach Ostional von San Juan del Sur zu machen. Der nächste Bus fährt erst am Folgetag zurück.

Die nördlichen Strände

Playa Marsella, rund 9 km nördlich von San Juan del Sur, ist ein beliebtes Schnorchelrevier (Vorsicht: gefährliche Strömungen!). Die benachbarte, windige **Playa Maderas** zieht vor allem Wellenreiter an, zum Schwimmen sind die Strömungen hier zu stark. Badenixen finden dafür an der **Playa Mahagual** eine schöne Bade- und Schnorchelbucht. Das Luxushotel Morgan's Rock, 🖳 www.morgansrock.com, an der benachbarten **Playa Ocotal** ist mit Aufforstungs- und Recyclingprojekten ein Vorreiter für den Ökotourismus in Nicaragua (nur mit Reservierung).

ÜBERNACHTUNG

🏠 **Casa Maderas,** ✆ 8786-4895, 🖳 www.casamaderas.com. Nur 10 Fußminuten vom Surferstrand Playa Maderas findet man dieses ökologische Hotel mit Solar-Warmwasser und eigenem Klärwerk. Pool, Yoga-Pavillon und Restaurant mit Blick in die Wälder, Surf-Unterricht, Touren, kostenloser Shuttle-Dienst nach San Juan del Sur und zum Strand. ❸

Matilda, am nördl. Ende der Playa Mad am südl. Eingang vom Playa Majagual, ☎ 8456-3461, campingmatilda@gmail.com. Kleine, familiäre, einladende Unterkunft mit Camping ($5 p. P.), sehr engen Dorms ($14 p. P.) sowie DZ. Küchenutensilien, Grillplatz und ein Comedor mit landestypischen Gerichten sind vorhanden. Matilda ist zwar kein Geheimtipp mehr, aber Leser berichten, dass sie mit der Unterkunft nach wie vor sehr zufrieden waren und sogar länger blieben als ursprünglich geplant. ❸

Pacific Bay Hotel (PBH), nur 300 m zur Playa Marsella, aber steil und anstrengend, ☎ 8251-5728, 🖥 www.pacificbayhotel.com. Top-Hotel mit einer fantastischen Aussicht über die gesamte Küste und die Playa Marsella, 8 Zimmer und 3 Bungalows, Schwimmbad und Whirlpool, Restaurant, Bar mit Ausblick, Transfers, Hängemattenzimmer mit Pool-Billard, Frühstück extra. ❹

TRANSPORT

Casa Oro und die Surfschulen in San Juan del Sur fahren tgl. Maderas an. Eine Alternative ist das Wassertaxi von San Juan del Sur.

San Jorge

Von San Jorge, rund 5 km von Rivas entfernt, setzen die Fähren und Lanchas zur Isla de Ometepe (S. 413) über. Das Eiland liegt nur 14 km (eine Stunde) vom Festland entfernt. Vom Strand hat man einen herrlichen Ausblick auf die beiden Inselvulkane, das heißt, auf den aktiven Volcán Concepción (1610 m) und den ruhenden Volcán Maderas (1394 m). Vorwiegend Einheimische machen in San Jorge Urlaub.

Wer das Boot verpasst hat, kann die Zeit nutzen und einen Blick in die **Iglesia de las Mercedes** werfen. Die Kirche wurde 1575 erbaut und zählt zu den ältesten Gotteshäusern im Land. Am Bootsanleger gibt es zudem einen Wartesaal mit sauberen Toiletten und zwei kleinen Sodas.

ÜBERNACHTUNG UND ESSEN

Hotel Hamacas, 100 m westl. und 25 m südl. vom Fährenleger, ☎ 2563-0048, 8810-4144,

Auf halber Strecke zwischen Rivas und San Jorge wölbt sich ein Zementbogen über die Straße. Auf ihm erhebt sich das Cruz de España, ein Kreuz mit zwei Querbalken – das **Symbol für zwei Kulturen**: die der Indigenen und die der Spanier.

Denn am 12. April 1523 traf sich hier der Cacique Nicarao mit dem spanischen Eroberer Gil González Dávila. Nicarao stellte dem Christen folgende Fragen:

Saben los Españoles ( ) quien movía las estrellas, el sol y la luna? Dónde estaba el alma?

Wissen die Spanier, wer die Sterne bewegt, die Sonne und den Mond, und wo sich die Seele befindet?

Como Jesús siendo hombre es Dios y su madre virgen pariendo y para qué tan pocos hombres querían tanto oro?

Wie Jesus Mensch und gleichzeitig Gott sein kann, und wie seine Mutter ihn als Jungfrau empfangen konnte? Und warum diese wenigen Männer so viel Gold begehren?

🖥 www.hotelhamacas.com. 18 Zimmer mit großen Fenstern, teils mit AC. Kleiner Pool und – der Name sagt es schon – viele Hängematten. Mit AC ❸, ohne ❷

El Navegante, am Fähranleger. Pasta, Sandwiches und landestypische Gerichte direkt am See. Von der Terrasse kann beobachten, wie nicaraguanische Touristen in die Wellen springen. Nicht billig für nicaraguanische Verhältnisse, aber ein guter Ort, um bei einem kühlen Bier die Zeit bis zur Ankunft der nächsten Fähre totzuschlagen.

Billiger ist die **Soda la Salida del Sol**, etwas versteckt neben dem Tourveranstalter Traveltours am Bootsanleger.

TRANSPORT

Busse

Busse nach RIVAS richten sich nach dem Fahrplan der Fähre.

Colectivos nach Rivas kosten ca. 15C p. P.

Boot / Fähre

Eigentlich ist eine Steuer von 10C p. P. fällig, bevor man den Fähranleger betritt, kassiert wird diese allerdings sehr selten. Wer vorhat, mit dem Mietwagen zur Insel überzusetzen, sollte rechtzeitig vor Ort sein und die Rückfahrt gleich mit buchen, ☎ Ferry El Che: 2563-0665; Ferry I und III: 8966-4983; Ferry San José: 8904-5244, 🖥 www.ometepenicaragua.com/de/ferryboat.php.
MOYOGALPA (Ometepe), ca. alle 60–90 Min. 7–17.45 Uhr, 1 Std.;
SAN JOSÉ DEL SUR (Ometepe), 3x tgl.

Isla de Ometepe

Inmitten des wunderschönen Nicaraguasees entspringen zwei prächtige Pyramiden, umhüllt vom weichesten und sattesten Grün, das man sich vorstellen kann. Übersprenkelt von Schatten und Sonnenschein durchbohren sie mit ihren Spitzen die wogenden Wolken. Sie wirken so isoliert von der Welt und ihrer Unruhe, so verträumt und versunken in Schlummer und Frieden. Wie schön wäre es, sich hier niederzulassen zwischen den schattigen Wäldern, den sonnigen Hängen und luftigen engen Tälern, wenn man müde geworden ist von der Plackerei, Besorgnis und Unruhe der gehetzten, getriebenen Welt.

Frei übersetzt aus Mark Twain, The Twin Mountains.

Ometepe ist die größte Insel im **Lago Cocibolca**, Nicaraguas größtem Binnensee. Das Eiland besteht aus zwei Inseln mit je einem Vulkan. Die Inseln sind durch einen Isthmus miteinander verbunden und bilden zusammen die Form einer Acht. Ein Geheimtipp ist die einstige Backpackeroase Ometepe zwar schon lange nicht mehr, seine Idylle und Ruhe konnte sich das Eiland aber bis heute bewahren. Noch immer waschen Insu-

lanerinnen ihre Wäsche auf dem Waschbrett im See und treiben kleine Jungen hoch zu Ross die Schweineherden durch die Dörfer. Viele ausländische Aussteiger haben auf der Insel alternative Dschungelfarmen und Kommunen gegründet. 2010 wurden die Gebiete um die beiden Vulkane sowie der Río Istiam und die angrenzenden Feuchtgebiete zur Reserva Biosfera deklariert. Fährverbindungen nach Ometepe bestehen von San Jorge nach Moyogalpa und nach San José del Sur sowie von Granada und San Carlos (Río San Juan) nach Altagracia. Die beiden Hafenstädte Altagracia (Ausgangsbasis für den Vulkan Concepción) und Moyogalpa liegen beide auf Ometepes bevölkerungsreicherer und leichter zugänglicheren Nordwesthälfte und sind durch eine gepflasterte Straße miteinander verbunden. Eine neue Flugpiste soll das Paradies in Zukunft für einen größeren Besucherstrom erschließen.

Geschichte

Nach einer Insel mit zwei Hügeln sollten sie suchen, dort würden sie sich niederlassen, wurde den Nahuatl-Indianern prophezeit, als sie ihr Heimatland Mexiko verließen und Richtung Süden zogen. Ometepe (Nahuatl für „zwei Hügel"), ein 276 km² großes Eiland mit zwei Vulkanen, war das gelobte Land. Noch heute sind die eindrucksvollen Götterstatuen und Petroglyphen (S. 425) der Ureinwohner überall auf der Insel verstreut. Später nutzten Piraten Ometepes Buchten als Versteck und raubten den Insulanern ihre Tiere, Ernten und Frauen.

Bis Ende der 1970er-Jahre war Ometepe fest in der Hand von Großgrundbesitzern. Nach der Revolution ging das Land auf die Campesinos über, die heute Kochbananen, Mais, Kaffee und Tabak anbauen. Vom Contra-Krieg blieb die Insel verschont. „Oasis de Paz" – Oase des Friedens – wird das idyllische Eiland deshalb genannt, weil sich hier, schenkt man den Einheimischen Glauben, die Nachbarn noch nicht einmal den Gockel stehlen.

Moyogalpa

Moyogalpa bildet das Haupteingangstor zur Isla Ometepe. Hier befinden sich Tourveranstalter, Auto-, Moped- und Fahrradvermietungen, eine

ISLA DE OMETEPE

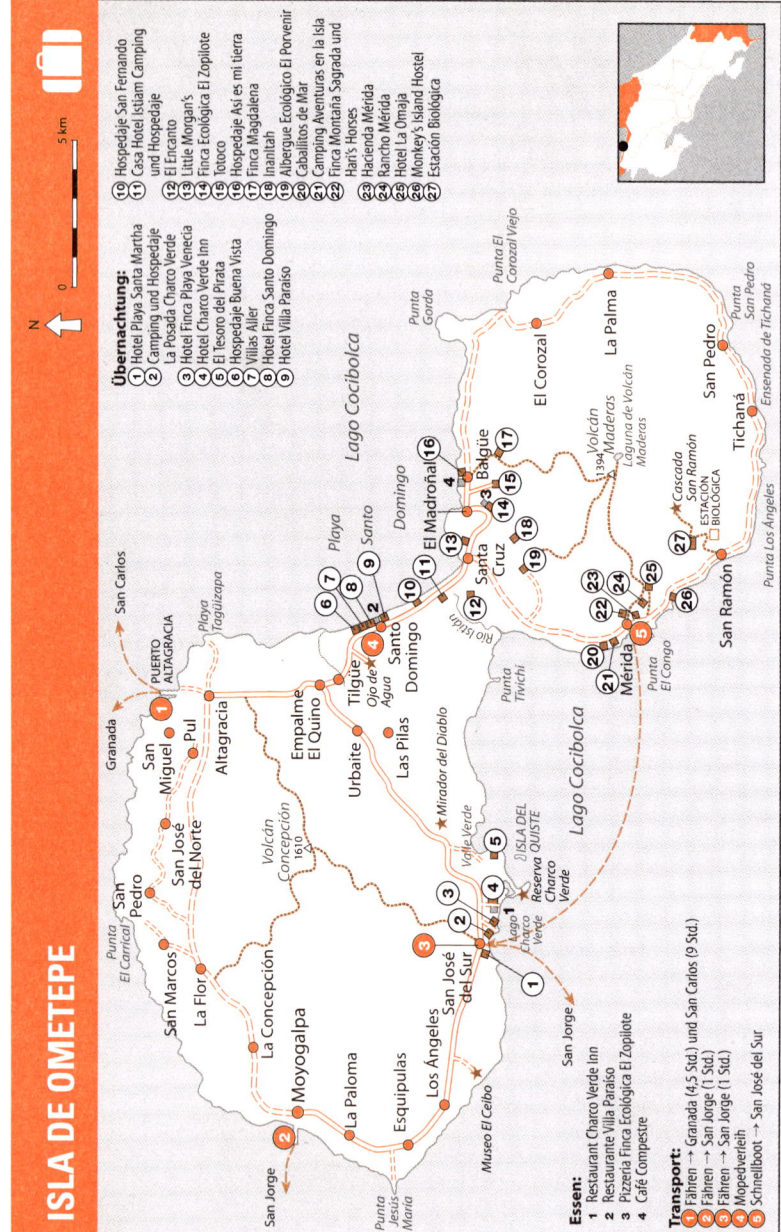

Übernachtung:
① Hotel Playa Santa Martha
② Camping und Hospedaje
 La Posada Charco Verde
③ Hotel Finca Playa Venecia
④ Hotel Charco Verde Inn
⑤ El Tesoro del Pirata
⑥ Hospedaje Buena Vista
⑦ Villas Aller
⑧ Hotel Finca Santo Domingo
⑨ Hotel Villa Paraíso

⑩ Hospedaje San Fernando
⑪ Casa Hotel Istiam Camping
 und Hospedaje
⑫ El Encanto
⑬ Little Morgan's
⑭ Finca Ecológica El Zopilote
⑮ Totoco
⑯ Hospedaje Así es mi tierra
⑰ Finca Magdalena
⑱ Inanitah
⑲ Albergue Ecológico El Porvenir
⑳ Caballitos de Mar
㉑ Camping Aventuras en la Isla
㉒ Finca Montaña Sagrada und
 Hari's Horses
㉓ Hacienda Mérida
㉔ Rancho Mérida
㉕ Hotel La Omaja
㉖ Monkey's Island Hostel
㉗ Estación Biológica

Essen:
① Restaurant Charco Verde Inn
② Restaurante Villa Paraíso
③ Pizzería Finca Ecológica El Zopilote
④ Café Campestre

Transport:
① Fähren → Granada (4,5 Std.) und San Carlos (9 Std.)
② Fähren → San Jorge (1 Std.)
③ Fähren → San Jorge (1 Std.)
④ Mopedverleih
⑤ Schnellboot → San José del Sur

zuverlässige Internetverbindung sowie die größte Auswahl an Unterkünften auf der Insel. Die meisten Besucher ziehen jedoch sofort weiter, z. B. zur Reserva Charco Verde und ihrer sagenumwobenen Lagune.

Ein schönes Ausflugsziel für Radtouren ist die schmale Sandbank **Playa Jesús María**, ungefähr 5 km von Moyogalpa entfernt; gut für Sonnenuntergänge und beliebt zum Baden. Schwimmer sollten sich hier jedoch vor gefährlichen Strömungen in Acht nehmen und nur am oberen Ende der Landzunge baden, dort, wo auch die Kioske stehen.

ÜBERNACHTUNG

Die Qualität und Auswahl an Unterkünften hat sich in den letzten Jahren in Moyogalpa sehr verbessert. Generell gilt: Je weiter die Unterkunft von der Hauptstraße entfernt ist, desto besser die Chancen auf eine ruhige Nacht.

Hospedaje Central, 100 m südl. vom Internetcafé Arcia, ☏ 2569-4262, ✉ hospedajecentral ometepe@hotmail.com. Früher war dieses Hostel die Anlaufstelle für Rucksackreisende auf der Insel, die Zeiten sind vorbei. Zur Zeit der Recherche beklagten sich einige Reisende über die unzureichenden hygienischen Verhältnisse im Hostel. Im Dorm mit 17 (!) Stockbetten ist fast immer eine Schnarchnase dabei; Matratzen teils durchgelegen; am billigsten verbringt man die Nacht in der Hängematte. Wäscheservice, Büchertausch, großer Gemeinschaftsbereich, Restaurant. Geleitet von französischkanadischer Hippie-Familie. ➋

Hospedaje Doña Chilo, von der Tankstelle Shell-St. Ana einen halben Block südl. ☏ 8637-9879. Günstige Backpacker-Unterkunft. Der erste, etwas raue Eindruck täuscht, Rucksackreisende sind zufrieden mit dem Preis-Leistungs-Verhältnis und der authentischen familiären Atmosphäre dieser sehr einfachen Unterkunft. Verschiedene Zimmer zeigen lassen! Teils mit Privatbad. Übernachtung ab $7 p. P. ➊

Hospedaje Soma, vor der Kirche die Straße links einbiegen, nach etwa 500 m auf der linken Seite, ☏ 2569-4310, ⌨ www. hospedajesoma.com. Wer Ruhe sucht, der findet sie hier! Große Gartenanlage, geräumige,

geschmackvolle Zimmer mit Holzmöbeln, modernem Bad und freundlich bemalten Zimmerwänden, teils mit AC. Großer Gemeinschaftsbereich. Ideal für Familien oder Langzeitaufenthalte in der Nebensaison. Gute Infos und Tourangebote, Fahrradverleih, deutschsprachige Leitung. Abendessen auf Vorbestellung, Frühstück inkl. Dorm $10 p. P., DZ ➋ Cabaña für 2 Pers. ➌

Hotel Casa Moreno, vom Hafen 2 Blocks auf der Hauptstraße, dann 3 Blocks rechts, ☏ 8357-7349, ⌨ www.fincavenecia.com/ casamoreno. Schönes, großes, eindrucksvolles, gelbes Haus fern der Hauptstraße mit 5 Zimmern im oberen Stock. Modern, sauber und mit guten Matratzen. Gemeinschaftsterrasse. Empfehlenswert. ➋, mit AC ➌

Hotel Escuela Nauahtl, vom Hafen 2 Blocks die Hauptstraße hügelaufwärts und einen halben Block rechts, ☏ 2569-4105, ✉ teosintalometepe@yahoo.es. Abseits der Hauptstraße liegen diese 8 geräumigen, sauberen, schönen, gefliesten Zimmer mit guten Matratzen. Großer Gemeinschaftsbereich und Gemeinschaftsküche. Geleitet von einer Landschaftskooperative. Drei Entwicklungshilfeorganisationen helfen bei diesem Projekt. Frühstück nur bei längeren Aufenthalten. EZ $18, DZ ➋

Hotel Nicaraús, 100 m südl. vom Krankenhaus, an der Straße nach San José, ☏ 2569-4233, ✉ flores68@hotmail.es. Tolles, kürzlich eröffnetes Hotel mit 8 komfortablen Zimmern und 1 Appartement mit guten Matratzen, großen Bädern; nett dekoriert, sehr sauber. Garten mit Pool und direktem Blick auf den Vulkan Concepción, Touren, sehr gutes Preis-Leistungs-Verhältnis, Frühstück inkl. ➌

Hotel Ometepetl, an der Hauptstraße, 70 m vom Hafen, ☏ 2569-4276, ✉ ometepelng@ hotmail.com. Das älteste Hotel in Moyogalpa. Einfache DZ, teils mit AC und Gemeinschaftsterrasse; ein neuer Anstrich wäre bald nötig. Restaurant. Gäste können mit Kreditkarten zahlen. Mit Ventilator ➊, mit AC ➋

Hotelito Aly, an der Hauptstraße, ca. 150 m vom Hafen, ☏ 2569-4196, ⌨ www.hotelitoaly. com. Die Zimmer im Erdgeschoss ($9 p. P.) haben bereits bessere Zeiten gesehen –

© JULIA REICHARDT

Die beiden Vulkane Concepción (1610 m) und Maderas (1394 m) sind allgegenwärtig auf Ometepe. Der Volcán Concepción, ein fast perfekter Kegel, liegt im Nordwesten der Insel und hat wenig Vegetation. Er ist nach wie vor aktiv und spuckt regelmäßig Schwefelwolken und Asche. Der kleinere, ruhende Volcán Maderas auf der Südosthälfte der Insel ist umgeben von Nebelwald. Im Krater liegt eine kalte, türkisblaue Lagune. Zu beiden Vulkanen führen Wanderwege hinauf. Aufgrund mehrerer Unfälle (und Todesfälle!) sind Treks zu den Kratern heute nur noch in Begleitung eines ortskundigen Führers erlaubt.

Der Aufstieg zum **Vulkan Maderas** ist der leichtere von beiden, er dauert rund 7 Stunden. Der Weg beginnt an der Finca Magdalena, führt durch Kaffeeplantagen und Nebelwald, an einigen Petroglyphen und schönen Aussichtspunkten vorbei, hoch zum Kraterrand. Von dort geht es im Seilakt hinunter zur Lagune. Vom Baden in der Lagune wird dringend abgeraten, Touristen sind in Vergangenheit im lehmigen Lagunengrund eingesunken und konnten nur durch aufwendige Rettungsaktionen wieder herausgezogen werden.

Eine zweite Route, auf der die Wanderer mehr Zeit im Nebelwald verbringen, beginnt in Mérida, an der Westseite des Vulkans. Man kehrt jedoch nicht auf der gleichen Route zurück (der Abstieg auf dieser Seite ist zu steil), sondern klettert an der Nordseite hinunter zur Finca Magdalena. Beide Routen sind streckenweise sehr matschig.

Der steile Aufstieg zum aktiven **Vulkan Concepción** erfordert eine gute Kondition und viel Ausdauer. Größtenteils gibt es keinen Schatten auf der Wanderung, besonders das letzte Drittel ist sehr steil, steinig und windig. Der Trek dauert insgesamt ungefähr 10 Stunden. Tourveranstalter bieten auch Wanderungen bis zur Mitte des Vulkans an. Leider ist der Krater die meiste Zeit des Jahres bedeckt. Wer Glück hat und einen wolkenfreien Tag erwischt, wird nach einem schweißtreibenden Aufstieg mit einer spektakulären Sicht über Insel-, See- und Kraterlandschaft belohnt. Gute Wanderschuhe mit einer spektakulären Sicht über Insel-, See- und Kraterlandschaft belohnt. Gute Wanderschuhe, Sonnenschutz und viel Wasser mitnehmen!

Die meisten Wanderer besteigen den Vulkan Maderas von Balgüe aus, mit einer Tour ab der Finca Magdalena. Außerdem bieten mittlerweile alle Hotels auf Ometepe Touren zum Maderas und zum Vulkan Concepción an. Eine Tour zum Vulkan Maderas kostet rund $6 p. P. (in Kleingruppen zu 3 Pers.), für Touren zum Vulkan Concepción zahlt man je nach Gruppengröße $15 bis $35 p. P.

durchgelegene Matratzen, neuer Anstrich nötig, die Gemeinschaftsbäder aber sind sauber. Im oberen Stockwerk kahle, aber neue helle, weiß gekalkte Zimmer mit Zementboden und Sperrholzwänden. Diese Zimmer haben harte Matratzen, Privatbad und Ventilator. Schöner Innenhof mit Restaurant, Wäscheservice. Achtung: laute Bar gegenüber! $10 p. P., DZ mit AC ❷

The American Hotel, an der Hauptstraße links, gegenüber der Banco Lafise, ☎ 8645-7193. Riesige Zimmer mit Moskitoschutz, Warmwasser und großen Badezimmern. Tipptopp sauber, aber sterile Atmosphäre. Amerikanisches Frühstück. Amerikanisch-italienische Leitung. ❸

ESSEN

Galerias, **an der Hauptstraße**, ☎ 8461-3657, ✉ Jacogipsy@hotmail.com. Der Ort für eine Paella mit Sangría, außerdem Comida Típica, Sandwiches und Salate. ⏰ Mo–Sa.

Los Ranchitos, 200 m östl., 50 m südl. vom Hafen, www.losranchitos.com.ni. Große Auswahl an Pasta, Pizza (90–190C) und Fleischgerichten. Auch leichte Snacks und Frühstück. Nettes Ambiente. Nicaraguanische Leitung. Beliebt bei Tourgruppen. ⏰ 7–21.30 Uhr.

Pizzeria Buon Appetito, halber Block vom Hafen. Niedliche kleine Nica-Pizzeria mit sehr guter Pizza, auch Foccaccia und Pasta. ⏰ 11–22 Uhr.

The Cornerhouse, an der Hauptstraße. Das Café hat sich als neuer Treffpunkt für Reisende etabliert. Das freundliche Besitzerpaar aus England tischt Hummusgerichte, Sandwichs, Omelettes, gegrilltes Gemüse und Smoothies auf. Besonders beliebt sind der Ingwer-Möhren-Kuchen und der Kaffee. Auch 4 Zimmer mit Privatbad ❷. ⏰ Mo–Sa 7–17 Uhr.

Esquina caliente, gegenüber von der Pro Credit Bank, 1 Block vom Hafen. Landestypische Angebote von Besitzerin Ligia, sehr freundlich und günstig. ⏰ 11.30–21 Uhr.

SONSTIGES

Autovermietung
Im Hotel Ometepetl. Motorräder und Scooter kann man in Moyogalpa in vielen Hotels für $25–30 am Tag mieten.

Fahrradverleih
Verschiedene Verleiher an der Hauptstraße.

Geld
Banco Procrédito, Hauptstraße, 300 m östl. des Hafens. Mit Geldautomat (nur Visa-Karten). ⏰ Mo–Fr 8.30–9.30, Sa 8.30–11.30 Uhr. Ein Geldautomat der **BAC**, bei dem alle Kreditkarten funktionieren, befindet sich 350 m vom Fähranleger.

Informationen
Die Websites 🖥 www.ometepenicaragua.com und www.ometepe-tours.com listen Informationen zu Hotels, Sehenswürdigkeiten und Transport auf und stellen Karten zum Herunterladen bereit.

Internet
Arcia Cyber Café, 200 m östl. vom Hafen. Mit AC; schnelle Verbindung und billige internationale Anrufe. ⏰ 8–21 Uhr.

TRANSPORT

Busse
Die Busverbindungen auf Ometepe ändern sich laufend. Im äußersten Südosten Ometepes, zwischen San Ramón und La Palma, gibt es keine Busverbindung. Alle Busse, die von der „Hauptstadt" Moyogalpa zur Südosthälfte Ometepes fahren, halten in Altagracia und an der Playa Santa Domingo. Sonntags fahren deutlich weniger Busse.

SÜD-NICARAGUA

Teure Kratzer

Mit der Asphaltierung der Inselstraßen erfahren Mopedtouren auf Ometepe einen regelrechten Boom. Pro Stunde werden rund $35 für ein Moto verlangt. Es kam in der Vergangenheit bereits häufiger vor, dass Mopeds zusammenbrachen oder Touristen wegen eines Kratzers am Gefährt die Kaution nicht ausgezahlt wurde. Daher: Vor der Abfahrt die Versicherungskarte vorzeigen lassen und NIE den Reisepass als Kaution hinterlegen. Oder der Umwelt zu Liebe gleich aufs Mountainbike umsteigen!

Busse nach ALTAGRACIA passen die Fähre ab, d. h. ungefähr jede Std. fährt ein Bus. Es gibt zwei Busrouten von Moyogalpa nach Altagracia. Die erste macht den südlichen Bogen und führt über eine gepflasterte Straße an der Laguna Charco Verde vorbei; die zweite Route nimmt den nördlichen Bogen über San Marcos und dauert länger. Vorher erkundigen, in welchem Bus man sitzt! Fahrzeit ungefähr 1 Std. Wer in den Südosten nach MÉRIDA oder BALGÜE will, muss in Altagracia umsteigen.

Boote

Die Fähre von Moyogalpa aufs Festland nach SAN JORGE fährt von 5.30–17.30 Uhr ca. alle 45 Min. Infos unter 🖳 www.ometepenicaragua.com/de/ferryboat.php.

Taxis

Taxis sind nicht billig auf Ometepe. Eine Fahrt von Moyogalpa nach Altagracia kostet mind. $20, nach Charco Verde $15, zur Playa Santa Domingo rund $25, nach Balgüe $30 und nach Mérida rund $35/40. Die Taxis stehen direkt am Fähranleger in Moyogalpa, ansonsten kann jedes Hotel ein Taxi rufen.

San José del Sur und die Reserva Charco Verde

Die **Reserva Charco Verde**, rund 12 km südöstlich von Moyogalpa, zählt zu den schönsten Badebuchten der Insel. An der legendenumwobenen Lagune lebte einst der Chico Largo, ein Hexer, der einen Pakt mit dem Teufel einging (s. Kasten). Ein Wanderweg führt durch das kleine

---

Unión de Guías de Ometepe, an der Hauptstraße. Erfahrene, lokale Tourguides von Ometepe haben sich zu einer Vereinigung zusammengeschlossen und bieten Vulkan-, Kajak-, Fahrrad-, und Petroglyphentouren an. Nach Javier (📞 8412 8770) oder Erick (📞 8933-5796) fragen!

Jeder auf Ometepe kennt sie, die **Legende vom Chico Largo**. Und jeder erzählt sie ein wenig anders:

„An der Lagune lebte einst ein langhaariger, magerer Hexer, bekannt als Chico Largo. Jeder auf der Insel wusste, dass er einen Pakt mit Luzifer geschlossen hatte. Oft hörte man ihn aus der Ferne den Teufel anbeten. Nachts suchten ihn die Kranken und Armen auf, um ihre Seelen gegen ein Leben in Wohlstand und Gesundheit einzutauschen. Nach ihrem Tod aber wurden die Seelen in Tiere verwandelt: Frauen in Kühe, Männer in Stiere und Alte zu Rindvieh. Gelegentlich berichten Metzger noch heute von Goldzähnen in Kuhmäulern oder von Rindern, die wie Menschen jammern. Andere erzählen, dass sich unter der Lagune eine Stadt befände, in der die verhexten Seelen ihr Dasein fristen."

Schutzgebiet, in dem drei Brüllaffenfamilien leben. Zusätzlich bietet sich von Charco Verde eine Wanderung zum **Mirador del Diablo** an, dem dritthöchsten Punkt auf der Insel und nach den beiden Vulkanen der Geheimtipp für unvergessliche Sonnenuntergänge. Die Lagune selbst kann man per Kanu erkunden. Charco Verde hat durch die neue Fährverbindung besonders an Wochenenden und Feiertagen starken Zulauf erhalten und dadurch leider an Ambiente verloren. Wer eine abgelegene, romantisch-wilde Unterkunft am Strand sucht, sollte daher auf Playa Martha (s. u.) ausweichen.

ÜBERNACHTUNG UND ESSEN

In San José del Sur

🏨 **Hotel Playa Santa Martha**, 1,5 km vor Charco Verde, vom Colegio in San Jose 400 m Richtung See oder vom Fähranleger zu Fuß am Strand entlang (ca. 10 Min.), 📞 8330-0165. Im Gegensatz zu den Unterkünften in Charco Verde sind diese 7 einfachen, wildromantischen Cabañas am See noch weitgehend unbekannt. Einfach nach der Cabaña mit Seeblick fragen! Familiäres Ambiente, auch Camping möglich, $5 pro Zelt; Gäste können in Ruhe ausschlafen, hier nimmt man es mit der Check-out-Zeit sehr gelassen. Auch Reittouren. Gut besuchte Bar am Strand, es kann also auch mal etwas lauter werden. DZ ❷–❸

Charco Verde

Die 3 Unterkünfte an der malerischen Bucht gehören der Familie Rivera. Für jeden Geldbeutel ist etwas dabei: Camping, Schlafsaal, Doppelzimmer oder Cabaña. In der Hauptsaison unbedingt reservieren. Charco Verde hat in den letzten Jahren Zulauf bekommen und leider etwas von seinem alten Charme eingebüßt.

Camping und Hospedaje La Posada Charco Verde, ✆ 8886-4069, 🖥 www.chicolargo.net. Camping ($3 pro Zelt), sauberer Dorm für 7 Pers. mit Stockbetten und Schaumstoffmatratzen direkt am See ($5,50 p. P.), DZ mit Gemeinschaftsterrasse ohne/mit AC ❶/❸

Hotel Finca Playa Venecia, ✆ 8887-0191, 🖥 www.fincavenecia.com. 22 saubere Zimmer, schöner und in unmittelbarer Nähe zum See aber sind die 8 farbenfrohen, rustikalen, zweistöckigen Cabañas, teils mit AC und Seeblick. In den letzten Jahren hat sich das Hotel vergrößert, die Cabañas wurden recht dicht aneinandergebaut. Die Besitzerin kennt die „echte" Legende vom Chico Largo. Restaurant und Bar. ❷–❸

Hotel y Restaurante Charco Verde Inn, ✆ 8887-9302, 🖥 www.charcoverde.com.ni. 19 einfache, saubere Zimmer und 10 Cabañas in zwei Reihen angeordnet, teils mit AC und Seeblick. Restaurant, Liegestühle am Strand. Reisechecks und Kreditkarten werden akzeptiert. Beliebt bei Reisegruppen. Der Eintritt in die Reserva ist für Hotelgäste inklusive. ❸ Alle drei Hotels haben Restaurantservice und servieren auch für Nicht-Gäste u. a. Fischgerichte, Comida Típica, Pasta, Salate, Sandwiches und Frühstück.

SONSTIGES

Fahrrad- und Mopedvermietung

Fahrradvermietung im Hotel Venecia für $10 am Tag, im Hotel Charco Verde Inn $3 pro Std. Motos kosten $35/Tag bzw. $25/ halber Tag.

Kajakvermietung

Im Hotel Charco Verde Inn für $10 pro Std.

Reittouren

$8/Std. im Hotel Venecia, $10/Std. im Hotel Charco Verde.

TRANSPORT

Busse

Die Reserva Charco Verde und San José del Sur liegen an der Busstrecke MOYOGALPA–ALTAGRACIA.

Boot

Eine neue Fährverbindung besteht zwischen San José del Sur und SAN JORGE auf dem Festland. Die Fähre El Rey de Cocibolca (4x tgl.) hat Platz für 1300 Passagiere und 22 Autos.
Schnellboote verbinden San José del Sur mit MÉRIDA; $12,50 p. P.

El Tesoro del Pirata

15 km südöstlich von Moyogalpa zweigt rechts ein Schotterweg zu der versteckten Badebucht El Tesoro del Pirata ab. Von der großen Bucht hat man einen herrlichen Blick auf den Lago Cocibolca und die beiden Vulkane. Camping kostet hier $5 pro Zelt. Außerdem sind einfache Cabinas vorhanden (❶–❷) und Bootstouren möglich.

El Tesoro del Pirata, ✆ 8908-0572, liegt an der Busstrecke Moyogalpa–Altagracia oder ist schnell per Rad von der Reserva Charco Verde aus zu erreichen. Wer spät eintrifft, sollte eine Taschenlampe mitnehmen, denn der 15-minütige Fußweg von der Hauptstraße zum See ist bei Dunkelheit schwer zu finden.

Um den Volcán Concepción

Altagracia

Ometepes zweite Hafenstadt Altagracia ist der Ausgangspunkt für Treks zum Volcán Concepción. Außerdem fahren von hier die Schiffe Richtung Granada und San Carlos (Río San Juan), s. auch Kasten S. 437. Im Gegensatz zum expan-

SÜD-NICARAGUA

„Ometepe ist eine Schatztruhe", sagt Insulaner Moíses Rivera. Überall auf dem Eiland liegen präkolumbische Vasen, Petroglyphen und kleine Gottheiten ungeschützt verstreut. Viele wurden im Laufe der Jahre geplündert und schmücken heute u. a. das Nationalmuseum in Costa Rica oder Privathaushalte auf der ganzen Welt. Rivera, selbst leidenschaftlicher Sammler, wollte zumindest einen Teil des Inselerbes schützen und der Öffentlichkeit zugänglich machen. 2007 wandelte er seine Privatfinca in ein Museum um.

Das Gros der über 1500 Ausstellungsstücke im **Museo El Ceibo** stammt dabei aus Riveras Privatsammlung, der bereits als Zwölfjähriger sein Spielzeug gegen Keramikvasen eintauschte. Freunde steuerten später eigene Funde bei. „Einmal wollte ich von einem Bauern ein wertvolles Gefäß kaufen, der Bauer aber benutzte es als Schweinetrog. Da musste ich mit dem Kauf warten, bis das Schwein seinen „Trog leer gefressen hatte", erinnert sich Moíses Rivera. Seine Geduld und Mühe aber zahlten sich aus. So brachte ein ehemaliger Inselbesucher, nachdem er von dem Museumsprojekt gehört hatte, seine Raubbeute reumütig nach Ometepe zurück.

Lohnenswert ist auch der Besuch des Numismatischen Museums gegenüber. Anhand der Landeswährung wird hier anschaulich Nicaraguas Geschichte erzählt. Fast jeder neue Präsident führte bei seinem Amtsantritt eine neue Währung mit neuen Motiven ein, allein dem Nationaldichter Rúben Darío blieben alle Staatsoberhäupter von Nicaragua treu.

Das Museum befindet sich 8 km von Moyogalpa in El Sacramento und ist tgl. von 8 bis 17 Uhr geöffnet, ✆ 8874-8076, 🖥 www.elceibomuseos.com. Eintritt $4 für ein Museum, Kombiticket für zwei Museen $6.

dierenden, florierenden Moyogalpa scheint Altagracia stillzustehen.

Neben der großen, scheunenartigen, verfallenden **Adobe-Kirche** stehen verwitterte zwitterköpfige präkolumbische Götterstatuen aus Granit. Der eindrucksvollste von ihnen ist Águila, sein Kopf halb Mensch, halb Adler. Ihn hoffte das Musée de Louvre in Paris für seine Mesoamerika-Sammlung auszuleihen und bot dem Dorf eine stattliche Summe. Die Insulaner aber befürchteten, dass sie dann ihren Göttervogel für immer verlieren würden (zu viel wurde bereits von der Insel geklaut), und lehnten das Angebot ab. Weitere Statuen wurden auf der kleineren Isla de Zapatera gefunden. Sie stehen heute im Museum in Granada. Der Tierkopf (von links nach rechts: Kojote, Adler, Jaguar) stellt jeweils das Alter Ego des Menschen dar. Hatte ein Mensch sein Alter Ego verloren, musste er nach indigenem Glauben verschiedene Rituale und Exorzismen durchgehen, um es wiederzugewinnen. Kurze Führungen (auf Spanisch) durch die Kirche und zu den Figuren werden angeboten. Wer Glück hat, steigt zum Schluss der Führung auf den alten Kirchturm hinauf und hat von hier eine fantastische Aussicht auf den Vulkan. Eintritt $1, das Geld kommt der Renovierung der Kirche zugute.

Das Dorfmuseum **Museo de Ometepe**, 100 m vom Park, gibt einen Überblick über die Flora, Fauna und Bräuche der Insel; außerdem sind präkolumbische Keramiken und einige Petroglyphen ausgestellt. ⏰ Mo–Sa 8–12 und 13–16 Uhr, Eintritt $1. Eine umfangreichere Sammlung befindet sich im Museo Ceibo (s. Kasten).

ÜBERNACHTUNG UND ESSEN

Hotel Castillo, rechts um die Ecke vom Hotel Central, ✆ 2569-4403, 🖥 www.hotelcastillo-ometepe.blogspot.com. Unterschiedliche, hellhörige Zimmer, teils mit AC. Hübscher Innenhof mit Garten. Großer Schlafsaal auf dem Dachboden mit niedrigen Decken, dafür mit Balkon und Hängematte! Dorm $6. ❷

Hotel Central, C. Principal, 200 m südl. vom Park, ✆ 2569-4420, 🖥 www.hotelcentral ometepe.blogspot.com. 18 Zimmer mit Privatbad und 6 hübsche Cabañas im Hintergarten. Restaurant, Parkplatz. Cabaña ❷.

Posada Cabrera, gegenüber vom Park, ✆ 8664-2788, 🖥 www.posadacabrera.com. 8 saubere,

sehr einfache Zimmer mit harten Matratzen und Gemeinschaftsbad im Hintergarten. Wände gehen nicht bis an die Decke. Frühstück und Abendessen möglich. $10 p. P.
Alle Hotels bieten Verpflegung auch für Nicht-Gäste an.

Internet
Vajoma Cyber, neben dem Hotel Castillo. ⏰ 8–21 Uhr.

Supermercado
San Diego, neben dem Hotel Central. Größtes Lebensmittelgeschäft.

Touren
UGMA-Altagracia, am Parque Central, ☏ 8601-9191. Das Pendant zur Unión de Guías in Moyogalpa. ⏰ 7–18 Uhr, So mitunter geschlossen. Reit- und Vulkantouren bieten auch das Hotel Castillo und Hotel Central.

Busse
MOYOGALPA, ca. stdl. Außerdem mehrmals tgl. Busse nach SANTA DOMINGO, BALGÜE und MÉRIDA.

El Baile del Zompopo

Wie jedes Jahr Mitte November ertönt lautes Getrommel vom Patio der alten Adobe-Kirche in Altagracia. Das Dorf hat sich versammelt zum Baile de Zompopo, dem **Tanz der Blattschneiderameisen**. Dabei imitieren die Tänzer die Ameisen. Sie sammeln Zwelge und tragen das Grün tanzend über dem Kopf. Der Baile de Zompopo hat eine alte Tradition: Die Indigenen huldigten im November stets ihrem Erntegott Xolotl. Als in einem Herbst die Maisernte von Zompopos vernichtet wurde, ordnete der Häuptling an – statt die kleinen Unheilstifter zu töten – ihnen zu Ehren einen Tanz aufzuführen. Gott Xolotl würde ihnen dann helfen. Und so geschah es, der Tanz hatte Erfolg, die Ameisen zogen von dannen und das Hungern im Dorf hatte endlich ein Ende.

Colectivos zum Hafen
Fahren vor dem Informationsstand am Parque Central ab; ca. 20C p. P. Alleine zahlt man mehr. Einige wenige Reisende legen den Weg auch zu Fuß zurück (ca. 30–40 Min.), mit schwerem Gepäck nicht zu empfehlen.

Fähren
Die Fähre ab Altagracia fährt 2x die Woche nach GRANADA und SAN CARLOS. Abfahrtszeiten und -tage ändern sich, vor der Abfahrt unbedingt aktuelle Information einholen, ☏ 2552 2966.
Wer die Fähre verpasst, muss seine Reiseroute ändern und von Moyogalpa oder San José del Sur nach San Jorge übersetzen. An Feiertagen (Weihnachten, Semana Santa) wird die Abfahrt oft um einen Tag vorverlegt. Nachstehend der Fahrplan, der zur Zeit der Recherche gültig war. Die Nächte an Deck können empfindlich kalt werden. Warme Jacke und Schlafsack mitnehmen.
GRANADA, Di und Fr um 24 Uhr, ca. 4,5 Std. Die Fähre kommt aus San Carlos. Ticketverkauf ab ca. 18 Uhr.
SAN CARLOS (RÍO SAN JUAN), Mo und Do um 18 Uhr, ca. 9 Std. Die Fähre kommt aus Granada. Ticketverkauf bereits ab 15 Uhr. Ausländische Touristen müssen 1. Klasse fahren ($9).

Playa Domingo
Die oft windige Playa Domingo zählt zu den beliebtesten Stränden auf Ometepe und bildet das Verbindungsstück zwischen den beiden Inselhälften. Einheimische vergleichen die Landenge mit einer Hängematte *(hamaca)*, die zwischen den beiden Vulkanen hängt. Zur Regenzeit schwillt der Lago Cocibolca mitunter so stark an, dass vom Strand wenig übrig bleibt – nicht umsonst wird der See auch *Mar dulce* (süßes Meer) genannt.

Nördlich vom Strand zweigt links ein Wanderweg durch Bananenplantagen zum schattigen **Ojo del Agua** (1 km) ab, zwei herrliche Becken bis zu 40 m lang mit kristallklarem Wasser. Zur zweiten, breiteren Einfahrt für Mopeds gelangt man, wenn man der Straße weiter Richtung Altagracia folgt. Unbedingt Badezeug mitnehmen! Eintritt $2.

Ein mehrtägiger Ometepe-Urlaub wurde für Pfarrerehepaar Monika und Michael Höhn zu einem lebenslangen Projekt. Gemeinsam mit nicaraguanischen Freunden gründeten sie 1993 das **Proyecto Ometepe Alemania** (POA). POA hilft überall dort auf der Insel, wo die staatliche Gesundheitsversorgung und schulische Bildung Lücken aufweisen und Lücken gibt es auf der Insel zuhauf.

160 Steinhäuser, 800 Latrinen, eine Klinik für Allgemein- und Zahnmedizin, ein Therapiezentrum für behinderte Kinder, eine Vor- und Grundschule sowie eine Kreditgenossenschaft für Kleinbauern wurden in den fast zwei Jahrzehnten Projektarbeit durch Spendengelder errichtet und mitfinanziert. 18 nicaraguanische Mitarbeiter arbeiten vor Ort, darunter Ärzte, Physiotherapeuten, Psychologen, Lehrer, Apotheker, Krankenschwester und Administratoren. Sie unterstützen rund 1000 Kinder, die an Mangelernährung leiden, mit Nahrungsmitteln, führen Schwangeren- und Geburtsberatung durch, helfen in Fällen von häuslicher Gewalt und informieren Patienten über Hygiene, Ernährung und Krankheiten. Seit Projektbeginn haben mehr als 40 begabte Studenten von Proyecto Ometepe Alemania eine Studienförderung und mehr als 500 Campesinos Kleinkredite erhalten.

Von Deutschland aus organisieren rund zehn ständige Mitarbeiter **Spendenaktionen**: Ometepe-Feste, Vorträge, ökumenische Gottesdienste, Benefizkonzerte, Frisuren- und Modenschauen, sogar Zahngold wurde gesammelt und eingeschmolzen. Über 1 Mio. Euro an Spendengeldern kamen seit 1993 zusammen. Mit dem Geld werden u. a. die Gehälter der nicaraguanischen Mitarbeiter gezahlt, die deutschen Mitglieder arbeiten ehrenamtlich.

„Hilfe zur Selbsthilfe heißt unser Leitsatz", sagt Maria Höhn. „Durch das Projekt konnten ehemalige Studenten einen Berufsabschluss machen. Sie stehen jetzt auf eigenen Beinen und unterstützen ihre Familien." Weitere Infos unter ⌨ www.ometepe-projekt-nicaragua.de.

Südlich vom Strand bietet Carlos von der Finca El Encanto Vogeltouren an (S. 423). Fahrräder und Motos vermietet der Infostand und Kiosk Buena Vista am Strand, gegenüber der Hospedaje Buena Vista. Ein Fahrrad kostet $10 pro Tag, ein Moped $25–30. Mehrmals tgl. besteht eine Busverbindung nach Altagracia und von dort weiter nach Moyogalpa, sowie Richtung Balgüe und Mérida.

ÜBERNACHTUNG UND ESSEN

Wenn nicht anders angegeben, befinden sich alle Unterkünfte an der Playa Santa Domingo. Die Hotels direkt am Strand sind recht eng nebeneinandergebaut. Außer den Hotelrestaurants bieten einige kleine Comedores am Seeufer günstig landestypische Speisen an.
Casa Hotel Istiam, rund 2 km südl. der Playa Domingo, ✆ 2569-4879, ⌨ www.hotelistiam. blogspot.com. Unten einfache, geräumige, gefliste Zimmer, oben kleinere Zimmer mit Holzdielen und Gemeinschaftsterrasse, teils mit AC, Vulkan- und Seeblick. Schöner Strand, frische Brise, Restaurant, Vulkan- und Reit-

touren. Freundliche Leitung. Zimmer mit Gemeinschaftsbad $6 p. P.; Familienzimmer bis 4 Pers. $45. Fahrradverleih $2 pro Std. ❷
Hotel und Restaurant Finca Santo Domingo, ✆ 8827-2019, 2569-4862, 8927-2019, ⌨ www. hotelfincasantodomingo.net. Eine 2-stöckige Villa Kunterbunt mit Sonnenterrasse am See. Zimmer teils mit Seeblick, teils mit AC. Auf der gegenüberliegenden Straßenseite befinden sich außerdem Cabañas. Restaurant. ❷–❸
Hotel und Restaurant Villa Paraíso, ✆ 2569-4859, ⌨ www.villaparaiso.com.ni. Verschiedene Zimmer und Cabañas, teils mit Balkon, AC und Seeblick. Restaurant, Zahlung mit Kreditkarte möglich. Touren und Fahrradverleih. Unter nicaraguanisch-österreichischer Leitung. ⏱ 8–21 Uhr. ❹
Hospedaje Buena Vista, ✆ 2569-4868. Direkter Zugang zum See, 20 gefliese Zementcabinas mit Plastikwaschbecken, schöner Gemeinschaftsbereich, Hängematten unter Kokospalmen, nicaraguanische Familie. ❶
Hospedaje San Fernando, ca. 1 km von der Playa Domingo Richtung Santa Cruz, ✆ 2569-

4876. 3 einfache Häuser, teils aus Holz, teils aus Stein, bei dem reizenden, gebildeten Fernando, der nach Jahren in Matagalpa auf seine Heimatinsel zurückgekehrt ist. Saubere Zimmer mit Bad. Viele Infos über Insel, Land und Leute. Wilder Garten. ❹

Villas Aller, ✆ 2569-4866. 3 hübsche Cabañas für 2–3 Pers. mit AC, Terrasse und Seeblick auf einem kleinen, schön angelegten Grundstück. ❸

In Santa Cruz

🛄 **El Encanto**, 🖥 www.goelencanto.com, ✆ 8867-7128. Schöner als die Hotels an der Playa Santo Domingo ist diese Unterkunft, 5 Min. vom Strand entfernt. 5 freundliche Zimmer auf einer 10 ha großen Finca in ruhiger Lage mit Vulkansicht und Lavabrocken im Garten. Tipptopp sauber und mit Liebe zum Detail. Außer DZ gibt es auch ein – Familienzimmer. Hoteleigenes Restaurant. Fahrradverleih ($8 pro Tag). Der Besitzer Carlos kommt aus El Salvador und bietet Vogeltouren an, $20 p. P. – eigenes Fernglas mitbringen. ❷

Um den Volcán Maderas

Der Südosten Ometepes ist die isoliertere und ländlichere Inselhälfte: Hier gibt es keine größeren Ortschaften. Die Straße ist zwar gepflastert, streckenweise besteht jedoch keine Busverbindung. Zu den Attraktionen dieser Region zählen der Aufstieg zum Vulkan Maderas (s. Kasten S. 416), Kajaktouren über den malerischen Río Istián, Reittouren oder Wanderungen zum Wasserfall San Ramón und die Suche nach den zahlreichen Petroglyphen (s. Kasten S. 425).

Entdeckungsfreudige können per Mountainbike die einsamen Strände und Dörfer der Ostküste erkunden, an die nur wenige Touristen gelangen. Passend zur ländlichen Idylle bieten etliche Fincas rustikale Unterkunft an.

Balgüe und Umgebung

In der Umgebung des kleinen Ortes Balgüe haben sich mehrere Fincas angesiedelt, einige davon mit Unterkunft für Touristen. Besucher bleiben mitunter mehrere Wochen und beteiligen sich am Gemeinschaftsleben und der Arbeit auf der Finca. Die Finca Magdalena ist mit ihren zahlreichen Petroglyphen die bekannteste von allen.

Vulkantouren werden von der Finca Magdalena ($20 für 1–2 Pers., bei Gruppen von mind. 5 Pers. ca. $6 p. P., um Anmeldung am Vorabend wird gebeten) und der Finca Zopilote ($15 p. P.) mit einheimischen Führern organisiert. Die Finca Magdalena veranstaltet auf Wunsch außerdem Petroglyphentouren (ca. $8 p. P.) und Kaffeetouren (ca. $18,50 für eine Gruppe von 3 Pers.). 3x tgl. verkehrt ein Bus von Balgüe nach Altagracia.

ÜBERNACHTUNG

Finca Ecológica El Zopilote, in der Ortschaft Madronal, auf einem Hügel gelegen, 1 km von Balgüe und 300 m von Santa Cruz entfernt, ✆ 8369-0644, 8961-8742, 🖥 www.ometepe zopilote.com. Wie ein Stammesdorf für Rucksackreisende wirkt diese bei Backpackern sehr beliebte, italienisch geleitete Finca mit Platz für 25–30 Pers. Die rustikalen, sauberen Palmendachbauten sind in die Natur eingebettet. Unterkunft in Hängematten $3 p. P., Zelten (mit eigenem Zelt) $3 p. P., Schlafraum mit 8 Betten $6 p. P. oder Cabañas ❶. Open-Air-Duschen und Komposttoilette, Gemeinschaftsküche, Yoga im Dschungel. Verkauf von selbst hergestellten Produkten, u. a. Joghurt, Kaffee, Honig, Müsli, Kunsthandwerk, Rum und Likör. Frische Pizza und Brot werden im Lehmofen gebacken; frisches Obst. Auch mehrwöchige Aufenthalte und Mitarbeit auf der Farm gegen freie Kost (Mittagessen) und Logis sind möglich. Die Finca gehört dem weltweiten Netzwerk Worldwide Opportunities On Organic Farms (WWOOF) an. Zimmerreservierung nur nach Überweisung von $20 (s. Website).

Etwas mehr Respekt, bitte!

Ometepe ist bekannt für seine große Gastfreundschaft. Die Drogen und fremden Riten jedoch, die einige Aussteiger-Expats und Rucksackreisende mit auf die Insel bringen, machen einigen Inselbewohnern Angst. Sie bitten um mehr **Rücksicht** und Respekt vor ihrer eigenen Kultur.

Finca Magdalena, ☎ 8418-5636, 8584-9293, 🖥 www.fincamagdalena.com. Bauern-Kooperative, Restaurant und günstige Unterkunft, gleichzeitig Ausgangspunkt für Vulkantreks und Fundort zahlreicher Petroglyphen. 24 nicaraguanische Familien bewirtschaften gemeinsam die 300 ha große, idyllisch gelegene Farm. Sie leben vom Kaffeeanbau, Kaffee-Export und vom Tourismus. Das über 130 Jahre alte große Finca-Gebäude bietet einfache, rustikale Unterkunft: Hängematten auf der großen, überdachten Veranda ($3 p. P.), im scheunenartigen Haupthaus Dorms mit zusammenklappbaren Liegen (großer Schlafsaal $4 p. P., 3-Pers.-Schlafsaal $18 pro Zimmer, 4-Pers.-Schlafsaal $28 pro Zimmer) sowie winzige Einzelzimmer ($6) und DZ ($12 pro Zimmer), beide mit Gemeinschaftsbad. Abseits des Hauptgebäudes stehen 2 Cabañas mit Privatbad ($46, bis 4 Pers.). Auch Camping ist möglich ($3 p. P.). Auf der großen Terrasse wird deftige Campesino-Küche serviert, auch für Tagesausflügler. Kaffee aus biologischem Anbau und Honig aus eigener Imkerei. Freiwillige Helfer sind willkommen! Der Feldweg, der zur Finca führt, ist in sehr schlechtem Zustand und sollte nur mit Vierradantrieb befahren werden. Die Kooperative sollte aber demnächst einen Teil ihres Einkommens in die Instandsetzung der Schlafräume investieren!

Hospedaje Asi es mi tierra, zentral in Balgüe, 50 m östl. der Kirche, ☎ 8811 3126, 8768 5812, 🖥 www.mitierraometepe.com. 6 saubere Zimmer mit Gemeinschaftsbad bei freundlicher nicaraguanischer Familie. Frühstück extra, 2 Zimmer mit Privatbad, Fahrrad- und Mopedverleih. ❶

Inanltah, Bus Richtung Balgue nehmen und in Santa Cruz aussteigen; von dort werden Gäste (Voranmeldung erforderlich) abgeholt, ☎ 8909-5653, 🖥 www.inanitah.com. Unter den Einheimischen ist diese Öko-Hippie-Farm im Dschungel bekannt als „Finca de Gaia und Paolo". Inanltah wird von einem amerikanisch-deutschen Paar geleitet und ist Treffpunkt für Alternativ-Kreative und spirituell Suchende. Unterkunft in einfacher Cabina, Hängematten oder Zelten (möglichst eigenes Zelt mitbringen). Warmwasserduschen werden durch Kompost

geheizt. Großer Gemüse- und Kräutergarten. Gemeinschaftsessen. Workshops in Yoga, Massage, Tanz, Meditation und Singen. Freiwillige sind immer willkommen. $18 pro Tag, $108 pro Woche oder $395 pro Monat p. P. inkl. VP.

Little Morgan's, Richtung Balgüe, etwa 300 m hinter Santa Cruz, linke Straßenseite, ☎ 8611-7973. Nun hat also auch Ometepe seinen Partyort. Trinkfreudige Expats und Backpacker treffen sich hier am Seeufer. Die Bar hat Billardtische und ist gut bestückt mit Rum und Bier und bis spät in die Nacht geöffnet. Kein Ort für Leute, die Ruhe suchen. Die Dorms befinden sich in den originellen mehrstöckigen Holzhäusern, teils mit Schließfächern. Hängematten $4 p. P., Camping $4 p. P., Dorm ab $8 p. P. Die Cabinas (für max. 3 Pers.) aus Zement liegen etwas weiter ab vom Trubel. Teils mit Komposttoiletten. ❸

Totoco, an der Straße Richtung Balgüe, 2 km nach der Gabelung rechts am TOTOCO Eco-Lodge-Schild einbiegen; von dort sind es weitere 700 m zum Eingangstor, ☎ 8659-8558, 🖥 www.totoco.com.ni. Nach einer holprigen Anfahrt belohnt eine herrliche Sicht auf Vulkan und Insel. Martijn aus Holland leitet die Ökolodge. 6 Cabañas, jede mit eigenem kleinen privaten Garten und Komposttoilette. Die Lodge wird zu 100 % mit regenerierbarer Energie betrieben. Mit einem Teil der Einnahmen werden Bildungs-, Freizeit- und Gesundheitsprojekte in den umgebenden Gemeinden unterstützt. Eine Farm mit Permakultur ist dem Hotel angeschlossen und versorgt den Restaurantbetrieb mit Produkten aus ökologischer Landwirtschaft. Pool ohne Chlor. Von der Bambusbar kann man abends fantastische Sonnenuntergänge genießen. An die Komposttoiletten muss man sich gewöhnen. Verschiedene Preiskategorien. ❺ – ❻

ESSEN

Café Compestre, in Balgüe. Ben und Sarah aus England verkaufen in einer einfachen Scheune hausgebackenes Brot, Kuchen und Knoblauchbrot. Auch warme Gerichte wie Tortilla und Pasta. Produkte von eigener Öko-Farm stehen zum Verkauf. ⏲ 9–19 Uhr.

Finca Magdalena, S.424. Günstige Campesino-Küche auf einer großen Holzveranda. ☉ 6.30–20 Uhr.

Einfache Esslokale wie den **Comedor Mi Casita** und **Comedor de Santa Cruz** findet man an der Finca El Zopilote (S. 423) in Madronal. Die Finca selbst backt Di, Do und Sa Pizza im Holzofen.

Mérida und Umgebung

Der kleine Ort **Mérida** an der Nordseite des Vulkans Maderas ist der Ausgangspunkt für Kajaktouren auf dem malerischen Río Istián. Der Fluss trennt die Nord- von der Südhälfte der Insel und zählt zu den besten Plätzen auf Ometepe, um Wasservögel zu beobachten, u. a. Reiher, Stelzenläufer und Jacanas. 2010 wurden Fluss und anliegende Feuchtgebiete zum Naturschutzgebiet deklariert. Eine Kanutour von Mérida auf dem Río Istián dauert rund 3 Stunden. Im Laufe des Ausflugs bieten sich schöne Ausblicke auf die beiden Vulkane und gute Möglichkeiten zum Schwimmen.

Von der **Estación Biológica** im kleinen Ort San Ramón (4 km südlich von Mérida) führt ein rund 4 km langer Wanderweg, vorbei an Zitrusplantagen und Wasserrohren, zum Wasserfall San Ramón. Der 40 m hohe *Catarata* versorgt das Dorf mit Trinkwasser, baden sollte man daher – so verlockend es auch ist – unter dem Wasserfall nicht. In Mérida beginnt außerdem die „Westroute" zum Volcán Maderas; Kasten S. 416.

Die nachstehend genannten Unterkünfte bieten u. a. **Vulkan-**, **Reit-** und **Kanutouren** an. Die Albergue Porvenir ist wegen ihrer **Felsgravuren** einen Besuch wert. Ein Wanderpfad führt um die rund 20 Petroglyphen, Eintritt 25C.

Ometepe unentschlüsselt

Zu Hunderten liegen sie auf der Insel verstreut, am Vulkanhang, unter Bananenstauden, auf Fincas: Spiralen, Strichmännchen, konzentrische Kreise, Tier- und Sonnensymbole. Einige sind bereits so verwittert, dass man sie kaum mehr erkennen kann. Andere sind deutlich scharf und bis zu 3 cm tief in die Felsen geritzt: jahrtausendealte Symbole, die heute nicht mehr vollständig zu entschlüsseln sind.

Petroglyphen findet man auf der ganzen Welt, in Afrika, Australien, Skandinavien oder Sibirien – überall hatten sie eine tiefe religiöse und kulturelle Bedeutung. Archäologen vermuten, dass die Tier- und Menschensymbole auf Ometepe Götter symbolisieren: Xochipilli, die Göttin der Freude; Xolotl, den Gott des Mondes; Coatlicue, die Göttin der Fruchtbarkeit, oder Quiateot, den Gott des Regens. Geometrische Formen sollen angeblich eine astrologische Bedeutung haben, und Spiralen Unendlichkeit darstellen. Häufig wurden auch Doppel-Spiralen gefunden, sie symbolisieren vermutlich die beiden Inselvulkane.

Wenig weiß man heute über die Künstler und zu welchem der verschiedenen Stämme sie gehörten, die einst die Insel bewohnten. Der deutsche Völkerkundler Wolfgang Haberland arbeitete in den 1960er-Jahren auf Ometepe und datierte den Beginn der Inselzivilisation auf den Zeitraum 1500–2000 v. Chr. zurück. Die bisher umfassendsten Forschungsarbeiten fanden während des Petroglyph Project statt, eines fünfjährigen Forschungsprojekts, an dem Freiwillige unter der Leitung von Archäologen 15 km² der Insel nach Petroglyphen absuchten. Über 1600 Felsgravierungen spürten sie auf, auf rund 1400 Felsen, an 73 Fundstellen. Sie fotografierten die Symbole oder fertigten Handskizzen an. Anschließend wurden die Aufzeichnungen Archäologen in Managua zur Auswertung übergeben. Besorgt stellten die Wissenschaftler bei ihrer Arbeit fest, dass Ometepes jahrtausendealtes kulturelles Erbe langsam schwindet: Doch nicht allein die Witterung setzt den Petroglyphen zu, auch das Absengen der Felder zerstört die Gravuren, Besucher fügen eigene Krakeleien hinzu, und mitunter werden die Steine ins Ausland geschmuggelt und teuer verkauft.

Leicht zugänglich für Touristen sind die Petroglyphen auf der Finca Magdalena und Finca Porvenir. Tourveranstalter suchen auch abgeschiedenere Orte auf.

ÜBERNACHTUNG UND ESSEN

Albergue Ecológico El Porvenir, kurz hinter Santa Cruz, an der Straße Richtung Mérida, zweigt rechts der Weg zur Finca ab, ☎ 2552-8770, ✉ doscarflores@yahoo.es. Wunderschön auf einem Hügel gelegene, sehr gepflegte Anlage mit sauberen Zimmern, teils mit Privatbad. Schön angelegter blühender Garten mit Hibiskus, Orangenbäumen, großen Farnen. Hübsches Restaurant im Rancho-Stil. Auf dem Finca-Gelände befinden sich zahlreiche Petroglyphen. Startpunkt für Vulkantouren zum Vulkan Maderas (s. Vulkantouren S. 423). Das Hotel Central bietet Transport von Altagracia zur Finca an (die Besitzer gehören zur gleichen Familie). Fahrradverleih. Frühstück $4, Mittag- und Abendessen $6. Übernachtung $15 p. P.

Caballitos de Mar, ca. 1 km vor Mérida. 2 Dorms für je 4 Pers. mit guten Matratzen, Zementboden und Ziegelsteinwänden sowie 2 neuere Zimmer, die sich ein Bad teilen ($15). Direkt am See. $6 p. P.; pro Schlafsaal gibt's 1 sauberes Gemeinschaftsbad. Beim freundlichen und lustigen Fernando aus Spanien, der zusammen mit 2 nicaraguanischen Freunden Unterkunft, Restaurant (hier ist besonders der Fisch vom Grill zu empfehlen) sowie tolle Kanu- und Kajaktouren leitet (s. Touren). Auch Camping-möglichkeit.

Estación Biológica, rund 4 km südl. von Mérida, ☎ 2563-0875. Große, golfplatzartige Anlage mit sauberen, einfachen Dorms ($12 p. P.), auch Cabañas mit Bad und AC, Restaurant. Beliebt bei nordamerikanischen Biologiestudenten. ❸

Hacienda Mérida, in Mérida ☎ 8868-8973, 🖳 www.hmerida.com. Dieser Backpacker wird zwar in vielen Reiseführern hochgelobt und Prospekte liegen im ganzen Land aus, viele Gäste sind jedoch mit der Qualität und Getto-Atmosphäre des Ortes – das ehemalige Sommerhaus Somozas – unzufrieden. Große, werftähnliche Anlage, scheunenartiger Dorm ($7 p. P.), reichhaltiges Frühstücks- und Abendbuffet für $5 bzw. $6 p. P. Das schöne DZ mit breiter Terrasse ist empfehlenswert. ❸

Hotel La Omaja, in Mérida, ☎ 8885-1124, 🖳 www.laomaja.com. Steil auf einem Hügel gelegen, mit schönem Blick auf den See und den Vulkan Concepción. 8 Cabañas für 2–4 Pers. mit Warmwasser, teils mit AC; Restaurant. Geleitet von einem ehemaligen amerikanischen Friedenskorps-Mitglied und seiner nicaraguanischen Frau. Vulkan- und Kajaktouren. Zahlen mit Kreditkarte ist möglich. ❸–❹

Monkey's Island Hostel, ungefähr 1/2 km südl. von Mérida, ☎ 8844-1529, 8999-8465, 🖳 www.freewebs.com/monkeysisland. Bewunderns-wert, was die fleißige Familia Urtado auf die Beine gestellt hat: eine der herzlichsten Unter-künfte auf Ometepe. Mit Restaurant. Der lustige Vater Jacinto Hurtado ist Campesino, Hand-werker und freundlicher Wirt, seine Frau Maria zaubert gutes Essen, und die Söhne helfen als Fremdenführer mit. Beliebt bei Rucksack-reisenden. Fahrradverleih ($15 pro Tag, $2 pro Std.), Vulkantouren ($20 p. P. für Einzeltouren, $15 p. P. in Gruppen) und Reittouren ($6 pro Std.). Sehr einfache Zimmer mit/ohne Privatbad. Ein Bett im Dorm mit Platz für 15 Pers. und Gemeinschaftsbad kostet $7. Auch Zimmer mit Heißwasser. Seeblick. Wäscheservice. ❶–❷

Rancho Mérida, kurz vor dem Eingangstor der Hacienda Mérida, ☎ 8887-5935. Neue, hübsche, saubere Unterkunft. Zimmer mit eigenem Bad oder Gemeinschaftsbad. Familienbetrieb, frisch angelegter Garten, kleines Rancho mit Restaurantservice. Fahrradverleih $2 p. P., Reit-touren $5 p. P., Hängematte $2,50 p. P., Camping $2,50 p. P., Dorm $5 p. P., DZ ❷

Camping Aventuras en la Isla, 100 m von der Schule in Mérida Richtung See, ☎ 8356-5108. Wunderschön gelegen, direkt am See. $3 p. P.

TOUREN

Fast alle Unterkünfte in Mérida vermieten Kajaks. **Aventuras en la Isla**, 100 m von Méridas Schule Richtung See ☎ 8356-5108 verfügt über nagelneue Kajaks und Ausrüstung. Mehrjährige Erfahrung mit Fernando vom Cabellitos del Mar (s. Kasten).

Der Anbieter **Hari's Horses**, ☎ 8641-8031, 8383-8499, gehört zur deutsch-italienisch geführten **Finca Montaña Sagrada** und bietet tolle Reittouren mit gesunden Pferden an. Auch 3 gemütliche Zimmer zu vermieten ❸, inkl. Frühstück, sehr empfehlenswert. Auch Mopedverleih.

Der Anbieter **Cabellitos del Mar**, ca. 1 km vor Mérida, bietet mehrstündige Kajak- und Bootstouren auf dem Río Istian an. Beste Zeit, um Vögel zu beobachten, sind die Morgenstunden ab 6 Uhr oder nachmittags ab 15 Uhr. Kaimane und Schildkröten lassen sich erst ab 10 Uhr blicken. 1 Pers. $25, 2 Pers. $45, 3 Pers. $20 p. P. Nach dem Paddeln tischt Fernando direkt am Ufer Ceviche, Tilapia oder Paella de Mariscos auf (rechtzeitig vor der Tour bestellen!)

TRANSPORT

Einmal tgl. fährt ein Bus von Mérida über SANTO DOMINGO nach ALTAGRACIA. Außerdem fahren Schnellboote von der Hacienda Mérida nach SAN JOSÉ DEL SUR, $12 p. P.

Río San Juan und die Islas de Solentiname

Tropische Regenwälder, Piratenlegenden, versteckte Lagunen mit Seekühen. Kleine Künstlerkolonien, jahrhundertealte spanische Festungen und rostende Dampfschiffwracks am Flussufer. Natur- und Kulturschätze reihen sich am Río San Juan und der umliegenden Inselwelt fast nahtlos aneinander, nicht umsonst wurde die Region zur Reserva Biosfera erklärt. Noch vor wenigen Jahren zog es in die lange vernachlässigte, verarmte und vom Bürgerkrieg gezeichnete Grenzregion nur Rucksackreisende und Abenteuerlustige. Zu lange dauerten die Bootsfahrten, zu unregelmäßig waren die Transportmöglichkeiten, zu holprig die Zufahrtspisten. Jetzt steht der Flussregion ein gewaltiger Wandel bevor. Die Tourismusinitiative Ruta del Agua (s. Kasten S. 437), finanziert von einem 15 Mio. schweren Kredit der Interamerikanischen Entwicklungsbank, soll die Entwicklung und den Tourismus am Grenzfluss ankurbeln. Einige Straßen und Brücken wurden bereits gebaut, doch bisher ist der Fortschritt nur bis San Carlos zu spüren.

San Carlos

San Carlos bildet das Eingangstor zum **Río San Juan** und der umliegenden Inselwelt. Durch die Ruta del Agua (s. Kasten S. 437) hat der einst wenig einladende Hafenort ein Facelifting erhalten: Straßen wurden gepflastert, eine neue Uferpromenade errichtet, Internetcafés eröffnet und die Verbindungsstraße nach Managua asphaltiert. Zur Zeit der Recherche war auch der Bau einer Brücke über den Río San Juan fast fertiggestellt, die Nicaragua mit Costa Rica verbinden wird.

Die einzige Sehenswürdigkeit in San Carlos ist die **Fortaleza** (⏲ 6–18 Uhr; Eintritt frei), eine von insgesamt zwölf Festungen, die in der Kolonialzeit den Río San Juan flankierten. Das Kastell wurde unter Somoza als Folterkammer und später von der FSLN (Frente Sandinista de Liberación Nacional) als Gefängnis benutzt. Heute beherbergt das Kastell das Centro de la Cultura (⏲ 7–18 Uhr), ein Museum ist für die Zukunft geplant. Von den zwei Aussichtspunkten hat man einen herrlichen Blick auf den Río Frio, den Río San Juan und den Lago Cocibolca mit dem Inselarchipel Solentiname.

ÜBERNACHTUNG

San Carlos hat eine breite Auswahl an billigen, schmuddligen Hafenabsteigen. Hier eine Auswahl an sauberen Unterkünften:
Arelhys, 50 m südl. der Iglesia Católica, ☎ 2583-0389. 18 gefliese Zimmer mit Bad, im 2. Stock heller. Nicht mehr ganz taufrisch. Die Bezeichnung „Hotel" ist für diese Unterkunft übertrieben. Ohne ❷, mit AC ❸
Cabinas Leyko, 200 m westl. der Kirche, ☎ 2583-0354, ✉ leyko@ibw.com.ni, leykou7@yahoo.es. Saubere Zimmer in einem hübschen, 2-stöckigen Holzchalet. $12 p. P. mit Gemeinschaftsbad, $24 p. P. mit Privatbad. Großer Gemeinschaftsbalkon mit Schaukelstühlen und Seeblick, geräumiger Ess- und Aufenthaltsraum. Außerdem 2 Anbauten: Annex 1 mit Zementcabina, türkisblauen Wänden und AC. Mehr Ambiente hat Annex 2 mit Holzcabinas und AC. ❸
Gran Lago Hotel, ☎ 8823-3488. Das recht neue Hotel wird von Ronaldo persönlich betreut. 8 Zimmer, alle mit AC; die Zimmer oben

San Carlos

0   200 m

Übernachtung:
1. Cabinas Leyko
2. Arelhys
3. Hospedaje Zeledith
4. Grand Lago Hotel

Flugplatz (3 km), Managua

El Castillo, Sábalos, San Juan de Nicaragua

Fortaleza de San Carlos

Parque Central

MERCADO CENTRAL

Río San Juan

Essen:
1. Panadería
2. El Granadino
3. El Mirador
4. Restaurante Kaoma
5. Restaurante Xamily
6. Comedor Yessenia
7. El Guegeunse 1 und 2
8. Cafetín Criolla de Gran Largo
9. Kiosco Palmera

Malecón

Immigración

Lago Cocibolca

Sonstiges:
1. Reserva Esperanza Verde-Büro
2. Ryo Big Tours
3. Viajes Turístico Ortíz

Transport:
1. Busbahnhof
2. Transporte Acuático (Boote → Sábalos, El Castillo, Bartola, San Juan de Nicaragua; Schiffe → Ometepe und Granada)
3. Immigración (Boote → Los Chiles/Costa Rica)
4. Boote → Solentiname und Los Guatuzos

Río Frío

Los Chiles (Costa Rica)

sind die bessere Wahl; inkl. Frühstück, Kaffee, Snack und Internet. Schöne Lage direkt am See, tolle Sonnenuntergänge. ❸
Hospedaje Zeledith, 100 m südl. der Iglesia Católica, ☎ 2583-0373. Kleine, einfache, spartanische Zimmer für den schmalen Geldbeutel, teils ohne Fenster, aber mit Gemeinschaftsterrasse über einer Pulpería. EZ ohne ❶, mit Privatbad ❷

ESSEN

Cafetín Criolla de Gran Largo, erste Häuserreihe am Malecón (Uferpromenade), ohne Schild, das 2. Restaurant von links. Kaffee, Batidos, Früchteteller und Comida Típica mit Blick auf den Hafen; gleicher Besitzer wie Hotel Gran Lago. Beliebt bei Touristen.
Comedor Yessenia, gegenüber vom Malecón. Hier sitzt man sauber und nett auf dem Balkon mit Blick auf das Treiben an der Uferpromenade. Landestypische Gerichte. ⏲ 7–18 Uhr.
El Guegeunse 1 und 2, direkt neben Yessenia. Hat von allem etwas: Fisch, Garnelen, Reisund Chinagerichte. Für den großen Hunger gibt es üppige Pastaportionen! $4–5. ⏲ 8–21 Uhr.
Kiosco Palmera, im ersten Häuschen am Malecón (Uferpromenade). Frühstück mit Kaffee 50C, Batidos, Salate, Fisch- und landestypische

SÜD-NICARAGUA

Gerichte. Juanas Spezialität ist die traditionelle, nicaraguanische Fischsuppe mit Krabben, Flusskrebsen, Kokos- und Kuhmilch. Beliebt bei Einheimischen. Günstig. ⊕ 6.30–21 Uhr.
Panadería, 100 m. nördl. von der Immigration. Ofenwarmes Brot ab 6 Uhr und leckere Picos (warme Teigtaschen mit Zimt und Quark gefüllt).
Restaurante El Granadino, 50 m östl. der Post. Eines der renommierten Restaurants im Ort, mit großen Wandgemälden, schöner alter Latino-Musik und viel zu vielen Kellnern. Vorwiegend Fleisch- und Fischgerichte.
Restaurante El Mirador, zwischen Malecón und Parque Central. Von der Restaurantterrasse (mit alten spanischen Kanonen!) hat man einen schönen Blick auf den Río San Juan. Das Essen ist allerdings nichts Besonderes. Comida Típica. Sitzmöglichkeit drinnen und draußen.
Restaurante Kaoma, hinter dem Cafetín Criollo. Comida Típica, Fleisch- und Fischgerichte, sehr populär. Man sitzt im 2. Stock mit Seeblick. Schönes Ambiente. Ca. 280C für ein Hauptgericht. ⊕ Mo–Sa 12–20 Uhr.
Restaurante Xamily, gegenüber vom Malecón, typisch spanisches Restaurant mit Tapas und einer günstigen Tageskarte, im 2. Stock mit Blick auf den See, ⊕ Di–So ab 12 Uhr. Die Öffnungszeiten der Restaurants variieren stark. Die meisten Lokale verfahren nach dem Motto: „Wenn Gäste da sind, wird geöffnet."

Der Sturm auf die Guarda Nacional

Eine **Gedenktafel** im Gebäude der Bootsgesellschaft Transportes Acuático in San Carlos erinnert unauffällig an eines der wichtigsten Daten in der Geschichte des kleinen Grenzortes. Am 13. Oktober 1977 stürmten Revolutionäre die Guarda Nacional in der Festung von San Carlos – das Symbol für die Somoza-Diktatur. San Carlos war damit einer der ersten Orte im Land, in denen die Revolution ausbrach. Gelegentlich trifft man auch heute noch auf ehemalige Soldaten, die mit glühenden Augen von Revolutionszeiten erzählen – schön gefärbt, wie der Regenbogen, der nach einem Abendschauer den breiten Fluss umgibt.

SONSTIGES
Geld
Banpro, 100 m östl. vom Parque Central. ⊕ Mo–Fr 8.30–16.30, Sa 8.30–12 Uhr.
Bancentro Lafise, 20 m westl. vor Enacal, ⊕ Mo–Fr 8–16.30 und Sa 8–12 Uhr.
Der Geldautomat **Red Cajeros Xpress Banpro** befindet sich im zweiten Häuschen am Malecón. Nur Visa- und Visa-Plus-Karten werden akzeptiert. Manchmal Stromausfall.

Informationen
Intur, im Immigrationsgebäude am Malecón, ▢ www.intur.gob.ni. Informationen und Karten über die Region. ⊕ 8–12 und 13–17 Uhr.
Website zur Region: ▢ www.riosanjuan. com.ni mit Informationen zu Hotels, Restaurants, Transport und Touren.

Internet
Ciberortega, am Malecón. ⊕ Mo–Sa 8–19 Uhr, So meist geschl.
Internet Adriana, etwas billiger als am Malecón. ⊕ 8–22 Uhr.

Touren
Reserva Esperanza Verde, das Büro liegt 25 m nördl. von Banpro, ✆ 2583-0127, ▢ www. fundeverde.org. Die nicht-staatliche Organisation Fundeverde bietet Touren von San Carlos in die Reserva am Río Frío an, die 4000 ha Wald und Sumpfgebiete umfasst. Zwei unterschiedliche Wanderwege führen durch das Reservat, der leichte, einstündige biologische Lernpfad Sendero Río Frío und der rund 3 1/2-stündige Sendero Carolillo durch Primärwald. Es gibt auch Übernachtungsmöglichkeiten: $50 p. P. inkl. Transport von San Carlos (hin und zurück), Übernachtung, VP, Touren.
Viajes Turisto Ortiz, gegenüber vom Immigrationsgebäude, ✆ 2583-0039. Touren nach Solentiname, Los Guatuzos, Ometepe oder flussabwärts über Bartola, El Castillo bis nach San Juan de Nicaragua in Privatpangas. Der Preis ist abhängig von der Anzahl der Personen. Solentiname $150 für 1–2 Pers., $175 für 3–4 Pers.; Los Guatuzos und Solentiname $188/213; Los Chiles $175/188; San Juan de Nicaragua (3 Tage) $1000/1063. ⊕ Mo–Sa 8–17 Uhr.

Ryo Big Tours, am Malecón, ☎ 8828-8558, 8380-5395. Kanutouren, Touren in die Esperanza Verde $16/Tag p. P.; San Carlos City Tour, 2 Std., $15 p. P.; Besuch der Palmenfabrik und Kakao-verarbeitung in Sábalos $15 p. P.; nächtliche Kaiman-Touren im Boca de Sábalos $20 p. P. ⏰ Mo–Fr 8–12.30 und 14–18 Uhr, Wochenende nur vormittags.

Privattouren per Panga-Boot bietet auch der freundliche Gustavo Peña an (am Malecón im Kiosco Palmera bei der Schwester Juana nachfragen). Gato hat die Revolution und den Bürgerkrieg miterlebt und will ein Buch über sein bewegtes Leben schreiben.

TRANSPORT

In dieser Region ist der Fluss die Straße und das Boot das Haupttransportmittel. Wer Warte-zeiten und unregelmäßige Bootsfahrpläne umgehen will, kann sich (für teures Geld) private Lanchas mieten. Das Touristenbüro Intur und das Reisebüro Ortiz Viajes Turísticos an der Western Union Bank organisieren private Transporte.

Busse
Der Busbahnhof befindet sich gegenüber vom Mercado.
MANAGUA (über JUIGALPA), 4x tgl., 6 Std.

Boote
Tickets flussabwärts Richtung El Castillo frühzeitig kaufen, die Plätze sind schnell ausverkauft!
EL CASTILLO (über SABALOS), vom Gebäude Transporte Acuático, tgl. 4x tgl. Colectivos (3 Std.) und 3x tgl. Expresos (1 1/2 Std.);
GRANADA (über ALTAGRACIA / OMETEPE), vom Gebäude Transporte Acuático, Di und Fr um 14 Uhr, 9 bzw. 15 Std. mit der *Empresa Porturaria Nacional* (EPN). An Deck wird es

Transport am Río San Juan

Zur Zeit der Recherche befand sich die Infra-struktur am Río San Juan wegen des Brücken-baus im Umbruch. Reisende sollten sich daher vor Ort nach dem aktuellen Stand erkundigen.

nachts empfindlich kalt, Schlafsack mit-nehmen! 1. Klasse $9, 2. Klasse (nicht für Touristen), $4,50;
LOS CHILES (COSTA RICA), an der Immigración, ☎ 2583-0263. Mo–Sa 4x tgl., letztes Boot um 16 Uhr, So ein Boot um 14.30 Uhr, ca. 40–60 Min. Touristen zahlen $12 Einreisegebühren nach Nicaragua und $1 bei der Ausreise;
RESERVA LOS GUATUZOS (PAPATURRO), am hinteren Steg des Malecón. Mo–Fr jeweils 9 Uhr, 4 1/2 Std.;
SAN JUAN DE NICARAGUA, vom Gebäude Transporte Acuático. Di, Do, Fr jeweils um 6 Uhr, 8–11 Std.; Di, Mi, Fr, So Expresso, 5 Std., $25 pro Pers.;
SOLENTINAME, gegenüber vom Kiosco Palmeras, tgl. um 15 Uhr, Rückfahrt am nächsten Morgen um 9 Uhr, 1 1/2 Std.

Flüge
Der Flughafen liegt 3 km außerhalb von San Carlos. San Carlos wird von „La Costeña" angeflogen, das Büro befindet sich am Flug-hafen, ☎ 2583-0367, 🖥 www.lacostena.com.ni. Flüge sollte man lange im Voraus buchen, denn besonders in der Regenzeit sind sie schnell ausgebucht.
MANAGUA, tgl. um 14.15 Uhr, 45 Min., und GREYTOWN um 13 Uhr, 30 Min.

Refugio de Vida Silvestre Los Guatuzos

Das 438 km² große Refugio de Vida Silvestre Los Guatuzos zählt zu den größten Naturschutzge-bieten Nicaraguas und ist ein Eldorado für Vogel-freunde: Über 400 Vogelarten bevölkern das Re-servat – darunter 47 Zugvogelarten aus Kanada und Alaska, die im Naturpark überwintern. Bis zu Beginn des Contra-Krieges wurde die Region stark abgeholzt. In den Folgejahren konnte sich der Wald jedoch regenerieren und wurde Anfang der 1990er-Jahre zum Schutzgebiet erklärt.

Elf Flüsse durchströmen das Reservat, in dem so seltene Tiere leben wie der Gasparfisch (ein lebendiges Fossil, das vor 150 Mio. Jahren ent-stand) sowie Kaimane, Krokodile, Totenkopf-

und Kapuzineraffen. Los Guatuzos wurde nach den Guatuzo-Indianern benannt, die im 19. Jh. als Arbeitssklaven an Goldminen verschachert wurden. Lediglich ein kläglicher Rest hat überlebt und fristet sein Dasein heute in einem Reservat im Norden Costa Ricas.

Touristen und Forschungsgruppen steht das **Centro Ecológico** mit einem Privatzimmer für maximal 4 Pers. ($13 p. P.) und zwei Schlafsälen für 4 bzw. 8 Pers. und Gemeinschaftsbad zur Verfügung ($11 p. P.). Eine Mahlzeit kostet rund $5. Mehrere Wanderwege führen durch das Reservat. Kajak- und Bootstouren sind möglich. Weitere Informationen hat Oscar unter ☎ 2270-3561 und 8772-9630 oder info@losguatuzos.com. Hierher gelangt man mit dem Boot von San Carlos Richtung Papaturro (Los Guatuzos), 1x tgl., Di und Sa 2x, $6.

15 HIGHLIGHT

Solentiname

Celentinametl – Ort der vielen Gäste – nannten die Nahuatl-Indianer den friedlichen Inselarchipel im Süden des Lago Cocibolca. Als Mitte der 1960er-Jahre der Dichter und Priester Ernesto Cardenal (s. Kasten S. 434) hier unter den Ärmsten der Bevölkerung eine christliche Glaubensgemeinschaft und Malschule (s. Kasten S. 435) ins Leben rief, gab es auf den „vergessenen Inseln" weder Arzt, noch Schule, noch Kaufladen. 76 Stunden hartes Rudern stand den Insulanern bevor, um das Festland bei San Carlos zu erreichen. Mit Cardenals Buch *El Evangelio de Solentiname* wurde die Inselgruppe weltweit bekannt. Aufgrund der seltenen Bootsverbindung besuchen auch heute nur relativ wenige Touristen das idyllische, ruhige Inselparadies. Vegetarier sollten sich vor ihrer Reise in San Carlos mit Obst und Gemüse eindecken, auch Taschenlampen, Mückenspray und Kerzen sind für einen Inselaufenthalt nützlich.

1977 beteiligte sich eine Gruppe von Solentinamern am Anschlag auf Somozas Nationalgarde in San Carlos. Drei von ihnen kamen dabei

ums Leben. Daraufhin wurden zwei der Hauptinseln nach den Märtyrern benannt. Somoza konterte mit einem Vergeltungsschlag, seine Truppen brannten Häuser, Kirche und Bibliothek auf Solentiname nieder, fast die gesamten Bewohner flohen. Die Gebäude wurden nach der nicaraguanischen Revolution wieder aufgebaut.

Die Inseln

Isla Mancarrón, Isla San Fernando, Isla Mancarroncito und Isla Venada sind die größten Inseln des Archipels, der aus insgesamt 36 Eilanden besteht. Während der Somoza-Diktatur wurden sie stark abgeholzt, der Wald konnte sich seitdem jedoch weitgehend regenerieren.

Die **Isla Mancarrón** ist die Hauptinsel Solentinames. Hier lebte Ernesto Cardenal. Nach wie vor besitzt „*el Poeta*", wie der Priester-Poet von den Einheimischen genannt wird, ein Haus auf der Insel. Am östlichen Zipfel von Mancarrón befindet sich das Gelände der von Cardenal gegründeten Asociación Para el Desarrollo de Solentiname (APDS) mit der **Gemeinschaftsbibliothek**, dem **Hotel Mancarrón** und der **Iglesia de Nuestra Señora de Solentiname.**

Die weiße schlichte Kirche aus dem Jahr 1935 wurde in den 1960er-Jahren von Cardenal und den Insulanern gemeinsam restauriert. Sie spiegelt die Lebens- und Volksnähe der ehemaligen Glaubensgemeinschaft wider. Als Vorlage für die Wandmalereien wurden Kinderzeichnungen aus Malworkshops benutzt. Die Jesus- und

SÜD-NICARAGUA

ISLAS DE SOLENTINAME

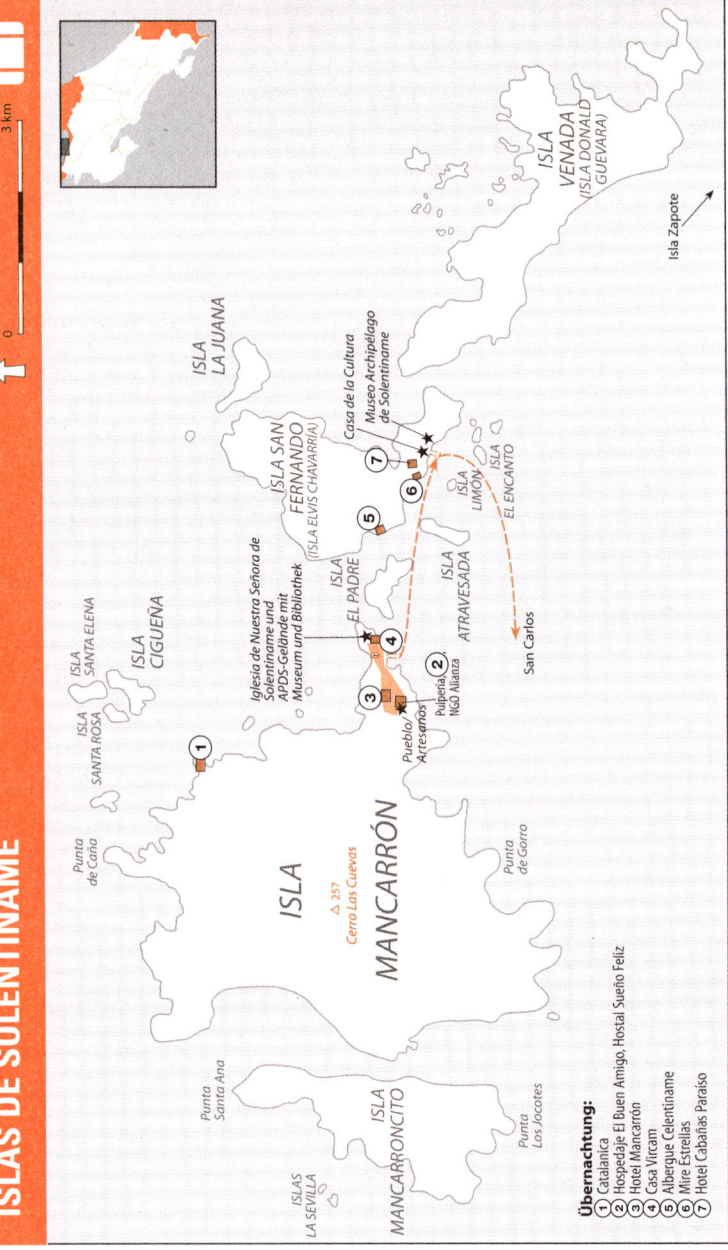

Übernachtung:
① Catalanica
② Hospedaje El Buen Amigo, Hostal Sueño Feliz
③ Hotel Mancarrón
④ Casa Vircam
⑤ Albergue Celentiname
⑥ Mire Estrellas
⑦ Hotel Cabañas Paraíso

Maria-Figur fertigte Cardenal nach der Vorstellung des Pueblos an (die Originalskulpturen wurden von Somozas Truppen zerstört). Der **Kirchenaltar** mit präkolumbischen Motiven ist eine Gemeinschaftsarbeit Cardenals und des nicaraguanischen Künstlers Róger Pérez de la Rocha. Direkt vor der Kirche steht ein großes schwarz-rotes Sandinista-Denkmal mit Zitaten der 1977 in San Carlos gefallenen Revolutionäre.

In Mancarróns **Bibliothek** liegt Cardenals Gesamtwerk aus, darunter auch das weltberühmte *El evangelio de Solentiname.* ⊙ Mo–Fr 8.30–11 und 14–17, Sa 8.30–11 Uhr.

Im **Museum** gegenüber sind eindrucksvolle präkolumbische Ausgrabungsstücke ausgestellt. ⊙ Mo–So (falls geschlossen, die Museumsleiterin lebt nebenan), Eintritt $1.

Westlich vom Hotel Mancarrón, hinter dem Sportplatz, beginnt das *pueblo* (Dorf). Viele Familien arbeiten hier als Artesanos und schnitzen kunstvolle Tukane, Schildkröten und Fische aus Balsaholz. Besonders originell sind die Holzspiegel in Schildkrötenform des Artesanos Jamelith Ponte. Aufgrund des Handwerks und Bootsbaus wuchsen in den 1960er- und 70er-Jahren fast keine Balsabäume auf der Insel mehr. Inzwischen wird wieder aufgeforstet. Rund drei Jahre braucht ein Balsabaum um nachzuwachsen.

Auf der **Isla San Fernando** – auch **Isla Elvis Chavarría** (nach einem der Märtyrer des San Carlos-Aufstandes benannt) – befindet sich das kleine **Museo Archipélago de Solentiname**, in dem Flora, Fauna und Geschichte des Archipels erklärt werden. ⊙ Di–So 8–12 und 14–17 Uhr, Eintritt $2.

Ein Heilpflanzengarten schließt sich an das Museum an. In der **Casa de la Cultura** sind die Arbeiten verschiedener Artesanos zum Verkauf ausgestellt, das Künstlerehepaar Silvio und Rosa, die zu den ersten Künstlern von Solentiname zählen, geben hier ihr Können an die Folgegeneration weiter. ⊙ 8–12 und 14–17 Uhr. Ein Wanderweg führt um die Insel herum.

Auf der **Isla Donald Guevara** oder **Isla Venada** (nach dem zweiten Märtyrer des San-Carlos-Aufstands benannt) können Besucher den *Pintores* über die Schulter blicken. Cardenal verteilte in den 1960er-Jahren Malfarben und Pinsel unter den Campesinos. So entstand eine naive

Malereibewegung, die bis heute überlebt hat, einige der Bilder spiegeln die Inselgeschichte wider. Präkolumbische Malerei und Petroglyphen enthält die **Cueva del Duende** (Höhle der Elfen), die nur in der Trockenzeit zugänglich ist.

Auf der **Isla Zapote** leben 22 verschiedene Vogelarten, die Mehrheit von ihnen sind Wasservögel, die **Isla La Padre** ist die einzige Insel auf Solentiname, auf denen Affen leben.

ÜBERNACHTUNG UND ESSEN

Hotels befinden sich lediglich auf der Isla Mancarrón und der Isla San Fernando. Viele Unterkünfte bieten VP an. Vegetarier sollten sich unbedingt vor ihrer Abfahrt in San Carlos mit Gemüse und Obst eindecken!

Isla San Fernando

Albergue Celentiname, Isla San Fernando, ✆ 8399-3746, ✉ celentiname7 @yahoo.es. Das älteste Hotel auf der Insel. 5 einfache Cabañas mit Privatbad, Terrasse, Schaukelstühlen, Seeblick. Großer Speisesaal und Aufenthaltsraum mit Hängematten. Familiär. Maria Guevara zählt zu den ersten Künstlerinnen auf Solentiname und kann viel über die Zeit der Comunidad erzählen. Umgeben von herrlichem Urwald, die Isla Atravesada liegt vor der „Tür" und lädt zu Kanuausflügen ein. Im Juli, August und Dezember reservieren! ❸

Hotel Cabañas Paraíso, ✆ 2278-3998. 14 saubere, freundliche geräumige Zimmer am Hang bei Maria Magdalena, der Schwester des Schiffkapitäns José. Die Zimmer sind mit Kunsthandwerk aus Solentiname geschmückt und umgeben von einem schön angelegten Garten. Großer Speiseraum mit herrlichem Blick auf den Soo. Elena war ein aktives Mitglied der Comunidad und kann viel über die Zeit erzählen. Beliebt bei Gruppenreisen. ❸

Mire Estrellas, am Hauptsteg aussteigen, kein Telefon. „Erst dachte ich, wie kann ich als Mann bloß putzen und schrubben, aber jetzt hab ich mich dran gewöhnt." Allein dafür hat der freundliche Don Julio einen Loose-Tipp verdient: 2 einfache, sehr saubere Zimmer direkt am See mit Außenbad und schöner Gemeinschaftsterrasse mit Hängematten. Nur Übernachtung kostet $7 p. P. ❷

In ausgewaschenen Jeans, weitem Campesino-Hemd und mit einer großen Schirmmütze auf dem langen weißen Haar lehnt sich Ernesto Cardenal gegen den bunten Altar der Iglesia de Nuestra Señora de Solentiname – der Kirche, die einst das Zentrum der Befreiungstheologie in Nicaragua bildete. Einer lebens- und volksnahen Kirchenbewegung, die in den 1960er-Jahren ganz Lateinamerika ergriff, die die Armen der Bevölkerung in den Mittelpunkt stellte, Marxisten und Christen miteinander vereinte und Jesus zum Revolutionär erkor.

Dichter, Priester, Revolutionär – das Leben Ernesto Cardenals ist so bewegt wie die Geschichte seines Heimatlandes Nicaragua. 1925 in einer wohlhabenden Granadiner Familie geboren, studiert Cardenal zunächst Literatur in Mexiko und New York. Mit 19 Jahren nimmt er an der April-Revolution gegen den Diktator Anastasio Somoza teil. Die Aktion wird vorzeitig verraten, viele von Cardenals Freunden kommen ums Leben. Cardenal zieht sich darauf in das Kloster Gethsemani in Kentucky (USA) zurück und nimmt anschließend ein Theologiestudium in Mexiko auf. In dieser Zeit entstehen die *Salmos* (Psalmen), die heute zu den wichtigsten Werken lateinamerikanischer Dichtung zählen.

Mit 30 Jahren wird Cardenal zum **katholischen Priester** geweiht. Er gründet auf Solentiname eine christliche Glaubensgemeinschaft, die „Comunidad de Solentiname" und setzt dort die Befreiungstheologie in die Praxis um: Statt Sonntagspredigten finden Bibeldiskussionen im Grünen statt, die Campesinos interpretieren das Evangelium aus ihrer Sicht. Cardenal veröffentlicht die Gespräche später in seinem Buch *El Evangelio de Solentiname,* das auch in Deutschland erscheint und den Inselarchipel weltweit zum Symbol für Solidarität mit den Armen macht. Nach wie vor bleibt der junge Priester auch politisch aktiv. Er sympathisiert mit der revolutionären Frente Sandinista in Nicaragua. 1977 erstürmt eine Gruppe Solentinamer die Nationalgarde in San Carlos, drei junge Revolutionäre werden getötet. Solentiname wird daraufhin von Somozas Truppen zerstört, die Mehrheit der Bevölkerung flieht. Cardenal, der sich im Ausland befindet, wird zu einer jahrelangen Gefängnisstrafe verurteilt. Er arbeitet von nun an aus dem Ausland als Stimme der nicaraguanischen Revolution. Nach dem Sturz Somozas bekleidet Cardenal 1979 das Amt des Kulturministers in der neuen Sandinista-Regierung. Er führt eine Alphabetisierungskampagne durch und schafft es, innerhalb weniger Jahre die Analphabetenquote im Land von 65 auf 12 % zu senken.

Cardenal wird zur Leitfigur von Nicaraguas regimetreuer, linksgerichteter Volkskirche, der **Iglesia Popular**, und 1985 vom Papst aufgrund seiner parteipolitischen Tätigkeit von der Ausübung des Priesteramtes suspendiert.

1994 tritt er aus Protest aus der FSLN-Partei aus – der Führungsstil Daniel Ortegas ist ihm zu autoritär. Mehrfach wird sein literarisches Werk ausgezeichnet, u. a. mit dem **Friedenspreis des Frankfurter Buchhandels**. 2005 wird der Nicaraguaner für den Literaturnobelpreis nominiert. Auch nach dem Fall des Kommunismus und der gescheiterten nicaraguanischen Revolution bleibt er ein Verfechter der Teología de la Liberación: Solange es Arme gibt, gibt es auch eine Befreiungstheologie, so Cardenal.

Isla Mancarrón

Casa Vircam, ✆ 8764-6804, 🖥 www.catalanica.com. 3 rustikale Holzzimmer mit Moskitonetzen, großer Gemeinschaftsterrasse und Privatbad in Holzhütte direkt am Seeufer (max. 10 Pers. haben Platz). Für Selbstversorger. Die Küche (mit Backofen und Kühlschrank) befindet sich in einer separaten Hütte weiter unten. Wird nur als komplettes Haus für $125–225 am Tag vermietet.

Catalanica, ✆ 8764-6804, 🖥 www.catalanica.com. Auf der entlegenen Seite der Isla Mancarrón gelegen mit schönem Blick auf die Bucht. Ein nicht immer klar sichtbarer Dschungelpfad (40 Min.) führt zum Hotel, vorbei an Orangenbäumen, kleinen Dörfern, schönen

Heute sind nur noch wenige Zeitzeugen aus der **Zeit der Comunidad** am Leben. Maria Guevara und Rosa und Maria Magdalena Piñeda, drei Künstlerinnen und ehemalige Comunidad-Mitglieder der ersten Stunde erinnern sich:

Maria Guevara vom Hotel Celentiname

„Ich war 15 Jahre alt und wohnte auf der Isla de Padre, als Ernesto Cardenal nach Solentiname kam. Davor kümmerte sich niemand um uns. Einmal im Jahr kam ein *Prete* (Priester) und hielt die Messe auf Latein. Zu Zeiten der Comunidad ruderten die Leute von allen Inseln zur Messe, wir waren damals alle arm und brachten Fisch und Iguanas. Die Messe (mit Ernesto Cardenal) war wie ein Dialog. Vor zwei Jahren erst habe ich Cardenals Aufzeichnungen wieder gelesen, da wurde mir erst klar, was für ein Paradies das damals war. Ernesto Cardenal hat viele Impulse für die Kunst und die Insel gegeben. Er ist nicht sehr gesprächig, er hört zu, das ist alles. Ich glaube, Solentiname hat Ernesto Cardenal nie verstanden."

Maria Magdalena Piñeda vom Hotel Paraiso und Präsidentin von Cantour

„Wir waren damals eine echte Gemeinschaft. Unsere Generation kannte noch die Somoza-Diktatur und wollte gegen die Unterdrückung kämpfen. Cardenal brachte viel Entwicklung und Impulse auf die Insel. Die Pintura naiva hat nichts mit der indigenen Kunst zu tun. Nach der Messe verkündete er immer, welche Bilder verkauft wurden. Er brachte auch Bücher über die Revolution. Zweimal kam der Comandante aus San Carlos, um sich die Bibliothek (auf der Isla Mancarrón) anzugucken. 1975/76 begannen sie, uns zu verfolgen. Ich, mein Mann und Alejandro (s. Kasten S. 431) bildeten eine sandinistische Zelle. Der Padre war dagegen, er war gegen einen gewaltsamen Aufstand, er gehörte nicht zur Zelle, musste sie aber akzeptieren. Auf Solentiname herrschte Unterdrückung, Folter, Zerstörung. Wir mussten uns verstecken, viele flohen nach Costa Rica. Heute ist die Jugend sehr materialistisch, sie verstehen nicht, was damals passierte. Ernesto hat viel für Solentiname gemacht, niemand hat sich vorher für uns interessiert, das kann man nicht einfach wegradieren."

Rosa Piñeda, Isla San Fernando

„Wir sangen mit der Gitarre die Misa Campensina (Anm.: eine Bauernmesse, die der nicaraguanische Liedermacher Carlos Mejía Godoy während der Somoza-Diktatur komponierte). Immer kochte eine andere Familie und Ernesto aß mit. Ich benutzte damals die Kirche als Werkstatt. Ernesto ist zwar kein Maler, aber er gab uns Material, einige fragten ihn, ob er auch Bücher über Kunst hätte. Er sagte, ja, aber dass er sie uns nicht geben würde, denn dann würden wir nur andere Kunstwerke imitieren und nicht unseren eigenen Stil beibehalten. Das war besser so. Von meinem ersten Geld kaufte ich ein Blechdach für das Haus meiner Mutter. Ich möchte in meinen Bildern die Schönheit der Natur zeigen, aber nicht nur das. Ich möchte, dass, was ich male, nicht nur ein Bild bloibt, sondern Wirklichkeit wird, ich möchte mit meinen Bildern eine ökologische Botschaft senden."

Buchten. Nichts für Gäste, die authentisches Inselleben mit Einheimischen kennenlernen wollen! Von einer exzentrischen spanischen Aussteiger-Lady geleitet. $45 p. P. inkl. VP, Voranmeldung erwünscht.
Hospedaje El Buen Amigo, ✆ 8869-6619. Etwas für den schmalen Geldbeutel. 5 saubere Zimmer, davon 2 mit eigenem Bad, mit guten

Matratzen. Umgeben von hübschem Garten, Terrasse mit Schaukelstühlen, Außenbad, Solarenergie. Beim freundlichen Don Reynaldo (Rey) und seiner Frau Doña Andrea. $8–12 p. P. und $4 pro Mahlzeit.
Hostal Sueño Feliz, ✆ 8478-5243, ✉ esperanza rosales.29@gmail.com. 4 einfache Zimmer in familiärer Atmosphäre bei der äußerst freund-

SÜD-NICARAGUA

Insgesamt 36 Inseln umfasst das Solentiname-Archipel, aber nur auf der Hauptinsel Mancarrón gibt es eine weiterführende Schule. An 4 Tagen pro Monat findet hier Unterricht statt, die Lehrer müssen dazu aus San Carlos anreisen. Die kleine NGO **Alianza** will diese „Bildungslücke" füllen und führt mit ehrenamtlichen Lehrern Unterricht auf allen Inseln durch. Zu den Schwerpunktfeldern zählen Englisch, Lesen und Computerunterricht. In Spezialkursen werden Jugendliche zudem auf die Universität vorbereitet. Wer an einer Mitarbeit interessiert ist, muss entweder fließend Spanisch oder Englisch sprechen und mind. 3 Monate auf Solentiname arbeiten wollen. Voluntarios können auch eigene kreative Kurse anbieten. Mehr Infos unter 🖥 www.solentiname.org.

lichen Esperanza. Kochgelegenheit mit Kühlschrank, Solarlicht, ein hübsches Frühstückszimmer mit Garten, Touren zu Fuß und per Boot. Speiseangebot, auch vegetarisch, $4 pro Mahlzeit. ❶

Hotel Mancarrón, ✆ 8852-3380, www.hotelmancarron.com. Eine große Anlage mit Liegewiese nahe dem See. 15 sehr schön eingerichtete Zimmer mit Terrasse; Restaurant und Tourangebote. Gäste sollten sich bewusst sein, dass das Hotel das Zentrum eines erbitterten Erbstreits ist (s. Kasten S. 431). ❹

Auf der Isla Mancarrón und der Isla Fernando gibt es jeweils eine **Pulpería** mit einer kleinen Auswahl an Konserven, außerdem Reis, Bohnen, Zwiebeln, Wasser und Bier. Frisches Gemüse und Obst sollten sich Reisende aus San Carlos mitbringen.

SONSTIGES

Internet
Zur Zeit der Recherche gab es in der **Bibliothek** und im **Hotel Mancarrón** auf der Isla Mancarrón Internetanschluss.

Kajakvermietung
Isla San Fernando: In der Albergue Celentiname, ca. $10 pro 1/2 Tag.

Isla Mancarrón: in der Alianza, im Pueblo bei den Artesanos. Kajak oder Kanu 200C pro Tag. Die Einnahmen kommen Projekten der Alianza (s. Kasten) zugute.

Touren
Wer das Inselarchipel entdecken will, muss ein wenig Eigeninitiative aufbringen. Eine schöne 3-stündige Wanderung führt z. B. auf den Piñon, den höchsten Punkt der Insel Mancarrón mit herrlicher Sicht bis nach Costa Rica und auf die umliegende Inselwelt. Evert Ugarte oder Lidia Castillo auf Mancarrón bieten Touren zum Piñon an. Nähere Auskunft bei Reynold in der Pulpería.

Mit dem Kanu kann man wunderbar die umliegenden Inseln erkunden oder von der Isla Mancarrón zur Isla San Fernando übersetzen. Die Alianza und die Albergue Celentiname vermieten die Kajaks dazu. Für längere Distanzen sollte man stets einen ortskundigen Führer mitnehmen. Rey aus der Pulpería auf der Isla Mancarrón und Mariela, Silvio und José von der Isla San Fernando bieten außerdem verschiedene **Bootstouren** an. Allerdings sind die Ausflüge per Motorboot wegen der hohen Benzinpreise nicht billig.

TRANSPORT
SAN CARLOS, tgl. um 9 Uhr von der Insel Mancarrón und um ca. 9.15 Uhr von der Isla San Fernando.

Auf dem Río San Juan nach San Juan de Nicaragua

„Derjenige, der die Meeresenge zwischen den beiden Ozeanen besitzt, wird einmal die Welt beherrschen", schrieb der spanische Konquistador Hernán Cortés bereits 1524 an den spanischen König Carlos I. 15 Jahre sollte es jedoch noch dauern, bis eine spanische Expedition die

Fortsetzung auf S. 443

SÜD-NICARAGUA

© JULIA REICHARDT

Fluss der Hoffnung –
der Río San Juan `16` **HIGHLIGHT**

- ■ **Start** San Carlos, s. S. 427
- ■ **Dauer** Nonstop im Colectivo nach San Juan de Nicaragua: ca. 9–11 Std. (El Castillo 3 Std.), rund die Hälfte der Zeit im Expressboot
- ■ **Preise** Nach San Juan de Nicaragua im Colectivo 180C$, mit dem Expressboot 1250C$; Nach El Castillo 48C$, mit dem Expressboot 85C$
- ■ **Zwischenstopps** Sábalos, El Castillo, Bartola und überall, wo man aussteigen möchte

Konquistadoren, Piraten, Goldsucher und Revolutionäre schipperten einst den Río San Juan herunter. Nun soll der Fluss Touristen nach Nicaragua locken. Eine Reise zwischen Grenzkonflikt und Aufbruchstimmung.

Aufbruch in San Carlos

„Sie haben uns geschnappt", erzählt Juana. „Die Polizei hat uns geschnappt. Erst haben sie uns im Lastwagen zum Grenzübergang nach Los Chiles gebracht und dann ausgewiesen nach Nicaragua." Allesamt, Juana, ihren Sohn, die Schwiegertochter, das Baby. Die Sonne knallt erbarmungslos ins Hafenbecken von **San Carlos** (S. 427). Juana ist müde, das grau-schwarze Haar klebt ihr an der Stirn, die Lehmkruste bröckelt von ihren viel zu großen Gummistiefeln, auf ihrem Schoß hält sie zwei Plastiktüten. Auf dem harten Plastiksitz neben ihr sitzt eine Touristin mit Flipflops, Digitalkamera und Sonnenhut. „Repostería, reposteríííííía! Las noticias, las notiiiiiicias! Lest, was die Ticos über uns schreiben", schreien die Händlerinnen vom Steg herüber. Juana schaut auf den breiten, grauen, trüben Río San Juan. Sie

© JULIA REICHARDT

Lest, was die Ticos über uns schreiben

will es wieder versuchen mit Kind und Kegel, wieder über den Fluss rüber nach Costa Rica, wieder ohne Pass.

Die Ruta del Agua

220 km erstreckt sich der Río San Juan vom Lago Cocibolca, Nicaraguas größtem Binnensee, bis zur Karibik. „See, Fluss, Meer, drei verschiedene Gewässertypen, zwei Naturreservate, das ist, was die Region hier so einzigartig macht", schwärmt Frank Chamorro, Leiter der Tourismusinitiative **Ruta del Agua**. Es ist Mittagszeit, der tropische Regen prasselt laut auf das Blechdach, Chamorro sitzt auf seiner Holzterrasse mitten im Zentrum von San Carlos, dem Startpunkt und Drehkreuz für Reisen auf dem Río San Juan. „Mit der Ruta del Agua wollen wir die Qualität im Tourismus am Río San Juan verbessern, Arbeitsplätze schaffen und die illegale Migration nach Costa Rica eindämmen." Dafür erhielt Nicaragua einen Kredit von 15 Mio. Dollar von der Banco Interamericano de Desarrollo.

„70 % wurden in Infrastruktur investiert", sagt Chamorro. An elf Flussorten gibt es mittlerweile neue Anlegestege, Expressboote verkehren regelmäßig und am Flussdelta wurde eine Flugpiste

gebaut. Die neue Uferpromenade in San Carlos ist fertig, die Verbindungsstraße nach Managua asphaltiert. Chamorro hat sich warmgeredet, seine Augen glänzen. Mit der Ruta del Agua will eine der ärmsten Regionen Nicaraguas an den Glanz und Ruhm vergangener Zeiten anknüpfen. An die Ära der Ruta del Tránsito, als Tausende von amerikanischen Goldsuchern per Dampfschiff von New York den Río San Juan hinab nach San Francisco schipperten, die Durchquerung der Indianergebiete im eigenen Land war zu gefährlich. „Wir haben Barmänner, Rezeptionisten, Köche und Reinigungspersonal ausgebildet und vergeben Kleinkredite an Hotels und Tourveranstalter", sagt Chamorro stolz. Seit einigen Jahren hat San Carlos sogar einen Karneval zu bieten, „mit Karossen wie in Rio, nur auf dem Wasser".

Flusswasser als Souvenir

An der Uferpromenade steht Lancha-Fahrer Gustavo Peña und wartet auf Touristen. *Río San Juan, conócelo es nuestro!* (Lern den Río San Juan kennen, er ist unser!), steht groß auf seinem T-Shirt gedruckt. Gustavo wurde am Fluss geboren, mehr als zehn Jahre lang kämpfte er hier, erst in der Guerilla, dann gegen die Contras, fast verlor er im Kampf sein Gehör. Nach dem Bürgerkrieg zog er aufs Land, nahm Drogen, wollte vergessen. Jetzt ist er clean, überzeugter Christ und hat sein eigenes Boot. „Sie kommen extra aus Managua und füllen sich Plastikflaschen mit Flusswasser als Souvenir ab!" Gustavos grüne Augen funkeln ungläubig aus dem sonnengegerbten Gesicht. Gato, Kater nennen sie ihn deswegen hier nur. „Früher hat sich keiner um uns hier unten gekümmert, jetzt tut sich endlich was, durch den Grenzkonflikt sind wir sogar fast täglich im Fernsehen!" Früher legten hier die Fischerboote an, Bootsbauer hämmerten auf große Holzskelette ein, es stank nach Fisch, und wenn es regnete, vermischte sich das Fischblut mit den Regenpfützen. Jetzt ist das Seeufer zuzementiert. Die frisch gestrichenen Holzfassaden der neuen Internetcafés und Esslokale versperren den Blick auf die Schuhputzerjungen, Bretterverschläge, abgenagten Maiskolben und rostigen Grills, auf denen geköpfte Hühner schmoren. Drei große nicaraguanische Fahnen flattern hochgehisst am Malecón, daneben Schilder mit sechsstelligen Summen und den

Worten *Ruta del Agua, avanza turismo, avanza* wie ein Zauberspruch. „Die Frente hat sich seit den 70er-Jahren verändert", sagt Gato, „das Ziel ist nicht mehr, die Welt zu verändern. Heute ist das Ziel ein nationales Projekt, nämlich Nicaragua wieder zu vereinen."

Für kurze Zeit in einem Boot

Juanas Boot legt ab. Die schwarzen, großen Regenschutzplanen flattern im Wind wie die Flügel einer großen Flusslibelle. Die Lancha ist brechend voll. Nicaraguanische Migrantenarbeiter mit Macheten am Hosenbund sitzen neben Touristen aus Deutschland, Belgien und Kalifornien. Von der Bootsdecke baumeln Plastikmülleimer und Jutesäcke mit strampelnden Hühnern herab. „In Nicaragua finde ich keine Arbeit", erklärt Juana der Touristin neben sich. Ihr Mann wartet auf sie auf einer Finca in Costa Rica. „Er weiß nicht, was passiert ist." Auf dem Fluss sind costa-ricanische Grenzpatrouillen verboten, „aber die Kontrollen an Land sind jetzt wegen des Grenzkonflikts viel schärfer", sagt Juana besorgt. „Und ein Pass kostet 800 Córdoba." „Steig in La Virgen aus", rät ihr der Mann einen Sitz vor ihr. Viele im Boot wurden selbst schon einmal aus Costa Rica ausgewiesen. Sie reden über ihre Abschiebung wie vom letzten Sonntagsausflug. Ein Baby weint, das Huhn im Sack gackert, eine Mutter zieht ihren Sprössling vom Bootsrand weg. „Pass auf, sonst fressen dich die Haie." „Die Ticos zahlen gut. Wie geht es den Arbeitern bei Euch?", fragt Juana. Die Touristin schweigt. Das Boot legt an. „Frescos, frescos! Tamales, tamales!" „No hay plata", ich habe kein Geld, schreit Juana und lacht.

Touristen statt Piraten

Im Border's Café in **El Castillo** (S. 446) serviert Yakil Besuchern Frühstück: Bananen-Milchshakes, Rührei, frische Ananas mit Joghurt und Granola. Yakil, modern mit Pferdeschwanz, Rippenshirt und Ohrstecker, arbeitete 10 Jahre in San José in Costa Rica, jetzt spricht er Englisch und weiß genau, was die Touristen wollen. „Durch die Ruta del Agua wird sich hier viel verändern. Früher brauchte man zehn Stunden von Managua an den Río San Juan, auf der neuen Straße ist man schon in vier Stunden da", schwärmt Yakil. „Ich habe es selbst probiert. Sie ist mehrspurig eine echte Panamericana."

Von den Stelzenhäusern am Ufer hängen große hölzerne Balkons über dem Fluss, Jungen staken im Einbaum Milchkannen heran. Männer ziehen die Ware mit großen Handkarren durch die

Die Menschen am Fluss setzen große Hoffnungen auf die Ankunft der Touristen.

© JULIA REICHARDT

Gassen. Vor dem Hotel Victoria schwimmen Schildkröten und Krokodile. „Vor Kurzem kam sogar ein junger Puma und legte sich auf einen Ast im Mangobaum im Ort", sagt Yakils Schwester. Auf dem Hügel über El Castillo thront einsam die moosbewachsene Festung La Inmaculada Concepción, eins von insgesamt zwölf Kastellen, die die Spanier im 17. Jh. bauten, um sich gegen Piratenangriffe zu schützen.

Statt Piraten kommen heute die Touristen. Längst reisen nicht mehr nur Rucksackreisende oder Revolutionsromantiker an. „Wir haben sonst immer in Costa Rica Urlaub gemacht", sagen Mitch und Cookie, zwei Tierärzte aus Kalifornien. „Freunde haben uns den Tipp gegeben, nach Nicaragua zu reisen." Von der Uferpromenade blickt man auf das Treiben am Fluss und El Castillos kleinen Anlegehafen: RÍO SAN JUAN 100 % NICA steht in großen Lettern auf Zement geschrieben. „Ich habe viele Freunde in Costa Rica, das wird sich auch mit dem Grenzkonflikt nicht ändern", sagt Yakil. „Aber die Ticos stehen uns Nicos sehr ablehnend gegenüber, sie haben Angst, die zweite Geige zu spielen."

Fließende Grenze

Hinter El Castillo wird der Fluss zur Grenze. Am rechten Ufer liegt Costa Rica mit abgeholzten Hügeln und Rinderweiden, am linken Nicaragua und die üppig-wilde **Reserva Biológica Río Indio Maíz** (S. 446). Das Boot umfährt die Stromschnelle **Raudal del Diablo** (Teufelsflut), es sprudelt und schäumt wie in einer Wasserhölle. Riesige Bambusstauden wachsen wie kunstvolle Asia-Gestecke am Ufer. Affen springen von Baum zu Baum, Alligatoren sonnen sich, zwei alte Dampfschiffe aus der Goldsucher-Ära rosten halb versunken am lehmigen Ufer. Das Wetter wechselt zwischen Nebel, Niesel, Regen und praller Sonne. Kräftige Regenbogen überspannen den Fluss wie große Himmelsbrücken. Die Bäume sehen aus wie von Verpackungskünstlern verpackt, so eng sind sie von Schlingpflanzen umwickelt. „Ein unbewohntes Paradies", schrieb Mark Twain, der den Fluss im 19. Jh. im Dampfschiff hinunterfuhr.

Immer wieder hält das Boot. Nicaraguanische Militärposten kontrollieren die Schwimmwesten. Dann Pfiffe vom costa-ricanischen Ufer. Migranten steigen ein und aus und verschwinden schnell im Dickicht. Juana schaut auf die lehmige, steile Böschung: „Hoffentlich schaffen wir es diesmal", sagt sie. Dann geht es ganz schnell. Die Lancha legt an. Eine Frau wartet bereits am Ufer. Sie soll Juana den Weg durch das Dickicht zeigen. „Beeilt Euch!", ruft sie. „Die Polizei hat den Motor gehört, apúrase, apúrase!" Juana schnappt ihren

Die Ruta del Agua soll die Armut bekämpfen und die Migration eindämmen.

© JULIA REICHARDT

lehmigen, unförmigen Rucksack und die zwei prallen, zugeknoteten Supermarkttüten. Die Touristin neben ihr steckt ihr Bananen und Kekse zu. „Que Dios te accompaña", Gott sei mit Dir, sagt Juana und steigt mit Sohn, Schwiegertochter und Baby über die wackelige Rampe auf costa-ricanisches Ufer. Einmal dreht sie sich noch um, winkt und verschwindet dann im Dickicht. Das Boot fährt ohne sie weiter.

Der Traum vom interozeanischen Kanal

Elf Stunden, 220 km sind zurückgelegt, der Großteil der Sitze im Boot ist leer. Da taucht sie auf, die alte Draga, wie ein riesiger dreifüßiger Roboter ragt sie aus dem Fluss heraus; endlich, das Flussdelta, die Karibik ist erreicht. Wie ein Mahnmal fordert der alte rostige Baggerkran ein unerfülltes Versprechen ein, den Bau eines **interozeanischen Kanals**, der 1889 hier begann. Dann entschieden sich die USA für Panama, die Baufirmen am Río San Juan zogen ab, die Arbeitslosigkeit zog ein, **Greytown**, die damals wichtigste Hafenstadt Nicaraguas geriet in Vergessenheit, verrottete und verrostete in der tropischen Feuchtigkeit, was übrig blieb, wurde unter Edén Pastora alias Comandante Zero im Contra-Krieg verbrannt. Die Überlebenden zogen 3 km nordwärts, in die neue Wellblechsiedlung nach San Juan de Nicaragua. Zwei neue Baukräne schaufeln jetzt die Flussmündung frei. Kein anderer als Comandante Zero, der Brandstifter, der legendäre Ex-Guerillero, der 1978 das komplette Parlament von Diktator Somoza als Geisel nahm und später zu den Contras überlief, leitet das Projekt.

Im alten Greytown

Im alten Greytown liegen die Soldaten in Hängematten mit Gewehren. Es ist schwül, heiß, matschig, die Moskitos beißen. „Sprühen sie sich ein, hier gibt es Malaria," sagt Teniente Muñoz. Er führt zu den Gräbern und Grundmauern der verlassenen Stadt. Die alten Marmorgrabsteine zeugen noch vom Ruhm und Glanz des alten Greytowns: „Anton Louis Frommann consul for the German Empire", „Georg Ludwig Wassmann aus dem Königreich Hannover", „Mayor John Burges, Sept. 1858, 22 years, killed by a fall from a Mizza top", ruhen hier im tropischen Morast. Dem weißen Marmorengel fehlt der Kopf, der Körper trägt

Abends erreicht die Lancha das Flussdelta.

die Einschüsse des Bürgerkriegs. Die schwarzen, schmiedeeisernen Friedhofsgitter sind verschoben. Eine rostige Nähmaschine, ein altmodisches Bettgestell, eine verschnörkelte Badewanne liegen daneben. „Die haben wir bei den Bauarbeiten gefunden." Nur wenige Meter von den Gräbern entfernt zieht eine Baggerraupe eine Schneise für die neue Flugpiste durch den Dschungel. Der erste Flug ist für Oktober geplant, Anfang November sind schließlich schon Wahlen.

„Der ganze Ort war gegen die Piste", sagt Néstor Gutiérrez ärgerlich. Er ist Touristenführer und hat durch die Bauarbeiten seine beliebteste Tour verloren. „Das alte Greytown ist nationales Kulturerbe. Viele Zug- und Wasservögel leben dort. Die Ruta del Agua treibt die Entwicklung am Fluss voran. Aber für so ein Projekt müssen Umweltstudien her. Die Bevölkerung hier wurde gar nicht gefragt." Statt Touren nach Greytown bietet Néstor nun Fahrten zur Punta Castilla an, dem Zankapfel im Grenzstreit zwischen Nicaragua und Costa Rica. „Die Medien bauschen die Ereignisse auf", sagt Néstor. „Für viele Menschen hier am Fluss ist Costa Rica wie eine zweite Heimat, viele Kinder sind in Costa Rica geboren und haben die doppelte Staatsangehörigkeit. Edén Pastora ist

© JULIA REICHARDT

Fischmarkt am Río San Juan: Viele Fischer satteln inzwischen auf Tourismus um.

alt, er sieht die Dinge so, wie sie noch zu Zeiten des Bürgerkriegs waren, mit Waffen und Gewalt. Die Menschen hier machen ihn für den Konflikt verantwortlich."

Am Ende der Welt

In **San Juan de Nicaragua** blättert die Farbe von den verfallenen Stelzenhäusern, dürre Köter liegen reglos auf der heißen Straße, ein Schildkrötenpanzer glänzt auf dem Müllhaufen, statt Touristen liegt Treibholz am Karibikstrand. Strom gibt es nur zwischen 14 und 23.30 Uhr, danach wird der Generator ausgeschaltet. Fünf Mal pro Woche fährt der Colectivo flussaufwärts nach San Carlos. Bis vor Kurzem noch lebte der Ort vom Fischfang: Langusten, Robalos, Makrelen und Haie aus dem Meer, Gaspar und Garnelen aus dem Fluss. Doch die Fischbestände sind zurückgegangen, was bleibt, ist die Hoffnung in die Ruta del Agua. Maximal 50 Touristen im Monat kommen an dieses Ende der Welt, ins Wasserlabyrinth aus Kanälen, Lagunen und offenem Meer. Im Ort kursieren Gerüchte über Kanalpläne und große Kreuzfahrtschiffe aus dem Ausland. Viele haben Kleinkredite aufgenommen und bauen Cabinas. Auch Yakira baut an ihr kleines Restaurant zwei Zimmer an. In ihrem Lokal herrscht gähnende Leere. Auf den Tischen liegen steif gebügelt die braun-orangefarbenen Tischdecken, darauf das Menü auf Englisch übersetzt. „Sie brachten uns in der Fortbildung bei, wie man raffinierte Gerichte kocht, aber wenn, dann kommen doch nur Rucksackreisende her", sagt Yakira, „und die bestellen nur Gallo Pinto (Reis mit Bohnen)." Ende des Monats soll ein Kreuzfahrtschiff anlegen, hat sie gehört. „Stimmt das? Wann? Hast Du auch davon gehört?"

In El Castillo geht die Sonne unter über dem breiten Río San Juan. Aus der Ferne spielen alte Latinoschnulzen. Junge Mütter sitzen in großen Schaukelstühlen auf den Balkonen und wiegen ihre Babys in den Schlaf. Die roten und gelben Lichter von El Castillo spiegeln sich im Fluss. Auf der Flussterrasse sitzen Mitch und Cookie aus Kalifornien und essen gegrillte Garnelen. „Nicaragua hat gerade seinen Ruf als Bürgerkriegsland abgelegt", sagt Mitch. „Die werden sich das mit dem Grenzkonflikt nicht verspielen."

Weitere Informationen: Die Websites der nicaraguanischen Fremdenverkehrsbüros, ⌨ www.riosanjuan.com.ni (Englisch und Spanisch) und ⌨ www.intur.gob.ni (Spanisch), liefern Informationen zu Transport, Unterkunft und Touren in der Río San Juan-Region.

Fortsetzung von S. 436

labyrinthartige Mündung des Río San Juan entdeckte und damit eine neue Handelsroute von der damaligen Hauptstadt Granada bis zum Karibischen Meer eröffnete. Nun begann die Kolonialisierung und Christianisierung des Río San Juan. Bereits im gleichen Jahr wurde die Hafenstadt San Juan de la Cruz, das spätere San Juan del Norte, gegründet.

Die indigenen Indianer wurden in den Folgejahrhunderten fast vollkommen ausgerottet, einige von ihnen flohen ins benachbarte Costa Rica. Spaniens Kolonialmacht blieb jedoch nicht unangefochten. Im 16. Jh. versuchten sowohl französische als auch holländische und englische Piraten sie zu untergraben. So hatten englische Freibeuter sich an der Atlantikküste Nicaraguas niedergelassen und überfielen von dort aus die spanischen Handelsschiffe.

Bei ihren Eroberungszügen gingen die Engländer schlauer vor als die Spanier: Sie rüsteten die Indianer mit Waffen aus, profitierten von den Landeskenntnissen der Ureinwohner und griffen mit ihnen gemeinsam die spanischen Bastionen an. Mehrmals gelang es ihnen, über den Río San Juan bis in die damalige Hauptstadt Granada einzufallen, die Stadt auszurauben und sogar niederzubrennen. Um weitere Angriffe zu verhindern, errichteten die Spanier zwölf Festungen am Flussufer.

Mitte des 19. Jhs. nutzte der New Yorker Unternehmer Cornelius Vanderbilt den Fluss als Passage und transportierte Tausende nordamerikanischer Goldsucher von New York über den Río San Juan nach San Francisco. Den 18 km langen Landweg zwischen Flussmündung (Lago Cocibolca) und Pazifik legten die Abenteurer per Pferdekutsche zurück.

Diese vergleichsweise wenigen Kilometer, die dem Fluss fehlten, um Pazifik und Atlantik miteinander zu verbinden, wurden in den Folgejahren zum Mittelpunkt ehrgeiziger Kanalpläne, die letztlich wieder verworfen wurden.

Während des Contra-Krieges bildete der Río San Juan die Südfront der Alianza Revolucionaria Democratica (ein Arm der Contrarevolucionarios).

Heute emigrieren jährlich Tausende von nicaraguanischen Arbeitern über den Fluss nach Costa Rica, um illegal auf den costa-ricanischen Obst- und Kaffeeplantagen zu arbeiten.

Zur Verwirklichung des Traums von einem interozeanischen Kanal in Nicaragua fehlen nach wie vor 18 km. Seit zwischen den beiden Nachbarländern Friede eingekehrt ist, haben alte Kanalpläne jedoch wieder an Aktualität gewonnen.

Sábalos

Nur wenige Touristen steigen in Sábalos aus, für süße Zähne aber ist der Ort ein Muss (s. „Kakaotouren", s. u.). Rund 300 Bauernfamilien bauen in den acht umliegenden Dörfern Kakao an und werden dabei von der deutschen Entwicklungsorganisation GIZ unterstützt. Der ökologische Kakaoanbau soll der rasanten Entwaldung (verursacht durch Rinderzucht und traditionellen Brandrodungsanbau) am Rande des Schutzgebietes Río Indio Maíz entgegenwirken. Kakaobäume sind schattenertragend, d. h., sie gedeihen nur im Schatten anderer Bäume. Folglich hat ein Kakaobauer großes Interesse daran,

Kakaotouren

Wie wird aus Kakaobohnen eine Tafel Schokolade? Die **Kakaogenossenschaft** COSEMU-CRIM in Sábalos zeigt's: Auf einer Kakaofarm, auf der ökologischer Kakaoanbau betrieben wird, zeigen nicaraguanische Kakaobauern, wie sich Naturschutz und Kakaoanbau hervorragend ergänzen. Anschließend lernen Besucher die einzelnen Produktionsschritte kennen, von der Ernte der Kakaobohne, über die Fermentation, das Trocknen, Mahlen und Rösten bis hin zur Qualitätskontrolle – inkl. Kostprobe! Das Projekt wird von der dänischen Botschaft und der deutschen Entwicklungshilfeorganisation GIZ unterstützt. (s. auch Sábalos). Anmeldung mind. 1–2 Tage im Voraus unter: Cooperativa Cosemucrim, ☎ 8927-0216, ✉ cosemucrim_organico@yahoo.es, oder über die Hotels in Sábalos. Die Führungen auf der Kakaofarm ($15 p. P.) und im Weiterverarbeitungszentrum ($5 p. P.) können auch unabhängig voneinander gebucht werden.

jeden einzelnen Baum auf seiner Kakaoplantage zu schützen, für gute Erträge forstet er sogar abgewaldete Flächen mit Kakaobäumen und Restwäldern auf. „Aktuelle Satellitenbilder zeigen, dass dort, wo die Bauern auf Kakao setzen, am meisten Wald übrig geblieben ist. Das ist für uns ein großer Erfolg und ein Hoffnungsschimmer", sagt Forstingenieur Jan Bock von der GIZ in Nicaragua. Nicaraguas Kakao ist sehr beliebt bei hochwertigen Schokoladenherstellern, weil er viele Anteile des edlen Grundtyps Criollo aufweist, mit wenig Bitterstoffen und geringem Säuregehalt. Seit 2008 verkauft die Kooperative COSEMUCRIM (s. Kasten, S. 443) einen Teil seiner Kakaoernte an das deutsche Unternehmen Ritter Sport für faire Preise.

ÜBERNACHTUNG

Hospedaje Clarisa, im Ort Sábalos, ✆ 8364-3588. Einfache Holzverschläge, 5 mit, 6 ohne Privatbad. Die Zimmer mit Privatbad in der oberen Etage sind schöner. Unten nettes, geräumiges Lokal mit Comida Típica ($3 pro Hauptgericht). ❶

Hotel Sábalos, vom Zentrum in Sábalos setzt ein Boot über zum Hotel am gegenüberliegenden Flussufer, ✆ 8820-0494, 2271-7424 (Managua), ▭ www.hotelsabalos.com.ni. 9 saubere, rustikale Zimmer mit Dekoration vom Inselarchipel Solentiname. Die vordere Zimmerreihe hat Blick auf den Fluss. Große Gemeinschaftsterrasse am Fluss, Restaurant, Kanu- und Kakaotouren (s. Kasten, S. 443). Frühstück inkl., VP möglich. EZ $27, DZ ❸.

🛏 **Sábalos Lodge**, die Lancha von San Carlos hält am Bootssteg der Lodge, Reservierungsbüro in Managua, ✆ 2278-1405, 8823-5514, ▭ www.sabaloslodge.com. Holzhütten, umgeben von Dschungel. Die Hütten „Jane", „Tarzan" und „Chita" befinden sich direkt am Flussufer. Näher kann man dem Fluss nur kommen, wenn man selbst hineinspringt! Laute Konzerte von Brüllaffen, Zanates (Dohlengrackeln) und Oropendolas. Statt Fenster Moskitonetze. Solarstrom. Auf der dazugehörigen Finca werden Papayas, Pampelmusen, Orangen und Tomaten angebaut. Bar-Restaurant, Kajak- und Kanuvermietung ($15 p. P. und Tag). Frühstück und Tour zu den Krokodilen inkl., Mittag- und Abendessen je $12. Familienhütte $75. ❸–❹

TRANSPORT

Eine Straße verbindet Sábalos mit San Carlos, es besteht jedoch **keine Busverbindung**. Nach wie vor wird der gesamte Verkehr über den Fluss abgewickelt.

Sábalos liegt an der **Bootsroute** SAN CARLOS–EL CASTILLO und SAN CARLOS–SAN JUAN DE NICARAGUA.

El Castillo

El Castillo ist das beliebteste Touristenziel am Río San Juan und *der* Ort, um frische Camarones (Flussgarnelen) zu probieren. Das kleine Dorf trägt den Namen des Castillo de la Inmaculada Concepción. Das Kastell ist die größte und am besten erhaltene Festungsanlage der insgesamt zwölf spanischen Bastionen, die während der Kolonialzeit den Río San Juan flankierten und Piraten vor Raubzügen ins Landesinnere abhalten sollten. Mit einer Breite von 27 m, einer Länge von fast 60 m und 4 m dicken Mauern zählte das Kastell zu den größten Festungsanlagen in ganz Mittelamerika. Und dennoch griffen die Piraten an, vor allem die englischen. 2000 von ihnen belagerten im Jahr 1762 die Fes-

Süße Haie

Haie im Süßwasser? Nicaraguas Haie sind anpassungsfähig und wandern problemlos vom salzigen Atlantik in das Süßwasser des Lago Cocibolca. Sie überleben den Wechsel, indem sie den Salzgehalt ihres Körpers über eine Drüse um mehr als 30 % (!) reduzieren. Während der Somoza-Diktatur wurden jährlich Zehntausende von Nicaraguas **Bullenhaien** für Haifischsuppen in Asien abgeschlachtet, dabei wurden nur die Flossen verwendet. Heute sieht man deshalb die Raubfische nur noch äußerst selten im Río San Juan. Trotzdem schärfen Mütter ihren Töchtern nach wie vor ein, niemals im Fluss baden zu gehen, wenn sie ihre Menstruation haben.

tung, in der der Kommandant kurz zuvor gestorben war. Seine 19-jährige Tochter Rafaela Herrera griff daraufhin zu den Kanonen und traf den Piratenanführer – immerhin – mit der dritten Kugel. Den Rest der Piraten schlug sie mit brennenden Bettlaken in die Flucht, die sie (in Alkohol getränkt) auf Treibholz den Fluss hinunterschwimmen ließ.

Erfolgreicher war da der junge Engländer Horatio Nelson. Bevor er in die Schlacht von Trafalgar zog, eroberte er 1780 die Festung in einem Überraschungsangriff vom Land aus. Als aber Epidemien seine Truppen dahinrafften, musste er wieder den Rückzug antreten.

Auch nach Nicaraguas Unabhängigkeit wurde das Kastell weiterhin als Militärkaserne genutzt. Mitte der 1990er-Jahre wurde die Festungsruine mit spanischen Mitteln restauriert und in der zweiten Etage eine kleine Gemeinde-Bibliothek eröffnet. Ein sehenswertes kleines Museum am Festungseingang erzählt anschaulich die Geschichte der Flussregion, echte Dampfschiffkamine aus der Goldsucherzeit inklusive! ☉ Mo–Fr 8–12 und 13–16.30, Sa und So 9–12 und 13–16 Uhr, oft wird mittags nicht geschlossen, Eintritt $4, Gebühr für Kamera 25C, Video 50C.

ÜBERNACHTUNG

Mit der Tourismusinitiative Ruta del Agua (s. Kasten S. 438) hat die Qualität der Unterkünfte in El Castillo merklich zugenommen. Selbst Bootsbauer Paco von der günstigen Backpackerherberge Aurora hat seine Toiletten jetzt in die obere Etage seines Stelzenhauses verlegt. Früher schauten die Spitzbuben aus dem Ort den Gästen durch die Dielenspalten beim Gang auf die Toilette zu. Auch kleine familiäre Mittelklassehotels haben am Flussufer eröffnet. Fast alle Unterkünfte vermieten rustikale Holzzimmer, einige mit edlerer Ausstattung, die der unteren Kategorie ähneln guten Holzverschlägen. Wenn nicht anders vermerkt, liegen alle Unterkünfte links des Anlegestegs.

Casa de Huespedad Chinandegano, direkt am Fluss, ✆ 2583-3011, 8378-0377, ✉ chinandegano@hotmail.com. 4 Zimmer, 2 davon mit Privatbad. Die Zimmer mit Gemeinschaftsbad sind eng wie Schläuche, aber niedlich hergerichtet. Man tritt von der Zimmertür direkt

ins Restaurant (☉ 7–20 Uhr), daher wenig Privatsphäre. EZ ohne/mit Privatbad $4/$6, DZ mit Privatbad ❶

Hotel Melany, ✆ 8855-9110. Das einzige Hotel an diesem Ende des Ortes. 4 helle, freundliche, geräumige Zimmer mit Privatbad und großen Betten, heimelig-familiäre Atmosphäre. Gemeinschaftsterrasse mit vielen Pflanzen und Flussblick. Der Besitzer ist Cofalito vom Cofalito-Restaurant am Anlegesteg. $15 p. P. Frühstück inkl.

Hotel Victoria, ✆ 2583-0188, 8697-2509, ✉ www.hotelvictoriaelcastillo.com. Die liebenswerten Schwestern Julia und Nena erfinden die Gastfreundschaft neu. Mit viel Liebe zum Detail und Professionalität sorgen sie dafür, dass sich hier jeder wie zu Hause fühlt. 16 rustikale, kleine Holzzimmer, alle mit Privatbad, Warmwasser, AC. Von einer Seite Flussblick, von der anderen Blick auf die Festung. Sehr gutes Restaurant, individuelle Touren; besonders empfehlenswert ist die kostenlose Tour auf die eigene Finca. Das Hotel wurde mit dem Qualitätssiegel der Ruta del Agua ausgezeichnet. ❸

Nena Lodge, 50 m südl. der Kirche, ✆ 8821-2135, 2583-3010, www.nenalodge.com. Saubere, rustikale Holzzimmer im 2. Stock eines Familienhauses, leider kein Seeblick. Große Gemeinschaftsterrasse, familiäre Atmosphäre, Kanutouren und Touren in die Reserva. Frühstück inkl. EZ ohne/mit Privatbad $13/$18, DZ $21/$31.

Hotel Universal, ✆ 8666-3264. „Hotel" ist übertrieben; schlichte, rustikale Holzcabinas sehr sauber, mit und ohne Privatbad. Gemeinschaftsterrasse direkt über dem Fluss. Einige Zimmer ohne Fenster. Beliebt bei Rucksacktouristen. Bei der freundlichen Familie Vargas über einer Pulpería. ❶

Hotel Tropical, ✆ 8699-8886, 8447-8213. Eine der schönsten Aussichten auf den Fluss, direkt über der Stromschnelle Raudal el Diablo. Die Zimmer sind nichts Besonderes, teils mit AC. Unten das Restaurante Vanessa (S. 446). Frühstück inkl. EZ $18, DZ ❷.

Hotel-Albergue El Castillo, vom Anlegesteg geradeaus und dann den Hang hoch, ✆ 8360-2163, ✉ peacristina19@yahoo.es. Großes Holzchalet in Hügellage. Saubere Zimmer mit

Gemeinschaftsbad und großer Gemeinschaftsterrasse mit Blick auf den Fluss. Riesiger Gemeinschaftsbereich mit Internet, Frühstück inkl., $18 p. P.

Posada del Río, am Ortsrand von El Castillo, schräg gegenüber vom Militärposten, ✆ 8405-9998, 2583-3014, ✉ hotelposadadelrio42@yahoo.com. Rustikaler Chaletstil. 6 Zimmer mit Privatbad und AC, 2 Zimmer mit Blick auf den Fluss, Gemeinschaftsbalkon. In der kleinen Lagune daneben sonnen sich die Schildkröten. Inkl. Frühstück. EZ $30, DZ ❸

ESSEN

Camarones (Garnelen) sind die Spezialität von El Castillo. Fast jedes Restaurant hat sie auf der Speisekarte. Eine Auswahl: **El Cofelito** (am Anlegesteg), **Restaurante Chinandegano** (an der Casa Chinandegano), **Restaurante Victoria** (im Hotel Victoria, frischer Fisch und Fluss-Camarones), **Restaurante Vanessa** (im Hotel Tropical), alle mit Blick auf den Fluss und links des Anlegestegs gelegen.

Border's Café, über die Brücke hinter dem Hotel Victoria, ✆ 8537-0667. Zwischen Tukan-Mobiles und Fächerpalmen, mit schönem Blick auf die Lagune. Zum Frühstück bietet der freundliche Yamil Müsli, Früchteteller, Eier und ausgezeichnetes Kaffee. Zur Erfrischung auch kalter Kaffee oder Kakaogetränke, z. B. Bananen-Kakao-Milkshake, zubereitet aus den Kakaobohnen der Region. Gegen den Hunger: Fleischgerichte, Pasta al Pesto mit frischem Basilikum und Camarones mit Bananenessig. Yamil hat auch jede Menge Infos und erzählt bei einem Kaffee gerne etwas mehr über seine Heimat und mögliche Touren in der Umgebung. Büchertausch. ⊙ 7–22 Uhr. **Soda Conchita**, schräg gegenüber vom Anlegesteg. Das Lokal hat von allem etwas: Fleisch, Huhn, Chop Suey, das Menü wechselt, günstig. Der Besitzer könnte um einiges freundlicher sein.

SONSTIGES

Internet
In der Albergue El Castillo. ⊙ 8–20 Uhr. Im Hotel Victoria bekommen Gäste einen Internet-Stick für den eigenen Computer geliehen.

Touren
Intur, gegenüber vom Anlegesteg, bietet u. a. Touren ins Refugio Bartola an. Zwei Wanderwege stehen dort zur Auswahl, der Sendero Bartola (4 Std., davon 25 Min. Bootsfahrt, $70 für 1–5 Pers.) und der beliebtere Sendero Aguas Frescas (5 Std., 1 Std. Bootsfahrt, $80 für 1–5 Pers.). Beide führen durch Primärwald, Letzterer noch tiefer in die Wildnis hinein. Außerdem Kajaktouren und -verleih, Kakaotouren sowie Touren zu den halb versunkenen Dampfschiffen.
Weitere Touranbieter sind **Cofalito** (bekannt für Kanutouren), das **Hotel Victoria** oder die **Hospedaje Nena**. Eine große Tour (4 Tage und 3 Nächte im Kanu bis San Juan de Nicaragua) bietet Darwin von **Tour Canoas Basilicus**, ✆ 8506-7575, an.

TRANSPORT

El Castillo liegt auf der **Bootsroute** SAN CARLOS–SAN JUAN DE NICARAGUA.

Gran Reserva Biológica Río Indio-Maíz

Die Gran Reserva Río Indio-Maíz zählt zu den am strengsten geschützten Reservaten Nicaraguas, seit Kurzem haben Rama-Indianer aus dem Norden in dem Park eine neue Heimat gefunden.
Im Naturpark leben seltene Tiere wie Pumas und Seekühe sowie mehr als 400 Vogelarten. Wander- und Kanutouren sind nur am Rande des Schutzgebietes möglich. Beste Ausgangsbasis dafür ist das **Refugio Bartolo** (s. Übernachtung). Mehrstündige Regenwaldtouren zum Refugio bietet Nena vom Hotel Victoria in El Castillo an. Tourveranstalter in San Juan de Nicaragua (S. 448) unternehmen mehrtägige Treks in die Reserva mit Übernachtung bei einem Rama-Stamm.

ÜBERNACHTUNG

Hotel Refugio Bartola, ✆ 8376-6979, 8681-9541, Reservierungsbüro Managua 8873 8586, ✉ refugiobartola@yahoo.com. Das einzige Hotel weit und breit. Es hat 11 geräumige, schlichte Zimmer am Fluss, umgeben von Wald. Diverse Wanderwege (30 Min.–8 Std., u. a. durch Primärwald) beginnen direkt am Hotel. Großes Rancho-Restaurant, Solarenergie. Beliebt bei Naturfreunden und Vogelkundlern. Kanuvermietung $5 p. P. Kontakt auch über das Touristenbüro in El Castillo. Ungefähr eine Woche im Voraus reservieren. $60 p. P. inkl. VP.

TRANSPORT

Rechtzeitig am Anlegesteg sein, denn die Boote kommen gelegentlich früher als offiziell angekündigt an.

Bartola liegt an der **Bootsroute** SAN CARLOS–SAN JUAN DE NICARAGUA.

San Juan de Nicaragua

San Juan de Nicaragua ist eine kleine, sumpfige Wellblechsiedlung am äußersten Südostzipfel Nicaraguas. Touristen finden nur wenige hierher. Der Ort ist von Wasser umgeben: vom **Río Indio**, dem **Río San Juan**, der **Laguna Azul** und dem Karibischen Meer. Als wäre das nicht bereits feucht genug, regnet es auch noch ganze neun Monate im Jahr. San Juan de Nicaragua ist neben El Castillo ein weiterer guter Ausgangspunkt für Treks in die Reserva Indio-Maíz.

Geschichte

San Juan de Nicaragua wurde 1539 von den Spaniern gegründet. Der Ort entwickelte sich schnell zum wichtigsten Hafen an Nicaraguas Atlantikküste. Ab 1864 wurde das damalige San Juan del Norte britisches Protektorat und passend dazu in Greytown umbenannt. Die blau-weiß gestreifte Flagge Nicaraguas trug von nun an eine britische Krone in ihrer Mitte.

Mitte des 19. Jhs. machten Tausende von Goldsuchern in Greytown Halt. Sie reisten mit Cornelius Vanderbildts Dampfschifffahrtsgesellschaft von New York nach Kalifornien. Die aus Holz errichteten englischen Kolonialbauten – Casinos, Bordelle und viktorianische Hotels – gingen 1984 in Flammen auf, als Edén Pastora, alias „Comandante Cero", den Ort in einem Racheakt gegen die Frente Sandinista niederbren-

nen ließ. Als Ersatz für das alte Greytwon wurde das neue San Juan de Nicaragua mit englischen und spanischen Mitteln wiederaufgebaut.

ÜBERNACHTUNG UND ESSEN

Cabinas Monkey, von der Alcadía 150 m Richtung Norden, ☎ 8407-6757. 5 Cabañas für 2–3 Pers. mit Privatbad und guten Matratzen. Bei Eladio Simeon Reyes Aragona, alias Mr. Monkey. ❶

Hospedaje Familiar Heliconia, ☎ 8351-8662. Reizender Besitzer, der sogar um 4 Uhr morgens aufsteht, um für seine Gäste den Weg zum Boot zu beleuchten. Saubere Zimmer, leider Discolärm. Pro Zimmer $10.

Hotel Paraíso Virgen, am Rand des Pueblos, 50 m südl. von der Plaza de toros, ☎ 8909-3094. Neues Hotel mit 13 geräumigen Zimmern, guten Matratzen und modernem Bad. Wäscheservice, Viel Zement, beleuchteter Springbrunnen, Frühstück inkl. ❹–❺

€ **Hotelito Evo**, im Ortszentrum, ☎ 8859-0275, 2583-9019. 4 saubere Zimmer, teils mit Bad, familiäres Ambiente, Essen mit der Familie möglich, Gemeinschaftsraum. Sehr gute Informationen, Sohn Enrique ist ein erfahrener Guide (s. a. Touren). Hübsches Rancho mit Hängematten im Hintergarten. Fern des Discolärms. Frühstück inkl. ❶

Restaurante Tucan, Yamira hat ihre kleine, bescheidene Soda in ein Restaurant verwandelt. Serviert wird Frühstück, Comida Típica, karibischer Rondón, Meeresfrüchtesuppe. Auch vegetarische Teller. 🕐 6.30–21.30 Uhr.

Restaurante Familiare, Doña Marta ist bekannt für ihre hervorragenden Kochkunste, vor allem von Fisch und Meeresfrüchten. Marta vermietet auch schöne Holzcabinas mit Kanalblick. Für nicaraguanische Verhältnisse gehobenere Preisklasse. 🕐 7–20 Uhr.

SONSTIGES

Feste

Multikulturell geht es im Mai an der nicaraguanischen Karibikküste zu. Dann wird der **Baile del Palo de Mayo** getanzt – der Tanz um den Maibaum. Der Maipfahl kam aus England, der Gesang stammt von den Miskito-Indianern, die Rhythmen kommen aus Jamaika.

Google ist Schuld

Der **Grenzstreit** zwischen Nicaragua und Costa Rica um den Río San Juan ist nicht neu. 2009 hatte der Internationale Gerichtshofs von Den Haag – nach jahrelangem Rechtsstreit – Nicaragua das alleinige Hoheitsrecht über den Fluss zugesichert und das costa-ricanische Ufer als Grenzlinie erneut bestätigt. Costa Rica darf demnach den Fluss ausschließlich zu zivilen Zwecken nutzen, costa-ricanische Grenzpatrouillen auf dem Río San Juan sind verboten. Im Oktober 2010 brach der Grenzstreit erneut aus. Die starke Sedimentierung an der Flussmündung hatte das Flussdelta nahezu unschiffbar gemacht. Präsident Daniel Ortega veranlasste die Ausbaggerung der Flussmündung, das Sediment wurde auf der Isla Calero, einem rund 3 km² großen, unbewohnten Landstrich zwischen dem Río San Juan und dem costa-ricanischen Nebenfluss Río Colorado abgeladen. Dabei wurden Bäume gefällt und ein künstlicher Kanal gegraben. Da der Río San Juan sich im Mündungsdelta in mehrere Arme teilt, ist die Grenzlinie nicht mehr eindeutig. Costa-ricanische Zeitungen bezeichneten die Ausbaggerungsarbeiten als nicaraguanische „Invasion" mit enormen Umweltschäden. Nicaragua argumentierte, dass Costa Rica durch die massive Erweiterung der Nebenflüsse für den niedrigen Wasserpegel des Río San Juan verantwortlich sei, und berief sich auf **Google Maps**. Nach den Google-Karten habe man nie nicaraguanischen Boden verlassen. Beide Länder reichten erneut Klage beim Internationalen Gerichtshof in Den Haag ein. Im Dezember 2013 beschloss der Gerichtshof einstimmig, dass die nicaraguanischen Militärs die Isla Calero umgehend verlassen und die angerichteten Umweltschäden beseitigen müssen.

SÜD-NICARAGUA

Touren

Enrique Gutierrez vom Hotelito Evo, ☏ 8859-0275, ist ein erfahrener, von Intur ausgebildeter Touristenführer und bietet Kanutouren und mehrtägige Treks in die Reserva Indio-Maíz an. Kanuvermietung ohne Führer $5 p. P. und Tag, mit Führer $10. Für echte Natur- und Wildnisfreunde bietet Enrique 2–3-tägige Touren in die Reserva Indio-Maíz an. Übernachtung bei den Rama-Indianern. Inkl. Bootstransport, Verpflegung, Übernachtung und Treks $400 p. P. Ebenfalls empfehlenswert und etwas günstiger sind die Touren von Alfredo Chamorro vom Restaurante Tucan, ✉ alfredochamorro2010@ hotmail.es.

Unterhaltung

Discoteca Fantasia, Reggae, Calypso und Karaoke.

TRANSPORT

Zur Zeit der Recherche war das rundherum von Wasser umgebene San Juan de Nicaragua für viele Reisende noch immer eine Sackgasse.

Entweder man kehrte auf der gleichen Route über den Río San Juan nach San Carlos zurück oder man musste einige Hundert Dollar investieren für einen Privattransport nach Bluefields an der nördlichen Karibikküste. Nur auf die Colectivos nach San Carlos war Verlass. Einen öffentlichen, regelmäßigen Bootsverkehr nach Bluefields gab es nur auf dem Papier. Mit der Ruta del Agua (s. Kasten S. 438) soll sich dies in Zukunft ändern.

Boote

Zur Zeit der Recherche gab es keine regelmäßige Verbindung nach BLUEFIELDS, einmal in der Woche kommt ein Tanker in San Juan vorbei, der gerne auch Passagiere mitnimmt.
SAN CARLOS (über EL CASTILLO, SÁBALOS), Colectivos Do, Sa und So um 5 Uhr. Expresos Mo–Fr und So je 1x tgl., $25 p. P.

Flüge

GREYTOWN wird Do und So von „La Costeña" aus Managua, über San Carlos angeflogen.

© JULIA REICHARDT

Anhang

Sprachführer

Die **Amtssprache** sowohl in Costa Rica als auch in Nicaragua ist Spanisch. Vereinzelt werden in den sehr abgelegenen Indianerreservaten noch die jeweiligen Stammessprachen der Guaymí-, Bribrí- und Cabécar-Indianer gesprochen.

In den Haupttouristenzentren Costa Ricas kann man sich heute weitgehend mit Englisch durchschlagen. In ländlicheren Regionen und in Nicaragua erleichtern Grundkenntnisse der spanischen Sprache den Reisealltag und den zwischenmenschlichen Umgang.

Aussprache

Die Aussprache der Vokale entspricht dem Deutschen.

c	vor **e**, **i** mit stimmlosen „s" wie in Bus: *Centro, cinco.* Vor **a**, **o**, **u** wie „K" in Kind: *Cola, Casa.*
ch	stimmlos wie in Qua**tsch**: *Cheque, Cucaracha.*
g	vor **a**, **o**, **u**, wie deutsches „G" in Gans: *Ganso, Golpe, Gusano.* Vor **e**, **i** wie deutsches „ch" in Fach: *Genio, Gigante.*
gu	wie „g", vor **a** wird das **u** ausgesprochen: *Guardia.*
h	ist immer stumm.
j	wie „ch" in Fach: *Junta, Japón.*
ll	Einheitslaut von „l" und „j" wie in Familie: *Llamada, Pollo.*
n	am Wortende wie „ng" in Hang: *Solución, Revolución.*
ñ	wird „nj" gesprochen wie im französischen Champa**gn**er: *Campaña, mañana.*
qu	vor den Vokalen **e** und **i** wird **qu** wie in **K**eil (ohne „u") ausgesprochen: *quema, quien.* Ansonsten wie im Deutschen.
r	gerolltes Zungenspitzen-r: *Carril, Tigre, tragar.*
s	besonders zwischen den Vokalen scharf wie in „besser": *Grasa.* Weiche Aussprache vor den Konsonanten **b, d, g, l, m, n, r** und **v**: *Asma, Ósmosis.*
ü	wird nach **g** wie u ausgesprochen: *Cigüeña.*
v	wie ein schwaches „b": *vaya, Venado.*
x	vor Vokalen meist wie „gs": *exacto.* Vor Konsonanten meist wie scharfes „s": *Experto.*
y	am Wortende wie „i": hay. Sonst wie „j": *Coyote.*
z	stimmloses „s" wie „ß": *Plaza.*

Betonung

- Im Spanischen wird die vorletzte Silbe betont, wenn das Wort auf einen **Vokal**, **n** oder **s** endet: *Vaso, Farmacia, joven.*
- Alle anderen mehrsilbigen Wörter werden auf der letzten Silbe betont: cantar, sondeo.
- Ein Akzent kennzeichnet die Ausnahmen der beiden o. g. Regeln: Día, Revolución.
- Zur Unterscheidung von gleichen Wörtern werden einige Wörter mit Akzent geschrieben: *está* (er, sie ist) – *esta* (diese), *sí* (ja) – *si* (wenn), *tú* (Du) – *tu* (Dein).
- Fragewörter schreibt man mit Akzent: *quíen? cuándo? cómo?*

Tiquismos (costa-ricanische Redewendungen und Slangwörter)	
Adiós	Hallo/Tschüss
Como amenecó?	Haben Sie gut geschlafen?
Tico	Costa Ricaner
Por dicha!	Zum Glück!
Con mucho gusto	Mit größtem Vergnügen
Que le vaya bien	Machen Sie's gut
Pura vida	super/cool/alles klar
Maje (ausgesprochen wie der Monat „Mai")	Mann!/Ey!
Para servirle (das spanische de nada)	Gern geschehen

Satzzeichen

Frage- und Ausrufesätze werden im Spanischen mit einem umgekehrten Frage- bzw. Ausrufezeichen begonnen: *¿donde estás?*

Rechtschreibung

Im Spanischen werden grundsätzlich alle Wörter klein geschrieben. Ausnahmen: Der Satzanfang, Eigennamen und Titel, Namen von öffentlichen Gebäuden, Plätzen, Bezeichnungen für Gott und verwandte Begriffe sowie Haupt- und Eigenschaftswörter in Überschriften und Buchtiteln.

Besonderheiten

Das in Spanien gebräuchliche *tú* für die zweite Person Singular wird in Costa Rica gar nicht verwendet. Zwischen gleichaltrigen Freunden benutzt man stattdessen das archaische *vos*. Beispiel: *Como estas? Bien, y vos?*
Costa Ricaner und Nicaraguaner legen sehr viel Wert auf Formalitäten und Höflichkeitsfloskeln. Sehr gebräuchlich, selbst unter Gleichaltrigen und Bekannten, ist die *Usted*-Form (3. Person Singular, Höflichkeitsform „Sie").
Beispiel: *Como está Usted? Bien. Y Usted?*

Kulinarisches Wörterbuch

Allgemeines

Almuerzo	*Mittagessen*
Bodega	*Weingut*
Carniceria	*Fleischerei*
Cevicheria	*Fisch- und Meeresfrüchte-restaurant*
Cena	*Abendessen*
Chicheria	*einfache Kneipe*
Comedor	*einfaches Esslokal, meist ohne Speise-karte*
Comida	*Essen*
Desayuno	*Frühstück*
Entrada	*Vorspeise*
Menú	*Speisekarte*
Mesero	*Bedienung, Ober*
Panaderia	*Bäckerei*

Plato fuerte	*Hauptgericht*
Postre	*Nachtisch*
Queso	*Käse*
Queque	*Kuchen*
Quinta	*familiäres Gasthaus, meist nur tagsüber geöffnet*
Soda	*einfaches, günstiges Esslokal*
Trigo	*Weizen*
Verduras	*Gemüse*

Eiergerichte

Huevos	*Eier*
Huevos con jamón	*Eier mit Schinken*
Huevos con tocino	*Eier mit Frühstücks-speck*
Huevos de codorniz	*Wachteleier*
Huevos duros	*hart gekochte Eier*
Huevos fritos / estrellados	*Spiegeleier*
Huevos revueltos	*Rühreier*
Huevo tibio	*weiches Ei*
Tortilla de huevo	*Omelett*

Fisch / Meeresfrüchte

Almejas	*Muscheln*
Anchoas	*Sardellen*
Anguila	*Aal*
Atún	*Thunfisch (in der Dose)*
Bacalao	*Dorsch*
Bonito	*Thunfisch*
Calamares	*Tintenfisch*
Camarones	*Garnelen*
Camarones del río	*Flussgarnelen*
Cangrejo	*Krebs*
Concha	*Venusmuschel*
Ceviche	*roher, marinierter Fisch*
Corvina	*Seebarsch*
Gambas	*Krabben*
Langosta	*Languste*
Mariscos	*Meeresfrüchte*

Mejillones	*Miesmuscheln*
Ostra	*Auster*
Pariguela	*Fischsuppe*
Pescado	*Fisch*
Pulpo	*Tintenfisch*
Róbalo	*Wolfsbarsch*
Salmón	*Lachs*
Tiburón	*Haifisch*
Trucha	*Forelle*

Fleischgerichte

Adobo	*geschmorter Schweinebraten*
Albóndiga	*Fleischkloß*
Anticuchos	*Fleischspieße vom Grill*
Asado	*Braten, gebraten*
Bistec	*Beefsteak*
Cabra	*Ziege*
Carne	*Fleisch*
Carne de res	*Rindfleisch*
Carne molida, picada	*Hackfleisch*
Carne seca	*Dörrfleisch*
Cerdo, chancho	*Schwein*
Chicharrón	*gebratene Fleisch-stücke*
Chuleta	*Kassler*
Conejo	*Kaninchen*
Cordero	*Lammfleisch*
Costilla	*(Schweine)-Rippchen*
Ganso	*Gans*
Guisado	*Eintopf*
Higado	*Leber*
Jamón	*Schinken*
Lechón	*Spanferkel*
Lengua	*Zunge*
Lomo, lomito	*Steak*
Lomo milanesa	*Schnitzel*
Lomo saltado	*Geschnetzeltes*
Muslo	*Keule*
Parrillada	*gemischter Grillteller*
Pato	*Ente*
Pavo	*Truthahn*
Pechuga de pollo	*Hähnchenbrust*

Pichón	*Taube*
Pollo	*Hähnchen*
Pollo a la brasa	*Grillhähnchen*
Res	*Rindfleisch*
Riñon	*Niere*
Salchicha	*Würstchen*
Ternera	*Kalb*

Gemüse

Aceituna	*Olive*
Aguacate	*Avocado*
Apio	*Sellerie*
Arveja	*Erbse*
Betarraga	*Rote Beete*
Camote	*Süßkartoffel*
Cebada	*Gerste*
Cebolla	*Zwiebel*
Chile pimiento	*süße Paprika*
Choclo	*gekochter Maiskolben*
Coliflor	*Blumenkohl*
Cebolla	*Zwiebel*
Col/repollo	*Kohl*
Col de Bruselas	*Rosenkohl*
Ensalada	*Salat*
Frijoles	*schwarze Bohnen*
Garbanzo	*Kichererbse*
Guisantes	*Erbsen*
Hongos	*Pilze*
Judías	*Bohnen*
Lechuga	*Kopfsalat*
Lentejas	*Linsen*
Maíz	*Mais*
Palmito	*Palmenherz*
Papa	*Kartoffel*
Papas fritas	*Pommes frites*
Pepino	*Gurke*
Plátano	*Koch- oder Mehlbanane*
Quinoa	*Getreidehirse*
Rábano	*Radieschen*
Repollo	*Weißkohl*
Tomate	*Tomate*

Trigo	*Getreide*
Yuca	*Maniok*
Zanahoria	*Möhre*

Getränke

Agua	*Wasser*
Agua de Pipa	*Saft aus der jungen Kokosnuss*
Agua mineral (con gas)	*Mineralwasser (mit Kohlensäure)*
Batida	*Milkshake mit Frucht*
Café con leche	*Milchkaffee*
Café negro	*schwarzer Kaffee*
Cerveza (del barril)	*Bier (vom Fass)*
Chicha	*lokal gebrauter Alkohol aus vergärten Mais*
Chocolate caliente	*heißer Kakao (meist mit Wasser zubereitet)*
Cuba Libre	*Coca Cola mit Schuss*
Fresco	*mit Wasser verdünnter Fruchtsaft*
Gaseosa	*Softdrink (Coca Cola, Pepsi etc.)*
Guaro	*costa-ricanischer Rum aus Zuckerrohr*
Hielo	*Eis(würfel)*
Jugo	*Fruchtsaft*
Leche	*Milch*
Refresco	*dünnes Erfrischungsgetränk aus kaltem Fruchttee oder -sirup*
Ron	*Rum*
Té	*Tee*
Vino (tinto, blanco)	*Wein (rot, weiß)*

Gewürze, Kräuter, Essig, Öl

Aceite	*Öl*
Ajo	*Knoblauch*
Albahaca	*Basilikum*
Canela	*Zimt*
Chilero	*Glasgefäß mit eingelegten Chilischoten, Gurken, Knoblauch und Zwiebeln*
Cilantro	*Koriander*

Hierbabuena	*Pfefferminz*
Manzanilla	*Kamille*
Perejil	*Petersilie*
Pimienta	*Pfeffer*
Pimienta española	*Paprikagewürz*
Pimienta gorda	*Nelkenpfeffer*
Sal	*Salz*
Vinagre	*Essig*

Nachtisch / Süßigkeiten

Arroz con leche	*Milchreis*
Azúcar	*Zucker*
Chicle	*Kaugummi*
Churros	*frittierte Teigtaschen*
Ensalada de frutas	*Obstsalat*
Flan	*Pudding*
Harina	*Mehl*
Helado	*Speiseeis*
Galletas	*Kekse*
Mermelada	*Marmelade*
Miel	*Honig*
Natilla	*Süßrahm*
Pan (integral)	*(Vollkorn-)Brot*
Panqueque	*Pfannkuchen*
Pastel	*Kuchen*
Torta	*Torte*

Obst

Anona	*Annone/Zimtapfel*
Banano	*Banane*
Cacao	*Kakao*
Carambola	*Sternfrucht*
Cereza	*Kirsche*
Coco	*Kokosnuss*
Durazno	*Pfirsich*
Frambuesa	*Himbeere*
Fresa	*Erdbeere*
Granadilla	*Passionsfrucht*
Guanabana	*Riesen-Annone*
Guayaba	*Guave*
Higo	*Feige*
Limón	*Limette*

ANHANG

Macadamia	*Macadamia-Nuss*
Maracuya	*Passionsfrucht*
Mango	*Mango*
Manzana	*Apfel*
Melón	*Honigmelone*
Membrillo	*Quitte*
Mora	*Brombeere*
Naranja	*Orange*
Nispero	*Mispelfrucht*
Pan de arbol	*Brotfrucht*
Papaya	*Papaya*
Pera	*Birne*
Piña	*Ananas*
Platano	*Banane*
Sandia	*Wassermelone*
Tamarindo	*Tamarinde*
Toronja	*Grapefruit*
Tuna	*Kaktusfrucht*
Uva	*Weintraube*

Spezialitäten

Arroz	*Reis*
… con pollo	*mit Huhn*
… con carne	*mit Fleisch*
… con pescado	*mit Fisch*
… con mariscos	*mit Meeresfrüchten*
… con camarones	*mit Garnelen*
Casado	*Huhn, Fisch oder Fleisch mit Reis, Bohnen, gebratenen Kochbananen*
Cebiche/Ceviche	*roher Fisch, Garnelen oder Muscheln in einer Limonen-Zwiebel-Marinade*
Empanadas	*gefüllte Teigtaschen (süß oder pikant)*
Gallo Pinto	*Costa Ricas National-frühstück: Gebratener Reis, schwarze Boh-nen und Spiegel- oder Rührei. Als Beilage Maistortillas und Sauerrahm.*
Miel de Chevirre	*Konfitüre aus der kürbis-ähnlichen Chivirre-Frucht*

Olla de Carne	*Fleischeintopf*
Pejiballe	*nussige Palmen-herzen, in Salzwasser gekocht*
Rosquillas	*Maisgebäck*
Sopa Negra	*Bohnensuppe*
Tamales	*in Bananenblätter gefüllte Maistaschen gefüllt mit Käse oder Fleisch*
Tres Leches	*Kuchen in Sahne, Milch und Kondens-milch*

Spezialitäten an der Karibikküste

Pan Bon	*Früchtebrot*
Pan de Coco	*Kokosbrot*
Patacones	*Knusprig gebratene Kochbananenchips*
Rice and Beans	*Gallo Pinto mit Kokosnuss*
Rundown	*Gemüse- und Fleisch-eintopf in Kokosmilch*

Suppen	
Caldo	*(Rind-)Fleischbrühe*
Caldo de carne	*klare Fleischbrühe*
Caldo de gallina	*Hühnerbrühe mit Nudeln*
Consomé	*Hühnerbrühe*
Cremas	*Beutelsuppen*
Pariguela	*Fischsuppe*
Sancocho	*Fleischeintopf*
Sopa	*Suppe*
Sopa de arroz	*Reissuppe*
Sopa de fideos	*Nudelsuppe*
Sopa de lentejas	*Linsensuppe*
Sopa de tomate	*Tomatensuppe*
Sopa de verduras	*Gemüsesuppe*

Zubereitung

al ajillo	*in Knoblauch gebraten*
al horno	*gebacken*
a la parilla	*gegrillt*
a la plancha	*geröstet*

asado, frito	gebraten
bien cocido	Fleisch: gut durch
cocido	gekocht
crudo	roh
empanizado	paniert
picante	scharf
rico, sabroso	lecker, schmackhaft
salado	versalzen
termino medio	Fleisch: medium

Sprachführer Spanisch

Das Allerwichtigste

Sí, No	Ja, Nein
Por Favor, Gracias	Bitte, Danke
Perdón	Verzeihung
Disculpe	Entschuldigen Sie bitte!
Con permiso!	Darf ich?
Lo siento	Tut mir Leid
Bienvenidos	Willkommen
Hola	Hallo
Buenos días	Guten Tag (bis mittags)
Buenas tardes	Guten Tag (bis zur Dunkelheit)
Buenas noches	Guten Abend
Que tal? / Como está?	Wie geht's?
Bien, muy bien,	Gut, sehr gut,
regular, mal	mäßig, schlecht
Hasta luego	Bis später
Hasta mañana	Bis morgen
Adiós	Auf Wiedersehen
con, sin	mit, ohne
donde, cuando	wo, wann
hay	es gibt
Me llamo …	Ich heiße …
No hablo español	Ich spreche kein Spanisch
Soy alemán(a)	Ich bin Deutscher, Deutsche
… austriaco/a	… Österreicher/in
… suizo/a	… Schweizer/in

Orientierung und Transport

Donde está la terminal de buses?	Wo ist der Busbahnhof?
A que distancia se encuentra el hotel?	In welcher Entfernung befindet sich das Hotel?
Cuánto tarda hasta el mercado?	Wie weit ist es bis zum Markt?
A la izquierda, a la derecha, recto	Links, rechts, geradeaus
El restaurante está a dos cuadras de aqui	Das Restaurant befindet sich zwei (Straßen-) Blocks von hier
Está lejos, cerca	Es ist weit, nah
A la vuelta, atrás	Um die Ecke, zurück
Aquí, allí	hier, dort
Parada	Haltestelle
Quiero bajar	Ich möchte aussteigen
Centro	Stadtzentrum
Piso	Stockwerk
Edificio	Gebäude
Sótano	Keller
Semáforo	Ampel
Cruce	Kreuzung
Abierto, cerrado	geöffnet, geschlossen
Calle	Straße
Avenida	(Pracht-)straße, Allee

Im Hotel

Hay cuartos, tiene habitaciónes?	Haben Sie ein Zimmer frei?
… con cama sencilla	… mit Einzelbett
… con dos camas	… mit zwei Betten
… con una cama matrimonial	… mit einem breiten Bett für zwei Personen
… con baño privado, común	… mit Privatbad, Gemeinschaftsbad

Todo ocupado, todo lleno	Alles belegt, alles voll
Sí, hay espacio	Ja, es gibt noch Platz
… para una noche	… für eine Nacht
Cuanto cuesta la noche?	Wie teuer ist die Übernachtung?

Puedo ver el cuarto?	Kann ich das Zimmer sehen?
Me podría enseñar otra habitación?	Könnten Sie mir ein anderes Zimmer zeigen?
No arreglaron el cuarto	Das Zimmer ist nicht gereinigt worden
El inodoro, la ducha no funciona	Die Toilette, die Dusche funktioniert nicht
No hay agua caliente	Es gibt kein heißes Wasser
Déme otro poncho (chamarra), por favor	Geben Sie mir bitte noch eine Decke

Im Restaurant

La carta, por favor	Die Karte, bitte
Hay un menu del día?	Gibt es ein Tagesgericht?
Una mesa para cuatro personas, por favor	Einen Tisch für vier Personen, bitte
Quiero tomar una cerveza	Ich möchte ein Bier trinken
No como carne	Ich esse kein Fleisch
Una orden de arroz solamente, por favor	Nur eine Portion Reis, bitte
Otro jugo de piña sin hielo, por favor	Noch einen Ananassaft ohne Eis, bitte
Donde está el baño, por favor?	Wo ist die Toilette, bitte?
Se acabó el papel higiénico	Es gibt kein Toilettenpapier
No hay jabón	Es gibt keine Seife
Solamente, es todo?	Ist das alles?
Hay postre?	Gibt es Nachtisch?
Salud!	Prost!
Buen provecho!	Guten Appetit!
La cuenta, por favor	Die Rechnung bitte
Servicio incluido	Trinkgeld inbegriffen
Cuchillo	Messer
Tenedor	Gabel
Cuchara	Löffel

Beim Einkaufen

comprar, vender	kaufen, verkaufen
barato, caro	billig, teuer

Cuanto vale … ?	Wie viel kostet … ?
Es demasiado caro	Das ist zu teuer
Hecho a mano	handgemacht
Rebaja	Preisnachlass
Calidad	Qualität
Cantidad	Menge
Puedo probar esta camisa?	Kann ich dieses Hemd anprobieren?
cambiar	tauschen, wechseln

Polizei, Bank, Post, Telefon und Behörden

Me asaltaron	Man hat mich überfallen
Me han robado mi dinero y mi equipaje	Man hat mir mein Geld und mein Gepäck gestohlen
Perdi mi pasaporte	Ich habe meinen Reisepass verloren
Necesito una constancia para mi seguro	Ich brauche eine Bescheinigung für meine Versicherung
Ladrón	Dieb
Policía	Polizei
Violación	Vergewaltigung
Banco	Bank
Dinero	Geld
Dinero en efectivo	Bargeld
Cheque de viaje	Reisescheck
Tasa de cambio	Wechselkurs
Cuenta	Konto
Transferencia	Überweisung
Ventanilla	Schalter
Moneda	Münze
Billete	Schein
Correos	Post
Carta, tarjeta postal	Brief, Postkarte
Paquete	Paket
Peso	Gewicht
Sello	Briefmarke, Stempel
Llamada telefónica	Telefonanruf
Llamada por cobrar	R-Gespräch
Documento	Dokument

Visa	Visum
Pasaporte	Reisepass
Nombre, apellido, fecha de nacimiento	Name, Nachname, Geburtsdatum
Firma	Unterschrift
Embajada	Botschaft

Beim Arzt

Me siento mal	Ich fühle mich schlecht
Tuve un accidente	Ich hatte einen Unfall
Aquí me duele mucho	Hier tut es mir sehr weh
Necesito un medicamento	Ich brauche ein Medikament
Necesito un médico (doctor)	Ich brauche einen Arzt
Donde está el hospital (la clinica)?	Wo ist das Krankenhaus?
Hay una clínica privada por aquí?	Gibt es hier eine Privatklinik?
Donde hay una farmacia?	Wo gibt es eine Apotheke?
Necesito un informe médico para mi seguro	Ich benötige eine ärztliche Bescheinigung für meine Versicherung
Fiebre, temperatura	Fieber
Diarrea	Durchfall
Dolor de cabeza	Kopfschmerzen
Dolor de estómago	Bauchschmerzen
Infección	Infektion
Embarazo	Schwangerschaft
Resfrío	Erkältung, Schnupfen
Tos	Husten
vomitar	sich übergeben

Beim Wandern in den Bergen

Aguas calientes	heiße Quellen
Alquiler	mieten
Arriero	Maultiertreiber
Burro	Esel
Bolsa de dormir/ sleeping	Schlafsack
Bosque	Wald

Botas	Feste Schuhe, auch: Gummistiefel
Caballo	Pferd
Camino	Weg
Carpa	Zelt
Cartucho de Gas	Gaspatrone
Cascada, catarata	Wasserfall
Cerro	Berg, Hügel
Cocha	See
Colchoneta	Isomatte
Cueva	Höhle
Estufita de gas	Gaskocher
Guía	Führer
Laguna, Lago	See
Montaña	Berg, Bergkette

Zahlen

1	uno, una	30	treinta
2	dos	31	treintayuno
3	tres	40	cuarenta
4	cuatro	50	cincuenta
5	cinco	60	sesenta
6	seis	70	setenta
7	siete	80	ochenta
8	ocho	90	noventa
9	nueve	100	cien
10	diez	101	cientouno
11	once	200	doscientos
12	doce	300	trescientos
13	trece	400	cuatrocientos
14	catorce	500	quinientos
15	quince	600	seiscientos
16	dieciséis	700	setecientos
17	diecisiete	800	ochocientos
18	dieciocho	900	novecientos
19	diecinueve	1000	mil
20	veinte	1001	miluno
21	veintiuno	2000	dos mil
22	veintidos	10 000	diez mil

Mula	Maultier
Nevado	Berg mit Dauerschnee
Oasis	Oase
Portador	Träger
Propina	Trinkgeld
Río	Fluss
Sierra	Gebirge
Valle	Tal
Volcán	Vulkan

Ordnungszahlen

1.	Primero
2.	Segundo
3.	Tercero
4.	Cuarto
5.	Quinto
6	Sexto
7.	Séptimo
8.	Octavo
9.	Noveno
10.	Décimo

Wochentage

Lunes	Montag
Martes	Dienstag
Miércoles	Mittwoch
Jueves	Donnerstag
Viernes	Freitag
Sábado	Samstag
Domingo	Sonntag

Monate

Enero	Januar
Febrero	Februar
Marzo	März
Abril	April
Mayo	Mai
Junio	Juni
Julio	Juli
Agosto	August
Septiembre	September
Octubre	Oktober
Noviembre	November
Diciembre	Dezember

Zeit, Datum

Qué hora es?	Wie spät ist es?
Es ist ein Uhr	Es la una
Es ist vier Uhr	Son las cuatro
Son las tres y cuarto	Es ist viertel nach drei
Son las cinco y media	Es ist halb sechs
Son las seis menos cuarto	Es ist viertel vor sechs
hoy, mañana, pasado mañana	heute, morgen, übermorgen
ayer, anteayer	gestern, vorgestern
ahora, más tarde	jetzt, später
temprano, tarde	früh, spät
inmediato, ahorita	sofort, gleich
Fecha	Datum
Qué fecha tenemos hoy?	Was für ein Datum haben wir heute?

Glossar

Adobe luftgetrocknete Lehmziegel, die zum Hausbau dienen, oft mit Stroh vermischt

Aguas übergeordneter Begriff für alle Softdrinks (Coca-Cola, Pepsi, Sprite etc.)

Alcalde Bürgermeister

Balneario Bad, Badeort am Meer

Barrio Stadtviertel, Häuserblock

Bomba Tankstelle

Brujo wörtlich: Hexer; Schamane

Cabildo Gemeinderat in der Kolonialzeit

Cacique Anführer, Stammeschef (auch Curaca genannt)

Campesino Kleinbauer

Campo Land; auch als „Platz" benutzt. „Hay campo?" Ist hier noch Platz?

Capilla Kapelle

Capitanía Hafenamt

Carro Auto (nicht „coche" wie in Spanien)

Chacra Stück Land, Kleinparzelle

Comedor einfaches Esslokal, meist ohne Karte

Comunidad indianische Gemeinde

Colectivo Sammeltaxi (manchmal auch Boote)

Contra Kontrarevolutionär

Conquista Eroberung Amerikas durch die Spanier

Cordillera Gebirgskette

Departamento Provinz

Don, Doña intimere, respektvolle Anrede für: Herr bzw. Frau

Encomienda durch die spanische Krone an verdiente Eroberer erteiltes Recht, in einem festgelegten Gebiet frei über die indianische Arbeitskraft zu verfügen und von den Indígenas Tribute einfordern zu können. Im Gegenzug war der Encomendero, der Besitzer dieses Rechts, verpflichtet, die ihm zugeteilten Indígenas zu zivilisieren und christianisieren.

Finca großes Landgut

Gasolina Benzin

Gringo Allgemeinbezeichnung für hellhäutige Ausländer, die nur selten als Beleidigung gebraucht wird

ICT Instituto Costarricence de Turismo Das costa-ricanische Fremdenverkehrsamt

Indígenas Bezeichnung für die Nachfahren der präkolumbischen Kulturen in Costa Rica und Nicaragua

Indio, Indito abwertende Bezeichnung für Indígenas

I.V.A. Impuesto al Valor Agregado, Mehrwertsteuer

Kreole in Costa Rica / Nicaragua geborener Nachkomme spanischer Einwanderer

Ladinos Mestizen, spanisch-indianische Mischlinge

Machete Buschmesser

Machismo, Macho übersteigertes Männlichkeitsgefühl, Mann mit diesem Gefühl

Mestize spanisch-indianischer Mischling

MINAET Ministerio del Ambiente, Energía y Telecomunicaciones Nationalparkverwaltung

Muelle Anlegesteg; Dock

Municipio Gemeindebezirk, Landkreis

Narcotraficante Drogendealer

Parque Central das Zentrum in fast jedem Ort

Patio (Innen)hof

Patrón Chef, Arbeitgeber, Aufseher eines Großgrundbesitzers

Petroglyphen prähistorische Felszeichnungen

Redondel de toros Stier-Arena für Rodeos

Reducción von den Spaniern eingeführtes System der Zwangszusammenlegung indianischer Dörfer zur besseren Kontrolle der Bevölkerung

Repartimiento von den Spaniern in der Kolonialzeit verwendetes Verteilungssystem von vorwiegend indianischen Arbeitskräften

Sabanero costa-ricanischer Cowboy

Sandinista Anhänger der sandinistischen Partei in Nicaragua

Sendero Wanderpfad

Señor, Señora, Señorita Herr, Frau, Fräulein

Tejido Webarbeit

Tienda Laden, kleines Geschäft

Traje traditionelle Bekleidung, Tracht

Reisemedizin zum Nachschlagen

Aids (Sida)

Zwar sind Costa Rica und Nicaragua noch weit entfernt von der dramatischen Aids-Epidemie in Afrika; durch zunehmenden Sextourismus, Drogenkonsum und weit verbreitete Promiskuität in beiden Ländern nimmt die Zahl der HIV-Infizierten jedoch zu. Urlauber sollten sich grundsätzlich immer beim Geschlechtsverkehr durch Kondome schützen. Preservativos sind in jeder Apotheke erhältlich, in Costa Rica auch in Supermärkten.

Chagas

Chagas ist eine Infektionskrankheit, die durch Wanzenbisse übertragen wird. Sie kann unbehandelt auch Jahre später noch zum Tode führen. Gefahrenherde sind verwahrloste Häuser oder unhygienische Schlafplätze in ländlichen Regionen oder Slumgegenden.

Denguefieber

Das Denguefieber ist sowohl in Costa Rica (im Jahr 2013 mehr als 36 000 Infektionen) als auch in Nicaragua wieder auf dem Vormarsch. Das costa-ricanische Gesundheitsministerium hat eine groß angelegte Aufklärungskampagne gestartet, um die Bevölkerung über Schutzmaßnahmen zu informieren.

Die Viruskrankheit wird von der tagesaktiven Aedes Aegypti-Mücke übertragen. Zu den Symptomen gehören plötzliche heftige Fieberanfälle sowie starke Kopf-, Muskel- und Rückenschmerzen. Nach ungefähr drei bis fünf Tagen breitet sich zudem oft ein Hautausschlag über den ganzen Körper aus. In Einzelfällen können ernsthafte Gesundheitsschäden mit Todesfolge auftreten. Es gibt keine Impfungen gegen Denguefieber. Der Schutz vor Mückenstichen durch

Mückenspray, Moskitonetze und langärmlige Kleidung ist die beste Vorsorge.

Es gibt keine Impfung oder spezielle Behandlung. Schmerztabletten, fiebersenkende Mittel und kalte Wadenwickel lindern die Symptome. Keinesfalls sollten ASS, Aspirin oder ein anderes acetylsalicylsäurehaltiges Medikament genommen werden, da diese einen lebensgefährlichen Verlauf herausfordern können! Ein einfacher Test kann Denguefieber bestätigen: Fünf Minuten den Oberarm abbinden, öffnen und in der Armbeuge nachsehen – falls rote Flecken erscheinen, ist es zu 90 % Denguefieber. Falls keine Flecken entstehen, heißt das aber nicht, dass auf gar keinen Fall eine solche Infektion vorliegt.

Besonders betroffen sind in Costa Rica die Regionen um Puntarenas, Nicoya, die nördliche Karibikküste und die Osa-Halbinsel. In Nicaragua tritt Denguefieber im ganzen Land relativ häufig auf, auch in der Hauptstadt Managua.

Durchfälle und Verstopfung

Unreines Trinkwasser, verdorbene Lebensmittel, nicht kontinuierlich gekühlter Fisch, zu kurz gegartes Fleisch, ungeschältes, schon länger liegendes, aufgeschnittenes Obst (Wassermelonen), Salate, kalte Getränke oder schlecht gekühlte Eiscreme sind häufig die Verursacher von Durchfällen.

Eine Elektrolyt-Lösung, die die verlorene Flüssigkeit und Salze ersetzt, reicht bei harmlosen Durchfällen völlig aus. Abgepackte Elektrolyt-Lösungen gibt es in jeder Apotheke (z. B. Elotrans oder – für Kinder Oralpädon). Wer selbst eine Lösung herstellen möchte, nimmt 4 Teelöffel Zucker oder Honig, 1/2 Teelöffel Salz und 1 l Orangensaft oder abgekochtes Wasser. Als sanftes Mittel gegen Durchfall ist außerdem Perenterol zu empfehlen, das aus natürlicher Hefe hergestellt ist. Zur Not, etwa vor langen Fahrten, kann auf Imodium zurückgegriffen werden. Außerdem hilft eine Bananen- oder Reis-und-Tee-Diät und Cola in Maßen. Bei längeren Erkrankungen einen Arzt aufsuchen – es könnte sich auch um eine Amöben-Infektion handeln.

Gegen Verstopfung helfen frische Ananas, Avocados oder Papaya (mit Kernen!). Nach der Rückkehr aus dem Urlaub ist eine Stuhluntersuchung empfehlenswert. Denn Parasiten können sich längerfristig im Körper einnisten und – oft erst Monate später – ernsthafte Krankheiten verursachen. Eine Stuhluntersuchung ist auch für die Reisenden empfehlenswert, die sich lange in abgelegenen Gegenden aufgehalten haben.

Erkältungen

Schnupfen oder Husten kommen auch in den Tropen vor – und das häufiger als man denkt. Ursachen sind meist Klimaanlagen, Ventilatoren oder nasse Kleidung nach überraschenden Schauern. Empfehlenswert ist daher, immer Kleidung zum Überziehen oder Wechseln mitzunehmen.

Hauterkrankungen

Schwitzen kann äußerst unangenehme und juckende Hautpilze verursachen. Gegen starkes Schwitzen hilft kühlendes Körperpuder, das in jeder Apotheke oder größeren Supermärkten erhältlich ist. Gegen Hitzepickel haben sich Prickly Heat Powder, Zinkoxyd oder Titaoxyd bewährt.

Hepatitis

Hepatitis A (Gelbsucht) ist eine Virusinfektion, die vor allem durch verunreinigtes Trinkwasser und Lebensmittel verursacht wird. Typische Symptome sind u. a. Übelkeit, Fieber, dunkler Urin, heller Stuhl und Gelbfärbung von Haut und Augäpfeln.

Weitaus gefährlicher ist die schwere Lebererkrankung **Hepatitis B**, die durch Kontakt mit Blut und Speichel übertragen wird (s. Ansteckungsgefahren HIV/Aids). Schutzimpfungen gegen Hepatitis A und B sind in Europa erhältlich.

Leishmaniose

Leishmaniose (Beulenkrankheit) ist eine Infektionskrankheit, die durch winzige Schmetterlingsmücken übertragen wird und in den Dschungel- und Gebirgsregionen Mittelamerikas auftritt. In Costa Rica ist vor allem die Talamanca-Region betroffen. Die Krankheitssymptome beschränken sich hier zumeist auf die Haut, es können kleine, trockene Herde bis zu großen Geschwüren entstehen. Teilweise sind auch der Nasenrachenraum und die Schleimhäute betroffen. Es gibt keine Impfung gegen Leishmaniose. Beste Vorbeugung ist Moskitoschutz (Mückenspray, Moskitonetz, langärmlige Kleidung).

Leptorispirosis

Die Erreger der Leptorispirosis (Schweinehirtenkrankheit) treten vor allem in durch Rattenurin verunreinigten Flüssen auf. Besondere Gefahr herrscht nach Wirbelstürmen und Überschwemmungen. Kajakfahrer und Rafter können sich durch Spritzwasser infizieren. Die Krankheitssymptome sind typische Grippeanzeichen: Fieber, Schüttelfrost, Kopf- und Gliederschmerzen. Normalerweise klingen die Krankheitserscheinungen innerhalb weniger Tage ab, in schweren Fällen kann es zu Hirnhautentzündung und Gelbsucht kommen.

Malaria

Malaria zählt zu den gefährlichsten parasitären Erkrankungen, die den Menschen befallen können. Übertragen wird die Krankheit von der weiblichen Anopheles-Mücke, die vorwiegend in den Dämmerungs- und Nachtstunden unterwegs ist. Die Malariaerreger gelangen über die Blutbahn in die Leber, vermehren sich dort und vernichten die roten Blutkörperchen.

Malariagefahr besteht sowohl in Nicaragua als auch in Costa Rica. Mittleres Malaria-Risiko besteht in der Provinz Limón (Karibikküste; vereinzelt wurden dort auch Fälle der gefährlichen Malaria Tropica gemeldet) und in Los Chiles

(Provinz Alajuela). Ein geringes Risiko besteht in den ländlichen Gebieten der übrigen Landesteile. Als malariafrei gelten die Höhenlagen und die Städte. Mittleres Malariarisiko besteht außerdem in den ländlichen und sumpfigen Gebieten Nicaraguas sowie an der Atlantikküste.

Die persönliche Malaria-Prophylaxe sollte vor der Reise mit einem Tropen- bzw. Reisemediziner besprochen werden. Aktualisierungen der weltweiten Malariasituation findet man auf zahlreichen Internet-Seiten, z. B. 🖥 www.dtg.org 🖥 www.who.int und 🖥 www.cdc.gov. Über die beste Malariaprophylaxe ist in den vergangenen Jahren heftig debattiert worden, denn alle Medikamente können unangenehme Nebenwirkungen hervorrufen. Zu den am häufigsten verschriebenen Präparaten gehören Resochin/Paludrine, Lariam und Malarone. In der Praxis reisen längst nicht alle Touristen mit Prophylaxe. Es ist vorsichtig abzuwägen zwischen dem tatsächlichen Risiko, das je nach Gegend und Jahreszeit sehr unterschiedlich ist, und den möglichen Nebenwirkungen der Medikamente, die außerdem Resistenzen bei den Erregern hervorrufen und keinen 100-prozentigen Schutz bieten können.

Die beste **Vorbeugung gegen Malaria** besteht darin, möglichst gar nicht erst gestochen zu werden: Am Abend schützen helle Kleidung, lange Hosen, langärmlige Hemden, engmaschige Socken, Moskitonetz und ein Mückenspray auf der Basis von Deet. Einige Apotheken bieten sanftere Mittel an, die auf Zitronella- und Nelkenöl basieren.

Die ersten Symptome einer Malaria ähneln oft denen eines banalen grippalen Infektes und werden daher häufig verkannt. Wer aus Costa Rica oder Nicaragua zurückkehrt und an einer fieberhaften Erkrankung leidet, sollte einen Arzt aufsuchen und einen Bluttest machen.

Sonnenbrand und Hitzschlag

Die Sonneneinstrahlung in Costa Rica und Nicaragua ist wesentlich intensiver als in unseren Breiten – auch bei bedecktem Himmel. Bester Schutz gegen Hautverbrennungen und Hitzschlag ist, sich nicht direkt der Sonne auszusetzen und möglichst immer einen Sonnenhut sowie eine Sonnenbrille zu tragen und Sonnenschutzmittel mit hohem Lichtschutzfaktor zu benutzen. Wichtig ist auch, viel zu trinken.

Stiche und Bisse

Insekten kommen fast überall in den Tropen vor. Die meisten von ihnen sind ungefährlich. Unbedingt schützen sollte man sich jedoch vor Mückenstichen, denn einige Moskitos können Krankheiten wie z. B. Denguefieber oder Malaria übertragen.

Bei **Floh- und Wanzenstichen** gilt: Nicht kratzen! Die kleinen Tiere halten sich bevorzugt in schmutzigem Bettzeug und alten Matratzen auf. Wanzenbisse bilden gewöhnlich eine säuberliche Linie. Ein Antihistaminikum (Salbe) gegen Entzündungen hilft. **Blutegel** sind besonders zur Regenzeit im Dschungel eine Plage, dort halten sie sich bevorzugt in Sumpfgebieten auf. Bester Schutz sind lange Hemden und Hosen, Hosenbeine sollten stets in die Socken gesteckt werden. Blutegel kann man mit brennenden Zigaretten oder Salz loswerden. Wenn sie sich mit Blut vollgesogen haben, fallen sie ganz von alleine ab.

Bienen- und andere Insektenstiche sollte man sofort mit Eis kühlen und anschließend eine spezielle Salbe auftragen; ggf. müssen Antihistamin-Tabletten genommen werden. **Zecken** sind Überträger von Infektionskrankheiten. Bei einem Zeckenstich sollte die Zecke möglichst schnell und vorsichtig mit Pinzette oder langen Fingernägeln aus dem Körper entfernt werden, so dass keiner ihrer Haken im Fleisch zurückbleibt. Nicht mit Öl oder ähnlichem Ersticken (Krankheitserreger könnten in die Wunde gelangen).

In Costa Rica leben rund 135 **Schlangenarten**, davon sind 17 giftig. Das Risiko von einer Schlange gebissen zu werden, ist jedoch relativ niedrig, denn Schlangen beißen meist nur aus Notwehr. Trekker sollten auf Dschungeltouren stets feste, knöchelhohe Wanderschuhe und lange Hosen tragen. Wer bei einer Wanderung auf eine Schlange trifft, sollte unbedingt Abstand halten. Im Falle eines Schlangenbisses sollte die Bissstelle weder ausgesaugt noch abgebunden werden, sondern möglichst schnell von einem Arzt behandelt werden. Der Kranke sollte liegend transportiert werden, damit sich das Gift nicht im Körper ausbreitet. Als Therapie wird dem Patienten ein Antiserum verabreicht.

Ein **Skorpionstich** ist zwar sehr schmerzhaft, aber in den meisten Fällen nicht lebensbedrohlich. Wer von einem Skorpion gestochen wurde, sollte sich nicht bewegen, viel trinken und einen Arzt rufen. Allergische Reaktionen bis hin zu Schockzuständen sind möglich und sollten behandelt werden.

Thrombose

Thrombose kann bei Bewegungsmangel auftreten, ein Problem bei längeren Flugreisen. Der verringerte Blutfluss, vor allem in den Beinen, kann zur Bildung von Blutgerinnseln führen, die, wenn sie sich von der Gefäßwand lösen, eine akute Gefahr darstellen (z. B. Lungenembolie). Gefährdet sind vor allem Personen mit Venenerkrankungen oder Übergewicht, aber auch Schwangere, Raucher und Frauen, die die Pille nehmen. Das Risiko verhindern Bewegung, viel Flüssigkeit (kein Alkohol) und Kompressionsstrümpfe.

Tollwut

Wer von einem streunenden Hund, einer Katze oder einem Affen gekratzt oder gebissen wird, muss sich sofort impfen lassen, da eine Infektion tödlich endet. Eine vorbeugende Impfung ist sehr teuer und nur bei längerem Aufenthalt sinnvoll.

Typhus / Paratyphus

Typhus ist eine Salmonellenerkrankung, die man sich über Lebensmittel oder verunreinigtes Wasser zuziehen kann. Symptome sind: mehrere Tage hohes Fieber, Kopf- und Gelenkschmerzen. Eine Schutzimpfung ist in Deutschland erhältlich. Der Impfschutz hält drei Jahre lang.

Wundinfektionen

Unter unhygienischen Bedingungen können sich Wunden oder aufgekratzte Moskitostiche leicht infizieren. Sorgfältige Wundbehandlung und -hygiene (Desinfektion, Pflaster) sind in den Tropen deshalb das A und O. In jeder Apotheke gibt es zudem Antibiotika-Salben, die die Wundheilung beschleunigen.

Wundstarrkrampf (Tetanus)

Wundstarrkrampf-Erreger findet man überall auf der Welt, und Verletzungen kann man nie ausschließen. Wer noch keine Tetanusimpfung hatte, sollte sich unbedingt zwei Impfungen im Vier-Wochen-Abstand geben lassen, die nach einem Jahr aufgefrischt werden müssen. Danach genügt eine Impfung alle zehn Jahre. Am besten ist die Kombiimpfung mit dem Polio-Tetanus-Diphtherie-(Td) Impfstoff für Personen über fünf Jahre, um gleichzeitig einen Schutz vor Diphtherie und Polio zu erhalten.

Wurmerkrankungen

Winzige oder größere Exemplare von Würmern können überall lauern und sich manchmal an verschiedenen Körperstellen bzw. -organen festsetzen. Oft ist dies erst Wochen nach der Rückkehr festzustellen. Nach einer Reise in abgelegene Gebiete kann es empfehlenswert sein, den Stuhl auf Würmer untersuchen zu lassen, wenn man über längere Zeiträume auch nur leichte Durchfälle hat.

Die meisten Würmer sind harmlos und durch eine einmalige Wurmkur zu vernichten. Andere können schwere Erkrankungen hervorrufen, z. B. die Bilhariose – eine Wurmerkrankung, die man sich im Uferbereich von stehendem oder langsam fließendem Süßwasser zuziehen kann. Der erste Wirt des Parasiten ist eine Wasserschnecke. In ihr entwickeln sich die Eier zu kleinen Larven, den so genannten Zerkarien, die anschließend ins Wasser abgegeben werden. Dort machen sie sich auf die Suche nach ihrem zweiten Wirt. Zerkarien gelangen in den menschlichen Organismus, indem sie sich durch die Haut, bevorzugt an den Fußsohlen, bohren. Von dort bahnen sie sich den Weg in den Darm oder die Blase, wo sie heranwachsen und neue Eier produzieren. Manchmal tritt um die Stelle, an der die Larven in den Körper eingedrungen sind, eine leichte Rötung auf. Deutlichere Symptome machen sich in der Regel erst nach sechs bis zehn Wochen bemerkbar. Dann kann es zu Fieber, Durchfall und einem allgemeinen Krankheitsgefühl kommen. Im schlimmsten Fall treten nach einigen Monaten Unterleibsschmerzen und Blut im Stuhl oder Urin auf. Vorbeugend sollte man nicht in stehenden Gewässern herumplanschen und auf feuchten Böden Sandalen tragen.

ANHANG

Index

ANHANG

ANHANG

ANHANG

ANHANG

ANHANG

Notizen

Notizen

Notizen

Danksagung

Mil Gracias

an Maria Anna Hälker und die Bintang-Redaktion. Alejandro Tosatti vom Ministerio de Cultura, María Eugenia Murillo vom Instituto Costarricense de Turismo, Eugenia Ibarra Rojas von der Universidad de Costa Rica, Jan Bock von der GIZ Nicaragua, Minerva Alsen von Posada Nena in Santa Ana, Oscar Artavia von Canoas Aventuras in la Fortuna, Kurt Schmack von der Laguna de Lagarta Lodge in Boca Tapada, Alexander Cedeño vom Hotel Manoa in la Fortuna, den Pintores von Solentiname, Javier Hidalgo und Federico Echeverría für die Gourmet- und Ausgehtipps und den Curré-Indianern für ihre Gastfreundschaft.

Außerdem:

Nestor Gutiérrez, Gino Carranza Lara, Katja Mühlnickel vom Reisebüro Fahrenkrog, Sabine Reichardt, Tom von den Villas Macondo, Peter vom Monte Sol in Puerto Viejo, Sonia Abarca Picado, Heike Rintchen, Julie Roerbein, Susan und Andrew Robertson, Sybille Altenkirch, Jochen Sperling, Rick Vogel, Markus Wehrmeister, Julian Engelhard, Michaela Wulfers, Robert Woggon, Johanna Fenzl, Uschi Groscurth, Ralf Kettner, Uwe Wichert, Carolin Schröter, Bettina Kauß, Andrea Hildbrand, Florian Jung, Victoria Vonau, Elisabeth Sandner, Holger Jacob, Ewa Kowalczyk, Heiko Lenner, Daniel Wagner, Kristin und Norman Lamm, Bastian Wurm, Lou Van Eycke und Anna-Lisa Müller.

ANHANG

www.stefan-loose.de/costa-rica

Mitarbeiter dieser Auflage

Volker Alsen lebt und arbeitet seit 1989 in Lateinamerika. In mehreren Ländern hat er sich einen Namen als Kenner der Region und als Pionier auf dem Gebiet des Individualtourismus gemacht. Vor fünf Jahren ist er mit seiner Familie von Venezuela nach Costa Rica umgesiedelt. In Santa Ana betreibt er heute ein kleines Hotel und eine Touragentur (Kasten S. 126). Volker hat bereits mehrere Reiseführer über Venezuela verfasst. Er recherchierte und aktualisierte für das vorliegende Buch die folgenden Kapitel: San José, Valle Central, Der Norden, Nord-Guanacaste und Süd-Nicaragua.

Oliver Kiesow, Redakteur und Lektor vieler Loose-Reiseführer, war jahrelang am Schreibtisch unterwegs in den Ländern dieser Welt. Für die Arbeit an diesem Buch konnte er seine private Leidenschaft für Mittelamerika nutzen. Oliver recherchierte und aktualisierte für diese Auflage die folgenden Kapitel: Der Süden, Karibikküste und Zentrale Pazifikküste.

ANHANG

Bildnachweis

Umschlag
Titelfoto getty images / Radius Images; Ara vor dem Vulkan Arenal
Umschlagklappe vorn huber-images.de / Taylor Richard; Isla Tortuga im Golf von Nicoya
Umschlagklappe hinten Corbis Images / Luis Marden; Das Rad eines Ochsenkarrens wird bemalt

Farbteil
S. 2/3 Bildagentur Huber / Schmid Reinhard
S. 4 laif / REA (unten)
S. 4/5 laif / Aurora / Jose Azel (oben)
S. 5 getty images / David Noton (unten)
S. 6 laif / Aurora / Jen Edney
S. 7 Bildagentur Huber / Reinhard Schmid (oben)
picture alliance / Rolf Haid (unten)
S. 8/9 Julia Reichardt
S. 10 Julia Reichardt (oben)
getty images / Roy Toft (unten)
S. 11 mauritius images / Alamy
S. 12 The Yoga Farm / Finca Yoga S.A (oben)
Julia Reichardt (unten)
S. 13 laif / hemis.fr / Franck Guiziou
S. 14 Julia Reichardt
S. 15 Julia Reichardt (2)
S. 16 mauritius images / Alamy

Schwarz-Weiß
alle **Julia Reichardt**, außer
Oliver Kiesow S. 23, 25, 28, 33, 78, 81, 83, 158, 200, 308, 321

Impressum

Costa Rica
Stefan Loose Travel Handbücher
3., vollständig überarbeitete Auflage **2015**
© DuMont Reiseverlag, Ostfildern

Gesamtredaktion und -herstellung
Bintang Buchservice GmbH
Zossener Str. 55/2, 10961 Berlin
www.bintang-berlin.de
Redaktion: Oliver Kiesow, Silvia Mayer
Karten: Katharina Grimm, Klaus Schindler
Grafisches Konzept: Groschwitz, Hamburg
Layout: Holger Ebeling
Farbseitengestaltung: Anja Linda Dicke

Printed in China

Kartenverzeichnis